ちくま学芸文庫

樺太一九四五年夏

樺太終戦記録

金子俊男

筑摩書房

目次

写真はすべて北海タイムス社提供

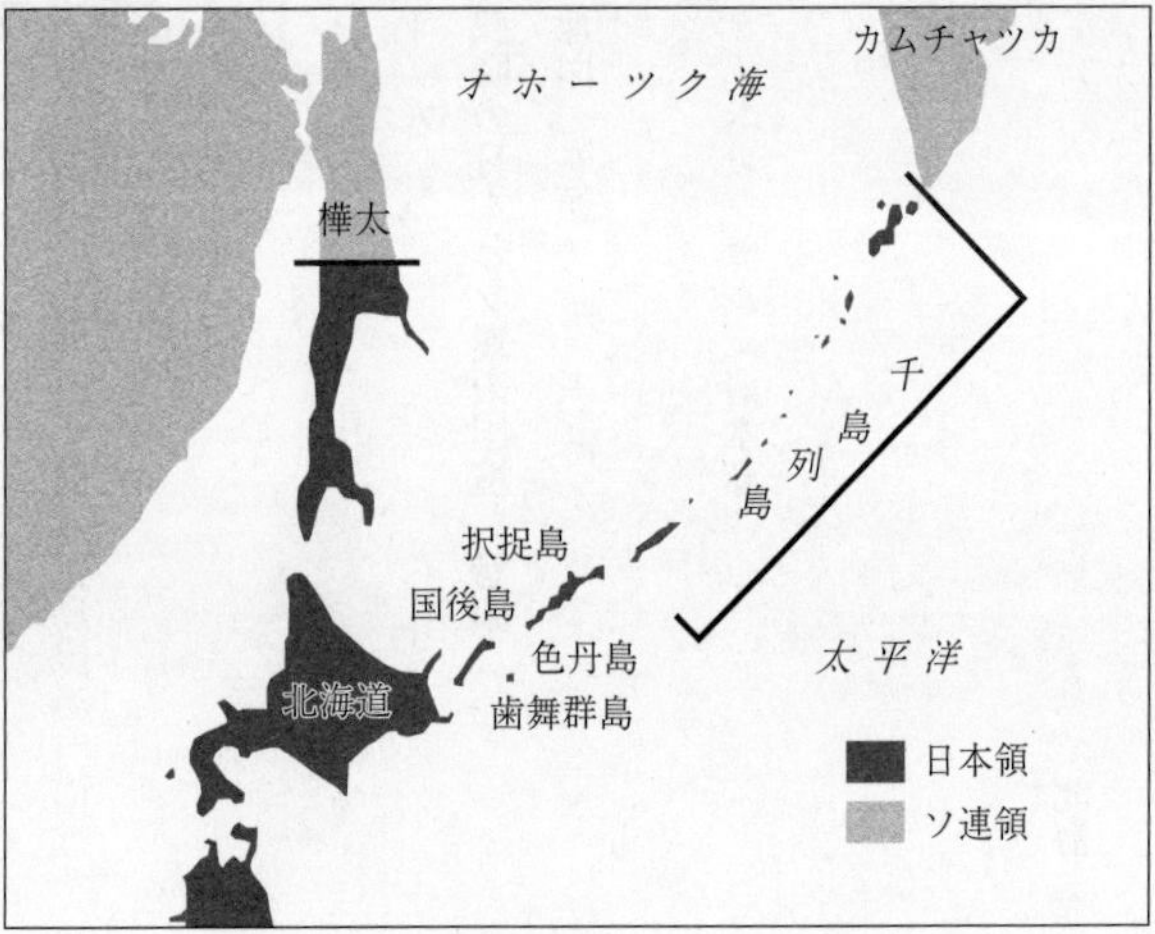

第２次世界大戦時の日本とソ連の国境

樺太一九四五年夏　樺太終戦記録

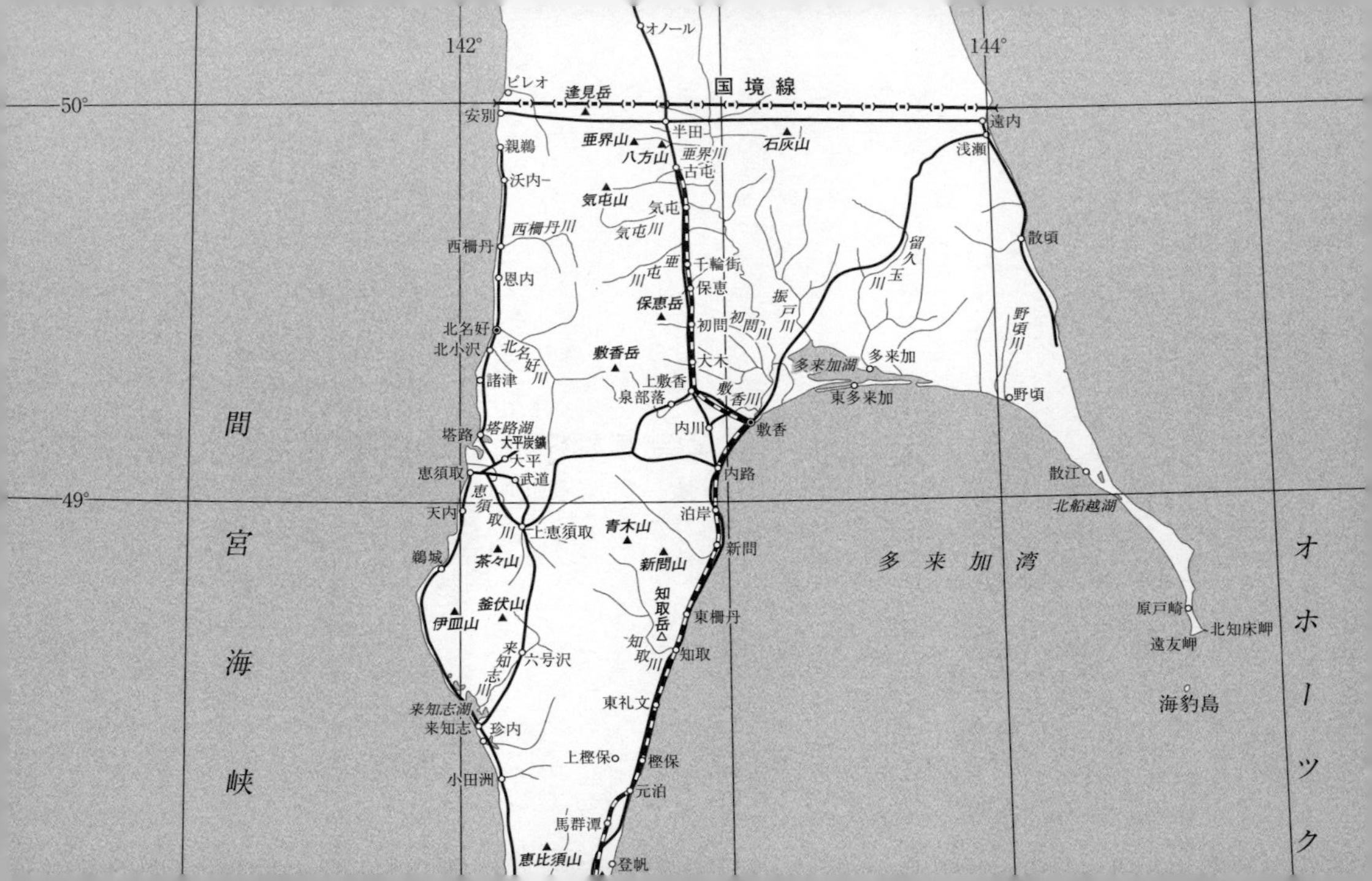

50°
49°
142°
144°
国境線
オノール
ピレオ
逢見岳
安別
半田
遠内
亜界山
八方山
亜界川
石灰山
古屯
浅瀬
親鵜
沃内
気屯山
気屯
気屯川
西柵丹川
西柵丹
恩内
亜屯川
千輪街
保恵
保恵岳
初問
初問川
振戸川
留久玉川
散頓
北名好
北小沢
北名好川
敷香岳
大木
多来加湖
多来加
野頓川
諸津
上敷香
泉部落
敷香川
東多来加
野頓
塔路
塔路湖
大平炭鉱
大平
内川
敷香
恵須取
武道
内路
散江
北船越湖
天内
恵須取川
上恵須取
青木山
泊岸
新問
鵜城
茶々山
新問山
多来加湾
知取岳
東柵丹
釜伏山
伊皿山
原戸崎
北知床岬
遠友岬
来知志川
六号沢
知取川
知取
東礼文
海豹島
来知志湖
来知志
珍内
上樫保
樫保
小田洲
元泊
馬群潭
恵比須山
登帆
間宮海峡
オホーツク

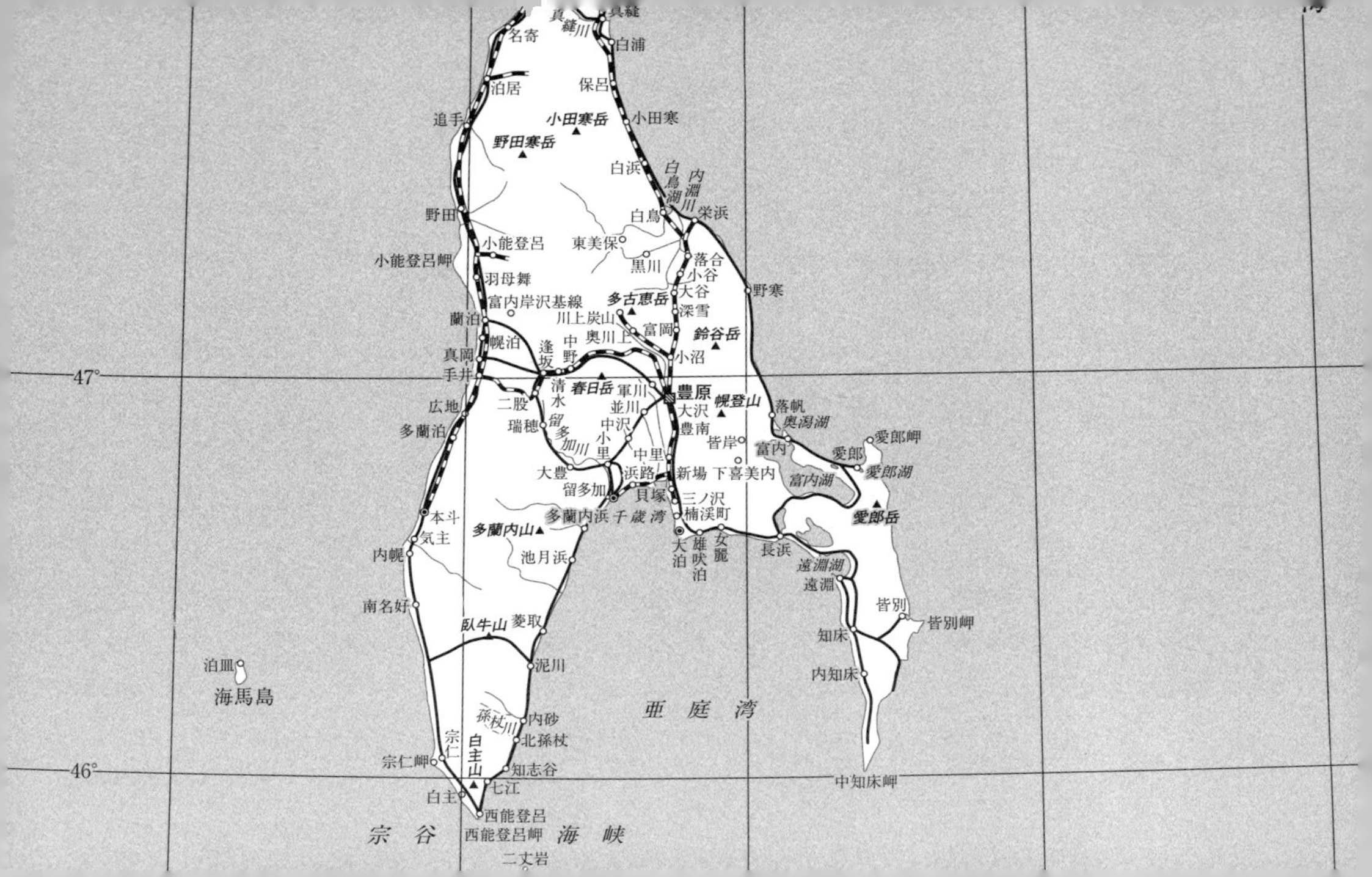

名寄
真縫川
真縫
白浦
泊居
保呂
追手
小田寒岳
小田寒
野田寒岳
白浜
白鳥湖
内淵川
野田
白鳥
栄浜
小能登呂
東美保
小能登呂岬
黒川
落合
羽母舞
小谷
富内岸沢基線
多古恵岳
大谷
野寒
蘭泊
川上炭山
深雪
幌泊
富岡
鈴谷岳
逢坂
中野
奥川上
真岡
小沼
47°
手井
春日岳
清水
軍川
豊原
広地
二股
並川
大沢
幌登山
落帆
奥潟湖
留多加川
瑞穂
中沢
豊南
愛郎岬
多蘭泊
小里
皆岸
富内
愛郎
中里
愛郎湖
大豊
浜路
新場
下喜美内
富内湖
留多加
貝塚
三ノ沢
本斗
多蘭内浜
千歳湾
楠渓町
愛郎岳
多蘭内山
気主
大泊
雄吠泊
女麗
長浜
内幌
池月浜
遠淵湖
遠淵
南名好
皆別
臥牛山
菱取
皆別岬
知床
泊皿
泥川
内知床
海馬島
亜庭湾
孫杖川
内砂
宗仁
北孫杖
白主山
宗仁岬
46°
知志谷
中知床岬
七江
白主
西能登呂
宗谷海峡
西能登呂岬
二丈岩

《地図中の記号》

	大隊本部	H	榴弾砲
	中隊長		連隊砲または同部隊
	小隊長		大隊砲または同部隊
	戦車または同連隊		速射砲
T	輜重兵または輜重連隊	MG	機関銃
S	衛生隊		砲兵陣地
K	カノン砲		艦艇
BA	山砲または同連隊		無線機

はじめに

〝氷雪の門〟のある稚内の丘に立つと、鉛色の宗谷海峡のむこうに樺太（サハリン）が見える。望郷の門と氷と雪の中できびしく生き抜いた人びとを表わす女人像――その碑文には「人々はこの地から樺太に渡り、樺太からここに帰った。戦後はその門もかたくとざされた。それから十八年（建立は昭和三十八年）、望郷の念やみがたく、樺太でなくなった多くの同胞の霊を慰めるべく、肉眼で樺太の見えるゆかりの地の丘に……」とある。

樺太――そこは、ある人びとにとって、いつもなつかしく、心を去らないふるさとであり、ある人にとっては、父や母や子供を失った悲しみの土地である。

おもえば、昭和二十年の夏の初めまで、樺太は、本土決戦という悲壮感が日本中をおおっていたなかで、唯一の平和な島であった。同年五月、樺太庁警察部長として赴任した尾形半氏は著書「暗い廊下」で、「樺太はまだ静かだった。大阪で日に五、六度、無気味なサイレンをきかされていた私の耳は、樺太にはいったとたん、真空にはいったように澄んできた。……空路海豹島の上空を回って北辺の原始林をみたこともあれば、ソ連と境する一線（北緯五〇度線）の中央半田にも出かけた。どこもここも時代に忘れられたように、ひっそりとしていた」と書いている。

樺太の冬はきびしい。白樺の梢がひょうひょうと終日鳴って、雲が煙のように走る十一月から、この島はまっ白い雪の下になる。しかし、長い冬が去ると、一足飛びに夏がくる。樺太の自然の美しさは、植物が長い冬に地下に堆積された養分を大急ぎで発散して、精のすべてを短い夏に燃焼しつくさなければならないからだ。

だが、この美しい自然に囲まれた樺太国境の平和も、八月九日朝、ソ連対日参戦によって、一方的に破られた。降るような深い霧のなかから不意に現われた少数のソ連兵は、武意加（むいか）の国境警察隊にマンドリン銃（自動小銃）をバラバラと撃ち込んで姿を消し、その直後軍の日の丸監視哨付近に砲弾二発が炸裂、これをきっかけにソ連軍は、無気味な進攻を開始したのである。

当時、樺太には新設の第八八師団、通称要兵団（豊原（とよはら）、師団長峰木十一郎中将）を中心に約三万の兵力がいた。大本営は、ソ連との間には日ソ不可侵条約があって、ソ連に不意をつかれることはない、というよりは、そういう事態を想像したくない立場にあったために、同師団に対する命令も〝対米〟中心で、北緯五〇度線を背に同師団の姿勢は南に向いていた。しかし、現地軍としては、つねにソ連を意識において、腹背に攻撃を受けた場合を想定、ソ連進攻の寸前〝対ソ〟に姿勢を向きかえていた。敗戦の色濃く、ソ連参戦と同時に北部軍司令部（札幌）からは師団の撤退を指示したが、峰木師団長は「奥地の邦人が無事に本土に引揚げるまで軍は撤退できない」と答え、国境線と豊真山道でのソ連軍の阻止を命令した。「積極的攻撃はなさず、自衛戦闘にとどむ」という軍司令部命令の軍史にない悲劇の戦闘はこうして始まった。

国境戦線では、ソ連戦車の鋼板を撃ち破れる火砲は山砲、連隊砲が数門だけ、あとは破甲爆雷を背負って飛び込む肉攻班。満足な武器のない補充兵たちは、わが家の見える丘の上で死んでいった。また豊真山道での戦闘では、すでに終戦を知って、邦人が一刻も早く脱出することを願いながら多くの将兵が散っていった。しかも軍の悲劇はそのまま邦人の受難の記録ともなった。はだしのままで山道を南へ向かう避難民――空からの機銃掃射で母を失って泣きさけぶ幼児。疲れきった母に捨てられた子供たち。若い人たちをのがしたあと、住みなれたわが家を死地と定めて動かない老人。とらえられてはずかしめを受けるよりは、と自決した人たち。ぎりぎりの〝人間〟がむき出しに出た。

北海道庁の調べでは、わずか二週間の戦闘でなくなった将兵七百、邦人の戦災死千八百～二千、留萌沖で潜水艦の攻撃で沈没、大破した三引揚げ船の死者、行方不明者千七百。もちろんこの数字は正確とはいえない。しかし終戦時の人口は四十五、六万人。その中から二週間に四千二百～四千四百人の死者を出したことで、樺太の不幸の大きさがわかろう。この自衛戦闘の間に七万八千～八万人の邦人が本土に引揚げた。そして残された人々には占領下の新たな労苦が続く。遠いシベリアに送られ、ついに肉親のもとに帰らなかった人たちも多い。

アララギ派の歌人で落合高女校長だった新田寛氏の歌集「蝦夷山家」には

「何時の日か故郷に帰らむ」唱和して　藤村が詩を歌ふ女生徒

脱出の途に発つ友と粕湯酒　したたかあふり　酔ひに泣きけり

「ヤポンミカド宜しいない」生意気を言ひしソ連兵いま懐しも

などの歌がある。戦後樺太にあった人びとの心情が理解できる。

凍土に起る砲声

迫る危機感

「半田、半田……知志代（ちしよ）、知志代」

　隣接の半田警部派出所と知志代部長派出所を呼び続ける山田茂恭巡査部長のいらだたしげな表情を注視していた尾美松次郎巡査らは、「感度がない」とつぶやいて、受話器から山田部長が耳をはなした瞬間、誰かが電話線を切断したのでは……、誰だ、ソ連軍か、ソ連侵攻の前触れか――冷たいものが背筋を走って、無意識のうちに壁の小銃をたぐり寄せ、窓外に神経を配った。

　八月九日朝。気屯（けとん）警察署が国境線上の武意加に配置した武意加巡査部長派出所。尾美巡査は、当直あけで派出所から八十メートルほど南の官舎に帰ったが、電話が故障だという連絡ですぐ引返した。降るような霧の肌寒い朝だった。電話を分解、配線を調べたが故障ではなかった。故障でないとすれば、危険がここに迫っている――乳白色の霧にかき消されたハイマツの丘をじっとにらんで一分、また一分。何事も起きない。しかし、危機感はさらに深まる。国境にあるものの第六感である。

尾美巡査は官舎に駆け戻った。非番の彼は、いまのうちに家族を避難させよう、自分の役目だ、ととっさに判断したからだ。同派出所は警官八人。官舎と寮があって、官舎には大沼照男、山田昇二両巡査、それに新婚十七日目の尾美巡査の三家族。わが家の玄関をあけたとき、同巡査は自分の表情がいくぶん青ざめているのを意識していた。

しかし、妻花子さんは、大沼巡査の五つと二つになる女児を遊ばせながら、大沼、山田両夫人とレコードに聞き入っていて、気にもとめなかったようだ。

国境の生活は単調だ。晴れた日なら、警備に当たる夫たちの目の前で、すでに赤く色づきはじめたフレップ（コケモモ）の実を摘みとって遊ぶことができたが、それでも知らずしらず深入りして、ハイマツなど地面にへばりついたような灌木帯のなかに一人きりになってしまうと、不安に泣き出したくなる。不帰のツンドラと呼ばれる一帯の国境生活は寂しい。この日のように霧や雨になると、三家族が肩を寄せ合うようにして、同じレコードを繰り返しかけることしか楽しみはない。

尾美巡査は危険が迫っていることを、どのようにきり出そうか迷った。二人の子供が遊びの手を止めて、そんな彼を怪訝（けげん）そうに見上げた、と、その瞬間、ダッ、タタタ……迫撃砲の炸裂音とともに軽機より軽い発射音が、派出所の方向で起った。

その時刻、遠藤利夫さんの記憶では午前七時三十二分から同三十五分までの間。遠藤巡査はまだ寮にいた。ふつう七時半に出勤して山田部長の短い指示をうけてパトロールに出かけるが、事務担当の同巡査はその同僚より二〜五分あとに出勤するので、時間を記憶しているという。

最初の銃声に、部屋の窓からのぞいた同巡査の目は、派出所の周囲の、人間の背丈より高い草のなかに黒いソ連兵の服をみた。

尾美巡査は派出所の北に散開している十数人のソ連兵を認め、警官が派出所から走り出て後方に散るのをみた。

駆けつけた遠藤巡査と尾美巡査は、恐怖に血の気もうせた家族の手をひくようにして官舎を抜け出し、草のなかに身をひそませた。

銃声は止んだ。

遠藤巡査は、足のはれもので休んでいた若い巡査とともに、大沼巡査の子供を背負って白樺林のなかの小道を四キロ後方の武揚台にひとまず退避した、武揚台には岡島堅蔵少尉の一個小隊がいた。

また、ようすをみるため踏み留まった尾美巡査は、丸腰だったが、ソ連兵が立ち去ったとみると、派出所に近づいてみた。

屋根には迫撃砲弾で四平方メートルほどの穴がぽっかりあいていた。ツンドラの地表をおおったフレップの葉は霧に濡れて、ソ連兵に踏み荒らされたような形跡はみえず、そのむこうのハイマツのなかにも人影はなく、全く何事もなかったように霧だけが流れていた。

急いで重要書類をリュックに詰め、近くの孵化場跡の池に沈めた尾美巡査は、倒れた同僚がいないかを確めようと周囲を見回していると、国境線に平行する軍道上を半田の方角から急ぎ足でやってくる警官がいた。

駆け寄ってみると半田警部派出所の東海林和右衛門巡査だ。そして「電話が不通なので連絡にきたんだが、ソ連が参戦し、進攻が始まると思われるので直ちに南下せよという命令だ」という。今しがた、武意加が襲撃されたことを知らないのだ。しかも、伝言すると、きびすを返して同じ道を帰ろうとする。尾美巡査は「おい、とんでもない。このとおり、いまここが襲撃されたんだ。武揚台まで下がって状況をみてから古屯経由で戻るべきだ」と引止めたが、かたくなに聞かず「早く復命に帰らなければならない」と歩き出した。

危い、一人じゃだめだと、尾美巡査も東海林巡査と軍道を歩き出したが、一キロほど西で切断され、たれさがっている電話線を発見、強引に戻る同巡査と別れて引返し、官舎で飯を弁当箱に詰め、衣服をまとめて、大急ぎで武揚台に向かった。

武揚台には、ソ連の襲撃直後、林をぬって後退した山田部長らがおり、同僚の大沼巡査と平野達雄巡査の行方がわからないと顔をくもらせていた。東海林巡査も半田には戻ったがその後の戦闘で戦死した。

始まったソ連の進攻

国境は北緯五〇度線に沿って、トドマツと白樺の深い原始林を幅十メートルだけ伐開し、南に面して菊の紋章、北面に双頭の鷲章を浮き彫りした花崗岩の天測境界標四基と中間に三十六の標石、標木がある。

国境の東は東北山脈、西は中央山脈で、中央低地は幌内川が流れて、三十万ヘクタールにのぼるツンドラ地帯。ツンドラは酸性のつよい水ゴケの、水に溶けない分が、計り知れない長い時間をかけて褐色の堆積層となって残ったもので、タバコをぬらして圧縮したようなふわふわした地層上には、淡雪を降らしたような白いコケや赤い実のなるフレップが広がっている。また、過酷な冬に耐えるため地表にへばりつくように枝を張ったハイマツや厚ぼったいカーペットを敷き詰めたようなイソツツジ、ガンコウランが広がっている。

このツンドラ地帯の中央山脈ぞいをソ連領オノールと結ぶ一本の国道がまっすぐに走っている。また国境線百三十キロに沿って、軍道が東海岸の遠内から西の安別まで、国境とほぼ四～六キロの間隔を保ちながら島を横断していた。

当時、国境には国境警察隊が配置されていた。東北山脈の分水嶺から東を浅瀬署、中央山脈から西を名好署、そして中央の幌内低地を気屯署が担当。気屯署の場合、国道と軍道の交差する半田に重機一、軽機二を装備する半田警部派出所を、さらに軍道ぞいに第二半田、武意加、知志代、腕白、雁門などの巡査部長派出所を置いて、半田で二十数人、そのほかで四～十人の警官が配置され、小銃、拳銃に常時実弾をこめて国境パトロールを行なっていた。

しかし、これはあくまでも表面上のことで、実際には、このほかに師団直轄の向地視察隊がいて、日の丸（久慈庫夫中尉）、知志代（高島一正少尉）、八の字（中田周太郎中尉）、飛竜（中山俊豪大尉）の四監視哨があり、山頂のトーチカから絶えずソ連領内の動きをにらんでいたし、さらに、安別には安別派遣隊（一個中隊）、中央の半田には半田警備小隊が派遣され、一歩でも陣地を出るときは警官の黒の制服に着替えて行動していた。

九日朝、武意加の派出所を襲撃したソ連軍は、霧の中に姿を消したが、それから一時間四十分後、軍の日の丸監視哨が二発の砲弾を撃ち込まれ、続く攻撃で占領された。

日の丸監視哨（久慈庫夫中尉）は半田から軍道を二キロ西にいったところに哨舎があり、ここからカタツムリの目のように二つの監視所が国境にむかって突き出している。二キロ北に分け入った標高三百五メートルの山に一号、その西の四百七メートルの山に二号の監視所。それぞれは百メートルほど細い壕を掘り登ったところに、六、七人が暮らせる程度のトーチカ。二号監視所は昭和二十年春廃止され、一号から七十倍と三十三倍の眼鏡でソ連領内の動きに目を光らせていた。七十倍の眼鏡は戦艦のブリッジに装備されているものと同性能で四十キロぐらい先まで見とおせるものだった。

この朝、一号監視所では、濃い霧のため視界が悪く、原田分隊の鳴海健弥上等兵、石川兼松上等兵ら六人が、朝食のあとストーブを囲んで雑談していた。とりとめのない話が、

ふと途切れた瞬間、

「グアーン」

地中の部屋がぐらぐらと揺れ、ストーブがひっくり返った。

「敵だ」

誰かが叫ぶと同時にいっせいに壁の軍服をひったくった。砲弾の落下地点は頭上をこえて後方五十メートル、石川上等兵、沢市次郎一等兵、岡林袈裟治一等兵らが一団となって、長い壕の出口に向かって殺到した。

第二弾。今度はもっと近い、前方三十メートル——地揺れで壕の壁にどんとたたきつけられ、まりのように転がりながら、鳴海上等兵は直感した。そして、身を起したとき腕時計をトーチカに忘れたことに気付いた。危険のさなかなぜ腕時計を思い出したのか、のちになっても鳴海上等兵には何とも説明がつかないというのだが、同上等兵は壕を駆け戻った。時計を手首にはめながら文字盤をみた。九時十五分だった。

境界標石上の日ソの紋章。

北緯50度線上の国境標識。原始林を伐開した境界がわかる。

遅れた鳴海上等兵がようやく石川上等兵らに追いついたとき、前方に手榴弾の雨。敵は霧のなかを二、三十メートル下まで迫っている。いつもは軍犬が嗅ぎわけているはずなのだが、ちょうど交代の時間にかち合っていたのも不運だったし、きのうは前方のソ連監視哨内でソ連軍の将校と下士官が地図のようなものをひろげて、こちらを指さしていたことも、今にして思うと攻撃の手はずだったのか——。一刻も早くここを脱出して本隊に報告しなければ、と思うと、六人はガバッと身を起して走り出した。攻撃はこの一瞬こやみになった。

ソ連軍の日の丸監視哨攻撃は気屯の向地視察隊本部(大越鴻一大尉)へ、さらに師団司令部へ、歩一二五連隊本部へ報告された。

日の丸監視哨長の久慈中尉は、一号監視所が攻撃を受けたとき、本部に向かう汽車の中だった。

八日、監視哨がとらえたソ連側の動きは異常で、オノール周辺では乗用車がしきりに動き回るのが望見された。部下の報告で眼鏡をのぞいた久慈中尉は、高級指揮官がすでにオノールに司令部を前進させていると判断した。しかも、林間に、あるいは山陰に戦車が見えがくれするのもわかった。

同日、知志代監視哨長の高島少尉からも「ソ連側の動向顕著なるものあり、直ちに対ソ開戦の準備を要す。確度甲」の報告があり、久慈中尉は「ソ連側に開戦の徴候あり、確度甲」と古屯(ことん)の歩一二五連隊第二大隊長渡辺辰夫少佐に宛てて報告したが、同大隊はなぜか直ちに行動を起さなかった。久慈中尉は焦燥にかられ、直接師団司令部に報告するよう大越隊長に要請のため、九日早朝、馬を飛ばして古屯に走り、一番列車に乗り込んだのである。

しかし、そのときすでに遅く、気屯駅に降りた久慈中尉を待っていたのは、日の丸監視哨に対するソ連軍襲撃の第一報であった。

もちろん、この朝早く、師団司令部は第五方面軍司令部(樋口季一郎中将)からソ連参戦の報を受け、師団通信隊が全機能をあげて即刻作戦行動に入るよう各部隊を呼び続けていた。まっ先にこれを受けた歩一二五連隊長小林与喜三大佐からは、各地にあった隊を国境に集結するための命令が飛んだ。緊迫した空気のなかで、部隊が行動を起した。そのとき、日の丸からの報告が飛び込んできたのである。

進攻前触れの通信分断

時間的には武意加襲撃がソ連軍進攻のノロシであったわけだが、ソ連軍は、行動を起すに先だって軍道沿いに張られている警察電話線を何カ所かで切断したようであった。武意加—半田線がそうであった。また、気屯署の前夜からの当直者、山沢勝美警防主任は午前七時、電話で知志代派出所を呼んだが応答がなかった。国境第一線のどこかで変事が——と、悪い予感をもったものの確認の方法がないままに推移、武揚台にたどりついた武意加の山田部長から報告の届いたのは午後になってからだったという。

また、半田から約六キロ。日の丸、八の字両監視哨を経てさらに西に行った地点の第二半田部長派出所に勤務した新井武夫部長は次のように書いている。

派出所は第二半田川を背にして白樺の林のなかにあった。その一週間ほど、古屯から南条曹長以下十三人の兵が、冬の食料にするフキの採取にきており、八日には半田から山口武雄、渡辺徳繁両巡査が業務連絡にきて泊っていた。

この朝は小雨だった。フキとり作業をやめた兵隊たちは青雲荘の看板をあげている派出所内でゴロゴロし、私たちも郷里へ手紙を書き、とりとめのない雑談に興じていた。そして、午前十一時半、少し早い食事をとり終ったとき、安別派出所長町田豊警部補から電話がかかってきた。

「北満でソ連が越境している。中央の半田付近で何か起きていないか」

というのだ。

私は、とうとう、くるべきものがきた、と直感した。そしてすぐ連絡してみると答え、電話で小野警部を呼んだ。

「うん、たった今、偵察班（向地視察隊）から連絡を受けた。八の字、半田間に敵兵が出没しているそうだが、詳しい状況は不明だ。とにかく、つねに連絡をとってくれ」

小野警部のことばを伝えるため、さらに安別を呼んだ。ところが、出ない。さっき話をしたばかりの安別との間の架線が切断されている。事態は急迫しているのだ。部下や兵隊の目が私にじっと注がれているのを痛いほど意識しながら、私は手短かに事態を告げた。一言も発言するものがなかった。

南条曹長をみた。そして私は、八の字監視哨に連絡兵二人を出してもらいたいといった。雨の中を兵隊二人は南条曹長の命で走っていった。それをみて私は再び半田を電話に呼んだ。しかし、切断されている。何度呼んでも応答がない。

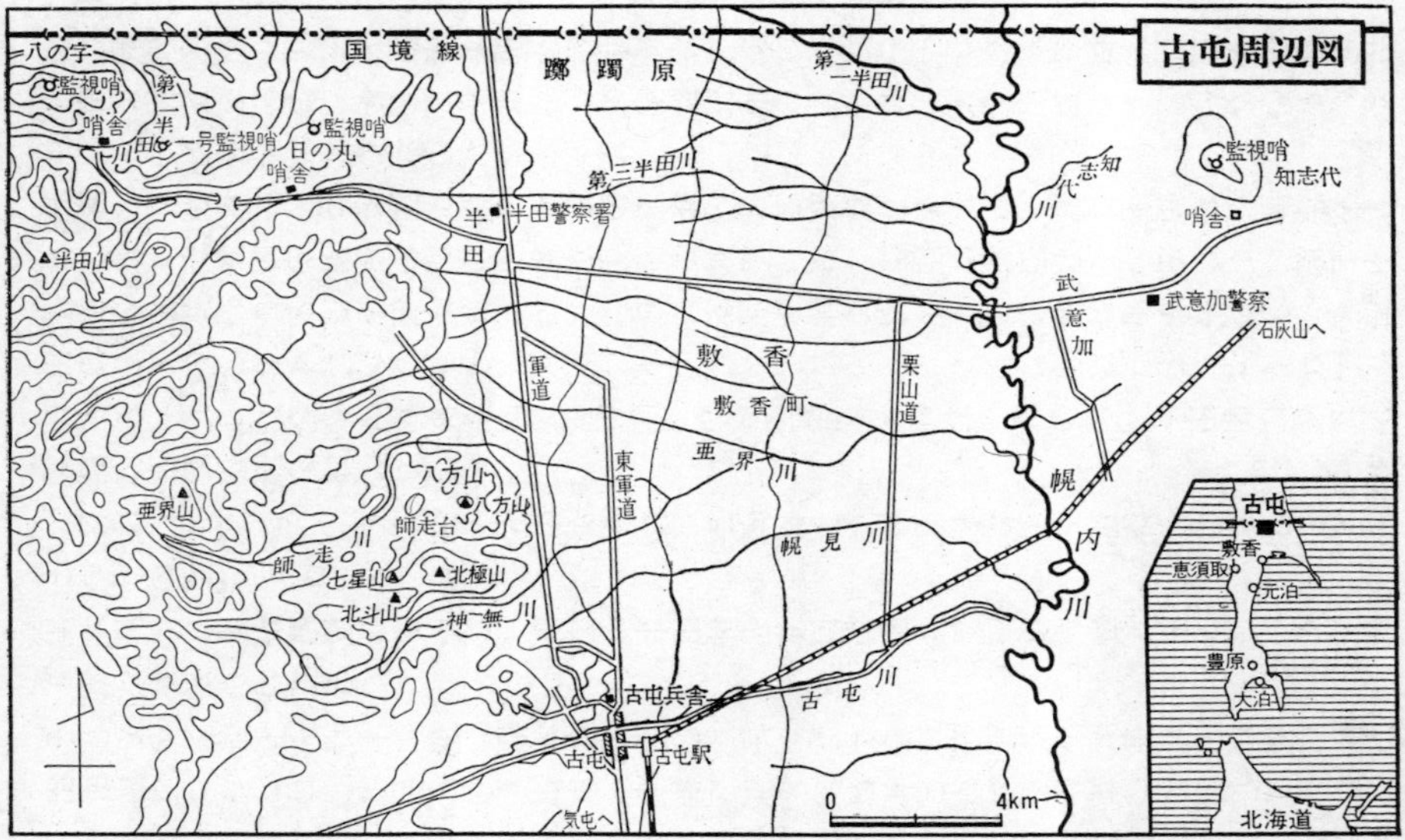
古屯周辺図
国境線
八の字
監視哨
哨舎
第二半田川
一号監視哨
日の丸
監視哨
哨舎
半田警察署
半田
半田山
蹣躅原
第二半田川
第三半田川
知志代川
監視哨
知志代
哨舎
武意加
武意加警察
石灰山へ
敷香
敷香町
軍道
東軍道
栗山道
亜界川
亜界山
八方山
八方山
師走台
師走川
七星山
北極山
北斗山
神無川
幌見川
幌内川
古屯川
古屯兵舎
古屯
古屯駅
気屯へ
0
4km
古屯
敷香
恵須取
元泊
豊原
大泊
北海道

状況は一切不明だが、所長としての私にいま要求されているものは、どう処置するか、その決断である。上司の指示を受ける方途はないのだ。

「直ちに飯を炊いてくれ」

にぎりめしがつくられた。私物を整理させ、庁舎内をさっぱりと整頓させた。

「立つ鳥、跡を濁さずというからな」

私は笑った。つくり笑いだったが、そのことが一瞬ながら部下たちの緊張をほぐした。

「死ぬときは一緒ですね」若い部下が、こんなことをいってにっと笑った。

食料を携帯し、武装し終ったところに、連絡兵が雨と汗でびしょぬれになって走ってきた。その報告では八の字にいくと、東の日の丸方角で銃声が聞こえた、半田もやられているかも知れないという。

南条曹長と私は、八の字—第二半田間の通称三号飯場からの間道を古屯に抜けることに決意した。古屯についたのは翌十日午後四時ごろだった。

武意加、ついで日の丸を襲撃したソ連軍は、中央の半田付近に砲撃を加え、やがて西の安別を加えた四地点から国境線を突破して侵入を開始した。国境付近を源にソ連領を北流するチィム川が逆流するように、初めはゆっくりと浸透し、やがて洪水のようになだれこんでくるのである。

風騒ぐ国境線

国境陣地の構築

国境の中央を通る国道は、かつてロシアが流刑民を投入して伐開した道で、のち日本軍が手直し、内路(ないろ)―国境間を半田街道と呼んだが、昭和になって国道大泊(おおどまり)・国境線と改めた。起点大泊から四百四十三・五キロ、文字どおり南樺太を縦貫する道路だが、この国道ぞい、国境から十七キロ南に古屯の町がある。

この町から北に一般邦人は足を踏み入れることを許されなかった。軍事上の国境地帯がここから始まるわけだ。しかし、戦争中とりはずした北海道の札沼線のレールを移設して気屯―古屯間約十一キロの鉄道が十九年十月に完成、敷香(しすか)と結ぶ八十四キロが開通したので、焼けぼっくいの広がる辺土を走る古い列車の汽笛が、それでも国境の兵隊たちに社会との連帯感をわずかに感じさせてくれたものだという。

ところで、この国境地帯は、長さ百三十キロの国境線に警察隊と向地視察隊が触角として配置されているほか、歩一二五連隊第二大隊が古屯にいるだけだった。地続きの国境を守備する第八八師団としてその点なにか釈然としないものを感じさせるが、当時、大本営などがソ連をどのようにみていたかをここで解明しておく必要があろう。
　中央国境の半田は国境まで三・七キロ、日ソ間で郵便物を交換する駅逓の家と警察派出所、官舎があり、中山という年老いた駅逓は「革命までは濃い眉毛のロシア人がにこにこ、ここまでやってきたものだった」とよく語っていたが、警戒がきびしくなった昭和十三年一月三日、女優岡田嘉子と新協劇団の演出家杉本良吉が越境する事件があり、ノモンハンの戦闘後、ソ満国境に近いハンダガヤに駐屯していた歩兵二五連隊（月寒、加納栄造大佐）が急遽上敷香（かみしすか）に移駐、これを基幹とする樺太混成旅団（高橋多賀二少将）が編成された。

上敷香の兵舎から見る国境の空。

　岡田と杉本は大晦日から敷香の旅館にいて、正月二日、気屯に一泊、国境警官を慰問のあと国境を見たいと馬ソリで北上、国境線の少し手前でスケッチをすると降りて歩き出した。駅者が止めると、走り出し、追いすがる馭者に杉本は左手で嘉子を抱えるようにし、右手をポケットに入れて「しつっこくすると撃つ」とにらみつけながら白樺の林に姿を消したと新聞は報じた。小銃を背負った警官二人がスキーで百メートルほどおくれてついていたが手のほどこしようがなかった。

郵便物交換は昭和二年から始まり、冬十二月~三月の週二回。午前十一時（ソ連時間の正午）に両国の官憲立会いのもとに行なわれた。『樺太庁施政三十年史』によると、昭和十年冬は発信二万五千余通、到着二万八千通だったという。「中山駅逓が老いてからは警官が駅逓に変装、これに警官数人が立会い、私たちは実弾をこめた銃をもって雪中に伏せて遠くから警戒した。ソ連側は婦人の兵隊がよく現われた」と半田に勤務した元警官、川上陸市さんは語っている。郵便物交換は戦争中も続けられたというが、いつが最後だったのか確かな資料はない。交換郵便物が減少して十八、九年に自然解消したらしいともいわれる。中山駅逓はソ連の進攻が始まるまで半田に踏み留まっていたといわれるが確かな消息ではない。

ところで、国境近くに配置された樺太旅団は、ソ連と対峙し、仮にソ連軍が侵攻しても、古屯までの国境地帯でくい止め、旭川の第七師団がくるまで支えるのが目的であった。これを「い」号作戦と呼んだ。第八八師団参謀長鈴木康生大佐が十七年十月、樺太旅団に赴任したときは、日ソ中立不可侵条約〔日ソ中立条約〕があったため、大本営は対ソ静謐の方針。大本営の北方主任、竹田宮から、「ソ連を刺激することは避けてほしい。ソ連に銃砲声がきこえる地域で演習せず、スパイが潜入しても国境を越えて逃げ去ったら深追いしない」よう話があったが、それにしても旅団が指向するものがソ連であることに変更はなかった。

十八年七月、月寒（札幌）の歩一二五連隊（芳村覚司大佐）が旅団に編入され、気屯に移ったころから国境陣地の構築が始まった。同連隊は気屯に到着するとすぐ九里飛行場の建設、武意加の陣地構築に投入された。中央では幌見台にベトンで固めた永久陣地が計画された。旅団が要求した予算六万八千円はわずか二万円に削られて、セメント代だけ。あとは無尽蔵の森林をただで切って掩蔽壕を築いた。気屯では森林を伐開して半地下式の三角兵舎が建設された。また中央の国道に平行して東軍道がつくられた。敷香町の栗山順次郎さんが、田所一英監督以下約二百人の作業員を入れ、ツンドラに丸太を並べ、土盛りした道路で、栗山さんの協力ぶりからこれを栗山道（くりやまどう）と呼んだ。

当時、陣地構築に当たった鈴木孝範さん（通信中隊、少尉）は「北辺の地とはいえ八月の日中はむせかえるような暑さで、はだかの上半身は汗と泥でギラギラひかっていた。しかし、ツンドラは表面こそ柔かいが、一、二メートル下は年中溶けることがなく、ツルハシもカーン、カーンとはね返るぐらい凍りついて作業は難儀した」と語り、中村勝美さん（第二中隊長）は「食事は玄米に焼きチクワとかびたミガキニシン。これではたまらないと、

夏もツルハシをはね返す凍土に陣地の構築。

漁業の経験のある兵隊で漁労班をつくり、幌内川でサケをとり、サケ当番は一日中、サケを焼いて、三度三度サケを半身ぐらい食べたものでした。ソ連を刺激しないため白樺の林にテントを張って寝泊りした」と、当時を思い出している。

また、榎本喜三郎さん（第二大隊砲小隊、伍長）は「亜界山の作業隊では輜重車を馬にひかせて、軍道に丸太を並べ、土盛りする作業だった。熊の出没がはげしく、いつも拳銃を離すことができなかった。冬の夜は、馬小屋もないため、軍馬は毛布やムシロをかけていても、鼻穴にはツララがさがり、身体は毛先がまっ白く凍りついてしまう寒さに閉口した。二十年春、七星山観測所を構築したが、材料運搬は北斜面のため、背負った上にトド松の枝葉をくっつけて、ソ連監視哨の目をごまかすなど苦労した。洞窟陣地では羊の角に似たアンモン貝がずいぶん発掘された」と語っている。

九州よりやや小さい島に人口五十万たらず、しかも、その九〇パーセント以上は製紙工場と炭礦の町、海岸線に点在する漁港に住んでいたのだから内陸は人口が稀薄で、とりわけ国境地帯に近くなると、熊や狐の領分に人間がまぎれこんだよう。ツンドラの原っぱをいくと、野生のトナカイやジャコウジカが視界をよぎり、ギャーン、ギャーンと木の肌をそいでいくような余韻のないキタギツネの絶叫や、夜は枝から枝に飛ぶ森のグライダー、カラフトモモンガに驚かされることがしばしばあった。

対米「あ」号作戦の展開

この「い」号作戦はやがて対米「あ」号作戦に移っていくことになる。太平洋における戦況が緒戦の攻勢から転じて、じりじりと押し返されてきたからで、北東方面では十八年五月二十九日、アッツ島守備の山崎部隊が玉砕、キスカ部隊五千二百も七月二十九日に撤退した。そして、あけて十九年二月、米軍は中部千島の松輪島に駆逐艦四隻で艦砲射撃を加えた。大本営はこのことで米軍が千島攻略に出るおそれを抱き、北海道、千島に満州の航空兵力を転用した。

第五方面軍航空主任参謀渡辺行夫大佐は、洋上で米軍をたたくための航空作戦を急ぎ策定する任務を与えられ、その月のうちに大本営から北方軍（三月に第五方面軍に改称）にあわただしく着任したという。次いで三月、千島に第二七軍がおかれ、秋には千島だけで約十万の兵力が投入されていた。

また、対米作戦緊急の折り、不可侵条約のあるソ連に兵を向けておく必要はないと、樺太旅団にも米軍の進攻に備える陣地構築が要求された。

しかし、米軍進攻を想定した場合、千四百キロの海岸線のどこに上陸されても守り切れる配備となると、図上には描けても、陣地と兵をまわり舞台のように自在に向きを変えることはできないことに旅団は悩んだ。鈴木参謀長は冬、偵察機上から海岸線を視察、春は雪どけのぬかるみに車を駆って、陣地の選定を行なった。十九年から二十年にかけて「あ」号作戦による陣地構築が島内いたるところで進められた。

北知床岬の先端に歩一二五第一二中隊（佐竹正蔵中尉）を出し、岬をくり抜いてオホーツク海と多来加（たらいか）湾の双方ににらみをきかせる洞窟陣地の構築にかかったり、南端の西能登呂（のとろ）岬の要塞は十五センチカノン砲四門が野ざらしだったのを、大洞窟陣地に格納したりした。

工兵八八連隊（東島時松少佐）は小隊単位で各地に散り、歩兵の陣地構築の技術指導に当たった。また、大津敏男長官ら樺太庁首脳も全面的に協力した。西能登呂要塞の洞窟工事では炭礦の遊休資材を運び込んで協力したり、豊真山道（豊原—真岡）の弾薬・食糧貯蔵に使う厖大な量の木材は、大津長官の理解で、海軍が南方で使うため買付けたまま船腹がなく野積みしていた材木を「支払いは戦後」の約束で買って回すなどの協力があった。

砂糖のほか孤島化に備えて北方パンなども製造した樺太興農工場。

同山道の清水村逢坂の弾薬・食料貯蔵は、艦砲の届かない山中に邦人を避難させ、軍はこれを守って戦闘するためで、工作関係の部隊がはいって三角舎を建て、ハッパをかけて洞窟をつくった。また樺太庁は予算上は特殊道路の名称で落合―相浜五・五里、富岡―鈴谷三里、小沼―軍川二里の三本の避難道路をつくった。北地区でも同じように上敷香から山中を内恵道路の大股に出る十里の道路の建設が行なわれていた。庁予算書にはこれも森林開発の特殊道路となっていたが、工事は上敷香―大太郎峠四・五里を軍が分担、残りの大股まで五・五里を樺太庁の分担にしていて作戦道路であることは明らかだった。

当時、樺太食糧営団（武藤公平理事長）は島民と季節労務者約十五万人を合わせて五十万人を配給対象に米は一人一石、ほかに小麦粉などを米に換算して十万石、合わせて六十万石をほぼ一年分の食糧とみて、常時それだけを貯蔵できるように倉庫をほとんどの町村に建てて貯蔵していたが、持久戦になるとそれでも不安があり、昆布、野草、魚粉をまぜた北方パンを考案、さらにニシンをまるのままパンのなかに入れたものやツンドラを粉末にしてパンにするといった方法も研究していたし、軍では馬糧にパルプを混合、馬の餌を人間に回すことも考えた。

かつて外交伝書使（外交文書を在外公館に届ける）として五回、シベリアを横断、満洲で特務機関にいたこともある鈴木参謀長は、ダッタン人がつくっている雑草のように強いダッタンソバを至るところに繁殖させることを考え、種子を入手したが、わずかな数量しかなくて実現しなかった。

また山中の生活、とくにきびしい冬は、婦女子には耐えられないことから、戦闘にはいったら直ちに本土に送還、疎開させることが大津長官と鈴木参謀長の間で話合われていた。その後、二十年六月、海軍武官府が大泊（酒井斌大佐）に次いで豊原にもできて黒木剛一少将が着任すると、あらためて三人が話合って、緊急疎開の場合、それぞれが船舶を至急、樺太の港に回航してもらうこと、疎開は軍官民が同時同権で、長官が指揮、軍がこれをたすけるかたちをとることなどを協定していた。

この案に基づいて樺太庁はひそかに緊急輸送協議会を設置した。

戦時下樺太の実態

ここで戦時下の樺太について大ざっぱに解説して先に筆をすすめることにしよう。

樺太の主要産業は漁業、林業とパルプ工業、礦業（石炭）であった。パルプ工場は王子製紙の九工場。昭和十一年ごろ樺太には十一町二十九村（人口三十三万二千人）あったが、町でパルプ工場と無関係に発展したのは本斗と留多加だけ、大泊、豊原、真岡はほかに都市形成の要素があったにしても、樺太の全人口の五十七パーセントがパルプ工場のある町に生活していた。また石炭は昭和九年以降にわかに開発が進んだが、製鉄に欠かせない粘結性瀝青炭の豊富な西海岸北部の炭田開発がめざましく、不足する労務者は朝鮮人を強制徴用して送りこみ、その数は七千人をこえた。出炭量は十六年が三十四炭礦で六百四十七万トンを示し、うち四百万トンを本州方面に積み出している。

石炭によって開かれた北部では恵須取が人口では樺太唯一の市であった豊原を抜いて島内第一の都会になり、隣の塔路は第四の都会になった。この発展により交通機関は恵須取港の修築を進める一方、鉄道を久春内から恵須取まで延長する計画だったが、国防上、中央国境への鉄道延長が軍の要請で優先されてついに実現できなかった。これが終戦時、この地方での悲惨な数多くのできごとにつながったのである。

樺太の工業生産額の四十パーセント以上を占めたパルプ工業は戦争による船舶不足でせっかく生産したものの積取り船がこないため、倉庫からはみ出して工場内にも山積みされるようになっていった。木材は軍が使用する材木、製材、炭礦の坑木と需要がふえたが、これもやがて船腹が減って野積みがふえていった。この滞貨は北部だけでも百十万石以上になり、やむなく危険をおかして海洋イカダに組んで北海道に送ることも試みたが、破損流失も多く、十九年夏、珍内と多来加から二十五のイカダ（五万石）を留萌に送っただけで終っている。

船腹不足は軍需産業に欠かせない石炭の輸送も窮屈にしていった。樺太炭は輸送費が高くつき、増産のため労務者を高賃金で雇うため炭価にはね返って、公定値段よりも高くなる。十七年でみると日本石炭統制会社の買入れ価格はトン当たり二十七円一銭なのに生産費は三十一円三十五銭にもついていて、損失の一部を国が補償しているが、その総額が八百万～九百万円にもなっていた。樺太庁としては樺太が戦争遂行に協力できる最大のものは石炭増産にあるとして力を注いだもので、増産のかげで炭礦事故も多く、十八年には白鳥沢礦のガス爆発で六十人が死亡、四人がけがをした大惨事（十一月二十九日）をふくめて百五十四人が死亡、五千七百人以上がけがをしている。

こうして増産に努めた石炭も十七年から積取り船の入港が減りはじめ、やむなく同年千緒、鵜巣、野田、泊栄四炭礦が自主的に休業し、十八年以降も小田洲、恵須取炭礦など八山が休業した。しかし、船舶はますます減り、十九年八月には閣議決定によって、藤原軍需相は樺太の炭礦は島内向けに採掘する九炭礦を除いては一時閉鎖し、労務者と手持ちの

石炭の低温乾溜工業に力を入れた内幌工場ガソリンタンク。

資材を本州と北海道の炭礦に転換することを命じた。

この炭礦整理によって十一月ごろには、礦員約二万人が家族を残し、要具のみを携え、出征兵士のように盛んな見送りを受けて九州の田川、三池、北海道の夕張などの炭礦に向かったのである。この配転には稚泊連絡船亜庭丸も恵須取に回航された。山元にはわずかな保安要員が残ったが、掘り出された石炭の自然発火をふせぐことと残された家族の世話に心やすまる暇がなかったという。

樺太では石炭の油化工業（低温乾溜で揮発油、重油などを生産する）、パルプ廃液による工業用酒精のほか戦力資源の魚油、工業用海藻の生産なども行なわれたが、石炭、木材を送り出すことができなくなると、樺太庁としては、直接、戦力に貢献するものとして松の枝葉、根からテレビン油をとることに総力をあげることにした。松精油、林産油と称したもので、ガソリンにまぜて高々度の空中戦に必要な高オクタン価のガソリンにする。樺太は第一次産業が主で、生産物は大半を本州方面に運んでいく。労務者も季節労務者が十万人といわれ、いわば出稼ぎ植民地であったから、戦列から取り残される不安が大きかったのである。

十九年末から二十年二月ごろにかけて樺太庁の技師が本州に派遣され、技術を学んで帰ると山林地帯に林産油工場の建設を急いだ。その数は約三百、一町村に九工場はあったことになる。工場とはいってもニシン釜や工場のボイラーを据え付けた急ごしらえの小屋がほとんどだったが、松の枝や根っこ集めには国民学校の児童が動員され、雪どけとともに生産を開始した。林産油は終戦までに十五万キログラム以上を生産したが、ドラム缶に詰めたまま積取り船がなく、結局戦力に寄与することなく終ったものも多い。

自給自足策と島民の防衛意識

次に島民の生活にふれてみよう。

樺太は十八年四月に内地に編入された。すなわちそれまでは朝鮮や台湾と同じ外地で、日本の法律はそのままストレートに施行されず、必要のあるものを勅令などで改めて樺太に施行させる手続きが必要だったから、戦時色を深めていった防空法とか物資統制令といった法律が樺太では二カ月から半年もおくれて施行され、内地では十五年十月に大政翼賛会がスタートしたが、樺太は参政権がなく、政党がなかったから十六年になって国民奉公会ができ、翼賛会支部ができたのは内地編入のときだった。産業報国活動、商業報国活動の組織づくりは一年以上もおそかった。それというのも工場、礦山は労力不足から高賃金で労務者を雇い入れ、炭礦は北海道の二倍という賃金で、北海道側から苦情がでるほどで、産報活動の一つである賃金統制への協力などとてもできるものでなかった。とくに造材は高賃金のうえ、そろそろ不足がちになった酒で釣ることが行なわれ、七十パーセントまでが酒をめあてに現場を転々とするありさまだったという。商報についてみても、樺太は生活物資や産業資材は夏のうちに一年分を仕入れておかなければならないため真岡、大泊などの港町に力をもった問屋が発達、これが既得権を主張して配給機構の整備などの邪魔になったからである。しかし、これも配給統制が徹底してくるとともに改まり、やがて企業統合、整理が行なわれ、十九年ごろから転廃業者百人が緑丘（豊原市郊外）、幌内（敷香町気屯）、保恵（ほえ）（同町保恵）、茶々（ちゃちゃ）（恵須取町）に開拓者として入植したほか農機具製販会社に産業戦士として二十人が就職するなどした。

こうして経済統制などは内地に比べワンテンポおくれて進められてきたが、北海道との間に宗谷海峡があることが樺太の生活にとって幸、不幸の両面をもっていた。

樺太の冬は長い。それに陸上交通も分断されるから越冬準備は夏から秋口にかけての大仕事であった。これが長い習慣になって経済統制が強まってからも生活物資は余裕があり、とくにパルプ工場、炭礦、林業関係などは多くの従業員、家族を抱えているため大量の物資を確保していたから、一時は樺太から持ち出して物資が不足している本州に売るヤミ商人が現われ、あわてて樺太庁が物資持ち出しを禁ずる庁令「物品の移出禁止規定」を出したほどだった。

また米作絶望の樺太の特殊性は中央にも認識されていたから、既述したとおり一年分の米穀をつねに貯蔵することはそうむずかしくなかった。それに小麦などの供出は、外地であるから国に代わって樺太庁が扱うので余裕があったし、庁が提唱した皆農運動では、全島民あげてジャガ芋づくりに精を出した。樺太庁の職員も午後になると隊伍を組んで郊外の開墾に向かい、大津長官も一緒になって働いた。娯楽の乏しい地方であるため酒、ウィスキーも樺太庁が原料確保に特に配慮した結果、配給以外に手に入れることも容易だった。空襲も受けない樺太は、たまにくる旅行者には別天地のように感じられ、吉成文夫さん(樺太庁農政課長)によると、十九年代議士の一行が手島寅雄北大教授の案内で「十八万戸疎開計画」の下調査にきたこともあったという。

しかし、戦争が長期化するにつれ、いつ宗谷海峡が敵潜水艦などに封鎖されるかもしれない不安があり、孤島化するときに備えて、軍の必要物資と島民の生活物資の自給自足に迫られた。

十六年に設立された国策会社の樺太開発（二神駿吉社長、のち金森太郎社長）は炭礦、造材、造林、農牧畜などを経営、さらに製材の統制会社である樺太製材を吸収合併したり、各種の統制団体に資本参加したが、農牧畜では六農場で二千町歩の農場を経営、狐、ミンクの毛皮、乳牛、トナカイの増殖も手がけた。オットセイ猟獲代行の樺太海獣興業を設立（のち合併）、毛皮は航空服用に送り、油脂・骨粉など副産物の製造もした。また同社の開発資金供給も大きく、樺太造船、樺太セメント工業、樺太塩業などを設立させて、樺太に不足している船舶や物資の生産に寄与したのである。

開発に欠かせないセメントは、年間四万七千トン程度しか国から割当てがなく、軍事面からも必要な恵須取港の修築などが進まないため、国境近くの雁門の石灰山の開発が脚光をあび、樺太開発、王子製紙、小野田セメントの出資で会社を設立、敷香町千代路内（ちよろない）に工場建設を進める一方、原料輸送のための鉄道（古屯─雁門五十キロ）の建設を十九年夏から始めていた。塩の自給のための樺太塩業は、パルプが滞貨したため休業した王子製紙泊居（とまりおる）工場を使って海水から塩をつくる工場を設立したものだが、セメント、塩ともに本格生産にはいらないうちに終戦になった。

また、自給生産は繊維などでも、先住民族の知恵を借りて、イラクサ、フキ、スガモ、イタドリ、ハルニレ、チシマザサ、ガマなどで繊維をつくり、むしろ、ござ、縄などをつくることにし、イラクサ織りの洋服を山甚繊維唐松工場で生産にはいった。中央試験場は

食糧自給のため積極的に進められたニシン漁。

養蚕の実験をすすめ、緬羊を島民一人一頭の割合で飼育する予算要求なども行なわれた。

食糧については皆農運動が効果をみせ、十九年には約五千町歩を都会生活者や漁民、工場従業員が耕した。農家の耕作面積が二万五千町歩であったことからみて、島民の努力のあとがわかろう。軍も自活に意を注ぎ、漁労班を編成して川を溯上するサケ、マスを漁獲したり、フキなどの山菜をとって貯蔵につとめた。二十年春小沼に移駐した輜重第八八連隊は十町歩の畑を耕作したといい、上敷香周辺では樺太庁と女子挺身隊の協力で軍のジャガ芋畑がかなり広く開かれていた。漁業は若い労働力が戦争にとられたうえ漁船の燃料不足で沖合漁業はできなくなったが、ニシンなどの沿岸漁業はよく、これを貯蔵するため五百石ほどはいる巨大な塩蔵タンクの建設が奨励された。魚類の移出もできなくなっていたから、魚は配給といってもほとんど自由販売とかわらなかった。

次に島民の樺太防衛への関心をみよう。

地続きにソ連と国境を接しているといっても、島民の間にそれほど不安感はなかった。日ソ不可侵条約があったからで、十五年にソ連機が西の国境で領空を侵犯する事件はあったが、軍を信頼して動揺はしなかった。町内会、隣組、警防団が組織され、防空訓練は行なわれたが、精神作興的なものとして受けとられていた。しかし、防空監視隊令が出ると、内地にややおくれたが十七年春には防空監視隊が設置され、十八年夏の軍指定のものと合わせて三十九の監視哨が置かれた。隊員は若い女性がほとんどだった。また勤労動員も軍馬糧の収穫、災害復旧、国防土木、軍の兵器被服の手入れ、港湾荷役と広範囲にわたり、十八年度には男三万八千二百人、女一万七百人、計四万八千九百人が延べで三十万二千五百日働いている。

十九年になると防空壕構築が進められ、二十年にはいってからは本土決戦に備えて国民義勇隊が全国的に組織されたが、樺太においても大津長官を本部隊長とし、副隊長杉本孝作、幕僚長菅原道太郎、幕僚下出繁雄、寺岡正巳、太田千代の陣容で六月に国民義勇隊を発足させ、市町村義勇隊、職域義勇隊の編成と訓練が六月中旬から七月にかけて行なわれた。

特殊なものとしては、多来加湾からオホーツクにかけて漁労する敷香の島谷栄二郎さんらが、潜水艦に漁労を脅かされるのを防ぐため、四、五十トンの漁船に機銃と爆雷を積み、海上警戒をすることを海軍省に認めてもらい、十九年に訓練を受け十数隻の武装船団をつくった。海豹島砲撃のあと、海軍部隊の救出にあたるなどしたが、潜水艦と対決するまでの場面に遭わず終戦を迎えた。

また、軍の手薄な地域に特設警備隊が置かれ、在郷軍人は随時召集され、成年男子が職場からも農漁村からも引き抜かれていき、このころからようやく悲壮感、不安感が島を包みはじめた。とくに内地配転で成年男子はわずかな保安要員しか残っていなかった西海岸北部の炭礦地帯では、多くの婦女子を預かった義勇隊の苦悩は大きく、ソ連参戦後の悲惨なできごとに結びついた。

腹背の敵に対処

二十年早々、迫撃砲一個大隊が増強され、第八八師団（要）の編成が始まった。三月十八日、峰木十一郎中将が師団長に発令された。同中将は北海守備隊（キスカ島）司令官を勤め、同島撤退後、海上機動第四旅団長であった。当時、南部地区の防衛のため、豊原に第三〇警備隊（司令部と第三〇警備隊から成り、司令官は東海林俊成少将、のち芳村寛司少将、大隊長は佐沢元中佐、のち串崎茂一郎少佐）があったが、これを基幹に歩兵三〇六連隊が編成された。

師団司令部がおかれた樺太博物館。

また、十八年六月、部隊が配置されていない地方や主要都市に対して特設警備大（中）隊が編成され、樺太では第三五一大隊（大泊）、第三五二大隊、第三五三大隊（豊原、のち第三五三大隊は上敷香に移動）と中隊は第三〇一（真縫）、第三〇二（栄浜）、第三〇三（恵須取）、第三〇四（久春内）、第三〇五（真岡）、第三〇六（本斗）、第三〇八（海馬島）が配置された。防衛庁戦史室の資料によると、人員は大隊が五百五十八人、中隊は百二十人編成で、多くは学校教練用の小銃などを装備している程度だったが、恵須取の中隊は交通上、正規部隊が急速に移動できないため山砲一、高射機関銃二を装備していた。このほか空襲などによる被害の復旧のため特設警備工兵隊が編成され内路、落合、豊原に配置されていたが、師団はこれらの部隊を掌握して、三月二十七日師団の編成を終った。人員は二万三百八十八人。

樺太にはこのほか海上輸送路を守るため西能登呂岬に宗谷要塞重砲連隊第二中隊と海軍の約一個小隊がおり、特設警備第三〇七中隊が配置されて要塞司令部の指揮下にあったほか、敷香に独立野戦高射砲第二三中隊、大泊に独立高射砲第三三中隊があった。

また豊原連隊区司令部（司令官桑名照弐少将、のち柳勇少将）は九ブロックに分けて在郷軍人を組織化し、そのころ準備が進んでいた国民義勇隊が戦闘隊になったとき中核になるようにするため、豊原地区第一〜第九特設警備隊の編成にかかっていた。この地区特警は一般にあまり知られず、在郷軍人会の名称で町村ごとに活動していたが、終戦直前、地区司令部に若い将校が配置され、防衛召集した国民義勇隊員に短期間ではあるが斬込み隊の訓練を行なっている。

しかし、樺太に展開していた第二〇飛行団は千島方面に移動し、大谷飛行場に残っているのは北方軍直協隊の司偵四機だけとなっていた。

「第五方面軍作戦概史」によると、八八師団が誕生した直後、方面軍では二七軍司令部についで北海道から二個師団を鹿児島、千葉県に移動させられ、そのあとの防衛のため千島、樺太から転用する必要が出て、四月十九日、札幌の軍司令部で方面軍と大本営幕僚が協議、翌二十日から東北海道、樺太を回った。そしてその結果、樺太については「方面軍の背後の安全確保上、樺太からの兵力抽出は適当でない」と判断、八八師団に対し大本営から「樺太は一部（歩約三大隊、砲一中基幹）をもって北部地区を固守せしめ、師団主力は豊原平地付近に転進、南部要地を確保す」との命令が出ている。しかし、同月末、前記の高射砲二個中隊は千島と北海道に移動し、六月には司偵四機も宗谷防衛部隊の指揮下に移って、樺太の空の守りはゼロになってしまった。

また、概史には五月下旬から六月上旬にかけて大本営は「米軍が樺太を攻撃する公算はそれほど大きいとはいえないが、もし、くるときは西能登呂岬を攻撃して海峡を押え、同時に豊原など南の要地を攻略するために多くて二、三師団が上陸するだろう。しかし、ソ連が進攻してくるときは、有力な部隊で国境を突破して南下しつつ、一部が直接栄浜、大泊、真岡付近に上陸するだろう」と判断していたとある。

そして、その作戦時期は「米軍は本土作戦が行なわれると同時だが、宗谷海峡を突破するだけの目的のときは秋以降。ソ連は冬の作戦にすぐれているし、国境は冬以外はツンドラで行動しづらいから、冬にはいってから」と予想していたと記録されている。

この判断に基づいて方面軍も樺太兵団を指導、状況によっては南部樺太の師団主力をいつでも北海道本島に転進させられるように準備させることにした。

この指示が出たのは、前後の記述から推して六月上旬以降のようだ。そのころには現地兵団も、腹背に攻撃を受ける事態を想定して陣地構築にかかっていたことはすでに書いたとおりで、もし米軍が上陸するとすれば物量にものをいわせて、まっすぐ心臓部をねらうと判断、住民の生命を守りつつ戦闘するには島の最狭部で二分して、南、北で別個に敵を迎え撃つことを考えた。師団司令部は五月二十七日、上敷香から豊原に移り、南では歩二五が連隊本部を小沼に移動、留多加―真岡―落合、豊原の歩三〇六は大泊―富内の線の配置につき、この二つを結ぶと大きいリングができあがるが、これを師団主力が固め、北部は上敷香―内路―古屯を第一二五が担当、恵須取地区にも二個中隊程度を派遣することを考えていた。

師団がこうして対米「あ」号作戦の準備に狂奔しているころ、関東軍はソ連が二月以降次々に部隊を極東に送り込んでいることを確認、七月下旬～八月上旬には満州進攻を開始するとの判断を下していた。この情報と樺太国境の動きから第八八師団としても、六月下旬にはソ連軍はいつでも参戦できる用意が整っているとみなければなるまいと判断していたと鈴木参謀長はいう。従って大本営、方面軍のさきの考えも変更され、関東軍と同じような判断に傾いていたが、沖縄戦以後、米軍が本土を衝くこともまた必至で、その時期はソ連参戦より早まっても遅くはならないとみていた。樺太でも背後にソ連軍の脅威を感じつつ、なお対米の陣地構築を急がなければならなかったのである。そして、事実、米軍の上陸が近いとみざるを得ないようないくつかの事件が樺太の周辺でも起きていた。それらは〝厳秘〟にされてごく限られた人たちにしか知らされないことであったが――。

米潜水艦の出没

五月二十九日、オホーツク海の愛郎岬東海上三十五マイルで千島から北海道に帰る陸軍部隊の輸送船天嶺丸が潜水艦の雷撃により沈没した。

千島への兵員、物資輸送は、列島に沿って航行することが危険となったため稚内―海豹島付近―千島のコースがとられていた。海流のためか、この事件があってからしばらくたった七月になって、元泊村の海岸に腐乱しかけた兵隊のおびただしい死体が漂着した。

同村役場兵事係山田義勝さんは「私自身も四、五体を引きあげた。最初の一人、砂に半ば死体が埋もれていたのは上野熊蔵一等兵で東北出身者だった」といい、同村で雑貨卸商をやっていた岩織ミヨさんは「自宅の前浜に打ち寄せられた二十二体を収容、人を使って徹夜でダビに付し、遺骨を村の万台寺に安置しました。軍服から鈴木正三郎、田村海蔵、馬場国治などという名前がわかったが、下半身だけが流れついた一人は外崎としかわからなかった」といっている。

岩織さんは敗戦後の二十一年のお盆に、オホーツク海を見おろす知取(しりとる)墓地に骨箱を埋めて〝英霊の塔〟と墨書した白木の柱を建てた。二十二年四月に引揚げた岩織さんは、その後も仏壇に二十二人の名を書き、朝夕欠かさず手を合わせているという。

この兵たちは北千島の九一師団(先部隊、堤不夾貴中将)のうち北海道に転進する独立歩兵大隊の一部と高射砲、野砲中隊の将兵だった。

樺太の東海上に米潜水艦が出没し始めたのは五月初め、オホーツク海をぎっしりとざしていた海氷がとけて姿を消すころからだった。夜知取町が砲撃されたり、真昼に栄浜沖合に浮上して漁船や港に砲撃を加えるなど、人をくった暴れ方をした。

憲兵隊の内路分遣隊勤務だった奈良勝正伍長は手を焼いた米潜水艦の跳梁を次のように書いている。

五月上旬、この海岸線に敵潜水艦の動きが活発になった。内路の飛行場からそのつど雷撃機が飛び立ったが捕捉できなかった。ある日、私も索敵飛行に同乗したが、単調な海岸線を洗う白い波と網を曳いている漁船の影しかなく、魚雷を抱いたままむなしく引返した。

知取憲兵分駐所からスパイ潜入の疑いがあるという情報があって部下一人と応援に出向いたのもそのころである。潜水艦の砲撃がおおむね初弾から目標に命中することから判断して陸上に連絡するものがいるようだ。前夜も山麓と海上で光が点滅するのをみた――というのが情報だった。

その日は何ごともなく暮れ、旅館に帰ってくつろいでいると、頭上をゴロゴローッと雷が通り抜けていくような音がしたと思うと続いて砲弾の炸裂音。「野郎っ、やったな」と大声でどなり、私たちは灯火管制の町を走った。

砲弾が落下したのは海岸に近い王子製紙知取工場のガソリン貯蔵庫、無気味な音をたてながらメラメラと夜空をこがすように炎が上がっていたが、まもなくガソリンに引火、すごい音をたてて誘爆がはじまり、ひとかかえほどもある火柱が五、六十メートルの高さまで吹き上げ、海面に反射して凄惨をきわめた。

私たちは、スパイは海上にのがれるだろうとこごしをかがめながら線路づたいに埠頭に走り、ときおり地面に伏せて空をすかすようにして闇のなかに前方をうかがった。と、約三十メートル前方、給水塔の下海岸に小さな火がぽつんとみえた。

あれだ——二人は腰の拳銃を抜くと、安全装置をはずし、匍匐して近づいた。あと数メートル、凝視すると、煙草を吸いこんだのか、火がパッと大きくなって、また消えかかるように小さくなった。

リズミカルな波の音だけが急に耳につく。汗ばんだ拳銃を目の高さに上げて、一点の火に照準を合わせ「だれかっ」と叫んだ。応答はない。火の位置も微動だにしない。次の瞬間、がばと身を起すなり私は体ごと火にぶつかって飛んだ。

しかし、手応えはまるでなく、私の身体は大きく弧を描いて、浜砂利の上に左ほおと肩からいやというほど強くたたきつけられていた。

その火は、通過したばかりの機関車の落とした火の粉だった。

海豹島、砲撃さる

細い筆先から一滴しずくがしたたったように、北知床半島の先端から十六キロほどの海上に浮かぶ海豹島が、七月二日、潜水艦の砲撃を受けた。

長さ六百四十メートル、幅九十メートル、高さ十二メートルほどのちっぽけな海蝕台地でしかない同島は、オットセイの繁殖地として米プリビロフ群島、ソ領コムマンドルスキー群島とともに知られ、ロッペン鳥の群生地でもある。わがもの顔のオットセイとロッペン鳥の家に肩身狭い思いで居候しているように、監視小屋など四棟が、島の西南の崖の下にあって、その年、幸田明中尉を長とする海軍宗谷防備隊の電探部隊がその小屋に機械の取り付けを急いでいたが、攻撃はこれが完成したばかりのところを狙ったようで、この一角だけが完膚なきまでたたかれた。

島村市太郎警部補は島の監視長として十二年間、夏を孤島で過ごした。部下の巡査一人と人夫五人を連れて四月になるとやってくる。そのあとから樺太海獣興業会社の作業員三十人ほどがきて、飛行服に使うオットセイの皮をはぎ、ときには島民に配給するロッペン鳥のでっかい卵を大量にとって船で積み出したりした。十九年の夏は本斗水産、真岡中学の生徒も学徒動員でやってきてオットセイの血なまぐさい大量虐殺に従事したものだった。

島影が海没しそうなほどオホーツクの波が高くなってきた十九年十一月に豊原に帰った島村警部補は、妻子と共に五カ月ほどを過ごして、この年も四月にやってきていた。

オットセイやトドが群れる海豹島と同島に置かれていた監視小屋。

「おーい、南から船がくるぞう」

誰かの声に、みんながぞろぞろと四つの建物から起き出してきた。前日の大雨があがってカラリとした快晴だった。午前四時五十分。島村警部補は南からやってくる黒っぽく、ほっそりした船体がみなれないものだっただけに小首をかしげた。

沖合一・五キロほどに近づいたとき、潜水艦であることを知ったが、そのとき突如、砲銃撃が始まった。

プスッ、プスッと屋根を抜き、砂浜の連絡用の船二隻もたちどころに機銃弾がハチの巣のように穴だらけにしてしまった。電探室にいた海軍の兵隊三人と、海獣興業の責任者中島正男技手、作業員一人の計五人が撃たれて死に、一人が重傷を負った（敷香に引揚げ後死亡）。砲弾で建物が火をふいた。

兵隊が台地上の機銃で応戦したが、敵はすべての建物を焼きつくすと、島の中央の国旗掲揚台を狙い、十時ごろまで間断なく撃ち続け、島村警部補らは南端の砂浜の防空壕に逃げこむのがやっとだった。壕内の島村警部補らが銃砲声がやんだのに気づいて出てみると、もう潜航して、海上に潜水艦は見えなかった。

中島技手ら五人の遺体は砂浜で火葬、寝るところもなにも失ったが、幸い、米とみそは砂浜に埋めてあったのを掘り出して食べた。翌日、たった一隻残った伝馬船で海獣会社の中根船頭ら二人が、にぎりめしをもって北知床岬に向かい、岬にいた陸軍の佐竹中隊から救援隊がきたのは四日後だった。

海軍電探部隊はこのことがあってすぐ引揚げてしまった。銃砲撃で多くのオットセイやロッペン鳥も死んだが、まもなく、何事もなかったようにオットセイはゆうゆう波をくぐり、あるいは頭をもたげて咆哮し、胸の白毛をのぞかせたロッペン鳥が翼で嵐のような音をたてながら台地を移動する光景がみられるようになった。

バーブ号跳梁

海豹島砲撃があってしばらくして、こんどはオホーツクに面した単調な海岸線に沿って走る樺太東線の白浜—白浦間で、南下する軍用貨物列車が地雷でふっ飛ばされるという事件があった。

七月十七日午前二時。現場は海岸線に近いハマナスの原っぱを通過するあたり。二キロ北にポツンと一つ、小さな番屋があるきり、無人の海岸線。

爆発地点には直径十メートル、深さ二メートルのすりばち状の穴があき、機関車はその中に頭を突っ込み、貨車は後部の数両を残して脱線転覆し、レールはあめのようにねじ曲って、枕木の破片や路床の玉石と土砂が半径五十メートルほどに散乱していた。

知らせとともに捜査指揮のため現場に飛んだ落合警察署司法主任、細川栄太郎警部補には夏の太陽がキラキラはねる海の青さと無残な姿をさらす機関車の上に砂とともにふりか

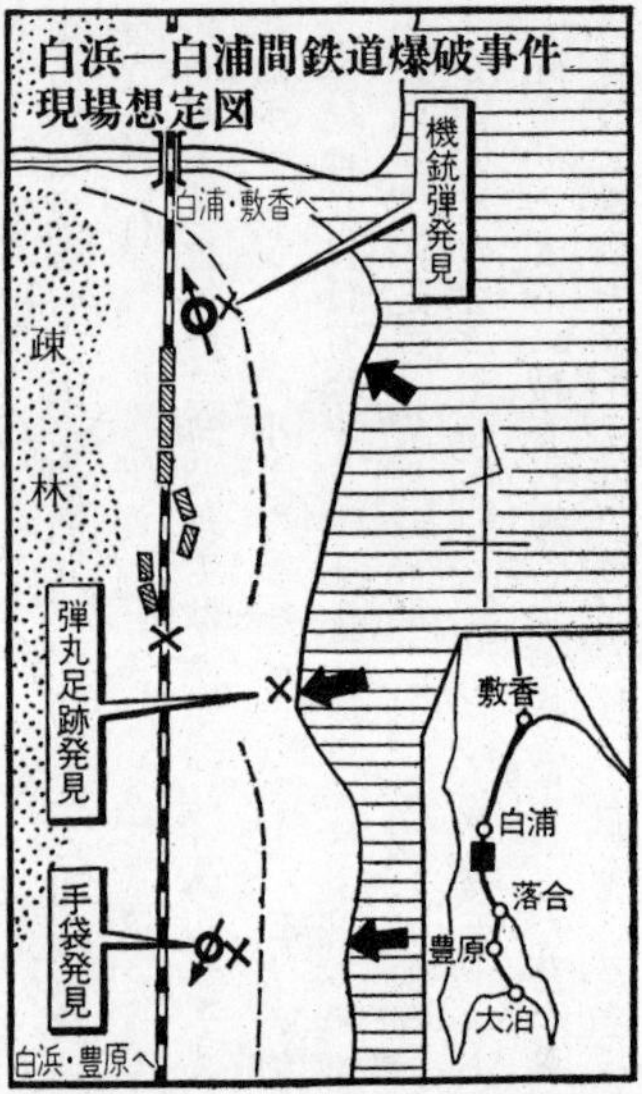

白浜—白浦間鉄道爆破事件現場想定図

かった赤いハマナスの花が強い印象で残った。

穴の中から五メートルほどの被覆銅線と厚さ五センチのアメリカ松の破片が発見された。海から上がってきたと想定して百メートルほどある波打ちぎわを丹念に調べると新しい犬の足跡と入り乱れた靴跡があった。舟艇を引きずり揚げたような跡も確認された。次いで小銃弾一個——潜水艦からボートで上陸したことが、誰の頭にもピンときた。このことから爆破班のほかに援護する兵も上陸したものと判断した。

正午過ぎ憲兵や応援の警官隊がきた。国境方面への輸送路を断つ、この大胆な鉄道爆破が、軍や警察に与えた衝撃は大きかった。五十人の大捜索隊が海岸線を中心に四方へ飛び、鉄道局も極秘裡に復旧を進めた。

そして夕刻、憲兵隊は二百メートル余北のハマナスのなかに設けたらしい機銃座の跡と砂中から弾倉一つを発見した。また、南を担当した警官隊はUSAのマークのついた黒皮手袋の右を見つけた。左右に銃座を構えながら地雷を装置したことがはっきりした。

二キロ北の伊藤漁場の番屋に一人住まいしていた老人から事情を聴取した係官は、老人が、

稚泊連絡船 宗谷丸。

「前夜遅く、小用のため戸外に出て海に向かって立ったとき、右手の海上に緑色の航海灯のようなあかりをみた。暗夜で距離はわからないが二キロほど沖合だったように思う。灯火は陸に向かっているようで、低いエンジンの音も聞いたように記憶しているが、まもなく音も灯火も闇に消えた」

と証言するのをつきとめた。

しかし、憲兵隊は国内のスパイのしわざだと主張して譲らず、二つの見解の板ばさみで豊原検事局の藤井勝三検事が上京して、上司の裁断をあおぐことになった。

七月下旬「連絡船宗谷丸、みごと敵潜を撃退」のニュースが新聞に報道された。軍用列車爆破の翌十八日にこの事件は起きた。しかし事実は、宗谷丸こ

その魚雷をのがれたものの、その身替りのように、護衛の海防艦一一二号（艦長、石渡俊一郎海軍中佐）が轟沈、石渡艦長以下百五十二人が艦と死をともにした。

樺太庁土木課孫杖（まごつえ）―知志谷（ちしゃ）間道路開削工事主任としてこの事件を工事現場で目撃した佐々木竹三さんによると、状況は次のようなものだった。

午前八時、稚内を出港した稚泊連絡船、宗谷丸（福井宏哲船長）は二丈岩沖で船首を北東に向け、西能登呂岬をかわして、白波立つ亜庭湾を大泊をめざしていた。

その沖を同船から少しおくれるかたちで海防艦一一二号が警戒していた。

孫杖の沖合がちょうど航路のまん中にあたり、稚内から四時間。いつも連絡船の通過をみて「さあ、めしだ」と作業をやめることにしていた。この日も、宗谷丸が沖合六キロ付近を進んでくるのを認めて「昼か」と佐々木さんがつぶやいたとたん、宗谷丸がもくもくと黒煙をはいてスピードをあげるとともにジグザグに航行し、甲板上の機銃が激しく海面をたたいた。と、次の瞬間、孫杖川口付近で大爆発が起き、三十メートル余もある水柱があがった。

沖では、後方の一一二号が、黒煙をはいて逃げる宗谷丸の横に、フルスピードで出てきていた。しかし、一瞬、大音響とともに一一二号は小山のような黒煙に包まれ、煙が強風に吹き払われたときには、艦首をわずか海面に突き立てているだけ、十分ほどで姿を没してしまった。二本目の魚雷をどてっ腹にくったのであろう。宗谷丸がかろうじてかわした魚雷が海岸に向かってつっ走り、岩礁に当たって砕け散ったのである。

宗谷丸は白い航跡をひいて、全速で大泊港に向かった。潜水艦は深追いしなかったのであろう。西能登呂要塞のカノン砲が数発を海上めがけて撃った。また、まもなく軍艦三隻が南から現われ、捕捉しようとしたが捕えることはできなかった。

宗谷海峡に米潜水艦がはいっているらしいことを、佐々木さんらは知っていた。六月十二日、湾内の内砂沖(ないしゃ)で貨物船第一札幌丸が雷撃をうけて沈没、一人が死亡、生存者はボートで脱出して上陸したことがあり、そのころ潜水艦から捨てたらしいＵＳＡの文字のあるメリケン袋に缶詰や食べもののくずの詰まったものがいくつも浜に打ち寄せられていることがあったからだ。軍が七月七日連絡船の航行を一時停止させたこともあった。

一一二号沈没のあと重油が浜に寄せ、そのなかに木片や毛布とともに肉片も浮いていた。孫枝川口の爆発地点にはピカピカひかる真鍮が散乱、英文字の読みとれるものもあった。

《戦後、引揚援護局の調査では、一一二号は午前十一時十分、魚雷一本が命中、同号は後部を切断されて瞬時にして沈没、百五十六人の乗組員中、助かったのは中出吉男、道畑兼市、京橋一男、高木芳男の四人のみということになっている。宗谷丸は昭和四十年まで国鉄の石炭運搬船として室蘭―名古屋間に就航していたが、のちスクラップ化された。》

このように二十年春から夏にかけて宗谷海峡から多来加(たらいか)湾にかけての樺太の海は、完全に米潜水艦に押えられていたが、米海軍の記録によると、海豹島砲撃も、鉄道爆破、海防艦沈没も、たった一隻の潜水艦バーブ号のしわざだったというのだ。

「アメリカ海軍作戦年誌」には「一九四五年七月二日、潜水艦バーブ号（SS－220）は樺太東海岸沖の海豹島所在日本軍施設を砲撃した。これは米国潜水艦が陸上にたいして、初めてロケット攻撃を行なって成功した例である」という記述がある。

さらに「同年七月十八日、日本海軍海防艦一一二号は樺太沖（北緯四六度〇三分、東経一四二度一六分）においてバーブ号により撃沈した」とある。

また、キング提督の海軍公式記録には「潜水艦の一隻バーブ号にいたっては本州沿岸に一分隊を上陸せしめ、渡橋中の進行列車爆破に成功した」と書かれている。これには本州とあるが、バーブ号が、この翌日亜庭湾で一一二号を撃沈している作戦年誌からみて、樺太の誤りであろうことは充分推測できる。

その後七月二十三日、西海岸真岡で港外停泊の石炭船一隻が魚雷を受けて沈没している。これがバーブ号によるものかどうかはわからない。

スパイ潜入阻止に苦心

樺太兵団が腹背に敵を想定していたことは前述のとおりであるが、背のソ連の動きはどうであったか、に触れてみよう。

北樺太におけるソ連兵力は十九年で、国境付近に一個師団、後方のアレクサンドルフスクまでに一個旅団程度がすでに集結していると師団司令部は判断していた。後述するソ連の対日参戦をめぐる動きからすると、この時点で果たしてこれだけの兵力が集結していたかどうかは疑問があるが、かなりの部隊が増派されていたことは事実だろう。それに、ソ連侵攻と同時に、軍のあとについて南樺太にやってきて住みついた一般人が、相当入り込んでいたろうから、人の動きが激しくなっていた。

国境での諜報活動は彼我ともに一段と活発になった。

百三十キロに及ぶ原始林とツンドラの国境線では、いかに警備の目があってもたりるものではない。この一帯は〝水草の民〟と呼ばれるオロッコやギリヤークなどの種族がいる。フレップの実にアザラシの油をかけて食べ、極寒期を一枚のけものの皮でしのげる彼らにとって、果てしないツンドラ地帯も庭を歩く気軽さだ。そこに縦横に彼らがつけた踏分け道が、日ソのスパイ道だったようだ。

国境警察の腕白派出所に勤務した藤沢春雄さんは、「鳥の羽ばたきにも神経をとがらすほどの静けさが支配する国境で、たまにオロッコ人をみかけて驚くことがあったが、それはオロッコに変装した特務機関員だった」といい、さらに、ソ連スパイの潜入に対しては憲兵隊がハイマツやトドマツの林に、触れると音がするように細ひもをはりめぐらしており、潜入の情報があると、ツンドラを手にとって踏みくだいたコケを仔細に観察するよう

国境線に並行して、半田―安別間に建設された軍道。

なことも行なっていた。しかし、これだけ神経を配ってもスパイの潜入は防げず、十九年、武意加ではオロッコ人のスパイ二人を射殺したことがあり、ソ連の脱走兵を捕えたこともあったという。

国境警察は十九年度の樺太庁予算要求資料によると四百三十一人であった。装備は警官の数より多く、重機三十五、軽機二十八、小銃七百九十八を持っていた。これに対して前記資料によるとソ連側は約千二百九十人と推定されている。この資料は「極秘、提出せず」と朱書されたもので、さらにソ連の国境警備の前線基地の位置、人員数、スパイの潜入コースも明らかにしているが、それによるとソ連側の基地は十二カ所あり、スパイ潜入コースは二十本ほど書き込まれている。

このため警察部は十九年に警察犬六十頭を各派出所に配置し、冬の捜索のためトナカイそりを借り上げるための予算四千八百円を要求したほか、スパイの追跡、包囲に民間の協力を得るための報酬を予算化しようとしたが、その要求資料には、

「当庁ニ於テ蒐集セル情報ノ範囲内ニ於テモ、北樺太亜港諜報部ノ対日諜者ハ三十八名ニ上リ、（略）諜者ノ殆ドガ土人ニシテ、彼等ハ原始林ノ跋渉ニ慣レ、厳寒ノ下ニ野宿シ、粗食ニ耐エ、ソノ行動ノ敏速等之ガ捕獲ハ容易ナラザルモノアリ。最近〇〇ニ於テ工作中ノ諜者逃走事件発生、全島各署ノ警察官延一、一九七名、警防団員及人夫延二、五〇〇名ヲ要シ、延長七、八十里ニ亘ル山野ヲ捜索、漸ク逮捕セル事件アリ。マタ本年一月以来六月末迄ニ土人諜者二名、ソ連正規兵一名ヲ逮捕シタルホカ越境ノ人影、足跡ヲ認メタルコト数件ニ及ビ（略）」

とスパイ事件が説明されている。

ソ連参戦の背景

こうして二十年にはいり、北緯五〇度線の雪が消え、ツンドラの灰色の地表も緑の色をおびてくるころ、諜報戦の背後にあるソ連軍の動きも、にわかに活発化してきた。

間宮海峡に面した西の国境、安別の海べりに立つと、ソ連領内に丸山岬（ピレオ富士）が突出しているので、ピレオ港は陰にかくれて見えないが、向地視察隊のいる山からは、ピレオ川の流域にひらけた村落と農耕地が望見できた。乳牛を飼うソフォーズのピレオとは、かつて、ひき潮のとき、磯づたいに人のよさそうなソ連の農夫たちが、安別の祭りにやってきたり、急病人が出ると、安別炭礦にたった一人いる老医師を迎えにくるなど、隣人としてのつきあいをしたものだったが、ここにも二十年春ごろに一個大隊ほどの軍隊が駐屯、ドイツ降伏（五月八日）後、とくに六月下旬以降は、ウラジオ方向から五千トン級の貨物船が現われ、陸地にぶつかりはしまいかと思うほど安別に近づき、かたずをのむ村びとの面前でかっきり九十度に変針して岬の陰に消えるということがひんぴんとあった。そしてピレオ港では夜を徹して物資の荷揚げが行なわれた。

また、そのころから朝鮮人が道に迷ったと安別派遣隊兵舎に近づくような怪しい素ぶりをみせたり、薄暮、沖に出ている漁民が、まるで海獣の移動のように波間にみえがくれする潜望鏡を見て逃げ帰った話も伝わり、風の騒ぎのように不穏な動きが国境で目につきはじめたのである。

中央国境でも、樹海のなかの町オノール周辺で車の動きが激しくなり、幾条もの煙が山間から立ちのぼるのを、監視哨の兵たちはある胸騒ぎに似たものを覚えて見つめていた。

ソ連がヨーロッパ戦線から兵力を極東に移動したのは二月十一日の「ヤルタ協定」によ

ったものであることは、戦後、米国務省が発表した同協定の内容で明らかだ。

協定には、

ソビエト連邦、アメリカ合衆国、大英国の指導者は、ドイツが降伏し、ヨーロッパにおける戦争が終結したのち二〜三カ月内にソビエト連邦が次の条件のもとに同盟国側に立って、日本に対する戦争に参加すべきことを同意した。
一、（略）
二、一九〇四年の日本の裏切り的攻撃によって侵犯されたロシアの原諸権利は回復さるべし。すなわち（a）サハリンの南方部分およびこれに隣接するすべての諸島はソビエトに返還さるべし。（b）（以下略）

とある。

そして、対日戦の開始について、ソ連共産党中央委付属マルクス・レーニン主義研究所大祖国戦争史部一九六〇年刊『大祖国戦争史』の第六巻に、

「ソ連邦の指導者はすでに五月二十八日のホプキンスとの会談で、極東での参戦の期限はいつかという問いに答えて、ドイツ降伏後二〜三カ月してこの準備が整うことになっている点に注意を促した。「ドイツは五月八日に降伏した。従ってソ軍は八月八日までに完全

な準備体制にあるだろう」とソ連政府首脳はいった。ポツダム会議の一日目にトルーマンはソ連が義務を果たすであろうという確認を、ソ代表団から自分自身でうけとった」と書いている。

同書によるとソ連軍の極東における主目的は関東軍と戦って遼東半島に出ることにあり、ザバイカル、第一極東、第二極東の三方面軍（総司令官、ワシレーフスキー元帥）百五十八万が展開した。そして樺太、南千島は第二極東方面軍（司令官、エム・ア・プルカエフ上級大将）のうちの第一六諸兵連合軍が、北・中千島はカムチャツク防衛地区部隊が、太平洋艦隊、アムール河赤旗小艦隊の支援を受けて攻撃準備にかかっていた。

このソ連軍の移動が、風の騒ぎのように、国境を接した樺太の第八八師団にも伝わってきたのである。

ソ連軍、ついに進攻開始

七月にはいると、ソ連軍の動きは、進攻必至と判断しないわけにいかないほど活発になった。

ある朝、山頂で望遠鏡をのぞいた日の丸監視哨の兵隊は愕然色を失った。それまでオノール付近の山かげからチラッと姿をみせる程度だった戦車を先頭に自走砲などの機甲部隊が国境へ向かい一斉に南下を始めているのだった。

内路など各所で陣地構築に当たっていた歩一二五の第一、第三大隊に、直ちに国境に向かうよう命令が飛んだ。が、国境近くまで進んで森林にはいったソ連軍は、ぴたっと停止したきり。そして、翌朝進攻の火ぶたを切るにちがいないと、息をころして行動を見守っている日本軍の前を、夕刻、何ごともなかったかのようにオノールの方角に去っていった。ほっとするとともに、ソ連が地続きの国境を突破して進攻することは、百パーセント疑う余地のない事実と判断しないわけにいかなかった。

気屯の歩兵 125 連隊本部。

鈴木参謀長はその週だけで三回、第五方面軍司令部の作戦、情報参謀に電話でそのことをいい、師団は全力をソ連に向けるべきだと意見を述べたという。七月十日には峰木師団長自らも空路札幌に飛び、兵団の考えを伝えた。

そして、兵団内部では兵は対米に指向していても、大隊長、副官以上はすべて対ソ作戦にいつでも対応できるようにと指示した。

軍司令部から「ソ軍侵攻しきたるときは、樺太兵団はこれと大戦するものなり」と命令電報が届いたのは、月がかわった八月三日午後四時。実際にソ連軍が行動を起した日の六日前である。参謀長の報告に峰木師団長は「そうか、きたか」——ひとことの師団長のことばは、この命令を待ち続けた師団の気持を率直に表現していた。

団隊長会議が師団司令部で開かれ、ソ連の攻撃開始は八月末から九月初旬という観測に立って師団の方針や作戦要領が詳細に指示されたのは六、七両日。国境からきた小林歩一二五連隊長は、終って「久しぶりだ。ソ連軍がきたら長い別れになるかもしれないし、一献……」と話しかけた鈴木参謀長に、「いざというときの備えはほぼできているが、やはり気がせくから帰るよ」と、ふりきってすぐ夜行列車に乗って帰っていったが、小林連隊長が古屯に部隊幹部を招集して対ソ命令を下しおえたのは八日正午ちょっと前、帰隊が一日おくれていたら戦線はとり返しのつかない混乱を招いたにちがいなかった。

南（対米）に向いていた兵団は、こうしてソ連の侵攻前ぎりぎりで、かろうじて頭だけを北にふり向け得たことになる。歩一二五連隊長は、北地区守備隊長になり、師団直轄の特設警備隊や国民義勇戦闘隊を含めて指揮する権限、支庁長と相談、邦人の避難の指示などをする指揮権も付与された。しかし、対ソ作戦に転換した直後で、師団参謀部は邦人の避難などについての構想を持っていたが、現地の守備隊長にはまだ具体的なものはできていなかったし、予想より早く侵攻が開始されたこともあって、国境地帯の石灰山に働く作業員の避難命令を九日朝いちはやく出したのにとどまった。

邦人はこのために混乱したが、満州での関東軍がなすところなく邦人とともになだれをうって敗走したあのような悲劇を、樺太で（地形的な条件もあるが）防ぎ得たのは、兵団が心の準備だけでもできていたためである。

九日朝七時少し前、豊原市長、高橋弥太郎邸に寄宿していた鈴木参謀長のもとに「方面軍より緊急情報」と伝令兵が駆け込んできた。師団司令部に着いて受話器をとると、作戦主任参謀田熊利三郎中佐の声で、

「ただいま大本営からの通報があり、サンフランシスコ放送によると、ソ連が昨八日夕刻、日本に宣戦を布告したもののようであります」

緊張した同参謀の声がびんびんと耳に響いた。

方面軍司令部の電話を切ると鈴木参謀長は兵を呼び、北地区守備隊長はじめ各部隊長を作戦緊急電話で呼ぶことを命じ、自らも峰木師団長に電話で事態を告げた。そして、

一、大本営の通報によればソ連は八日日本に宣戦布告せり

二、兵団は樺太防衛のため決起せんとす

三、各隊は団隊長会同において示されたところに基づき、おのおのその任務につくべし
四、余は豊原にあり

との命令文について裁可をとり、まっさきに作戦緊急電話に出た小林北地区守備隊長に伝達した。

「わかりました。予想どおりきましたね。昨日の昼、全幹部を集めて命令を下してありますから「きのうの命令どおり任務につけ」ですみます。国境方面はどうぞご安心ください」

小林守備隊長の声は自信にあふれていた。

同じように命令は各部隊に次々と伝えられ、さらに樺太庁、国鉄など各方面にソ連参戦の報が流され、小林守備隊長からは古屯の第二大隊長渡辺辰夫少佐に八方山陣地進出を、上敷香泉部落の第一大隊（大隊長小林貞治少佐は旭川に出張不在）、内路の第三大隊長小笠原裕少佐にも米軍迎撃のための陣地構築を放棄して、直ちに国境に転進せよと命令が飛んだ。

この朝、大津樺太庁長官は堺清吉土木課長らの案内で南の知志谷―孫枕間の道路工事を視察中で、佐々木竹三技師から、二十日ほど前、目の前の亜庭湾で起きた海防艦一一二号沈没の模様を聞きながら内幌に向かう発動機船に乗ろうとしたとき、ソ連参戦の報を受けた。

予定を変更、白主から車で豊原に引返して師団司令部へ。峰木師団長、鈴木参謀長、豊原海軍武官府黒木剛一海軍少将との間で軍官の連絡協議を行なったが、参謀長によると時間は午前九時ごろ。すでに述べたように、いったん戦場化したときの処置は三者間で協議されていたこととて、このときはそれを確認し合っただけで、十分とかからずに散会した。日の丸監視哨から「ソ連軍侵攻」の一報がはいったのはその後まもなくだった。

国境へ、国境へ

九日、歩一二五連隊の小林連隊長は後方各地にあった各隊に国境への急進を命じた。小笠原裕第三大隊長が持ち帰った連隊の戦闘詳報の写しから、この日の部隊のあわただしい動きをみよう。

戦闘詳報は終戦後、小笠原少佐が小さい紙片に書き写し、洗面具入れにみせかけてつくった掛け軸の表装の間に秘かにはさみ込んで持ち帰ったものだ。

＊午前七時、鈴木参謀長より下記電話（イ）米放送によればソ連は本九日午前五時帝国にたいし宣戦を布告せり（ロ）歩一二五は八八師団作命甲により直ちに配備につくべし（註、鈴木参謀長は小林連隊長に電話したのは七時十五分ごろで、その内容も既述のとおりであったと語っている）

＊午前八時、連隊長は八八師団作命甲に基づき国境守備隊となり、国安作命第一号を下達す
＊午前八時三十分、石灰山の人員を引揚げ、鉄道爆破を命ず
＊午前九時、中第一線大隊の配備を完了す
＊午前九時―同九時三十分、日の丸第一号監視哨砲撃二発を受く。日の丸、八の字間の電話線隧道付近において不通、向地隊長大越大尉三一四高地に前進
＊気屯残留部隊にたいし橋梁、飛行場、兵舎の警備を命ず
＊Ⅲ左第一線展開の間、第一中隊をして亜界山を占領せしむ
＊午後零時四十分―同一時五十分、半田警察付近砲撃を受く
＊気屯以北の警察、憲兵の指揮を命ぜらる
＊武意加警察より少数の敵、武意加正面において越境、交戦中との電話あり。武意加警察は敵斥候の襲撃を受け引揚ぐ
＊午後六時二十分、連隊本部八方山に向う。同九時到着
＊午後七時五十分、半田警察正面に敵斥候（将校）五、六名現出
＊本日天候不良、細雨、視界不良、視程五十、中第一線よりの斥候報告「敵兵見えず、砲撃および小部隊（斥候と判断す）の越境あるのみ」
＊Ⅰ、Ⅲ、BA、P、Tはともに原駐屯地出発輸送中なり（註、Ⅰは歩第一大隊、Ⅲは歩

第三大隊、BAは山砲、Pは工兵、Tは輜重の略号）

内路山陣地にいた第三大隊が北に向かうべく陣地を出て内路駅に集結したのはすでに夕刻だった。小笠原大隊長は速射砲、機関銃、工兵の一部と第九中隊（飯田喜雄中尉）を率い、内路飛行場のトラックで先行、そのあと第一、第二梯団に分かれ列車で北上、八十キロ北の八方山陣地に急行したのだが、大隊本部付松田利一獣医見習士官はその模様を次のように記録している。

海風に雨がまじってプラットホームに横なぐりに吹きつける闇の中で、資材の貨車積みが強行された。伝令が器材や馬の搭載完了を次々と報告、それを受ける小笠原大隊長の顔に雨がひかる。

大隊長と第九中隊など一部がトラックで先行したあと、びしょぬれになった私たちが車中の人になったのは、すでに深更である。古屯に着いたのは十日朝、雨はあがっていた。

古屯から北へ。まだら雲のあいまに青空がのぞいていたが、国境の空は厚い黒雲におおわれていた。

小高い幌見峠の監視哨を過ぎたころ、心配していたソ連機の爆音が北から近づいてきた。「敵機だ」の叫びに、だだっと道路わきの草むらに散ったが、戦闘機二機は、さっと翼を太陽にきらつかせて青空をよぎっただけで、もう夏雲の上に見えなくなった。身の丈ほどもあるフキの葉蔭に、白いツツジがぼけてみえ、はたとも風の音のしない草むらは息苦しいほどだった。

再び行軍が始まり、ヨモギやイタドリをかきわけて、ツンドラに丸太を並べた山道に着く。八方山、師走台陣地にはいる軍道だ。馬は膝まで没し、泥が帯径（おびみち）にもはね上がる。そのとき、横道から鉄帽をかぶり、双眼鏡を持った小林連隊長が現われた。小笠原大隊長は緋色の緒の軍刀を堅くにぎりしめて到着を報告した。

師走台に着いたころは長い夏の日も暮れかかり兵隊の影が、黒い焼けぼっくいのようだ。静けさのなかで、国境方面で二、三分おきに砲声がした。犬の遠ぼえのように音は遠い。

「さあ、各自戦訓に従ってタコツボを掘れ」大隊長自らも円匙（えんぴ）をもって穴を掘る。

手榴弾が二発あて配られる。その間にも次々と国境方面の情報がくる。刻、一刻、迫る戦闘への緊張感が闇のなかでもおおいかくせない。

秋風のように夜の冷気が身にしみる。

戦闘詳報の十日の項には、

気屯から古屯への中央軍道を行く軍用トラック。

＊十日午前零時第一大隊第一梯団（第四中隊、第一機関銃中隊）横田中尉指揮、古屯着陣地占領

＊午前零時三十分、第一大隊第二梯団（大隊本部、第三中隊、歩兵砲小隊）古屯着、第三中隊（機関銃二属）は北斗山占領（連隊予備隊）

＊同右、右第一線大隊配備完了（半田守備隊の交代未了）

と第一大隊（小林貞治大隊長出張不在のため泉部落陣地からの転進は横田徹夫第三中隊長が指揮、陣地についてから歩兵砲大隊長木下義一大尉が大隊長代理）の動きを記録している。この日の戦闘詳報の末尾には「本日晴天、敵機は午前九時の三機を最初とし、数次にわたり

延べ十七機、陣地偵察、一部半田に投弾損害なし、砲撃は半田および日の丸監視哨に落達するも大部隊進攻を見ず。日の丸監視哨は彼我の争奪を繰返し、敵はさらに一小隊をもって夜襲しくるも我はこれを撃退す」とある。

この日一日、中央におけるソ連の進攻は理解に苦しむほど緩慢だった。そして、この間に各隊は先を争うように北上した。

北知床の突端の近くで、岩盤を打ち砕き、岬の東西を貫通する洞窟式交通壕をつくる作業に従っていた第一二中隊（佐竹正蔵中尉）も十日夜、国境転進の命をうけ、四宮小隊を残して国境に向かったし、半田警備小隊の漁労班長として兵四人を連れ、幌内川で現地自活のサケ漁をしていた河添定吉軍曹らも十日朝、ソ連参戦を聞き、ツンドラ地帯をまっすぐつき進んで半田へ向かった。

「ソ連がきたら少数の警備隊は全滅だ、早く帰隊しなければ——兵隊を集めて小走りに軍道に出ると、もう橋は落ちていた。丸太を切り倒し、イカダを組んで渡河する。雨のあと泥水をのんでふくれ上がった幌内川は、懸命にサオさしたが流され、ほうほうのていで対岸についたときは軍道のはるか下流だった。むだに時間を費やしたことがくやまれ、私は半田を指さし、肩までの雑草の中をつき進んだ。草のつるに足をとられて何度もころび、ツンドラの上をただやみくもに歩き続けた。

十二、三キロの道程を歩いて、兵舎の半田警部派出所に着いたころは、日はとっぷり暮れていた。建物の中に人影はない。食べかけたままの飯が放り出してある。小隊は——考えたくない不吉なことが一瞬脳裡をよぎるが、朝から喉を通したのはツンドラにゴボウ剣を突き刺してわいた茶色の水だけ、五人は崩れるようにすわって、ころがっている飯盒を拾い、冷えた飯を喉に押し込んだ。

しばらくして、警察の小使い（布谷喜栄次さん）が現われ、小隊は外の陣地についていることを聞かされた」

河添さんはこう語っている。一刻も早く国境へ、そしてソ連軍の南下を阻止しなければ、邦人が戦車のキャタピラに踏みにじられる——これは、国境守備隊の誰もが、ソ連参戦を聞いて、とっさに思ったことだったようだ。

緒戦における国境戦闘

砲声下、婦女子の避難

中央国境の最先端、半田警備小隊（泉沢尚太郎少尉）の兵たちが、ソ連の参戦と日の丸監視哨へのソ連軍の進攻を知らされたのは九日昼ごろだった。

警備小隊では警官と同居の派出所内で昼めしを食べていた。おかずにはこのところ毎食欠かしたことのないマスの大きい切り身がついていることもふだんと変りなかった。ドアがあいて服装を正した泉沢小隊長がつかつかとはいってきた。室内のざわめきが一瞬静まった。めがねの奥で、ふだんは柔和な小隊長の目が光っている。

「ソ連が宣戦を布告した。すでに西の日の丸監視哨には攻撃が始まっている……」

あとまで聞かず、全員が箸をおいて立ち上がっていた。そして直ちに武装して軍道をはさむ陣地に走ったが、そのとき、頭上――警察官舎の上空で、雷の走るような音とともに砲弾が炸裂、電線がちぎれて吹っ飛んだ。

これより前、昼近く警官の家族は小野広直警部に呼ばれた。そして「ソ連が宣戦を布告したので、国境に最も近いここは、すぐ攻撃を受けるだろう。身の回りの物だけを持ってすぐ避難してもらう」という話があった。

派出所勤務の警官は小野警部、菅野市治巡査部長以下二十二人、それに使丁の布谷さんと家族は六世帯。自宅に戻って、手回り品をまとめているうちに砲弾が炸裂、恐怖に顔をひきつらせ、別れを惜しむ暇もなく、トラックに乗せられて、あわただしく南下していった。

大信田新一巡査の未亡人ふみえさんはその日のことを次のように語っている。

「小野警部の話を聞いて走って官舎に戻り、大切なものと子供の衣服などをトランクに詰めました。主人（当時三十五歳）は肌着から官服までそっくり新品にとりかえ、落ちついた口調で「腹が減っては戦さにならん」などと冗談をいって昼食をとっていました。たぶん午後一時ごろだったでしょう。国境の方から大きい砲声、私は長女いく子（当時四歳）をおぶって荷物をもち戸外に飛び出しました。

官舎の南の陣地にいる兵隊が「伏せろ」「伏せろ」と前で叫ぶのですが、膝がガクガク、いく子をおぶっているので一度伏せると、今度は身を起こすこともできないのです。どんな格好で逃げたのか思い出せない。乳呑み子の広明ちゃんをおぶった小野クニさんはじめ私たち六世帯の家族は、木の枝や草でカムフラージュしたトラックで追われるようにして半田を逃げ出したのです。トラックに乗るとき、小銃を持った主人が、官服といくつかのタバコを包んだふろしきをよこし「おれは役所で書類を片付けなければならない。おまえはいく子を守って逃げのびてくれ」と、それだけをいい残しましたのが最後でした」

厚い雲におおわれた半田は、一発の砲声に追われて警察官の家族が引揚げたあと、緊迫した空気のなかで、しかし何ごともなく午後を経過していった。

半田の地形は国道を中に、その両側はしだいに高くなっていて、白樺などの疎林。派出所は国道わきにあり、戦争中、四囲に高い土塀がめぐらされた。その少し北に第三半田川が流れている。幅六、七メートル、ふだん水深が七、八十センチの清流でサケがのぼる。川岸の小高いところに丸太を組んで半地下式のツンドラで覆った陣地と散兵壕があり、速射砲一門がその背後から砲を橋に向けて陣地を敷いていた。橋は、ソ連参戦と聞いて森越兼雄、田中重雄両上等兵が爆破したが、橋脚の丸太が残ってしまい、敵がいつ現われるかしれない不安のなかで、二時間もかかってノコギリで切った。

警備小隊は速射砲、重機各一分隊を合わせて四十数人、警官隊は小野警部以下二十二人。この泉沢少尉に課された任務は、かつて鈴木参謀長が視察したとき命令した「四時間、ここでソ連軍を釘付けすること」(森越上等兵の話)だった。

午後七時半をちょっと回ったとき、前方の単哨付近で銃声がした。

岸田恒夫二等兵が敵との遭遇を知らせる銃声にちがいない――とっさにこう判断した滝内正雄軍曹と分哨長森越上等兵は駆け出した。

敵の銃声は音が軽いが、機関銃のようにはげしく（これが自動小銃であることを知ったのは、のちのことである）、道路の中央を匍匐前進する滝内軍曹の頭上を弾丸の飛ぶのが、白樺とトドマツの疎林を進む森越上等兵からよくわかった。

滝内軍曹は一歩も進むことができない。

「森越、これ以上前進できない。戻るぞ」

同軍曹が林のなかの森越上等兵にこう声をかけたとき、単哨付近でボーンと黄色の照明弾が上がった。ソ連軍の黄の照明弾は「敵地堅固、侵入不可能」だ。

「滝内軍曹殿、敵はこれ以上攻めてきません」

射撃は二十分ほどで、ぴたっとやんだ。岸田二等兵が走って戻った。敵は斥候（連隊の戦闘詳報には「敵斥候〈将校〉五、六名」とある）のようで、同二等兵が発見して、陣地に知らすべく引き金を引いたが安全装置がかかったままで、あわてて二弾目を撃ったときは、すでに前方三十メートルほどに迫っていたという。

同夜はこのことがあっただけで終った。翌十日朝、大田正人上等兵ら四人の斥候が出たが、その報告では前方一キロの望楼は切り倒されていて、付近にソ連兵のものらしい血染めの包帯が散乱していた。岸田二等兵の弾丸で前夜のソ連の斥候が負傷したのであろうか。

この日もソ連軍の砲撃はあったが積極的な行動はなかった。

半田陣地の死闘

この十日未明、八方山陣地の第八中隊長佐藤薫中尉は渡辺第二大隊長から「直ちに半田に向かい、半田警察隊も合わせ指揮し、連隊主力の戦闘参加に至るまで、敵の攻撃前進を阻止、同地を死守すべし」の命令を受けて、午前九時、中隊（第一小隊欠）を率いて半田に進んだ。

そして、泉沢小隊と警察隊は派出所の建物を含めて国道の西、第八中隊の第二（福村見習士官）、第三（鈴木曹長）小隊は東の陣地についたが、夜になって、「第八中隊は泉沢小隊と配備交代、直ちに八方山に至り陣地を強化、大隊の右側面を防禦し、連隊主力の進出を有利にせよ」の命令で、あわただしく兵をまとめて雨のなかを八方山に引揚げた。

そして軍道上の師走分哨付近で、タコツボ陣地を掘っていた第四中隊のうち大国小隊（大国武夫少尉）が半田に前進、泉沢小隊と交代することになった。八方山、師走台、亜界山にかけての山塊に第二、第三大隊が立てこもり、国道に沿った低地帯を第一大隊が死守し、ソ連軍がこれを突破して南下するのを背後からたたく作戦を、小林連隊長はとったのである。

十日夕方から半田はどしゃ降りの雨。水びたしの壕内で兵隊は全神経を雨の音と闇に向けて研ぎすましていた。だが何事もなく十一日の朝があけた。

指揮官壕で、うとうとしていた末田弥太郎兵長は、前夜、ノモンハン帰りの同兵長から

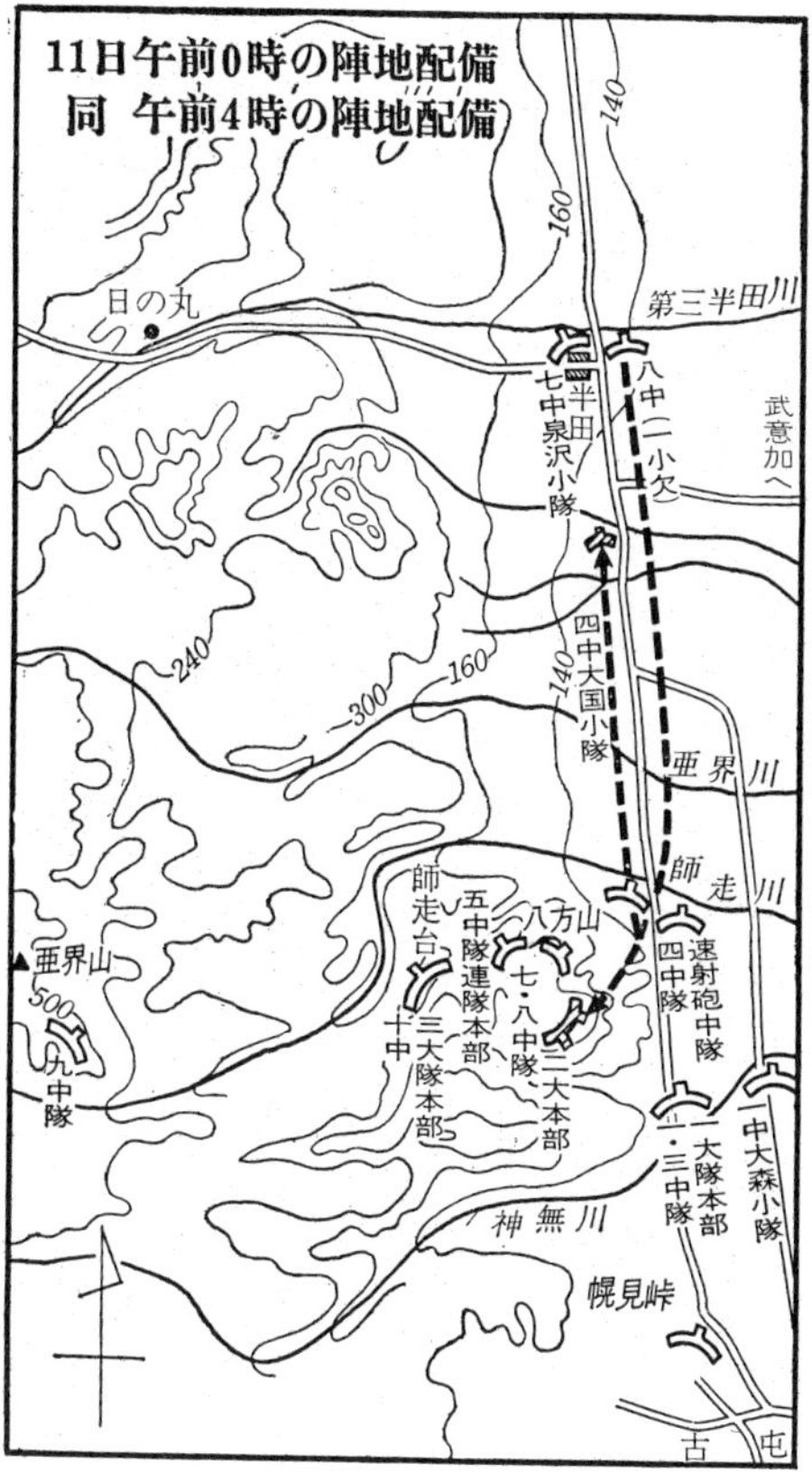

泉沢小隊長

大国小隊長

夜戦でのソ連兵の動きを聞いたあと「おれの骨は末田に拾ってもらうことになりそうだ」と気になることばをつぶやいた若い泉沢小隊長が壕内にいないことに気付き、壕を出たが、官舎の背後のトドマツの緑と白樺の樹皮が白くぬれていることも、戦車壕をめぐらした派出所の高い土塀の色も、きのうと少しも変りなかったという。

しかし、そのときにはすでに大国小隊が到着しており、午前五時ごろには第二半田の新井巡査部長ら六人と、たまたま連絡のため来あわせて九日以降行動を共にしていた半田の山口、渡辺両巡査が気屯の本署からトラックで着き、小野警部の指揮下にはいっていた。

陣地交代の命令を伝えた大国小隊長と、ソ連軍を目前に、陣地を知らない隊に引き継ぐことはできないと主張する泉沢小隊長は、しばらくは互いに譲らなかったが、午前六時ごろ、泉沢小隊長も交代を決意したらしく、派出所内でめしを食べて出てきた大国小隊長に「陣地を申しおくろう。西陣地からだ……」と歩き出し、国道を渡ろうとしたとたん、ダダ……ッと、北の森林のなかから敵の火器が一斉に火をふいた。

警官二十八人をふくめ百二十ぐらいの小部隊に対し、生存者の話を総合すると、ソ連軍は戦車五両、砲三門の援護下に約三百の歩兵が攻撃してきた（復員局調べ）。

「半田陣地は泉沢が指揮をとる。七中隊は陣地につけえっ」

泉沢小隊長の声を激しい銃声のなかで聞くと、国道に整列していた滝内軍曹以下は陣地に向かって走り散開した。陣地を知らない大国小隊の兵たちは窪地や木の根株の陰などによって応戦した。

まもなく敵の攻撃が国道東側の主陣地に向いていると判断した泉沢小隊長は、河添軍曹を呼び、兵十八人を率いて、派出所の西から第三半田川を渡って敵の背後を衝くように命じ、自らも貝塚定春衛生上等兵らとともにその後尾についた。

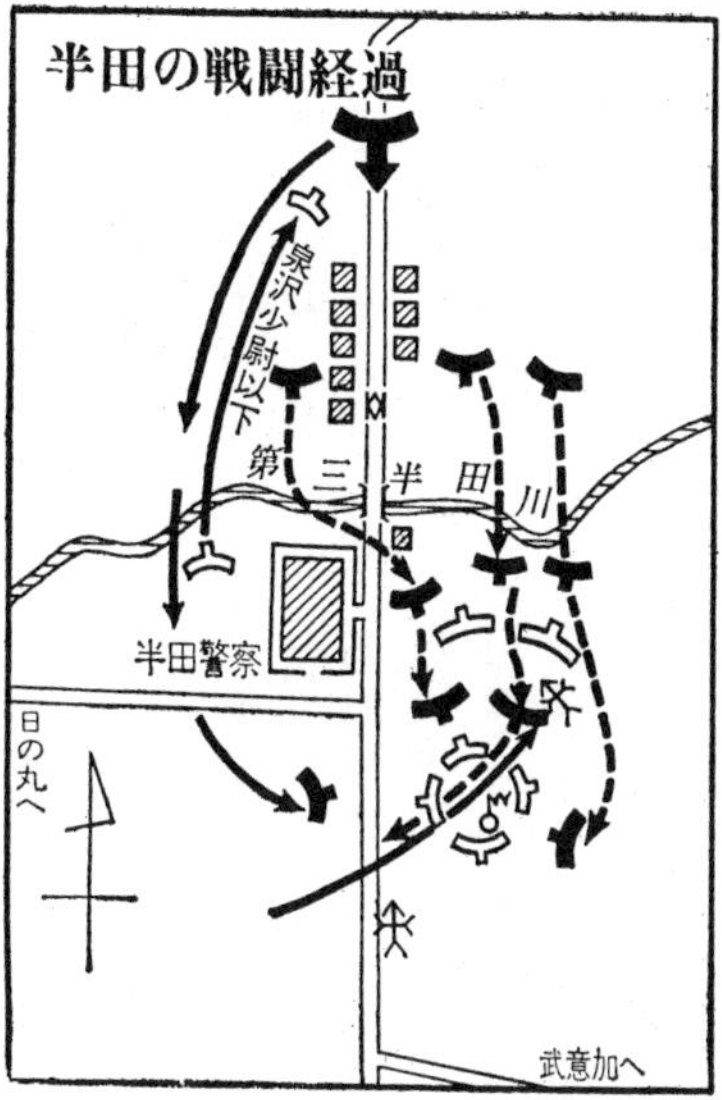

河添軍曹は西の陣地から山ぞいを進んで渡河、林の中を三百メートルほど前進したとき、敵の集中射撃を浴びた。ビシビシと音をたてて射抜かれた周囲の白樺が折れ飛ぶ。同軍曹は背後で「やられ

た」と叫んでうつ伏した軽機兵から機銃をひったくって応戦したとたん、ビシッと右肩に焼け火箸をつけられたような痛みが走った。

やられた、と思った軍曹に、すぐ後ろまできていた泉沢小隊長が「どうした」と声をかけ、匍匐して近づき、軍曹のかたわらの小銃をとって引き金に手をかけた。そのとき、敵の一弾が小隊長の頭を撃ち抜いた。声もたてずにくずれる小隊長を目撃した軍曹も、ほとんど同時に二発目の弾丸が、さっきの傷と十文字に背中を走るのを感じ、道路わきの溝にころがり落ちたまま半ば意識を失いかけていた。

(速射砲分隊長水上利雄軍曹は、森林内を、腰の高さに自動小銃を構えてダダダ……と撃ちながら進んでくる敵のなかに、オロッコやダッタン人の顔があることに気付いていたという。新井部長も記録の中に「後方の茂みに集結したころ、押されて兵隊たちも後退してきた。そして泉沢少尉は名前を呼ばれてからだを乗り出したとき狙撃された。遺体を収容できなかったのが残念だと大粒の涙を兵隊たちはこぼしていた。私自身も日本人と同じ目と皮膚の色をもっているものが、日本兵と同じ服装で、眼鏡から兵隊の胸の名札を読みとって呼んでいるのを目撃した」と書いている。泉沢小隊長の死は河添軍曹がいちばん近くにいてみており、そのように証言していないが、新井部長が兵隊から聞いたというそのことは、いまだに多くの人たちに信じられている。)

末田兵長は指揮班の滝内軍曹について走り回っていたが、派出所の戦車壕の中から貝塚衛生兵が「小隊長殿が一緒にこいといっておられます」と叫ぶ声に「よし、いまいく」と答えて国道を渡りかけ、遮蔽物のないところに散開している大国小隊の若い兵に、窪地や木陰に移動するようにいって再び駆け出したが、貝塚衛生兵がみえず、西の軽機の陣地にも誰もいなかった。

そして、派出所の北西角の警官隊の銃座に青っぽい服のソ連兵が手榴弾をもって近付くのを目撃、膝撃ちで倒して、南門から派出所にはいっていくと、警官隊が一団となって走り出してきた。

森越上等兵は西陣地にいた。そこに向井利男一等兵と佐藤清一等兵が「松村兵長（政紹、夕張市沼の沢出身）が戦死した。貝塚衛生兵らが苦戦している。弾丸がない」と叫びながら走り込んできた。森越上等兵はこのとき初めて小隊長以下が出撃したことを知った。

三人が弾丸補給のため指揮官壕にいくと、部下にかつがれて河添軍曹がさがってきた。そして「小隊長が戦死した。貝塚も死んだ」と苦しさとくやしさに顔をゆがめてつぶやいた。連隊戦闘詳報には泉沢小隊長以下七人が戦死したとあり、敵の背後を衝く作戦は挫折した。

増える死傷者

優勢な敵は小野警部以下二十八名の守備する派出所にも迫っていた。戦車壕をこえ、土塀をよじのぼって、頭上から自動小銃をうちこんできた。地面に伏せている新井巡査部長の横に土煙をあげて弾丸が走り、手榴弾で三人が負傷した。このままでは自滅する。なんとかしなければ……と思っていると、日本刀を抱きかかえるようにして小野警部がにじり寄ってきた。

「新井部長、どうする」同じことを考えていたのだろう。その顔に弾丸ではね返った土がこびりついていた。「一応、外に出ましょう」新井部長がとっさにこう答えて、周囲の部下に伝え、南門から走り出て、後方の灌木地帯に集結した。

速射砲分隊は砲を橋に向け、戦車の出現を待ったが、川を突破した敵歩兵は、じりじりと匍匐して速射砲陣地に肉迫してきた。

死角から銃眼に手榴弾を投げ込まれる心配があり、水上分隊長は砲を壕から引き出し、国道を後退し、徹甲弾を榴散弾にかえて、国道上をくる敵に猛火を浴びせた。

しかし、それも長くは続かなかった。空から敵戦闘機の掃射が始まったからだ。国道上を一直線に土煙をあげて機銃弾が走るたびに避難を繰り返すのだが、一線の歩兵は押されて後退、砲を守ることができない。同分隊長はやむなく砲を爆破した。分隊員九人には戦死者の小銃をとって歩兵に合流することを命じ、水上分隊長自らも血に染まった小銃と薬盒をとって散開した。

死傷者はそのころからますますふえていった。軽機の園木繁男一等兵（北海道平取町出身）は弾丸が顎から鼻に抜けて戦死し、ツンドラの上で軽機の脚を支えていた菅原幸一等兵（北海道江部乙町出身）は首までツンドラに没しながら死んでいた。清藤永造二等兵（樺太野田町出身）、菊地文男二等兵（東京都出身）、高橋利幸二等兵（樺太出身）も戦死した。

残存兵力は円型に追いこまれ、敵は遠巻きに包囲するように、銃声が東の林を南に回っていく。そんななかで大国小隊長は斬込みを決意したのであろうか、小隊の赤間清伍長ら十三人の負傷者を三回に分けて離脱させた。そして、泉沢小隊の滝内軍曹らの壕に駆け寄ると「泉沢少尉のかたきはとる」といい、手榴弾をにぎって飛び出していったが、それからまもなく戦死した。

重傷の河添軍曹は末田兵長に助けられて八方山に後退、滝内軍曹のもとに生き残ったのは、ほんのひとにぎりの兵だけだった。

森越上等兵の手記（水上軍曹の話で補足）は次のように書いている。

> 生き残りは木の根やタコツボに身をかくして円型に固まった。重機一、軽機一と小銃のみ。擲弾筒（てきだんとう）はあるが弾がない。手榴弾のなかにはサイダーびんや缶詰のあき缶に火薬を詰めたものもある。夜を待つばかりであった。
> 太田安一上等兵が倒れそうになりながら後退、「頭をやられた」といい、滝内軍曹ら戦友がとめることばも聞かず、手榴弾を発火させ両手で胸に抱いて伏せた。轟音とともに太田上等兵の身体が宙に浮いた。次は俺の番か――よごれた拳でごしごしと涙をふい

た。

「戦車がくる。頭を出すな」

低く、鋭い滝内軍曹の声。前方の白樺の間から大型戦車が出てきた。数十メートル前で止まると砲身が静かに回転、まっすぐわれわれの陣地に向いて止まった。心臓が凍りつくような一瞬。と、突然重機が火を吹いた。戦車砲の発射音と炸裂音が同時だった。機関銃分隊の陣地は粉砕された。

戦車はそのまま後退していく。樹間に黒い鉄牛が姿をかくすと滝内軍曹が「森越、生存者は何人だ」「十八名です」周囲を見わたして答えると、その声に再び激しい銃声が集中する。足元からはい上がってくるような夜、敵はその暗がりの中をじりじりと近づいているようだ。

通信分隊長高柳悦雄伍長ら三人が合流した。総勢二十一人。滝内軍曹の「あとに続け」の声に、いっせいに走り出す。走っては伏せ、伏せては走り、約五百メートル南の森に走りこんだ。

半田陥落

高柳伍長が記述した分隊の戦闘詳報がある。鈴木孝範氏が持ち帰ったものだ。同分隊は十日、大国少尉の指揮下にはいるよう命令を受け半田に向かった。その記述の一部を読んでみよう。

＊（十一日午前）六時、小隊ハ敵ノ一部ト交戦ス。分隊ハ敵ヲ警戒シ、前面右ニ石渡正則二等兵、左ニ庵秀一二等兵、後方ニ小山内一郎二等兵ヲ警戒兵トシ配置ス。通信手本間上等兵、発電手渡部朝吉一等兵。小隊長トノ連絡ハ分隊長実施ス。

＊十時、分隊長、最悪ノ事態ヲ予期シ、通信手ニ手榴弾一個ヲ与へ、暗号手佐藤一等兵ニハ用ズミシダイ作業用紙ヲ焼却セシメ、通信機破壊ト同時ニ換字表、乱数表ノ焼却ヲ命ズ。

＊十時三十分ゴロヨリ砲弾（戦車砲ナド）重火器ノ集中弾ヲ受ケ、地線、空中線断線サルモ直チニ修理、通信ヲ続行ス。

＊小隊長ヨリ戦線ヲ縮小スルトテ一通ノ電報ヲ受領、コノ電報送信後、無線機ヲ破壊セヨトノ命ヲ受ク。

＊敵トノ距離六〇米。

＊通信手最後ノ電報ヲ送信ス、時十時五十五分。

＊分隊長ニ無線機破壊ヲ伝フ、各人其ノ位置ニ於テ最後ノ訣別ヲナシ、破壊ス。時刻十一時。

＊爾後直接銃ヲ取リ部隊ニ協力ス。

*敵ハ既ニ四囲ヲ包囲セリ。

*部隊ハ円型ニ散開シ、周囲ノ敵ニ対シ射撃ス。無線分隊ハ軍道上ノ敵ノ射撃ニ任ズ。午後三時三十分、分隊ノ右翼ニアリテ射撃シアリシ石渡二等兵、腹部睾丸ニ受傷戦死セリ。

*五時、大国少尉戦死、小隊指揮ハ七中隊滝内軍曹。

*六時、後方二百米ノ森林内ニ戦線ヲ引ク、人員ヲ点検スルニ十数人不明、分隊ハ佐藤一等兵、庵二等兵、小山内二等兵不明、直チニ滝内軍曹以下四名トトモニ引返シ捜索スルモ不明、全人員二十一名ハ警備隊南方一粁ノ森林内ニ集合、夜ヲ徹ス。


大国少尉の戦死は無線分隊の戦闘詳報では午後五時ごろであるが、停戦後、ソ連兵が色白の眼鏡をかけた重傷の将校を救出、手当をしているというのを耳にした人たちが何人かいて、そのため生存説が兵隊のなかにひろまった。

半田での日本側の戦死者（連隊の戦闘詳報に「敵に与えたる損害百五十以上、我戦死、将校二、下士官以下二十、戦傷九、不明五」とある）は、ソ連軍が葬ってくれた。しかし、泉沢少尉の遺体は貝塚衛生上等兵ほか一名とともに道路に敷きつめた丸太の下にあるのを戦後、半田の道路工事の労役に従った第七中隊の兵が発見、田代中隊長の筆で「故泉沢尚太郎少尉戦死の地」と書いた木の墓標を立て、みんなが石を一つずつ積んで冥福を祈った。

半田での戦況をめぐって十一日午後九時、第一中隊の渡部肇作軍曹（北海道当別町出身）以下三名が、両小隊生存者との連絡を兼ねて挺身奇襲に向かったが、半田は完全に敵の手中にあり、軍道上に砲列を敷く優勢なソ連軍を確認して引揚げた。

また、半田を離脱して三一四高地麓までさがった滝内、水上軍曹ら生き残りも、同夜両軍曹以下十名の斬込み隊を出した。しかし、泉沢小隊が軍道わきに隠してあった急造爆雷を取り出してみたが雨でぬれて使用不能になっており、派出所の周囲は鉄条網のようなものを張りめぐらしていて侵入できなかった。

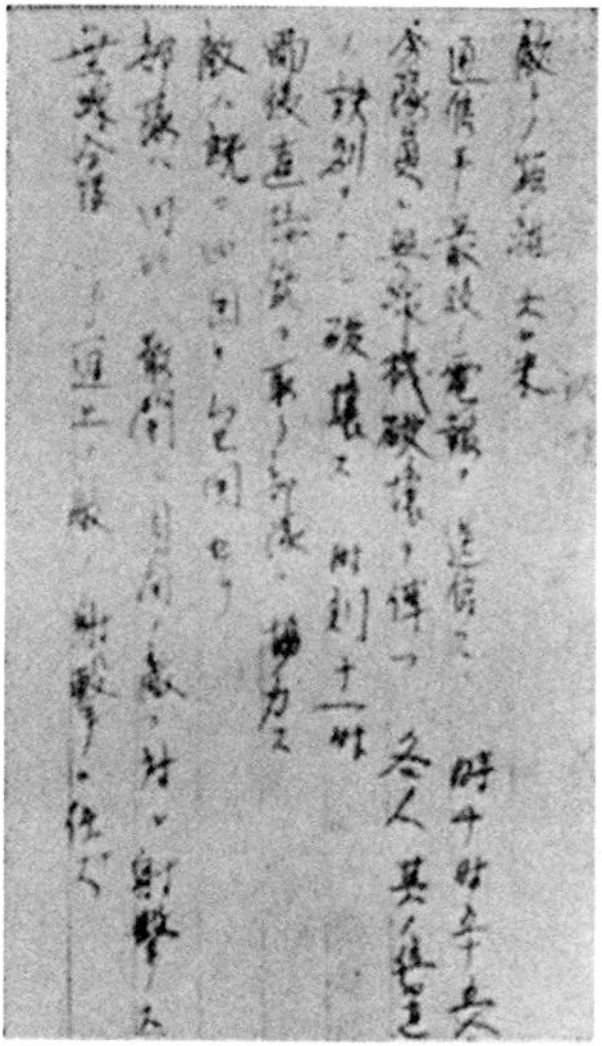
無線分隊の戦闘詳報。

滝内軍曹以下はその後も森林内を歩き回り、一部は師走分哨に向かったが、すでに半田から南下し始めたソ連軍が到達していて、空腹のため敵の炊事所を襲撃したが失敗、国道上のソ連軍の電話線を二カ所切断、騎馬の連絡兵を狙撃するなどして十四日午後、八方山の第七中隊前衛陣地にたどり着いた。しかし、一杯の酒に戦友と無事を喜んだその直後、敵襲があり、滝内軍曹は腹部に重傷を負い、手榴弾で自決した。

十三日午後八時、八方山から半月台、三一四高地を経て半田の奇襲に向かった第八中隊篠河安二軍曹（北海道幕別町出身）、小笠原馨兵長（北海道石狩町出身）、高沢数衛上等兵（北海道上湧別町出身）、四月朔日（わたぬき）誠一上等兵（旭川市出身）の四名に与えられた目標は、敵の弾薬集積所と兵舎爆破だった。が、停戦後も四名は帰還しなかった。

半田の戦闘は直ちに師団から第五方面軍にも報告された。『第5方面軍作戦概史』には、「泉沢小隊の五時間に亘る猛戦後十一日未明玉砕の報、作戦発起の興奮醒めやらぬ時とて全軍に対し異様なる感激を与えたり、この日方面軍司令官は隷指揮下全将兵に対し、左の如き烈々たる訓示を与え……」とある。

訓示は

「宿敵ソ軍遂に我に向かって立つ。怒髪天を衝く。麾下の精鋭乃ち（すなわ）国境に馳せて、眦（まなじり）を決し接境の官民筆鍬を擲（なげう）って槍剣を携う。百千の論議すでに全く価値なく、ただ百死もって醜虜の撃滅を期するあるのみ……」

と、激しい文章に始まるもので、樋口季一郎軍司令官の命によって作戦主任参謀田熊利三郎中佐が筆をとったのであった。

敵戦車隊、師走川に迫る

ソ連軍が武意加、日の丸を襲撃したのち、国境中央で本格的な攻勢に出るまでに丸二日あった。それがなぜかは、さきに紹介したソ連共産党マルクス・レーニン主義研究所編『大祖国戦争史』に「ソ軍司令部は対日戦の当初の数日間の大きな戦果を評価してサハリン攻撃を決定した。東北中国での戦況はサハリン作戦を、そしてそのあと千島作戦をも実施する可能性を与えた」「南サハリンの解放は第二極東方面軍（エム・ア・プルカエフ上級大将）にゆだねられ、部隊は八月十一日朝にこの任務の遂行に着手した」とある。

ソ連軍はまず満州の関東軍を徹底的にたたくことに全力を投入した。戦況によっては北樺太にあった第一六諸兵連合軍も、樺太を放棄して満州に移動することを考えていたともある。ところが関東軍は緒戦から潰走したため、第一六軍は十一日行動を起し、中央国境から進攻を開始したわけだ。主力は同軍第七九狙撃師団。半田を突破すると十二日朝から南下し、午前中に亜界川の線に達した。

亜界川の南一・四キロ、師走川ぞいには第一大隊第四中隊（飛島清一中尉＝留萌市出身）、速射砲中隊（柿崎正一中尉＝室蘭市出身）、第一歩兵砲小隊（古山宗徳少尉＝岩手県高田市出身）が陣地を構築しつつあったが、ソ連軍は正午ごろ、師走川の北七百メートルに前進した戦車七、八両と歩兵約一個大隊が、亜界川付近に配置された十榴、十五榴数門の掩護下に進撃を開始した。

この戦闘は凄惨をきわめたが、それにも増してわが将兵を苦しめたのは（以後の戦闘においてもそうだが）「積極的な行動に出て越境してはならない」という不可解な軍命令と、戦車には速射砲も歩兵砲も鋼板を射ち破る力がないと知ったことであろう。

師走川戦線の模様は三一四高地の向地視察隊からも八方山からも手にとるように眺めることができた。

猛烈な砲弾幕の下を戦車、自走砲が亜界川橋を渡ってくるころから森林に身をひそめていた肉攻班が攻撃をかけた。三一四高地にあった久慈中尉は、草むらから、二人の兵隊が骨箱と呼んでいた急造爆雷を背負い、ノロノロとやってくる戦車に向かって飛び出していくのを息をのんで眼鏡で見た。戦車上の迷彩した服のソ連兵の自動小銃に撃たれて一人は飛び出した瞬間に倒れ、一人は成功して爆発、戦車上の警戒兵数人が吹っ飛んだが、しばらくするとむくむくと起き上がって戦車に駆けのぼったという。

やがて敵戦車は師走川に近づいた。

柿崎速射砲中隊の嘉屋義雄軍曹は次のように書いている。

一中隊とはいえ実力は一小隊（清水桂橘曹長）の速射砲二門。嘉屋分隊は軍道東、田中分隊は西に位置して軍道をまっすぐくる戦車を狙い撃つ態勢であった。

戦車四両が師走川の北二百メートルほどに停止した。しかし、繁みが邪魔して、私たちの陣地からは確認できない。前方に出してある監視兵からの連絡もない。あまり接近し過ぎて釘付けになっているのだろう。

三十分ほど静かな対峙が続いた。耳を聾するばかりの銃砲声のなかで、戦車の動きのみに全神経を集中している私たちにとって、それすら耳にはいらない、真空に身をおいているといって過言でない。

ググーッと先頭の一台が、繁みから黒い姿を出した。天蓋を開いて兵が偽装網を引っ張っている。敵の目は八方山の方向に向いて目前のわが陣地には気付いていない。息を殺し、砲身をそのどてっ腹に水平に向ける。

「連続発射――」

と、これはどうしたことだ。徹甲弾の猛射を一発残らず鋼板がはね返す。全く歯が立たない――弾道で前方の繁みが吹っ飛んで敵の目の前にさらされた私は、愕然として、砲をあとずさりさせた。

敵は八方山からの射撃と錯覚して砲塔を右に回して応戦しだした。が、三両目の戦車が私たちを見つけた。静かに回転した象の鼻のような砲身がまっすぐ伸びてピタッと止まった。血の気がひくような恐怖。ダ、ダーッ……戦車砲が火を吹いた。

わが速射砲は一発で車輪を粉砕されて砲身がひざまずき、二発目で弾薬が消し飛び、布施兵長以下の砲手は血まみれになって倒れた。田中分隊の砲も瞬時にして破壊された。

中隊指揮班に伝令を走らせ、射撃が無為であると報告したが、指揮班長島崎曹長はあくまで陣地を確保せよという。清水小隊長は戦死者の銃をとって散開せよと命令する。

わが分隊は重機の奥田分隊の近くに散開した。

こうして柿崎中隊は砲を持たない速射砲中隊になった。歩兵砲の古山小隊もまた同じく砲を失った。戦死した兵の銃を拾って散開したが、第四中隊の第二、第三小隊と国境警察隊、重機の奥田分隊しかいなかったわけだから、兵員はともかく装備は歩兵の一個中隊に及ばなかった。

この劣勢をみかねて、それまで音をひそめていた北斗山の北の麓から山砲（砲八八連隊第二中隊長八木市蔵大尉が小林小隊の砲一門と配属されていた）が軍道上の敵を狙って砲撃を加えた。八方山二ノコブの観測所からの報告では第三弾から命中、戦車三両、自走砲二台を擱座（かくざ）させた。

このため戦車は亜界川の北まで後退、砲兵陣地から山砲を制圧するため砲撃が加えられ、敵機が超低空で八方山、北斗山、七星山、北極山の一帯をなめるように偵察したが、わが洞窟陣地を発見できず、砲撃もめくら撃ちだった。この間、敵歩兵は軍道東側の森林内に散開して接近し始めていた。

不可解「越境すべからず」

第四中隊指揮班内務係助手だった石塚保氏の手記は師走川の戦闘を次のように書いている。

十二日午前五時、敵の第一弾がとどろき、これを合図のように前方一帯から砲撃が始まった。そのとき大隊本部から伝令がきた。

「命令、積極的行動に出て越境すべからず」

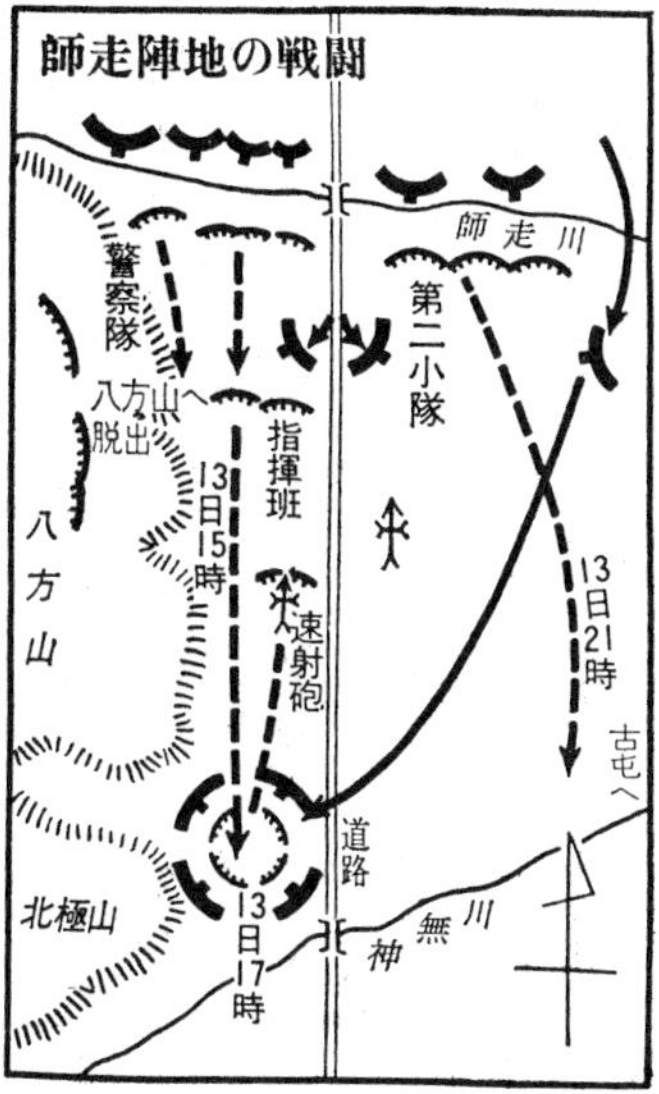

「なに」

飛鳥中隊長が聞き返すと、追いかけるように「もとへ」指揮班長乗田春義准尉（札幌市出身）の声が鋭い。伝令はもういちど復唱した、が変らない。こんな命令ってあるものか、ただ死ねというのか――指揮班内に複雑な空気が流れる。

同八時ごろ、長谷川武軍曹（滝

川市出身）について木村早夫一等兵とともに斥候に出た。途中、半田から負傷者後送のトラックと会い、砲声にまじって自動小銃の音が激しくなったことから亜界川付近で友軍が敵と接触したことを察知して帰路、軍道上を急ぐ。ダダダ……突然、自動小銃の掃射。三人全く同時に側溝にころげ込み、脱出する。敵はすでに森林内をじわじわと浸透してきている。師走に近づくと、側溝にうずくまってめしを食っている二小隊の兵隊がいた。戦車への肉攻班だという。それぞれがアンパン（黄色火薬を束ねた爆雷）を棒の先につけて、かたわらに置いている。

上等兵の佐々木公平、藤田武、小山内定吉の三人。

「しっかりやれよ」

ただ、それだけしかいうことばはない。

午後になって敵は戦車を盾に迫ってきた。嵐のような砲撃、北斗山からの応射はおつりのように二、三発。シュルシュルと聞こえる砲弾、カオカオッ、バタバタ……と聞こえる砲弾、その音によって弾着もわかるようになった。

哨舎の屋根は吹っ飛び、壁がほこりを舞い上げて崩れ落ちた。指揮班は好個の目標となった哨舎を出て国道西側の掩蔽壕に移った。

嵐のような敵の火線は三時間たっても四時間たっても衰えない。そして接近したソ連兵が哨舎に入っていくのも見える。私と衛生兵高徳松一等兵が壕からタコツボに移ろうとしたとたん、近くに積んであった弾薬箱に直撃弾が落ち、まっかな火を吹いて爆発、続いて二度、三度誘爆、付近の灌木がバリカンで刈りとったようにきれいに根元から吹っ飛ばされた。小銃弾は挿桿子（そうかんし）に薬莢（やっきょう）を残したまま、弾丸だけがチュッチュッとすっ飛んでいる。

「大丈夫か」

初年兵のタコツボを見渡してどなった。

「田川（勇吉二等兵）やられました」

誘発した弾丸の破片で太腿の肉をそぎとられている。三角巾で応急手当をして後退させた。飛島中隊長はときどき、壕から出ては「二小隊（阿部慶雄曹長、軍道の東側）がんばれよっ」「三小隊（中川長松曹長、西側）がんばるんだ」と叫ぶ。まるで運動会の応援のよう。いちど血をみると、弾丸なんて当たらないときは、どんなことをしていても当たらない――と、くそ度胸が出るもので、もう匍匐する兵はいない。

中隊は師走を死守して夜を迎えた。砲声はやみ、銃声も衰えて、闇に吸い込まれるように遠ざかった。

（阿部慶雄氏は「合図の口笛とともにさっと後退した敵はわが陣地の四百メートルほど北の森林内に幕舎を張った。歩哨をたてて、ほかの兵隊は歌をうたったり、笑ったり、国民性の違いとはいえ、あの激しい昼間の戦闘を忘れたような雰囲気に、こちらがとまどった」といっている。彼らにとっては戦闘もノルマで、それが終るとザーフトラ「また明日」。緒戦ではそうしたことはしばしばあった。）

半田で負傷した槇坂伍長が衛生兵に助けられて後退、中隊長に大国少尉以下七人の戦死を報告、大国小隊から負傷兵を掌握して帰った赤間伍長が斬込みに出発した。工兵隊が師走橋を落とす作業にきた（その前に阿部小隊長が山上伍長らを連れノコギリで二時間かかって切ろうとしたがだめで、あきらめて引返し、工兵隊が出て、戦車が乗ると落ちるようにした）。アンパンをかざして戦車攻撃に出た小山内上等兵ら三人の遺体を収容した。空がしらみかけた。

乾パンをかじる。口が乾ききって喉をとおらない。窪地にたまった水を飲む。濃いコア色のツンドラからしみ出た水は赤黒くよどんでいた。

午前四時、再び敵の攻撃が始まった。榴弾砲、腹底にひびく重機、豆をいるような自動小銃、かん高い発射音の戦車砲――間断ない猛攻には全く手が出ない。引き寄せて総突撃だという。砲弾はほとんど陣地後方に落ち、ツンドラの緑は吹っ飛び、荒地を掘り起したように真っ黒。戦車砲に撃ち抜かれて電柱がポッキリ折れている。「第三小隊は戦車攻撃」の命令、同小隊伝令を呼んだが声がつぶれて通らない。タコツボを飛び出して三小隊陣地に走り、中川小隊長に伝えてまた走り出したとたん、シュ―ッ、危い、とっさに近くの窪みにダイビング。円匙の柄が足にもつれて、腿を打った（と思った）。

轟然たる炸裂音。左腿から爪先まで焼け火箸を通すような熱さがつっぱしった。どうやって走ったのか、指揮班に戻り復命して、しびれる足に手をやると、ヌルッと手がすべった。あっとみると血だらけ。指がはいるほどの穴があいていた。

応急手当をしながら見ると、戦車は川むこうに迫っている。天蓋を開いてソ連兵が立っている。

「こんな戦争ってあるか、攻撃できないし、後退も許されない」

「越境すべからずの命令はどういうわけなんだろう」

「中央で油断させておいて、側面から一気に攻撃するのだろう」

そんなことをいい合っていると「指揮班は軍道右の歩兵砲援護に向かう。集合——」長谷川軍曹の声。私が壕を出ると乗田准尉が負傷しているから残れというが、私はむりに長谷川軍曹以下七人のあとについた。高衛生兵も加わった。軍道を横切り、グイマツの林を前方に進んでツンドラに円型に散開した。後方にある砲の位置は確認できない。雑嚢から乾パン二袋を出して喰べると、残ったものは二発の手榴弾だけ。弾丸は飛んでこない。空を見上げる。グイマツの梢が光っている。戦争とまるで無関係な自然。

二時間、あるいはもっとたっていたかも知れない。うとうととしていた私の耳に、「出発」と低い長谷川軍曹の声。が、私は立ち上がれない。高衛生兵が肩をかしてくれ、銃を杖に立ちあとを追った。軍道わきの溝から弾道と化している軍道を突っ切るため、みんなは雑嚢と水筒を後ろに回し、帯革を締め直して一人ずつ、数メートルの道幅を満身に力をこめて飛び出し、道の半分は側溝にダイビングして消えた。が、私にはどうしても渡れない。高と私を残し、あとで迎えにくるといって長谷川軍曹らは中隊の方に去った。

「高、おまえも、かまわず行ってくれ」

高も走り去った。一人ぼっちになると、故郷の家族や風そよぐ稲田が脳裡に浮かんだ。やがて、高が戻ってきた。指揮所には誰もいないし、長谷川軍曹らの姿もないという。三百メートルと離れていない指揮所が、ちょっとのうちに敵中に落ちたのだろうか。

凄惨、師走川陣地の全滅

軍道東側の第二小隊長阿部曹長は、十三日朝、擲弾筒分隊を率いて師走川の下流に回り、敵を側面からたたくため出撃したが、その出ばなをくじくように敵の擲弾筒の猛射をあびた。森林内を敵は五、六十メートルまで接近してきていた。嘉屋軍曹は、繁みを押しわけて目の前五メートルに飛び出したオロッコ兵とぶつかった。背後の部下がすかさず撃ち、胸を抜かれた敵がもがきながら右手で手榴弾をとろうとしたのを、さらにほかの兵が射殺した。同軍曹はこのオロッコ兵の小銃と弾帯を取って、狙撃したが、優勢なソ連軍はじわじわと包囲を縮め、嘉屋軍曹は右腕、右腿、首に負傷、出血で軍服も顔も手も泥と血にまみれて後退したという。栗山分隊の大橋賢松二等兵は「首筋に銃創をうけ、血みどろになって小銃を撃ち続けたが、戦闘は紛戦で全般の戦況はわからず、古年兵の声で後退したが、周囲でソ連兵の口笛がして、いまにもソ連兵がおどり出てきそうだった」という。

師走川戦線を見降す八方山陣地からは八木中隊の山砲が戦車、自走砲を撃ち、第二歩兵砲小隊（大熊武少尉）の歩兵砲二門は散開して攻撃する歩兵を目標に撃った。しかし、山砲は二門のうち一門が故障、手持ち砲弾三百発、歩兵砲はわずか四十二発。歩兵砲の常識からすれば二日標分。師走陣地の全滅は自明のことだった。

歩兵の死闘が展開されているなかで午後二時過ぎ、敵戦車隊は、それには目もくれないように中央軍道の強行突破に出た。師走橋たもとのタコツボで機をねらっていた肉攻班がまさに飛び出そうとしたとき、橋の上に乗った戦車がぐらっと前のめりになって橋梁とともに落ちた。しかし、その戦車を踏み板のようにして、次々と後続の戦車が乗り越えて、南へ向かった。

阿部小隊長はそのころ迂回してきた敵に包囲され、斬込みに出て師走川を渡ったが、思い直して兵をまとめて森林の中を南下、古屯に向かった。この朝二十人ほどいた部下がそのときは十二、三人に減っていた。

一方、第三小隊や警察隊のいた西側陣地もじりじりと押され、午後五時ごろには神無川を背に、完全に敵の包囲下におちいった。その状況を警察隊にいた新井武夫巡査部長の手記は次のように書いている。

弾薬は全く欠乏した。兵隊もわれわれ警察隊も、ともに伏せながら刻むようにして後退を続けたが、そのうち私は右肘にあつい痛みを感じ、右肩ががっくり力の抜けてしまうのを意識した。服の肘の部分が破れ、朱に染まっている。

小野警部が走り寄って「大丈夫か」と聞く。衛生兵がきて上衣を裂き、傷の手当をして、ギプスがないのでと肩から繃帯で右腕をつってくれ、横の森を指してあちらで横になっていた方がいいという。

私はその言葉に従って森の中に入っていくと草むらに四、五人の負傷兵が横になって乾パンをかじっていた。

いつのまにか眠っていた私は、銃声と喚声に目を覚した。かたわらにいたはずの兵隊たちの姿はない。夕方に近いことだけは確かだ。すっかり敵の重囲下にあることもわかった。身体を起こそうとすると村尾義輝巡査がにじり寄ってきて、じっとしているようにという。私のいた森林のなかで、私を中心として円型に散開して敵に対峙しているのだった。かたわらに速射砲の兵約二十人がいた。弾薬なく、短剣と自決用手榴弾一個を持っているのみ。

味方の輪形は直径二十メートルほどに圧縮され、伏せたきりの私の腹のわきの土に弾丸が音をたててめり込む。鉄帽を除いては体を遮蔽する何ものもない。横には倒れそうな体を手で支えてうなり、苦しんでいる兵や、すでに息絶えた警察官の姿が周囲にあるが、氏名を確かめることもできない。

小野警部がどうしたかわからない。「日本は負けた」ソ連軍のなかから日本語でわめく声がする。せいぜい十五メートルか二十メートルぐらい先の森の中だ。

「真下巡査がやられた」

村尾巡査の声だ。私の周囲の負傷者や死者のなかに部下の誰かがいないでもないとは思ったが、この声を聞いたとたん私は愕然とした。そして私も死のう、その時ももうすぐだと思った。

仮に弾丸が私をそれたとしても数分後に捕われの身になることはわかり切っている。自決するため左手で私は刀を抜いた。腕時計の針は正に午後六時を示していた。

瞑目し、故郷の妻子を思った。

と、そのとき「どうせ死ぬんだ、突っ込め」と叫ぶ誰かの声。私はガバと起き上がった。兵隊と警官合わせて二十人ぐらいが銃剣をかざし、手榴弾を投げて突撃に移った。私も懸命に追いすがった。

喚声と手榴弾の炸裂で周囲の敵もひるんだ。その包囲網の穴から私たちの一団は外に出た。血まみれの小笠原正雄巡査と斎藤巡査がその中にいるのを私はみた。

走って二、三分、直径百メートルぐらいの草原に出た。八方山はすぐ目の前だ。先頭に立つ兵は草原に出ず森の中を突走っている。追撃の銃声は背後からこだまする。私はとっさに唯一人、草原に走り出た。

敵から離れるために一時は敵の目標になる危険はあっても、前方の森に駆けこめば──と夢中だった。弾丸が身辺をかすめて飛ぶ。私はしゃがんだ。そして鉄帽をとった。それを私が倒れたと判断したのだろうか、弾丸はやんだ。その機に再び走った。森の中を走って、ツンドラの表面の水たまりを発見、飲んだ。カラカラの喉にうまかった。しかし、もうひと口飲みたい思いをふり切って走った。そして、初めて生きていることを実感し、生きたいと真底から思った。

八方山にたどりついたとき、背後の暮れかかった師走の森ではまだ銃声がする。毛布を借りて山の上で、味気ない乾パンをかんでいた私のところに、部下の三橋巡査が兵隊に案内されてきた。

「生きていてくれたか」

私たちは相擁して泣いた。三橋賢治巡査はほおに負傷して顔がむくんでいた。その後斎藤巡査、小野寺兵記巡査ら三人が生還した。

戦闘詳報によると「午後九時、飛島中尉は残存兵を以て斬込みを敢行、速射砲中隊長柿崎中尉以下及び歩兵砲小隊長古山少尉以下も皆突入戦死す」とある。

八方山陣地から眼鏡をのぞいていた第七中隊吉田栄兵長は「薄く霧がかかっている師走川陣地では突撃ラッパとワアーッという喚声をあげ、銃をかまえた日本軍は電柱三本の間隔、八十メートルほどの敵陣に向かって突入、三人の兵が敵陣地に突っ込むのをみた。敵は突撃とともに三回にわたってこれに猛射をあびせ、そのあと戦場は静まり返った」といい、末田弥太郎兵長は「ワアーッというかヤーッというか、喚声とともに二度突撃したが、二度目はもう生存者もわずかだったのだろう。その声は小さく、すぐ銃声にかき消された」と語っている。

第七中隊長田代亮一中尉が復員後の二十二年四月二十二日、古山少尉の父宗貞さんに書き送った師走戦闘要図には「左支点（中央軍道の西側陣地）のものは逐次八方山に移動せんとして、途中、敵と遭遇し、突入して玉砕せるならん。この地点（神無川を背に包囲されたところ）に飛島中尉、古山少尉、部下に囲まれて一メートルをへだてて戦死しあり、友軍約五、六十名ありしか。警察署員十数名あり」とある。

戦後、末田兵長は、腹を撃たれたらしく、三角巾を腹に巻き、手榴弾を抱いてうつ伏せに死んでいる従兄の渡辺肇作軍曹（一中隊）を亜界川付近の林の中で見つけたほか、柿崎中隊長や顔に火傷の跡のある清水曹長（速射砲中隊）が死んでいるのを見ている。ソ連兵を銃剣で突き刺したまま死んでいる二等兵もいたという。

四中隊は中隊長以下乗田指揮班長、長谷川軍曹、林義一軍曹、加納伍長、小沢正雄兵長、下山保郎兵長、沼田政一兵長、伊藤喜代志兵長、川崎信夫兵長、それに最後の突撃ラッパをならしたであろうラッパ手の宗田政次郎上等兵ら多くの将兵が戦死し、速射砲中隊も中隊長、清水小隊長以下が戦死した。警察隊は小野警部以下菅野市治巡査部長、大信田新一、東海林和右衛門、山口武雄、村尾義輝、坂口清光、加藤二郎、小笠原正雄、渋谷清七、渡辺徳繁、菊地太郎、栗林勇市各巡査らが戦死した。

ソ連軍阻止と住民避難

大本営と第五方面軍が、樺太に対するソ連軍の進攻があるとすれば冬だと判断していたことは、さきに書いた『第5方面軍作戦概史』で明らかなとおりだが、それでも、その後の動きから進攻が早まることを想定、「ソ連、進攻しきたるとき樺太兵団はこれと対戦するものなり」とはっきりした目標を現地兵団に示してきた。これがソ連参戦の六日前。しかし、実際にソ連が参戦した九日、方面軍司令部からの電話はその事実に添えて「積極的行動に出て越境すべからず」と伝えてきた。

この命令は九日から十二日ごろにかけて各部隊に伝達されたが、意外な命令の解釈に各級指揮官も兵もとまどった。

鈴木参謀長は「私も理解できず、いろいろ考えてみた。ソ連との間になんらか黙契があるのか、ソ連軍の宣戦布告、進攻の事実にまだ再考の余地でもあって、深みにはまらないよう慎重を期しているのか――と。結論の出ないまま、大本営に何か考えがあるものと推測して部隊に伝達した。命令は十日解除されたが、その伝達は末端に届くのがかなりおくれた」と述懐しているが、第一線では、大攻撃に備えるためとする考え、もう日本はだめなのかもしれないという悲観的な考え、の二つに判断は分かれたようである。

自衛戦闘の指示を与えたあと方面軍司令部では直ちに作戦会議が開かれた。樋口軍司令官と参謀長萩三郎中将、参謀副長星駒太郎少将、高級参謀安藤尚志大佐、航空主任参謀渡辺行夫大佐、作戦主任参謀田熊利三郎中佐ら十人の参謀が列席したが、防衛主任参謀福井正勝少佐によると、作戦指導に先だって現地の状況把握が必要とされ、福井参謀がその役を申し出て認められた。

防衛参謀はいわば作戦の裏面、官・民の防衛を主務とし、邦人の安全な処置を考えたと同参謀は語る。「若い福井参謀を一人でやるのであれば私も同行したい」と安藤高級参謀が申し出て、両参謀は翌十日、丘珠（おかだま）（札幌）から輸送機で大谷飛行場（落合）に飛んだ。

安藤、福井両参謀は大谷に着くと直ちに豊原に向かい、師団司令部で峰木師団長、鈴木参謀長らから戦況を聞いたが、ソ連軍の兵力、装備などが的確につかめないため、十一日上敷香の師団情報収集所に向かう筑紫師団参謀に同道して北上した。しかし、第一線からくる兵隊に戦闘状況を聴いたり、警察電話で情報をとったが、ここでも情報はまちまちであった。

福井参謀は筑紫参謀とこのあと敷香に車を走らせ、敷香支庁にはいってくる情報を集めたが、これもまた混乱を反映して断片的なものだった。しかし、それらを総合して、福井参謀は、「ソ連軍はわが劣弱な装備の第一線を一気に突破しないことからみて攻撃に積極的でない。また、敵の背後に回り、相手が巻き返すとさらに後ろに回り、血を流さず地堡を得る古い戦法に似たところがある」と判断、さらに「敵は八方山を孤立させる考えであろう。そして、まっしぐらに豊原に向かうに違いない」と結論した。そして敷香以北でその南下を少しでも食い止め、時をかせいで邦人の疎開を——と、直ちに支庁に栗山松一支庁長ら町のおもだった人たちを集め、辻ごとに歩哨を立てることを依頼した。多くの人たちは鉢巻をし、日本刀をサムライざしして集まり、ソ連軍の動きからみてわずかな歩哨がいても一気に衝いて出ることはしない、そこで五分でも十分でも進攻をおくらせて時間をかせぎたいという説明に、役場吏員も警防団員、中学生も日本刀や竹槍、猟銃をひっさげて配置についた。

福井参謀は民間の協力を求めたあと、老幼婦女子を避難させるため停車場司令部の敷香分駐所（敷香町恵須）に命じて、敷香駅にある客貨車全部を南に向けて並べるよう指示、老人や婦女子に身回り品と三食分のにぎりめしを持って集合するよう呼びかけた。

数時間後、広い駅前広場にあふれる町民を列車に乗せて出発した。十二日のことである。

引返した航空隊

師団司令部に戻った福井参謀は、安藤高級参謀に、ソ連軍は一個師団と判断、これが総力を挙げて南下しているので、わが方は南にいる歩二五、歩三〇六連隊でからっぽの北樺太に逆上陸して、殲滅すべきであると進言、師団首脳との協議で、北海道から歩兵一個大隊を派遣、第一飛行師団はこれを援護し、さらに国境のソ連軍を攻撃することとして、軍司令部に要請の電報を打ったあと十三日、札幌に帰った。

その日直ちに開かれた作戦会議では、逆上陸案に「その作戦もいいじゃないか」とひとこと、樋口軍司令官が述べただけで、採用するところとはならなかった。「軍司令官はすでに終戦が遠くないことを知っていたように思われる。積極的な行動に出て越境してはならないという命令のなかでは逆上陸は不可能なことでもあった」と福井さんは述懐している。しかし、増援についての措置はとられつつあった。

『第5方面軍作戦概史』には、「十三日、第七師団（帯広、鯉登行一中将）より歩兵三大隊、山砲一大隊基幹の一支隊を南部樺太に急派するに決し、それぞれ命令するところあり（但し実行するに至らず）」とある。鯉登第七師団長は歩兵第二六連隊の第二大隊（鷹野要三郎少佐）、同二七連隊第二大隊（安部浩少佐）を急派することにし、これとは別に稚内の大岬台地にいた独立歩兵六四九大隊にも西能登呂岬への移動が命令された。同大隊の大隊長伊崎秀雄大尉（同年春まで安別守備隊長）は「十四日、宗谷要塞司令部に出頭、電話で安藤高級参謀から西能登呂半島突端の重砲一個中隊を援護するため十七日に出発すること。同地にある歩二五第二大隊（中村盛大尉）は北方に転用されるという命令を受けた」と語る。

しかし、軍司令部は同夜十時、終戦が決したことを知り、転進を中止した。船舶の暁部隊は釧路、小樽を出港して稚内に向かいつつあり、作戦中止で混乱した。

航空隊については十二日夕刻、帯広の第一飛行師団（佐藤正一中将）に出撃命令が出た。

七月初旬、同師団の保有機数は戦闘機、襲撃機、偵察機、輸送機合わせて八十三機に減っていた。これで本土決戦に備えるため、樺太では大谷飛行場にあった北方軍直協隊の司偵四機も引揚げ、八十三機は札幌周辺と帯広、計根別に集結していた。佐藤師団長は「初め、ソ連軍が越境したとき軍司令部から〝出撃させてはどうか〟という話があった。しかし、私は〝本土決戦のときまで温存すべきだ〟と断わった。が、樺太の事情もあったのだろう、改めて出撃命令がきたので第二〇飛行団長、甘粕三郎大佐に札幌の五四戦隊を指揮して出撃することを命じた。また、それより早く、参謀長成田貢大佐と参謀高橋義雄少佐を輸送機で大谷飛行場に先行させ、作戦指導に当たらせることにした」という。

現地における第一飛行師団の成田参謀長と八八師との協議で、飛行戦隊の襲撃は十四日決行の取り決めができ、わが軍の前線は日の丸を立て目じるしにすることにした。

第二〇飛行団の団司令部は室蘭の八丁平飛行場にあったが、戦闘・襲撃・爆撃三戦隊のうち残っているのは札幌丘珠の一式（隼）戦の五四戦隊（竹田勇戦隊長）だけ。甘粕飛行団長は師団司令部に呼ばれて十三日帯広に着き、出撃命令を受けると、十四日朝爆撃機で帯広飛行場を離陸した。しかし、襟裳岬が雨で引返し、午後再び札幌に向かい、丘珠に着いたときは、すでに竹田戦隊長に率いられた隼二十四機が上空で編隊を組み、まさに北に向かうところだった。甘粕大佐の乗機は午後三時半、戦隊のあとを追って離陸したが、大雪山系を越えてほどなく、戦隊が引返してくるのに出会った。

戦隊にいた五十嵐良治さんらによると、当時、搭乗員は若い兵が多く、雲の壁を突き破っていく自信がなく引返したと語っている。

道北から宗谷海峡にかけて雨雲が低くたれこめていた。甘粕大佐は団司令部だけでも大谷に前進することにし、雨を避けてオホーツク海を北上したが、海峡上に出るころから霧がいっそう深まり、樺太はその下に沈んで全く見えなかった。

やむなく甘粕大佐は北海道北部、浅茅野(あさぢの)飛行場に不時着を命じた。十五日も雨、そして正午の終戦放送で作戦は中止された。

北樺太のソ連側は第一線の突破を待つ間、ツンドラのなかの一本道に弾薬、糧秣、その後方には南樺太占領と同時にはいってくる労働者と家族が、家財道具をまとめ待機しており、いちばん恐れていたのは機銃掃射だったと、戦後ソ連兵がいっていたという。もし、気象条件がよくて、隼が飛行できたら、ソ連側に多大の打撃を与え得たことは明白だが、そのあとの報復を思うと悪天候がかえって幸いしたといえるのだろう。

国境戦線異状あり

ソ連軍、古屯に急進攻

ソ連軍は戦車、自走砲を前面に押し立てて中央軍道突破を企図するとともに、西の安別、日の丸、東の知志代、武意加などでも本格的な進攻に移った。

知志代監視哨（高島一正少尉）が約一個中隊の歩兵の攻撃を受けたのは十一日午前十一時半ごろ。迫撃砲の援護下に、歩兵の機銃が一斉に火を吹いて新井武治軍曹以下九人が勤務していた監視所が突如襲撃された。後方の軍道そばの兵舎にいた高島少尉、浜崎正一軍曹以下十六人と知志代巡査部長派出所の警官七人が、山道沿いの陣地に飛び込んで配置についたところに、新井軍曹から敵襲の報が入り、直ちに監視所に向かったが、優勢な敵はすでに西の沢一帯に散開して迫っていた。

高島少尉は救出を断念して、吉田兵長に建物の焼き打ちをさせ、武意加川を背にした南の高地まで一気に後退した。

武意加武揚台陣地の第八中隊第一小隊（岡島堅蔵少尉）が攻撃を受けたのは十二日早朝。激しい砲撃下に執拗な攻撃で橋口幸彦一等兵（北海道清水町出身）ら十四人の戦死者を出しつつも十九日まで陣地を固守した。

通訳であった谷口富雄兵長は停戦後、オノールの野戦病院のおびただしい負傷者のなかに武意加を襲撃した大尉がいて、一個大隊を率いて攻撃したが死傷者が続出、自らも足と胸に重傷を負ったと語っていたといっている。マリノフスキー元帥の著書『関東軍壊滅す』のなかに、武意加の戦闘でソ連軍の連隊長の大尉が戦死し英雄勲章をもらったとあるが、激しい戦闘であったことがわかる。

この方面からの敵は武意加陣地を攻撃する一方、そのわきをすり抜けるようにして部隊の南下を急ぎ、先兵は十一日から古屯の北、栗山道、東軍道でわが斥候と各所で接触したが、十二日午後三時ごろには古屯背後に接近していた。

栗山道の古屯川橋分哨にいた岡島小隊の分哨長、中村久一郎上等兵は、

「十二日朝、分哨前の橋梁をソ連進攻に備えて落としてあったので私たち五人は小隊のいる武揚台に復帰できず、古屯に向かうことにしたが、突如背後から撃たれた。すでに敵の一部は石灰山の軽便鉄道と川ぶちに散開していた。私たちは林の中に逃げ込んで南下、古屯に着いたのは昼ごろだったが、その二時間後には敵は古屯駅付近に出没していた。十日ごろから分哨を通って栗山道を北上する幾組かの斥候があったが、いずれも帰ってこなかった」

と語っている。

芳村歩125連隊長（左）と小林第一大隊長。
（ツンドラを掘って構築中の武揚台陣地で）

武揚台前面のソ連軍は、強い抵抗にあって釘付けされたが、夜にはいると歩兵は迂回してツンドラのなかを古屯に向かい、一方戦車、火砲は栗山道を進んで古屯に迫っていたのである。師団の意表を衝く早いソ連軍の進出であった。

　最北端の村、古屯は八方山などに向かう兵員や物資の軍用列車が続々到着、荷卸し作業が夜を日に継いで行なわれていた。そのあわただしさは十一日まで続いた。

　だから婦女子は引揚げたが成年男子は十二日朝まで村に留まっていた。軍は吉村忠男中尉の向地視察隊と憲兵古屯分遣隊、特務機関員など少数で、火砲は北の台地に、中央軍道に砲口を向けて配置した速射砲一門があっただけ。気屯署に勤務していた藤沢春雄さんは、

「石井義雄巡査部長を長に一個分隊のわれわれ警察隊が古屯部長派出所（菊地慎爾部長）に

駆けつけたとき、非戦闘員もひたすら軍を信頼し、土建飯場の作業員は長期決戦だと、陣地構築や食糧を山にかくすことなどに走り回っていたし、中学生の対空監視員は、敵機の飛来するなかで、私たちの注意に耳もかさず空をにらんでいた」と語っている。

しかし、憲兵などとともに、戦車の現われそうな道路の閉鎖作業に部落を出ていった作業員のなかから、途中ソ連軍の攻撃を受けて死傷者が出るようになり、敵が身近に迫っていることがわかったため、おもだった人びとを集めて避難することを納得させ、列車に背中を押すようにして乗り込ませたものだったという。十二日も昼近くだった。

この古屯を一番最後に脱出したのは、古屯駅に勤務していた坂田正義駅長、竹田護助役以下、若い女子職員四人を含む十三人の鉄道義勇隊の駅員で、避難列車が発ったあと二台のトロッコで南下した。

駅手の工藤始さんは戦火の古屯脱出記を次のように綴っている。

十一日までに軍用列車で着いた物資、兵員のうち軍馬だけで二千頭は下るまいと思う。ひとにぎりの部落、駅はそこからも少し離れて林の中にポツンとある。そんな寒村の小駅でこのおびただしい輸送量には目をみはったものだった。北の戦況が思わしくないと気付いたのは、うかつにも十一日午後、敵機の機銃掃射で軍馬が倒れ、機関車のタンクが撃ち抜かれて動かなくなって大騒ぎをしたころからだった。

ツンドラに丸太を敷き並べて土盛りした栗山道。

十二日昼、大きい釜でめしを炊いていたら再び空襲。激しく駅舎を撃ち抜く敵弾に私たちは弁当箱を持って林の中に逃げ込んだ。そしてツンドラを掘って弁当を埋め、ツルハシやスコップ、クワなどを手に手に持ち、ポケットに石ころを詰めて、敵が見えたらこれで……と、待ち構えた。駅長以下、私たちは決死の覚悟で駅を守ろうとしていたのだ。そのとき、中尉がきて駅員を集め「非戦闘員なのだから、くやしいだろうが気屯まで下がってくれ」と涙ながらに説得され、私たちは二台のトロッコで古屯を脱出した。

どのぐらいトロッコを飛ばしたのだろう。だれかが「小便がしたい」というので、降りて線路わきの林に分け入ったその瞬間、トロッコめがけて三機がダダダ……と機銃掃射を加えて通り過ぎた。脱出を急ぐあまり下車がちょっとおくれたら、と思うと冷汗がわきの下を流れた。

気屯に着いたのは午後三時ごろだった。警察署にいって乾パンをもらい、駅構内の貨車に戻り、駅務の東条常利さんも平田英二さんも転轍手の及川勇さんも私も、それまでの疲れがどっと出て眠りこけたものだった。

坂田駅長は、ともに最後まで職場にがんばった女子職員について「何しろ遠い昔のことで記憶も薄らいだが、倉下ミチさん、佐藤初枝さん、それに古屯部長派出所の菊地巡査部長の娘さんと由利さんと呼ぶ四人だったと思う。若いのに、親たちと別れよく最後まで任務を遂行してくれた。気屯に着くなり敷香にいた親たちのもとに送り届けたが……」と語っている。

竹槍にゴボウ剣

この前日、大木にいた輜重八八連隊第二大隊長山鹿三郎大尉は、師団司令部からも連隊本部からもなんらの命令はなかったが、ソ連軍の南下をくい止めなければ、八方山への食糧と弾薬輸送に当たらなければと、独断で上敷香の第六中隊（田中重三中尉）を北上させ、自らも大隊本部と第七中隊（武田一男中尉）を率いて古屯兵舎に進んだ。そして、十二日昼過ぎ、敵戦闘機の波状攻撃をうけたが、頭上の敵機が去ったあと、東の空で旧式の複葉機二機が林すれすれに旋回しているのを目撃、空地連絡と直感、かたわらの副官松沢新少尉に「敵はすでに古屯東方に進出しているように思う。同方面の警戒を厳にすること」を指示した。その直後、東で豆をいるような銃声がして、ソ連軍の古屯攻撃が始まったのである。

輜重大隊の装備は六人に一丁の割りの三八式騎銃があるだけ、ほかは腰に短剣を帯びているだけで、そのゴボウ剣を竹槍の先にくくりつけて戦闘に参加したのである。藤沢昌隆二等兵は、「私も上敷香出身だが、開戦直前に上敷香、気屯など国境に近い地域から応召した四十年輩の兵隊たちは、兵種からいっても基礎訓練はできていず、それが竹槍にゴボウ剣では、むざむざ殺されにいくようなもの。わが家が望めるようなところで次々に戦死していった」と語っている。

以下は山鹿大尉が綴ってくれた竹槍部隊の戦闘である。

田中隊阿部軍曹以下の四人の斥候が銃声に向かって走った。武田隊を古屯東に進出させ、大隊本部と田中隊が部落の中央十字路まできたとき、阿部軍曹が両腕を兵に支えられて後退してきた。

首筋に貫通銃創をうけている。報告によると敵は森林に一個大隊ほどが散開している模様。銃声は一段と高まり、森林内でときどき鋭い口笛がする。森林戦の訓練を経た部隊であろう。木から木へと、陰にかくれて小走りに前進する私たちの周囲に、プスッ、プスッと敵弾がささりこむ。

武田隊を鉄道線路から部落にかけて散開させ、私は田中隊の位置する部落に戻った。敵は古屯の南にも進出した気配があるため、田中隊によって古屯駅を確保すべく、部落の南端まで進んだ。上りになっている軍道わきの森林付近に偽装したソ連兵がマンドリン銃を構えて撃っている。

糧秣倉庫の経理部見習士官が軽機で私の左後方から応戦している。それで敵に動揺が――と、みてとった私は拳銃をにぎり、軍刀を振りかざして、

「突撃ーっ」

声をかぎりに叫んで駆け出した。

トドマツの幹を盾にしていた兵隊がいっせいに、喚声とともに突撃に移ろうとしたとたん、暴風雨のような敵の射撃、私は期せずして大きい切り株に身をひそめていたが、周囲では倒れる兵も、身を伏せる兵も、いちどにどっと倒れた。

「銃が使えない」

側溝で応戦していた兵が銃をあげた。槓桿（こうかん）が敵弾にそっくり飛ばされ、弾丸こめができなくなった。この小銃がだめになると、私の周囲は竹槍の兵しかいない。後方の軽機

も沈黙した。戦死したのである。

右の田中隊は鈴木少尉が突撃と同時に腹部を撃たれて戦死し、突撃は挫折したようである。

私たちは古屯川付近まで後退したが、田中隊の所在がわからない。大隊本部の清水軍医らもいない。残った田中隊の兵と武田隊を川ぞいに守備につけ、本部は歩二大隊本部の東から南に配備、夜を迎えた。

敵から分捕ったマンドリンのような弾倉の自動小銃が届けられたが、かりにこれだけの近代兵器が二人に一丁でも装備されていたら――と輜重隊の貧弱な装備が腹立たしかった。工兵隊十数人などが指揮下にはいったが、このときの彼我の兵力は、わが方三百、敵約四百、しかし、わが軍は三百人に小銃五十丁ほど。

八方山の歩一二五連隊本部からは「所在の兵力をあわせ、当面の敵を包囲殲滅せよ」と命令がくるが、敵主力の位置もわからず、この装備では素手で立ち向かうようなもの、夜行動していたずらに兵力を分散することもおそれて朝を待つことと私は決心した。

深夜に至るも銃声は衰えない。

天野俊夫少尉（福島県出身）が兵にかかえられてきた。顎から首にかけ鮮血に染まっている。軍道上の配置についていた部下が突然手榴弾を投げつけられて倒れ、駆け寄った同少尉も次の一弾で負傷したのだという。

「天野、元気を出せ」

力づけたが、すでにうつろな目を向けるだけだった。

真夏だというのに、ぞくぞくする膚寒さの十三日朝がきた。速射砲陣地に向かって攻撃する敵部隊をみて、軽機で射撃する。歩兵一個小隊が加わった。一個小隊といっても二十数人、彼我の力に変化を及ぼす兵力ではない。

午後、筑紫参謀が八方山からの帰途立ち寄って「輜重大隊は三カ月分の糧食を送り終ったのち豊原まで後退するように」と指示があった。国境守備隊は三カ月間、敵を国境に釘付けする作戦と判断、直ちに輸送準備にかかったが、その後、守備隊からも歩第一大隊を派遣するので古屯守備を交代して輸送に当たるようにとの命令が届いた。八方山は弾薬、糧食不足に困窮していた。連隊砲中隊の中谷勇次郎兵長は炊事係として、敵が包囲しているなかを軍道わきに野積みしたままの米、乾パン、缶詰などを奪還するため、深夜軍刀をサムライざしし、鉢巻してよく出かけたという。雨あがりの沢を泥んこになって持ち帰った食糧が次の日の中隊の食糧になった。八方山の各隊は、やがて軍馬を殺して食べるまでに食糧が窮乏していた。

古屯駅奪回に部隊集結

輜重兵の竹槍部隊が古屯駅付近でソ連軍と遭遇、戦闘にはいるより早く、第三中隊の大山小隊（大山弥一少尉）も古屯に着いていたが、佐々木兵技中尉の命令で、同小隊の通過後、幌見峠付近に現われた少数の敵歩兵の駆逐に向かい、同峠の守備を向地視察隊にまかせて、再び古屯に戻ったときには、すでに輜重隊は敗退しており、大山小隊は、古屯橋北岸にタコツボを掘って守備に当たっていた。

また、同日、師団教育隊長（気屯）西坂勇中尉は、小林連隊長から「古屯駅に到着しているはずの重迫撃砲四門を、在気屯の隊で動かして八方山陣地にはいるよう」命令を受け、部下の橋場軍曹を連れて昼ごろ、古屯駅の貨車に重迫砲が積んであることを確認、急ぎ気屯に帰ったが、同夜、気屯留守隊長の歩一二五連隊付、杉木雄三中尉から「古屯駅付近にソ連軍が進出したもよう。教育隊の編成を急ぎ、これを攻撃せよ」との連隊命令を受けた。西坂隊は第一、第三大隊の気屯残留者と教育隊合わせて約百人。しかし重機、速射砲、歩兵砲各一の装備を持っていた。

十三日、北知床岬からの第一二中隊（佐竹正蔵中尉）、内川からの第二中隊（黒田武夫中尉）が八方山に向かうべく相次いで気屯に到着、黒田、佐竹、西坂三中隊長は、古屯駅の南三キロの地点に十四日午前二時に集結、払暁戦で同駅を奪還する手はずを整えて出発した。

一方、さきに大山小隊を、次いで十三日には真鍋小隊（真鍋重雄曹長）と第三中隊の二個小隊を古屯に前進させた第一大隊は、大隊長代理、木下（きした）義一大尉（歩兵砲大隊長）が更迭して、第一中隊とともに北極山に残り、岩貝三郎大隊副官以下の大隊本部、指揮班と一個小隊のみになった横田徹夫中尉の第三中隊、それに浜田富士隆中尉の第一機関銃中隊（二個小隊）などが、十四日古屯死守の命を受けて八方山を下っていった。

「師走を奪った敵は静かだ。負傷兵後送で迂回道路を古屯に向かう。道ばたに黄色い通信線がどこまでもついて走ってくる。小高い丘を越えるとき、師走が望見される。その丘は一面に黄色い盆花（柳蘭）が咲いていていた。古屯の手前四キロで、武意加からの敵がすでに古屯にはいったという情報。私たちの前を古屯死守の第三中隊が黙々として進んでいった」

「私たち負傷兵は引返すことになった。わき起るような雲がにわかに流れはじめて、落ちだした雨は、繃帯所の山小屋に着いたころにはどしゃ降りになっていた。乾草の上に身を横たえた隣の喉を撃たれた見習士官は呼吸のたびに血の泡がプツプツ音をたてる。古屯に向かう敵戦車がごうごうと地響きをたて、今にもこの山小屋を押しつぶしてやってきそうでさえあった」

この石塚保さんの手記は、師走川で第四中隊、速射砲中隊、歩兵砲小隊が壊滅、いままたわずかな兵力で古屯死守に向かう第一大隊の運命を暗示しているように思われる。

友軍機来らず

師走川の戦闘から第一大隊の古屯移動までを、八方山にあってじりじりしながら見守っていた将兵の心情を、通信中隊鈴木孝範有線小隊長の記録は、簡潔な文章で次のように綴っている。

十二日（晴）（略）午後になり北斗山付近に敵砲弾落下す。十五榴のようで連隊本部付近の偽装を徹底する。

夕刻に至り敵砲声全く止み、静寂、霧濃く、一寸先も見えない夜。敵スパイ潜入の情報が入る。昼間の古屯、気屯の空爆により通信途絶す。本日も友軍機一機も来らず。

十三日（曇、霧深し）午前四時、早くも敵砲撃の火ぶたを切る。第一大隊の師走川陣地苦戦、午後一時、大隊長代理木下（きした）義一大尉より連隊長に電話あり、第一大隊の全員斬込みを敢行しますというも、連隊長許可せず、押しての歎願も入れられず、北極山まで後退を命ぜらる。木下大尉涙声にて復命するを交換機について聞く。予想以上の不利に驚く。

三一四高地の向地視察隊、頑強に抵抗す。連隊長十四日午前零時を期して北斗山への撤退を命じた。午後師団参謀筑紫富士雄中佐、戦闘指導にくる。

午後二時、古屯方面にて突然激しい銃声起る。

まもなく敵小部隊が古屯に出現したと報告が入り、輜重大隊（二個中隊）などに応戦を命じ一時撃退したとの報告があった。午後三時ごろ、佐々木寿夫兵技中尉戦死の報が入る。古屯から兵器輸送中、古屯―林北台の山道上にてトラックを襲撃されたもよう。古屯や林北台寄りに出現した敵は武意加方面から南下した部隊のようである。残念ながら友軍に機甲部隊は勿論、大口径の火砲はなく、砲といえば山砲一門、連隊砲四門、曲射砲十二門のみ。

筑紫参謀、一個小隊の護衛で離山す。夕刻に至り古屯方面にて銃砲声激し。

十四日（曇、ときどき雨）古屯―北斗山間の有線途絶、橋本二三男兵長（美唄市茶志内出身）ほか三名を修理に派遣、任務修了後は古屯交換所の高橋分隊（高橋恵一伍長）に入ることを命じた。（同兵長はのちに古屯で高橋分隊長らとともに戦死した。）

第一大隊は古屯に守備隊として待機することになり（戦闘詳報に「古屯に派遣、同地の死守を命ず」とある）続々後退す。八方山―北斗山の山道にて行き会ったが、わずか四、五日の戦闘と思われないほど将校も兵もやつれ、蒼白な顔に不精ひげ、そして血のにじんだ繃帯が目についた。（黙々と南下していったこの隊が二日後、最激戦地となった古屯でほとんどが戦死するとは――。守備隊編入を聞いてうらやましげに見送る兵も多かったが。）

速射砲中隊長柿崎中尉の遺品であろうか、同中隊指揮班長島崎曹長が将校用長靴を肩にかけ、軍刀を杖に「申し訳ない」と一言、目礼して去っていった。

第一大隊長小林貞治少佐は北海道に出張中のところ急遽帰隊、大隊の指揮をとる。

連隊主力、八方山で待機

鈴木孝範少尉の記録にもあるように、師団は小林連隊長以下歩一二五の第二、第三大隊を八方山陣地（亜界山、八方山、北極山など標高三百メートルから五百メートルぐらいの一群の山）に秘匿し、中央軍道を進んでくるソ連軍は第一大隊の犠牲において阻止し、邦人の本土送還の時間を稼ぐとともに、ソ連軍がある程度南下して輸送路が伸び切ったときに後方から出撃してこれを断つことで、致命的な打撃を与える作戦だった（二〇六頁の地図参照）。

八方山陣地はペトンの幌見台―亜界山の永久陣地を構築したときから前進陣地としてあったが、十九年秋、国境を守るのが一個連隊で、しかも常時、北を向いているのが一個大隊だけとなったときから本格的な洞窟陣地の構築にかかった。

第二大隊本部などは、一トンの砲弾に耐える厚さの岩盤をくり抜いた堅固な横穴で内部も広く、大隊長室は渡辺少佐のおびただしい蔵書を納める余裕もあったという。もちろん、ソ連の進攻開始とともに北上した第三大隊や師走川陣地を突破されたのち神無川陣地から引揚げた第一中隊などは、亜界山、北極山にタコツボ陣地を急ごしらえしたのであるが、ソ連軍は八方山は有力な前進基地、主陣地はあくまで幌見台から斜めに亜界山の方角に伸びる陣地だとみていたようで、半田を占領、日の丸軍道に砲列を敷いた砲兵陣地が目標にとらえたのも、空軍が爆撃目標にしたのも、もっぱら八方山の後方の幌見台と馬の背山の偽装高射砲陣地だった。

　地上からは一発の応射もなかった。幌見台陣地はもぬけの殻だったし、高射砲の二個中隊は千島と北海道に移駐して、樺太には高射砲は一門もなかったのだ。そこをソ連軍はベトンが掘り返され、鉄筋がアメのように曲りくねるまで攻撃を加えたのだが、主力のいた八方山はいつもひっそりと静まり返っていた。

　師走川陣地に戦車が初めて出現した十二日、八木中隊の山砲が迎え撃って一時敗走させた直後、ソ連の赤トンボやプルプルーンとののんびりした爆音の複葉機が山膚をなめるように八方山の上を旋回したときも、地上からは応射させなかったから、ついにわが山砲陣地を発見することができなかった。

　このように秘匿に努めた八方山では、だから眼下の師走川を渡り、友軍を蹂躙して南下するソ連軍をまのあたりにして、はらわたをひきちぎられるような思いだった。そして、師走川の抵抗線を破られると、戦車の地響きを聞きながら、先廻りをするようにして古屯に向かう憔悴しきった戦友を見送ることは耐えがたいことだった。

「できるだけ進攻をおくらせ、機をみて、南下したソ連軍の輸送路を断てという師団命令を受けたとき、私たちは、これは玉砕せよという命令だと思った。しかし、できるだけ長くもちこたえて、打撃を大きくしなくてはならない。第一大隊がツンドラを血に染めて倒れていくのを見守りながら、いつ出撃するか――死を賭した出撃の機を考え続けていた」と、渡辺第二大隊長は語っている。

わがもの顔の敵戦車隊

黒田、佐竹、西坂隊が古屯駅のソ連を駆逐するための攻撃を開始した十四日朝、古屯部落の北を流れる古屯川の北岸にタコツボ陣地を掘って、ソ連軍が古屯を攻撃したのち兵舎を占領するのを防ぐため守備していた第三中隊の大山、真鍋小隊は、古屯橋を渡って武意加―古屯道路上の警戒に当たるようにという命令を受け、一部の兵をタコツボに残し、部落に向かった。

数百メートル離れた古屯駅付近の激しい銃砲声のなかを、廃墟と化した村にはいった両小隊は武意加道の四辻の家々や二階建ての旅館などに散開したが、そのとき「戦車だ。武意加方向から戦車がくる」という絶叫にちかい歩哨の声にだれもが耳を疑った。

戦車がくるとは思ってもみなかった。不意をつかれて、急造爆雷もなく、大山少尉も真鍋曹長もなすすべを知らなかった。兵はあわてて物陰に散ったが、地響きとともに戦車一両はすでに目前に迫っていた。戦車は、くるりと砲塔を回したとみるや北の幌見峠の望楼にダーンと一発、戦車砲を浴びせ、ものすごい勢いで町のなかを南に向かった。物陰に身をひそめた池内徳太郎兵長は、その戦車の上に、しがみつくようにしてソ連兵が乗っているのを見た。

突然現われた戦車を、古屯橋付近の大塚伍長の速射砲がねらった。しかし三七ミリの速射砲では、鋼板にぶつかった砲弾がガーンとにぶい音をたててはね返るだけだった。そして、次の瞬間、速射砲をとらえた戦車砲がこれを餌食にした。

木原機関銃分隊（木原桂三郎軍曹）の小川栄司上等兵は「発射音と炸裂音が同時、速射砲は一発で消し飛び、あとには弾薬箱だけが残った」といっている。

村を駆け抜けた戦車は南の台地でくるりと向きを変え、砲撃を加えてきた。壁を撃ち抜き、屋根を吹き飛ばした。若い兵はおそろしさのため壁ぎわに身を寄せかえって壁をつらぬく銃弾にやられた。

壁を破り、室内で炸裂した一弾で青木一等兵、坂本一等兵が即死した。佐伯一等兵は腹を撃たれ、銃を引きずって大山少尉を呼び求めて軍道上をふらつき、坂田武夫上等兵は肩に重傷を負った。

池内兵長は工兵隊数名の肉攻班援護のため武意加道に沿って進んだ。三両の戦車が修理中らしく、近づいてきたら飛び出すべく工兵隊は道端の草むらに身をひそめ、池内兵長ら援護の歩兵は百メートルほど離れて伏せたが、そのうち十数両の戦車が丘の上に姿をみせたため肉攻をやめて逃げ帰った。

両小隊長はこのままでは全滅するからひとまず村を離脱しようと重傷者を助けて西の疎

林に後退した。そこで佐伯一等兵は死んだ。

やがて敵は、戦車砲と下古屯橋、五号兵舎付近に据えた迫撃砲の援護下にこの疎林まで攻め込んできた。夏草のなかで、二発の手榴弾の安全栓を抜いて全員が伏せた手元に置いた。草の繁みに敵の足が見えがくれするそばまで敵は迫った。が、やがて移動していった。

夜を待って両小隊の約三十人は古屯脱出をはかった。各隊の生存者が森林内で合流、五十人ほどになった。歩けない兵隊のうちにはとり残された者もいた。「炭焼き小屋に腰を射抜かれて動けない兵を残してきたことがいまだに思い出される」と大山さんらはいう。気力で歩いて帰った兵でも、肘、顎に貫通銃創を受けた佐藤一等兵らは気屯に着いたあと死んだ。

大山さんは「古屯駅から村の西にかけての台地上に見えた敵を三百から四百とみて、松井岩雄軍曹を連隊本部に報告に出したが、帰っての報告では、本部では「そんなに多くないと隊長にいえ」といっていたといい、武意加からツンドラの中の道を突っ走って古屯を衝いて出たソ連軍を連隊首脳は過小に評価していた」と語っている。

ソ連艦、安別を急襲

安別(あんべつ)国境は東西に低い山が走り、西端は海峡に落ちこんで断崖になっている。北緯五〇度の国境線はこの山の中腹を通り、それを示す標石はまるで墓石のように南のこの村を見

安別地区の国境警備にあたる兵隊。樺太犬の犬ゾリが交通機関。

おろしている。

安別は五十戸ほどの漁家があり、南の明石は高台に安別炭礦があって、百二、三十戸のハーモニカ長屋が軒を連ねているが、そのころは、海上輸送が危険で、炭礦夫はほとんどが本州の炭礦に移ってしまい、炭住には残された家族と整理員の名で少数の男たちがいるだけだった。

しかし、九、十日、ソ連軍の斥候が越境した形跡があることから、安別派遣隊（歩一二五連隊第六中隊、吉田重吉中尉）は安別・明石（あかし）・妻内・赤敷にかけての邦人を南方に緊急避難させ、安別には同派遣隊の第一小隊（物万竜一少尉）、第三小隊（村上寿雄曹長）と重機小隊（実数は岩根忠典軍曹以下の一個分隊）、それに重機四を持つ町田豊警部補以下の国境警察隊（名好署安別警部補派出所）と測候所員、郵便局員、学校教員、漁民など少数の義勇隊がいた。派遣隊の第二小隊（藤谷信太郎見習士官）は安別から東二十四キロの飛竜におり、この間には中山俊豪大尉の向地視察隊がいた。

ところが、吉田隊長が連隊本部に呼ばれていった留守中、同隊も一部を安別に残し気屯への移駐の命令を受けたため、惣万少尉は十二日午前三時半を期して、船で西柵丹まで南下することとし、南二キロの明石港で発動機船「自在丸」「喜栄丸」に弾薬を積み込ませた。自在丸には、安別国民学校の畠山孝二校長が恵須取での会議に出かけたまま帰校できないので留守を預かっていた若い石井義八訓導が、ご真影をもち、キク夫人が出産のため入院している恵須取までいくために同船に乗り込んでいた。このほか、測候所員など合計十六人が乗り込み、喜栄丸にもほぼ同数の邦人が部隊とともに南下することにして夕方には乗船していた。

乗船準備が整った午後九時ごろ、派遣隊の電話のベルがけたたましく鳴った。

「いま、署員三名がソ連軍の襲撃を受け拉致されました」

国境警察隊からの緊急電話だ。

惣万少尉の命令で今井勇曹長（江別市出身）以下十人と萩原伍長以下五人の二組の斥候が闇の中に飛び出していった。

国境の手前、三百メートル付近の海岸ぶちにある派出所は警官が三人ずつ交代で歩哨に立っていたが、闇のなかを突如、十数人のソ連兵に襲われた。「三人は派出所を飛び出して散り散りになって、結局翌日は無事戻った」と町田豊さんはいっているが、測候所北に進んだ今井曹長らは敵の銃撃を受け、同曹長が腹部貫通銃創のほか続く谷口利春一等兵（北海道浦河町出身）、遠藤千代吉二等兵（北海道平取町出身）が倒れ、限地開業医（樺太開拓のころ、医師が僻地にきてくれないため樺太庁が指定した地区でだけ開業できる限地医師の制度を設けた。元衛生兵などが多かった）三橋金五郎さんが手当のため呼ばれた。

負傷兵のうめき声が耳につき、暗い気持のうちに出港の時間が近付いていた。ところが午前三時かっきり、腹にこたえるような海上からの砲声、同時にバリバリッと背後で炸裂音がおこって、兵隊は飛び上がった。走り出してみると、沖合一キロ、闇にもそれとわかる五百トンほどの艦艇が三隻、横腹をみせて停泊、青い曳光弾が頭上を炭礦の背後の三角山と選炭場に吸い込まれるように集中している。

そのとき、明石港にいた漁業、藤山五郎さんの自在丸が砲弾の下をかいくぐって脱出を図った。が、それを察知した敵艦一隻が追跡、砲撃した。船は必死に水柱のなかを逃げたがわずか十数分、妻内の沖二百メートル付近で直撃弾を受け、安別警防団長村川亮逸さんによると、石井訓導ら十三人は船体とともに瞬時にして波間に消え、三人がソ連船に救助された。また喜栄丸の乗船者は下船して背後の山に逃げこんだ。

敵艦は砲弾を撃ちつくすとピレオ港に引返し、補給してまた戦列に加わった。

しかも、陸上からは、国境を越えた敵は海岸線と背後の森林の二手から包囲するように攻撃に移った。夜が明けるころから敵の銃砲火はひときわ激しさを増したが、わが方もそれだけ行動しやすく、第三小隊の萩原分隊は肉薄攻撃に出てきた敵を、松林や路上に逆に斬込んでいって蹴散らした。樋口分隊（樋口久雄兵長）は測候所や派出所の方角からの敵が林を抜けて目の前の原っぱに姿をみせたところをねらい撃ちした。材木谷兼三上等兵の擲弾筒も正確に敵を捕えて効果をあげた。

安別放棄

そのころになって上陸用舟艇が安別港めがけて進んでくるのがわかった。村上小隊長の命で萩原分隊長は港を見降す芋畑に軽機を据えて撃った。舟艇の一隻は火柱をあげて止まり、火の中を三、四十人の兵隊が海中に飛び込んだ。海上の敵艦には警官隊の重機が応戦した。はじめ、甲板上の敵はこれだけ銃火を浴びせるのに訓練のようにのんびり構えていた。弾丸がはるか敵艦の上に飛んでいたのだ。弾着を修正するとあわてふためき、甲板上は倒れる者、船内に逃げこむ者で騒然となり、機関を動かして射程外に退避した。

萩原さんは「ソ連兵はカーキ色のよれよれの軍服に半長の革靴、自動小銃の腰だめ射撃をしながら登ってきた。顔は赤いヒゲがぼうぼうで囚人のようにきたならしかった。そんななかに赤いスカートをはいた女の兵隊もいた」といっているが、わが方の反攻に押されて幾度か後退した陸上の敵は、態勢を整えては執拗に攻撃を繰り返し、やがてその一部は山手の森林を浸透して、その表情が肉眼ではっきりわかるほどにまで接近した。舟艇で上陸した部隊も、じりじりとわが陣地に迫り、軽機手の佐藤上等兵（北海道清水町出身）戦死、伊藤安市一等兵（北海道浦臼町出身）、岡本儀雄二等兵（北海道上砂川町出身）も重傷を負った。

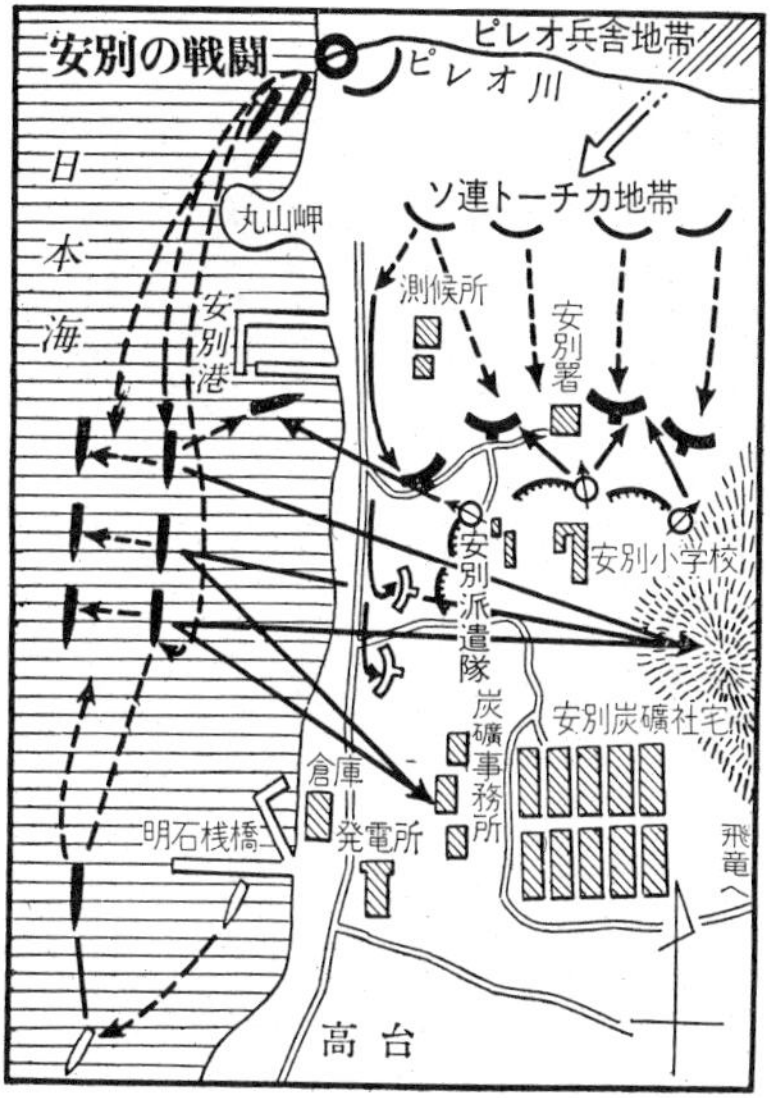

警官隊や義勇隊を含めてわが方の兵力は約三百五十、ソ連軍はこれに数倍する兵力だった。惣万第一、村上第三両小隊長は「安別死守も重要ながら、ここで手間どっているうちに背後に回った敵が手薄な飛竜を破ると連隊主力の側背を衝かれることになる。飛竜の線に撤退して死守しよう」と決め、村上小隊長は兵舎に入り名好署に電話で戦闘情況を連絡したあと会沢忠雄衛生二等兵に「今井曹長以

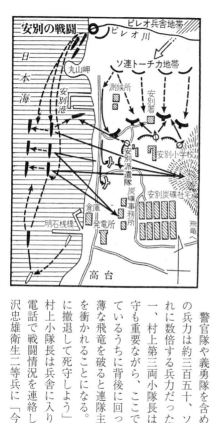

下の負傷兵を守って明石哨舎へ後退」を命じた。

午前十時、敵艦は弾薬を使い果たしたのか再びピレオ港に引返す気配。その機をねらって第一小隊は明石を経由、哨舎に火を放って山道を飛竜に向かった。

第三小隊は敵の追撃に備えながら撤退に移った。そのとき会沢衛生兵が「今井曹長らの姿がありません」と報告する。もう、とっくに明石哨舎に引揚げていたと思った三人の姿が——村上小隊長は困惑した。と、突然、兵舎の南で手榴弾が三発、同時に炸裂した。撤退する友軍の負担になってはならないと今井曹長以下三人は手榴弾を抱いて自決したのである。

同小隊は暗い気持で、しかし、敵の追撃を振り切って足早に安別陣地を放棄して山道に向かった。

第一小隊樋口分隊の二等兵、吉岡登さんは撤退の模様を次のように語っている。

「岡本（儀雄二等兵）がやられた、という声を耳にしてまもなく「明石を通って飛竜陣地へ予定の退却だ」という古年兵の声を聞き、小銃を撃ちながら小走りに後退、明石哨舎までくると、誰がにぎっていたのか、大きいフキの葉にのせたにぎりめしが配られた。それをほおばりながら早いものから次々に熊越峠に向かって急坂を登りはじめた。そのとき上口常作一等兵ともう一人の肩にすがった伊藤一等兵が後退してきた。手榴弾にやられて片目ははれあがり、血みどろのすさまじい形相で引きずられるようにしている。すぐあとから岡本二等兵がかつがれてきたが腹を撃たれて「水をくれ、水を」と弱々しく叫ぶだけだった。峠を登りつめてふり返ると哨舎がメラメラと炎に包まれ、焼け崩れる寸前。昔の落城を思わせる凄惨な光景だった」
第三小隊が飛竜陣地に着いたのは第一小隊より五時間後、十二日の夜もかなり深まってからだった。

終戦の後も……

十四日夕刻、吉田隊長（同隊長は十三日連隊本部から帰った）は安別に萩原伍長、立花登伍長、佐藤三郎伍長を長とする三組（各五人）の挺身奇襲隊を出した。
安別の敵の施設の破壊、旧派遣隊兵舎、小学校、港を利用できないよう焼き打ちする目的で、萩原班は明石港の食糧・油・器材倉庫など、佐藤班は兵舎、立花班は小学校を分担。また安田忠一軍曹以下五人は明石哨舎付近で挺身奇襲隊の援護に当たることになり「亡き今井軍曹以下六人のとむらい合戦だ」と夜陰に乗じて飛竜陣地を出発した。
以下は萩原伍長の手記だ。

白樺峠の夜目にも白く浮かび上がる白樺林で、細かい焼き打ち、斬込みの手はずを整えた。敵地での行動開始は午前零時、私の打ち上げる信号弾を合図にすることを決め、静かに山道を下っていった。

私たちは安別山の麓で曲り、炭礦の旧坑道に身をひそませて偵察した。重油倉庫の右に敵分哨の灯がチカチカと光り、炭礦事務所下から明石桟橋まで、敵の動哨二人がゆっくり、交互に往復して警戒しているのが確認できた。

「これはことだぞ、海側の倉庫入り口にどうやってたどりつくか……」

「なんとか一人の歩哨を声をたてさせずに倒すか、気づかれずにいけるか……。闇だし、風も強い。一人が桟橋に出たとき、こちらの動哨のわきを抜けるのがいい」

大胆にも私たちは動哨のわきの砂浜を匍匐して進む方法を選んだ。浜風はヒョウヒョウとうなりをあげている。肩をすぼめたソ連兵の黒い影がふと立ち止まったり、くるっと背後を見るたびに息を殺し、砂地にへばりつく。そして、またゆっくり歩き出すと風音と一緒に肘で前進——わずか三十メートルほどを一時間もかかって私たちは海岸線にたどりついた。

行動開始の午前零時はもうすぐだった。片手にマッチ、片手にガソリンとボロ布を詰めたサイダーびんをにぎる私以下三人は道路を渡ってドラム缶倉庫と食糧倉庫の入り口にぴたっと身体を寄せ、残る二人は器材倉庫に回った。

夜光時計の秒針をにらむ、拳銃を空に向ける。「十五秒前、五秒前、かかれ」というなり私は信号弾を打ち上げ、同時に立ち上がった部下はボロ布に点火、ガソリンびんを倉庫の中に投げ込んだ。

　動哨が大声で叫んで分哨に走る。桟橋の先端にいた別の歩哨はめくらめっぽう射撃しながら走り出した。

「発電所の裏山だ。急げ」

　私の声で一斉に走って高台の陰に走り込んで応戦、敵は十数人。しかし、各倉庫がめらめらと燃え上がり、重油ドラムが次々と誘爆すると、狼狽して火柱の周囲を右往左往するばかり。このときとばかり擲弾筒を撃ち込みながらみると、兵舎と学校を襲撃した佐藤、立花班も同時に火を放って、太い火柱の立ちのぼるあたりに、激しい銃声が聞こえた。私たちは明石分哨まで引揚げ、安別撤退の際、ここで息をひきとった伊藤一等兵、岡本二等兵の遺体を仮埋葬して飛竜に向かった。

　飛竜陣地に撤退した派遣隊は、向地視察隊の中山大尉の指揮下にはいって、ピレオ川両岸に陣地を構築しつつ、付近の警戒に当たっていたが、十五日午後一時ごろ、沃内（よくない）から電話で「戦争が終ったらしい」という情報があった。通信分隊の暗号班（豊島賢伍長）にいた阿部秀夫上等兵も「連隊本部の返信がないので受信機をラジオに切り替えると、海軍大臣の訓示として「敵対行動をしてはならない」と繰返し、米軍の「世界に平和がよみがえった。日本軍将兵もなつかしい妻子の待つ故郷に帰ることができる」という放送が行なわれていた。巡察の上島信曹長に報告すると口外するなと固くとめられた。だからこのことを知っていたのは中山大尉、吉田中尉、上島曹長以下ごく少数の人たちだけだった」といっている。

しかし、中央で停戦交渉が行なわれているとしても、ここでは、飛竜を死守することが任務だと中山大尉は、十六日、第二回の挺身奇襲隊として派遣隊指揮班長、幅田義雄軍曹以下を出した。この襲撃では三人の負傷者が出た。また夕刻、陣地警備の第一小隊は下流のピレオ川警察分駐所付近で数人の敵斥候と交戦、撃退、自動小銃六丁を捕獲した。

その後、派遣隊に同行していた町田警部補以下の警官と邦人を南下させ、部隊は洞窟に食糧八カ月分を運び込んで、翌年の春まではソ連軍を阻止する準備を整えた。

十九日、この陣地の近くまで少数のソ連兵が入り込んできた。直ちに一個分隊が攻撃、一人を射殺したが、そのあと五人の兵（軽機一）を連れて偵察に出た安田軍曹は、敵はすでに遠くに去ったと判断、帰途についたとき、十人ほどの敵と遭遇した。

葉の直径七、八十センチ、人の背丈を越すフキのなかを前進した安田軍曹らは、姿の見えない敵が投げた手榴弾で、蔵田弘美二等兵戦死、軽機手の高山忠太郎一等兵、高橋謙一二等兵負傷の損害を出した。

同じ日、部隊は恵須取からの電話で終戦の知らせを受け、二十日朝には連隊本部から「戦は終った。なるべく早く豊原を目標に南下せよ」との命令を受け、午後一時、陣地を放棄して上気屯への道を南下した。しかし、安田軍曹は蔵田二等兵を失ったことに責任を感じ、一年後、単独で危険を冒して再び飛竜に戻り、遺骨を収拾したという。

古屯駅を逆襲

古屯駅を奪回、重迫撃砲四門とともに八方山に向かう命令を受けた第二、第一二中隊と教育隊の速射砲、歩兵砲各一と機関銃でにわかに編成した西坂隊は、気屯を出ると十四日未明、霧の中を古屯駅の南三キロまで進んだ。そして、さらに二キロ進み、北知床いらい行動をともにしてきた山砲の岩本小隊と第一二中隊は鉄道ぞい、速射砲・歩兵砲をもつ西坂隊は軍道、第二中隊は一個小隊を西坂隊援護に当て主力は国道の西の森林地帯から攻撃に移ることとして散開、それぞれ砲を配置するとともにじりじりと前進を開始した。

午前五時、西坂中尉は軍道と鉄道のほぼ中間に歩兵砲を据え終ったころ、足元から流れ出した霧の中に駅舎が現われ、その周囲にソ連兵の姿を認めた。眼鏡を左に移動してみると駅から軍道に出る道筋はすき間なく布陣、とくに軍道の交差点は強力な機銃陣地になっているようだった。もういちど、ゆっくり駅前道路を駅舎の方に目を走らせた同中尉の眼鏡は右のホームで止まった。そこはおびただしい兵隊で埋まっていた。

岩本源太郎山砲小隊長によると、第一二中隊はゆるやかなカーブを描いている線路の右、エゾマツの森林ぞいを第二小隊、左の幅数百メートルの原っぱを第三小隊、線路わきを佐竹中隊長と指揮班が前進していた。「砲撃開始」の連絡がきた。射程千メートルとし、霧と森にじゃまされながら正面の敵に砲火を集中した。敵はやがて正面を開き、駅裏の森林にはいって中隊の右を衝くと思われた。戦車は左に移動、軍道上から山砲に砲撃を加えてきた。山砲は直ちに左に転換、戦車を攻撃、次いで右に回して森林内の散兵に猛火を浴びせた。この間、佐竹中隊は駅舎に三百メートルの地点まで迫っていた。

そのとき、第二小隊第四分隊長の泉健三軍曹によると、意外なものをみた。不意に左手の鉄道官舎の屋根に一人の兵隊が現われ、赤旗を大きく左右に振り出した。日本軍の服装である。午前七時ちょっと過ぎ、線路上を進んでいた佐竹中隊長は意外な友軍の出現に射撃を中止させた。

泉軍曹自身、すぐその後ろの構内では貨車周辺に敵兵が見えるだけに、奇異に感じたというが、十メートルほど進んだとたん、前方の重火器が一斉に火を吹いた。

同軍曹は無意識のうちに突撃した。機関銃と擲弾筒が応戦する下を、しゃにむに突撃、駅前道路に敵の火線がはっきりわかるあたり、彼我の距離七十メートル付近まで走ったとき、かたわらの第一分隊長萩原利雄軍曹（室蘭市出身）がどっと倒れた。

駆け寄って抱き起こそうとしたが、すでに息はなかった。そして、次の瞬間、自らも尻に貫通銃創を受け、しびれるように腰から下の感覚を失ってしまった。「くそーっ」とからだを起こしてみると、敵がねらっている。とっさに横の官舎の陰にころがりこんだ。

「どのくらい時間が経過したころか、気がつくと銃声は森林内に移動し、近くには十人ほどの負傷者がいつのまにか集まっていた。草の中に身を沈めて、ひたすら夜を待った。中隊長は、不意の射撃の直後、突撃の姿勢に入ったとき、胸、腹にかけて蜂の巣のように銃弾を受け、線路上、わずかに前進した地点で戦死し、第二小隊長佐々木久義准尉（美唄市出身）も右の森林のそばで戦死していたことを、そこで聞いた」という。

赤旗を振ったのは日本兵の軍服を着たオロッコ兵などであったらしい。

古屯駅奪回ならず

軍道と西の森林から攻撃する西坂、黒田隊もまた激しい敵の砲火に前進を阻まれた。とりわけ軍道交差点の陣地は堅固だった。西坂隊の銃火はここに集中した。ここを叩くのが先決、意を決した西坂中尉は手榴弾三発をしばり、夏草のおおった排水溝内を近づき、渾身の力をこめてたたき込んだ。

轟音とともに、でっかい足が中尉の目の前にどさっと落ちてきた。この一角をたたいた勢いで兵隊は一気に軍道を越えた。駅舎まで約三百メートル。そのとき、佐竹第一二中隊長戦死の伝令がきた。しかも、近くにいる第二中隊指揮班は黒田中隊長を見失っていた。

擲弾筒、重機の猛射のなかを駅舎の手前六、七十メートルまで敵を追いつめた西坂中尉は、付近の兵を率いて突撃に移ろうとしているうちに、地を揺るがすような響きとともに

国境の低地帯はツンドラか白樺などの林でおおわれていた。

砲弾が周囲に落下、根元の土砂を吹っ飛ばされて、ザザザーッとエゾマツが倒れ、砲弾に直径三、四十センチもの幹をへし折られた白樺が頭上に降って、兵隊は進むどころか身動きもならなかった。

とっさには空爆か砲撃か判断に迷うほどだったというが、それは古屯駅背後の森林内からの砲撃だった。このままでは、いたずらに兵力が損耗すると判断した西坂中尉は、軍道のラインまで後退して態勢立て直しを図ろうと決意、後退を命じた。結果的にはこれがあやまちであった。

同中尉が軍道まで後退すると、軍道上で敵に対峙していたのは重機四丁だけで、あとは一気に森林内まで後退してしまい、戦線を立て直すことはできなかった。そして、その直後、ごうごうという地響きとともに軍道上に敵の戦車が近付く音を聞いた。

歩一二五戦闘詳報にはこの日の戦闘について「敵、わが果敢なる攻撃に極度に狼狽、一時間余にして東方密林に後退す。しかるに午前十時、戦車三を有する機甲部隊、武意加―古屯道より古屯に進入、砲塔射撃によりわが右側に迫れり、東方に遁走せる敵はこれに勢いを得て再び反撃しきたり、紛戦となる」とある。

黒田中隊長はこの戦闘中、第二小隊長、今野良一見習士官の話によると、第一、第二小隊の間にあって指揮していて、中隊指揮班と離ればなれになってしまったようだ。

同中隊は西方の森林を出て林間に古屯駅が見えがくれする地点まで一気に進出した。その付近にはソ連兵の死体がゴロゴロ放棄されて、十二日以降の輜重隊との戦闘の激しさをみせていたという。

この地点からの戦いを第三小隊の分隊長、蛯沢金次郎軍曹は次のように書いている。

分隊員の内浦上等兵がソ連兵の自動小銃を拾って腰だめ射撃で進んでいる。駅舎はもうすぐだと思った瞬間、腹にこたえるような戦車砲の音が背後からした。砲撃はすぐやんだが、隣の分隊も中隊指揮班の居所もわからなくなっていた。

弾薬は少ない。

「突撃だ」

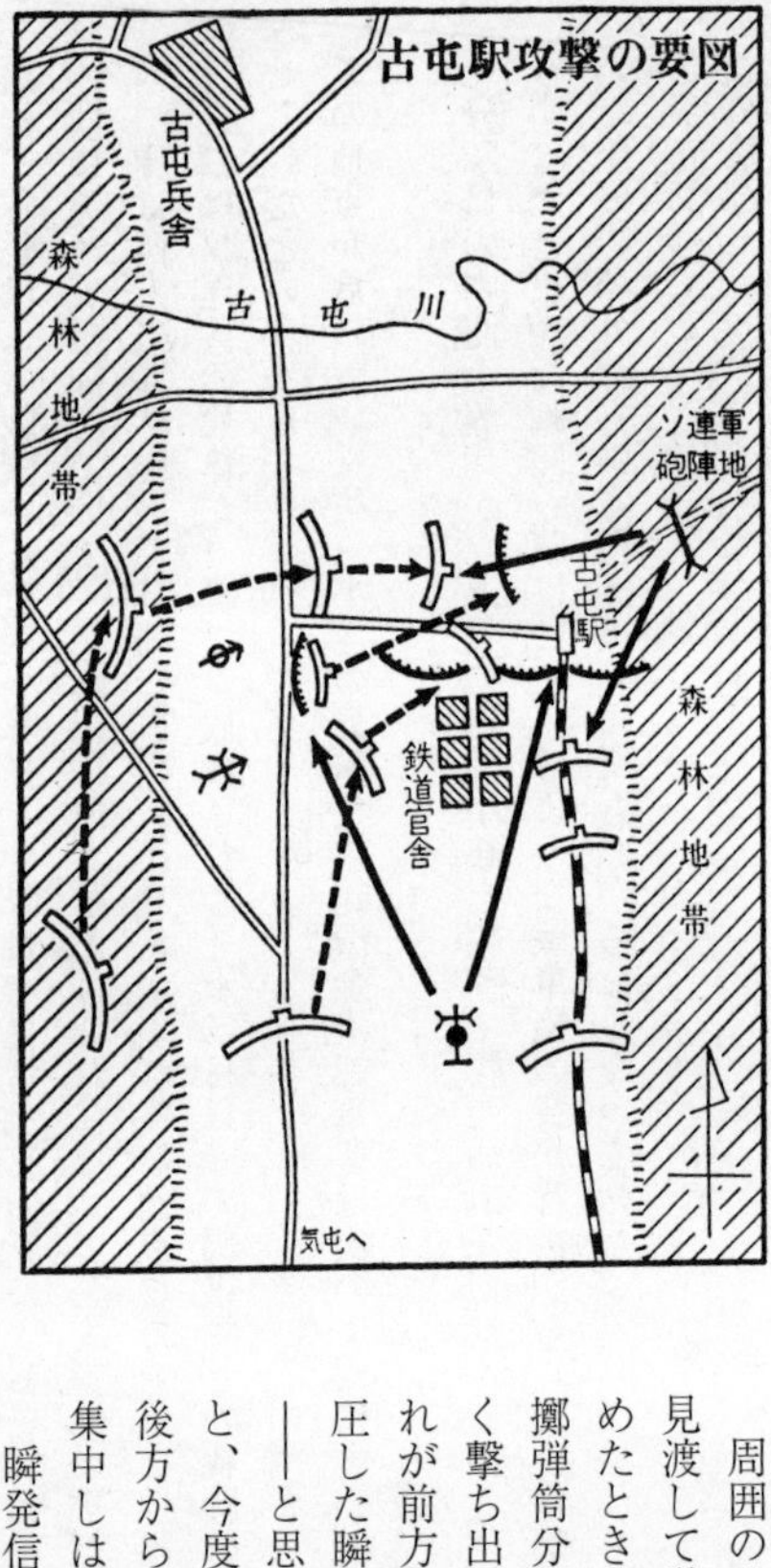

周囲の分隊員を見渡して覚悟を求めたとき、背後で擲弾筒分隊が激しく撃ち出した。これが前方の敵を鎮圧した瞬間に攻撃――と思っていると、今度は駅舎の後方からの砲撃が集中しはじめた。

瞬発信管で砲弾はトドマツや白樺の梢に当たって頭上で炸裂し、木が倒れ、枝が空から降ってくる。攻撃に移るどころか、頭を上げて射撃することもできない。

「気をつけろ、砲弾が激しいから気をつけるんだぞ……」

ふり向くと、すぐ後方で黒田中隊長が必死に叫んでいるが、砲声でガーンとなった耳にはあとは聞きとれない。

この砲撃に勢いを得たように、ソ連兵が立木の陰を伝って、小走りに接近してきた。包囲されると判断した私は連絡下士官の石川茂兵長に中隊長の位置を聞いたが、そのときはすでに周囲にはいなかった。やられたのか、いや気付いてみると、たったいままで聞こえた友軍の重機もなりをひそめている。

そのとき、木陰から飛び出した一人のソ連兵が手榴弾を投げた。

「軽機――」

と叫ぶと同時に小松上等兵の軽機が火を吹いた。敵はどっと倒れ、頭上をこえて、背後に爆風が起きた。

私たちの不安を感じとったように、砲声の中に喚声がひときわ高まり、敵が勢いにのって押してきた。私は後退を命じ、林間を縫って軍道上に出た。西坂中尉が「第二中隊の指揮はおれがとる。一歩も退いてはならん」と叫んでいた。側溝内に木の枝や草をかぶって苦しそうにうめいている兵がいた。柴田上等兵（樺太出身）で背中が砲弾の破片で深く傷つき、すでに血の気のなくなった顔で「水を……」という。私たちの水筒もからっぽだった。「いま持ってきてやる。がんばるんだ」その声にうなずいたのが最後だった。草をもとのようにかけると片手で拝んで私たちの分隊も森林内に駆け込んだ。

この戦闘で黒田中隊長が一時行方不明であったと伝えられた。しかし今野さんは強く否定し「当時私は十九歳。初めての実戦はこわかった。黒田中隊長は最右翼の私の小隊と第一小隊（藤山曹長）の中間に位置し、私とは四、五メートルしか離れていなかった。擲弾筒を軍道上に配置し、前面の敵を鎮めて総攻撃に移ることを各小隊長を集めて指示した直後、砲撃が始まり混戦になった。そのころから指揮班がどこにいったのかわからず、中隊長の当番兵が負傷、後送させた直後、われわれも後退した。森林内の集結まで、私はずっと中隊長のそばにいた」と語っている。

森林内にさがった黒田隊は気屯に後退、西坂隊は再び駅奪回の斬込みを行なうことになり、西坂中尉以下は乾パンをかじって腹ごしらえをするとともにツンドラの穴を掘って不必要なものを埋めさせ、深夜行動を起したが、警戒兵の先導の誤まりから方角をまちがい、あわてて引返したときは夜が白みかけ、斬込みを断念した。

山砲の岩本小隊は佐竹中隊長戦死後、同中隊の指揮が混乱、連絡も途切れたので、同小隊長は藤森徳衛上等兵を連れて前線に出ていくと、草むらから白樺の枝にゴボウ剣をくくりつけた兵隊が一人、二人と出てきて、十二日の戦いで散りぢりになった輜重大隊のものだと答えた。同小隊長は古屯を突破することが不可能と判断、佐竹中隊の第三小隊長、原田曹長に撤収を伝え、午後六時過ぎ、放馬をとらえて砲車を引かせ気屯に後退した。

すでに砲声が絶えた古屯は、誰が火をつけたのか兵舎や森林が燃え、草むらの一人ひとりの負傷兵の顔がはっきり浮き上がって見えるほどだったという。軍道上を四、五両の戦車が周囲をなぎ払うように機銃を撃ちながら進んできたと思うと、五十メートルほどで次の戦車と交代、四、五回繰り返して引揚げた。佐竹中隊の泉軍曹らもそのあと軍道にはい出し、急ぎ足で古屯を遠ざかった。

かくて古屯駅奪回は失敗に帰した。

古屯の激戦

頼りはわずか連隊砲一門

古屯駅奪回も武意加道の阻止も敵の機甲化部隊に破られたころ、いったん八方山にはいった小林第一大隊長が部下を率いて北から古屯に向かっていた。

第一大隊本部伝令だった須田正雄一等兵は「古屯への途中すれちがった輜重隊は四十歳を過ぎた老兵で、軍服は粗末だし、小銃はなく、木銃の先にゴボウ剣をくりつけてうろうろしていた。私たちをみて地獄で仏に会ったような喜びかただったが、その私たちも軍服は泥んこで、ひげぼうぼう。着剣したままの銃はすっかり赤さびて、おそろしくきたない兵隊であった」といっている。

第一大隊は、古屯南はずれの古屯駅がソ連軍に占領されたのちの十四日、夜になるのを待って約二キロ北の古屯兵舎に入ったが、実兵力は大隊本部、第三中隊指揮班と一個小隊、第一機関銃中隊の二個小隊（八門）、連隊砲中隊一個分隊（一門）、第一歩兵砲小隊の第三分隊（砲なし）、それに吉村中尉の向地視察隊一個小隊。

このあと東軍道上の神無の守備についていた第一中隊第一小隊（大森之男少尉）と師走

川陣地を後退した第四中隊第二小隊（阿部慶雄曹長）が十五日未明、古屯兵舎に着いたが、小林大隊長は「第一中隊は第二大隊指揮下にはいって北極山守備についている。大森小隊は中隊に復帰すべきで、われわれとともに行動することは許されない」と大森小隊長の再三の懇願をしりぞけ、阿部小隊は古屯兵舎の守備についたが、大森小隊は同日正午ごろ、古屯から八方山に向かった。

同小隊の渡部博一等兵によると、神無から古屯への途中、斥候に出た三人のうち竹本一男上等兵は古屯近くの砲陣地を味方と誤まって接近、銃撃をあびて戦死。戻った大久保久男一等兵らの報告で大森小隊長は東軍道を避け中央軍道を古屯に向かったもので、八方山に向かって十五日古屯を発ったあとは、幌見峠を過ぎてから敵戦車隊と不意に遭遇、小隊は軍道の東にはいった大森小隊長、第一分隊長工藤秀信兵長ら七人（渡部一等兵も同行動）と西にはいった第三分隊長門沢英治伍長ら十九人が離ればなれになった（同伍長らは十六日、北極山の中隊に復帰）。

大森少尉らはその夕刻、師走川付近で敵の包囲をうけ、夜脱出したが軍道を突破しようとして敵歩哨線に発見され、やむなく神無陣地に戻ったあと十八日夜、亜界川をさかのぼり八方山に登った。その途中の丘の壕に、頭を撃たれ、うつ伏せて倒れている軍曹の死体があった。帽に丹野の名があった（丘は半月台、第八中隊丹野誠一郎軍曹と思われる）という。八方山に着いたのは十九日夕。そこには一人の友軍もすでにいなかった。

古屯の第三中隊は一個小隊を二個小隊に編成替えし、第一小隊は新保秀太郎伍長以下二十二人、第二小隊は泉栄吉伍長以下ほぼ同数で、第二小隊第四分隊長（擲弾筒）だった大西秋信上等兵は「分隊は擲弾筒一筒に私以下三人だった」といっている。師走の戦闘で証明ずみのように速射砲は戦車の鋼板を破れず、頼れるのは一門の連隊砲のみ。あとは急造爆雷を抱いて戦車のキャタピラの下に飛び込む戦法しかなかった。小銃も持たない大隊本部の靴工兵、蹄鉄工兵、縫工兵などがこの戦車攻撃に狩り立てられて、死の恐怖に顔をひきつらせながら次々と飛び出していったが、なかには逃げかくれた者たちもいたという。

最後の斬込み

十五日朝、夜来の雨が去っていったあと、残された霧もしだいにはれて、青空がみえだしたころから敵の攻撃は始まった。終戦後、ソ連軍参謀が小笠原第三大隊長にソ連軍は古屯を日本軍の主陣地だと判断していたと語ったというが、この貧弱な装備の第一大隊に砲十数門と戦車五十数両を有する千数百の大部隊が殺到したのである。

銃弾は小林大隊長の部屋のガラス窓を突き抜けて飛び、本部伝令久保田富忠上等兵らは、畳を板壁に立てかけて弾丸を防いだという。担架にくくりつけられて、わめく重傷者の部屋には、被服などの梱包を壁に積み重ねて弾丸よけにした。

午前九時、大隊長は各隊を集めて訓示した。本部伝令横田伝一（現姓井本）二等兵はそのときの模様を次のように語っている。

「訓示は営内のナスビ畑で行なわれた。敵弾が飛ぶなかでクリ毛の愛馬にまたがった小林大隊長の訓示は「われわれは敵の重囲を切り抜けるために突撃を敢行する。生き残ったものは八方山に脱出する」という意味だった。ところが訓示中、八方山の連隊本部から電話がきて一時中断したが、戻ると「いま、本部から、古屯を固守せよといってきたが、われわれは突撃する方針を変えない」と重ねて強調した。

古屯の兵舎のある一帯は北西部に大きい湿地帯があるが、総体的には平地上の疎林と草地で、砲や戦車の攻撃も容易とみられたが、この日は銃砲弾こそ激しかったものの、敵は一気に攻めたてなかった。本部では四斗樽の鏡を抜いて大隊長以下、最後の突撃を前に酒をあおり、本部の廊下を大隊長が〝天にかわりて不義を討つ……〟と大きい声で歌って歩いた。死を覚悟していたのであろう。

私たち兵隊は乾パンのなかから甘いコンペイ糖だけをとって食べた。それが決戦を前に許された私たちのぜいたくだった」

（連隊の戦闘詳報、連隊副官油谷良夫大尉の話によると、同日夜、小林大隊長は、斬込みについて小林連隊長に電話、「命令は古屯固守である」と斬込みをとどめられている。）

訓示が終ると各隊は陣地配備についた。

敵の攻撃は、兵舎周辺に配備された第三中隊、連隊砲分隊などにまず集中した。第一小

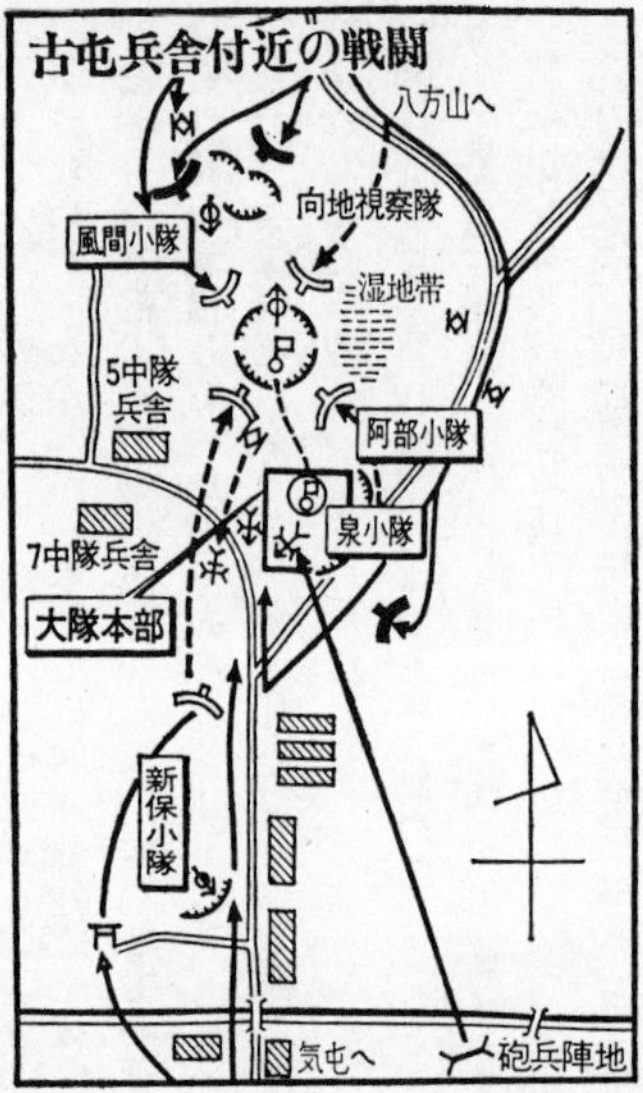

古屯兵舎付近の戦闘

隊（新保伍長）は午前十一時ごろから古屯市街からの戦車十五両ほどに徹底的にたたかれた。兵舎前の上村連隊砲分隊は敵戦車七両を擱座させたが、第一小隊は新保伍長が戦死し、午後三時ごろまでに完全に陣地を占領され、そのほとんどは戦死した。

また第二小隊も同じころ、敵の攻撃にさらされ、午後二時ごろ横田中隊長、続いて小隊長泉栄吉伍長も戦死した。小隊は師走から南下した第四中隊の生き残り、阿部慶雄曹長以下の第二小隊の増援でかろうじて陣地を固守していたが、翌十六日朝から再度猛烈な砲撃下に歩兵の攻撃を受けて死傷者が続出した。

かくて小林大隊長は、最後の斬込みを覚悟、大隊（本部、伝令、大沼機関銃小隊など五、六十人）を同日未明、兵舎北側の疎林の円型陣地に移し、暴風雨のように敵の集中攻撃を受けるなかを最後の突撃を敢行したのである。わずかな生存者が、敵の重囲を脱出、八方山に向かう途中、古屯兵舎はまっかに燃えさかっていたといい、古屯の戦闘、半田、師走川の戦闘で負傷してここに収容されていた兵隊たちのほとんどは、燃え落ちる兵舎と運命をともにした。

戦後、抑留生活中、はだかで兵舎から飛び出した負傷者がいたという話を聞いた人たちも多くいたが、重傷で担架にしばられたままの負傷兵などはほとんど生きながらに焼かれたとみてよいであろう。

四囲から穴にたたき込むような敵の集中攻撃をあびた古屯兵舎の戦闘の最後は、全くの混戦であったため、生存者の話も断片的であるが、そのいくつかを記述しよう。

眼前の敵戦車に戦慄

以下は第三中隊泉小隊大西秋信上等兵の手記である。

大隊長訓示のあと宮城を遥拝、一瞬ながら各自、故郷に別れを告げた。隣の戦友小泉正義上等兵（のち行方不明）の蒼白な顔が印象に残った。新しい配備に従って、私が分隊員二人と、擲弾筒の弾丸を持てるだけ持って営庭を駆け出した。とたん、敵の一斉射撃が開始された。営庭のまんなかで釘付けされたまま、やむなく、直径二メートルほどの穴をみつけて飛びこんだ。

敵の自動小銃の音は軽い。豆をいるような音をたてて、むちゃくちゃに飛散する。ひょっと頭を上げて前方をみたとたん、鉄カブトにパン、パンと数発の敵弾が当たったが意外に衝撃が少ない。

銃声のあい間をみて前進すると、すでに配備につく予定だった憲兵隊官舎付近には敵歩兵の姿が散見される。やむなく被服、兵器両工場のラインで配備についた。やがて泉小隊長から小隊の防備正面は左の馬小屋から被服工場横の哨舎までと命令され、分隊はさっそく掩体壕とタコツボを掘る。若い隊員はだれも擲弾筒の操作を知らない。やむなく分隊長兼筒手となって掩体壕に移った。私のタコツボは指揮壕になり泉小隊長がはいった。

（この日の戦闘で横田中隊長が戦死した。大隊本部伝令久保田富忠上等兵は、三中隊に伝令に出たとき、中隊指揮班は馬小屋のようなところで、壁を破り、マグサを積んで応戦していた。横田中隊長もいたが、本部に帰ってまもなく同中隊長戦死の報告があった、と語っている。）

十六日未明私たちが、敵の攻撃に備えて掩体壕を手直ししていると、不意に自動小銃の一斉射撃が集中、右の首筋に焼けるような痛みを感じた。掩体壕に飛びこむと軍靴の中で足がぬらりとする。首は回る。たいしたことはない。軍靴は穴があいて血が出ているが傷は浅い。前方をみると、めくら撃ちをかけながら正面二百メートルほどの疎林の中をやってくる敵がみえる。約六十人、泉小隊長の射撃命令、よしっとばかり擲弾筒を発射する。カン高い炸裂音は効果がある。連続発射するうちに、ぴたっと射撃はやみ、敵の姿が消えた。

一回目の攻撃はこうして、なんなく撃退したが、まもなく再び攻撃が始まった。前にもまして銃弾は激しい。弾雨ということばのままに、避けることが不可能なくらいにたたきつけてくる。そのとき、右前方に砲をまっすぐこちらに向けて戦車三両が近づいてくるのに気がついた。ゆっくりやってくるその姿は、それだけに無気味である。「戦車だ」絶叫にちかい兵隊の声が耳にはいったとたん、戦車の砲撃が始まった。水平に飛んでくる戦車砲は発射音と炸裂音が同時である。そのおそろしさはたとえようがない。もう無我夢中で擲弾筒の応射を続ける以外にない。あらゆる銃砲声はグワーンと一つの音になって、撃ち続ける手を休めたら恐怖に気が狂うかも知れない。

戦車砲の一発はついに指揮壕の寸前で炸裂した。泉小隊長は戦死、分隊員千葉信一二等兵は重傷を負った。千葉二等兵に応急手当をして後退させたが、そのころ敵戦車はすでに前方三十メートルほどの位置に停止して、わがもの顔に砲塔を回しながら砲撃する。作田肇上等兵はじめ近くにいる中川、森田、神崎などの戦友は次々に戦死、後方の倉庫はものすごい音とともに爆発した。四囲には小川田二等兵と私以外、友軍の姿はない。

地面にはいつくばって指揮壕の泉小隊長の死体を引きずり出し、タコツボに入れて、土をかけ、後退しようとしていたとき、再び近くに落ちた砲弾のため吹っ飛んできた角材が足に当たった。あっと思ったが起き上がれない。小川田二等兵に、擲弾筒を持たせ、私はそのあとを銃を杖に、足を引きずって衛兵所前までやっとたどりついた。しかし、千葉、小川田両分隊員の姿がみえない。本部内にはいったが、負傷者が二十人ほど寝ているだけ。やむなく衛兵所前の上村連隊砲分隊の陣地に引返した。この連隊砲の奮闘は目をみはるものがあった。古屯橋上をやってくる戦車が、目の前で四両撃破された。しかし、五両目の攻撃準備中、戦車砲の攻撃で柏原上等兵が戦死した。

そのころ、負傷した一小隊の吉村正一上等兵（のちに傷がもとで上敷香で死亡）が後退してきた。中隊指揮班、大隊本部の位置もわからず、やむなく八方山の連隊に復帰することにした。そのころ本部の建物が炎上、ものすごい炎に包まれた、あの動けない負傷者はどうなったのだろう。脱出後、幌見峠上から気屯の方をみると、延々続く樹海のかなたに気屯もまた燃えていた。

大西上等兵が目の前で敵戦車を次々に擱座させた連隊砲上村分隊の活躍に目をみはったと書いているが、悲劇の古屯攻防戦で、この連隊砲の（四一式山砲）の戦果は特筆に値しよう。

この連隊砲は幹部候補生教育の教材、明治四十三年製造という時代がかった砲で、樺太に持ちこまれてからは一発も実弾を撃ったことがないというものであった。これが、戦争になって引き出され、幌見峠に配置されていた。分隊長上村正春伍長は教育隊助教、二十歳で子供っぽさの抜け切らない若者だった。

生存わずか四十二人

上村分隊は十五日朝、幌見峠の望楼付近に迫り、陣地構築中の二個小隊ほどの敵に三発の砲弾をあびせてけちらしたのが初陣の戦果で、旧式な連隊砲の性能を確かめることにもなった。このあと、古屯を一望におさめる幌見の坂に砲をすえた。前日とちがって古屯の日本軍はかなり後退している。上村分隊長はこの日の活動を次のように日記に綴っている。

古屯兵舎の第一大隊に、連隊砲のきていることを報告するため飛渡繁雄兵長、狩野収上等兵を出す。驚いたことに敵と勘ちがいしたのか、兵舎付近の味方の小銃弾が二人をねらって集中する。手に汗して見守るなかを、地に伏せたり、走ったり、四十分ぐらいで、ようやく二人は兵舎内に駆け込んだ。

そのとき、軍道を小銃隊の兵長が青い顔で走ってきた。

「軍道をくると、ここから四百メートルほどのところの散兵壕で口笛を吹いて手招きする。敵かもしれない」という。私は双眼鏡でみると一個小隊ほどの兵隊がいる。敵味方の判断はつきかねたが、なにか三メートルほどの自動砲のようなものをもった兵隊がいる。敵だ、まちがいない——私は直ちに直接照準で、散兵壕にねらいをつけさせた。砲手の水戸政美上等兵が「よし」と答える。

「右へ掃射、転輪一つ、続けて三発撃て」

号令と同時に柏原久男上等兵が発射、耳をつんざく射撃音とともに命中、二発目も同地点、水戸上等兵は堅くなりすぎて、掃射をまちがえたのであろう。あわてて方向を直し、三発、四発と連続発射、敵があわてて右往左往する姿が手にとるようにみえる。

飛渡兵長、狩野上等兵が帰ってきた。途中、味方に撃たれたときは身の毛もよだつ思いをしたと息をきらせている。報告は敵戦車三両が国境から南下、古屯にもすぐ現われると思うという大隊本部の情報。「よし、師走川で蹂躙された柿崎速射砲中隊のとむらい合戦だ」分隊員の意気軒昂。ただちに古屯兵舎に急進する。

私は眼鏡以外の身についたものは全部はずして、先頭に立つ。あとから飛渡兵長が私の拳銃をもってきてくれた。私も気負い立っていたのだろう。思わずおかしさがこみあげてくる。

兵舎までくると、みんなが手を振っている。重火器のない部隊の対戦車攻撃は、急造爆弾をだいて肉薄する以外方法がなかったからであろう。ところが、敵戦車の轟々たる響きから、戦車がすでに近くにきていることがわかる。陣地を選定するための地形偵察の時間がない。戦車がくる道路は二本、武意加からの道路と幌見峠を通る中央軍道であるが、敵がそのどちらをとるか判断ができない。その判断がつかなくては壕を掘ることもできない、迷っているうちに戦車の音は近付いてきた。音から考えるに武意加の道路であろう。いったん古屯の町にはいって折り返してくるとみて、砲を南に向けて置いた。きた、ついにきた。鉄牛の如き戦車が一両、また一両、砲塔の上から機銃で周囲をたたきつけるように射撃しながら、中央軍道に出てきた。肉薄攻撃を近付けないためめくら撃ちする銃弾で、地面の草と土が掘り返されるほどの激しさである。

「ゼロ距離射撃。直接照準」

横あいから急に出てきたため、照準するいとまもない。あわただしく分隊員は動く。日ごろの訓練と目にたよるより方法がない。一両目はすでに中央軍道に出て南に向かった。二両目に砲身がまっすぐ向けられた。

「射て――」

戦車にたいしては初弾である。私は祈るような気持で、発射号令をくだしていた。続いて、その左側を避けて通る戦車にも命中、砲塔をあけて敵兵が飛び出した。のがすものか、と連続撃ち込む。敵兵の手足が空に舞い上がるのが手にとるようにわかる。

この間、時間にすれば、ほんの十分ぐらいであったろうか。第一弾の効果がはっきりするまでは不安であったが、これで師走川の速射砲中隊のかたきはとった。初めの戦車は後続の戦車がやられた驚きからか、二、三分後にくるりと向きを変えると、ものすごい勢いで引返していった。「やったぞ」「やった、やった。あわてて逃げていくぞ」陣地内に歓声がわいた。

初戦の戦果に、輜重隊は弾薬庫からどんどん弾薬を運び出してくる。そのとき眼鏡で古屯駅の方向をみると、何か小山のようなものが、のろのろと国道を移動している。それが近付くにつれて擬装した戦車であることがわかった。目測で一キロ。

「目標、道路上の戦車、直接照準距離千メートル」

砲の後ろに立って照準を見きわめる。水戸上等兵から「よし」の報告。

「撃て」の号令とともに続けて二発。戦車はのろのろした歩みをぴたっと止めた。

このようにして上村分隊は、十五日だけで戦車七両を擱座せしめた（連隊戦闘詳報による）。十六日も連隊砲の活躍ものすごく、分隊記録係賀戸三夫一等兵によると、記録はソ連兵に取り上げられたが、記憶では両日で三十二両を擱座させたという。しかし、敵の戦車と砲撃による攻撃も熾烈を極め、分隊員も敵の戦車砲で柏原上等兵（北見市出身）、柳谷春太郎一等兵（樺太出身）のほかに江田与三（札幌市出身）、伊藤久男（樺太出身）と次々に戦死者がふえて、ついに最後の一発で、自ら砲を爆破、上村分隊長、水戸上等兵ら生存者は八方山に向かって脱出した。

通信中隊鈴木有線小隊長の日記には次のように書いてある。

正午近く、高橋恵一伍長より連絡あり。古屯兵舎南の軍道に敵戦車十数両の出現を伝えてきたが、まもなく、連隊砲分隊がゼロ距離射撃で、十二、三両を撃破し、最後の一発で砲を爆破、八方山に向かったと報告してきた。連隊本部内はこの快挙にわく。連隊長直ちに賞詞を与え、感状上申の手続きをとらせる。しかし師団との連絡の方法がない。（当時、連隊本部付き暗号手として気屯にいた宮本三喜男伍長は、留守隊でも上村分隊の活躍は話題になり、確か功労賞を上申する電報を豊原の師団司令部に打った記憶があると語っている。）

しかし、古屯の戦況はすでに大勢が決し、午後二時、第一大隊は小林大隊長自ら先頭に立ち、全員突撃を敢行す。

無線分隊（平井洋一伍長）、有線分隊（高橋伍長）、通信機械を爆破後、行動をともにす。高橋伍長、橋本二三男兵長（美唄市出身）、皆木栄二等兵（樺太名好町出身）、小林宰司二等兵（同広地村出身）、戦死。

夕刻、上村分隊帰り、直ちに連隊本部に報告にくる。はだかの上半身に砲隊用の八倍の大型眼鏡を背負い、たくましい上村伍長は、しかし、まだ少年の面影を残すはたちの下士官であった。

その報告によると、敵は擱座した戦車を後方の戦車が砲撃して道路上から除いては一両ずつ前進した。上村分隊は一両を撃破するごとに、砲を衛兵所の横に隠蔽し、戦車が

小林第一大隊長

頭を出すと飛び出して射撃、十二、三両を擱座せしめたという。

連隊長はその沈着にして豪胆なるをほめ、賞詞を与えた。

十六日未明、小林第一大隊長は兵舎を出て、北の疎林内に円型に陣地を構えた。陣地は直径二百メートルほど、指揮官壕を中心に、タコツボを掘り、五、六十人の生存者が胸まで赤いツンドラの水につかりながら周囲の敵に対峙した。

ソ連軍の攻撃は、この円型陣地を遠巻きにして、朝から山砲、迫撃砲、戦車砲をたたきこむような激しさで始まり、明るくなると戦闘機が低く林の上をかすめて機銃掃射したあとを、爆撃機が反復して襲来、地表を掘り起すほどの、文字どおりジュウタン爆撃を加えてきた。

須田正雄一等兵は「やみくもに撃ちまくった。銃身が熱くなり、ペトロタムが吹き出すまで撃った。効果もなにも確認のしようがない。しかし戦車と空からの襲撃はまるで暴風雨が襲いかかるような激しさで、直径二十センチほどの白樺が、ビシリ、ビシリ折れて飛ぶ壮観な戦場だった」と語っている。

午前十一時ごろから、しだいに接近してきた敵に、死傷者は相次ぎ、古屯兵舎前の連隊砲がついに自ら砲を爆破したのちは、一気に敵の攻撃がこの円型陣地に殺到した。午後一時過ぎ、小林大隊長は各隊に正面の敵の弱点に対し逆襲を命ずるとともに、大隊長自らも戦死者の小銃を持ち大沼機関銃小隊、歩兵砲分隊、速射砲の生存者を率いて、北西の敵に斬込みを敢行した。

この白兵戦、約三十分で敵歩兵が逃走したため、大隊長は森林内に部下を集め、古屯兵舎の方に戻りかけたとき、東から攻撃してきた敵と遭遇、ただちにこれに斬込みをかけた。この戦いで右翼にいた浜田第一機関銃中隊長は敵の正面を突破するため、部下とともに斬込み、敵の背後をつこうとしたが、このとき右胸部を撃ち抜かれ、さらに第二弾を受けて戦死した。こうして、この方面の戦いは敵味方入り乱れての戦闘になったが、小林大隊長も頭、続いて副官岩貝少尉も胸に敵弾を受けて戦死した。

この戦闘の模様は、それぞれ前面の敵に斬込み、八方山に戻った吉川主計中尉らの報告をまとめた連隊の戦闘詳報によった。同戦闘詳報には十五、十六両日の古屯兵舎付近の戦闘で、ソ連軍に与えた損害は戦死者三百以上、戦車撃破約四十両で、わが軍の戦死は将校四、下士官、兵約百人とある。十七日八方山に帰り、給与係として調査した久保田富忠上等兵は、当時確認できた第一大隊生存者は四十二人だったと語っている。

砲声のなか戦死者の最後の声

同大隊生き残りの人たちの体験を聞いてみよう。それぞれが自分とほんの数人の周囲の人たちの、狭い範囲の動きであるのは、混乱のなかではやむを得ないが、救いようのない戦闘のなかで、むき出しの人間が出ている。体験は久保田上等兵のものである。

十五日午後、営庭で向地視察隊の曹長が歩兵砲二門を並べて撃っていた。一門をもらって、古館武雄一等兵、金川弥太郎一等兵と、連隊砲分隊の近くに陣地をとり、古屯橋のたもとに出てくる敵を撃った。

そのうちに急に霧がたちこめてきた。向地視察隊の曹長が「斬込み隊を出すから、一人兵隊を出せ」といってきた。周囲のものは、腹がいたい、頭が痛いといった口実で参加をしぶるので、やむなく、私が申し出た。斬込み隊はその曹長を長に二十人ほど、手榴弾を持ち、飯盒のふたで酒をくみかわしていると、本部の水田義雄軍曹がきて、「久保田、おまえは本部伝令だから参加できない」という。斬込み隊は私を置いて霧の中を出撃した。このあと数人の特攻班が編成されて出ていったが、機関銃中隊出身の管野上等兵が負傷して戻ってきたほかは、いずれも帰ってこなかった。

夕刻、霧の中をうろついている朝鮮人がスパイ容疑でとらえられてきた。兵室に入れて監視していたが、左手などを負傷して、全身血まみれ、ガタガタふるえている。夜になって本部から高須賀稔明二等兵が呼びにきた。監視をかわって、同二等兵に「どうしても兵舎を出るときはこれだ」といって手榴弾一発を渡して部屋を出た。十六日未明、大隊本部は北方の疎林に移動するとの命令が出て、食糧、弾薬、手榴弾など持てるだけのものを肩や背にくくりつけて出発したが、そのあわただしさの中で、スパイ容疑の男がどうなったか、確かめることはできなかった。

林にはいった私たちは、水田軍曹の指揮でタコツボを掘った。ツンドラの赤い水がみるまに穴にいっぱいになり、しゃがんだ私の胸まで、水びたしになった。

朝とともに敵の攻撃が始まった。疎林とはいえ、タコツボに身を沈めているとすぐ近くに敵が迫っていてもわからない。林にこだまする自動小銃の音は、トタン屋根をたたくアラレのよう。騒がしいソ連兵の叫び声が前方の疎林のなかを移動し、背後の無線分隊の発電機がうなって始動すると、いっせいに砲弾と自動小銃が音の位置に集中する。

そのうちに砲撃、爆撃、銃声がひときわ激しさを増してきた。音の種類が識別できないほど、全部の音がいっしょくたになって、まるで暴風雨のただなかに一人おかれているような錯覚さえ感じ。「天皇陛下、ばんざい」「ひとつ、軍人は忠節を……」「おっかさん――」死んでいく戦友の声だけが聞こえて、ガクガクとからだがふるえ、気がちがっているような恐怖に襲われる。

隣の古館一等兵が夢中で撃っている。私は「射撃をやめろ、本部の位置を知られるぞ」と、どなったが、「敵がこんなに撃ってくるんだ。やめられるか――」ふり向いて叫ぶ同一等兵も、私と同じように、死んでいく戦友の声を忘れるためにただやみくもに撃っていたのに違いない。

そのとき、山岸貢軍曹の声で「第一大隊は山岸が指揮をとる。これより各個に突撃、前進目標は八方山」という命令を確かに聞いた。気ちがいのようにその声のあとを突撃した。しかし周囲には戦友の姿はなく、敵の姿もない。林のなかを左へ、左へと移動していくと軍道に行き当たった。草のかげの排水溝を、匍匐して進んだ。銃砲撃の渦中からはいつのまにか脱出していたが、敵の位置も八方山の方角も判断できない。そのとき、背後から一人の兵隊（炊事係の一等兵だったと記憶している）がついてくるのに気付いた。ぴったり私の後ろについて離れない。

右手の森林内で、かなり大きい部隊が移動している気配を感じた私たちは、「よし、あの部隊に合流するぞ」と、小走りに森林内に分け入った。木の間を縫って急いで近付いていったとき、ふと立ち止まった一等兵が「いや、ちがう。上等兵殿。声がちがう」と押しころした声。あわてて、伏せて耳をすますと、確かに日本語でない。林間にちらちら、動き回るおびただしい敵の姿がみえる。二、三十メートルの間隔、もう一瞬気づくのがおそかったら、火中に飛びこむ虫と同じように、全身が蜂の巣になっていたと思うと、わきを冷や汗がスーッと流れた。逃げ出すことは、すでにできない。伏せたまま、両肩にさげた手榴弾十発をはずし、五発を一等兵の方に押しやり、五発ずつ、頭の先に並べて、感づかれたら——と、覚悟を決めた。しかし、敵はがやがや声高に話し合いながら、遠ざかっていった。大隊の全滅はこれではっきりした。

声が聞こえなくなると、私たち二人は逆の方角に走り出した。一気に軍道を越えて、逆の森林内に飛び込み、大きい丘の中腹にたどりついたとき、水田軍曹ら二十数人の友軍が草むらに固まっていた。

最後の突撃が午後二時半ごろとみて、ここに着くまでに、ざっと一時間半はかかった。生き残った水田軍曹らは、夜を待って小林大隊長、岩貝副官の遺体を収容に向かう。遺体は途中の砲弾の穴に埋めてある、といっていた。午後九時ごろ、丘のむこうの空が赤く染まっている。丘に登ってみると古屯兵舎が、めらめらと空をなめるような炎を上げて燃えていた。私たちは数人ずつ、三つのグループにわかれて丘をくだって行動を起した。しかし、一時静まりかかっていた敵の砲撃が再び激しくなり、周囲に落ちだした。そして、ようやく砲撃が弱まるのを待って進みかけたころ、朝の早いこの一帯では、すでに夜が白みかけ、遺体収容は断念せざるを得なかった。

私たちは丘に引返すと、八方山に向かった。しかし途中で、敵機の襲撃を受け、散りぢりになり、私は再び一人ぼっちになった。小川のそばに金庫が投げ出され、札が流れていた。どこかの兵隊が五、六人で懸命になってそれを拾い集めていた。私が八方山に着いたときはすでに十七日夕刻だったが、空腹と疲れで、私は小銃もどこかに捨て、ゴボウ剣を抜き身で帯革にさして、剣ざやも、雑嚢も身につけていなかった。

最後の命令「大隊長の遺体を……」

これは大隊本部伝令横岡伝一（現姓井本）二等兵の体験である。

古屯兵舎の周辺に砲火が集中していたころ、身動きのできない負傷兵は、衣類の梱包を積み重ねた兵舎内に収容されて、うめき、あばれていた。窓外を戦車が、地響きとともに通過するのが見える。死を目前にした負傷兵の心境はどうであろう。肉攻班が次々と出発していく。小銃を持たない兵隊が指名される。しかし戦車が近付くと、おびえたように足がすくんで、いつのまにか姿をかくす兵隊もいた。

大隊本部は十六日、まだ薄暗いうちに兵舎を出た。兵舎と炊事所の間のナスビ畑を通っていくと、兵舎の陰で穴を掘り、戦死者の死体を埋めている兵隊たちがいた。ふとのぞくと胸に隊長章がみえる。「だれですか」と聞くと「第三中隊長」と答えた。答えながらその兵隊は、戦塵にまみれた顔をくしゃくしゃにゆがめて泣いていた。

北の林の中に私たちは浮穴俊夫曹長の指揮でただちにタコツボを掘った。朝とともに始まった敵の銃砲火が、本格的に大隊本部の円型陣地に集中しだしたのは午前十時ごろからであった。白樺、ハンノキ、柳などの疎林を取り巻いて、どこからともなく豆をいるような自動小銃の音が集中しだしてまもなく、ここに砲撃と空襲が加わった。

地表をたたきつけて過ぎる暴風雨のような激しさ。白樺の根元のタコツボにいた装工兵佐藤清一等兵が、白樺に当たった直撃弾で、破片を太腿に受けた。同じ樺太出身の高橋猛一等兵が、穴からはい出していったが、まもなく戻って隣の私に「佐藤は脚絆で止血したが、意識がもうなくなっているようだ」という。

そのあと、林のなかを縫って伝令がきた。三中隊の兵らしい。もちろん内容は私たちの知るよしもないが、いまきた林のなかを引返そうとするのを、みんなが危険だから残れと引止めたが、「いや、いかなければならないんだ」といったかと思うと、身をひるがえして駆け出した。あぶない、私たちは、かたずをのんで見守ったが、その後ろ姿が林のかなたに消えたのか、倒れたのか――見えなくなったと思ったとたん「天皇陛下ばんざい」の声が、ひときわ激しい銃声とともに耳についた。

ものすごい銃砲弾をたたき込む、一方的な敵の攻撃が集中しているなかで、どれくらいの時間が経過したろう。午後一時過ぎであったかも知れない。突撃の号令がかかって出撃したが、敵の姿をとらえられず、再び陣地に戻った。二度目の突撃の声を、銃声のなかでかすかに聞いたのはそれから一時間ほど経過したころだった。かすれたその声を、私はいまでも大隊長の最後の号令だったと思っている。

まっすぐ軍道に向かって出撃したが、死んだ敵兵の間や草むらにうごめいている負傷兵がいる。乾パンをポケットから出して放り出してやりながら走った。タコツボのなかに腰をおろして眠るようにしている兵隊がいた。どうした、と揺り起こしたら、そのまま倒れた。とっくに戦死していたのである。細川睦美一等兵（北海道鷹栖村出身）が肩を撃ち抜かれ、長谷川一等兵が介抱していたが、そのわきを駆け抜けたところに小林大隊長が倒れていた。

かがみこんでみると、右ほおから首の後ろにかけて撃ち抜かれている。しかし、ほおは、ちょっと赤くなっているだけで、弾丸の抜けた傷口もそう大きくないことからみて（いま考えると）自動小銃によるものと思われた。戦死者の銃をとって戦っていたのか軍刀は抜刀していなかった。拳銃はケースからなくなっていた。そのそばに岩貝副官が倒れていた。

二人が死んでいた草むらから少し離れて、抜刀した刀を杖にするように片膝をついて浮穴曹長が立っている。腿か腰を負傷しているらしく、動けず、「曹長殿、いきましょう」と力をかすために近づくと、「おれにかまうな。それより大隊長と副官の遺体を連隊本部へ……」という。なくなった人よりも生きている者をと思った私は、重ねて行きましょうといったが、命令だとしかりつけるように叫んで、動こうとしない。

周囲には兵が六人いた。私は石橋一等兵、青木上等兵と三人で大隊長の遺体を運ぶことにした。あとの三人が副官を運ぶことになった。しかし、運ぶといっても、弾雨のなかで、敵がどこにいるかもわからず、匍匐しながら手、足を引きずって進むより方法はない。

私は、大隊長の左手首をつかんで進んだ。左手ということを、いまだにはっきり記憶しているのは、少し匍匐前進したとき、大隊長の腕時計のバンドが切れ、遺族への遺品にと思った私は、時計を拾ったほか、手帳をポケットから取り出し、階級章をもぎとって自分のポケットに突っ込み、「途中で私が死んだら、大隊長の遺品はこのポケットにあるので、だれでもよいから連隊本部に届けることにしよう」と話したことを今でもはっきり覚えているからだ。

ツツジとフレップの広い原っぱを、手をにぎり、拳銃のバンドをからだにかけるなどして引きずったが、服のボタンはちぎれ、ズボンはぬげそうになる。

「よし、一人ずつ交代で背負って匍匐するか」いちばん若い私が最初にその役だ。小柄とはいいながら死体は重い。ことばどおりにはとても進めない。私たちを見つけたのか、そのころ古屯兵舎の方からねらい撃ちするように射撃が集中し、前方をさえぎるように砲弾が炸裂し始めた。追撃されたらどうしよう。不安が高まってくる。

「ようし、弾丸は当たるときはどこにいたって当たるんだ。こうなったら一、二、三で引っぱって走ろう」だれの発案か、捨てばちのような気持で、三人は「一、二の三」で、がばっと立ち上がったが、その瞬間、石橋一等兵がどっと倒れた。わき腹を射抜かれて即死である。後ろを振り返ると岩貝副官を運んでいた三人は、小柄な小林大隊長を引きずる私たちよりかなり遅れ、しかも、いつのまにか一人は倒れ、二人になっていた。

「どうする」

「おいていこう。こっちが危くなってきた」

そのとき、村上上等兵が丘のほうからやってきて「みんなが待っている」という。私たちはやむなく砲弾の落ちた穴に遺体を入れ、シバをかき集めておおい、急ぎ足に弾雨の下をのがれ出たのである。

私が持っていた大隊長の遺品は、患者を輸送して八方山に向かう山岸軍曹に依頼し、また遺体を運び出しにいくために私たちは夜を待った。

小林大隊長の遺体については、須田一等兵の手記にも「死を決した小林大隊長は、先頭に立ち、岩貝少尉が戦死してまもなく大隊長も頭部に一発の敵弾を受けて戦死した。私たち生き残りは大隊長の死体を引いて戦線離脱を図ったが、最後には私と棚上等兵だけとなった。そしてやむなく砲弾の穴に死体を入れてきた。そこを離れるとき、私は胸のお守りを引きちぎってきた」とある。須田一等兵と横岡二等兵の手記は、ともに小林大隊長の遺体を運んだことになるが、遠い記憶の混線なのか、どちらかが遺体の搬送を断念したあと、またこれを運ぼうとしたのか、明らかにすることはできなかった。

声をかぎりに叫び突撃

第一機関銃中隊で古屯の戦闘に参加した奥村孝一二等兵は、最後の突撃で負傷した。その手記である。

十四日、私たちの分隊は古屯兵舎と古屯川の間の灌木と深い夏草の繁みにいた。近くの軍道をソ連の戦車が二百メートルほど間隔をたもちながら、七、八両古屯の町に進んでいくのを、火炎びんも急造爆雷もないために攻撃できず、小雨のなかでじっと草の上に伏せて見過ごした。夜はいつ、どこから夜襲を受けるかもしれないと、みんなが闇に目をこらして監視した。真っ暗な中で目を見開いている苦痛は、死にまさるつらさであった。

十五日も大隊長の訓示のまえ、分隊長（開戦寸前に編成替えとなり、名前を思い出せないが）と佐藤上等兵が浜田中隊長の命で、高射用具を取りに八方山に向かったが、まもなく、私たちが飯盒のふたで別れの酒をくみかわしているとき、佐藤上等兵が重傷を負いながらも、右腕を肩からなくした瀕死の分隊長を抱えて戻ってきた。

このため奥正一軍曹（岩見沢市出身）が分隊長となり、わが分隊は幌見峠に向かった。

古屯兵舎の裏側（北）に出て銃砲声の下を匍匐前進していくと敵戦車が峠を登っていくのが望見された。そのとき、あわただしく後方から弾薬兵が走ってきて「いまソ連兵と鉢合わせした。相手もおどろいて坂を上に逃げた」という。敵は意外に近い。目の前の台地はすでに占領されている。奥分隊長は直ちに林に分隊員をかくれさせ、ソ連兵との出会いにあわてて放り出してきた弾薬箱を取りに戻る兵隊を押しとどめて、自ら戻りかけたが、そのとき峠から、機関銃や自動小銃、手榴弾が私たちの周囲に集中した。

この不意打ちに胸を撃ち抜かれうめく隣の兵を引きずって林の中をあとずさりして、私が三角巾で応急手当をしているとき、奥分隊長が戻ってきた。なにか異常なものを感じた、振り返ると手榴弾の破片でやられ、右腹部からおびただしく出血している。手当しようと駆け寄ると、

「おれのことはいい。機関銃の撃シンをよこせ。さあ、みんなおれから離れて警戒するんだ」

と、血のしたたる腰を押え、あえぐようにいう。だれもが、この林のなかで重い機関銃は操作が不自由なため撃シンを捨てて、分隊長は自爆するにちがいないと直感、ためっていると、命令だと重ねてしかりつけ、やむなく散開して伏せたとたん、「天皇陛下ばんざい、天皇陛下ばん……」最後のばんざいの語尾は聞こえず、手榴弾の炸裂音とともに、分隊長は自らの生命を断った。

敵の攻撃が静かになったとき、近くの林に浜田中隊長や中隊指揮班がいた。また同じ林内に小林大隊長もいた。

「ここはすでに敵の重囲下にある。最後の突撃を敢行、生存者は八方山に向かうこと。南はすでにソ連兵が固めているので南下はできない」と突撃の準備が命ぜられた。重機を捨てた私は、戦死者の小銃を拾って銃剣を付けて、突撃の号令を待った。どうしても生きのびたいという心境ではない。頭を使って行動するというのでなく、ただからだごと目前の事象にぶつかっていくだけだ。

時間はいまだに頭に浮かんではこないが「突撃――」声とともにワーッという喊声が周囲に起る。私も腹の底からほえるようにウワーッと声をふりしぼって立ち上がった。

前方百メートルか百五十メートルほどに鉄牛のような戦車とそのわきで自動小銃を腰にかまえて射撃する敵の姿が目にはいった。しかし、もう伏せることも、身をかくすこともできない。ただ声をかぎりに叫び、そして走るよりない。そのとき左手、数人の兵のむこうを、軍刀を振りかざして突撃していた浜田中隊長の倒れたのが、ちらっと目をかすめた。それも顧みる余裕はない。動物本能的に走った。

と、四、五十メートルに迫ったとき、敵は戦車も歩兵もさっと身をひるがえして逃げだした。銃砲声は絶えないが、敵兵の姿は消えた。そのまま走って道路に出た私は、そのとき突然右手に焼けるような痛みを感じて伏せた。右の薬指が飛んで、血がふき出している。目の前の灌木地帯まで、そのままはってはいりこみ、そこにいた衛生兵に腕をしばって止血してもらった私は、東の小高い山を越えて八方山に向かった。

戦友の遺体を盾に

第三中隊の新保小隊(新保秀太郎伍長)の最後の模様を、丸子清兵長と小田島悦郎一等兵の手記でつづってみよう。

丸子兵長は、十五日朝、新編成の新保小隊の擲弾筒分隊長として古屯橋近くに前進した。その夕刻、陣地を回っていた横田中隊長が敵弾に倒れ、夜を待って丸子兵長らが中隊長の遺体を持ってさがり、兵舎のそばに穴を掘って埋葬したのだという。

十六日朝から前面に姿をみせた敵戦車の至近距離からの砲撃はものすごく、味方は次々に倒れていった。擲弾筒の操作も知らない若い兵隊を叱咤しながら、ただ夢中で撃ちまくっていた丸子兵長は、前方で戦車の砲塔のかげから飛び降りたソ連兵の自動小銃の掃射で、あっと思ったときにはそばにいた新保小隊長が倒れ、同兵長も左の肺に盲管銃創を受け、右腕を射抜かれて倒れた。

近くにいた部下を呼び、小隊長を引きずらせて十メートルほど後退したが、小隊長は心臓部に二発の銃弾を受けて即死しており、同兵長また胸からほとばしり出る鮮血が軍服をみるまにまっかに染めていた。同兵長はやむなく兵舎に後退した。

新保伍長戦死のあと同小隊の指揮は窪田伍長がとった。

午後二時ごろ、遂に敵は古屯川を強行渡河し始めた。マンドリンのような自動小銃をめちゃくちゃに撃ちながら、膝までの浅い川をばらばらに渡り始めた。小田島一等兵の隣の陣地では本田義美上等兵がたけり狂ったように撃ちまくっていた。しかし、倒れても、倒れても、あとからあとから渡河してくる優勢な敵はしだいに彼我の間隔を縮めてきた。撃シンは赤く焼け、すでに弾丸もなくなりかけた。死を待つか、突撃してもこの少数の兵では——と、思ったとき、腰のあたりを敵弾にえぐりとられた窪田伍長が、いざり寄るように近付いて「後退だ、おれにかまわずにさがれ」という。

水筒の水をさしだして、飲みかわしたあと小田島一等兵は古屯兵舎付近の林まで後退した。白樺林は、砲撃で枝をそぎとられ、白い幹だけが卒塔婆のように立ちならぶなかで、戦友の遺体を盾に抵抗した。足や腰を射抜かれてうめき声をあげている戦友が近くにいても砲弾の破片がぶきみな音とともに耳をかすめて飛び、救出はできない。

夕方、砲声が気のせいか少し衰えてきたように感じられた。そのとき前方の敵が声をあげて後退するように見えた。ある兵長は「敵が逃げていくぞ、いまだ」と立ち上がり、銃を構えて、だだ……っと追いかけたが、十歩と進まないうちに、ソ連兵に腹を撃たれ、声をあげたままのめるようにして倒れた。小田島一等兵ははい寄って、水筒の水を口にふくませたが、それが最期だった。

枝が落ち、幹をさかれた白樺林のむこうに、あかね色の空が広がって——それは非情なまでに美しかったことを同一等兵は覚えている。

砲声はようやく遠のき、さっきまで猛攻を加えてきた眼前の敵がさがっていったころ、引揚げ命令が伝わってきた。戦場の夜の名状しがたい虚無感と疲労から、重い足どりで兵舎に向かった小田島一等兵は、ふと人の気配を感じて、まだ空に残っている明るさで前方をすかすようにみると、窪みで腰を撃たれた二等兵が「どうか、一緒に連れていってください」と手をすり合わせていた。

傷の深さから一人ではどうにもならないと判断、引揚げ命令が出ているので、点呼がすんだらすぐ戻ってくる。それまでは寂しいだろうが待ってくれ——といい聞かせて兵舎に急いだが、戻っていくことはできなかった。

小田島一等兵が兵舎に戻ったとき、小隊の生存者は本田上等兵らわずか三、四人。砲声が遠のいて、そのあとにすっぽり四囲を包んだ闇、心細さにいても立ってもいられなかったという。

と、そのとき、兵舎につっかかるような戦車のキャタピラの音が近付いてきた。そして、同時に前方の兵舎がまっかな火を吹いて燃え上がった。その兵舎は負傷兵が収容されていた。どうにか動ける兵は窓を破ってはい出し、後方の同一等兵らの兵舎に駆け込んできたが、地獄を思わせる凄惨さのなかで、戦場に残した重傷の二等兵を迎えにいくことなどは不可能であった。

この兵舎には胸と右腕を負傷した丸子兵長も収容されていたが、そのときの模様を次のように語っている。

「戦闘中、負傷者が次々に運ばれてきて、板の間の兵舎にごろごろ横たえられていた。苦痛にうめき、あばれる兵隊は担架にしばりつけられ、なんら治療も受けられなかった。何十人収容されていたか記憶はないが、その三分の一ぐらいはすでに死んでいたと思う。戦死者は戦闘の初めは兵舎わきに穴を掘って埋葬したが、そのうちに死者もふえ、余裕もなくなってきたからであろう。第一大隊が全滅したため、ガソリンをかけて火をつけたと聞いた。確認したわけではないが、火勢の激しさと早さからみて事実であろう。

私のそばには腹部を撃たれた同じ中隊の谷上等兵がいて、二人ともどうやら歩けるので、火災と同時に窓を破って脱出した。逃げるとき、瞬間的にみえた兵舎内は、生き地獄とはこのことであろう、足腰の立たない兵隊が渾身の力をしぼって腕で窓ぎわにはい寄り、担架にくくりつけられた重傷者は、廊下を突っ走る火に照らし出されたへやで断末魔の声をふりしぼっていた。しかし逃げることができたのは私たちのほかに何人いたろうか。私はせいぜい二、三人だと思うのだが……。

私たち二人はめらめらと夜空をこがす炎からのがれて裏山に走りこんだ。火災で、前後して走る谷上等兵の姿はみえるが、足元は暗く、死体につまずいたり、落ちている小銃の革に足をとられたり、タコツボに落ちて、いやというほどからだを打ったりしながら、ひと晩中、方向を定めずツンドラ地帯をはいずり回った。」

また小田島一等兵は次のように書いている。

どうにか歩ける者は私たちの兵舎に逃げてきた。一人の兵隊は、はだかで、私の前にぺたっとすわり「戦友のよしみだ。その銃で殺してくれ。こんな苦しい思いをするのなら、いっそひと思いに殺してもらったほうが良い。どうか情があったら殺してくれ」とすがりつかんばかりにしていった。哀願するその兵の顔、声、——耳目をおおいたいような、それは悲惨なものであった。私には銃の引き金に手をかけることはできなかった。「私自身、これから先の生命はわからない。それに戦友を殺す弾丸は持っていない。とにかく生きるだけ互いに生きなければならないんだから……」私はこれだけをやっといって、故意にこの場を逃げ出すために燃える兵舎の方に走り去った。

敗色濃い戦闘では足や腰を撃たれることは、すなわち死を意味するといえよう。暗闇のなか、敵の歩哨線を突破して私たち生き残りはツンドラ地帯を連隊本部のある八方山に向かったが、途中、負傷しながら私たちについてきていた馬場二等兵は苦痛からのがれるため、手榴弾で自ら若い生命を断った。

丸子兵長と谷上等兵はツンドラと林をさまよい続けたあと気屯に向かい、永井部落で武意加からさがった岡島賢蔵少尉、第二中隊から古屯付近の挺身奇襲に出た蛯沢軍曹らと合流、イカダで幌内川を敷香まで南下した。ここでソ連軍の取り調べを受ける間、一週間ほど、旧憲兵隊地下壕に入れられた。二十一年一月の酷寒期で、壕のなかにツララがさがり、零下三十度ほどの寒さ、馬を殺して食べた疑いで調べられていた地方人の年寄りが、ここで凍死したのをみたという。

無謀な敵中突破

古屯の第一大隊がほとんど全滅した十六日、さきに古屯奪回が成らず気屯に後退した同大隊第二中隊に八方山への前進が命じられた。このため黒田中隊長は十六日夕刻、兵をまとめて山中を古屯に向かった。そして古屯の寸前で森林を出ると、なぜか、十四日敵と激戦のあげく後退した古屯の町をあえて突破する強行策をとり、再び敵と遭遇、中隊はちりぢりになってしまった。

「無謀だった。どうして中隊長がそんな方法をとったのか、私たちには理解できなかった。斥候も先兵も出さず、小銃は背に負い、擲弾筒は背嚢の上に巻き尺でくくって、まるで演習のときの行軍と変らなかったのだから……」

第二小隊長今野良一見習士官はこう語っている。

中隊は指揮班、中隊長、第一小隊（藤山曹長、のちに戦死）、高川機関銃分隊（高川雅伍長）、第二小隊、安藤機関銃分隊、第三小隊の順で、火防線から軍道に出た。十七日未明、小銃は背に負い、擲弾筒は背嚢の上にくくりつけ、四列縦隊で進んだ。あの激しい戦闘は忘れたように古屯の町は静まり返っていた。警戒の先兵も出さず、ふだんの行軍となんら違わない。

古屯駅奪回で敗退し、古屯橋を確保していた大山小隊も撤収。知らなかったとはいえ、十六日には小林第一大隊長以下も最後の突撃を敢行して、古屯の町はすでにソ連の手中におちていたことを思うと全く無謀であった。

そんな戦いの跡を物語るように古屯橋の近くには、肉攻班に爆破されたらしいソ連の戦車一両が放り出され、砲撃でこわされた家並みが続いて、死の町のような無気味ささえ感じたという。中隊が橋の付近にさしかかったとき、不意に横あいから出てくる敵とばったり。「敵だっ」叫ぶ声が先頭から起ると同時にばたばたと走り出した。走りながら小銃をはずして撃つもの、擲弾筒をとるひまもなく、背嚢にくくったまま撃つもの、古屯川に飛びこむもの、多くはちりぢりになって近くの森林に駆け込んだ。

高川伍長は、分散搬送の重機は砲身を〝しょいこ〟にくくりつけるようにして鎌田上等兵（北海道初山別村出身、のち戦死）に背負わせていたので、そのまま同上等兵を台にして、敵に重機を向けて、弾丸を装塡したが、故障で装塡不良、あわてて森林に飛び込み、修理したが、その二、三分の間に、友軍は軍道上から姿を消していたという。

敵もあわてたらしく、追いはせず引返したようであった。高川分隊員八人が森林内にいると、今野第二小隊長が一人でやってきて合流した。中隊の最後尾だった第三小隊は左の森林中に後退、そのまま中気屯にさがり、黒田中隊長以下、中隊の多くは前に走り、軍道からそれて森林内を突き進んだ。

そして黒田中隊長ら約二十人ほどは古屯兵舎の北方の林に集結したが、同日午後四時ごろ幌見峠付近の下で、再び集中射撃をあびたあと、第二小隊第一分隊長亦野重雄軍曹以下七、八人は同峠を迂回し八方山に向かうべきだと進言した。しかし、黒田中隊長は幌見峠の最短距離をとると主張、亦野軍曹らを残し、林内を移動していった。

亦野さんは、「いま動くことは危険だと進言したが、どうしても行くと、ふだんはおとなしい中隊長がむきになって指揮班を率いて林を出ていった」と語っている。

中隊長以下が木陰に見えなくなって三十分ほどしたとき、その方角で銃声がわき起った。敵の集中射撃は一時間ほど続いた。黒田中隊長らは敵のこの攻撃をどうやら避けて、十九日午前六時ごろ、古屯兵舎の北二キロ付近にたどり着き、朝食を準備中、五十メートルの高さの山から射撃を浴びた。膝ほどの雑草地帯で、身をかくすものとてなく、全く進退きわまり、次々と戦死者が出た。

西脇幸太郎上等兵以下三人は、この弾雨のなかを中隊長の命令で、八方山へ報告のために脱出を図ったが、同上等兵のあとに続いたはずの山下、葛西一等兵は姿を見せず、同上等兵のみ八方山に着いた。黒田中隊長、大西曹長、下向正雄軍曹ら十数名が戦死したとみられる。

一方、中隊長と別れた亦野軍曹らは、林内にひそんで朝を待ち、林を出る決意をした。亜界山への迂回道路に沿って疎林の中を進んで、部隊が豚を飼っていた建物の付近までいくと、付近は、死体がるいると横たわっていたという（十六日の小林大隊長以下の突撃のあとか）。幾度となく敵の銃撃をあび、そのつど一人倒れ、二人はぐれして、ようやく八方山にたどりついたときは、亦野軍曹以下三人。しかも苦労してやってきた八方山には、すでに連隊本部も友軍の姿もなかった。

三人は再び、ここから友軍を求めて南下したのであるが、「友軍が引揚げた八方山は死の静けさだった。しかし、タコツボのなかに、置き忘れられた重傷者が、まだ生きて目だけ光らせていた。それももう死を待つ以外にない深傷で、捨ててくるより方法がなかった」と亦野軍曹はいう。

最初の敵との遭遇で、中隊からはぐれた今野第二小隊長と高川伍長ら機関銃分隊八人のその後の行動を記述しておこう。

あわてて飛び込んだ森林内で、磁石をたよりに、八方山は北西と判断して行動を起した。しばらく森林内をさまよっていると、ソ連語で何か叫ぶ声、発見されたか——、とっさに排水溝に身を沈めたが、撃ってこない。やがてタコツボについた。小林と書いた水筒、別のタコツボには雑嚢と預金通帳。岩貝三郎と記名されていた。小林第一大隊長と大隊副官岩貝少尉のいたタコツボであった。水筒には酒がはいっていた。とそのとき、銃声がパン、パーンと続いて二発。みんながばっと伏せたとき、機関銃の銃身を背負っていた鎌田上等兵と成瀬一等兵がくずれるように倒れてきた。

鎌田上等兵は眉間を撃ち抜かれて即死、成瀬一等兵は顔を横から撃たれていた。苦しさに「衛生兵、衛生兵はいないか」と叫ぶ成瀬一等兵の声をききつけると、敵は声の方向にめくら撃ちをあびせる。しかし同一等兵の叫ぶ声はやまない。「水だ、水を……」やむなく小林大隊長の水筒を渡して、今野小隊長らは、身を守るためにそこから移動した。しかし夕刻、林を抜けようとしたとき、再び敵の狙撃兵に撃たれた。太腿を撃たれた兵隊は「手榴弾をくれ」と叫ぶ。自決しようとするのだ。自爆したら敵の攻撃が集中する、しかも敵は少数であっても、戦車がひっきりなしに走り回っていて応戦はできない。

翌十八日も一日中、森林をさまよった六人は、空腹に耐えかねて林間にみえた三角兵舎にはいった。まず食糧を捜した。炊事場は、敵の急襲を受けて退避したのか、にぎりめしをつくりかけたままであった。ぬれた衣服をとりかえ、壁ぎわに天井まで積み重ねてある米かますを、四角に積みかえ、そのなかにかくれてランプの火でめしを炊いた。そのとき、ソ連兵二人が兵舎内にはいってきた。

とっさに米かますや柱の陰に身をぴったりつけ、手榴弾の安全栓をはずし、発見されたときは……と、かまえた。通路を近づいてきた足音が部屋の戸口で止まった。三秒——五秒——、息をのむ、七人から十メートルと離れないところで、一瞬立ち止まったソ連兵は、しかし、気付かずに立ち去った。

そのあとも高い馬のひづめの音がして、馬から降りる物音がしたが、兵舎内にははいらずに、また駆け去った。

いつまでもいられない——腹ごしらえすると、米やミガキニシンを雑嚢に詰めこんで、そこを出発、再び森林内に分け入って磁石をたよりに中気屯まで後退した。

ソ連兵と捨身の格闘

八方山に向かい、古屯を強行突破しようとした第二中隊から、途中三組の挺身奇襲隊が出された。下士官は蛯沢軍曹と嘉屋一真伍長、松田政美伍長。それに兵十一人。嘉屋班は古屯駅、松田班は駅から石灰山への軌道上二キロ地点、地形にくわしい蛯沢班は四キロ地点で、ソ連軍の施設を破壊し、そのあと八方山に向かっている中隊を追及合流せよという命令を受けた。三班の挺身奇襲隊は黒田中隊長と飯盒の蓋で別れの酒をくみかわしたあと、十六日夜を待って出発した。この三班のうち、ソ連兵と格闘、戦友の助けで刺殺して危機をのがれるという危ういめにあった蛯沢軍曹の体験を聞いてみよう。

私の班、石川茂兵長、真田正雄上等兵、飯田上等兵と私の四人に与えられた攻撃目標は、古屯から四キロ、かつて石灰山への鉄道工事の作業員飯場があった地点。奇襲のあと中隊に追いつくことになっているものの、敵中になぐり込んで生きて中隊復帰は望めないと覚悟、私たちはできるだけ身軽になり、軍靴も地下足袋にはきかえて、鉄道の東の森林を北上した。

風もなく、星ひとつない夜であった。森を抜け、ツンドラに足をとられ、また森にはいり、しばらく歩いたあと、森のなかで夜を明かした。十六日は梢の上に雲ひとつないコバルト色の空が広がっていた。からだを起してみると林を抜けたむこうの原っぱに盆花の真っ赤な色が一面に広がっていた。

攻撃は十七日午前零時、三班は互いの武運を祈って進発した。四キロ地点が近づいた。単身偵察に出た私は四人一緒の行動は敵に発見されやすいと判断、飯田、真田両上等兵に、残ってハイマツのなかに目印をつけておくように命じ私は石川兵長と二人で進んだ。

盛り土した線路を越えて東軍道に出てカーブにかかったとき連絡兵らしいソ連兵が駆

けてきた。石川兵長はとっさに林に身を隠したが、私はその兵がもし助けを呼ぶようであれば射殺する覚悟で突っ立っていた。しかし、相手は赤い顔でみつめているだけ。私が階級章をはずしていたからか。石川兵長の方に小銃を投げたとき、木の陰からのぞいている同兵長の目がカッと見開かれていた。銃を捨てるのをみて安心したのか、ソ連兵は下馬して、なにやら話しかけながら近付いてきた。

私よりはるかに大男である。二、三歩の間隔まで寄ってきたとたん、私はからだごとぶつけて太い胴に飛びついて、馬乗りになった。しかしからだも大きく腕力も上だった。ごろんとからだをひっくり返され、いつのまにか拳銃を振り上げて銃把で顔をガーンとなぐられ、前歯がへし折られたが、その時、石川兵長が背後からソ連兵の頭を銃でなぐりつけた。

気絶してがっくりくずれ落ちるように倒れたソ連兵を、道路わきの林のなかに引きずり込んで刺殺、ひとまず線路を乗り越えて森林内に身をかくした。三十分ほどして騎馬隊が軍道を駆けていく音が聞こえた。四キロ地点に近付き、交代で線路にのぼって下の軍道をみると、砲陣地があり、動哨が付近の路上を往復し、かつての飯場は戦車や火砲の修理工場になっているらしくカンカンと金属音がひっきりなしにしている。

いつの間にか夜になった。古屯の方角の空は山火事のように赤く染まっていた。軍道に出る。修理の音は昼間より大きくなっている。絶好のチャンスと、夜光時計をにらんで攻撃時間を待つ。午後十一時五十五分、左手の二キロ地点の方向で突然、激しい銃声が起る。「それっ」地を蹴って飛び出した。砲陣地はもぬけのから、やむなく修理工場に走り寄って火炎びんを仕掛けていると、線路上からパンパンと自動小銃で撃ってきた。後方は古屯川、やむなく軍道を武意加方向に走って草むらに身をかくしたが、敵はしだいに数を増して激しく撃ってくる。

しかも、そのとき武意加の方からくるトラックのライトが目に飛び込んできた。進退きわまった。トラックをやっつける以外に脱出の方法はない。手榴弾を握りしめ、トラックの近付くのを待った。「やるぞ」立ち上がって、力いっぱいトラックめがけて手榴弾を投げつけるなり、その爆音を背後に聞いて一目散、線路を越えて森林内に飛び込んだ。敵は暗がりで、まるで見当ちがいに撃っている。

蛯沢軍曹らは森林内で一夜を明かしたあと、真田上等兵らと落ち合い、気屯に下がって再び八方山に向かおうとしたが、すでに気屯への軍道はソ連兵が往来していたため断念、武意加から幌内川ぞいに南下中だった第八中隊岡島堅蔵少尉らと合流、敷香にはいって軍服を捨て、ツンドラ工場に勤めて帰国を待ったという。

八方山の戦闘停止

ソ連軍、八方山に迫る

ここで連隊主力がいた八方山方面の戦闘に目を転じよう（亜界山のすそに広がる高さ百〜三百メートルほどの八方山、師走台、林北台（りんぼくだい）、北斗山、七星山、北極山など一群の山を八方山陣地と総称した）。

日の丸高地の向地視察隊は、久慈庫夫中尉が八方山から重機二丁を携えて戻り、小銃と擲弾筒だけの隊に重機が加わって戦力は倍加したが、せっかくの重機も操作を知らない兵が多く、隊長自ら弾丸の下を駆け回って指導しながら、戦闘は夜にはいった。

闇のなかの接近戦で、軍犬がクンクンと鳴きながら軍犬兵の壕にはいり込むのにも敵の銃火が集中した。冬の糧秣輸送にオロッコ人の犬を徴用していたもので、監視所周辺の警戒にも当たらせていた軍犬だが、兵の命にかえられず射殺した。息づまるような闇の対峙に耐えられず脱走した兵隊もいた。

十日、二号監視所方面に出した斥候の奥山勇兵長（旭川市出身）が、すでに同方面にはいっていた敵に頭上から攻撃を受けて戦死した。この日は、数次に及ぶ敵襲を撃退、夜になってから久慈隊長は二、三の部下を連れて同兵長の遺体を収容したが、戦闘状況を見にきた視察隊副官、中沢孝信中尉と協議、明け方同地を撤収、三一四高地に進出していた視察隊本部に合流することにした。

この撤退は成功、四十分ほどのち三五六高地にさしかかったころ、日の丸高地に対するソ連軍の激しい砲撃が開始され、哨舎が真っ赤に燃えるのが後方に見えた。久慈隊は視察隊本部と三一四高地に拠り、八の字から後退した中田隊は三五六高地で抵抗線を張ったが、十三日は朝から三一四高地に迫撃砲の援護を受けて一個中隊ほどの敵歩兵が攻撃してきた。しかし、地の利で百五十メートルほどの急斜面を追い落として撃退、午後一時過ぎからの二度目の攻撃も、約三時間にわたる激戦のあげく撃退した。

この戦闘で原田富夫少尉（長野県出身）、木村唯市上等兵（北海道平取町出身）、佐々木松雄上等兵（札幌市出身）らが戦死した。半田の戦闘、師走川以北の敵の動きを知らせ、八方山陣地の耳目の役割りを果たした向地視察隊は十三日夜八時、連隊からの北斗山への撤退命令で、敵が後退したすきに陣地を放棄、ツンドラのなかのヤチボウズを伝うようにして引揚げた。

そして、両高地の視察隊が八方山に着いてまもない十四日午前九時ちょっと過ぎから、ソ連軍の本格的な八方山攻撃は半月台と八方山北斜面の第七中隊（田代亮一中尉）正面で始まった。

八方山の北西に約二キロ突き出した半月台は第八中隊（佐藤薫中尉）の第二小隊長福村見習士官以下二十人の挺身斬込み隊の前進基地だった。

同隊連絡係だった塚崎芳雄さんは「対戦車用の急造爆雷や食糧を持って十三日、半月台に向かう私たちは、重機をかつぎ、泥にまみれて三一四高地を撤退した向地視察隊とすれちがった。白樺の疎林と雑草の半月台についた隊は、直ちにタコツボを掘って、戦車攻撃の準備にかかったが、そのころから、はるか前方をこちらに向かってくるソ連の部隊が見え、やがて斥候が前の沢を背を低めて横切ったり、半月台をうかがうようにする姿が散見され出した」と語る。

十二日以降、八方山は終日、硝煙ともうもうたる砂煙に包まれていた。八方山に対するソ連軍の索敵の砲撃と空爆と判断される。十三日はこの半月台からも白樺にのぼると、師走川の激戦がよく見えた。

このころ、八方山陣地には連隊本部、通信中隊（成田英雄中尉）と第二大隊の第五中隊（江口勝太大尉）、第七中隊（二小隊欠）、第八中隊（一小隊欠）、第二機関銃中隊（北川隆中尉）、第二歩兵砲小隊（大熊武少尉）、第二大隊の指揮下にはいった第一中隊（鈴木豊中尉、一小隊欠）。第三大隊の第九中隊（飯田喜雄中尉）、第一〇中隊（澄田実中尉）、第三機関銃中隊（伊勢芳美中尉）。歩兵砲大隊の連隊砲中隊（三枝元治中尉）。砲八八連隊第一中隊（八木

市蔵大尉、指揮班と一小隊）、向地視察隊がいた。兵力はざっと二千。歩一二五連隊の主力で、亜界山（八一七メートル）と八方山陣地に拠っていた。

ソ連軍は、大きい流れとしては中央軍道と武意加道からの部隊も、まず古屯攻略を急ぎ、これを落として南下しようとする機甲部隊と、この流れから外れ、または逆流して八方山陣地に向かう砲・歩兵部隊に分かれ、北、東、南の三方から同陣地に押し寄せた。

猛攻受ける前地点

半月台の福村見習士官は渡辺大隊長からもらった日本刀を帯び、出撃の機会を待っていたが、十三日夕刻、命令で同台には丹野誠一郎軍曹（北海道栗沢町出身）以下八人（軽機二）の分隊を残して中隊の位置に復帰した。

それと前後して同中隊から篠河安二軍曹ら四人の挺身奇襲隊が半田の弾薬集積所と派出所爆破の命を受け、この半月台を通って敵中を半田に向かった。しかし、奇襲隊の戦果は確認できず、停戦後もついに帰らなかった。

ソ連軍の八方山攻撃は十四日朝から本格化した。連隊戦闘詳報ではこの日は午前と午後の二回、とくに午後は夕刻まで激戦のあげくようやく撃退したとある。攻撃はまず半月台に向けられ、丹野分隊は分隊長以下三人の戦死者を出して後退。ソ連軍は八方山中ノ稜へは山容があらたまるほど砲撃を加えたのち攻撃を開始した。

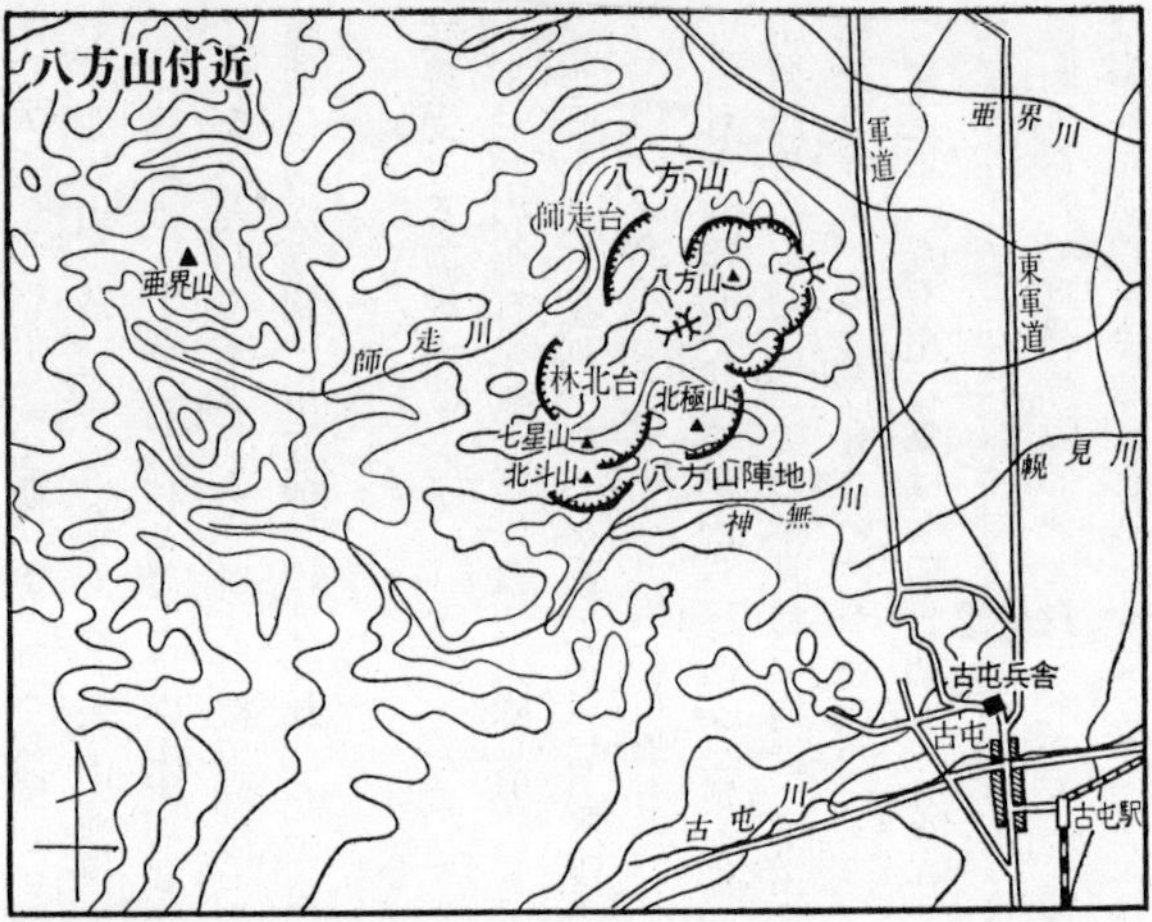

中ノ稜の第七中隊から三百メートル前方に出て、十二日から神無川付近の敵に奇襲を加えていた若林分隊（若林重雄兵長）の三浦喜作上等兵と銭谷松夫一等兵は、「午前中、半田を引揚げた滝内正雄軍曹と速射砲中隊、水上利雄軍曹ら生き残りが同分隊のいる前地点を通って中隊に帰着したあと、中ノ稜に砲弾が集中しだした。ノモンハン帰りの古兵が一時間に何発落下するか数えていたが、三百十発まで数えてあとはわからなくなったといったほどの激しさだった」と語っている。

砲撃のあとソ連軍は中ノ稜めがけて攻撃に移った。しかし前地点の十数人の若林分隊は喊声とともにその出鼻をくじく反撃に出て撃退した。しかし、二時間ほどもするとソ連軍は再び攻撃に移った。

声高にガヤガヤといいながら自動小銃を撃ちつつ下の沢から登ってくる。

三浦上等兵、銭谷一等兵は若林分隊長らと四人で砲弾がえぐった穴にはいり、その声の方角をねらって擲弾筒を膝に水平射撃の準備をした。「三十メートルまで引きつけろ」古兵が若い兵をたしなめる声がする。

息をころして稜線をうかがっている若林兵長の目に、立ち上がる敵の姿が見えた。「撃て」するどい同兵長の声。一斉に火ぶたが切られた。と、次の瞬間、三浦上等兵は「からだが宙に浮いたように感じたまま失神した」といい、弾薬手の銭谷一等兵もまた「耳がガーンとなったまま気を失った」。砲弾が三人のいる穴のまん中に落下したのだ。

若林兵長は三浦上等兵に声をかけたが動かないとみると、七、八人の兵と突撃に移り、敵が退却するのを確認して前地点を放棄、中隊の位置にさがった。三浦上等兵がその後、豪雨に打たれてわれに返ったのは十五日未明、周囲に友軍の姿はなく、遠くを、引きずるようなマントを着たソ連兵が歩いているのが見えた。破片を受けた頭は痛み、足が動かず、銃を杖に脱出、銭谷一等兵も、まもなく正気に返ると、はって沢に降り、朝を待って中隊の位置に戻った。

この前地点では細川光男上等兵（北海道壮瞥町出身）が腿から腹にかけて盲管銃創を受け、繃帯所で死に、左太腿を撃抜かれた太田正人衛生上等兵（北海道清水町出身）は後方にさげることができず、壕内に手榴弾一発を渡して残してきたが、これも停戦後、死亡を確認している。

前地点を破った敵は中ノ稜を衝いた。八方山陣地は地図でみると、中央軍道からではせいぜい百メートルから百七十メートルぐらいの高さの丘陵陣地。田代中隊長は総力を次の中支点に向けたが、この日の戦闘では半田から帰ったばかりの滝内軍曹が腹部に弾丸を受け、手榴弾で自決、林作太郎准尉（北海道亀田町出身）も戦死した。

ソ連軍は八方山攻撃と同時に中央軍道や栗山道、武意加道によって有力な部隊と弾薬、糧秣をどんどん輸送していることが、斥候の報告でわかり、八方山からは栗山道の亜界川橋付近と半田から武意加までの間の軍道でこれを襲撃する三組の挺身奇襲隊が出たが、真昼のような照明でいずれも戦果はなかった。

執拗な襲撃に戦死者続出

十五日も八方山は朝から敵の砲撃を受け、第五、第七、第八中隊などの陣地一帯は終日黄色い土煙と硝煙に包まれ、兵隊は帯剣で土中に穴をあけ、しみ出す赤黒い水を手拭いにひたしてすすり、喉の乾きをいやしては戦闘を続けていた。

戦死者もしだいにふえていった。第二大隊本部付き、谷口富雄氏は第二機関銃中隊の玉木誠一二等兵ほか一名が戦死、担架で後方にさげられるのをみているが、そのころまでは戦死者を埋葬した各隊もやがてそれもできない激戦となってきた。連隊本部付近には運ばれてくる負傷兵が急増し、二ノ稜と呼ぶ八方山の一角にも敵が迫ってきていた。そんなななかを第二大隊本部の斜面から各中隊の肉攻班が幾班か急造爆雷を背負い、眼下の中央軍道に向かって出発していった。緊張のため蒼白な顔で戦友と訣別して稜線に消えていったが、そのほとんどは軍道にたどりつくことさえ無理だった。

国境戦闘の初めのころ、ソ連軍は夜になるとさっと後退、夜営をして歌をうたい、ダンスをして、戦争はザーフトラ（また明日）で陽気な夜を過ごしたものだったが、八方山の攻防戦をめぐっては、幾度撃退しても執拗に襲撃、夜は闇のなかで対峙するようになった。そして、人声がしたり、部隊の移動かなにかのような物音でもすると、その方向に射撃を集中した。

末田弥太郎兵長は「タコツボのなかで軍刀をふり回し、大声でわめく指揮官がいて、時折り敵の射撃を浴びた。そのためある一等兵が敵に位置をさとられるので殺してやると指揮官壕ににじり寄っていったが、すぐ戻り「当番の同年兵が同じ壕にいたので巻き添えにするのがかわいそうでやめた」といっていた。じっと息をひそめて、夜空を飛ぶ曳光弾（えいこう）を見ているのはやりきれない。戦場の夜は孤独感が兵をうちのめす」と語っている。

兵にとって夜の孤独とともに防禦戦闘につきまとういろいろな心理的苦痛も大きく、そのためにいくつかの命が失われた。

川崎松太郎二等兵は十六日、銃砲声が遠のいたのをみて隣の同年兵のタコツボにもぐりこんだが、二人でいたら心強いと、故郷の北海道羅臼町から送ってきたスルメとタバコのはいった慰問袋をとるため自分のタコツボに戻りかけて被弾、「水をくれ」と二、三度いったきり死んだ。

同じ七中隊の若い二等兵は、ツンドラの赤黒い水に耐えられなくなって、敵が退いたすきに、谷底の川水を汲みにいって撃たれた。「助けてくれ」「おかあさん……」と力なく呼び続けるのが聞こえながら救出できなかったと三浦喜作上等兵はいう。ソ連兵の方からも水汲みにノコノコと出てきたのを吉田栄兵長が射殺したといい、「八方山の戦闘は個人の戦闘だった。自分で地の利を求めて行動した」と語る。森越兼雄上等兵も「自分の能力を出し切った者が生き残った」というが、防禦戦闘では何よりも強い精神力が生死を決したともいえよう。

八方山には山砲一門と歩兵砲四門が配置されていたが、大熊歩兵砲小隊長は「敵の砲兵陣地は三キロほど北で、射程距離二千二百の歩兵砲では一撃を加えることもできず、四十二発しかない砲弾では瞬発信管で山膚をのぼってくる歩兵をたまに射撃するぐらいがせいいっぱい」だったといい、十六日も各中隊は押し寄せる敵を撃退しつつ、陣地を固守していた。

しかし、ソ連軍はこの日あたりから夜襲を繰り返すようになった。森越上等兵は「伊藤順吉二等兵（豊原市出身）が稜線に目をこらし、暗くなった山をのぼってくる敵をみつけると陣地を出ていき、まもなくつっ立っている敵を突き刺してきたといいながら戻ってきたが、その顔は真っ黒。よく見ると、黒くみえたのは返り血だった。その伊藤二等兵もその直後、狙撃されてあっけなく死んだ。私は軽機に消炎器をつけて敵をねらい撃ちしていたが、敵は暗がりを近くに迫っていたらしく、手榴弾がころころと尻の下にころがってきた。とっさに足蹴にしようとすると爆発、足から尻にかけて破片が突き刺さって倒れた」と語っている。

吉田兵長も「五中隊と七中隊の間にタコツボを掘って、そこから沢一つむこうを七中隊の陣地に向かう敵を狙い撃ちし、ころがり落ちるのを十五人まで数えた」といっている。

多くの死傷者を出しながら敵は執拗に八方山のアタックに兵力を繰り出した。十七日の戦闘は夜明けとともに始まり、同時にマイクから戦車の轟々たる音を流したり「パンある。タバコもあるぞ日本の兵隊さん」と呼びかけたりもしたが、午後四時ごろには、ついに大型戦車が稜線に姿を現わすようになった。

江口第五中隊長は直ちに急造爆雷を背負った肉攻班を出したが、たどりつくことはできなかった。代わって背後の歩兵砲が大型戦車をとらえて猛射を浴びせ、もうもうたる土煙に包まれた戦車はずるずると後退していった。

歩兵砲小隊第二分隊長、榎本喜三郎伍長は「観測所（高橋良雄軍曹）から方向・距離の指示とともに発射命令がきた。続いて六発発射、大熊小隊長が戦車擱坐と大声で叫び、私たちは歓声をあげたが、考えてみたら瞬発信管で擱坐なんて不能。驚いた戦車が後退したので、小隊長は士気高揚のためにあのように戦果を伝えたのだろう」と述べている。

榎本伍長はこの日、観測所の砲帯鏡で七中隊の前地点をみたところ、白いものが見え、ピントを合わせるとそれがズボンをはいていない日本兵の死体で、そのわきを狙撃銃をもったソ連兵が長いマントを着て匍匐前進していたが、その顔が夏の陽でまっかに見え、恐怖が背筋を走るのを覚えたという。その少しあと、観測所の山岸武夫軍曹（北海道栗沢町出身）が額を射抜かれて戦死した。

連隊本部で、陣地を秘匿するため邪魔になる軍馬は、けがしたものから射殺して食用に回すという命令を受けた第二大隊付き、坂本洋吾獣医少尉（帯広市出身）は、同本部の壕を出て機関銃中隊陣地のそばを歩いているとき、至近弾で戦死した。

北極山にも激しい敵襲

ソ連軍は積極的な八方山攻撃に転じた十四日の午後、北極山の東一・四キロにも迫撃砲五門を配置、同山の陣地構築にかかった第一中隊と連隊砲中隊第二小隊（近藤得市准尉）に砲撃を加えてきた。

第一中隊長、鈴木豊中尉（千葉県東庄町出身）は、十三日神無川陣地にいたが、一線の師走川陣地が破られると連隊命令で北極山に移り、八方山と同山の間の軍道をソ連軍が進攻することを想定して、これを迎え撃つため陣地構築にかかり、近藤連隊砲第二小隊長は岡山分隊（岡山武雄伍長）の連隊砲一門を率いて、歩兵の背後に陣地を置いた。

第一中隊は大森小隊が栗山道の神無川付近から古屯に下がって、当時は鈴木中隊長以下九十一人、そのうちの十六人は七月入隊の初年兵だった。北極山には十三日夜から敵の斥候が潜入していたことが確認されている。連隊砲の近藤小隊長自らが斥候に出て、ブッシュのなかで、数人の敵斥候と五十メートルほどまで接近したが、撃ち合わず戻っており、高橋実上等兵は「その報告で、背後にも敵が迫っていることを知り極度に緊張した。からだがガタガタふるえた」という。はたして敵は十四日になると、意表を衝いて、北極山の南斜面から攻撃に出た。

そのころ連隊本部は七星山に向地視察隊の第二中隊（田島猛中尉）を配置、北極、北斗山の間からの敵の進攻に備えていたが、ここから古屯へ通ずる山道を確保する必要と林北台守備のため十三日夕刻、亜界山にいた第九中隊と連隊砲第一小隊（三戸次雄見習士官）の砲一門（塩原勇伍長）と第三機関銃第二小隊（入江見習士官）を林北台に急進させた。

亜界山―林北台は地図上は五キロほどだが、馬の背のような細い道を通り、焼けぼっくいや風倒木のツンドラのなかを進むのは容易でなく、夜どおし歩いて林北台に着いた十四日朝、中央軍道付近の敵砲兵陣地から北極山への激しい砲撃が手にとるように見えた。しかし、北極山の岡山分隊陣地からは尾根を越えて反撃しなければならず、無理な射角のためたった一門の連隊砲は初弾でバネがこわれ、林北台に着いたばかりの塩原分隊に、直ちに北極山へ砲を搬送するよう命令がきた。

北極山の戦闘を第一中隊第三小隊長、菊地京松曹長の記録によってみよう。

十四日は少数の敵が潜入したが撃退した。十五日午前十時ごろから砲声は激しく、南斜面をのぼったあたりの森林に敵兵の姿がみえ、攻撃を開始した。交戦約一時間、死傷者なく撃退した。

午後六時ごろ、南風を利して森林に火を放ち、軍道付近の砲兵陣地焼き払いを企図した鈴木中隊長は、自ら第二小隊(小室厚少尉)の第一分隊長、篠原義雄軍曹(北海道西神楽町出身)以下七人を率いて出発したが、火を放ったものの燃え上がらず失敗した。そして、引揚げる途中、森林内からの敵の射撃で管野仙吉上等兵(北海道伊達町出身)が腹部を撃たれた(十七日死亡)。

この日は、先に半田へ挺身奇襲に出た指揮班、渡辺肇作軍曹、佐々木儀一兵長(岩見沢市出身)、黒川英一上等兵が帰隊したが、渡辺軍曹は午後八時過ぎ、再び第一小隊への連絡斥候に出た(そのときすでに同小隊は神無川の栗山道付近の陣地を放棄したのちで、同軍曹は帰らず、停戦後、従弟の末田弥太郎兵長〈第七中隊〉が亜界川そばの森林内に、手榴弾で自爆した同軍曹の遺体を発見している)。

十六日、この日から高さ二百メートルほどの北極山をめぐる必死の攻防戦にはいる。

午前三時、半田理三郎軍曹(秋田県出身)以下七人の第一分隊を七星山の北側台地に出して陣地構築に当たらせた。その後、大森少尉らと離ればなれになった第一小隊の門沢英治伍長以下十九人が北極山に着いて第三小隊の指揮下にはいり、同小隊はこのほか第二小隊第一分隊をも率いて北極山の北陣地にいたが、同陣地は午前八時ごろから迫撃砲の集中砲火に包まれ、砲撃に呼応して南の森林内の敵も自動小銃を激しく撃ちながら接近してきた。

この戦闘で第三小隊は黒畑吉一等兵が砲弾で重傷を負い、次いで篠原分隊長が腰の貫通銃創で倒れ、新谷政治兵長も戦死した。また、同十一時ごろ、七星山の中央を突破した敵約二個小隊は向地視察の田島中隊と第一中隊半田分隊に迫った。

このため鈴木中隊長は指揮班(吉田覚軍曹)と予備隊の第三小隊第三分隊(本間喜三夫兵長)を率いて出撃したが、激しい銃砲火にはばまれた。窪地を利用して進出する敵に、第一中隊は沢を駆け上がろうとするのを頭上から撃たれた。彼我の距離は百二、三十メートル。北極山の戦闘指揮に当たっていた木下歩兵砲大隊長は、陸士後輩、鈴木中尉の窮地にあるのをみると、残余の部下を指揮して果敢なる突撃に転じたが、優勢な火砲の

木下歩兵砲大隊長

前に木下大隊長、鈴木中隊長は戦死、部下にも死傷が続出した。

その戦闘の状況を連隊砲第二小隊の観測班長だった小林隆伍長は次のように語る。

「近藤小隊長と指揮班は木下大尉ら正面からの歩兵の突撃に呼応、東の稜線を、敵の左翼を衝くべく出撃に移ったが、激しい銃火の前に近藤小隊長傷つき、高橋実上等兵は右太腿に貫通銃創を受けて倒れ、私は右足先に負傷した。その直後、沢を駆けのぼり、敵前三、四十メートルで抜刀して突撃する木下大尉の果敢な姿を見た。しかし、大尉は倒れ（眉間に被弾したといわれる）敵陣までたどりつけたのは三人か四人だったろう。もちろん、斬込むなり倒れたが……」

「負傷した私は近藤小隊長の命で、木下大隊長戦死の報告のため、木の枝を杖に連隊本部に向かって山を下った。途中、山すそで負傷兵の銃を数丁抱えて、銃はある、戦うんだ、と叫んでいる三枝連隊砲中隊長の姿をみかけたが、本部で報告すると雑嚢いっぱい手榴弾をもらい北極山に引返した。山の上から自動小銃と手榴弾をたたきつけられるので、突撃のためには小銃ではどうにもならない、爆発力の大きい手榴弾がほしい、と思ったからだ」

北極山の第一中隊援護の命令を受けた連隊砲の塩原分隊はそのころ林北台から北極山に向かっていたが、太い帯のような銃弾の流れにあって北極山の入口に釘付けされ、山砲の援護できり抜けたものの、すぐ返礼の迫撃砲が七星山上からあびせられ、岩壁に当たって炸裂、岩石の破片がまるで激しい雨のように頭上から降りかかって思うように進めなかった。

「手にとってみると、その石は鋭いガラスの破片のようで、銃弾よりも恐ろしかった」と塩原分隊長はいう。山を下る小林指揮班長に会って戦況を聞いた同分隊長は北極山に向かうことを断念、真むかいの八方山西斜面の第八中隊陣地に向かおうとした。百十キロの砲身を背にした馬はツンドラや風倒木に足をとられて倒れ、それを気が狂ったようになって兵隊が引きずり上げて進んだが、まもなく、激しい敵の銃砲火も弱まり、第一中隊は戦線を整理、警戒しつつ夜にはいっていった。

七星山の向地視察の田島中隊は、北極山と北斗山の間を進攻した敵に前地点を奪取されて、いったん陣地を放棄、連隊本部からの陣地を死守せよの命で奪回に向かったが、十六日午後、北斗山で藤岡孝一中尉（深川市出身）らが戦死、十八日は田島中隊長も戦死した。

十六日の戦闘で、木下大尉、鈴木中隊長のほか、第一中隊は篠原軍曹、新谷兵長、武田与一郎兵長、山田彦一兵長、岡崎光雄兵長、橋向八百吉上等兵、山本毅一等兵、斎藤誠一一等兵が戦死し、佐々木儀一兵長、松岡外与造衛生兵長、酒巻弘一等兵、前原幸雄一等兵、西市次男一等兵、帯谷健一兵長、上藤静雄二等兵、安斎虎雄二等兵が行方不明になった。行方不明の八人も戦死とみられ、ほかに負傷者は十六人で、中隊は三分の一を越える死傷者を出した。

鈴木中隊長は最後の突撃に移る直前、手帳にしるした戦闘詳報を伝令にもたせて連隊本部に届けた。その余白に「殉皇」の二字があり、連隊副官、油谷大尉が保存していたが戦後ソ連軍に没収されたという。同中隊長戦死のため中隊の指揮は小室少尉がとった。

十七日、北極山の敵は朝から攻撃を開始した。同時に迫撃砲弾は第一中隊の陣地に集中し、菊地第三小隊は西の高地に移動、連隊砲の援護下に南台地の敵を攻撃し撃退するなどして、ともかく北極山の一角を固守した。

この日の戦闘を塩原分隊長は次のように書いている。

朝もやのなかを北極山東斜面にソ連軍が現われた。そして、第一中隊の生き残りがいる沢に降りてくる、という観測班の電話を受けた。双眼鏡をのぞくと、マントを着て、自動小銃を胸高にかまえたソ連兵が、緩慢な動作で沢に降りるのが見えた。

　直ちに射撃用意、射程九百にねらいをつけて射撃、第四弾から、ぞろぞろやってくる敵の中に落下、不意を衝かれた敵のあわてふためくのが見える。ツンドラや倒木に足をとられ転がりながら逃げる兵、負傷兵を丸太でもかつぐようにして頂上の方に逃げる兵、ほうほうの態で旧第一中隊陣地の壕や窪みに姿を消したが、射程を伸ばしての追い撃ちに再びクモの子を散らすように逃げまどう。前日のかたきをとった喜びが砲側にどよめいた。

　しかし、そのころからわが陣地付近に敵の砲撃が集中しはじめた。十発のうち三、四発は不発弾だが、ヒュン、ヒューンというプロペラの音がぶきみだ。敵の砲弾の間隙をとらえて砲撃を命じていた私は、そのうちに、沢に身をひそめていた一中隊の生き残りが山頂の奪回をねらうのか、一斉に攻撃に移るのをとらえて目を見張った。

　わずかな灌木しかない山の五合目付近で、新手を繰り出してきた敵と攻めのぼるわが歩兵の間はみるまに接近、数十メートルへだての手榴弾の投げ合いになった。

　地の利にものをいわせた大兵が投げおろす手榴弾の炸裂音と砂煙がまたたくうちに少数の友軍を包む。しかし、砂煙の陰から、草むらの中から、死にものぐるいになって、はい上がろうとする友軍。上と下の人の波が、あるときは押し上げられ、あるときは押しつぶすように迫り、やがて入り乱れて、叫び声がわき起った。

手榴弾の砂煙がパッとあがった次の瞬間、いままで三人見えた友軍が二人に減り、二人いたのが一人になっていった。

長いこと、この白兵戦をまのあたりにして私たちは援護のしようもなかった。ノモンハンでも、満州での討伐戦でも、私はこのときほどの激戦を見たことがない。午後六時ごろ、この日の戦闘は終った。一日の使用弾数百二十発、食糧の補給なく、壇兵長は、三戸小隊長にかくれて第八中隊から軽機と兵六人を拝借、暗闇にまぎれてミガキニシンのカマス二つをもって帰り、雨にぬれたカビだらけのニシンで空腹を満たした。

停戦、しかし自衛戦闘継続

この十七日午後三時、師団から停戦命令が八方山の連隊本部に届いた。

連隊戦闘詳報には「十七日午前三時、和平に関する大詔渙発せられる。守備隊は積極的戦闘を避くべしとの要旨命令を受領し、自衛戦闘にはいる。しかれども敵の進出に際しては断固撃退するに決意せり」とあるが、午前三時は書記の誤記で、午後三時であったようだ。連隊本部にいた鈴木孝範有線小隊長の記録には「八方山をめぐる攻防戦はこの日もしのぎを削る激しさであったが、そのとき連隊本部の洞窟に、日の丸の鉢巻きをした下士官伝令が息絶えだえに到着」とある。

この伝令は上敷香の戦闘指令所（師団情報収集所）で敷香地区の特設警備大隊長、岸武一郎中佐から、小林連隊長に宛てた師団命令を受け、八方山に向かった三組の伝令（下士官一、兵(三)のうちの一組だった。三組のうち八方山にたどり着いたのは先発の一組だけで、次の伝令は千輪街で敵と遭遇、森林内に逃げ込んでバラバラになり、下士官は負傷して自決、後発の組はこの付近から先に進むことができなかったといわれる。

ところが、そのあと十八日午前二時ごろには追いかけて戦闘行動停止――撃ち方をやめて停戦交渉を行なうことを求める師団命令がはいってきた。

この命令がどのような方法で伝えられたのかは、明らかでないが、十五日以降、停戦命令を出すまでの師団の動きを知っておこう。

鈴木参謀長は次のように語る。

「樺太にいては中央の終戦をめぐる動きなど知るわけがないが、ソ連が越境した九日夜、特務機関長、蟹江少佐から「ハバロフスクの対日放送が、日本はソ連を通じて連合軍に降伏を申し入れていると放送しているのを部下の機関員が白系露人のアジトで傍受した」と聞かされた。謀略だろうというわけで蟹江少佐には白系露人に固く口止めするよう指示したが、特殊爆弾（原爆）が広島、長崎を跡形もなく粉砕したニュースで、都市防衛は不可能になったという思いから、戦争と日本の行く末を考え、暗澹としていた心に、そのハバロフスク放送は一抹の不安を残した」

「その後は憲兵隊に、特に東京情報に注意を払うようにいい、情報を分析するごとに何か重大なことが迫ってくるように感じられたが、そのやさき、十四日夜になって、十五日正午の天皇のご放送をつつしんで聞くようにという方面軍からの電報があった。ご放送を私は司令部の自室で聞いた。聞き終って茫然としていると参謀部付き（防空室）平島邦雄大尉が泣きはらした顔ではいってきて「降伏は陛下のご本心ではない。腰抜けの君側の者がやったことです」と悲憤、私は国力が尽きたのだといい聞かせ、防空室に勤務する若い女性の身を心配する平島大尉に、ソ連兵が女性に暴行するようなことがあったら降伏後といえども叩き斬れというと、剣道五段か六段だった大尉がようやく参謀長室を出ていったのが印象に残っている」

方面軍司令官からの停戦命令が師団にきたのはその夜だった。直ちに各連隊副官などの命令受領者を召集、十六日午前六時、司令部で停戦命令と阿南陸相・梅津参謀総長の訓示を読み上げ、武装解除・軍旗奉焼などの細かい指示が行なわれた。ところが午後になって「ただし自衛のための戦闘はあくまで継続すべし」という方面軍からの電報がはいった。

この停戦、自衛戦闘の二つの命令は軍上層部の混乱を物語るもので、自衛戦闘という聞きなれない字句の解釈に現地師団は困惑した。戦闘中の国境部隊への肝心の命令伝達は、部隊と師団を結ぶため師団通信隊（鈴木利孝大尉）から派遣してあった三号無線分隊（中川伍長）が古屯を突破して八方山にはいることができず気屯に留まっていたため、伝える方法がなく、やむなく上敷香の戦闘指令所から決死の伝令が出たのである。

八方山でも一部の将兵は終戦の事実をラジオで知っていた。

十五日午後七時、戦闘になってから時間調整をしていないことに気付いた通信中隊指揮班長谷俊勝曹長は山本正幸伍長に命じて、禁止されている無線機でのラジオの時報傍受をさせたところ、突然、阿南陸相がこの朝、割腹自殺したことと終戦をめぐるニュースが飛び込んできた。驚き、怪しみ、成田通信中隊長、鈴木有線小隊長に報告、連隊付き横地大尉らが夜半、再びラジオで確認して小林連隊長に報告した。また、同じころ、同じ連隊本部の洞窟で無線分隊（高木一伍長）もソ連の放送で終戦を聞いたがデマだと聞き流していたことが後日わかった。

しかし、命令によって行動する軍の鉄則で、ニュースは極秘にされ、戦闘は続いた。自衛戦闘の命令が届いたのは十七日午後三時、停戦命令がついたのは十八日午前二時、師団司令部が方面軍から受けとった命令は、鈴木参謀長が証明するように、これと逆の順序であったので、どうして途中で入れ替わったのか、さきにも触れたように三号無線分隊が気屯に留まっていたので、停戦命令も同じように伝令が出たのであろうが、そのあたりの実情を詳らかにすることができない。ただ、自衛戦闘、停戦の順で命令がはいったことは、師団での混乱、困惑からみても第一線が停戦交渉を決意するのには幸いしたということはいえるだろう。

三号無線分隊、敵中突破ならず

三号無線の中川分隊が八方山に到着しなかったため、停戦交渉にはいるまで二日間、失わずともよい多くの生命がツンドラを血に染めて倒れていったが、その三号無線の行方については、同分隊の太田利衛上等兵が著書の中で次のように書いている。

> 師団通信隊長から「万難を排して連隊長の陣地に急行せよ」という電報がきた（同分隊は十日気屯から八方山に向かう予定だったが、そのうちに古屯が敵の手におちてしまった）。（中略）ついに隊長から最後ともいうべき、きつい電報が送信されてきた。「分隊長以下の責任を問う」といった意味のものである。
>
> こうなってはもはや絶対であり、命令であれば敵中突破を強行するより方法がなかった。私は腹を決め「分隊長、こうなっては仕方がないから強行しましょう。ただ、わが分隊だけで敵中突破はむずかしいので、警備の兵隊を三十人ほど、杉木留守隊長に依頼してみてください」と進言した。中川伍長もうなずいて三角兵舎から出ていった。分隊長はけわしい顔つきで帰ってくると「だめだった。原隊からの電報の件を再三話し、頼んだんだが……」と、やかんの水を口うつしにゴクリと飲んで「お前たちの覚悟と苦衷は察するが、現在の敵の進出状況と戦況を判断するに、兵三十人ぐらいつけてやっても絶対突破できるとは考えられない。少し時期を待て、自分にも考えがあるから、と杉木

隊長殿がいうんだ」という。（中略）

国境の銃砲声と空襲は日を追って猛烈になってきた。しかし、陽が西に落ちると、時間を打ち合わせたように銃砲声がやむ。そして四囲が静まりかえると、かえって恐ろしさが増す。（略）

ある朝、いかなる手段を講じても古屯を奪回（同書には「死守」とある）しなければならない。若干の留守隊員を残し、全力で古屯に進撃、同地の隊を援助するとともに一挙に撃退して八方山の主力との連絡を確保する――という命令が出た（十四日の第二中隊などの古屯駅奪回の作戦を指すものと判断される）。（中略）

じりじりと一寸刻みに低地から低地を求めて前進が開始された。友軍の機銃が激しくうなる。やがて木の葉を落とす自動小銃には驚かなくなったが、たまに異様な音とともにあらぬ方角から飛んでくる砲弾が恐ろしい。第一線がかすかに見える地点まで進出したとき、前方から分隊長集合の命令がきた。帰ってきた分隊長は顔がひきつり、目だけが輝いて私をみつめる。「皆も聞け」と号令をかけて分隊長は、前方の部隊から斬込みを決行することになったと悲壮な声で一同を見回し「おれたちの分隊にもその命令が出されたが……」と、あとのことばを切った。多分、一同の反響を打診したかったのだろう。私はそのときとっさに〝通信兵の任務〟がひらめいた。

結局、分隊は「歩兵でないのだから、斬込みに加わるかどうかは通信兵として原隊にこの状況を報告してから決めるべきだ」という判断で、気屯まで後退した。こうして古屯突破はならず、その後も敵中突破を計画したがそのつど失敗に終ったというのだ。

硝煙のなか、打ち振る白旗

停戦の師団命令を受け取った小林連隊長が十八日朝、まず軍旗は焼却すること、停戦交渉の軍使として小笠原第三大隊長に油谷連隊副官・大越向地視察隊長以下を随行させ、午後二時、八方山を出ること、を決めると、直ちに連隊本部前の広場で軍旗を焼却する準備にかかった。

将校が銃砲撃のなかを本部前に集まり、油谷副官、連隊旗手の式部静雄少尉(北海道阿寒町出身)らが焼却の準備を整え、式部少尉が油谷副官の点火の合図を待つ少しの沈黙が続いた。が、そのとき急に小林連隊長が「奉焼を待て」と制止した。

かたわらに立つ小笠原大隊長の手が腰の拳銃にかかるのを見て、軍旗のあとを追う者の出るのを心配したのであろう。当の小笠原さんは、

「拳銃に手が触れたのは無意識の動きだったのですがね。軍旗は昭和十五年、私が護衛将校、小谷保少尉が旗手でいただいてきたので特別の感懐があり、焼却するのを正視できない気持であったが……。連隊長は自決する者が出ると心配したのでしょう。十五日に岸特

歩125連隊の軍旗。旗手は鈴木第一中隊長。右端は停戦直前軍旗とともに八方山を脱出、ソ連軍に襲われ死亡した式部少尉。

警大隊長が下士官伝令に手紙をもたせ、いまのうちなら軍旗をお返しできる、伝令に案内させて南に下げてはどうか、といってきていた。焼却をやめさせた連隊長は、とっさに軍旗を師団司令部まで下げることを考えられたのだろう」

と語っている。

午後二時、小笠原少佐は八方山を出て中央軍道に出ると白旗を掲げて古屯に向かった。神無川橋近くまで進んだとき、ソ連軍中佐の乗った車がきた。そこで停戦の軍使であることを説明すると、軍使としては人数が多過ぎると油谷大尉ら一部を同地点に残して軍使は半田に向かうように指示した。

指示されたとおり小笠原少佐は引返して半田に向かったが、一方、ソ連軍中佐は油谷大尉、大越大尉らと八方山の連隊本部に向かい、そこで十九日午前十時を期して停戦、日本軍の武装を解除する約束が成立した。

この十八日——師団命令を受け取って戦闘終結について連隊首脳が協議していた早朝から、ソ連軍は八方山の二ノ稜、中ノ稜などで激しい攻勢に出て、土煙と硝煙におおわれた稜線上での必死の攻防戦が展開されていた。

二ノ稜では一気にわが陣地前百メートルまで突っ込んだ敵は、砲兵の援護下に、火力でしゃにむに制圧しようとし、その弾幕のすさまじさは、山膚を掘り返して赤黒く変貌させ、陣地にしがみつくわが将兵は、疲労した顔を、頭からかぶる土とツンドラからにじみ出た赤い水でよごし、泥まみれであった。

中ノ稜では午前六時過ぎ、戦車二両を前面に押し出して二個小隊ほどのソ連軍が進出してきた。土煙のなかに砲身が見えた一両の戦車は、ずるずると滑り落ちるように稜線から消えたが、二両目はキャタピラを空に突き立てるようにして稜線を乗り越え、第五中隊の陣地目前に停止して、砲塔が獲物を求めて音もなく回りはじめた。

発射音と炸裂音がほとんど同時にする戦車砲にはいいしれぬ恐怖感がある。たまりかねたように「第七中隊、撃ってくれ」という絶叫する兵の声に、砲身が横を向いているすきに伸び上がって戦車の背後の歩兵を撃つのがやっと、地形上、戦車がそれ以上前進しなかったため、長いにらみ合いとなった。

また、午後三時過ぎ、戦車三両と二個小隊ほどのソ連軍が、半月台から師走台の第三大隊前面にも進攻してきた。連隊砲の菊地分隊（菊地武省伍長）はこれを迎撃、二両を擱坐させ、中ノ稜では秋田分隊（秋田吉三郎伍長）、大沢分隊（大沢雄司軍曹）の砲が一両を擱坐させたが、ちょうどそのころ、連隊本部付近で白旗が大きく打ち振られるのを兵たちは見た。

ソ連軍使が危険を感じてか連隊本部の洞窟にはいるのを拒否していると、ソ連側からの砲弾が周囲に炸裂しはじめ、渡辺第二大隊長らが「日本軍の砲は撃っていない。攻撃をやめないのはソ連軍だ」というと軍使の中佐は色をなし、部下の下士官に白旗を振らせ、自らも本部の壕の上に立って大声で「撃つな」とわめいた。もちろんその声がソ連軍に届くはずはなく、さらに銃火が集中しはじめたため、同中佐に代わって、日本軍の下士官が白旗を振ったのである。

七中隊の吉田兵長は「斜面を登って突撃態勢にはいった敵に、私は横から軽機の腰だめ射撃をあびせた。銃身が焼けて赤くなるほど撃ち、敵はゴロゴロところがり落ちていった。そのとき、ふと白旗が目についた」といい、三浦上等兵は「田代中隊長の総攻撃のときが迫ったという声に、われわれが壕内で水さかずきを交していたとき、五中隊の方角で白旗が振られた。ところが弾丸が集中して、倒れたのか白旗がちょっと隠れ、また振られた。するとほどなくソ連の砲撃がぴたっとやんだ」といっている。

末田兵長は「中ノ稜の五中隊の前に現われた戦車を、わが方の連隊砲がとらえ、確か四弾目に鉄甲を破ったのか、戦車の天蓋があいて白煙が吹き出し、四、五人の戦車兵が飛び出した。すると、それまで背後にいた重機がずっと前進した。そのとき白旗の振るのが見えたが、その敵が「戦争やる気あるのか、ばかやろう」と日本語で叫ぶとともに重機が火を吹いた。私は栗林伍長と一つのタコツボにいたが「白旗が上がった。助かったぞ」と、いっしょに飛び出したとたん、土が右ほおにパッとはね、思わずタコツボにころがりこんだが、同伍長は倒れて「やられた」と叫び、軍服の右胸に穴があいていた。背中をみたが抜けていない。急いでボタンをとってみると小さい弾丸がぽろりと落ちた。骨に当たっただけで奇跡的に貫通していなかった。そうすると無性にうれしくなって、抱き合って喜んだ」と語っている。

戦闘停止十九日午前零時

ソ連軍使はこのあと将校二人を武装解除までの人質として半田のソ連軍司令部に連行した。人質の将校の一人は大越大尉、もう一人は通訳で、ソ連軍との交渉で相手に軽んじられないためにと将校服を着せられていた谷口富雄兵長。二人は半田に着くと四挺の自動小銃に囲まれて一夜明かすはめになった。

「私はソ連語がわかるからまだいいが、大越大尉は苦痛だったろうと思う。ただ、停戦の決意を固めたのは連隊の幹部だから、血気盛んな小、中隊長のハネ上がり的な行動で交渉が決裂したら——という心配があった。食事はラードで米をいため、砂糖をこってり入れたカユのようなもの、日本兵は米食だというのでせいいっぱいのご馳走らしいのだが、とても喉を通らなかった」

と谷口さんはいう。

この二人の人質が半田にいったあと、同地で停戦交渉に当たっていた小笠原少佐は「十九日午前零時を期して戦闘を中止し、同六時、日本軍は自ら武装解除して陣地内に兵器を集積する」約束をして八方山に戻った。

小笠原さんの話によると、半田停戦交渉の状況は次のように行なわれた。

半田までの軍道ぞいの森林内には戦車や重砲陣地が随所に配置されていた。それを見ながら歩いて半田の旧派出所に着くと沼口曹長以下通訳、ラッパ手など随員はすぐ鉄条網の囲みに連れ去られて軟禁され、小笠原少佐だけ軍道上に待たされた。

ソ連軍のあとについてすでに半田まできていた地方人の女たちが、近寄ってしげしげと同少佐を眺めては遠ざかっていった。三十分ほどしてソ連通訳が南口から派出所内庭に案内した。軍司令部と野戦病院に当てられているらしく、多数の負傷兵がいて看護婦が忙しそうに動き回っていたが、中庭にはいってみるとビアコノフ近衛少将、アリモフ少将ら将官七人が半円型に並んでいた（この方面からのソ連軍は第七九狙撃師団で、ビアコノフ近衛少将が師団長、アリモフ少将が前線部隊の指揮官で旅団長であろうといわれている)。

まず通訳の中尉が降伏を求め、これに対して小笠原少佐は「日本軍は天皇の命が出たので、きのうから射撃を中止している。現在銃砲火を加えているのはソ連軍だ。しかし、もしソ連軍が攻撃を続行し、日本軍陣地に侵入した場合、断固反撃する。このままでは相互に無益な損害を生むだけだから、両軍とも現在地より四キロ後退のうえ停戦したい。武装は解いても捕虜とはならない」といった内容のことを主張した。

しかし、ソ連側は「一歩も後退はしない。日本軍は捕虜として降伏すべきだ」と強硬で、交渉は平行線をたどった。

このため小笠原少佐はやむなく「このまま経過したら、それだけ損害が増加する。抑留者として扱うのであれば現在地で武装解除するもやむを得まい」と判断、譲歩して「十九日午前零時戦闘中止、同六時自ら武装を解いて兵器集積」ということで交渉をまとめた。

そのあとソ連軍は人質として同行した沼口曹長以下を留めておくといい、少佐はこれらの兵を残していっては明朝六時までに前線の全部隊に武装解除を徹底させることは不可能だと強引に拒否、さらに歩いて戻っていては時間的にむずかしいから車を出してほしいと申し入れ、かなりの時間をかけて承諾させた。

「帰りの車にはソ連軍の若い大尉参謀が同乗して八方山入り口までできた。車のなかで私は敵の兵力や配置をしっかり脳裡におさめることに努めた。交渉が何かの事情でこわれたときに備えるべく……。そして、ソ連参謀がずっと同乗してくるので、彼もわが兵力を探るためかと、内心、敵愾心をもやしたが、途中で枯れ木のように立っているのが迷彩をした兵隊で、いつまでも同じ格好で立っている辛抱強さには舌をまいた。しかも、八方山入り口で車から降りたとたん、草の中から自動小銃を抱えたソ連兵がさっと立ち上がった。ざっと二百、われに数倍する装備、兵力で八方山を完全に取り巻いていることを、初めてこの目で確かめて驚いた」

と小笠原さんは語る。

軍旗脱出

停戦が決まったことによって軍旗は急ぎ豊原の師団司令部に返還することになり、十九日午前一時、山岳に詳しい第三機関銃中隊長伊勢芳美中尉を誘導将校に、連隊旗手の式部少尉と護衛下士官三人で出発させることになった。

護衛下士官には竹端春雄曹長（北海道新十津川町出身）、神藪正曹長、島津伍長が選ばれた。五人が小林連隊長の命を受けたのは十八日午後十一時。

「戦闘はあと一時間で停止し、明朝十時には陣地前方百メートルで武装解除を受ける現地協定が成立したと聞いていた。あと一時間ほどで、激しかった戦いも終るんだと思い、ときどき思い出したように遠くであがる照明弾や銃声に、複雑な気持になっていた私は、連隊本部に呼ばれたとき、戦争継続に変更になったのかな、と緊張して陣地を飛び出していったものだった」と伊勢さんは語っている。

伊勢中尉は軍刀と双眼鏡、小笠原大隊長から渡された小型拳銃と手榴弾二発、食糧はにぎりめし一日分と生米一日分。式部少尉は背嚢のなかに軍旗を分解、万一のとき爆破できるようにガソリンのびんとともに納めて背負った。そして、伊勢、島津、式部、竹端、神藪の一列縦隊で敵の包囲網を突破すること、敵と遭遇しても交戦せず、ひたすら軍旗とともに逃げのび、護衛が死傷しても見捨てることなどを打ち合わせると、午前零時、夜陰に乗じて八方山を離脱した。

しかし、亜界山麓の林道を目前にしてソ連軍の前哨線に発見され、式部少尉を見失った伊勢中尉と島津伍長は、西柵丹―上敷香泉部落にかけて同少尉の姿を求めて歩くうち、八月二十五、六日ごろ、砲八八連隊付き三居金次郎見習士官に会い、式部少尉ら三人は泉部落の南約六キロの農家で休息中、ソ連兵に襲撃され窓から逃げたが、式部少尉、竹端曹長は撃たれて死亡したこと、そのあとにいった同見習士官が、ストーブのそばにあった軍旗を見つけ、房などの一部を切りとって、残りは焼却したことを知った。

当時、同見習士官は内川炭礦（たんこう）にいたので、保管していた軍旗の房などを譲り受けた伊勢中尉は、一般住民になりすまして泊岸（とまりぎし）の炭礦に勤め、軍旗の切れ端を缶に入れて地中に埋めた。しかしそれでも不安なため、掘り返して、数本の房を残して、あとは焼却した。

同地に駐屯していたソ連軍の将校が、伊勢さんの行動を常に監視し、ときにきびしい取調べを行なうため、伊勢さんは結婚によって監視がゆるむのを待つなど苦労を重ねた。あとになって、ソ連軍が伊勢さんをマークした理由は、何か反ソ目的をもって潜入したのだろうとみていたからだと、ソ連軍将校から明かされてわかったというが、それとは別に捕虜になった兵隊が、一般住民に姿を変えている伊勢さんをなじったことが理由で、伊勢さんは元軍人であることを明らかにして、ソ連軍の捕虜となった。

式部少尉らがソ連兵に襲われたときの状況については、式部少尉らと一緒にいて助かった神藪曹長が次のように書いている。

私たち三人は軍旗を守り、山づたいに南へ何日か歩き続けた。途中、兵隊の死体や馬の死体がごろごろころがっていた。輜重隊である。そんな中を食糧もなく、ただフレップの実を摘み、ほおばりながら歩き続けた。

熊の足跡や糞があちこちにあり、そのつど山をおりたが、部落では必ずといっていいほど日本兵が射殺されているので、また山にはいり、保恵岳に二回も三回も登ったり、降りたりして日を過ごした。小さい家をみつけて食べ物とタバコを――というと、薪を割っている老人が「近くにソ連兵がいる。私は朝鮮人だからよいが兵隊は危険だ、すぐ逃げなさい」

といってくれた。

山に分け入って南下したが、竹端曹長が歩きながらうわ言をいうようになったので、腹ごしらえと休息のため民家を捜してはいった。

家の中には米があった。ここまでくる途中第三大隊の浅野猛曹長ら二人が加わって五人になっていたので手分けしてめしを炊き、キャベツをきざんでみそ汁を作っていた。と、家の外で、人の気配がする。ぎくっとなって外をみると自動小銃を構えながらソ連兵がくる。

ソ連兵は何人いたかわからない。が、すでに包囲されているようだ。そのとき式部少尉が何もいわず、急に戸外に走り出た。私がそのあとを追い、竹端曹長が続いた。その私たちを包むように弾丸が追いかけてくる。身をかくすものとてない畑、ただ一歩でも遠くへ、一秒でも早く脱出することしかない。そして、敵の包囲を突破したと思った瞬間、目の前の式部少尉がつんのめるように倒れ、そのからだの上を危うく飛び抜けた私も、右手をビシッとたたかれたような痛みを覚えた。

敵弾が遠のくまで走り続けて大きい川を渡ったとき、私は一人きりだった。竹端曹長の姿はなく、また浅野曹長らがどうなったかもわからなかった。私は南に向かって歩き出した。

式部少尉と竹端曹長はこうして泉部落で死んだ。浅野曹長も撃たれて死んだ。しかし、軍旗はその少しあと、三居見習士官によって無事発見された。旗ざおは、ソ連軍の使役で、爆破した橋の修理のためこの地方にきていた工兵八八連隊に、ある住民が届け、連隊長東島時松少佐が処分した。

敵味方、求めあう握手

武装解除の朝、ソ連側からは自動小銃を構えた大佐以下が八方山にきた。それと同時に前夜まで激しい戦闘を行なってきた最前線でも、ソ連軍は一斉に立ち上がってわが陣地に進んできた。

第七中隊の三浦喜作上等兵は、先頭に立ってやってきたソ連兵から握手を求められた。相手は黒パンを出した。それをちぎってほおばった同上等兵はすっぱいのに驚き、ペッと吐きだしたが「こいつが昨日までの敵か。案外、人のよさそうな奴……」と思ったという。これをきっかけに周囲では、ホッとしたのか、だれもが互いに握手を求め合った。敵味方ではあったが、ともに死線を越え、いまここに立っている——という安らぎがそうさせるのだろう。

しかし、心配されたように事故も起きた。第二機関銃中隊の前面のソ連軍は約束の午前十時より早く姿を現わした。高源義夫少尉（富山県新屋村出身）と周囲の兵が立ち上がっ

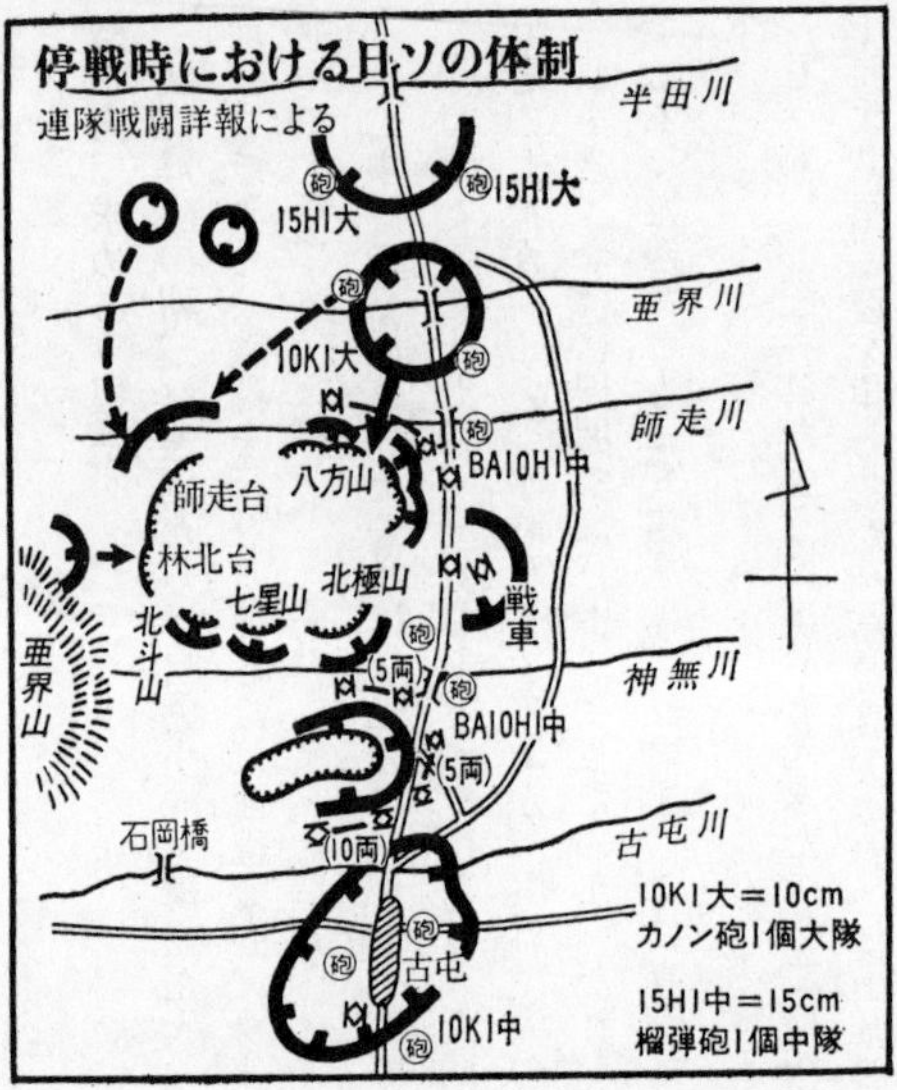

た。ことばが通じないこともあったのだろう。そのとき高源少尉の手が拳銃に触れた、とソ連兵は自動小銃の引き金を引いた。同少尉と太田正雄軍曹（芦別市出身）ら三人が射殺された。

少尉が拳銃に手をやった意図はわからないが、発砲することは考えられない。とするとソ連兵にとって日本兵はおそろしく、ビクビクしながら出てきたということなのだろう。このことが導火線となって、若い将校や下士官が再び武器をとるのでは――と心配されたが、どうやら事故はこれだけで終った。

樺太国境から進攻したソ連軍は、第一六諸兵連合軍隷下の七九狙撃師団で、『大祖国戦争史』によると、古屯などの拠点を突破するためにはドイツ軍との戦闘で活躍した突撃グループが最初に「戦闘を縦深に拡大し」、日本軍を追撃するときは、あらゆる兵科の小部隊を含んだ先遣隊が使われたとある。また、国境の戦闘で主要な役割を果たしたのは狙撃部隊で、戦車隊のあとに続いて日本軍の防禦線の突破に当たったが、砲兵、とくに大隊砲、連隊砲は歩兵の常時の同伴者で、国境ぞいの日本軍の陣地攻略では大きい働きをしたともある。

鈴木参謀長は国境のソ連軍（西海岸の安別での戦闘もふくめ）は約一個師団半、戦車二百五十両の陸軍と、八月十一日には六十機を数えた空軍がいたといっているが、機械化された七九狙撃師団の実力は同参謀長の評価しただけのものを備えていたことは確実だ。

また、渡辺第二大隊長は「通訳イリシン大尉が、最初に私にいったことは「われわれはベルリン攻略に参加した部隊だ」ということばだった。ドイツ降伏と同時に極東に派遣された精鋭だというのだ。ノモンハンの戦闘いらいの古兵やレニングラードを死守した部隊の兵もいた」というが、同師団はこうした誇りある兵で編成されたという自負があった。

「収容所の周辺では蛙の鳴き声もしない。ソ連監視兵に食べられてしまうからだ」という笑い話は、収容所生活を体験した人たちが、ソ連人の耐乏生活に慣れたたくましさを証明するためによく引例する。彼らは真夏でも引きずるような長い外套をまとって戦った。夜になるとそのまま草むらにごろ寝する。肩にかけた自動小銃やジープなどはほとんどチェコかアメリカの製品だったし、兵站部隊がゴロゴロ道端に捨てていく缶詰のあき缶はUSAのマーク入り。長い独ソ戦で疲弊しきったソ連は極端に物資欠乏で、「兵隊の生活環境そのものがすでに動物的といえるほどだった」(谷口富雄さん)というが、このたくましさも彼らの武器であった。

このソ連軍に対してわが方は向地視察隊を含めても中央国境の実兵力は一個連隊に満たない劣勢で、十日間、国境から三十キロの間にソ連軍を食い止めていたことは、地形的に恵まれたことが大きいにしても、特筆されるべき防禦であったということができる。日本軍のこの戦闘による死傷者は戦死約三百二十人、戦傷百数十人といわれている。しかし、輜重隊などの死傷の実数は把握しにくいので、もっと大きい損害だったと思われる。

山野にしみわたるラッパの音

半田における停戦交渉から小笠原少佐らが帰った十八日夜から収容所まで、初めての敗戦の体験をした兵隊の心情を第三大隊付松田獣医見習士官は次のように書いている。

小笠原大隊長は「ああ、日本の軍隊も終りだ、一切が終った」とつぶやくとうつむいてしまった。これまで、私の心をささえていたものが音をたててくずれ去るのをそのとき知った。がっくり肩の力を落とした大隊長から思わず目をそらして、無言で腰をおろすと、涙がとめどなくほおを流れ落ちた。

複雑な思いが脳裡をうずまきながら、その一方ではぽっかり空洞が心のなかにできてしまったように思った。うつむいて涙している者、じっと闇の一点に目をこらし、あふれくる感情をおしころしている者――そのとき、軍医付きの当番兵が、飛び込んでくるなり「よかったですね」といってしまった。

だれもが複雑な気持の片すみに小さく持っていながら、正直にきり出せなかった（きりだす雰囲気はなかった）ことを、彼は彼なりの素朴な感情でいったのであろう、だれも否定するものはなく、なんとなくうなずいていた。大隊長はふと腰から拳銃を抜いて弾丸を確かめる手を動かしていたが、それをケースにおさめながら、誰にともなく「まあ仕方がない、国が負けたんだから……」というと、山形実副官に「連隊本部に連絡してみてくれ」といい、タバコに火をつけた。周囲のみんなが、ほっとしたようにタバコを口にくわえた。

遠くで重迫、戦車砲の砲声がとどろくかと思うと意外に近くで自動小銃の音、天幕の外に私は立っていた。真夏なのに夜気が膚寒くさえあった。蛍の光のように銃弾が山の稜線をこえて飛び、シュルル……という音は虫の鳴く声のように思われた。まもなく午前零時、戦争は終るのだ――と私は、闇のなかでわが心にいいきかせた。

十九日朝、兵器を一カ所に集積した。迫撃砲に掘り返された付近は赤土が露出していたが、夏の空は高く、真綿のような白雲が浮かんでいる。その下をソ連の複葉機二機がゆっくり飛んでいる。兵たちはうつろな目で見上げているだけ。「これからどうなるのだろう、おれたちは……」一人びとりの胸中はそのことだけでいっぱいなのだ。

やがて出発の命令が出た。よく晴れた日だったが、稜線にはまだ霧が残っていて、そのなかに自動小銃をかまえたソ連兵が二人ずつ間隔をおいて立っていた。日焼けした顔、汗と泥がしみついたみすぼらしい服、からだつきも小さい。これが私の初めてみたソ連兵であった。「ズラステ（今日は）」と声をかけてみた。返事はよくききとれないが、憎しみをもって私たちをみているようではなかった。

しかし、しばらくいくと、将校ばかり十二、三人立っており、たどたどしい日本語で「武器は全部ここに置け」というなり、ひったくるように軍刀と愛馬を取り上げる。抵抗はいけない、くちびるをかみしめてその場を立ち去ったが、こみ上げる涙で、前をゆく兵の姿がゆがんでいる。敗戦――そのきびしさを、あらためて知らされた思いである。

八方山から古屯へ。私たちはわずかな食糧と着替えをもって歩き出した。ヨモギの繁みに戦死した兵の死体があった。ある中隊長が駆け寄って氏名を確認しようとすると、色をなしてソ連兵が自動小銃を向けた。

幌見峠付近では旧陣地が主陣地とみられて猛攻撃を受け、四十センチほどのベトンがひっくり返され、鉄筋がアメのように曲りくねって露出していた。その近くの窪地の焼けぼっくいのかげに重機関銃がすえられ、五人の兵が頭や胸を撃たれてころがっていた。このまま収容もできず朽ちていくのであろう。ただイソツツジとコケ類が青畳を敷きつめたように広がっていた。その美しさが死者へのなぐさめになってくれているようなのが救いであった。

古屯に近づくと、小銃弾の薬莢や速射砲弾が足の踏み場のないぐらい路上に散乱していた。そして側溝に、数珠つなぎに死体がころがっていた。頭に繃帯をした兵、腕のない兵、彼らは第一大隊の兵であろう。古屯の兵舎——屋根の吹きとんだ倉庫の壁に積み上げたナンキン袋の銃眼に、手榴弾をもってうつ伏して死んでいる兵がいた。

しかも、私たちがここに着いても、軍を最後まで信じ、戦っていた少数の兵隊がいて、ときおり銃声が兵舎のあちこちでこだました。そのうちに手榴弾の炸裂音がした。聞くと一上等兵が兵舎の片すみで警戒兵を何人か銃撃していたが、ついに発見され、手榴弾を投げこまれて死んだというのだ。

演習止めのラッパが鳴った。抗戦する兵をむだに殺したくないという呼びかけのラッパである。銃声の合い間に、寂しいラッパの音が、暮れかかる古屯の周囲の山野にしみわたるように流れるのを、だれもが涙の顔で聞いた。

二十日も、私たち約六百の集団は朝から南に向かって歩きだした。かわいた道路に戦車のキャタピラの跡がごつごつと盛り上がっている。根強いチモシー（牧草）を手でしごくと、もうかなり実がはいっていた。はや初秋か――とつぶやくと、今後にたいする不安がまた頭をもたげてくる。

古屯駅の近く、雑草のなかによごれた紫色のリンドウを二つ三つ見つけた。そこにはソ連の兵站部隊がいた。蒙古馬に引かせた四輪馬車に、食糧とパンがまなどを積んだその部隊は、多くが女兵であったが、誰もこちらをふり向くものもいない。

気屯を通過、保恵の村にはいった。ジャガ芋の白い花が道路わきから広がっている。ここでもパンを焼いたり、かゆのようなものを煮ている兵站部隊に出会った。油臭いにおいが鼻につく。ころがっているあき缶を拾ってみると、英語でポークソーセージという文字とシカゴの輸出商名が印刷してあった。「米ソは仲が悪いはずなのに、ソ連はアメリカの缶詰を食べて戦争しているんですかね」、驚いたように兵隊がすっとんきょうな声を出した。

二十一日は白樺とドロヤナギの林に包まれた九里にはいった。この村はずれで、ソ連の軍用トラックが、私たちの長い行列を追い抜いて南下していった。ガソリンのにおい――「そうだ、銃後は木炭車だったけな」そんな思いもすぐ故郷につながる。やがて、夜にはいって上敷香の後藤橋にかかったが、民家の灯は一つも見えない。遠くから上敷香の灯だと思った無数の火は、一つ一つが焼け跡の残火であり、足もとはまっくらやみであった。背すじがぞくぞくするような夜冷えを感じた。

夜通し歩きずくめで朝になった。練兵場のそばの路上に邦人の死体がころがっていた。五十歳ぐらい、しらがのやせたその人は印半纏（しるしばんてん）に茶のコールテンの乗馬ズボン、古い山高帽が三メートル離れたところに飛んでいた。弾丸は背から胸に貫通していた。

兵舎で三日間を過ごした。その間に山の中を放浪していた逃亡兵などもつかまって仲間に入れられた。だれもがその新しい仲間の過去には触れなかった。ある兵隊たちはどこで拾ったのか十円や百円札を束にして、花札をやっていた。「こんな大金をにぎったのは、生まれて初めてだ」と腹巻きに札束を突っ込んではしゃいでいる。たあいのない話である。残った兵たちの話も故郷に帰ってからのことばかり、戦争はもう無関係のことのようであった。

しかし、若い二等兵がここで発狂した。シャツにズボン下の彼は「かあさん、かあさん」と泣き叫び、周囲の者も手のつけようがなくて一室に軟禁していたが、それから三日目の朝、裏門のあたりで自動小銃の声――ふと暗い予感がして私たちは飛びだした。が、そこに私たちに銃口を向けて、興奮した面持ちで突っ立っているソ連兵を認めて立ち止まった。その足元に、ぐったり倒れたあの二等兵の死体があった。

松田さんの手記には、敗戦に直面した兵たちばかりでなく、ソ連の女兵たちの表情もふくめて、戦いのあとをおおう空虚さが描かれている。また、戦いが終ったせつなから、生への執着がよみがえってきた兵の気持をも正直に伝えている。

松田さんが南に下がる途中、各所でみた戦死者の遺体がどう処理されたかについて詳しくはわかっていないが、当時上敷香にいてソ連軍将校付きとなり、同地に残留した工藤勝一さんは「ソ連兵と日本兵との死体を埋葬した」と次のように語っている。

十一月のある日、上敷香の元日本軍憲兵隊本部の前の、川までの広場にソ連軍の命令で幅四メートル、長さ三十メートル、深さ三メートルぐらいの空掘りをした。ある朝、そこにいってみると半分以上が埋まっており、残りの土をかけてタコつきで、ついて固めろといわれたが、だれいうとなく戦死者を埋めたのだという風聞が広まり、みんながいやがった。

ソ連兵は怒って「処罰する」といい出し、やむなく埋め立てて台形に盛り土をしたが、その後もう一本の溝を掘らされ土盛りをしたあと、二本目はやや小さいものを掘らされ、翌朝、前の二本はソ連兵のもので、最後が日本兵のものであることがわかった。

墓地だといわれ、みんなは念仏をとなえながら作業、さらに芝を張りつけ、周辺に柵をまわして白ペンキで塗り上げた。続いて柵内に赤レンガで三角形の大きい塔を築きあげ、星とハンマーのソ連のマークを作って取りつけたが、これらの作業に二カ月ほどかかった。

混乱の始まり

橋梁爆破

札幌の方面軍から「自衛戦闘は継続すべし」という命令がきたとき、師団は〝自衛戦闘〟を「軍事占領地域をできるだけ少なくしたうえ停戦協定を結び、その後は進駐ということにすれば住民の生命、財産は守られる。従って敵の前進を妨害するための戦闘を継続しろ」という意味に解釈、師団はソ連軍の南下を阻止するため、歩一二五第一大隊が半田、師走川、古屯で阻止戦闘をしている間に、気屯―大木間の中央軍道と鉄道に架かる道路橋・鉄橋を爆破させ、さらに鈴木参謀長自らも三〇六連隊の一個大隊と山砲二門を率いて北上した。

橋梁爆破作業隊は工八八連隊第二中隊（芝田三郎大尉）で編成された。

同連隊からは歩一二五に第一中隊（山崎次郎大尉）が配属されており、第二中隊は指揮班を大泊中学校に置き、富内（斎藤精一少尉）、留多加（小林啄麻少尉）などの海岸線の歩兵の陣地構築指導に当たっていたが、十一日芝田中隊長は連隊長、東島時松少佐から師団命令として「芝田大尉の指揮する爆破作業隊を編成、国境から豊原に至る重要な鉄橋、道

気屯の北２キロの川にかかる橋のたもとで。

路橋を徹底的に爆破し、ソ連軍の南下を極力阻止すべし」と指示された。

同中隊長は直ちに指揮班長石渡石雄准尉とともに人選、中隊長以下五十九人の作業隊を編成、中隊長と高見沢、戸田両軍曹ら二十五人の先発隊は十三日午前八時、大泊駅から列車で北上した。恵須駅着は十四日午後一時、急ぎ上敷香の筑紫参謀のもとに駆けつけたが、国境戦闘がかなり苦戦でソ連軍の南下が早く、一刻も猶予していられないことを知り、石渡准尉らの到着を待たず、芝田大尉はトラック四台をもらい、連隊の器材小隊（笠原喜平次少尉）が送った爆薬などを積むと北上した。

緊急疎開の老人や子供で混乱している上敷香の町を出て、海軍の恵須飛行場で残っていた六十キロ爆弾を積み、気屯へ突っ走った。

午後四時、気屯の町にはいると、北の戦場での砲声がいんいんととどろいていた。直ちに気屯川の鉄橋と国道の気屯橋の橋桁（はしげた）に六十キロ爆弾を取りつけた。駅長の「最後の疎開列車通過後に……」という願いをいれ、古屯から着いた貨物列車が駅構内にすべりこんだあと同五時、最初の爆破スイッチを入れた。長さ五十メートルもある鉄橋が、地軸を揺るがす音とともに吹き飛んだ。

次いでコンクリートの長さ五十メートル余の気屯橋を爆破した。橋床は深い気屯川にほとんど垂直に近い角度で突きささった。作業隊はこのあと保恵、初問（しょとい）などの河川にかかる鉄橋と道路橋を次々に爆破しながら南下した。

「橋桁に爆薬を仕掛けている兵のそばを、馬車に家財道具と老人、子供を乗せて下がっていく邦人が「兵隊さん、橋をこわすのですか。もう、私たち、戻ってくることができないんですか」と不安げに聞く。「命令ですから……、ソ連軍を川で食い止めて、みんなの生命を守るためこれしか仕方ない」と答えるもののつらい思いだった。また、暗くなった道路を南下するとき、ところどころに木銃を持って警備している中学生の姿をみて、けなげさとあわれさに涙が出た」と芝田さんはいう。こうして夜通し橋梁を爆破しながら南下した作業隊が十五日昼、大木橋を爆破したあと終戦の放送があったことを知らされ上敷香までいったん帰った。

筑紫参謀からは戦闘行為を止めるようにとの指示があった。しかし、内密に北方二キロの通信基地内の塔などの爆破を命ぜられ、芝田中隊長は夜を待って数人の部下を連れて、ひそかに破壊に向かった。

作業隊は一日足らずで気屯―大木間約五十キロの鉄橋十八、道路橋二十と通信塔などを爆破したのである。

気屯停戦成らず

古屯を占領したソ連軍は、八方山での停戦交渉が成立すると戦車を先頭に急ぎ南下、気屯に迫った。

そのころ気屯には歩一二五連隊付、杉木雄三中尉以下約四百の兵がいた。さきに触れたように、師団から八方山に派遣されたが古屯を突破できなかった師団通信隊の三号無線分隊や、古屯駅奪回に失敗して戻った佐竹中隊の生き残りと山砲の岩本小隊、臨時編成の西坂隊などもいた。

杉木留守隊長は佐竹中隊長を失った一二中隊の生き残りなどで十五日新しい一二中隊を編成、その指揮を西坂中尉に託し、中央軍道と平行して古屯―気屯を結んでいたもう一本の迂回道路から来るソ連軍を小島橋（古屯川上流）付近で防ぐため同橋の南の台地に配置。中央軍道では岩本山砲小隊の砲を気屯神社境内に据え、砲口を気屯橋に向け、川の右岸に

気屯の家並み。

は予備下士候補隊を配置した。

気屯では終戦が十七日に知らされた。そして矛盾したことだが、気屯でソ連軍を阻止する任務が同時に与えられた。

岩本源太郎さんは次のようにいっている。

「私は十七日夜十一時ごろ、杉木中尉から終戦を聞き、ソ連軍阻止を命じられた。私は部下は早く故郷に帰し、一人で戦車の気屯川渡河を食い止める覚悟であったが、北知床以来行動をともにしてきた重機の山口俊夫分隊長らも、段列長、中川健治軍曹以下の小隊員も、だれ一人去る者はなかった。それから間もなく、十八日午前一時ごろ、一人の女性が陣地にまぎれ込んだ。国境戦闘が始まった直後から、国境に近い町や村の老人、婦女子は敷香以南に避難させられ、さらに北海道への緊急疎開も始まって、付近に一般住民の姿を見ることはなかったのでスパイではないかと尋問してみると、その人は四キロほど離れた苗圃の主婦で、あわただしい避難の際、七十歳の病身の父を捨てて敷香までいったが、どうしても捨てることができず家に戻った。しかし、父は生きて本土に渡れそうもないから住みなれたわが家で死なせてくれと動かず、またあきらめて気屯まできたのだという。主人は海軍に応召、一人っ子の長男は豊原の親戚にやったがどうしているか――と、とり乱して白い肌襦袢一枚の姿でさめざめと泣いていた。私は、運命にまかせるよりない、いまはあなた自身を守って南下しなさいと励まし、憲兵隊に保護を頼んだが、こんなこともあって部下も、邦人が引揚げるまでここでソ連軍を阻止することに命をかける気持を一層固めたようだった」

一方、ハシケで幌内川を敷香に下り、終戦を知ると直ちに上敷香戦闘指令所の筑紫参謀のもとに向かった向地視察隊知志代監視哨長、高島一正少尉も、そのころ軍使として気屯での停戦交渉に当たるようにとの命を受け、十八日午前四時、気屯に向かってさらに北上していた。そして同八時ごろ、気屯橋の近くでソ連軍使と高島少尉が会見、停戦交渉にはいった。

この間、岩本小隊長はソ連兵が橋を渡ってくるのをみると、そのつど威嚇射撃を加えた。ソ連軍も川の対岸に戦車を並べ、上空では戦闘機数機が低空で陣地上を飛び威圧した。しかし、停戦交渉は間もなく決裂した。方面軍からの報告電文(十九日午前五時二十分大本営受）には「十八日九時十五分我カ現地部隊ト「ソ」聯軍使ト気屯ニ於テ停戦ニ関シ交渉ヲ行ヘリ。「ソ」側ノ要求左ノ如シ。①戦闘ヲ停止シ白旗ヲ掲クヘシ　②武器ヲ捨テ降伏スヘシ　③都市港湾、鉄道、軍事施設、通信機関其ノ他ヲ破壊スヘカラス。運送機関ハ総テ残置スヘシ　④在気屯ノ人命ニ関シテハ心配ニ及ハス」とあり、同日別の電報では「……我カ第八八師団ハ昨十八日午前某少尉ヲシテ右司令官ノ下ニ到リ「双方トモ即時戦闘行動ヲ停止且ツ非交戦区域ヲ設定スヘシ」トノ条件ヲ提案セシメタル所、傲然タル態度ヲ以テ「貴官ノ抗議ハ一応諒トスルモ、予ハ上司ヨリ予定目標ヘノ前進ヲ中止スヘキ命令ニ接シアラサルヲ以テ、日本軍ノ行動如何ニ拘ラス之ヲ敢行スヘシ」ト回答セリ」と交渉の経緯を伝えている。

杉木隊長は気屯にある弾薬、糧秣を西の山中に運び、兵舎に火を放って撤収した。気屯川をへだてて戦車隊と向かい合っていた予備下士官候補隊は、その撤収にあたって、一時ソ連軍が攻撃を起すよう山砲が挑発してほしいと岩本小隊に頼んできた。岩本小隊長は飛行場そばの陣地に移動、午後四時五十分、真正面から挑戦したが、山砲一門での戦闘はあっけなく終った。

「敵歩兵が森林内をしだいに接近しているとみた私は砲側に立って指揮していた。生に執着しなかったとはいえ無謀であった。戦車砲の三弾で城野捨次郎分隊長倒れ、成沢一夫兵長以下各砲手も次々に倒れ、中川軍曹の「歩兵隊撤退」の報告を受けたとき、私自身すでに意識を失いかけていた。私が正気にかえったのは本部前のリヤカーの上で、成沢兵長とともにリヤカーに乗せられていた。右膝に二発の破片貫通、肩胛骨、左眼に負傷、爆風で上衣もシャツも吹き飛ばされていた。成沢兵長は口腔と腕などに負傷していた。午後八時ごろ下士候隊の兵たちがリヤカーを引いて私たちを南下させてくれたが、気屯兵舎から出た火は周囲のトドマツ林に移ってまるで火の海のように凄惨であった」

と岩本さんは書いている。

気屯兵舎とその周辺は一夜にして灰になり、この火災でソ連軍は気屯川に釘付けされたが、十九日午後には約五十二キロ南の上敷香まで進出している。

終戦を知り、山中を大木の駐屯地に向かって南下した輜重の山鹿大隊が中央軍道に出たのは同日昼少し過ぎ、保恵か初問のあたりだったが、そこでソ連軍の戦車隊と遭遇、武装解除を受けている。

上敷香でも交渉決裂

ところが、そのころ国境戦闘は予想以上に急迫して、上敷香の北六十二キロの古屯では、一個中隊ほどの兵を率いた小林大隊長が敵の重囲下にあって、この日敵に斬込んで玉砕していた。

師団は従って、まだ終っていない敷香などの邦人の引揚げを援護するため、ソ連軍を上敷香以北の線で阻止する必要に迫られ、鈴木参謀長が当時落合にあった歩三〇六連隊第三大隊（塩沢正三大尉）と砲八八連隊の東沢山砲小隊（砲二門）を率いて自ら上敷香に向かう決意を固めた。

　上敷香北方の森林にあったガソリンのドラム缶に火を放ち、大森林を火の海にしてソ連軍を釘付けしようという参謀長の考えだった。師団司令部からは平島邦雄大尉、岩井良雄少尉らが同行、列車で豊原を十九日午前八時に出発した。塩沢大隊が途中、落合から乗り込んだ（東沢小隊は少しおくれて出発）。しかし、二十日午前七時ごろ、列車が泊岸駅にすべり込むと、一人の将校が列車に駆け込んできて、峰木師団長の命令として「敵はすでに上敷香に進攻した。力による阻止はできない。参謀長は直ちにソ連軍指揮官と停戦協定を結ぶこと」と鈴木参謀長に伝えた。十八日、気屯での停戦交渉が失敗に終ったあと、十九日、筑紫参謀もまた、上敷香の北、川西でソ連先遣隊長と接触したが停戦交渉は不調に終り、ソ連軍は一気に上敷香まで占領したのである。

　このため参謀長は列車をそこから三つ先の内路まで進めて下車、塩沢大隊を飛田沢陣地につかせ、自らは平島大尉、岩井少尉と通訳、護衛と連絡のため機関銃二、無線機二台の兵とトラック二台に分乗、上敷香に走った。

　上敷香はやはりソ連軍に占領されていた。トラックが町はずれの練兵場の曲り角を折れて旧司令部の近くにさしかかると、そこには戦車がずらりと並んでいるのが目にはいった。

上敷香の市街。屋根屋根に防火用水槽がのっている。

鈴木参謀長は旧司令部にはいり、ソ連軍の指揮官の大佐との間で停戦交渉をしたが話合いは決裂した。その模様を鈴木さんは次のように語る。

「師団長室にはいると、まもなくソ連の大佐がはいってきた。師団長の机をはさんで立つなり、私が「天皇が戦争をやめるといった。わかっているか」というと「わかっている」という。そこで「じゃあ停戦しよう」といった。しかし相手は「われわれは大泊まで占領せよという命令を受けているから、ここでは止められない」「戦争は終ったのだ」「でも命令がない」。私はことばをかえて「国境戦闘ではひどいめにあったろう」というと「うん」とにがりきった表情だった。最後に「国際公法を踏みにじるのか」というと、相手も「舌先でいいくるめてソ連軍の前進を阻止する気か」と気色ばみ、部屋のドアを蹴って出ていった。上級者が別室にいて、大佐はその指示どおりの答弁しか許されていなかったのかも知れないと私は思った」

やがて部屋に戻った大佐は「敗けた国に国際公法も何もない。いまのうちに帰れ、十分以内だ」と突き離すようにいった。

「公法を無視する者には実力が必要です」とくちびるをかむ岩井少尉のことばを聞きながら旧司令部を出た鈴木参謀長は、交渉不成立に備え、方向を南に変えて待機していたトラックに急ぎ乗ると、平島大尉に出発を命じた。ソ連戦車隊もすでに前進命令を待ってエンジンを始動していた、ごうごうたる響きのなかを走りながら数えると戦車は二十一両。「こうなっては力で阻止するしか方法はない」、誰もがそう覚悟を決めながら追われるように内路へ急いだ。時計は正午を少し回った時刻だった。

帯なす避難民の群れ

内路に帰り着いた鈴木参謀長らは、郵便局に飛び込んで豊原の師団司令部を電話に呼ぼうとしたが、電線はとっくに切断されていた。

しかも、塩沢大隊は飛田沢付近の地理を知らず、山砲二門の東沢小隊は列車の事故で到着がおくれていた。

町はずれの丘に登ってみると、鉄道線路ぞいに避難民が黒い帯のように内路をめざして進んできていた。親の手にすがり泣きながら歩く子供たち、汗とほこりにまみれ、人びとに遅れまいとする老人……最後の疎開列車が出たあと、敷香など奥地から歩き続けた避難民、島を横断して西海岸から列車の出る内路に向かってきた人たちが殺到していたのだ。内路川に架かる長さ七十メートルの内路大橋を爆破して、ソ連戦車隊を食い止めようと考えてきた鈴木参謀長だったが、避難民の姿をまのあたりにしてはそれによる阻止はできなかった。

参謀長は無線で塩沢大隊長に、部隊は国道を離れて旧陣地に移動せよと指示する一方、町中のトラックを集めた。十七台しかなかった。これに避難民を乗せた。

午後四時ごろだったが、白旗を立てたソ連軍の戦車隊はそこから二百メートルほどの鉄道踏切りに迫り、トラックをみつけると、白旗を赤旗にかえて発砲した。

直撃弾をくらったら一発で何十人もの邦人がふっ飛ぶ。疲れきった邦人をかわいそうだと思って集めた車が、地獄への集団輸送車になりでもしたら――瞬間、不吉な予感がしたと鈴木参謀長はいう。しかし、思い切って発車を命じた。

恐怖と疲労で蒼白な婦女子を乗せたトラックは、気違いのように坂道を登っていった。そして砂塵を残して十七台は次々と坂のむこうに無事消えていった。

ほっとしたとき、国道には鈴木参謀長と平島大尉、岩井少尉の三人だけが取り残されていた。あちこち捜してボロ乗用車を見つけ、運転手を頼んで内路をあとにしたが、市街地を通り過ぎて高台に出ると、そこにも避難民がぞろぞろと国道と線路上を二本の帯になって南に向かっているのが目についた。

参謀長はその流れをみて車を止め、急にいまきた道を歩いて引返しはじめた。再度、停戦交渉のため参謀長は市街を見降す崖ぶちに立って戦車隊を待ち受けた。

平島大尉は鈴木参謀長の決意を読みとると代っていくことを申し出た。しかし、参謀長はそれには答えず、三十分ほど北をにらんで突っ立っていた。そして戦車隊が急追しないとみると、そこを離れ、道路わきの森林の中を歩き出した。避難民の姿ははるか遠ざかっていた。

内路を目前にした戦車隊をそこに釘付けしたのは、独立自動車二二九三中隊跡辺小隊（跡辺一郎少尉）の武装解除が中央国道と敷香からの道の三差路で行なわれたためだったようだ。

同小隊分隊長だった長峰千尋さんは、

「三昼夜、内恵道路の避難民をトラック八台で、白雲峡まで迎えて輸送した小隊は、国境からの工兵隊輸送の新任務を受け、同地点に集結していた。ソ連軍が近付いているので工兵隊は急げというが、悪路だから車の整備をしていた。ところが工兵の斥候がまちがえていて、キャタピラの音に気付いたときは、すでに戦車隊は目前だった。武装解除のとき、跡辺小隊長から「脱出して本隊に報告せよ」の指示で、車に乗り、ギアを入れてひそかに車を方向転換していると、ソ連兵が走り寄ってステップに足をかけた。とっさに全力で車をスタートさせた。振り落とされたソ連兵の自動小銃が背後でしたが夢中で車を飛ばした」

と語っている。

鈴木さんは「もう一度、停戦交渉して、目の前の邦人を銃火から守らなければと思った。成算あってのことではない。上敷香でのような態度に出るならば、腰の村正で戦車隊長を切り倒す覚悟だった」というが、跡辺小隊の武装解除があって、そのことは避けられた。

停戦交渉ようやく成立、だが……

鈴木参謀長と平島大尉は二十一日未明、知取に着いた。直ちに王子倶楽部を司令部とし、後退中の兵二百人ほどを集めた。遅れていた砲兵一個小隊が元泊付近を北上していることがわかり、砲二門を知取橋付近に配置してソ連軍を阻止する作戦を考えた。

炭礦からダイナマイト、黄色火薬を入手、長さ六十九メートルの知取橋の橋脚に取り付けて爆破の用意をした。そのうえで、敵戦車の南下を少しでも遅らせるため平島大尉が通訳と下士官一人を連れて、機関車と客車一両で北上した。

しかし、内路の少し南で、南下する戦車隊を目撃、急いで後退、知取の近くで停車させて下車、国道に走り出て戦車隊を止め、平島大尉が混乱を防ぐため司令官に会いたいといったが、ソ連兵は大尉を戦車に乗せ、そのまま前進を続けて知取の町にはいった。

そのころ、鈴木参謀長も、知取橋爆破を断念していた。町の人や警官の懇願で「一、二日食い止めたとしても邦人を巻き添えにしてはこれまでの苦労がなんにもならなくなる」と判断したのである。

敵戦車で知取にはいった平島大尉を待って、参謀長は列車で南下することにしていると、知取駅で駅長から峰木師団長が自ら停戦について指示のため北上中であることを知らされた。

二十一日、豊原をたった峰木師団長には蟹江機関長と尾形半警察部長が同行していた。鈴木参謀長は師団長と元泊で会い、師団長が直接交渉に臨む前に、もう一度鈴木参謀長を正使、蟹江機関長を副使とし、これに筑紫参謀、尾形警察部長が同行、ソ連軍と交渉することにして再び知取に向かった。

そのとき参謀長は、満州で秦関東軍総参謀長とソ連軍ワシレーフスキー元帥との間で結ばれた協定に準じて停戦協定を結ぶようにと、師団長から次のような文書を受け取った。

一、武装解除ニ当リテハ都市等ノ権力モ一切ソ軍ニ引渡ス。
二、前線後方共ニ軍隊、軍需品ノ大移動ヲ行ハズ。但、局地的ノモノハ差支ヘナシ。
三、ソ軍ハ、日本軍隊ノ名誉ヲ重ンズ。之為将兵ノ帯刀（剣）ヲ許可ス。又武装解除後ノ取扱ヲ極力丁寧ニス。解除後ノ将校ノ生活ハ、ナルベク今迄通リトス（食事並ニ当番ノ使用ノ如シ）。
四、治安ノ間隙ナカラシム。（略）全兵力ヲ日本軍ニ於テ実質的ニ武装解除ス。従ツテコノ間ノ警備ハ日本軍ニ於テ担任ス。
五、関東軍司令部ノ解除ハ全兵力ノ武装解除後ニ於テ之ヲ実施シ、コノ間通信機関、連絡用ノ自動車ノ使用差支ヘナシ。（略）
六、（略）
七、鉄道ハ速カニ赤軍ノ管理ニ移ス。食糧輸送ノ為、必要ナル時ニハ日本軍ヨリ要求スル。（略）
八、満鮮居留民ノ保護ニ就テハソ軍ニ於テ十分留意ス。

二十二日午前十時半、停戦の会談は知取町の消防署二階の講堂で行なわれた。ソ連側はアリモフ少将を中に、日本側と同数五人が並んだが、まず、ソ連側は「日本軍は直ちに発砲を停止し、武器は全部こちらに渡してほしい」といい、鈴木参謀長も「異存はない。しかし将校の帯刀は認めてくれ」というと「よろしい」と答えた。同参謀長はさらに、略奪・暴行をしないよう軍規を厳正にしてほしい。真岡に上陸したソ連軍は砲爆撃をしているが電報を打って直ちにやめさせてほしい。同方面の軍使が射殺されているので、各地の部隊に停戦させるため派遣する将校にソ連軍将校を同行させてほしい、といったいくつかの条件を出して確約を得た。停戦交渉はスムーズに進み、正午少し過ぎには成立した。

大本営が関東軍に派遣していた朝枝参謀から第五方面軍に対し、樺太・千島での終戦を早めるよう警告が出されており、二十一日、方面軍からは真岡方面での軍使射殺（五二〇頁「停戦軍使射殺さる」の項参照）について関東軍を通じてソ連最高指揮官に抗議していた。このことは二十二日、ソ連に伝えたことが確認されているが、樺太における交渉でもアリモフ少将は参謀長のいい分を認めたのである。

次に尾形警察部長が「いまソ連軍がこれ以上南下すると、婦女子が動揺するので、しばらくの間、知取以北にとどまってもらえないだろうか」というと、それにも良いと答えた。同部長は自著『暗い廊下――裏から見たソ連』で次のように書いている。

婦女子を先に島民を引揚げる計画だから交通機関はこちらにまかしてくれ、といえば「よろしい」。残留財産は責任をもって保管してくれといえば「よろしい」。日本人の治安は日本の警察にまかしてくれといっても「よろしい」である。

整った顔のあかくやけた少将のほおが豊かにあたたかく、すばらしい紳士に見えた。しかし、それは全然錯覚であった。（略）私たちは豊原に帰ることになった。ところが私ひとりには、今晩ソ連の幹部と会食したいから残ってくれという。多少割り切れないものもあったが、いずれは彼らの接待役を務めねばならないことを覚悟していたので、てっきり会食のための物資斡旋上、私が目をつけられたものと早合点した。

夕刻からビールと安ウィスキーに缶詰で十四、五人のソ連軍幹部と警察署の訓示場で会食が始まった。行軍で疲れたらしい彼らは、飲むほどに食うほどに笑いさざめくのであったが、たった一人酔わないのがいた。これがゲベウの将校で、この会食が私を〝いけどり〟するための彼の奸計であったことは、そのときはわからなかった。

その夜から拘禁の身となった私は十一年余の間の抑留生活を送ることになった。

尾形警察部長は、朝起きてみると帽子も剣も取り上げられ、豊原に帰って停戦協定の報告をしたいというと、送るといわれて無蓋車に乗せられ、逆に北の方角に連れ去られたのである。

北西地区の戦闘、完全に終了

交渉成立の翌二十三日、後続の司令官、ビアクノフ近衛少将とも停戦の約束を確認するため鈴木参謀長は平島大尉、通訳ら四人を連れて列車で内路まで北上、同駅の列車内に起居していた同少将に会った。鈴木参謀長がロシア語が話せると見破ったらしく、一人で車内にはいるようにいい、のっけから「樺太はきょうから私の指揮下にはいったのだ」と、威圧的な態度だったと参謀長は回想している。

内路でビアクノフ少将の幕僚シエコー大佐との間で鈴木参謀長が覚え書きをつくり、平

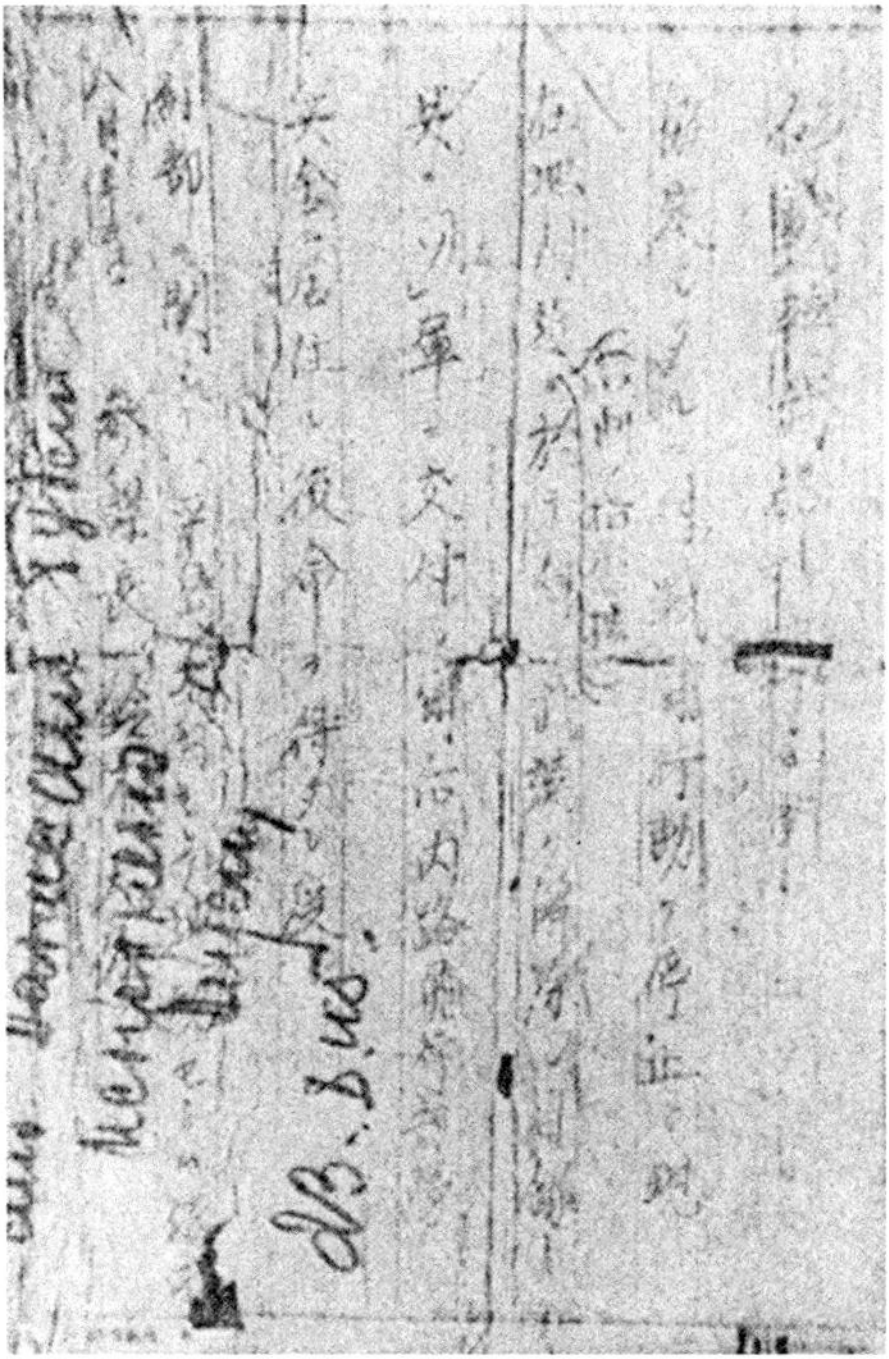

平島大尉が持ち帰った停戦の覚え書き。

島大尉はこれをたずさえて、ソ連軍の少佐、護衛兵とともに内路・恵須取方面の各部隊に停戦を知らせるために向かった。

（その覚え書は同大尉が靴底に隠して帰国した。）

停戦並ニ武器引渡シニ関シ日「ソ」間ニ協定シタルニ付戦闘行動ヲ停止シ、現在地附近ニ（ソ側指示ニ拠ル）於テ自ラ武装ヲ解除シ、目録ト共ニ「ソ」軍ニ交付シ、爾后、内路飛行部隊兵舎ニ居住シ後命ヲ待タレ度シ

細部ニ関シテハ平島大尉ヲシテ連絡セシム、依命

八月二十三日、参謀長、鈴木大佐㊞

シエコー大佐㊞

（裏面）

一、俘虜ト認メ非ザルニ付承知セラレ度シ

二、切ニ自重シ日本軍々人トシテノ威信ヲ破壊セザル様、特ニ留意セラレ度シ

三、「ソ」側ハ丁重ナル取扱ヒヲ為ス如ク確約シアリ

四、将兵ハ帯刀（剣）シ得ル如ク「ソ」側ヨリ「ソ」ノ上司ニ問合セ中ナルニ付、将校以上帯刀シ爾余ハ刀（剣）ヲ取纏メ、将来ナシ得レバ帯ビ得ル如ク為シ置クモノトス

平島大尉はまず内路の山で戦闘準備をしていた塩沢正三大尉を説いて武装解除、ついで車を走らせて内恵道路を西に向かった。そのころも恵須取から列車のある内路をめざす避難民がこの山道にひきもきらず、武装解除をいさぎよしとしない兵たちが、いくつかの小部隊で付近の山中にたてこもり、ときに内恵道路を通る騎馬のソ連兵を襲ったりすることがあった。

このため平島大尉は不幸な戦闘が起きることを心配、恵須取方面指揮官吉野貞吾少佐の姿を求めて車を走らせ、二十三日約一個大隊の同方面の部隊の武装を解除することによって、北西地区における一切の戦闘を終らせることができた。

国境地域の混乱と動揺

ここで国境の戦闘から転じて、陸続きの国境をもつ樺太の人びとが、九日のソ連参戦をどう受け取ったかに触れ、とくに国境に近い地域の人びとが不安と混乱のうちにどう行動したか、などを書いてみよう。

八月九日、樺太ではソ連の参戦のニュースを聞いたのと前後して、見なれない星のマークの複葉機がよたよたしながら平和な町や村の上空を飛び過ぎて、不安が人びとの胸をかすめた。

作家の若山純一さん（著書に『愛の花ひらくとき』ほか。当時、雑誌の北方日本社勤務）は

「豊原の下宿先から社に出勤したとき、「ソ連が参戦し、国境では戦闘が始まっている。特派員でいってもらいたいので、ひとまず家（栄浜）に帰って連絡を待つように」といわれた。私は大政翼賛会に居たり、連隊区司令部などに出入りしていたくせに、うかつにも、ソ連が参戦するなどとは夢にも思っていなかった。それどころか国境の軍需品はひそかに千島方面に逆輸送され、兵隊もだいぶ転進したという噂を聞いたので、ソ連への警戒心が薄らいだばかりでなく、ソ連の仲介で、戦争がそろそろ終りに近づいてきたのではないかと、そんなふうに思っていたくらいだった」と書いている。

また『サハリン物語』を林霞舟のペンネームで出版した元庁立真岡病院の林藤丸博士は次のように書いている。

ソ連軍越境の新聞号外が出た翌日、私の官舎の近くに山脈を越えて複葉機が一機現われた。まことに原始的な感じで、爆音もガラガラといったお粗末な響きである。どう考えても日本軍の飛行機ではない。真岡上空を一周して再び山脈の彼方に消えていった。

近づいたとき、明らかにソ連のマークをつけていて、午後の日ざしの中に輝いた。

「ソ連の偵察機だ。日本の飛行機は何をしているんだ」

見ていた人びとの怒りの声である。地上からなんの対策もなく、小銃一つ鳴らない。

だれしも歯ぎしりした。

それから一日か二日ぐらい後である。少し曇った日。真岡港内に停泊中の貨物船が突然すさまじい音響とともに、数十メートルの水煙を立てて轟沈した。夕ぐれの港内の大珍事であったが、明らかに潜水艦の魚雷攻撃であった。


恵須取町の人たちは九日午後八時ごろ、二回打揚げ花火のような音に驚いて戸外に飛び出した。西の空にカッと明るい二つのきれいな光が浮かんでいて、ちょっと間をおいてから飛行機の爆音が聞こえた。

恵須取支庁の前川透さんは「十日から管内の青年学校長錬成講習会が開かれることになっていて、その準備が終って町に出たのは九日午後五時ごろ。街路樹のドロヤナギ、ナナカマドが風に揺れていた。書店に寄ってみると二カ月ぶりで本が入荷していた。七月号の中央公論などが並んでいた。次の船便はいつになるかわからないというので、新刊ならぬ月おくれの雑誌二、三冊を買って出たとき、道路のむこう側を歩いていた知人の新聞記者がつかつかと寄ってきて「ソ連が参戦したらしい」と緊張した面持ちでいった。敵機が照明弾を落としたのはその夜だった」と語っている。

十日の講習会は中止された。警防団員などが町を走り回り、町民は動揺して町役場や支店に方策を尋ねにくるが、誰も明確な指示を与えられなかった。

ソ連の複葉機の偵察飛行は九日から十日にかけて間宮海峡に面した町々に現われ、北方ではその翌日か翌々日から戦闘機・爆撃機による機銃掃射と爆撃に変った。

樺太の住民たちが戦争に対して持った不安が、国境からの距離によっても相違を生じたのは当然だろう。

中央国境では半田と武意加にいた警察官の家族の緊急避難は、さきに書いたように九日だった。また西の国境、安別では、八日と九日の夜ソ連の斥候の越境潜入の形跡が認められたため、軍の命令で、人びとは十日夕刻、不安におののきながら身の回り品をふろしきやリュックにつめて発動機船三隻で南の西柵丹にひとまず避難した。

たまたま恵須取から帰隊する途中、そのことを聞いて港にいった安別派遣隊の第三小隊長、村上寿雄曹長は、「闇の中を無灯火で航行する船の周囲に、ときどき怪しい船影が浮かび上がり、恐ろしさにまんじりともできなかった」と顔面を蒼白にする住民のことばを聞いた。

海峡は九日朝からソ連太平洋艦隊が戦闘態勢に着き、潜水艦を戦闘位置に展開させていたと、これまでしばしば引用したソ連の『大祖国戦争史』にあるところから、住民が恐ろしさの余り幻影におびえていたのではなく、ソ連の軍艦が深夜行動していたのが事実であろう。

東北山脈に近い石灰山の樺太セメント工業の労務者の引揚げ、雁門の警官の避難も、広漠たるツンドラをよぎり、濁流のさかまく幌内川を渡り、いつ、どこから現われるかも知れないソ連軍におびえ続けたという。

半田から東の東北山脈に向かって進み、知志代、腕白、雁門と気屯署の部長派出所があり、腕白—雁門の間に含有量九十五パーセントのすばらしい石灰のとれる通称石灰山があり、朝鮮人労務者二百三十人ほどがいた。そのほかは日本人の監督と事務員、小使いさんと医者の両夫婦と木村巡査。三キロ離れた雁門には細川巡査部長夫妻と伊藤政市巡査、野村忠男巡査ら五人が勤務していた。

九日、まず心配されたのは労務者の動静だった。雁門の派出所では本署との警察電話が不通のため、隣接の浅瀬署を通じてソ連の越境を知るとともに、一刻も早く石灰山の労務者を下山させるようにとの指示を受け、木村巡査に連絡した。しかし、労務者の間に不穏な動きはなく、おとなしい労務者四人を残し、同日正午ごろ監督が付いてあわただしく飯場をあとにした。

鈴木無線小隊長の記録の十七日に次のように書いている。

正午近く、本部警戒兵に伴われ、地方人の一団が連隊本部前に現われ、横地重幸大尉に面会す。

目的は「われわれは石灰山に働いていた労務者であるが、敵包囲陣を突破して南下したいゆえ、丸腰ではどうにもならないので武器を若干譲ってほしい」ということであった。横地大尉は「二、三の武器を頼りに交戦することは無益だ。丸腰のまま亜界山から山ぞいを上気屯に抜けるほうがよい」と説得した。

ここにくるまで相当苦労してたどり着いたらしく「軍のためきょうまで働いてきたわれわれを見殺しにするのか」と、その一団の長らしい男は憤然として山を去っていった。十八、九日ごろには中気屯、上気屯あたりに彼らがいたとその後聞いた。

労務者はまる八日間、軍道を避け、ツンドラや森林を、さまようようにして歩き続け、八方山を経て南下していったことになる。

ツンドラと濁流のなかを避難

一方、労務者を下山させたあと雁門、腕白の警官と残っていた小使い、医師夫妻と四人の労務者など、女性三人を含む二十人ほども山道を気屯に向かった。

野村巡査の話でその労苦を綴ってみよう。

雨あがりの山道は川のように泥水が流れ、足をすべらすと、道路ぶちのツンドラに胸までつかった。そのたびに腕をとって引上げ、落伍しそうになる人の銃を持ってやったり、女性の荷を背負ってやったり、追われるように歩き続ける人たちはすっかり疲れ果てた。

途中、いくつかの川は丸木橋、さかまく濁流に同行の婦人たちは気をのまれ、立ちすくんだ。しかし、疲れた男たちにも手をかす余力はない。「敵はすぐ背後まで迫っているかも知れない」。みんなの叱りつける声に、必死の面持ちで渡るということが何回もあった。

汗と泥にまみれ、肩にくいいるような荷や小銃の重みにひしがれた人たちが幌内川の大釣り橋を渡って気屯の町はずれにたどりついたのは十一日だった。しかし、待っていた本署の指示は意外、「銃をとって戦える者は、直ちに国境に戻って警備につけ」というのだ。

十二日朝、警官隊は前日の道を北上した。本署の混乱ぶりに不満を持ちながらも戻ってみると腕白派出所は銃撃を受けて穴だらけ。軍道の橋が落ちていたので乗り捨てたトラックも機銃弾をあびて燃え、積み荷のふとんがプスプスとくすぶっていた。襲撃されたのは十一日と推定された。そのとき、爆音がして、軍道上を超低空で突っ込んできた敵戦闘機がダダダ……と機銃をあびせて飛び去った。

十三日朝、細川部長以下雁門組は、腕白から雁門に向かったが、まもなく一人の特務機関員に会った。そして「敵はいつ、どこから飛び出してくるかわからない。軍人でないのだから戻るべきでないと思う」という意見に従って腕白に戻り、再び山道を南下した。

足元が暗くなるまで歩き続けたあと森林内に夜をあかすことにしたが、空腹で口をきくものもなかった。じっと夜が、時が経過するのを待つだけ。そのとき、音もなく一頭のト

幌内川を渡るトナカイの群れ。

ナカイが林間を走り抜け、近くにきて止まった。野生のトナカイをみることは国境地帯でもまれだった。トナカイはオロッコなど遊牧民族に飼育されていて野生はほとんどいないうえ、人間の気配にとくに敏感だからだ。

二、三人がさっとねらいをつけた。

「おい、待て、敵が近くにきていたらどうする」

「そんなことをいっていられない。食料がなければ、もう歩けない」

低い争いの声が続いているうち「ダーン」、誰かが撃鉄を引いてしまった。ハッとしたが敵らしい動きはない。火を起し、小刀で切りとった肉の塊りを焼く。よくみるとトナカイは片目がつぶれている。このため人の気配を感じなかったのだろう。焼けるのを待ちきれず食べた三人が翌朝腹痛を訴えた。しかし、急がねばならなかった。

幌内川に出ると十二日まで確かにあった釣り橋が落とされていた。川むこうの小舟をとり寄せなければならない。濁流を泳ぎ切る自信のある人として腕白派出所の小林、見目両巡査が選ばれた。三メートル余の板をみつけ、上流から板につかまって飛び込み、対岸のボートをとって引返した。

こうして幌内川を渡ると、舟は奥地からの人がいたらと、しっかり繋留して気屯に向かった。この舟は知志代を後退した高島少尉らが使用、前日に川を渡ったものだった。

列車に襲いかかる敵機

敷香町は都市としては最も北に位した。鉄道はそこから分岐して中央軍道ぞいに北に進み、上敷香、初問、保恵、千輪街（ちりんがい）、気屯、古屯などの部落があった。そこでのソ連参戦の日までの模様を樺太庁農務課、谷本義夫さんは次のようにいっている。

五月から千輪街で軍の糧食にする芋畑十五ヘクタールの開墾に当たっていた。トラクターで耕し、デスクハローをかけたあと、輜重隊や通信隊など馬を持つ隊から兵隊がやってきてウネをつくっていき、そのあと芋かごを持った若い女子勤労報国隊員が種をまき、雑草むしりをした。モンペ姿の女性は近くの部落や内路、知取あたりからも二、三週間交代で常時百五十人ほどがきていた。

荒地を耕した広い芋畑いちめんに白い花が咲き出した八月九日の朝、黒っぽい見なれない戦闘機が二機、南へ飛んだ。兵隊たちは「米軍機じゃないのか」とはいったが、もちろん、本気でそう思っていたわけではない。しかしまもなく引返してきた二機のうち一機の翼が揺れたとたん、ダダダ……と土をはね上げて機銃弾が地上を走った。

このことがあって女子隊員はすぐ帰宅させることになり、十日五両編成の貨物列車が千輪街駅に回送されてきたが、短い汽笛とともに列車が発車すると、ねらっていたように、どこからともなく敵機が現われ、女子隊員を守るため機関車だけを切り離して走り出すと、そこをねらって機銃を浴びせた。

敵機が去って機関車が戻り、連結して動き出そうとすると、敵はまた襲いかかった。そのたびに機関車は離れて走り出す、そんなことを六、七回も繰り返したあと列車はようやく南下していった。

上敷香でのようすは上敷香国民学校訓導、船坂忠雄さんが次のように書いている。

老人も女も、寸土を耕しジャガ芋を植えた。校庭にも、タタキのように堅い街路のふちにもジャガ芋の白い花が咲きはじめたころ、私は高等科の男生徒を連れて北方数キロの森林の林産油工場に出かけた。

掘立て小屋にドイツ製の旧式の機関車からはずしたボイラーと直径四メートルのばか

でかいセイロウ二つ、それに冷却用水桶と油だめの石油缶だけの工場。私はじめ生徒は麦がはいっていても米のめしだというので、それを楽しみにバラックの飯場に起居、山の斜面をはいあがり、高い松によじのぼって小枝を落とし、蒸溜がまに運ぶ生活を繰返した。

樹脂にまみれた上衣は、昼、暑さにとけてハエとり紙のようにベタベタと土ぼこりを吸い、夜は冷気に固まってトタン板の筒をまとっているようだった。下着は汗とアカでよごれてシラミはふえ放題、これ以上はいかに精神主義を鼓吹してもどうにもできない状態に追いこまれてしまった。

九日——その日は、とくに暑さのきびしい日だった。草いきれのなかで、あえぎあえぎ働いていた午後、単発機二機が梢をかすめて飛び去った。

初めは、べつに気にもとめなかったが、やがて生徒たちが「爆音がいつもと違う。敵機ではないか」と騒ぎ出した。私も、そういわれて初めて、キーンという金属音が気になってきた。そのとき、遠くの山々に一斉に砲声がとどろいた。

そのあと上敷香の市街に戻った船坂さんは町の姿を、

「人心は極度に動揺していた。軍は橋梁を爆破し、町の人びとは防空壕の再整備に狂奔した。夜は壕からわが家に戻り、貴重品をまとめてみたり、今生の感懐にしばしふけったり、

上敷香の市街。

はてはあてのない手記を書いたりするだけで、そのいずれもが気休めに過ぎなかった。私は町に戻って、こうしたようすをみると、産後あまり日のたっていない妻と子供を山に連れ帰った。十四日夕刻、校長から動揺せず作業を続けてほしいという伝令がきたが、あまりにみえすいた内容だったし、十五日の重大放送を聞くこともあって私は生徒を連れて町に帰り、親元に帰した」
「十五日の天皇の放送のあと、町では軍布告・長官布告・警察命令が乱れ飛び、これに人びとのデマがからんで混乱した。武器を捨てろ、いや放送はデッチ上げだ、独ソ戦で疲れきったソ連兵などおそれるにたりない、デマにまどわされず生業に邁進せよ——どれが真実かわからない情報に心は疲れた。国境に近いだけに、せっぱ詰まった、殺気だった空気であった。ラジオも有力なソ連軍が知取に上陸したなどと伝え、どれを信じてよいのか、ただわけもなく走り回り、あるいは考え込む人たちが多かった。十六日朝、学校では全学童を講堂に集め、敵機来襲の間隙に解散式を行ない、その夕刻、軍から突然、明朝五時、婦女子と十四歳未満の子供、六十歳以上の男子は本州への疎開準備をして役場前に集まるようにとの布告が伝えられた」

といっている。

狂乱の町、敷香

しかし「おもだった人は十六日夕刻、緊急疎開を知っていたろうが、私たちには十七日午前三時ごろ知らされた。夜明けの早い樺太の夏は、もうしらじらとしていた。あと二時間で出発だというんですよ。行き先も私たちには知らせずに……」と、表情をこわばらせて山崎リサさんはいう。

上敷香の町に十四日、奥地の気屯、保恵、千輪街などの人たちが車や汽車でやってきた。そして翌朝あわただしく無蓋貨車で南下していったあと、正午の放送で終戦を知った。やけになった男たちは四斗樽をあけて冷酒をあおり「ソ連兵がきたら……」と竹槍を振り回した。そうした男たちのなかから奥地の橋を爆破してソ連軍の南下を阻止するために軍に協力する何組かが出発したが、そのまま帰らなかった人たちも多い。

十六日夕刻、山崎さんは米の特配があるというので配給所前に並んだ。係りの人たちは愛想よく三、四カ月分もの米を前渡しして金を受けとると「あすは砂糖と酒を特配するぞ……」と喜ばせた。

十七日午前三時ごろ、ドンドン戸を叩いて隣組の幹部が、各戸一人ずつ集まるように触れ回った。警防団服のままごろ寝していた夫市之助さんが飛び出していったが、すぐ引返してくるなり、「さあ、みんな起きるんだ。三日分の食料を持って五時までに駐在の前に集まるんだ。トラックが出る。子供は高等科以上はだめだ。男も六十歳以上というが、わしは孝志たちが病気だから同行できる……」

山崎さんの家族は当時小学六年の三男をかしらに子供四人。四歳の孝志ちゃん、乳呑み子の忠勝ちゃんは防空壕の湿気と寒さで急性肺炎になったが町医者は薬もなく投げ出していた。リサさんは、すぐ米をとぎ、大きい釜で炊いた。町はにわかに騒々しくなった。道路を走る人たち、子供を叱る女の声、泣き叫ぶ子供——。

むずかる気力もない末っ子を着物の中に入れてしっかりおぶった。市之助さんは孝志ちゃんを背にし、上の二人にはミガキニシン・大豆・オーバーを詰め込んだリュックを背負わせた。二時間はまたたくうちに経った。あついめしをにぎり終らないうちに、付近の人たちは路上を駆け出していく。

「さあ、いいか。家には残った人たちが火をつけるから石油をまくぞ」

市之助さんが石油缶を引きずってきてせき立てる。

駐在所前の広場に、敷香から回された東北運輸のトラック四十台ほどが次々とくる。縄を張ったそばで乗車順番を待つ人たちは、車が止まるたびに列をくずして車に駆け寄った。警防団員が声をからして制止してもきかない。駐在の宮島岩夫巡査は馬上から拳銃を空に向けて発砲しながら人びとの周囲を回り、静めようとしていた。まるで狂気のような町の姿だった。

婦女子が避難したあとも男たちは町にとどまっていた。村上長英さんは、

「橋梁爆破に狩り出された人たちは、すでにソ連軍が近くにきていて、多くは目的を果たさず山に逃げ込んだり、町に戻ったりした。そこで警防団などが家々に火を放ったが、油をまいていたので火勢はものすごく、これをみつけた二十機ほどの敵の編隊が、好餌に襲いかかる鷲のように、爆撃を加えてきたからたまらない。天を焦がす火、耳を聾する爆発音、〝木材の町〟はたちまちにして灰に帰した。このとき燃えさかる火の中から老人がはい出した。中風でねたきりの病人だった。驚いた人びとが抱きかかえて逃げた」

という。二時間で準備をして避難するというせっぱ詰まったとき、動けない老人をこうして捨てたのであろう。

「最後まで町に踏みとどまった弟の千葉からもその話は聞いたが、人間、ぎりぎり追いつめられたらそうなるでしょう。私たちも医師に見離された二人の子供をおぶって逃げる途

中、主人は〝いよいよとなったら生死のわからない二人は投げるんだ。そして、上の二人だけでも連れて生きのびるのだ〟とよくいいましたもの」とリサさんはいう。

町をひとなめにした火が下火になりかけたころ、もう町に迫るソ連軍の重車両の音がごうごうと聞こえていた。残った建物は国民学校の石炭小屋と神社の社務所だけだったという。男たちは自転車で二十キロ離れた敷香に向かって追われるようにペダルを踏んで退避した。

山崎さんたち上敷香の人びとが乗ったトラックが止まったのは敷香第一国民学校で、その付近は奥地から家財道具と家族をのせて集まってきた人たちのおびただしい馬車がひしめいていた。

敷香中学教諭、花井宗雄さんによると「敷香中学ではソ連参戦後、上級生の一部が特設警備隊の指揮下にはいって、古屯方面に出動した。敷香から緊急疎開の一番列車が出て、入れかわりに奥地からの避難民が町になだれ込んで混乱した十四日には、樺太庁長官から『国家の非常時に際し、学徒報国隊を戦闘義勇隊とし、国難に殉ずべし』という意の訓電がはいった。林獅子三校長は直ちに職員生徒を校庭に集め、校旗の下で国難に殉じようと誓い、校旗との訣別式を行なった。そして金色の房を一本ずつ形見に分け、みんなはお守り袋に入れて膚につけ、いったん帰宅した。あわただしく疎開する親たちと泣きなき別れた生徒もいたろう」という。

十五日、敷香中学校では教員と生徒が学徒出陣のため学校で命令を待った。林校長と配属将校桑原一美中尉のもとに第一中隊長は吉川次郎教頭、第二中隊長は花井教諭。

「剣道練士の吉川教頭は伝家の名刀の一振りを私にも与え、それぞれ帯刀した。士気は一段と高揚したが、また名状すべからざる悲壮感が誰の表情のうえにも影を落としていた」

と花井さんは語る。

しかし、出動寸前、正午の放送を聞き、十六日、古屯方面に動員されていた生徒も無事に帰校して同校は解散した。生徒はそれぞれの家に帰ったが、すでに、母や弟妹が緊急疎開のあと、父親と男ばかりの生活。そして町は避難民があふれていた。

船坂さんは十八日朝の敷香駅頭を次のように描いている。

「乳呑み子を背負い、幼児の手を引いた地下足袋の女たち。泣き叫ぶ子供を狂気のように叱りつける母親、虚空をみる目、血走った目、虚脱した人びとのうず……。乗り捨てられた馬車やトラック。汽車で南下していった人が解き放したはだか馬の洪水、駅舎よりもうず高く積まれた避難民の荷物。敷香駅前はこうしたもので埋められた。

そのうちに気のたけった馬が人の群れにおどり込んで子供を蹴散らし、これを追って兵隊たちが次々に発砲、殺すなど、どれもこれも、この世のものと思えない破局を迎えたような様相であった」

また山崎リサさんは次のように書いている。

「血だらけの手で、殺した馬の肉塊を焼いたのをつかんで食べている人たちがいました。その夜、赤ん坊を抱いてまんじりともしなかった私は、隣の教室でダーンと銃声がしてギクッとしました。板壁によりかかり、猟銃を喉に当て、男の人が足で引き金を押して自殺したというのです。その一日の町の様相からくる絶望感からいたましい犠牲が出たのです。恐ろしさで私には自決の現場をのぞくことができませんでしたが……」

上敷香から六キロの川西には元横綱大鵬幸喜の生家の大きい牧場があった。当時まだ二歳ぐらいだった彼もまた母親に抱かれ、こうした人びとのなかにあったのだろう。

中央軍道ぞいの村々の人たちのほか、東海岸の散江(ちりえ)村の人たちも敷香の混乱の中にいた。国境に近い浅瀬では、浅瀬警察の相沢俊吾署長は九日、真岡に出張中だったが急遽引返し、十日には敷香から自ら漁船を漕いで野頃(のころ)に上陸、迎えの署員と馬を飛ばして北知床半島を横断、浅瀬に帰った。

ソ連軍の進攻はなく、十五日、警察電話で終戦の知らせを受けると、相沢署長以下全署員は部落民をせき立てるようにして汽車のある敷香に向かって歩き出した。それからまもなくソ連軍の砲撃が始まった。

浅瀬署警防主任、後藤茂巡査部長は「部落を捨てた私たちが、三時間ほども歩いたころ、背後で砲声がとどろき、ふり返ると黒煙がもうもうとたちのぼっていた。妻は妊娠八カ月であったが、四歳の子供の手をとって二日がかりの道をよく耐えた。幼い子供は疲れ、ねむりながらふらふらと歩いた」といっている。

汗と土ぼこりにまみれ、狂気と虚脱の町にはいってきた人たちは、一夜か二夜ののち、列車に詰め込まれて南下していった。混乱が少しおさまったのは二十日ごろだった。

敷香町助役、田下初太郎さんはその日、吏員七十人ほどと町を離れ、徒歩で知取町まで南下した。そのあと町は火事で焼けた。軍が火を放ったといわれたが判然としない。二、三日後、町に戻ったとき、ソ連軍が進駐しており、役場の防空係長斎藤さんが官舎で、夫人を日本刀で殺し、自らも割腹自殺しているのをソ連兵が見つけた。終戦の放送を聞いた夜か翌朝自決したのだろうといわれた。

こうした悲劇は各地に発生した。とくに西の国境安別から恵須取にかけての単調な海岸線に点在する町村は、無尽蔵の石炭を掘り木材を伐採するためにできたが、輸送はもっぱら海上輸送、鉄道は内路か久春内まで歩かなければならなかった。それだけにソ連参戦後は流言が人心をまどわし、悲観のあまり自決するものが相次ぎ、避難の途中、としよりや子供を捨てるといった悲惨なことも数多く起きた。

ソ連軍、塔路に進攻

恵須取にも猛爆

国境の安別（西柵丹村）を占領したソ連軍は、次に恵須取、塔路地区への上陸を敢行した。ソ連の資料によるとその兵力は空軍と北太平洋小艦隊に支援された第一一三狙撃旅団の一個大隊と海兵隊一個大隊だった。

これに対するわが方の兵力は三〇三特設警備中隊（中垣重男大尉）と航空情報隊、対空監視哨などがいるだけだった。西海岸北部の要地として、師団はこの年の春ごろは二個中隊を配置、ソ連軍が上陸したら住民はまず上恵須取に避難させ、ついで山を越えた知取川の谷合に誘導、一部は久春内から真縫方面に避難させて、軍は上恵須取の西高地と白雲峡によって防禦する計画であったが、実際には対米専念で、そこまで兵力がまわらず、最初のソ連軍上陸は特警中隊が一個小隊を塔路付近に配備、残りで恵須取市街を守って迎撃した。

恵須取地区では十一日からソ連機の空襲が激しさを増し、十二日にはいちいち警報のサイレンを鳴らす必要のないぐらい波状的な攻撃に変り、その合い間を婦女子が食糧や着替えを背負い、町の背後の山をくり抜いた町営の大防空壕に続々避難した。

空襲は同夜も反復され〝モロトフのパンかご〟と人びとが呼んだ親子焼夷弾が投下されると、そこから無数の焼夷弾が飛び散って、海岸ぞいに南北八キロの恵須取の町はまるで真昼のように明るく浮き出された。ちょっとのこぼれ灯もうるさくいった防空訓練など、なんの役にも立ちそうになかった。夜を昼に変えての銃爆撃で、港の倉庫付近にあった重油ドラムの山が誘爆、次々にドラム缶が上空に飛び、火を吹いて落下する情景は凄惨を極めた。

十三日未明、町を守って各戸の防空壕で猟銃や竹槍を抱いて、うとうととまどろんだ人たちは、ビンビンビンと壕に響くような音で目をさまし、飛び出してみて愕然とした。潜水艦と砲艦が沖合に姿を現わし、激しく砲撃を開始すると、その弾幕の下を三隻の上陸用舟艇が眼下の海岸に迫っていたのだ。

しかし、そのとき、山の特警中隊の重機が一斉に火を吐き、しらみかけた空を赤い曳光弾が舟艇に集中すると、反転して沖に去った。

このことがあって町では、老人、子供を急ぎ上恵須取町に疎開させることになり、男子十五歳から六十歳まで、女子十五歳から四十歳までが義勇戦闘隊員として召集された。老人、子供は早朝から町内会ごとに二十四キロ離れた上恵須取に向かって避難を開始した。ところが、その後義勇隊の女子は十八歳以上で子供のいない人だけになり、さらに志願者だけにしぼられた。このため大半の家族はばらばらになって疎開先に向かうことになった。

そのころ町はいたるところから火の手が上がった。海上から町の上空に侵入してくる敵機に、特警中隊配属の大村分隊の二丁の高射機関銃が応戦したが、執拗な反復攻撃の前にまもなく沈黙、防ぎようのなくなった火は浜市街をほとんど焼き、その火勢は遠く鵜城あたりからも望見されたという。

この空襲下、国民義勇隊が義勇戦闘隊になり、急ぎ隊員が召集された。義勇戦闘隊に召集されていく人たちの家族との別れ、空襲下、女子供が防空壕を出て避難していく模様を、田中保さんは次のように書いている。田中さんはそのとき恵須取第一国民学校五年生だった。

> 十三日午前十時ごろ、私が防空壕を抜け出してみると町は火の海でした。そのうちにソ連軍が上陸したという噂(実際はすでに撃退していた)が流れ、そのなかを高等科以上の男子が義勇隊にとられていきました。父と兄二人も出陣しました。
>
> 壕を出ていく人たちは「大日本帝国万歳」「樺太万歳」の声に送られて、白鉢巻をして出ていきます。ういういしい顔に涙一つみせない高等科の生徒もいました。
>
> 激しい銃火。隣組の班長が「最期のときがきた。皆さんご苦労さんでした。さあ、覚悟をしていただくこと……」と、沈んだ声で呼びかけています。嗚咽する声、壕内でみ

んなは肩を抱き合うようにして泣きました。母は弟たちの肩にかけた手をふるわせて泣いています。

しかし、私は秘かに脱出の計画を練っていたのです。裏山を越えたところに姉の嫁ぎ先があったので、そこにたどりつけば、死ぬことがあっても姉と一緒なら——と、私は母に考えをあかしました。母は「到底この山を越すことはできない。途中で撃たれてしまう。それより皆さんとここで一緒に死にましょう」と首を横に振る。私には、山を越えてむこうに住む姉の家にときどき遊びにいったことがあって、小さいながら山越えには自信があったのです。母は渋々承知してくれました。

急いで大切なものをリュックに詰めて私が背負い、母は末弟をおぶって、空襲のやむのを待ったのですが、班長さんに「どうか無事むこうにたどり着いてください。お祈りしています」と声をかけられて、母はまた泣くのでした。

飛行機の音がちょっと絶えたとき「さあ、いまだ」と防空壕を飛び出しました。出て驚きました。町は一面火だるまのように真っ赤に燃えているのです。機銃の声が激しい。私たちは坂道を走りました。命をかけての競走です。母も小学校三年と一年の弟たちも懸命でしたが、小さな者たちの足では大人が歩いているような速度だったでしょう。そのとき爆音が頭にのしかかるようにしてソ連機が迫って、ガバッと伏せた私たちのそばを、もうもうたる土煙とともに機銃弾が走っていきました。

どのぐらいたったろうか、ふと顔を上げてみると爆音は遠のいていました。後ろをみると弟が頭を上げてにっこり笑いかけてきました。まだ、地べたにしがみつくように伏せている母を大きい声で二人は呼びました。その声でやっと顔を上げた母は私たちの元気な顔を見て「仏さまが守ってくれた」とつぶやいたのです。地に伏せて一心に念仏を唱えていたのでしょう。

それからまた尾根をめざして走りました。それを越えるとあとは下り坂、目の下に姉の家が見えました。

猟銃と竹槍の義勇隊

師団から地区の戦闘義勇隊長に任命するという命令を受けた尾崎与作恵須取支庁長は、ソ連軍の上陸が近いと判断、支庁職員百二十人に、あるだけの日本刀を集めさせ、大防空壕の本部に勢ぞろいさせた。それぞれが日本刀をサムライざしにして、日本刀を杖にした尾崎支庁長、村田銃を持つ肥後竜夫恵須取町長を中心に本部に陣どる格好は、悲壮ではあったが、近代戦争とはおよそかけ離れたものだったと、当の尾崎さんがいま思い出して笑うほどだ。

商店の多い浜市街では警防団長、高村純平さんを隊長に、消防署前の広場で義勇隊結成式が行なわれ、高村隊長は壇上から「命を私にください」と叫んだ。隊員だった金沢正信さんは次のように書いている。

義勇隊は十五人単位の分隊編成で、分隊長の警官は小銃を持ち、ほかに猟銃を持った隊員が一、二人、残りは竹槍という装備で、気勢は上がらなかった。

中垣隊の兵舎は支庁の裏にあった。兵隊はにわか集めの老兵で、火器に見るべきものはなかった。義勇隊が結成されたといっても、軍がこのようにお粗末では士気の上がるはずがなかった。

すでに空襲で送電線が寸断されラジオも聞かれない。それなのにハバロフスクもウラジオも関東軍が占領したというニュースがどこからともなく流れてきた。義勇隊は一瞬どっと沸いた。この十三日、日中は空襲が途絶えたので「ソ連機はそれでこないのだ」とうがった解説をする人もあって隊員の表情は明るくなった。

しかし、夕刻には再び空襲が始まり、そうなると、さっきまでの景気のよい話はデマだったことになり、逆にソ連軍は南の円度（えんと）付近に上陸、北上しているという悲観的な情報が流れ、銃をもたない人たちは急に心細くなるのか、あわてて山市街のパレスの陣地に後退していった。

私は熊撃ちのライフルを持っていたので稲牛（いなうし）にいってようすをみることにし、鈴木浜平さんと二人、銃を肩に、人っこ一人いない市街を南に向かって歩き出した。

しばらくいったとき、突然機銃掃射を浴びた。敵機だ。あわてて壕に飛び込んで顔だけあげると、目の前の川崎造船所の資材の上に、たった一人、ちょこんとすわっている男の子がいる。

「危い、坊や早く来るんだ」

と、怒鳴ったが、一心になって何か食べている。敵機が頭上を去るのを待って私たちは子供のところに駆け寄った。

「かあさんが、ここにいなさいといったもの」

アルミ鍋のウドンを食べながら、子供は警戒するように半白の目を私に向ける。疎開命令が出てすでに数時間、母親が近くにいるはずはない。明らかに知恵おくれとわかる子供を母親は捨てていったのに違いない。ウドンは貴重品であった。捨てるにあたってそれを与えたのであろうか。

私たちが稲船町の築港にいくと一面火の海だった。警官の一隊が空に向けて小銃を撃っていた。そして、私たちに「ソ連軍は上陸していないようだ。戻ろう」といって帰り出した。私と鈴木さんもあとに続いた。そして、さっきの子供を捜したが姿がなかった。南浜町六丁目の火は一段と強まり、焼夷弾は五丁目にも落ちたのだろう。ズシーンと大きい音とともに目の前に真赤な火柱が立った。

「こうしていたら焼け死ぬぞ」

鈴木さんが鉄かぶとにふりかかる火の粉を払って私にいった。

前川透さんは十二番口径の二連銃とありったけの弾丸を持って、やはり義勇隊に加わり、十三日夜は浜市街を見おろす三百メートルほどの山に登り、海を見つめながら夜を明かしたが、闇の中を女子監視哨員の敵機来襲を告げるカン高い声と復唱する声がこだまのように聞こえるなかで「死は恐ろしくなかったが、身体がガタガタふるえるのをどう止めようもなかった。敵が上陸してきたらどうすればよいのだろう。義勇隊といっても武器も弾薬も持たない市民の集合に過ぎないではないか、と思うと絶望的にならざるをえなかった」と語っている。

当時、恵須取には用務で豊原連隊区司令部付き、富沢健三大佐が滞在中で、師団司令部は同大佐に同地区の臨時指揮官を命じていたが、十四日には内路から歩一二五第一一中隊（上家富盛中尉）、ついで真岡から歩二五第三中隊（浅倉正二郎中尉）と配属重機一小隊（浜野豊見習士官）、上敷香で編成、山砲一門を配属された宮崎中隊（宮崎巴中尉）が急派された。しかし、宮崎中隊を除く上家・浅倉両中隊はトラックで恵須取を通過、まっすぐ上恵須取にはいり、陣地構築にかかった。

軍は海岸線を避け、茶々原野と呼ばれた上恵須取にソ連軍を引き入れて、ここで阻止する作戦だったのだが、十三日未明、恵須取上陸に失敗したソ連軍はそれから三日後の十六日、隣の炭礦の町、塔路町に上陸してきた。

頼りにならぬ軍

塔路町は三菱、鐘紡、白鳥沢（王子系）の三炭礦の町。かつて人口は四万人を越えてにぎわったが、戦時中、船腹不足と潜水艦攻撃の危険から軍需産業に必要な原料炭の同地方からの航送を断念、各礦の礦員は北九州や常磐地区の炭礦に配置転換になった。召集令状を受け取った兵隊と同じように、礦員は家族を残してあわただしく出発していき、山元には老人や女子供とその保護のための少数の管理要員が残っているだけ、人口は一万人以上も減った。

この塔路は海岸近くに陸軍の塔路飛行場があった。中垣特警中隊の一個小隊がこの海岸線の警備に配置されていたが、恵須取への空襲が本格化するとともに塔路も執拗なジュウタン爆撃を受け、飛行場は一度も友軍機が離着陸をしないうちにソ連軍進攻に備えて破壊することになった。同小隊の要請で、三菱塔路礦の清水三雄副長以下の職場義勇隊員も動員され、炭礦の火薬などを使って滑走路を爆破、大きい穴をいくつもあけて使用不能にしたのだが、格納庫内のベニヤの模擬飛行機めがけてのソ連機の急降下爆撃の中での破壊作業で、清水副長が負傷し、義勇隊員の一人が、機銃弾でふっ飛んだ滑走路のコンクリート破片を太腿にうけて重傷を負った。

このときの特警の小隊はその後、塔路から姿を消し、詳しい行動は中隊長の中垣重男さんも知らないといい、頼りにする軍がこのようなありさまだから、空襲が激しくなった十三日以降、老人や婦女子の多い炭礦地区でとくに不安、混乱がつのり、思いつめて死を選ぶ人たちも出るなど、悲しいできごとはまずこの塔路で起きた。

塔路でも市街地と各炭礦に義勇戦闘隊は結成されたが、装備はほとんどが竹槍。まとまった力としては、軽機と小銃で一個小隊を編成できる程度の装備が塔路警察署にあったのと特警の一個小隊がいるだけだった。

塔路署長だった松田塚一さんは「とても町を防衛できる態勢でなかったので、軍は、同地以北の住民は最後は上恵須取に集結させ、そこを樺太防衛の防波堤にする考えだったようで、私たちもその覚悟をしていた。九日ソ連参戦を聞き、その後の激しい空襲からソ連軍の進攻が近いと判断すると、くるべきものがきた、見苦しい死に方だけはすまいと思った」と語り、国境に近い地区だけに町の指導層は悲壮な覚悟をしていたことがわかる。そのことがいくつかの悲劇を招くことにもなったのであるが……。

悲劇の一家心中

町では十三日昼ごろから町民に避難命令を出した。その日の空襲の激しさは、ソ連軍の上陸が必至と思わせたのである。

夜にはいると、空襲のきれめを縫うように、防空壕を飛び出した町民は身の回りの品々や食糧を詰め込んだリュックを背負い、ふろしき包みをさげ、子供たちの手を引いて、送電線見回りの山道をよじのぼり、東の大平炭礦に向かって八キロの道を山越えしていった。その数は二万人近くにのぼったといわれる。それがたった一本の急坂の道に押しかけ、その流れを敵機が襲った。威嚇射撃であったことは撃たれて死傷した人がなかったことでわかるが、背後から迫る爆音に「声を出すな。声を出すと敵機にわかるぞ」と、恐怖に立ちすくむ子供を、狂気のようになっておとなたちは叱りつけた。疲れと眠けで、手を離すとところかまわずうずくまって寝てしまう幼児を、どの親もメチャメチャにたたきつけ、引っ立てて、人びとの流れにおくれまいとした。一晩歩き続けて朝には大平に着いた。また、空襲を受け「同じ死ぬのならわが家で」と途中からなだれを打って引返してきた人たちもいた。町に残っていた老人や女たちは背後地の丸越沢などの山峡に避難し、三菱礦では二坑の坑道に千四百人ほどの家族が身をひそめていた。

家族たちを避難させたあと、どこからともなくソ連軍の浜塔路上陸の報が流れた。雄武洞の発電所はボイラーや発電機を爆破し、三菱礦では斬込み隊が編成されたが、そんななかで炭礦病院婦人科医、竹田文雄医博一家の服毒心中といういたましい事件が起った。

竹田医師の一家には当時、夫妻と四人の子供がいた（ほかに二人の中学生があり、札幌にいた）。夫人の稔子さんは近隣の人たちと大平に向かって避難したが、生後間もない二女路子ちゃんをおぶったうえ三人の子の手をとってとてもけわしい山道を歩ききることができないとあきらめて社宅に戻った。

そのとき、同医師は斬込み隊に加わって出撃する寸前で、残していく家族のことを思い、妻と子に次々と服毒させて家を出たが、やがてソ連軍上陸が誤報であると判明した。絶望の同医師はそのあとを追った。

同炭礦病院の歯科医だった山本倶医師は次のように語る。

「斬込み隊が出るというので救護班も同行させてほしいと申し出た。田中豊医師は大平への避難民の救護班で出かけており、残る三医師が斬込み隊で出ては看護婦しかいなくなると聞き入れられなかったが、世話になった炭礦の人と死を共にしたいという頼みがやっと認められた。ところが出発まで少し時間があって待機しているとき、竹田医師がいったん社宅に帰り、まもなく戻ったのを記憶している。斬込み隊に参加すれば死は当然だったし、幼い子供と夫人を残していくにしのびなく服毒させたのだろう。ところが、事務所前に集まっているうちに警察からソ連軍上陸は誤報だったという知らせが飛び込んできた」

すでにおそかったのだ。みんなと一緒に、救護隊の青雲寮に戻った竹田医師がいつのまにか姿を消した。みんながそれと気付いて駆けつけて一家の自決を知ったのはそれからまもなくだった。

「誤報とわかったときの竹田医師の怒りと絶望――その心中はいかばかりだったろう」と

山本医師はことばをつまらせる。

また、金谷院長夫人セツさんは「私たちは一緒に大平に向かったのですが、竹田夫人は幼い子供ばかりで、そのうえ非常食なども持ち、とてもこれからの山道をみんなについていけない、死ぬなら自宅で死にたいから帰るというのです。私も女学生の長女をかしらに四人の子供を連れて体力に自信もなく、共に引返そうということになったのです。ところが当時国民学校二年生だった長男、卓が、みんなから取り残されるのが心細かったのか、行こうといって泣くので、やむなく竹田さん一家とは町はずれで別れて大平に向かったのでした。戻っていれば同じ運命をたどったかもしれません」と語っている。

青酸カリは病院に勤めていた人たちみんなが持っていたようだ。看護婦だった木村タケさんも、救護隊を組織したとき、注射器四本と青酸カリを手渡されたといっている。死を苦にしない異常な心理が戦争にはつきものだ。金谷さんはこうも語る。

「避難の道はとてもつらかった。大平のあと上恵須取に向かったが、途中の中布礼というところで、私はどうにもならず末の彰久（当時四歳）と二人で死のうと思ったものでした。そのとき、上の三人の子供に「あなたたちは北海道に渡りなさい。おとうさんも空襲で死んだという噂だからかたきをとってね」というと、三人ともウンとうなずいて泣きもせず、母と弟の死を納得したのです。ただ私は、青酸カリを持っていませんでした。主人が反対だったからですが、死のうとしても毒薬がないのと、彰久が死ぬのはいやだと泣いたので思いとどまったのです。もし、みなさんのように青酸カリを持っていれば——と、いまにしてゾッとします」

竹田医師一家の葬式は十四日に行なわれた。その前に大平から戻った田中医師が検死したが、同医師に従って竹田さん宅にはいった看護婦の加藤アヤ子さん（旧姓江崎）は死の状況を「玄関をはいると壁に白チョークで大きく「後事を田中君に托す」と書いてあり、部屋のいちばん奥に、足を革バンドでしばった竹田先生、次に三男の明雄さん、その下の光雄さん、そして赤ちゃんを抱いた夫人、長女の順で倒れていました」といい、「私の記憶では薬物は青酸カリでなくて、亜ヒ酸を赤ブドウ酒にまぜて飲んだようだった」と語っている。

この日は空襲がなく、義勇隊の人たちが、トラックに六人の遺体を積んで墓地に運び、埋葬した。

また、三菱二坑に逃げ込んだ千四百人ほどの家族は、ソ連軍上陸の報が伝わった十三日、足手まといになる老人や女子供は殺して義勇隊が斬込むことになり、坑口を土嚢で密閉し、通風管にダイナマイトを仕掛ける作業が行なわれた。

斎藤さんによると、そのスイッチを押す役目の吉田じゅんさんは、自らの手に千四百人の隣人を殺さなければならないのか——と泣いていた。いったんは義勇隊本部から電話で爆破の命令がきたが、ためらっているうちに中止になった。もし早まって実行していたら樺太での最大の悲劇になっていただろうという。

その夜、恵須取の市街を焼きつくすように真赤な炎が吹き上げているのが、この塔路からも望まれた。二坑の悲劇は回避されたが、避けられなかった竹田医師一家の自決に、戦争のいまわしさをかみしめていた人たちは、恵須取の壮絶な夜景をみつめながら、われわれの上にものっぴきならない死が、やがてやってくるに違いないと悲しくも思いつめていた。

焦土の町にソ連軍上陸

十四日、塔路町は八割ほどの町民が避難して、ギラギラした真夏の太陽の下にひっそりと静まっていた。空襲も途絶えて、盗難予防のため戸口に板を打ちつけて回る人や避難先から着替えなどをとりに戻った人たちが時折り目にはいるだけだった。そんななかを三菱塔路では竹田医師一家の柩が墓地に運ばれていった。

目が痛い。そういえば最初の空襲の日からほとんど眠っていなかった、と思いながら荷物を持って再び避難していく人たちの姿を目で追った——塔路署外勤係巡査だった石山義雄さんはその日をこのように回想している。この日も恵須取町は燃え続け、灰色の煙が夜は明るく照らし出されて火勢の激しさを思わせた。

十五日、町に残った人たちは終戦を知った。そして、絶望的になっていた人たちはその夜半、地鳴りのような空爆に追われ、やがてソ連軍上陸の知らせを聞いた。
この二日間を石山さんは次のように書いている。

十五日午前、ラジオを聞いていた同僚が、緊張した面持ちで「正午に何か重大な放送があるらしい」という。私たちはいよいよ最後の決戦のときが近づいたことを悟った。ところが、そのころ飛行場付近にいた軍がいつのまにか引揚げたらしく、塔路周辺には一兵もいないという情報がはいってきた。

何か心にひっかかるものがあって、機関銃の手入れをしながら正午を待つ間もそのことにこだわった。時間がきて松田署長以下署内にいた全員がラジオのそばに集まった。今井久五郎巡査がノートと鉛筆を持って耳をすませる。雑音がひどい。いらいらしながら聞き終ったとき、天皇のおことばの全容はわからないが戦争の終ったことを天皇自らがいわれた点だけはまぎれのない事実だった。

事の意外さに誰もが黙りこくってしまった。みんなの目がうつろに一点を見すえて動かない。「どうなるんだろう。われわれは……」。松田署長がポツンといった。

ややあって、避難民を連れもどすことになった。その夜、当直の私は板の間にむしろを敷いてごろりと横になった。午前一時を少し回っていたろうか。頭を揺さぶるような爆音、飛び起きてみると松風町の方角に真っ赤な炎が上がっていた。署内に戻り刀をにぎると、駆けつけた署長が部下に指示を与える悲痛な声を背に聞きながら炎の方向に走った。

百メートルほど走ったころ、近くの同町一丁目付近に爆弾が投下され、新しい火柱が立った。町に残っていた婦人たちが日ごろの訓練そのままに消火に当たっているが、真昼のような明るさのなかをソ連機の黒い機影が飛び、空気を切る音と炸裂音が地表をたたきつけるようにすさまじい。私が本署に戻ったのは午前七時ごろだったろうか。浜塔路から太田巡査が血相を変えて走ってきて、「いまソ連兵が上陸を開始した。義勇隊を退避させ、線路を走ってきた」と息をきらして報告する。

上陸を援護する戦闘機が金属的な音とともに低空で本署上空を飛び去った。

直ちに避難命令が出された。私たちは町の人たちの最後尾で追い立てるように山に向かった。「逃げないぞ」といきり立つ義勇隊員をなだめながら進むと背後から機銃弾を浴びせながら戦闘機がグアーンと頭上を飛び抜けた。カン、カン、カン――機銃弾がレールに当たってはじけた。が、不思議に恐怖感がない。

私の目の前を、今朝まで留置場に入れられていた男が走っている。何かホッとした。町に取り残された町民がいないか、私たちはまた町にとって返して走り回っているうちに昼近くになっていた。そのとき浜塔路から進んできたソ連兵の姿が市街のはずれにちらっとみえ「きたぞ、敵だ」と叫ぶ声。ひきつったようなその声に背筋に悪寒が走る。

最後まで踏みとどまっていた私たち数人はあわてて消防自動車に飛び乗ると同時に車は山に向かって狂ったように走り出した。夜、もうソ連兵が山まで追ってこないと思うと急に空腹に気付いた。妻を捜したがわからず、深い夏草の上にごろりと横になってみたものの到底眠ることはできなかった。星が目に刺さるようにチカチカとまばたいていたことが、激動の二日間のできごととともにいまだに忘れられない。

石山さんが書いている十六日未明の空襲を、末広町三丁目で写真館を経営していた武沢猛さんは次のように語る。

「一丁ほど離れた塔路劇場に落ちた直撃弾の音で私ははね起きた。モロトフのパンかごから飛び出す光にあかあかとてらし出され、末広町二丁目付近の商店街がメラメラと燃え、半狂乱になった人たちが消火に当たっているが、消しても消しても新たな火の手が次々に起きた」

高台の天童寺の大熊巍童住職は「あちこちであがったいくつもの火の手が、やがてつながって一面が火の海と化した。空は夕焼けのように真っ赤に焼けただれ、火の市街と空の見境もつかなかった」と語っていた。

この火は百戸ほどを焼いて午前六時ごろには下火になった。ところが、町の背後の山の防空監視哨に勤務していた山口光子さん（現姓高尾）らは、それより早く午前三時半か同四時ごろ、朝もやが消えていく海上に潜水艦と駆逐艦程度の大きさの軍艦の姿を認めていた。じっとその艦艇に目をこらしていた山口さんらに、午前六時を少し過ぎたころ、小さい上陸用舟艇がいっせいに進発するのが見えた。

のちに哨員が語り合ったとき、その印象を「メダカがパッと散ったときみたいだ」という声が多かったと山口さんはいう。塔路監視哨は恵須取の監視隊本部に属し、阿部喜太郎哨長のもとに山口、船津藤枝副哨長ら十八人の若い女性が、家族と水さかずきで別れて勤務していた。

メダカの散るように白い航跡を引いた舟艇は浜塔路の飛行場の前浜に向かっていた。哨員は電話に飛びついて「ソ連軍です。ソ連軍の上陸です」と叫んだ。

当時、恵須取の北のはずれで陣地構築に当たっていた宮崎巴中隊長は北八キロの海岸に向かう上陸用舟艇を十六隻まで数えているが、山口さんはまるで記憶がない。使命感に支えられて踏みとどまったといいながら、刻々迫る危機に心の平衡が失われていたのであろう。警察からは直ちに監視哨員は撤退せよとの命令がきた。しかし、恵須取本部の中野秀男軍曹は「できる限りとどまって状況を報告すること」を求め、阿部哨長は哨長と両副哨長、鈴木りん子哨員による決死隊で任務を続行、ほかの哨員を下山させることにした。反対した哨員は説得され、ほおを涙にぬらして別れていったが、二時間ほどのち、残った四人も塔路郵便局（市村多默局長）から「ソ連軍が近い。通信機械を爆破して撤退する」という連絡を受けると、同僚のあとを追い三菱の沢に避難した。

停戦に町長の犠牲

監視哨からのソ連軍上陸の報告を松田署長は市街地の消火を指揮しながら聞いた。艦砲射撃と執拗な空爆が続き、市街の火災はもう手のつけようもなくなっていた。そこにソ連軍上陸を聞いて「町の最後が、刻一刻迫ってきたことをひしひしと感じていた」という松田署長はその直後、尾崎恵須取支庁長から、「戦局利あらず、ついに終戦の詔勅を拝した以上、ソ連軍に対する一切の抵抗をやめ、取敢えず町に残っている人たちを誘導して山に避難せよ」という意味の指令を受けた。

たまたま同署にいた義勇隊副隊長（白鳥沢炭礦管理部長）保利啓吉さんは「署員は機関銃三、小銃十数丁を裏庭に持ち出して手入れをしていた。私が松田署長と打ち合わせをしていると監視哨から、ソ連軍上陸の報告があり、それとほとんど同時に支庁からの指示があった。松田署長は義勇隊長の阿部町長に知らせるとともに署員を集め、消火中の隣組の人や義勇隊員を誘導して、三菱の沢を開拓農家の点在する裏山に避難することを命じたが、そのことばを聞きながら私も白鳥沢の職場義勇隊副隊長、渡辺繁樹さんに電話で事情を知らせた」という。

保利さんは機銃掃射を幾度かうけながら白鳥沢に戻り、下田利雄さんだけを事務所に残し、ほかの人たちは渡辺副隊長にゆだねて避難させると再び危険を冒して義勇隊本部の町役場に向かった。そこには松田署長と阿部町長、もう一人の義勇隊副隊長、山口三之助警防団長が対策を協議するため駆けつけており、協議のうえ次のことを決めた。

①支庁長の指示どおり一切抵抗をしない。

②住民は一応、安全な山間部に避難したのち、先に上恵須取地区に避難した家族と合流させる。

③空襲で町は灰燼に帰すかもしれない。三炭礦の施設と炭住は残っているが、これ以上空襲が繰り返されたら帰った避難民を収容できないので、われわれによって停戦と住民の生命保証を交渉する。

阿部町長以下四人はこの決定によって、白旗をつくり、役場吏員に掲げさせて町役場を出ると、そのころには浜塔路から市街地に迫っていたソ連軍のもとに向かった。「停戦交渉の成否について若干の疑問があった。しかし、当面そうする以外に町民を保護する方法がないと判断して出発した」と松田さんは語っている。この交渉で同地区の停戦が実現したが、武器引渡しがもたついているうちに阿部町長と山口警防団長が射殺された。それについていろいろ憶測はされているが真相は誰も知らない。

不幸な犠牲者を出したこの停戦交渉について松田さんと保利さんの手記から綴ってみよう。

役場を出た阿部町長以下五人が数百メートル歩いて町はずれの鐘紡運炭軌道の土堤に上がると、市街地の状況をうかがっていたらしい十人ほどのソ連兵が機銃、自動小銃を向けた。

三人の兵が、手を上げろというようなしぐさをしながら近付いてきた。手を頭の後ろに組んで身体検査をうけた。ふと見ると、山口団長が懐ろの短刀を発見されて取り上げられるところ、一瞬、顔が青ざめたが何事も起らなかった。

そのあと、土堤を反対側に降りると、大男の隊長と三十人ほど兵隊がいた。阿部町長が隊長に呼ばれた。海の方角を指さして、その方向に並んで歩けというように示した。ソ連兵の背後には途中で捕えられたらしい六、七人の町民のおびえた顔があった。

その人たちも一緒に二列に並び、二人のソ連兵が前後について軌道ぞいに海岸に向かって歩き出す。ソ連兵が声をかけてくるが誰も意味がわからない。すると不意に発砲する。そのたびに立ち止まり、また、こづかれるようにして歩き出す。白鳥湖畔を通るころはここで銃殺されるのかという不安がかすめたが、そのまま一時間ほど歩いて三叉路に出たとき、無線機を積んだ二台の馬車が止まっており、六、七人の兵隊がたむろしているのに出会った。

いずれも曲馬団のピエロに似てだんだら模様のガウンを着て、階級もわからない異様ないでたちで、そのなかの一人に手招きされていくと、軍装の天皇の写真二葉をみせて「みかどの話を聞いたか」と日本語で話しかけてきた。

終戦の放送のことであろう。阿部町長が「聞いた。戦争が終ったことを知っている」と答えた。

「よろしい。われわれは、あなたたちの生命財産を保証するから、すぐ仕事を始めなさい。町長の意向に協力するから、すぐ町に案内しなさい。武器はどうか」

阿部町長が、警官がわずかな銃をもって避難しているというと、すぐソ連軍に引渡すように命令された。

保利さんは「初めてことばが通じ、町民の生命が保証される約束ができたうれしさに、それまでの不安は消し飛んだ」といい、松田さんは「町長が報告した武器は警官が持っていたが、多くは義勇隊員が避難するとき借用を申し出て持っていったものも多く、果たしてすぐ回収できるかどうか不安があった」と語っている。

こうして一応停戦の話合いができたとき、ソ連兵は着ているガウンをぬいだ。海軍の士官だった。通訳の肩章は少尉である。阿部町長らはここから再び塔路に向かった。しかし、歩き出してまもなく通訳の士官が呼び戻されて引返した。このことが、のちに悲運な犠牲者を出すもとになったようだ、と保利さんはいう。ソ連の『大祖国戦争史』によると、この日塔路に上陸したソ連軍は第一一三狙撃旅団の一個大隊と海兵隊の一個大隊である。

道端には避難の途中、銃撃された町民の死体がごろごろころがっており、市街地は燃え続けて、焼けつくような暑い日だった。

住民を説得、ようやく下山

午後、ソ連軍の若い隊長から兵器を集めて持参せよと命令された。相談のあげく山口団長が単身、避難民のもとに向かった。

午後五時ごろ、隊長は阿部町長と松田署長にはここに残って、ほかの者は帰って休むように、保利副隊長にじょうずな手まねで繰り返した。保利さんは、町長らが残るのは武器を集めてくるまでの人質であろうと判断した。しかし、ここまで停戦がうまくいったというものの、具体的なことが決まっていないと考え直して、町長に相談した。しかし「武器を集めて山口団長が戻れば、あす話ができるのだから命令どおり帰った方が良い」という町長の意見で、残りの人びとを連れて白鳥沢炭礦に帰り、渡辺組飯場に泊ることにした。

ここに泊るようになったのは、先に浜塔路でつかまっていた人たちの中に、同組の黄川田さん、進藤さんがいたため、残された町長らにも、そのことを知らせてあったので、山口団長が武器をまとめて引渡しさえしたら、釈放されて三人もやがてここにくるだろう、と――この日一日のソ連の行動からみて強い敵対意識を感じられなかったこともあって

——考えたためだった。だが三人はなかなか現われなかった。

四囲にようやく夜の気配がただよいだした。阿部町長らの身を案じながら夕食を食べ終った八時少し過ぎ、松田署長一人が飯場に帰ってきた。

武器をとりに山にはいった山口団長がなかなか現われないため、松田署長に「山中にある武器弾薬を急ぎ持ってきて引渡すとともに、住民も明朝八時までに町まで連れ戻せ」という命令があらためて出たのである。阿部町長も釈放してほしいと松田署長は頼んだが聞き入れられず、逆に町長はソ連兵に浜塔路の方角に向かって連れ去られていった。

渡辺組飯場に帰って、食事した松田署長は、みんなが不安そうに見つめるなかを、道案内の役場吏員一人と避難民を捜しに、暗くなりかけた裏山に分け入った。山道を少し進んでふり返ると、三菱炭礦の山から町を包む煙の中を下っていく消防自動車があった。「山口消防団長は町の消火のために消防自動車を持ってくるようにと命令されていたのか」と、そのとき松田署長は思った。

松田署長らは避難した町民を捜して白樺の林を抜け、夏草の深い谷合をわたって、一晩中歩き回った。そして、十七日朝になってようやく部下の木村光太郎次席らの警官と役場吏員の集団に出会った。

署長はきのうの停戦交渉に出かけたときの状況、経過、いまは武器弾薬を引渡して、住民はすみやかに町に帰ることしか、今後の生命を保証する道はないと、周囲を取り巻く人たちに繰り返し語った。しかし、多くの人たちは信じなかった。

「それはきっとソ連の謀略だ」

「その手にのったら、あの非人道的なソ連軍にどんな目にあうかわからない」

かわるがわるこう興奮していいつのった。

この集団が、持っていた武器は、町長がソ連軍隊長にいった数の一部であって、いますぐには、とても全部を集めることは不可能であったし、反対する人たちを説得することも容易ではなかった。松田署長はあせったがどんどん時間はたち、ソ連軍から指定された午前八時も過ぎてしまった。

そのころ、遠く恵須取方面で銃砲声がとどろき、山合からも、同地方に空爆を加えているらしい機影が、ときどき見えた。

「停戦するといいながらソ連は無防備に近い恵須取をまだ攻撃しているじゃないか」

「終戦の詔勅だって、敵の謀略ではないのか」

「そうだ。玉砕したって降伏なんかするものか」

人びとは激しい口調で、恵須取の空をみながら表情を堅くしていいたてた。しかし、松田署長の「日本が降伏したことは事実だ。ソ連軍との約束は破ったが、おそくなっても武器と住民を集めて下山させなければ……」という心は動かなかった。

一人の巡査を伝令として馬で恵須取に向かわせた。支庁長からの指示を直接、みんなに聞かせる以外に納得させる方法がないと考えたからである。

十八日になって恵須取支庁長からの命令が届いた。松田署長が出した騎馬伝令の警官は途中、ソ連兵につかまったらしく戻ってこなかったが、報告文を依頼された人があって、山中を捜し求めてきたのであった。

その報告によると尾崎支庁長からの指示として「日本の敗戦は事実である。恵須取での交戦は、一部義勇隊員が抵抗したためのものであった。塔路地区民は、ソ連の指示どおり武器弾薬を引渡し、住民は一刻も早く町に帰ること」とあった。

松田署長は、この指令を受け取ったとき「部下の無益な抵抗を思いとどまらせることはできたが、ソ連との約束（十七日午前八時までに武器を引渡し、住民を下山させよというソ連の指示）を破った以上、ここで解散して自由行動をとらせるべきか、遅くなったが山中の武器を取りまとめて下山、引渡すべきか」に迷ったという。

しかし、結局、全員会議の結果をみて、署長は、敗戦とはいえ最後はきれいにすべきである。武器をまとめて十九日早朝、町に帰る、と決断をした。

石山義雄さんはいう。

「私たちは草の上にごろ寝した。夕方の空に白い雲がゆうゆうと流れていた。「町民の安全を守るため、まずわれわれが犠牲となる覚悟で、あすは降伏するのだ」と、われとわが心にいいきかせると、どっと涙があふれたものでした。だれかが、どこからかアルコールを手に入れ、わき水で割って、みんなに回した。飯盒の蓋を口に近付けると、ゆがんだ顔が浮かんでいた。にがい水だった」

十九日朝、からだをぬらす雨に、浅い眠りからさめた人びとは山を下りはじめた。

腹痛を起した女子警察職員を交代で背負って、重い足どりで歩く。雨の道ばたに、機銃掃射で足に弾丸を受けた夫を介抱している婦人がいた。町にはいったのは昼少し過ぎ、町はほとんど焼けつくして、役場や高台の学校が残っているだけだった。

そのとき、白旗を立てゆく松田署長以下の列をさえぎるように、バラバラとソ連兵が飛び出してきた。一瞬(予測していたことながら)凍りつくように立ち止まった。と、彼らは自動小銃から離した右手を、握手を求めるように差し出した。

「なんと彼らの青い目がにこにこと笑っているんです。そして、反射的に伸ばしていた私の手をにぎりしめるんです。それまで、無表情に黙々と歩いてきたみんなの顔にはじめてホッとした表情が現われました。そして次の瞬間、緊張感が音をたててくずれていくような気がしました」と石山さんはいう。

ソ連軍は松田署長に武器の引渡しを求めた。署長は再びソ連兵を案内して山に戻り、まとめて置いた武器を渡したのち、身柄を拘束され、恵須取で二日間調べられたあと、対岸シベリアのソフガワニの海軍刑務所に抑留された。一方署員は浜塔路に連行され、物置き小屋で一夜をあかしたあと恵須取、上敷香などを引回されたあげくシベリアに送られ、ソフガワニで松田署長らと一緒になった。

そこには、塔路で松田署長らと引離された警察の女子職員が、ソ連の潜水艦で送られてきていた。

野ざらしの死体

松田署長はソ連兵に連れ去られた阿部町長がその後どうなったか知らなかった。保利さんは十七日朝、渡辺組飯場に泊った人たちを連れて鐘紡病院に出頭したとき、そこに町長はいなかったので、いぶかりながら、ソ連に指示された市街の残り火の消火作業に当たっていたが、同じ日、天童寺大熊住職、新沼町収入役らが、大平への山道入り口付近で阿部庄松町長と山口警防団長らの射殺されているのを発見した。死体はみんなで六体、消防自動車を運転していた警防団常備の川原信一さん、伊河原久之助さん、林伊助さん、それに鐘紡資材部長川口宗一さん。林さんはかつてアレクサンドルフスクにいたことがあり、ロシア語ができることから山口団長に求められて同行したものであろうといわれた。川口さんについては、おそらく、巻き添えをくったのだろうと思われた。背の低い阿部町長は眉間、山口団長らは喉から胸にかけて、ともに自動小銃により数弾をあびて死んでいた。遺体は新沼収入役らが道路わきの草むらに埋葬した。

十六日、浜塔路の飛行場寄りに上陸したソ連軍は、石炭を積み出す軌道ぞいに進み、鐘

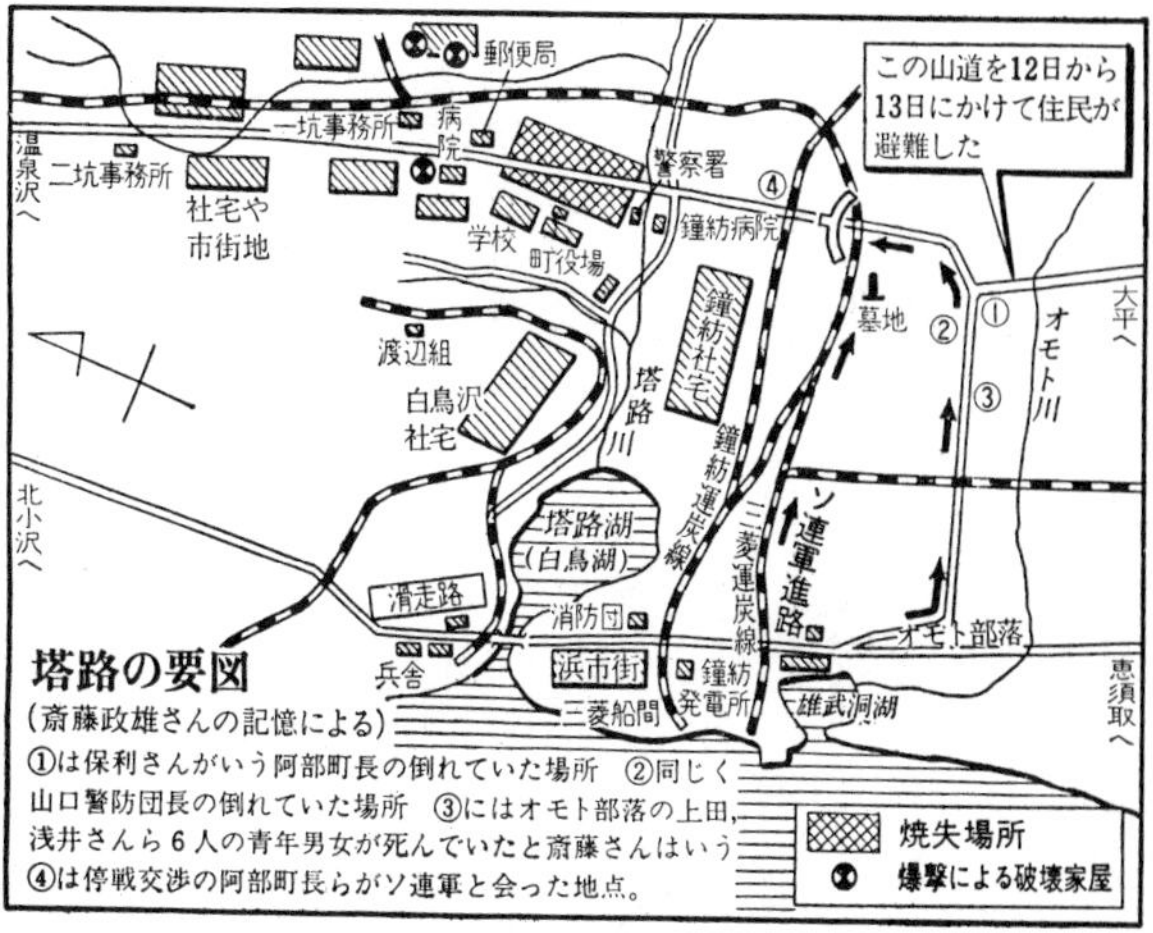

塔路の要図
（斎藤政雄さんの記憶による）
①は保利さんがいう阿部町長の倒れていた場所　②同じく山口警防団長の倒れていた場所　③にはオモト部落の上田、浅井さんら6人の青年男女が死んでいたと斎藤さんはいう　④は停戦交渉の阿部町長らがソ連軍と会った地点。

紡病院を本部にした。この先遣部隊は松田署長の話によると、一個中隊ほどであったようだ。石炭積込み場付近の整備に当たっていた三菱炭礦の番三成さんら約四十人の義勇隊は、ソ連軍が上陸すると、この部隊と対峙しながらしだいに山の手に移動していた。

浜塔路、塔路市街に残っていた人たちも、前後して思い思いに避難をはじめたが、途中、敵機の機銃掃射をうけたり、上陸部隊の弾丸に当たって死んだ人たちも多かった。大和哲男さん（当時三菱美唄礦工作課の技師。社命で塔路、北小沢の同社炭礦に連絡のため八月十六日に渡島した）が塔路に着いた九月二日でさえ、火葬場付近の坂に七人の死体がころがっており、町長らの塚の近く、三坑エンドレス橋のそばにも六人の男女の死体が野ざらしになっていたという。

市街地をひとなめにした火災で、残ったのは高台の塔路国民学校とそのそばの十数戸の民家や町役場、神社、寺など。九百戸の町はほとんど壊滅していた。大熊天童寺住職によると、消防自動車は側溝に横転したまま放り出され、焼け落ちた料亭花月の跡には、服毒して家と生命を共にしたらしい女将姉妹が端然とすわったまま死んでいた。同住職は「余燼がくすぶるなかに無数のカラスが群がり、無気味に何かをついばんでいた。死の町と化した焼け跡は、恐ろしい洪水の流れ去った跡のようだった」と書いている。

その大熊巍童さんは、二十一年に塔路役場が調査して、ザラ紙に印刷した戦災死没者名簿を持ち帰った。一部に同町北小沢の関係者もあるし、疎開途中の死者など、当時としては掌握できず記載されていないものもあるが、ここに名簿を転載しよう。総数で六十八人。

町長阿部庄松、警防団長山口三之助、鐘紡資材部長川口宗一、巡査部長藤間宇吉、警防団常備川原信一、伊河原久之助、林伊助、医博竹田文雄、同稔子、同明雄、同綾子、同光雄、同路子、市村博美、同レイ、同佳一、同次郎、花月小山内ヨシほか一人（姉）、呉服商近松勘七、浅田千賀子、同千鶴子ほか三人、大崎昌之助、菅原富士夫、三浦スヱ、児玉義一、瀬川淑子、吉沢ミツ、工藤三三郎、安藤トキ子、上田マサ子、井上卯吉、高橋美代、井上直道、工藤佐太郎、林勝、佐藤チヱ子、泉田八重子、藪下義奉、同昌子、

小和田時美、長内タカシ、笹島ミサヲ、虻川サヨ、高橋リヨ、同節子、佐藤豊子、磯部菊太郎、小林ふさ、横地千代枝、種田政子、向田マツ子、同タケ子、金岡秋玉、鹿内広一、山田ノリ子、小坂好子、小川紘一、宇佐美多代子、豊木紘、那谷信吉、岩谷懐子、太田一雄、同克代、佐藤カズ子

浜塔路に上陸したソ連軍が、燃えさかる塔路市街に迫ったころ、三菱、白鳥沢、鐘紡の三炭礦の職場義勇隊も、上部の町義勇隊長の阿部町長からの命令でそれまで死守しようとしていた職場を離れて山に避難した。

三菱の斎藤政雄さんは、約四十人の斬込み隊を編成、浜塔路の人たちを救出することになり、投票で隊長に選ばれたが、浜塔路への途中、伝令が町長からの命令をもって走ってきたため引返し、清水副長以下百数十人の全隊員は温泉沢の森林に避難した。

斎藤さんらは十七日、塔路沢を登って中ノ沢に移動する途中、分水嶺で死んでいる巡査部長をみている。塔路署の藤間宇吉巡査部長らしい。フミ未亡人は、「白鳥沢の義勇隊員が持っていた三丁の小銃を引渡すよう説得したが、なかなか納得せず、そのうちソ連兵に包囲され、やむなく拳銃で自決したと聞いた」という。

また白鳥沢炭礦にいた林清一さんは、

「山越えして丸越沢を大平に抜けようと行動を開始した。途中で竹村勝巳校長に引率され

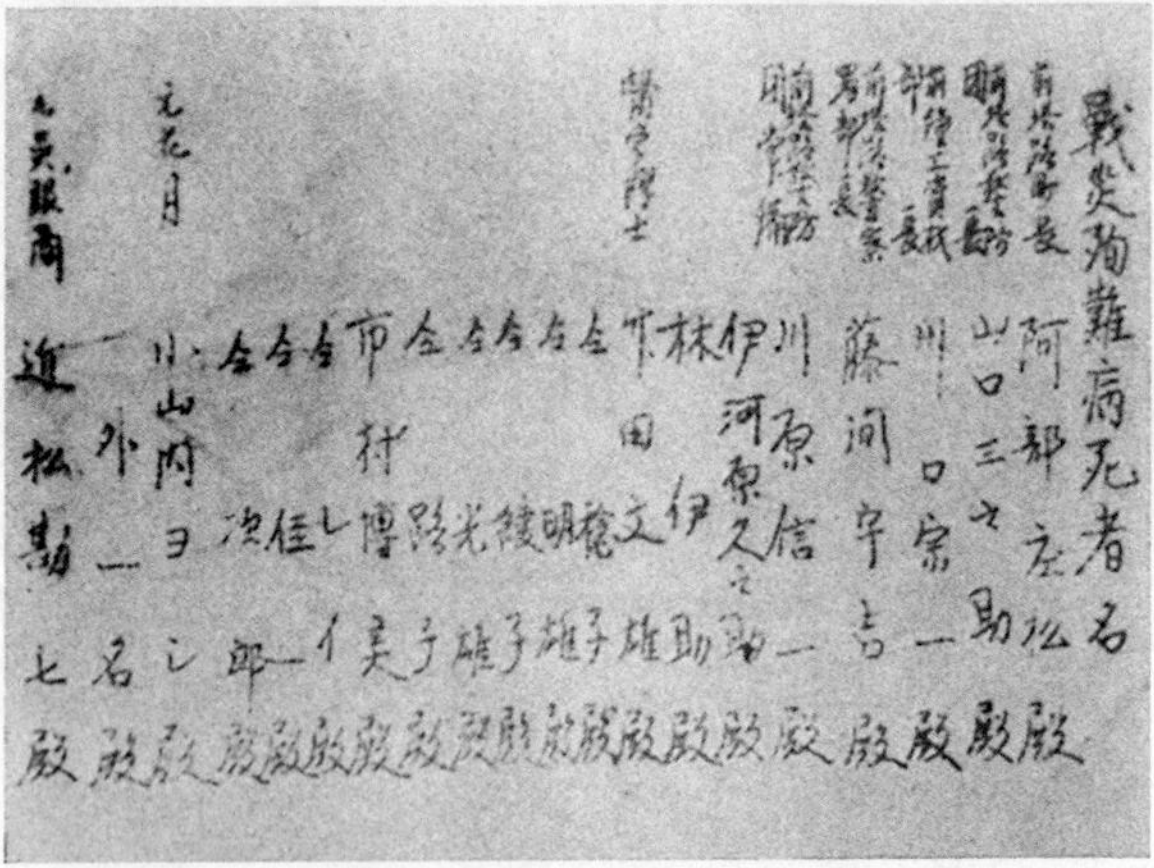

塔路の戦災死没者名簿（部分）。

て疎開していた白鳥沢国民学校の学童百二十人ほどと合流したが、大平炭礦の水源池付近まで南下したとき、ソ連機の機銃掃射が一直線に山道を走り、ワッと草むらに逃げ込んで弾丸のあとをふり返ると、一瞬の銃撃で負傷して木の根元にころがってうめいている者、恐ろしさで火のついたように泣き叫ぶ子など、地獄の様相だった。ここには一時間ほど前まで軍の小部隊がいたらしく、そのあとに女子供を連れた私たち避難民が通りかかって、巻きぞえをくったのだ」

といっている。

中垣重男さん（恵須取特警中隊長）の記憶では同中隊の餅付分隊が駐屯していたことになっている。

恵須取、上恵須取の壊滅

終戦放送に箝口令

樺太西海岸北部での民間の最高責任者であった尾崎与作恵須取支庁長は十三日、連隊区司令部から同地区の国民戦闘義勇隊長に任命する無電を受けたが、空襲やソ連軍上陸に際してどのように決断、指揮をとったか――を聞いてみた。

大防空壕を義勇隊本部にした尾崎支庁長が、実際に掌握したのは恵須取町だけだった。電話はすぐ不通になり、樺太庁や師団との連絡は、壕内にいた暁部隊（陸軍の船舶部隊）の通信隊の無線機に頼り、管内町村との連絡は全くとれなかったからだ。

さきに書いた十三日のソ連軍の恵須取進攻は、特警中隊の反撃で、上陸を断念したようであった。

十五日、午前十時ごろ、尾崎支庁長を樺太石炭統制会社常務成相淑さん（前三菱塔路礦副長）が尋ねてきた。

成相さんは「塔路（当時、家族がいた）の最後の姿を確かめるため鈴木不二男課長と二人で、あえて危険をおかして北上してきたが、沿道の町村では不安混乱がひどい。樺太庁からの指示がないため、どこも義勇隊が武装して決戦する構えであった。最後のバスで鵜城にはいり、車上で川口武夫村長に豊原の状況を伝えて、恵須取にはいったが、途中できょう正午から重大放送があると聞いてきた。なんのことだろう」という。

尾崎さんも心当たりはなかった。成相さんらは、同夜、炭礦鉄道の機関車に便乗して、大平に向かったが、成相さんに別れた支庁長は防空壕にはいりかけて、「畏くも天皇陛下が……」といいかけたラジオのアナウンスを耳にした。放送はそこまでいってプツンとスイッチが切られたが、軍の無線機からのものだった。尾崎支庁長は「いまの放送はなんだ」と聞いたが、兵隊は「アメリカのデマ放送だ」といったきり取りあわない。発音はきれいな標準語である。アメリカの対日放送ではないという直感はあったが、それ以上は想像がつかなかった。

しかし午後、支庁長は大津長官からの長文の電報を受け取った。内務省警保局長の命令を付し、終戦の詔勅が出されたことと、今後の終戦処理について冷静沈着に対処するようにという内容のものだった。午前中、軍の無線機から流れたのは、終戦の詔勅を天皇自ら放送することの前ぶれの放送であったのであろう。成相さんは夜、大平炭礦倶楽部で終戦のラジオ放送を聞いたというが、恵須取では十四日、警察の命令で王子製紙工場が発電をストップ、ラジオ放送を聞くことができなくなり、十五日に終戦の事実を知ったのは、ごく少数であった。しかし、軍の指揮官の意思で堅く口外を封ぜられた。

こうして十五日が暮れ、ポトポト水滴がしたたる防空壕の畳の上にごろ寝していた尾崎支庁長は、北の塔路防空監視哨からの「ソ連艦隊、南下中」の電話で起された。

十六日午前二時、監視隊の専用電話は通じており、尾崎支庁長の記憶では、駆逐艦など七隻と上陸用舟艇が南下中で、上陸の可能性があるという内容であったという。

この報告を受けると、ただちに町民を避難させる決心をして、肥後町長に話し、一方、警務課に命じてトラック四十台を借りるように手配させると、避難先は上恵須取にすると決めた。

尾崎支庁長が上恵須取に避難させることに決心したのには次のようないきさつがあった。六月いらい単身で任地にいた支庁長は、官舎が空くのを待って家族を迎えがてら、九日本庁との打ち合わせに豊原に出た。そして、白井経済第一部長の部屋でソ連の参戦を聞いた。九日午前九時半ごろだった。

同部長が家族は豊原に残したほうがいいというので、単身引返すため柳川内政部長に挨拶にいくと、「連隊区司令官の柳少将が会いたいといっているから、すぐいってくれ」といい、柳少将を訪ねると、「最後だよ。これは極秘だが、君の管内での軍の作戦の一部をのみこんでいてもらわなければならないんだ。西海岸北部は長い海岸線をかかえているので軍が水ぎわ作戦で撃滅することができない。そこで上恵須取と恵須取間の平野が主戦地となる。だから民間の疎開を考える場合もそこは避けてほしい」というのである。

「閣下、よくわかりました」と答えたものの、艦砲射撃が加えられるおそれがある海岸線を避難させることはできない。いざとなったら上恵須取経由で逃げさせるより方法がないということは、柳少将のことばを聞きながら尾崎支庁長が決意したことだった。

「ソ連軍の上陸は、一応明け方とみて、老人や子供、女は昼ごろまでに避難させる必要がある。そのためにはトラック四十台は入用」というのが支庁長の考えであった。

徹底欠いた撤退命令

午前三時、命を受けた警務課の一巡査部長がトラック会社に交渉に走った。しかしトラックは軍に徴用され、なんとしても十五台しか出せないという。この復命をめぐって上司が部長をしかりつけた。逃げ遅れたものは戦火に巻き込まれるという危機感があったのであろう。空襲のさなかに危険をおかしていって、せいいっぱい努力したのに——という気持の巡査部長にしてみれば心外であって、壕内でやにわに日本刀のさやを払ってふりかざすという殺気だった空気に包まれた。

車が十五台しかなければ、それだけ避難は急がなければならなかった。明け方の町で、飛び立つようなあわただしい避難が始まった。走り去るトラックの砂塵のなかを、同乗できなかった人々が追うようにして歩き出した。

延々と続いた避難民の列が山陰にみえなくなって、くすぶり続ける眼下の市街では、義勇隊員や兵隊のカーキ色の姿が駆けていくのを、ときどきみかけるだけだった。と、そのとき本部の壕に息をきらした小学五、六年ぐらいの少年が「ソ連兵です」と駆け込んできた。午後二時ごろだった、と尾崎さんは記憶している。

山道を駆け登ってきたためと恐怖で容易に口もきけない少年を、落ち着かせてきくと、「塔路—恵須取間の直線道路と大平道路の交差点で、日本人がソ連兵に銃を突きつけられて尋問されている」というのである。

この少年のことばどおりソ連軍が町に迫っていることを確認した尾崎支庁長、肥後町長らは同地を撤退することにした。恵須取中学の裏山に分け入り、山越えしてまっすぐ上恵須取へ向かった。警察署から中島町、王子製紙恵須取工場を経由して内恵道路に出る道は、歩いて二十分ほどの道のりに過ぎなかったが、ここにソ連軍の空襲が集中していたので、山越えするより方法がなかったのである。

一方、このソ連軍に対して特設警備中隊、宮崎中隊、それに一分隊に猟銃二、三丁、あとは竹槍の義勇隊が配置についていた。直線道路の基点、中島橋は上恵須取方面にゆく内恵道路の入り口でもあったから、邦人が無事避難するまで同地点で阻止するためで、少数のソ連の先兵と戦闘に入った。この戦闘で特警中隊は佐藤正吉、高島吉信両上等兵が戦死し、いったんは敵を撃退したが、邦人の避難がほぼ終ったころあいをみて中垣特警中隊長は町を放棄して上恵須取に撤退することを各隊に命じた。

尾崎支庁長と柳連隊区司令官のやりとりがあったように、師団は長い海岸線での迎撃が兵力からいっても不利であるため、あらかじめ内陸の上恵須取に引寄せて決戦する作戦をとり、十三日から十四日にかけて同地区に増派した三個中隊のうち上家中隊は上恵須取―恵須取間の山峡で恵須取川の両岸に、朝倉中隊は胡桃沢付近で塔路方面からの侵攻に備えており、中垣特警中隊長は十五日夜、最終抵抗線の上恵須取まで移動せよとの師団命令を受け取っていた。

このため、宮崎中隊、特警中隊は邦人の最後に山越えする尾崎支庁長らを守って、火の海と化した山市街をあとにしたのだが、各所に散在していた義勇隊に対する撤退命令が徹底を欠いた。そのことに対する義勇隊員の声などは次に記載する金沢正信さんの手記にも出てくるが、浜市街にいた義勇隊は、そのころすでに恵須取川の河口、入泊（いりどまり）付近に上陸したソ連軍に激しく抗戦中で、多くの戦死者を出していたと推測される。

しかし、戦闘の詳細はわからない。にわか編成の義勇隊の指揮系統が確立していなかったこと、軍との連携が不十分だったこと、が海岸線と直線道路を進攻した二つの敵部隊の間に装備ゼロに等しい少数の義勇隊を取り残す結果になったのであろう。

義勇隊、激しい抵抗戦

義勇隊員で山市街の戦闘に参加した金沢正信さんの手記で、恵須取の町を撤退するまでの模様を書いてみよう。

午前七時、私たちの義勇隊にパレスの陣地への転進命令があり、私は南の稲牛の友軍に伝令として出された。

そのころ、稲牛では不幸な事件が起きていた。

夜中に沖合でライトが点滅、陸上からも呼応するようにライトが光り、それが潜水艦と陸上スパイとの交信だと伝えられ、いいしれぬ不安を感じたが、夜明けとともに、この一帯の山狩りが行なわれ、第三国人二人がスパイ容疑で逮捕された。しかも、そのころ本部からこの地区の隊にも転進命令がきたため、二人の容疑者は、その場で某軍曹と義勇隊員によって処刑されたのである。

(後日この件に関連、堀江さんが銃殺され、同地区の義勇隊員十数人はソ連軍に連行された。私は堀江さんが連行されたとき、偶然、近くにいて目撃した。堀江さんは南浜町七、阿部漁場の焼け残りの倉庫に仮住まいしていたが、九月四日、自動小銃をもった青い軍服のソ連兵三人が第三国人通訳ときて、堀江さんを引きずり出し、いきなり通訳がカシの棒でなぐりつけ、歩けと命令して連れ去った。堀江さんが銃殺されたのは二日後の六日)

私は稲牛からパレスの陣地まで自転車で走った。ソ連機は塔路爆撃に懸命のようで、私には気付かないようであった。ところが沼の端から山市街にはいる寸前、キューンという音とともに一機が突っ込んできた。気象観測所の下、右は崖、左はますらお川。私は疾走中の自転車から、どう飛びおりたかわからない。ダダダ……と機関砲が地面を走り抜けたあと気付くと私は下水溝に身を埋めていた。

自転車は機関砲に撃ち砕かれて、無残にこわれていた。私は鉄カブトの上からたらした網の目に草をちぎってさしこみ、ミノ虫のようにごまって下水の中を歩きはじめた。

パレスの壕には、大勢の義勇隊員が集結していた。竹槍を手に横穴壕の中で目を血走らせている。四斗樽の鏡が抜いてある。重機のすえつけを完了したといって宮武さんが手榴弾二発を持って壕にはいってきた。火炎びんづくりが始まった。火炎びんといってもガソリンをビールびんに詰めるだけである。

飛行機の爆音がやけにうるさいと思っていると――

「七機編隊のソ連機、王子工場を爆撃中」

女子監視哨員が双眼鏡から目を離さず叫ぶ。

この日のソ連機は延べ二百機にも及んだろうか、爆音になれた神経も、切れ間なく低空を飛ぶとうるさい。ソ連機は、動くものとみると人一人でも執拗に機関砲をあびせかけた。

「ソ連軍、直線道路から恵須取に向かって進撃中」

という報告がはいった。

「ばかな——」

指揮官の高村警防団長は、その報告をしかり飛ばすようにして信用しなかった。直線道路とはパレスから塔路に向かう道で、ツンドラの上に一直線につけられていることからこの名があり、長さ四キロ。ソ連軍上陸地点からこの直線道路に出るまでが二キロ、上陸が午前六時ごろとすれば、すでに六時間を経過している。だが、軍が簡単に浜塔路の飛行場を手放すとは考えてもみなかったし、終戦を知らぬ私たちは勇敢なる日本軍を信じていたから、この報告はまさに意表をつかれた感じであった。

「銃を持っている者は壕から出ろ」

猟銃を持ち直して、緩慢な動作で腰を浮かせ、壕から頭を出したとたん、機銃弾が私たちを包んだ。

ピューンという音、ヒュッ、ヒュッという音が頭上で交錯する。私は横っ飛びに近くの家の陰にころがりこんだ。背後の台地で、味方の重機が押しつぶしたようなうなり声をあげる。

「散開」

私は家の板壁をつたって走った。機関銃弾がはじけるように私を包囲する。（ソ連軍が自動小銃で装備されていると知らない私たちは）激しい銃声の中で、目前の敵がものすごい大部隊らしいという恐怖にとらわれた。しかし、走った。そしてますらお川の堤防上の線路の路肩にからだを埋めるようにして、目標も定めぬままに銃の引き金を引いていた。

戦況は全くわからない。敵との距離は五十メートルほど、耳を聾する銃声と硝煙。頭をつき通すような金属音とともにソ連機が急降下してくる。と、同時に彼我の銃声がピッタリとやむ。そして地表にたたきつけるような音を残して反転したあと再び地上の銃火が交錯する。

私は不思議に思った。ソ連兵がなぜ射撃を中止するのか――。私たちは網をかぶり、草や小枝をつけて偽装していても線路上に散開しているのであるから、上空からはっきりわかるはずである。それなのに機銃掃射は、もっぱら重機陣地（特警中隊）に集中、私たちには目もくれない。至近距離のため同士打ちをさけたのか、私たちを友軍と思ったのか。

ますらお川の対岸に火の手が上がった。顔が熱くほてる。戦場では小さい間違いが、たまたま大きい錯誤となり命とりになることがあるというが、このときのソ連軍がそうであった。建物に火を放って、火煙にかくれて退却しようと思いついたものらしかったが条件が悪かった。

建物は大きかったが、木工場でいずれも板一枚のバラック建てである。しかも退却道は四キロ先までコケモモとエゾツツジしかないツンドラ地帯である。建物はあっという

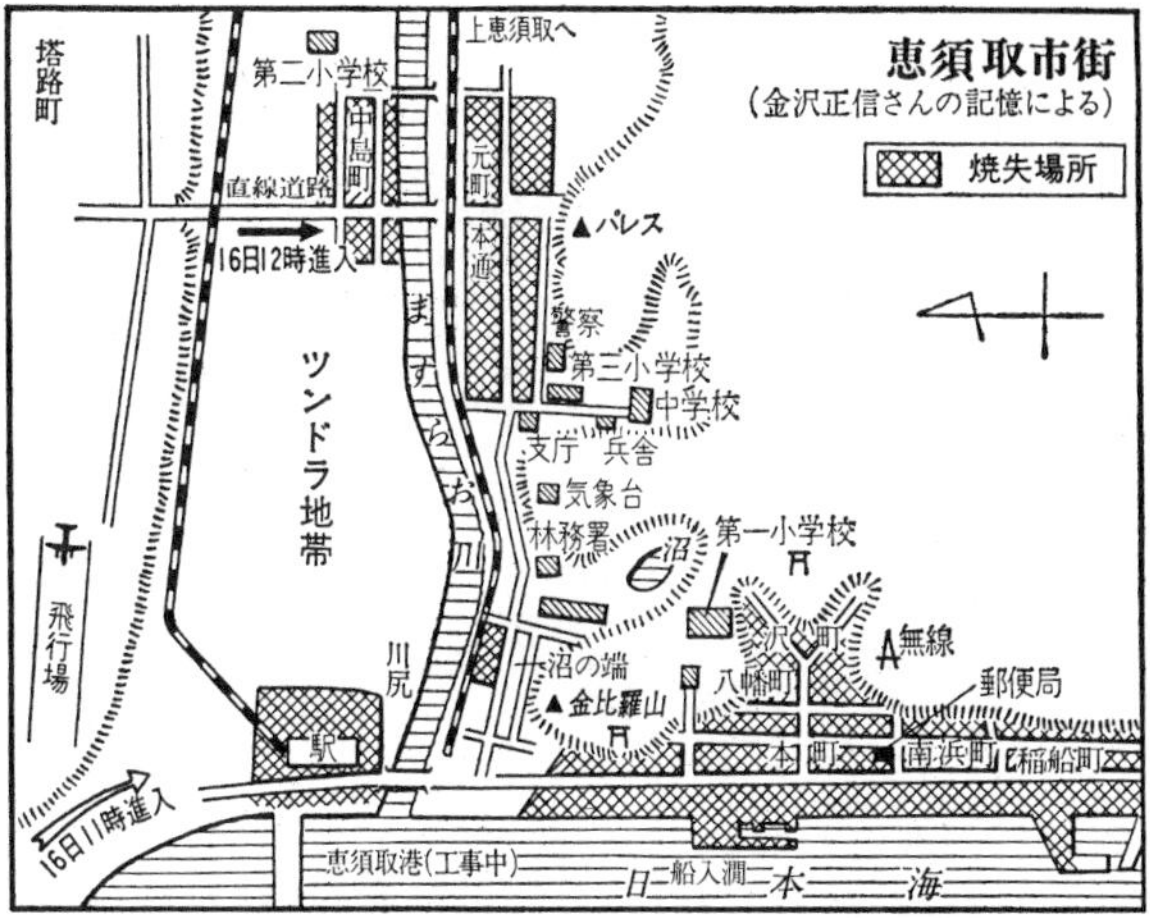

まに焼け落ち、自らの手で遮蔽物を取り払った格好になった。煙のなかから背をまるめてツンドラを走るグリーンの軍服がみえる。私たちは初めて目標をとらえた。私たちの仕上げをするように重機の重苦しい音がツンドラの上を縫っていく。

戦闘は一瞬のうちにカタがついた。

「弾丸がなくなった」

鈴木浜平さんがミノ虫のような格好でやってきた。私も三発しか残っていない。二人で雑嚢をあけて、猟銃の弾こめをはじめた。私たちのいるここだけ、ぽっかり空洞ができたように静かであった。遠くでパーンとはじけるような小銃の音、そして別の方角で軽機の音がする。川尻方面で駅舎が燃えていた。ギラギラする夏の日をキラッと機体に反射させたソ連機が煙の中を急降下していく。激しい攻防戦が展開しているのだろう。

あとからわかったことだが、このころ、ソ連軍の一隊は舟艇で恵須取川の河口の入泊に上陸、浜市街川尻のわが義勇隊はほとんど戦死したという（この戦闘の詳しい状況や損害は判明しない。戦後、腐敗した遺体は氏名の識別もできず、海に投げ入れられたという）。

この朝、トラックでパレスの陣地に向かったはずの警官隊は、そのまま上恵須取に退避したらしいということが義勇隊員の憤激をかった。

「いなくてもいいんだが、鉄砲だけ置いていけばいいのに」

鈴木さんはいきまいた。そして

「川尻に斬込みをかけるか」

といったが、誰も答えなかった。

すでに竹槍隊員は上恵須取に撤退を始めている。私たちは線路づたいに中島町に移動した。

私たちのからだをじわじわと包みはじめた夜の気配とともに恐ろしさがおそってきた。焼ける町の火が、赤く空をこがしている。

銃を持った隊員も一人減り、二人減って、いつのまにか八人になった。「上恵須取まで転進しよう」――誰がいいだしたのかわからないが、この声がきっかけで、いっせいに、バラバラと麦畑を駆けだした。すぐ後ろをソ連兵が追ってくるような恐怖でひた走った。

二キロほど走ったとき、王子製紙の裏山に分け入って町を脱出したパレスの重機分隊に出会って、私たちもひと息ついた。そして焼けただれたような赤い町の空を背にして、上恵須取に向かって歩きはじめた。

中島町から上恵須取までは十六キロ、町にはいると、戦車壕掘りが始まっていた。すでに十七日の空が白みかけていた。私たちは市街にはいらず、まっすぐ神社の裏手の山に分け入った。腹が減っている私たちのために、熱いにぎりめしが運ばれた。考えてみると、十六日朝から何も喉を通していない。白い飯がうまい。

「もう一つ」

私は、竹槍をもった老人の義勇隊員にたのんだ。

夜があけるとともに市街地にいた隊員が続々、山に登ってきた。

市街地は目標にされやすい。私たちよりも先にきていた私の分隊もきた。さっそく私と鈴木さんを囲んで戦闘の話になった。

私は勇敢でなかったが、鈴木さんは確かに勇敢であった。彼は私の家の船の機関士である。十三日ソ連艦艇が恵須取の浜市街に接近したとき、家から猟銃を持ち出して一人、海岸に走った男である。家族はなく、海軍軍属として大陸の戦線を歩いたことがあり、パレスの戦闘でも、頭を上げられないほど銃弾が飛んでくる中で、着実に目標に射撃していたのは彼一人ぐらいであろう。
みんなは鈴木さんの話に耳をかたむけた。

にわか編成の義勇戦闘隊がソ連と直接銃火をまじえたのは恵須取地区だけである。この戦闘でもし、ソ連軍が直線道路から分かれて、上流の中島橋か王子橋から進入したら、装備のすぐれたソ連軍の前に、義勇隊や特設警備中隊はひとたまりもなかったにちがいない。パレスの戦闘は、ソ連軍にとって痛恨きわまりなかったのであろう。戦後の九月六日、スパイ狩りに関連する堀江さんら義勇隊員八人を、この直線道路で銃殺したが、同道路の戦闘の報復であると人びとは語り合った。

金沢さんは、この八人のうち同町稲船町の堀江さん、沢町の小沢恵須取高等小学校教諭、それに川尻の竹中さんの三人の名を記憶しているという。

樺太新聞の大橋一良さんは戦後二十一年春、恵須取町大平炭礦の太田さん宅を訪れたとき、二人のソ連人と会ったが、あびるように酒をのむ若い方のソ連人の態度に不審をもって聞くと、太田さんは「終戦のとき一部の日本人が朝鮮人を虐殺した。何人殺したかわからないが、理由は多くがスパイ行為であったらしい。しかし、その底流には朝鮮人を蔑視する偏狭さがあったのだろう。ソ連軍が占領したのち、密告により逮捕された日本人がソ連軍に銃殺された。若いソ連人はその銃殺の執行者で、彼は数人の日本人を自動小銃で撃ち倒したが至近距離で発砲したため返り血を浴び、凄い形相で大平にきた」と語ったという。このことが、金沢さんのいう報復と同じものであったかも知れない。

めざましい女子監視隊の活躍

恵須取では装備ゼロにちかい義勇隊の戦闘とともに恵須取監視隊の若い女子隊員が銃弾の周囲につき刺さる中で、軍が撤退するまで職場を守ったことを特筆しなければならない。しかも、上恵須取から交代のため恵須取に向かった女子隊員は、トラックで敵中を突破、四人が敵陣で重傷を負い、トラック助手は死亡した。その責任感の旺盛なことは軍人に比して決して劣らない。

これら女子監視隊員の活動を伝えるまえに、同隊の組織や役目などについて、恵須取監視隊本部（同町沼の端、支庁付属建物内）で指導に当たった中野秀男軍曹、隊員の岡崎みよ子さん、同丹保照子さん（旧姓広岡）、同富木幸子さん（旧姓木村）らに聞いてみよう。

恵須取監視隊本部は、隊長が支庁警務課長であったが、実際上は同課付き岡崎正夫巡査が責任者で、訓練、指導には真岡の軍監視隊から中野軍曹ら下士官一、兵二が派遣されていた。恵須取は本部のほかに四つの陣地があり、男子は副隊長と兵隊、あとは女子隊員が八十四人。海と空の監視と電話報告のほかに航空気象観測、手旗信号、電話線の架設など、男なみの徹底した軍隊式訓練が行なわれていた。

服装は白鉢巻をきりりとしめ、カーキ色の制服にゲートル、地下足袋。「あのころは早くお嫁にいきたい、結婚してこの苦しい訓練からのがれたいと思ったものでした。電柱によじ登って電話線を架設する訓練など男のやる仕事を、十六、七歳からはたち過ぎの女がやらされるのですから……」という。

初めてソ連機の空襲があった日、水さかずきで家族と別れた八十四人の女子監視隊員は、それ以来、恵須取撤退の十六日午後まで、激しい空襲と市街を焼きつくす火の中で、海と空をにらんで、同地区における耳目の役割を果たした。

「ギラギラ焼けつく八月の太陽光線のなかから飛び出すように、爆音とともに恵須取の上空に突っ込んできた二機のソ連機は、それまでアメリカのB29や艦載機の識別ばかりをやらされていた私たちには初めてみるものでした。それが雲の切れ間から見えた一瞬に判断できるようになるころは、救急鞄の肩ひもは汗にすえ、白鉢巻は汗とほこりに黒ずんでいたが、心は「やれるだけやるんだ」と、かえってすっきりしてました」と丹保さんは語る。

十三日、監視隊は第三陣地を撤収し、十四日には第二陣地（本部）も新富座横の第四陣地に移動、隊員の約半数は、交代で休養をとるため第五陣地の上恵須取郵便局に引揚げた。十六日、監視隊員の本部員、女子隊員たちはパレス陣地に近い新富座横の壕内で、ソ連軍が六キロ北、恵須取川口の入泊付近に上陸したことを知った。

しばらくして、同陣地から五、六百メートルの地点まで進出したソ連軍と特設警備中隊

山上の監視哨に向かう女子防空監視哨員（上恵須取で）。

（ふつうには防衛隊と呼んでいた）や義勇隊が交戦にはいったという連絡があり、勤務中の前田シマ班長以下、女子隊員には手榴弾が与えられた。それを肩にかけた救急鞄にしまい込むもの、電話機のそばに置いておくもの、自決用の手榴弾に、いよいよ近付いた〝最後のとき〟にたいする覚悟をそれぞれに固めているようであった。

緊迫した時間が続く。青ざめた顔。死の恐怖によるものではなかった。張りつめた勤務とまんじりともしない夜の連続で、限界にきている体力をただ気分だけがささえている――。中野軍曹は、上恵須取で待機中の三個班に、交代のため同地を出発するように指示した。

そのころ、終戦についての天皇の放送があったというニュースをある本部員が聞き込んできた。しかし、デマだということで黙殺した。「十五日に戦争が終ったものであれば、爆撃が続くわけがない。スパイがはいり込んで流しているにちがいない」――だれもがそう断定した。真岡の軍監視隊本部、豊原の師団防空室などへの通信を続行した。ところが、通話中に混線して、終戦になったという話が傍受された。半信半疑のまま憲兵隊に連絡したが、同隊からはっきりした返答がないまま推移するうちに、状況が急激に変化してきていた。

空軍の援護下に、しだいに増強したソ連の兵力は、山市街に迫り、壕の付近にも小銃弾が飛んできはじめた。その報告を受けた中野軍曹や前田さんらは、何も知らず山市街に向かってトラックを走らせている交代要員のことに気付いて青くなった（後述するように、実際は交代のためでなく、同僚救出の決死隊として敵中突破を企図していた）。

「トラックを止めろ。町に入る前に止めるんだ」

電話に飛びついて林務署や特警中隊を呼んだ。しかし、トラックはすでにそれらの地点を通過したあとだった。突き上げてくる不安、焦燥の中で、監視隊は裏山づたいに撤収せよとの命令を受けたが、死地に近づきつつある同僚のことを思って頭がいっぱいだった。

「その軍刀で刺して……」

ところが、各隊を山市街に集結させ、敵をいったん撃退して最後に撤収するよう攻撃準備を整えた中垣特警中隊長は、ソ連軍の状況把握のため監視隊を電話に呼んで愕然とした。受話器に飛び込んできたのはロシア語だった。

監視隊はソ連軍に占領されたのか、女子隊員は——。同中隊長は抜刀し、軽機分隊を率いると監視隊壕に急行した。

そのときから恵須取を脱出するまでの同隊のことを、丹保さんの手記に、中野さん、富木さんらの話で補足して綴ってみよう。

ソ連軍がすでに山市街に迫っていることを、壕の周辺にシュッシュッと小さく土をはね返して落ちはじめた小銃弾で知りながら、女子隊員のある者は電話機の傍らで任務につき、ある者は四囲からにじみ出る地下水でじっとりと重い壕内の空気と、汗や垢のすえた匂いの中で短い仮眠をとっていた。

手を伸ばすと届くところに赤さび色の手榴弾を必ず置いて寝ていた。最後のときがきたらこの一個が若い命を断つ介添役である。心は比較的平静だった。

私たちは疲れていた。私（丹保）は盲腸のあとの経過が悪く、まだ腹帯をしたままだったから、この数日の勤務は過酷だった。でも、それにも増して、この間に体験したことは十七歳の私の脳裏にしまいこんでおくには強烈過ぎることばかりだった。

避難の途中、壕にころげるようにはいってくるなり、たった一人で赤ん坊を産み、それを抱いてすぐ避難民の列にはいっていく母親の動物以上の粗暴な姿も見た。人っ子一人いなくなった町を見おろす陣地で、無数の星の中から敵機を捜し求め、夜空をこがす町の火のむこうの海に船影を捜し出そうとしたり——目まいを覚えるほどの疲労の中での勤務は、若い女性の神経でとても耐えられるようなものではない。

疲れきって、この日の細かい行動は記憶にないが、上恵須取をたった交代要員のトラックがつかめず、途中で引返してくれるといいが……と祈りながら、いても立ってもいられない不安のなかにいるとき、日本刀を抜いた特警中隊長が、監視隊の通信室のドアを蹴破るような勢いで飛び込んできた。

ふり返った私たちに「ああ、君たち、無事だったか」というなり隊長は軍刀を杖にからだを支えてポロポロと涙を流した。そして、涙をこぶしでぬぐいながら電話にソ連兵の話が飛び込んだため（電話線を切断、利用されたらしい）とっさに、監視隊本部はソ連軍の手中におちたものと思うと、軍に協力した若い女子隊員を一人でも救出しなければと自ら斬込むつもりできたのだという。

「さあ、君たちは、私が命にかえても退避させるから行こう。ソ連軍は壕から五百メートルの地点にきている」

私たち十二人は、このことばで急に膝の力の抜けるのを感じた。敵が近いことは知っていながら五百メートルと聞いたとたん恐ろしくなった。私たちは気持の支えを失ったようでみじめであった。ひとたびただの女にもどると、とても、この火の海、銃弾のなかを突っ切って脱出、山越えなど思いも及ばなかった。地べたにひざまずいて私たちは「殺してください。どうせ壕を出てもソ連兵に捕えられるのなら、ここで死にたい、その軍刀で刺して……」と中野軍曹に必死に懇願した。

壕の前方三、四十メートルのパレスの建物は直撃弾で燃え、火は付近の民家一帯を火の海にしていた。機銃弾をあびせる敵機は炎の上をなでるような低空で飛び、搭乗員の表情がみてとれるほどだった。使命感だけが私たちを引っぱってきたとすれば、脱出――生きること、を思い出したときから急に使命感はなえて、恐怖心がよみがえったのだ、とでもいえようか。

「ばか者、ここで死んでどうする。まだやることはたくさんある。しっかりしろ」

われがねのような中野軍曹の声、どなられて、ふっとわれに返った。

通信設備を破壊して撤収することになった。中野軍曹が豊原の司令部、真岡の軍監視隊本部、上敷香の松村隊などに最後の電話をかけた。切迫する恵須取の戦況を伝え、これを最後に通信機を破壊して撤収することを告げた。そのあとに十二人の女子隊員も一人ずつ出て、別れのあいさつをした。

泣きながら「お世話になりました。さようなら」というのが、せいいっぱい。いつも電話口にでて報告を受理していた兵隊さんたちも、「みんなが、がんばってくれているのに、おれたちは遠くで気をもんでいるだけだ。軍人として情けない。最後まで命を大事にしてくれよ」といいながら泣いている。

肩を抱き合って泣くもの、壁にすがって泣きくずれるもの、冷たい空洞のなかに激しく泣きむせぶ声はいつまでも続いた。

防空壕脱出の時間が近づいた。めいめいがナイフを出して電線をずたずたに切った。時計もこわした。涙とほこりでくしゃくしゃにゆがんだ顔を見合わせて、壕の出口に進んだ。そこには軽機をもった数人の兵隊と竹槍をもった中年の義勇隊員たちがいた。

機銃弾をたたきこみながら黒っぽい機体がキーンという音とともに、頭上を飛び去った。思わずからだが縮む。この下を一人、一人、前の者を見失わない程度の間隔(二、三百メートル)をおいて脱出する。防空頭巾の上から兵隊が縄を巻き、草の葉や木の小枝をさして「さあ、いくんだ」と元気づけてくれる。

私はその声で勇を鼓して走り出た。すぐわきの家の軒先に駆け寄った。その二、三軒先は火の海だ。午後の太陽と火勢で、じりじりとほおに焼けるようないたみを覚えて、裏山に駆け登ろうとすると、下から風でまっ赤な火のかたまりを包んだ煙が吹き上げてきた。前の人の姿が煙に巻かれるようにして見えなくなった。アッと息をのんで立ち止まった私は、見失ってはたいへんと駆け出した。盲腸の傷跡がうずく。汗がふき出して、目の先がまっ暗になり、足がもたついてつんのめる。

立ち止まった耳元をかすめるように、シュッ、シュッと弾丸が飛んでいく。からだを起したとたん、砲弾で地表が揺らいで姿勢がくずれる。生きた心地もなく、ただ前の人を見失うまいと山膚をよじのぼる。これがまた心臓破りの急斜面であった。竹槍をこわきにした中年の義勇隊員が、背後についてきている。心臓の早い鼓動が伝わってくるようだ。男だって必死なのだ。

山頂についてみると、はるか恵須取川のそばにソ連の砲陣地があり、しきりに砲撃を加えていた。

夜になると三日月がかかって、信じられないほど静かであった。黙々と、誰一人口をきくものもなく進んだ。山といってもハゲ山、どこからソ連軍が飛び出してくるかもしれない。重い足を引きずって、数百人の列が、山膚を縫い、ツンドラ地帯を膝までぬれて歩いた。

空腹と疲労、二、三分の休憩でもバタバタと将棋倒しに、ところかまわず寝ころんでしまう。ポーと青い燐光が闇の中に光って、墓場をゆくような無気味な山道であった。

途中の松尾沢付近で、日本軍の歩哨線に出会い、上恵須取の交代隊員のトラックのことを聞いたが、恵須取に向かったまま引返していないという返事。軍も義勇隊も撤退したあとの町に知らずに突っ込んでいった同僚——不吉な想像がしだいにふくれ上がっていく。いっそう重くなった足を引きずって、上恵須取にたどりついたのは、十七日午前三時ごろだった。宿舎の林旅館にはいった私たちは、泥だらけの足、ぬれたままの服で畳の上に横になり、むさぼるように眠った。

上恵須取に着いた中野軍曹は第五陣地に当てた郵便局から、電話で上敷香の師団戦闘指揮所に報告、その指示で監視隊は豊原に向かうことにした。しかし、岡崎巡査は、恵須取にいるとき、樺太庁から「隊員の生命の責任が負えないので、軍の要請のいかんにかかわらず解散せよ」という命令を受けていた。家族はすでに避難し、混乱の中で女子隊員を解散したらどうなる——と、岡崎巡査は憤激し、結局、豊原まで同巡査は女子隊員と行動を共にした。そのため自らは非常呼集のとき以来家族と会うこともできず、シベリア抑留生活を経て帰国するまでの三年間、その消息すら不明であった。

死を覚悟の薄化粧

ところで、第四陣地を脱出した中野軍曹と女子監視隊員らが必至の表情で裏山に向かっているころ、上恵須取の第五陣地からその同僚救出のためトラックで出発した人たちはどうなったか——三十数人の女子隊員は、心配したとおり、トラックをしゃにむに走らせて、王子製紙工場付近に進出していたソ連軍の目前を命がけで突破していた。

このときの状況を隊員の岡崎みよ子さん(旧姓北)、竹谷みきさん(旧姓阿蘇)、塩野美代子さん（旧姓池山）らの手記によって再現してみよう。

中野軍曹と一個班の女子監視隊員を第四陣地に置いて上恵須取にさがっていた残り六個班の隊員には岡崎巡査と河原太一郎兵長らがついており、恵須取の戦況が切迫してきたため、第四陣地からの救出をどうするか憂慮していた。

そのとき隊員のなかから「私たちが決死隊になって自動車で敵前を走り抜け、銃火が車に集中している間隙に、壕内の隊員が脱出する方法を」という意見が出た。そんな暴挙があるかと岡崎巡査らはとりあわなかったが、「壕内の十数人を玉砕させるよりはそれでも被害は少ないはずだ」「ぜひ、全員を決死隊に参加させてほしい。ぐずぐずしているうちに、第四陣地は危険になる」と、若い女性たちがしまいには狂ったように決行を迫った。責任者として岡崎巡査の頭は混乱するばかりだったという。

しかし、結局その熱意に従うことになった。女子監視隊としては、オトリの敵中突破しか方法はなかった。半数の一～三班、三十数人を選ぶとあわただしく出発準備にかかった。決死隊に加わった隊員のなかには上恵須取で、避難途中の親たちと邂逅したものもいた。岡崎みよ子さんもそうで、「自ら敵中に飛び込んでいく一人娘を「いってはいけない。いけば死ぬに決まっているんだから」と肩を両手でゆさぶるようにしていう母を納得させる

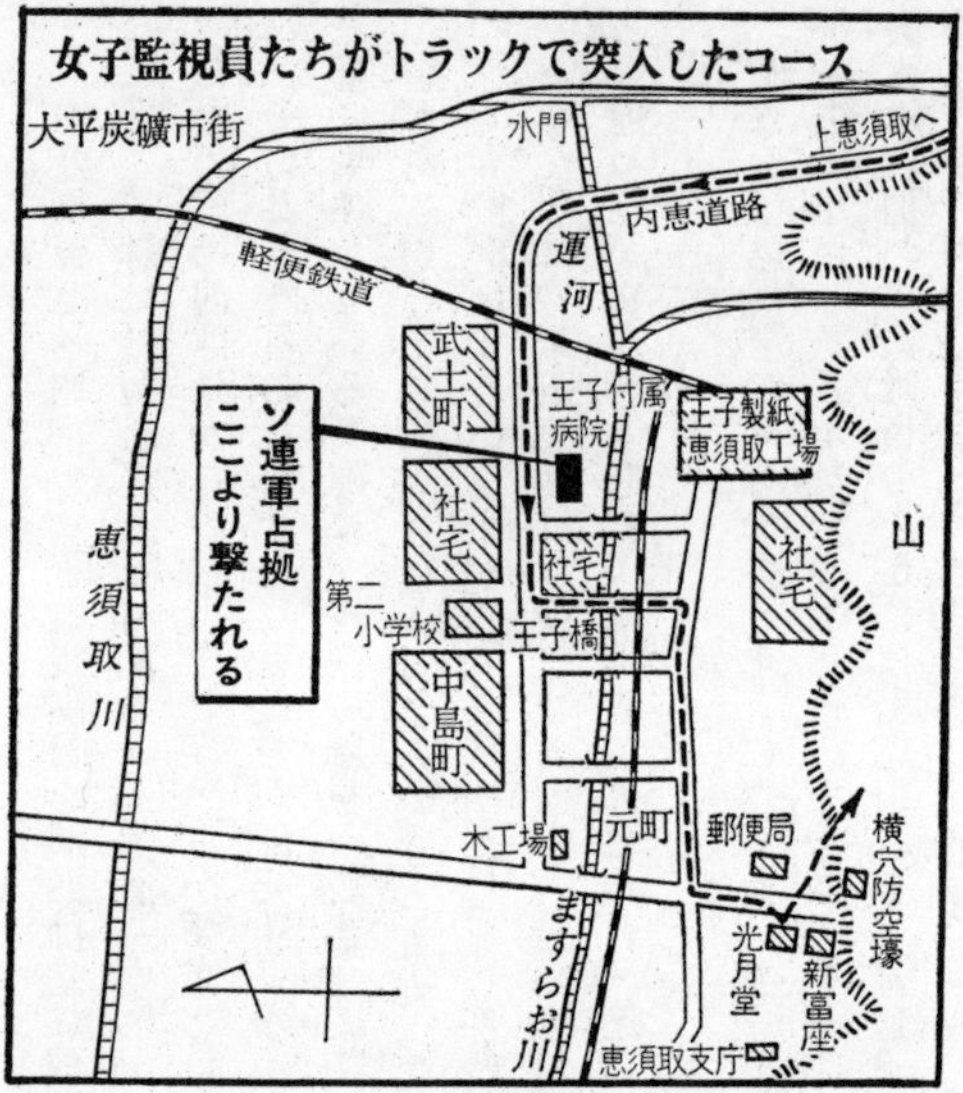

のに困った。母と別れた私は同僚のところに戻ると、「これが死出の旅になるかもしれない」と、そっと生まれて初めての化粧をした。そして、感傷をまぎらすように「散るべきときは清く散れ……」と声をはり上げて軍歌をうたい、真新しい手拭いに赤インキで日の丸の印をつけて堅くきりりと締めた。みんながそうしたが、薄化粧のうえ緊張で赤く染まったほおがとても美しいと思った」と語る。

出発寸前、二台のトラックのうち一台は故障を起し、残る築港事務所のトラックに一班、二班、三班と乗り込んだ。岡崎さんの両親はトラックに手をかけて、泣きはらした顔で「必ず、どこにいても生きているんだよ」と繰り返し、ハンドルをにぎった小原運転手、ガチャンと非情な響きを残してドアを締めた大月助手に、駆け寄った妻や子供たちが「おとうさん、行かないで。行ったら死んじゃうよう、行かないで――」と泣き叫ぶ。

しかし、その肉親の情を断ち切るようにトラックは発車した。へなへなと力なく、地べたにすわりこむ人、砂塵のなかを追う子供も、みるみる遠ざかる。車上からは、耳につく肉親の悲痛な声を忘却しようとするように「さ、よーうーなーらーっ」という叫びが、山の陰に、上恵須取の町も、人も見えなくなるまで続いた。

山合の一本道を続々避難してくる人びとが、道ばたによけて立ち止まるなかを、人の流れとは逆にトラックは西に突っ走った。

途中、恵須取から避難する消防車とすれちがった。消防車の上にはけが人がしがみつき、タイヤも、車の後部も銃撃を受けた跡が歴然としていた。しかし、軍の命令だからと、誰一人、敵中突破の意をひるがえすものはなかった。それとみてとった消防車の人たちは、「どうしてもいくのか、気を付けるんだぞ。王子のそばの松林に二十人ぐらい、一の薬局の近くには、三十人ぐらいのソ連兵がいるから」

からだを乗り出して聞いていた小原運転手が、このことばで、急に「行かない」といい出した。

「おれは家族がいる。これ以上先には行かない」

上恵須取を出るとき、すがりついて泣き叫んだ妻子の姿をみれば、むりからぬことであった。しかし、危険は先刻承知のこと。ここであきらめたら、第五陣地の同僚はどうなる――女子隊員は手を合わさんばかりに翻意させようとして頼んだ。が、小原運転手、大月助手はがんとして引返すといい張った。

「やむを得ない。歩いてでも行きましょう」

だれかがいいだすと、こわばったほおで、みんながうなずいた。すると、それまで、かたくなに同行を拒否し続けた小原運転手らが「よし、女の君たちがそこまで固い決意なら行こう。死んだっていい。男のおれたちが、君たちの行くのに帰ることが……」というなり、ハンドルをにぎった。そう覚悟したあとの二人の表情はさばさばしたものであった。車はスピードを出して、一気に町の入り口にかかった。

決死の敵中突破

人の上に人が重なるように、ぴったり身を固くしてつけた三十六人の女子隊員と、河原太一郎兵長らをのせたトラックは、消防車の人たちが、二十人ほどのソ連兵がいると教えてくれた林のそばを、飛ぶようないきおいで駆け抜けた。運河（恵須取川とますらお川を結ぶ）の橋を渡ったトラックは、右車輪を浮かせるように直角に曲ると、まもなく武士町の町なみにはいった。と、家々の間からみえる北のツンドラ地帯に、おびただしいソ連兵。ツンドラの上に散開して、山市街にじりじりと迫っているもののようであった。

車はあっというまに武士町を抜け、王子社宅街にかかった。と、そのときダダダダッ……と、左手の王子付属病院裏からトラック目がけて自動小銃が乱射された。

予期していたこととはいいながら夢中で前の人にしがみつくもの、口の中で「南無妙法蓮華経」をとなえるもの。運転手をねらったらしい弾丸は、車の通過で背後から浴びせかけるかたちになった。

竹谷隊員は腰の右を棒切れで思い切りたたかれたような痛みを感じたが、そのときは、弾丸が当たったとは気付かず、かたわらの勝又慶子隊員が左腕を抱えるようにして「撃たれた」とゆがめた顔を見、続いて波岡恵子隊員、建部隊員の悲鳴に似た叫びの声を聞いた。

勝又隊員の貫通した弾丸のあとからまっかな血がほとばしっているのをみると、竹谷隊員らは三角巾を出してきつくしばった。「みんなしっかり。もう少しだからしっかりするのよ」。声をからして香川第三班長らが励ます。

いちばん前に乗っていた第一班岡崎みよ子隊員は、小原運転手の隣の大月助手が、がくっと前のめりに倒れかかるのをみた（トラックが止まったとき、大月助手の姿はなかった。王子橋の先のカーブでふり落とされたらしく、戦後、竹谷さんはカーブのそばの下水溝に若い男の死体がうつぶせになってあったということを聞いた）。

と、次の瞬間、敵弾が頭巾をかすめた。小原運転手はとっさに、前方の火の海と背後からの追撃をさけるためハンドルを思いきり深く切ったのだろう――ギギギーッときしむような音とともに車は左に曲がって王子橋を通過。さらに右へ、山市街に向かう道路に突っ込んでいった。死にもの狂いでしがみついたからだが宙に浮き、二度目のカーブではたたきつけるような激しさで揺り戻された。

こうして、敵前を突破したものの、すぐ無気味な爆音が近づいてきた。浜市街の上空、双発機七、八機の編隊だ。たちまち耳を聾する音になって近づいてくる。トラックが急停車、その反動でこぼれるように荷台から飛び降りる。防衛隊の佐藤曹長が飛び出してきて「君たちが上恵須取を出発したと聞いたので待っていた。爆撃が始まるぞ、早く逃げるんだ」と叫ぶ。同曹長は、一の薬局付近に進出した約三十人のソ連兵とたった一人で対峙しながら女子監視隊員の到着を待っていたのである。

隊員はいっせいに付近の建物に駆け込んだ。塩野隊員はそば屋、竹谷隊員らは喫茶店光月堂に、岡崎隊員らは大きい映画館新富座の客席に飛び込んで避難したとたん爆撃が始まった。

ドドドーッという音とともに、建物の床が揺れて、竹谷隊員は思わず床に伏せたが、その上に、たなのなべや、かまがガラガラと落ち、食器がくだけて足もとに飛び散った。爆撃は執拗に繰り返され、そのたびに、今度は直撃弾がくるか、今度は建物と一緒に吹き飛ばされるのではと、からだを固くした。

やがて、敵機は去った。爆音が遠のいたとき「隊員は新富座に集合」と伝令が付近を走り回った。光月堂から一歩、外に出ると、さっきまでなんでもなかった民家のあちこちから、いっせいに火の手が上がり、目の前の郵便局の高いポプラがめらめらと燃え、火柱になっており、乗り捨てたトラックは横転、無残な姿をさらしていて、誰もが一瞬息をのんだ。

新富座の中では暗い通路に死者が横たわり、あちこちで重傷者のうめき声が聞こえた。腕の出血が激しい勝又隊員は貧血を起して倒れた。救急鞄はトラックのすみに積んだので、鞄を持っている人は少数だったが、それを集め、児玉副隊長、香川第一班長、只野英子副班長（旧姓山口）らが止血をし、左膝に貫通銃創をうけた波岡隊員、右腕に負傷した建部隊員らの手当をして回った。この間、歩ける者は第四陣地の壕に向かった。しかし、そこにはだれもいなかった。通信機もなにもメチャメチャにこわれ、通信室内に散乱していた。中野軍曹や第七班の隊員が着くより早くすでに同陣地を撤収してしまったことははっきりした。そのとき数人の警察官がきた。「ますらお川をはさんでソ連軍と対峙していたが、少数の力では防ぎきれないし、弾丸も残り少なになったので、町を放棄することにした」という警官の話で、監視隊も一緒に山越えして上恵須取の隊員と合流することに決定、ただちに新富座に戻って、負傷者を運ぶ担架をつくった。

一の薬局付近の敵は、爆撃が終ったので、いつ攻撃してくるかわからない。

ムシロに棒をつけた担架二つをつくり、勝又、波岡両隊員をのせ、警官や兵隊がもった。岡崎隊員は十三日夜、歩哨に立っているとき避難民からもらった日本刀と新富座の中にあった小銃を、ソ連軍の追撃を受けたときに備えて持った。塩野隊員は担架を持った警官の小銃の負い革を肩にかけた。そして五、六人ずつのグループにわかれて、壕のわきから裏山に登っていった。

(塩野さんは、新富座にいた小学生ぐらいの男の子が道案内に立ってくれたように思うといっているがさだかではない。)

道のない山中を上恵須取に向かった女子隊員にはその道程も死にまさる苦しさの連続だった。腰の傷を押えて懸命に歩いた竹谷はついに倒れた。駆け寄った人たちは、ズボンの上からは直径一センチほどの穴があいているだけだったのが、内側は肌着がボロボロになり、大きい傷口がひらいているのをみて驚いた。警官の一人がその竹谷さんをおぶってくれた。

担架の波岡さんは衰弱がひどく、同僚がかわるがわる大声で「がんばるのよ。もう少しで両親の待つ上恵須取だから眠ったらだめよ」と呼びかけ、ほおを叩いて元気づけた。空腹と喉の乾きで倒れそうになるわれとわが心に聞かせる声でもあった。

夜にはいって、頭上に照明弾が落ち、敵機の機銃掃射をうけた。爆音が遠のくとまた闇

茶々原野に散在する開拓農家。

の中で身を起して歩いた。

　一軒の農家をみつけて、人影のないことを確かめ、水をたたえた二斗樽に殺到した。芋を洗ったものらしく泥と芋皮が沈んでいたが、上ずみをすくって負傷者に飲ませたあとは、みんなガブガブ飲んだ。最後になった岡崎さんは、「樽の底の泥水をすくって飲み、皮と泥のザラザラした感触が舌に残った。でも、その一口で蘇生したように思った」と語る。

　また、山イチゴの葉にキラキラと光る夜露をすすって、葉をなめたりもした。

　こんな苦労のあげく、十八日朝、内恵道路の上肝太(かみかんた)にたどりついた。自転車できた男の人にそこで聞かされたのは敗戦ということだった。隊員はへなへなと路上にすわりこんでしまった。そしてポロポロと大粒の涙を流して泣いていると、この谷間を西から東に、黒っぽい機体のソ連機が機銃弾をあびせながら飛び去った。

白旗を掲げ、騎馬の軍使が足早に恵須取に向かうのをみて、浅倉中隊の陣地に着いた監視隊員は、兵隊たちのいたわりのことばとともに、砂糖をまぶしたでかいにぎりめし一個と塩っ辛いサケの切り身一切れあてをもらってようやく空腹を満たすことができた。そして、ところかまわず寝入ってしまった。

合い言葉は「雪」と「月」

上恵須取は恵須取川ぞいの内恵道路を、恵須取市街のはずれ（元町）から二〇・八キロのところにあった。この付近の低地を茶々原野と呼び、樺太中央試験所恵須取支所が置かれ、開拓者がはいってから森林が伐採され、農耕地に変った。人家は市街の二百戸ほどと周辺の上肝太、肝太、布礼（ふれ）、翠樹（みどりぎ）、白樺など、散在する開拓農家と造材人夫小屋を合わせて三百戸ほど。

畑には燕麦が緑のうねをみせ、ジャガ芋の白い花が地表をおおって平和だったこの上恵須取は、樺太の背骨のような中央山脈を越える内恵道路（恵須取―内路七十六キロ）、ここから分れて南下する珍恵道路（殖民道路、七〇・七キロ）の要衝で、ソ連軍の上陸とともに塔路、恵須取などから避難した人たちが、さらに逃げのびよう、本州に渡ろうとして鉄道

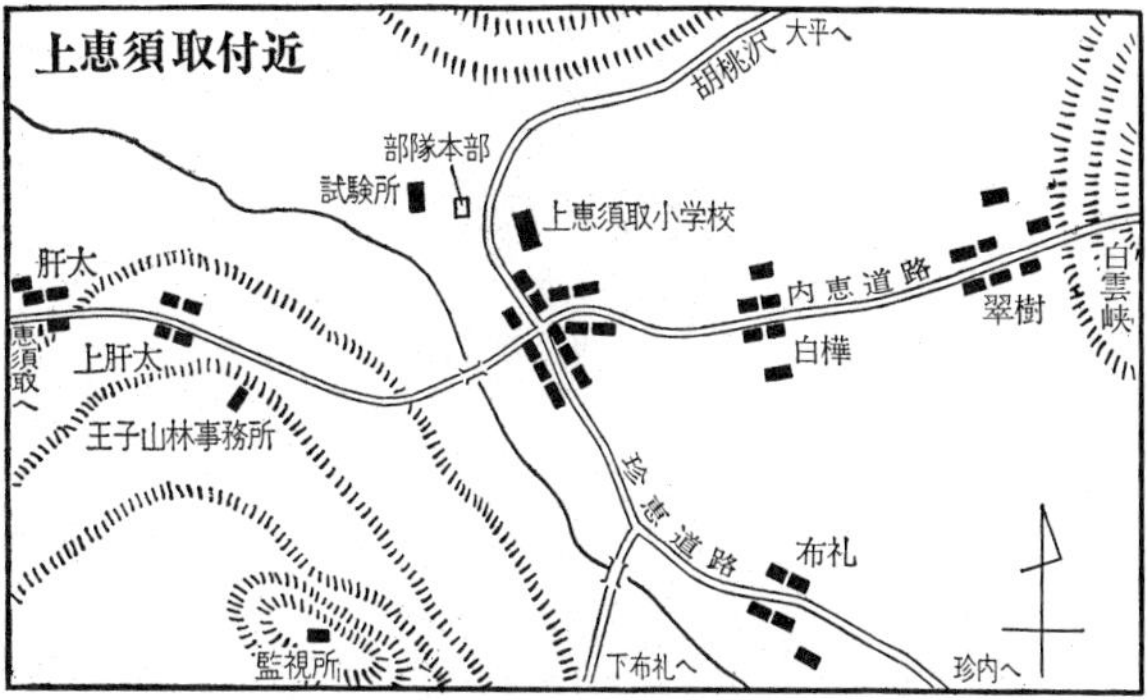

上恵須取付近

のある内路、久春内めざして二つの山道に殺到、疲労と飢え、超低空で迫るソ連機の機銃掃射で、倒れあるいは自ら命を断った〝死の行進の起点〟になった。

師団が内陸の茶々原野でソ連軍阻止を図ったことは先に述べたが、十二日ごろは、同地区のにわか防衛隊長（義勇戦闘隊か地区特警隊か明瞭でない）になった桑原武司中試支所長が約五百人の部落内の男子を集め、恵須取寄りの肝太の山峡で戦車壕掘りなどを始め、青年学校や恵須取中学、同工業の生徒約六百人が山本倫平、竹田信弘、石川八隅、高岡健蔵の各校長に引率され、上恵須取国民学校に宿泊して松尾沢の戦車壕掘りに従事しているだけだった。

地区防衛隊といっても開拓農民と杣夫がほとんどで、火器は熊撃ちの銃ぐらい、あとはクワやオノ、トビグチなどをもって集まるありさま。

学徒戦闘隊の活躍を知るため上恵須取に向かった

庁青年教育官、松永幸市さんは、「米俵が山と積まれ、缶詰も豊富にある学校を宿舎にした学徒隊では、近く胡桃沢の陣地に移動して守備に当たることになりそうだといって教官は悲壮な表情だったが、翌朝、生徒を前に訓示したとき、生徒の目は若々しく、いささかの動揺の色もなかった」と語っている。

しかし、十四日、増援の朝倉中隊・上家中隊が到着、朝倉中隊は直ちに上肝太、上家中隊は桜沢に配置され、恵須取地区臨時指揮官の富沢大佐は試験場の前庭に天幕の部隊本部を設置した。本部には敷香の特務機関長、瀬野赳中佐の顔もみえたと桑原さんはいっている。十六日夜、恵須取の町民がここに殺到し、尾崎支庁長、肥後町長、そして中垣特警中隊長らが、恵須取の町を捨てて山道を上恵須取に着いた。

このようにあわただしい上恵須取の町の状況をみて、その十六日夕、桑原さんは部下一人を連れて肝太に向かった。そのときになっても避難民が帯をなして逃げてくる。「ある農家に恵須取から山越えしてきた中垣中隊長がいた。数日の戦闘で憔悴しきった身体を納屋の壁に寄せかけて無言だった。私は恵須取に向かった。王子工場の見える一直線の道路に立つと、市街のあちこちに煙が上がり、まだ避難民の姿は続いていた。双眼鏡をのぞいた私は愕然とした。恵須取に北からはいる直線道路を進んでくるソ連軍の一隊が手にとるように見える。そのソ連軍と避難民の最後は四キロと離れていないのだ。しかも、すでに走る力を失い、ただ死の恐怖からのみのがれるために歩き続けているようであった。

私たちのわきを通る列の中から、気が狂い、髪をふり乱した二十五、六歳の女性が神の名を口ずさみ、天を仰いだかと思うと私に泣いてすがった。悲惨さはことばに絶し、同行の部下は今夜、敵に斬込みをかけようと私に迫った」

桑原さんはこう書き綴っている。

桑原さんは防衛隊員のうち二百人ほどを肝太に残して上恵須取に引返し、斬込みを軍に進言した。しかし、軍は承知せず、居合わせた師団司令部の松尾幸一少尉だけが「恵須取を奪還しなければ、北の住民を見殺しすることになる」といい、恵須取を放棄した地区部隊に批判的だったのだろう、桑原さんのことばに賛成した。

同少尉はその前にも、恵須取の南四キロ、白伊の火薬工場で炭礦用に製造していた爆薬を取り寄せ、ソ連軍に斬込むことを意図したが、富沢大佐に止められたという。

防衛隊のうち兵隊の経験のある人たちは、トラック三台に軽機、小銃、手榴弾を積み、それぞれ腹に白さらしを巻くと、合い言葉を「雪」「月」と決めて午後十一時過ぎ出発した。

そのころ、恵須取地区守備隊長に任命された吉野貞吾少佐が北海道から、副官、青木雄二中尉、平野一夫曹長、師団通信隊の三号無線一個分隊を率いて車で着任、富沢大佐から戦況説明を受けるとともに指揮を托された。そして午前一時過ぎ同大佐は松尾少尉らを伴って珍恵道路を南下していった。

恵須取に向かって車を走らせていた桑原防衛隊長らは、肝太に配置していた約二百人の隊員をここで武装させ、徒歩で恵須取に侵入するはずだったが、陣地についてみると隊員の姿が消えていた。付近を捜し回っているうちに東の空が白みかけてしまった。

こうなっては斬込みは断念するほかなかった。桑原さんは「吉野少佐が斬込みは無謀だと隊員をいちはやく移動させたらしい」と、語っている。

上恵須取、灰燼に帰す

十七日、吉野部隊長が部隊本部に朝倉、上家、宮崎、中垣特警の各中隊長を集め、作戦会議を開いているさなか、トラックを飛ばして歩二五上敷香残留隊長、平義信中尉が「現位置で戦闘行動を停止、直ちに停戦協定を結べ」という師団命令を伝えにきた。

吉野少佐は意外な命令に耳を疑った。終戦のことはすでに知っていた。そのうえで十六日午後、内恵道路上、無線で師団の指示を仰いだとき「最後まで交戦せよ」という命令を受け、死を決していただけに同少佐は納得せず、平中尉にもう一度、命令を確認することを命じた。

同中尉は（この数日、師団命令は次々と変更され、上層部の混乱ぶりが窺えたが）この命令が最新のものである点を強調した。しかし、少佐は再確認を求めて譲らなかった。やむを得ず平中尉は郵便局に行き、電話で師団司令部と上敷香の筑紫参謀を呼ぼうとしたが、回線の故障か連絡がつかなかった。

部隊本部に戻る平中尉が、郵便局から胡桃沢道路に出てまもなく、七機のソ連機が西の空を近づいてくる爆音が聞こえた。時間は午後二時前後だったという。二百戸ほどの上恵須取市街が、一気に火を吹いて壊滅した爆撃はこうして始まった。

そのころ、恵須取を撤退した義勇隊員、学徒動員の中学生、青年学校生徒などは空襲を恐れて周囲の神社山などの山林に避難していて、市街地には二百人ほどが残っているだけ（金沢正信さんの話）。避難民の延々と続いた列も、しんがりが鷲ノ巣（内恵道路）、富畑（珍恵道路）へと消えていってまもなくだった。

「第一弾で町の中心の家が吹っ飛び、爆風で四、五百メートル離れている神社の額が落ちた。そして赤い星のマークをみせて、高度四、五百まで突っ込んだソ連機が反転したとみると町全体が一瞬にして火に包まれていた」と金沢さんはいい、尾崎支庁長は、「部隊本部に近い試験所の玄関にいた私は、思わず柱に抱きついたが、屋根に雨あられのように薬莢が降って、激しい音を立てた」と表現している。

町にいた人たちは、クモの子を散らすように裏の麦畑に逃げ込み、それを追うソ連機は容赦なく機銃弾の雨を降らせた。

塔路三菱炭礦病院の金谷寛光院長は、十三日召集令状を受け、豊原に向かう途中、召集解除の知らせに接して上恵須取まで戻り、たまたまこの空爆に遭った。近くの防空壕に避難しているうち、国鉄バスの切符売り場にリュックを忘れたことを思い出して取りに戻った。セツ夫人が「看護婦が徹夜で縫いあげた千人針などを詰めこんだリュックだけは片時も離さないで」といったことを思い出したのだが、リュックをとって壕に戻ってみると、壕は直撃弾で吹っ飛び、大きい穴がポッカリあいていた。満員だった壕内の避難民は一瞬にして消えていた。

同市街に住んでいた大町勲さんらは、この空襲で三十数人が死に、二つの寺のそばに埋葬、慰霊塔がのちに建ったといっている。この空襲の恐ろしさを女子監視隊員、丹保照子さんは次のように書いている。

丹保さんらの七班は山越えして上恵須取にたどりつくと、郵便局から三軒ほど北寄りの林旅館に落ち着き、ひとねむりしたあと残留四〜六班の同僚と豊原に向かうべく用意しているとき空襲が始まった。

重い眠りからようやくさめた私たちは、久しぶりの風呂で垢と汗を落としてさっぱりした。肌着などのよごれ物を洗濯して物干しざおにかけた。おびただしい、白い洗濯物のかげから見上げた青空は、まぶしく輝いていた。

遠く爆音がする。しかし、危険を脱した安堵感があって、戦場の一角に自分がいることを忘れていた。畳の感触を楽しみながら私はつくろいものをしていた。テーブルにはおにぎりの山、四〜六班の人たちが旅館の中を忙しそうに、しかし、楽しそうに飛び回って豚汁としるこをつくっている。

「まあだ。おしるこは……」

「うん、もうちょっと、すごく甘いのよ」

何日かぶりに花やいだ笑いがわく。

「おうい、シャツの配給だ、シャツと綿布と……」

岡崎正夫巡査が、豊原に向かう私たちに、どこから手に入れてくるのか、新しい肌着などを運んできては配る。

と、そのとき、屋根を押しつぶすような爆音。戸外に退避するいとまもなかった。ドドドッと落雷のような音。無意識のうちに私たち部屋にいた数人は床の間のすみに固まって身を伏せた。

空気を切るあの無気味な音に顔を上げると、一機、二機……七機の赤い星のソ連機が、次々と真っさかさまに突っ込んでくる。窓から飛びこんできそうな恐怖感に、私は「ナムアミダブツ、ナムアミダブツ……」と一心に繰り返した。隣の人も手を堅くにぎりしめてお題目をとなえている。

ドドドッ……という音とともに私たちのからだが飛びはねる。窓からみえていた旅館の一角がかき消されたようになくなっている。直撃弾で吹っ飛んだのだろう。

開拓初期の上恵須取。避難民は前方の山の中腹の道を逃げた（右手が恵須取）。

中野軍曹が血相をかえて飛び込んできた。「班長、そのふとんをかぶせてください」「畳、畳を……」と叫ぶ。敵機が反転したその間、中野軍曹はふとんを投げかけ、畳を起して爆風よけに立てかけてくれた。

町全体が火を吹くように燃え出した。私たちは半狂乱のようになって、部屋を飛び出すと神社山に逃げ込んだ。五十人近い隊員は、旅館のすみに身を伏せているもの、敵機の突っ込んでくる下を逃げたものもあったが、土門すみ子さんは駆け出した直後、機銃弾をあび、路上に伏せた上を弾が走って撃たれ即死した。並んで伏せた人たちはかすり傷一つ負わなかったのに……。

女子隊員が逃げ込んだ林の上空をソ連機が旋回しだした。中野軍曹、岡崎巡査はこのため急ぎ上恵須取を脱出、内路に向かうことを決めると、土門さんの遺品を捜すため、すでに焼き払われた市街に戻った。

中野軍曹は「戦災死者を出し、出動した決死隊（一～三班）の消息はつかめず、そのうえこの若い女性たちのうえに今後、どんなことが起るか——と考えていると、気が狂いそうになった」と語る。

岡崎巡査は「市街地に戻ったものの、一瞬にして火が吹いて焼け落ちた町は、どこがどこやらわからず、郵便の赤行嚢（こうのう）を両手でしっかりにぎりしめ、片足を爆弾の破片で吹き飛ばされたらしい男が悲痛な叫びをあげていた。しかし、どう処置してやれるものでもなく、いつ敵機がくるかもしれないと、そこを離れ、なお土門さんを捜したが遺体を見つけることができなかった」といっている。

やむなく隊員のもとに帰った中野軍曹らは冥福を祈ったあと、鍋、釜と食糧を分けて隊員に持たせたほか、携帯電話機一台、小銃一丁を自転車にくくりつけて林から内恵道路に出ると、暮れかかる東の空に、屏風のように立ちふさがる中央山脈をめざして歩き始めた。

その道は家族のあとを追う義勇隊員も歩いていた。桑原さんは「空襲のあと隊員を集合してみると二百五十人と半分ほどに減っていた。さらに十八日朝になると二十人ぐらいになってしまった。みんな空襲のあと浮き足立って家族を追ったのだろう。残った二十人は神社に参拝、東の空をおがんだあと君が代を合唱、山賊のような大男どもが声をあげて泣いた」といっている。

決裂した停戦交渉

町が灰燼に帰した十七日夕刻、吉野少佐は停戦せよという師団命令が動かないものだと知った。居合わせた浅倉、宮崎両中隊長は軍使の役を命じてほしいと願い出た。しかし、同少佐は隊長会同を開き、軍使に副官青木中尉と上家中隊長、船舶（暁）部隊通信隊長の中村中尉。特務機関の曹長と通訳を派遣することを決定した。このときの通訳は中川芳夫さん（旧姓高橋）で、「陸軍通訳生だった私は、上敷香で筑紫参謀から特務機関の太田曹長とともに吉野少佐のもとに派遣された。一回目の交渉（青木中尉ら）で太田曹長も某中尉（中村中尉）とソ連に残された。二度目の交渉では吉野少佐自ら白旗を掲げてくることを要求、中村中尉らを残し、夜半、青木中尉、上家中尉と通訳を帰した。

軍使は騎馬で出発していったが、ソ連軍は吉野少佐自ら白旗を掲げてくることを要求、中村中尉らを残し、夜半、青木中尉、上家中尉と通訳を帰した。

青木中尉らが帰ってソ連軍の要求を伝えたため、吉野少佐は十八日朝、騎馬で青木中尉と通訳を連れて恵須取市街に近い指定の丘に向かった。敵の装甲自動車の威嚇射撃のなかを進んでいくと、黒っぽい服の兵隊の間から、青い服を着た海兵隊中佐が近付き、吉野少佐にマホルカ（ソ連のタバコ）を出し、火をつけてすすめた。

お返しに同少佐もタバコを出したが、それをとろうとする中佐の手を周囲の兵隊が止めた。周囲の兵は政治部員かゲペウであったらしく、のちに同少佐が恵須取特務機関の阿部常三郎少佐とまちがわれ、きびしい追及を受けたが、このときの兵の証言で救われたという。阿部少佐と吉野少佐は、十四日樺太に渡る軍用機で一緒だった。阿部少佐は、特務機関員としてソ連参戦後の任務のため部下の石川太郎大尉、尾山正景中尉と、吉野少佐は青木中尉らを連れて、ともに札幌から豊原に飛んだのだった。

この交渉でソ連軍は即刻、捕虜になることを要求した。上司の命令がないから捕虜にならないと吉野少佐はつっぱねた。

「それでは上司と連絡をとれ。一時間だけ待つ」

「ソ連軍が通信を妨害するから、すぐ連絡をとるのはむずかしい」

「では何時間かかるか」

ソ連軍の電波が妨害になって三号無線は師団司令部と交信できず、電話も不通になっていたため、時間を切って、何時まで待てということはむずかしい。少佐が返答に困っているのを見るとソ連軍中佐は腹立たしそうに「会談は終りだ」と一方的に打ち切った。

交渉は決裂したが、ソ連軍は抵抗しない者に危害を加えることはないと繰り返し軍使に語ったため、午後、上恵須取に戻った吉野少佐は避難民は戻ったほうがよいと判断した。

このため桑原さんは部落内の信望のある二人を防衛隊員のなかから選んで馬で内恵道路を東に走らせ、自らも珍恵道路を南下、珍内町境まで走って、馬上から避難民に町に戻るよう呼びかけた。しかし誰一人耳をかすものはなかった。

あきらめて引返したところ、上恵須取では兵隊たちが七、八両の装甲自動車しかないソ連軍に降伏してたまるか、といきり立っていた。指揮官の命をきかず、血気の兵隊たちが行動を起すことを心配した吉野少佐は、ひとまず上恵須取から撤退しようと判断、残っていた邦人には「避難する者は早く出発せよ。とどまるものはソ連軍に抵抗してはいけない。家屋に火を放つことは絶対していけない」と命令した。尾崎支庁長、肥後町長と支庁、町職員も、このことばで急ぎ内恵道路をさがっていき、午後、山越えでふらふらになって試験場に着いた女子監視隊の三十数人も、夜中に起されてそのあとを追った。

軍も陣地を撤退して真暗な内恵道路を東に向かった。

しかし、避難民呼び戻しに珍恵道路を走り回っていた桑原さんや周辺の部落に残っていた人たちは、この軍の撤収を知らず、十九日朝になって部隊本部も陣地ももぬけのからと知って憤慨したが、いまにも敵が攻撃してきそうな不安が急に募って、その人たちも足早に部落をあとにした。

民間人停戦交渉使節

十九日、廃墟の上恵須取には四、五十人の男たちが残っているだけだったが、そこに十七日の停戦交渉でソ連軍の人質になっていた中村中尉が一人悄然と帰ってきた。

駆け寄った男たちに中尉は「ソ連軍は敵対行動をしなければ危害を加える心配はない。しかし軍人を信用しないから、民間人が交渉に行ってくれるといいんだが……」といい、吉野少佐らを追って、部落を離れていった。

その翌日、桑原さんは在郷軍人副分会長、佐藤健次郎さんのことばに動かされ、二人で停戦と平和進駐の交渉にいくことにした。「もしものことがあっても、見苦しい死にかたはしたくない」と話合い、元軍曹の佐藤さんは軍服をつけ、桑原さんは結婚式いらいタンスの底にしまったきりのモーニングを出して着用、胸には撤退した軍人が残していった勲章をべたべたと飾った。白旗を上げていくことに抵抗があったが日の丸だけでは撃たれる心配もあって、ジャンケンで負けた佐藤さんが白旗、勝った桑原さんが日の丸を、それぞれ自転車にくくりつけて出発した。

恵須取の町はずれで自転車を乗り捨てて歩いて進んでいくと、そこここにソ連兵がいるが、この珍妙な格好の二人に誰一人見向きもしない。「日本軍なら誰何（すいか）して返事がなければ撃たれるところだがな」——ソ連語を知らないため歩哨線にかかったときのことが心配だった二人はホッとするとこんな冗談をいえるまでに落ち着いた。

山市街で、将校と兵隊が焼けた車を囲んでいた。親指を立てて指揮官に会いたいというしぐさをすると、その将校はタバコの箱裏に略図を書いて示した。危害が加えられる心配はないという安心感から胸の勲章をはずして贈ろうとしたが相手は手を振って受け取らなかった。

二人は図面で農業会そばのある店にいくと、将校が待ち受けていたようにずらりと並んでいた。桑原さんはここで通訳の中尉に「軍使の一人、中村中尉の話を聞き、われわれ民間人がきた。上恵須取には兵隊はいない。山道を避難している人たちを呼び戻して家業につかせたい。私はこの地方の農業をよく知っているから、その任に就かせてくれるなら日本人とソ連人の食糧を確保する。戦闘はやめてほしい」と切り出した。

しかし、相手はそれに答えず、日本軍について聞いたあと、桑原さんを車庫の一室に抑留してしまった。佐藤さんは測候所の建物に収容されたといい、桑原さんは翌日、塔路警察署員と小さい艦艇で対岸のソフガワニに連行された。

死の避難行

死の内恵道路

死の内恵道路――上恵須取から東海岸の内路まで、樺太の脊梁をなす中央山脈を越える七十六キロの道程は、避難民にとって疲労、飢えとの戦いであった。

茶々原野のはずれ白樺、そこは地名のとおり樹皮に歴史のヒビを刻んだきれいな白樺林があったが、道路は翠樹(みどりぎ)を過ぎると山にかかる。けわしい山膚を削った幅四、五メートルの道から見上げる山々は黒ずんだトドマツにおおわれ、むれるように明るい雑草の色の下は深い谷になって続いている。この道を十三、四日から始まった避難で何万人が歩いて東に向かっていったことだろう。

十八日夜、軍が撤退すると聞いて上恵須取を発った尾崎支庁長は、

「避難民の列はその日もまだ続いていた。避難民ははじめ米と着替えとふとん一枚を背負ったり、手にもったりしている。しかし、疲れてくるとふとん綿をとって投げ、次に米を捨て、着替えを落としていく。子供は緊張すると脱糞する。道路上は限界にきた人たちが捨てたそれらのものが切れ目なく続いていた。しかも日中は二、三十分おきの空襲で、林

のなかに逃げ込んだり、出て歩いたり、そのうちに子供がはぐれる。はぐれると捜しにもどる体力も気力もない。私もそんな子供二人を拾って内路に出たが……」

と語っている。

豊原に向かった女子監視隊員もその模様を次のように語っている。

「十二キロほど歩いて深夜、翠樹の造材飯場に着くなり疲労でばたばたと倒れるように寝入った。しかし、間もなく暗闇に点滅する光に気付いて騒ぐ声で目を覚すと、ソ連軍が内恵道路を進んでくるのではないかという噂をしながら避難民が闇の中を急ぎ足で遠ざかっていった。

出発だ——隊員も大声で同僚の肩を揺すり、腕をとって引っ立てるようにしながらあわただしく飯場をあとにした。軍歌を歌って元気づけ合ったものの疲労と睡気は容赦なく襲いかかり、軍歌の声が途絶えたときには路肩から数メートルの側溝に落ち、そのまま寝入っていたり、はい上がるのを待つ間に前後の者も路上にへたへたと坐り込んでしまったり、まるで夢遊病者のようだった。百メートル進んでは点呼をとり、五十メートルいってはふり返って名を呼び続けて進んだ。

濃緑の谷合、白雲峡にさしかかると、弾薬の始末をしている兵隊や炊き出しをしている部落もあった。米俵を山積し、おびただしい軍靴を道端に放り出したところがあったが、子供を背負い、はだしで虚空をみる避難民にそんなものも映らなかった。ソ連軍から少しでも遠ざかろうとするために、一つ、一つ捨てていった鍋やふとん、米、膚着などが点々と続き、途切れることがなかった」

吉野少佐は峠の茶屋で発狂した若い母親がいたので、周囲の人たちに聞いてみると「小さい男の子二人が、ここでひと休みしていると、疲れを忘れたように遊び回り、避難民が身につけたものを一つずつ捨てたあと、最後に自決用の手榴弾を投げ出していったのを拾い、石でたたいたため爆発、二人は手足を吹き飛ばされて死んだ。苦労してその兄弟を連れてきた母親はそのショックに耐えられなかったのだ」と語ったという。

次に金沢正信さんの手記を掲載しよう。

赤く燃え上がる上恵須取の市街をあとに老人、子供をせき立てての行進が始まった。昼間は山すその道が白樺道路とも呼ばれているように美しい白樺の林でおおわれているが、やがて標高千三、四百メートルの尾根に向かって、山膚を縫い、谷間をはうような峠の登りにかかるころから疲労と恐怖のなかでいくつもの悲惨なできごとが起きた。

途中、私は母と幼い義妹、家がむかいの宮武さんの家族に会った。夜があけたので、私と鈴木浜平さんは家族を林において、朝飯の仕度にかかった。さいわい山岳戦に備えて、道ばたのあちこちに仮小屋をつくり、米二十俵ぐらいと、みそをおいてあるのがみつかった。二人は鉄かぶとで米をとぎ、たき木を集めてたいた。

樺太中央山脈を横断する内恵道路。

めっこめしにみそをなめるだけながら空腹にまずいものはない。とそのとき林の中で爆発が起った。二人は銃をもって走った。

母親と五人の子供が下半身を吹き飛ばされ、口を大きくひらいたまま、目はすでに虚空をにらんでいる。手榴弾で心中をはかったのである。

「だんなさんが川尻で戦死したんでね……」

音とともに草をかきわけて出てきた、近くのおかみさんが私にいった。主人を戦闘で失い、五人の子供をかかえて行進から落伍した主婦の思いあまっての心中である。草むらに、死を前に食べたらしい缶詰のあき缶が二つ三つころがっていた。

私たちは、だまって赤い盆花をつむと、失われた小さい肉体にそなえて引返した。

私たちはまた歩き出した。その行進にソ連機はプロペラの風をたたきつけるような低空から機銃掃射を加えていく、そのたびに何人かの犠牲者が出たが誰も助ける者とていない。

山の中腹を削った道路は片側は深い谷、片側は崖というところが続いて逃げこむところがなかった。

明け方の道を消防自動車が内路の方からきた。

「停戦協定が締結されたので無益な抵抗をやめろ。停戦協定が……」

日の丸と白旗をたてた車上で将校がマイクで繰り返し沿道の林に向かって叫んでいる。そのことばで、私たちは猟銃を油紙に包んで柔かい林の土のなかに埋めた。

宮武さんが家族を捜しに戻ってきた。馭者に逃げられた馬車があるという。盲目の両親を乗せるために雇ったのだが、ひっきりなしの機銃掃射に馭者が逃げてしまったのである。

「よし、おれが馬追いをやってやる」

鈴木さんが、宮武さんといって手綱をひいてきた。この日からソ連機の襲撃がなくなった。しかし、それまで良かった天候がにわかにくずれて雨になり、白雲峡にさしかかったころはどしゃぶりになってきた。

ずぶぬれになっても歩くだけである。立ち止まったらそのまま眠り、夏とは思えない冷たい雨でこごえ死んでしまいそうだった。沿道は雨で重くなって投げ捨てた荷物が散乱している。位牌もなにも手に持っているもの一切が捨てられた。

「これをやるから、誰か連れていってくれ」

老人が札束をにぎって雨の中で泣き叫んでいても、誰一人見向きもしない。この老人はやがて、札束をにぎったまま、うつ伏して路傍に死んでいた。

親にはぐれた小学一年生の子供が、教科書一冊をこわきにかかえて、とぼとぼと歩いていく。この子も疲れはてて道ばたで眠るようにして死んだ。

下の子を背にくくりつけ、取り乱したかっこうで、泣きじゃくる三つぐらいの子供をたたきつけ、引っ立てて歩いている母親。子供はふらふらとして足を滑らし谷底に落ちていったが、どうなったかわからない。たよりになるのはすべて自分一人の力である。

戦争は罪悪である。やってはならない。だが、やった以上、絶対負けてはならない。私は雨の中を足を引きずって歩きながら思った。私とて泣き叫ぶ子の手を引いてやりたい。しかし、どうしようもないではないか。私だって歩くだけがやっとなのだもの……。

白雲峡で義勇隊員が炊き出しをしていた。人々は自分の順番がくるまで雨の中でじっと待っている。そして一個のにぎりめしをもらうと、また雨の中を歩き出した。義勇隊はとっくに解散していたが、この炊き出し部隊だけが最後まで残った。そして、白雲峡での炊き出しほど、人びとを力づけたものはなかった。

白雲峡は樺太山脈の尾根である。あとは山道も下り一方となる。内路沢にはいるころ、雨はようやくあがり、人々の顔に生気がよみがえった。戦闘の話をするものもなく、内路にたどりつけば汽車が待っている――人々の希望は本土に帰ることに変っていた。

しかし、内路に着いたとき、私たちのその夢を無残に打ち砕く現実が待っていた。

八月二十二日正午ごろ、内路はソ連軍に占領されていた。やっとたどり着いた内路で待っていたのは引揚げ列車でなく、鉄牛のようなソ連戦車部隊であり、停戦などという生っちょろいものでなく、日本の無条件降伏の知らせであった。

子も捨て親も捨て

藤原銀次郎翁が「無尽蔵の貯炭場」といい、露天掘りで知られる大平礦業所（王子系）は恵須取からハイマツ地帯を軽便鉄道で約十二キロのところにあった。十二日から十三日にかけて塔路から山越えして避難民がなだれこみ、その一部はさらに上恵須取方向に避難し、一部は大平の礦員寮や学校に身を寄せた。一方、大平の人たちは社命で十二キロほど東の丸越山に疎開していた。

高川うら子さん（旧姓岩崎）は、「十四日は空襲がなく、ふと母たちが「お盆だし、いまのうちにおはぎをつくって仏壇にあげてこようか」といったのがきっかけで、私たちは家に戻った。そして、翌十五日正午の放送を聞き、十六日未明、炭住街をひとなめする大空襲をうけ、人びとはなだれをうって逃げ出した」と語る。丸越山に逃げた高川さんらは、そこからまた社命で山越えして内恵道路の白雲峡に出て内路に向かったのだが、その体験を次のように書いている。

小さな丸越山は山麓から上まで避難民で埋まった。私たちは山麓の防衛隊員のにぎりめしをつくる作業に駆り出された。昼近く、私はつくった食事を同隊に運ぶ仕事を近くにいた三人の男の人に「あなたの家族には多目にあげるから……」と頼んだ。

この三人がにぎりめしをもって山を下っていったあと、ソ連機が山膚すれすれに飛んできた。私たちはクモの子を散らすように逃げて草むらや木陰に身を隠した。遠くでものすごい音がしたが、避難民には威嚇するように頭上を通過するだけで、やがて姿を消した。それから少しして、食事を運搬してくれた三人が逃げ帰ってきたのをみると、一人は手を血だらけにし、激痛に耐えて顔面は蒼白。私は胸を衝かれた。婦女子にはおどすだけだったソ連機が、山麓の部隊には攻撃を加え、二、三人が直撃弾に倒れ、この人も負傷したのだという。私は、人の弱味——家族のために一つか二つのにぎりめしを余計にほしいと思う気持——につけこんで仕事を頼んだ自分の行為を恥じた。腹立たしく、悲しかった。今でも自分の手を何かで傷つけたとき、ふと二十数年前のこのときの記憶がよみがえって、悲しみと悔恨に心を痛めることがある。

血を見た人たちは、ここも平穏でないとさとると、南に逃避しようと騒ぐ人、いまさら逃げても敵機から身を隠し切れないのだから大平に戻るという人に分かれた。初めは

「自由行動をつつしみ、ここを離れないように」となだめていた炭礦の責任者今村俊さんから「二十一日までに内路に出るよう、急いで山越えすること」という指示が出たのは、それからまもなくだった。

そして、今村さんが先頭に立って山林見回りの山道を南に向かって歩き出す姿が、深い夏草の間から見えると私たちも急いで山をあとにした。

たれ下がった灰色の雲から、そのころになって小雨が落ちはじめた。

山道は風倒木が折り重なり、その下をくぐり、あるいは乗り越えて進んだ。そのたびにモンペはちぎれ、すねは血だらけ。雨足はしだいに強まり、八月とはいえ手足の感覚はなくなるほどであった。

雨でぬれた勾配はずるずると足がすべり、四つんばいになって草の根につかまって登った。子供三人の手をとって歩いている近所の奥さんに、母はおにぎりをやり「小さい子供がかわいそうだから、木の下で雨宿りしてゆっくりいらっしゃい」とことばをかけていた。

私は低い声でそんな母に「体力が消耗するからあまり人と口を利くんじゃない」と叱りつけて、そのそばを通り抜けた。不人情なようだが、やさしいことばをかけたって、それ以上どうにもしてやれないことなのだ。

山道から白雲峡に出たのは夕方だった。道ばたにコモをかけた死体があった。こわい

白雲峡をのぼりつめたあとの起伏に富む内恵道路。

ものみたさにのぞいてみると第三国人の男で、付近の人たちは「この近くで無電のキーを叩いているところをみつかり、スパイ容疑で処刑された」という。ケサがけに日本刀で斬られていた。

いよいよ峠にかかる。どのぐらい歩いたか、息を抜いたらガタガタと関節がくずれてしまいそうな気がして歩き続けていると、吉村さんの奥さんが「もう歩けない」と弱々しくいってその場に立ち止まった。歯をくいしばったその顔は蒼白、赤ん坊をおぶって十数時間、雨にうたれながら歩きずくめで精根が果てたのであろう。

背中の子供をのぞいた私は、はっとした。死んでいるような気がした。「ヒロちゃん、ヒロちゃん」。私は、大声でゆすって呼んだが小さいからだはぐったりしたまま。

「もう少しで造材飯場があるから」と奥さんを励まして飯場に急ぎ、おろしてみるとヒロちゃんは仮死状態であった。ストーブを囲んだ人たちの中に割込んで冷えきったからだをマッサージしながら、麦粉を湯にといて、小さな口にふくませると、しばらくしてヒロちゃんのほおにかすかな赤味がさした。

飯場でうとうとするまもなく、十九日早朝、私たちは出発した。道ばたに赤ん坊の死体があった。母親に捨てられたその死体はまぶたを泣きはらし、からだにかけていった布を小さい右の手でにぎっていた。声をふりしぼって泣いている孫のそばで「孫と二人、足手まといになるって捨てられた」と弱々しく泣いている年寄り。疲れると、まずかついできたふとんから綿を捨てたというが、この孫とおばあちゃんは、綿にくるまって泣いていた。

靴がすり切れ、足の裏に石がささって血をにじませながら、放心してうろついている老人もいた。しかし、私たちだってなんともしてやれない。乾パンをやって「気をつけてね……」ということばがせいいっぱい。そして、そのことばの空虚なひびきがやり切れず急いで立ち去るのだった。

近所のおじさんが、ひたいを真っ赤にした見知らぬ少年を連れて歩いていた。親たちは崖から突き落として去っていったのだという。しかし、少年は死ななかった。

この峠の上りでは、力の限界にきた人たちが、このように子供や老いた親までも捨てたのであるから、米、衣類、位牌など身につけてきたものはことごとく投げ、全く身一つで峠を越えていったのである。投げ捨てた品々が、路上何キロもの間にちらばっていた。

飯場から三キロほども進んだろうか。工藤さんの家族が四、五人。異様なふんいきに思わず声をかけると「今、おとうさんを林の中に置いてきた」と泣いている。病弱な人であったが、雨のために衰弱し、歩けなくなったので、「私に手をとられていると子供まで死なしてしまうから、捨てて逃げてくれ」といってきかないのだという。やむなく、その付近に捨ててあったふとん綿などを集め、からだをくるむようにして、食事も置いて林を出たが、とてもあのまま立ち去る気になれないと、奥さんや子供たちは涙声であった。

自ら捨てていけといったご主人の心情を思うとことばもなかった。しかし、私たちは、ラジオで戦争が終ったというのはほんとうかもしれないという気持で、「おじさんがそういうのなら、やむをえない。きっと二、三日辛抱すれば戻ってこれる。戦争は終ったというんだから……さあ、一諸に内路に行きましょう」と力づけて、林に後ろ髪を引かれるような思いでその場を去った（戦争が終って、家族が林にとって返したとき、おじさんはやはり死んでいたという）。

疲れ切った私たちは、やっと数キロ歩いただけで、飯場にたどりつくと、そこで一夜を過ごした。先を急ぐ人たちは、どんどん進んで、同飯場には十人ほどの人しかいなかった。膚着をむかいの川でざぶざぶ洗ってたき火に干し、横になると、泥沼に落ち込むように寝入った。ヒロちゃんも、きょうはいくらか元気を取り戻して、おかゆをおいしそうにすすっていた。

まもなく大平の知人がどかどかはいってきて目をさました。その人たちは丸越山に向かわず武道沢を抜けてきたといい、途中で大平炭礦病院の看護婦六人が集団自決した話を耳にしたと語っていた。

「高橋婦長さんはどうしたのだろう。あの人は……」。看護婦宿舎に行ってみんなと仲よく遊んだり、泊ってきたりしたこともある私は、みんなの顔が次から次に、浮かんでは消え、浮かんでは消えて無性に悲しかった。

二十日、夜が明けるのを待って、再び内路に向かった。途中、日本兵の一団に会った。どの顔も生気をなくし、私たちに「もう少しですよ」と声をかけて追い越していった兵隊の顔は悲しみにゆがんでいた。

その付近でも、道ばたのところどころにあるムシロや布きれをのぞいてみると、白蠟のように変った死人の顔があった。内路を指呼の間に望むここまできて精根尽き果てて死んでいった人たちや、死体におおいをかけてやることしかできず、肉親をそこに捨てていった人たちの痛恨は思い余るものがあった。

遠くに多来加湾が光って、内路の町はずれの学校にようやくたどりついたとき、アコーディオンに合わせて聞きなれない歌声が聞こえてきた。長く、つらかったこの二、三日の道程とこの陽気な歌声。「日本軍だろうか。だったら戦争は……」。私たちは複雑な気持でなおも近づいてみると、ソ連兵だった。アッと思わず声をあげて立ち止まった。と、そのとき戦車がけたたましいキャタピラの音とともに走ってきた。

逃げることもできず、みんなは道ばたにすわって手で頭をおおうようにして息を殺していると、戦車はそのまま私たちの前を通過していき、何事も起らなかった。

内路に着いたのは午後四時ごろであったろうか。糧秣倉庫が燃え、火が風を呼んでゴーゴーと音をたてていた。私たちより先に着いた人たちは、ノロノロとした動作で泊る準備をしていた。そして「もう北海道には渡れない。列車も止まった」「これからどうなるのか――無条件降伏したんだから」という。このことばに私たちは急に足が萎えたようにすわりこんだ。とめどない涙で周囲のすべてがゆがんでいた。

内路目前に心中

上恵須取の限地開業医の北留太郎さん一家三人は、ソ連軍が内路に進駐していることを知ると、内路沢付近の川のそばで服毒した。

たまたま居合わせた津島敏博さんはその模様を次のように語る。

「私たちの家族と翠樹の造材飯場の帳場、柴田さんの家族は、内路が遠くに見える、ある部落の倉庫にいた。ここにたどり着いたときには、もうソ連軍が内路を占領し、男は拉致されるという噂が避難民の中に広まっていたからだ。

不安で、私は倉庫を出て噂の真偽のほどを確かめて回ったが、しばらくして倉庫に戻ったら「医師の北さんが立ち寄り、先に避難したはずの奥さんと娘さん（ハル子さん。女学校を卒業したばかりの年ごろだった）と会えず、内路から二人を捜しに戻ってきたといっていた」と聞いた。茶をすすめると、牧草の上にすわって茶をすすり「生きている希望がなくなった」といい、妻が慰めると「家族を捜してみる」と出ていったという。

私の胸に不安がかすめた。そこに柴田さんが駆け込んできた。「北さん一家が服毒した。津島さんに会いたいといっているから早く」私はそのあとについて走った。

清流にかかる橋のそばに柳のまばらな林があった。北医師は私の妻とことばをかわして出てまもなくこの付近で家族に出会ったのであろう。そして自決の場所をこの林に選んだのだろう。草の上にハル子さんを中に、夫妻がしっかり抱きしめるようにして横になっていた。

ハル子さんはすでにこときれ、夫人も昏睡状態で、呼吸のたびに喉の奥でかすかな音がしていた。北医師だけは意識がはっきりしていて、青酸カリを飲み、最期を見苦しくなくするため鎮静剤を注射したといい、私と私の家族の分だと青酸カリの包みをよこした。そして「長男に会いたい（はっきりと思い出せないが、一人きりの男の子はそのころ両親と一緒にいなかったように記憶する）。もう時計はいらないから形見にとっておいてください」と、金側のウォルサムを私の手ににぎらせたあと、「眠くなった」と低くつぶやくようにいって息絶えた。夫人の喉の奥の音もほとんど同時ぐらいに消えた。私と柴田さんは毛布を捜してきて遺体を覆いその場を去った。内路の方角ではそのころも時々銃声が聞こえていた」

金沢さんは、内路沢でソ連兵に収容所に入れられるのを拒んだ中川鉄工所社長（恵須取町元町）が二人の兵隊に家族の目の前で射殺されたとあとで聞いたと語っている。

珍内にあふれる避難民

恵須取以北の邦人は樺太山脈を横断する内恵道路のほかに鵜城、珍内を経由して鉄道のある久春内に出る海ぞいの安別・鵜城街道（本斗―安別線）を初め選んだ。

当時の珍内警察署長、伊勢谷長太さんは「十一日未明、沖合二、三千メートルに潜望鏡だけを海上に出して潜水艦がいるのを発見、消防車で町内に知らせ、戦闘の覚悟をしたが、そのまま日が暮れ、十二日早朝から奥地の人たちが町にはいってきた」と語る。

恵須取と珍内ではトラックを動員してこの人たちを継送したが、おびただしい避難民はとても乗せきれなかったし、一刻も早く、少しでも多くを危険な恵須取から脱出させるため、トラックは途中までで引返すピストン輸送で、人びとは残る五、六十キロから百キロほどを歩いていかなければならなかった。

田中保さんは次のように書いている。

トラックが海岸線を走っているとき、艦砲射撃を受け、砲弾がトラック目がけて打ち込むように前後に落下しだしました。飛び降りて避難する途中、至近弾の破片を腹部にうけた人が即死し、けがをした人も何人かいました。危ういところをのがれた私たちは、しばらくしてまたトラックに乗って南下しましたが、直撃こそ受けなかったが車は破片による傷跡が二、三カ所についていました。危険地域を脱出すると、トラックは私たちを降して引返していきました。私たちはそこから歩き出しました。

(十四日)私ぐらいの年格好の男の子が、片足を破片でとばされ、ゴザにくるまって投げられているのを目撃しました。道路わきでみんなが横になりました。それからどのぐらいの時間を経ていたのか、私はふと目を覚ましました。あたりは真っ暗闇。私は母を呼びました。でもその声は闇に吸い込まれ返事は返ってきません。捨てていかれたのではないか――と思ったそのときの気持は名状すべからざるものがあったといえましょう。そのうち手に触れたものが人らしい。激しく揺り動かしながら「誰だ」というと、当時一年生だった弟の徳です。

「おかあさんたちがいないんだ」。私の声にびっくりした徳は、起き上がるなり歩き出しました。その手を引っぱって私は歩きました。星明りもない真の闇、弟は私にすがるようにして、歩きながら寝入ってしまうのです。そのたびに励ますのですが、しまいには「もういやだ」といい張るのです。心細さはたとえようがありません。

急いで追いつかなければ永久に母や姉たちと会えなくなるかも知れないと思うと、涙がほおをつたって止まりません。気がせき、弟を背負いました。弟はおぶうが早いか寝てしまい、ふらつく足をふみしめ、歯をくいしばって、母たちに追いつきたい一心で歩き出しました。どのぐらい歩いたか、弟を背負ってですから遅々とした足どりでしたでしょうが、夜が明けてきたころ、大きい町にさしかかっていました。

田中さんは、そのあとトラックで追ってきた母たちと会ったという。疲れ切っていたので、夜半目覚めて叫んだ田中さんの声に誰一人気付かなかったのだ。田中さんは鵜城、珍内、久春内を経て、樺太の最狭部、真縫山道を通って豊原に向かった。義勇隊に出た兄は戦闘で軽傷を負い、父は左足を撃ち抜かれて後送されたという。

その後、恵須取の南方にソ連軍が上陸したという噂で、避難民は、内恵道路を逃げ、茶々からまっすぐ東海岸をめざす人たちと、布礼沢をはいって珍内の北方で海岸線に出る殖民道路（珍恵道路）を選ぶ人たちに分かれた。

殖民道路は釜伏山（一〇八七メートル）、鵜城山（八六二メートル）、伊皿山（一〇一七メートル）を結ぶ尾根を越えると来知志の渓谷。湖周二十八キロの来知志湖は、海峡から来知志川を遡上するマスや白魚がとれ、秋は白鳥が飛来する水郷で、ここを過ぎて海岸線を少し南下すると石炭（近くに珍内炭礦、日本発送電炭礦、山下汽船炭礦など五礦があった）と木材の町、珍内はすぐだ。恵須取―珍内、九十八キロ、中央山脈越えより長く、とくに上布礼を出てからの尾根の来珍須峠越えは、熊が出没し、広大な樹海が恐ろしいまでに沈黙を守って、山男でも徒歩で越えるのをためらったものだった。

この殖民道路の来珍須峠の難所に避難民が殺到するころからソ連機の空襲が繰り返し加えられた。多くは威嚇だったが、暑さと疲労、空腹でいまにも倒れそうになって歩き続ける人たちにそうとわかるはずもない。

「空襲のつど森に逃げ込み、草むらに伏せているうちに、捨ててある手榴弾に蹴つまずいて暴発、死んだ人たちがいた。腹背に一人ずつ幼児をくくりつけ、五歳と七歳ぐらいの子供の手を引いて名好からきたという母親がいた。百五十キロ以上も歩きずくめて半狂乱の母は両足の血まめがつぶれて歩けず泣き叫ぶ子供を引きずるようにして、私の立っている警察署の前を南に向かっていった」

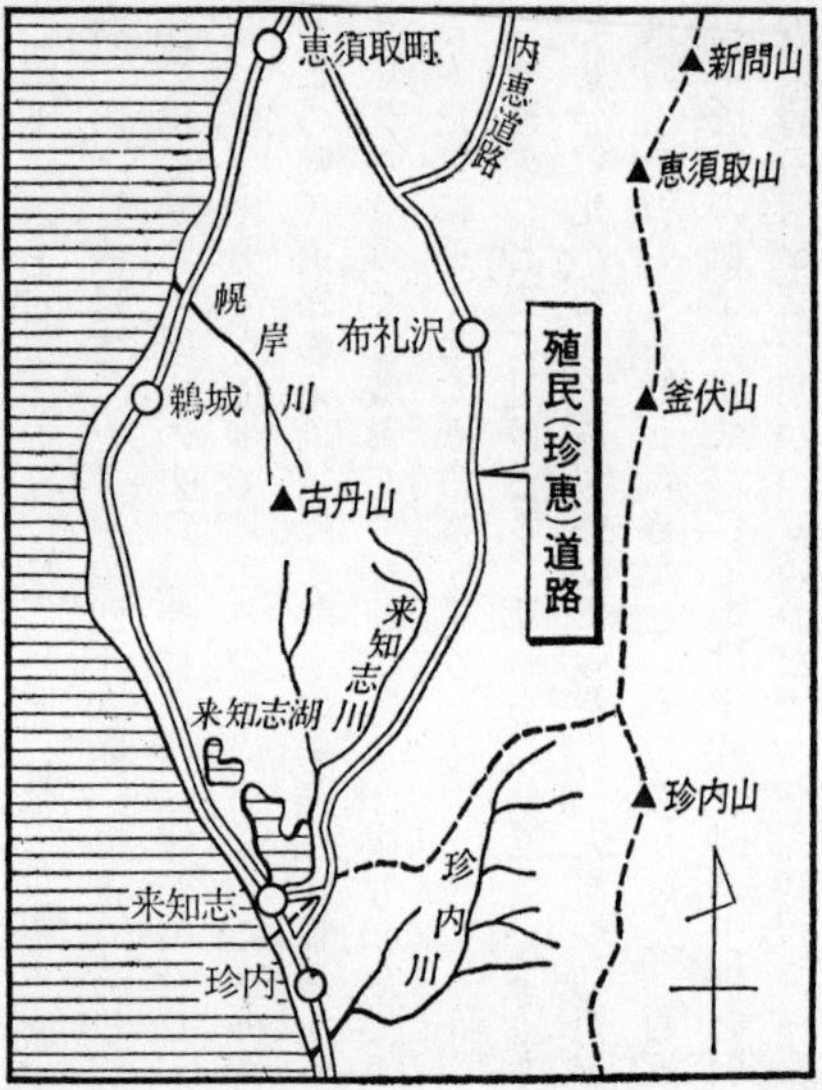

「また、親にはぐれたのか、捨てられたのか、七、八歳の男の子二人が人の流れにもまれて町に着いたが、行くあてもなく署の門前にたたずんでいた。泣くことも忘れてしまったような無表情な子供の姿がいまも目に焼きついて離れない」

伊勢谷さんはこう語る。

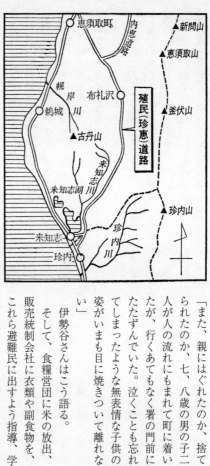

そして、食糧営団に米の放出、販売統制会社に衣類や副食物を、これら避難民に出すよう指導、学校を仮宿にして世話をした。珍内を通っていった避難民は三万人ほどいたが、のちに販売統制会社から放出した物資の証明を求められたときの計算では、当時の値段で十万円ほどだったといい、いかに多くの人たちがこれに救われたかがわかろう。

これら避難民の悲惨さをみて、町民も浮き足立った。町は、陸路はすでに西海岸線の終点、久春内に汽車を待つ人たち数千人がひしめいているため、石炭輸送のハシケ三隻に七、八百人の老幼婦女子を乗せ、十八日夕刻、二隻の発動機船に曳航させて南の真岡に向かわせた。途中、野田沖ではソ連機の威嚇射撃を受けて子供一人が死んだ。百七、八十キロ南下して真岡に上陸したこの人たちも二十日朝、同港に上陸したソ連軍の砲火を浴びることになる。

爆死の母、ひとことも残さずに……

殖民道路などを南下した避難民の悲惨さを手記で続けよう。

永森弘子さん（旧姓大類）は当時、塔路町白鳥沢国民学校高等科一年、十三歳だった。母フサ子さんと小さい弟妹を連れて十二日深夜、大平に避難、同炭礦が空爆を受けたため殖民道路を南下したが、途中終戦を知って塔路に引返す道でソ連機の襲撃で母と弟妹三人が死んだ。

母を失い、十歳の弟と六歳の妹を連れた弘子さんは叔母に会うまで避難民から邪魔者扱いをされ、筆舌につくせない苦労をしたという。

私の父は十九年六月、徴用で家族を残して、九州の炭礦に移っていった。残された家族は母と、私をかしらに昭（十歳、小学四年）、孝子（八歳、同二年）、喜美子（六歳）、敏和（三歳）、美智子（一歳）の五人の子供がいた。末の美智子は父が徴用されて五カ月後に生まれ、空襲で死んだため、父親は顔を知らない。

白鳥沢炭礦の私たちが避難命令を受けたのは十二日深夜。山越えして大平にはいったが、その途中のことはほとんど記憶にない。母がいてくれたからで、その後、母や妹たちが死んだり、避難民にまじって帰る途中の印象が、あまりにも強烈であったためでもあろうか。

大平に着いた私たち白鳥沢の者は大きい寮にいた。大平が空襲を受けたとき、私たちが日本軍の飛行機だと窓からからだを出して手を振っていると、急に反転して突っ込んでくる機体の赤い星のマークが目についた。「敵機だ」。取り乱した人たちが逃げまどう間もなく、爆撃が始まった。

町のあちこちに火の手が上がるのをみると、私たちは指揮者の声で直ちに避難を開始した。私は敏和を背負い、足の悪い母は美智子をおぶって喜美子の手を引き、弟たちを励ましながら人びとのあとをただ、おくれまいと懸命に歩き続けた。

殖民道路は、重い足をひきずるようにして南に向かう人たちが、延々と続いた。夜にはいると、遠くの空が赤く染まっていた。そして時折り赤や青の光が遠雷のような音とともに闇を飛んだ。恐怖と疲労で人びとはますます寡黙になり、付き添う男たちはのろい歩みにいらいらして、赤ん坊が泣いても、「泣かすな、どこにスパイがいるかわからないんだ」、すごい剣幕でどなり散らした。

朝になると道ばたに大きい釜をすえて炊き出しをしている兵隊がいた。おにぎりをもらって食べるとまた行進が始まる。赤ん坊を背負ったある母親は、三、四歳の男の子の腰を、犬ころのように荒縄でしばって歩いていた。

疲れ果てた子供はもう泣き声すら出ないのだろう。縄を肉にめり込ませて、だらりと下げた手は地面を引きずるようにして、歩くというより、縄でつられて運ばれていた。汗とほこりでよごれた母親の表情には、すでに血の気がなかった。

草むらで赤ん坊の弱々しい泣き声がする。「ああ、また子供が捨ててある」と人びとはいって通り抜けた。何度そのような、捨て子の声を聞いたことだろう。草むらをのぞくと、手も出せない赤ん坊のそばに、決まってミルクびんが置いてあった。

ギラギラした夏の太陽の下に放り出された赤ん坊はおそらくみんな死んでしまったことだろう。捨てれば死ぬことを知りながら、ミルクを置いていくなんて無意味だと人はいうかもしれない。しかし、子供と一緒では共に死んでしまうと思いつめた母が、泣きながら最後にしてやれることはそれしかないにちがいない。

釜伏山は全山が無尽蔵の針葉樹林におおわれている。その黒ずんだ樹海を縫うようにして進んだ道路は、布礼沢からやがて来珍須峠にかかる。容赦なく照りつける太陽の下で、私たちはあえぎあえぎ、この峠を登っていった。そのころだった。背後に爆音を聞いてふりかえると、はるか足下の樹海をはうようにしてソ連機がやってきたとみるまに、機銃音がこだました。白い道路に延々と続いている避難民がクモの子を散らすように逃げ、ばたばたと倒れる人がみえる。

しかし、それも一瞬のできごとだったように思う。爆音が遠ざかると再び死にまさる苦しい行進が始まった。私たちが終戦を知ったのは、その翌日ぐらいであったように記憶している。

戦争が終ったと知らされた私たちは、疲れて力ない足どりで、山道を引返した。


二十日午後、中布礼にたどりついた私たちは、川のほとりで休息した。

橋のわきの土堤を降りると澄んだ水が流れ、そばの小さな掘っ立て小屋には、避難民に兵隊がにぎりめしをつくって配った、大きい釜が放り出してあった。

だれかが、農家で牛を屠殺して肉を売っているといってきた。しかし、空腹の避難民の足もとをみて法外な値を吹きかけてきたから人びとはひもじさを押しかくしてそこを立ち去った。ところが母は言い値で買って食べようという。

「小さいみんなが、よくがまんしてここまできてくれたんだもの、子供にだけでも食べさせたい。このあと、また何日も歩かせることになるんだから……」

といって、肉が届けられるまで川ぶちで待つことにした。

待つ間、母は小さい妹や弟のほこりで白くなった頭を、川のそばにひざまずかせて、冷たい、きれいな水で洗ってやったりしていた。私も同じようにしておかっぱ頭をジャブジャブと川水で洗った。抜けるような青さの空の色が水面に映っているのが印象的だった。と、そのとき、重苦しい爆音が耳についた。

「敵機だ。逃げろ」

だれかが叫ぶと、パラパラと付近の人たちが逃げ出した。はっとしてふり向くと、すでに敵機四機が北の林の上にあった。私はとっさに敏和を抱いて小屋に駆け込んだが、母と弟たちは川ぶちのドロ柳の繁みに逃げ込んで「弘子、危いからこっちにおいで」と叫んでいた。あわてて飛び出すと、母の方へ駆け出したが、そのときには先頭の一機がもう、のしかかるように迫っていた。

敵機は橋と路上のトラックをねらっているようだった。第一弾が放物線を描いて私の目の中に大きく飛び込んでくるような恐ろしさに、私は思わず敏和をしっかり胸に抱いて伏せた。母も昭も孝子もひとかたまりに柳の中に散って伏せた。

ぐらぐらっと地表が横揺れに揺れて、爆弾は少し離れた川の上流に落ちた。そして一機、また一機と空気を切る鋭い音とともに急降下した敵機は、一発ずつ爆弾を投下して上昇していく。四機目、その一弾が母たちの命を奪った。敵弾はいずれも目標の橋をはずれて川の中に落ち、吹き上げた水をバケツでかぶせるように頭からかぶせられたが、四発目は柳の繁みから十数メートルしかない道路上に落ち爆風で私は激しくたたきつけられた。

ちょっとの間をおいて、私はからだを起してみた。四機ははるかむこうで旋回して、再びこちらに向かってきた。横に伏せた母をみると、動かない。

「かあさん」

思わず肩に手をかけて呼んだがこたえはなかった。うつ伏せたからだを起すと乳の下から血がゴボゴボと音を立てて吹き出していた。破片が肩から胸に抜けたのである。母はそのまま死んだ。私たち小さい者を残して、ひとことも口をきかずに死んだことがその後も折りにふれて思い出され、何かいい残してほしかったと、私を悲しくした。

母が胸に抱いた美智子は、そのからだの下で、口から破片がはいり、すでにこと切れ、孝子は腰をうち抜かれて死んでいた。

私の抱いていた敏和は、ひたいの肉を破片でそがれていた。「いたい、おねえちゃん、いたいよう」と細い声で泣きつくそのくちびるはすでに紫色に染まり、白蠟に変りかけた顔をまっ赤な血が流れていた。

救急袋から薬を出してひたいに塗布したあと、眉毛の所に小さな破片が刺さって泣き叫ぶ昭の傷口に手を当て、しぼり出すようにして取った。私は手の甲に細かい破片が刺さって痛みをおぼえたが、いまはそれどころではなかった。

母たちの死んだ周囲の柳の幹には、血のついた弾丸の破片がいくつも突き刺さっていた。

　私は泣かなかった。しだいに白蠟色に変っていく顔をゆがめて「痛い。おねえちゃん痛いよ」と泣く敏和や昭、喜美子を連れて、とにかくみんなのあとを追って大平に帰らねばならない、ということがとっさに頭にきたからだ。私は死んだ母がモンペの下に、ふろしきで包んでしばってあった貯金帳をとった。貯金帳は針でついたように小さい破片が無数にささっている。

　残された私と弟は母の横に、孝子と美智子の死体をならべてねせると、近くの農家まで走っていってスコップを借りてきた。そしてやわらかい土を掘り起して三人を埋葬しようとすると、避難民についてきていた職員の人が「埋めるのはおじさんがやってあげる。いつ、また敵機が現われるかわからないから、さあ早く逃げるんだ」といってくれた。

　私はスコップをおじさんに渡し、三人の遺体に、手を合わせると敏和を抱き、リュックを背にして、昭や喜美子をせき立てながら道路に出た。焼けつくような午後の日ざしの中、先に出発した人たちを追ったが、二キロほどいったとき、敏和の容態が急変した。泣き声もたてなくなったと思うと、その小さいからだが急に重く感じられ、息をひき取った。

　私は、いまきた道を引返した。「せめて母と一緒に並べて埋葬してやりたい。一人で山の中に埋めていくのはしのびない」と思ったからだ。

母たちの死んだ川ぶちに戻ってみると遺体は野ざらしであった。土をかけてやるといってくれた人の姿はなかった。私たちを逃がしたあと、空襲をおそれてすぐその人もみんなのあとを追ったのであろうか。

私は敏和を母のそばに置いた。スコップは見当たらなかったし、ぐずぐずしていたら、みんなに置いていかれる心配があった。夜になったら三人でどこをどう歩いたらよいかもわからなくなるだろう——と思い、心細さが先だって、またすぐ歩き出した。

このとき、私は喜美子の靴が破れて、足を痛がっているのに気付き、死んだ孝子の新しい靴と取り替えようと思ってみると、孝子の靴は、すでに誰かが死体からとっていったあとだった。

夏の日が西に傾いてきた。夜の足音を聞くような思いで小さい二人を励ましながら先を急いだ。

破れた靴、痛む足を引きずって六歳の妹はよく歩いてくれた。〝死〟のほんとうの意味はわからなくても、三人だけが取り残された寂しさが、小さい胸にあったからであろう。

しかし、やっと追いついたときおとなたちは「足手まといがふえた」と露骨にいやな表情をした。避難のときとちがって、私たちが追いついた集団には近所の人たちは見当たらなかった。

遠くに爆音が聞こえただけで「おまえたちがのろいため敵機に見付かったら、ほかのみんなも巻き添えを食うんだ」と、どなりちらす女の人たちもいた。その日にぞっとするような敵意に似た光があった。それでも私は歯をくいしばってこらえた。私は泣かなかった。なんとしてもこの人たちの群れから取り残されたら、塔路に帰れなくなると思ったからだ。

途中、休息して、人びとは農家に押し入り、米を捜した。しかしめしを炊いても、母のいない私たち三人には、誰もにぎりめし一つくれなかった。空腹のあまり、弟と妹が野イチゴをとりにやぶにはいっていくと、みんながこのときとばかり急に出発するのではないかと心配で、妹たちを見失わないようにして、私は道路で休んだものだった。

米がないときは芋畑にはいってジャガ芋を掘り起して塩ゆでしたが、私たちには最後に残った三つ、四つをこじきに恵むようにして与えてくれるだけだった。

夜は林の中で野宿をした。

私は弟と妹をそばに寝かせたが、私はもし寝過ごして置き去られたらとまたしても心配で一睡もできなかった。遠い星空をながめながら、襲ってくる睡魔と真剣に戦った。

あのきれいな星を、こんなつらい気持でながめたことは、いままでなかった。

このような苦しみの日は、何日続いたことだろう。上恵須取に帰り着いて、鐘紡炭礦の叔母に会ったとき、私は精根がつきた。そして母や孝子らの死んだことを告げたとき、初めて悲しみがわいて泣いた。こらえにこらえていた涙が、どっと堰を切ったようにあふれ出て止まらなかった。

叔母は、私のいとこにあたる長男を捜していたが、ひとまず三人を連れて塔路に戻ってくれた。

この殖民道路では上恵須取の農家の高木という人が、先に避難した家族を追って南下、捜し当てたあと妻子五人と林の中で車座になって食事中、手榴弾で妻子を道連れに自決した。

音を聞いて近くの人たちが駆け寄ったときは六人が吹き飛ばされていたので、事故死であったかもしれない。が、当時は最期のときのため手榴弾が男たちには与えられていたし、家族でも青酸カリなどを懐にしのばせていた人たちが多くいて、それらの扱いを誤ることはないので、おそらく高木さんは自決したのだろうというのが、現場を見た人たちの結論だったという。

恵須取町役場兵事主任、新谷吉雄さん（三十四歳）と夫人、四歳と二歳の男児の四人も自決した。

当時、新谷さんの上司、庶務課長だった渡部通正さんの話によると、渡部さんと新谷さんの家族は、役場吏員の家族二十人ほどと避難。十六日、上布礼に着いて農家に泊めてもらった。十七日朝、そこに家族のあとを追って新谷主任がやってきた。

そのときの新谷さんは沈痛な面持ちで、気にかかったが、

「私たちは山越えして内路の妻の実家に帰ります。互いに無事に難関を切り抜けるように……。ご主人のいない方々は、きっとまもなく会えるだろうから元気を出してください」

といい残すと、家族を連れ、その農家を出ていった。

その年十月ごろになって、新谷さん一家が内路に着いていないことが判り、手分けして捜索した結果、布礼の沢の奥で死んでいるのが発見された。「四人は固まって死んでいた。最後まで手放さなかった一発の手榴弾で自決を図ったものと思われた」と、遺体を収容した人たちは語ったが、新谷さん夫妻はともに内路出身で、同地まで避難しようとしたことは事実だったろうし、軍隊帰りの新谷さんは敗戦の次にくる運命を予知してもいたろう、なぜ自決したかそのほんとうのところはわからない、と渡部さんはいう。

取り残された人びと

大平礦業所の人たちは、同地区への空襲が激しくなったことから山奥に避難し、十六日未明の大空襲のころから社命で白雲峡に抜け、白樺の内恵道路を東に向かったことは、すでに書いたが、十三日ごろから山越えして大平にはいってきていた塔路からの避難民のな

かには、こうした流れから取り残された人たちもいて、小さい子供をかかえておろおろしているうちに、いくつかの悲しい事件が起った。

金谷セツさん（三菱塔路礦病院長金谷寛光氏夫人）や成相柳子さん（前三菱塔路副長で当時樺太石炭統制会社常務成相淑氏夫人）らは十三日大平にはいり、分散してあき家となった社宅に移ったが、空襲でここも危険となり防空壕にはいった。

この防空壕は二百人は収容できそうな広いもので、三菱塔路からの人たちのうち、大平に残っていた多くは、同じ程度の壕三つほどにいた。

ここでのまる二日、炊事はできず、みんなミガキニシンなどをかじって空腹に耐えていたが、空襲のあと各自が自由行動をとってよいとふれがまわった。人びとは思い思いに壕を出て南下していったらしいが、この地方の地理について何も知らず、小さい子供をかかえ、不安ばかりが先だつ人たちは、しだいに取り残され、数は減っていた。そのなかに金谷さんや成相さん、浅田事務長夫人千賀子さんらがいた。

この一群の人たちは、炭礦の幹部職員や病院の医師の家族が多く、だれもが、はじめてきた土地であったから、自由行動という決定は、この人たちにとって非情きわまりないものだった。しかし、共に塔路から避難してきた人たちが、より安全なところを求めて大平を出て南下するのを見ながら、「みんなから取り残されたら、どうなるだろう。とにかく、南下する人たちのあとをついて歩いていけば、汽車の出る久春内にたどりつけるというのですから、互いに手を取り合って歩いていくことにしましょう」と、ようやく心に決めたものの、誰一人その道を、無事に踏破して北海道に渡れるだろうとは思えなかったという。

暗い壕を二日ぶりに出た目に、ギラギラとした夏の太陽はいたかった。午後二時を少し回ったころあいであった。ぞろぞろと道路に出ていった婦女子の一団は、突然、自動小銃の音を耳にし、前方四、五百メートルのところをソ連兵の一隊がこちらに向かってくるのを目にして、背筋がこおりつく思いであった。ワッとクモの子を散らすように人びとは逃げた。とりみだして、ただオロオロとする人たちもいた。しかも銃声とともにソ連軍はみるまに近づいてくる。

金谷さんは、人びとが社宅の方に逃げたのに、どうしたわけか逃げおくれ、路上で四人の子供に、

「敵よ。動かないで、死んだふりをするのよ」

と叫んだ。その声で女学校三年の長女と二女が、側溝を越えて、深い草むらに飛びこみ、長男と二男が母のそばに伏せるのが、ちらっと目をかすめると、金谷さんも地べたに伏せた。

銃声のなかをザザザッと小走りにやってくる足音や、ガラガラと大きい音が入りまじって近づいてきた。防空頭巾を通して、音ははじめ遠くの物音を聞くようであったが、顔を押しつけた地面を伝って、すぐそばにきていることをはっきり感じた。

胸の鼓動の一つ一つが死の階段をのぼりつめていくような思いであった。

「彰久ちゃん、泣かないで泣いちゃいけないのよ」

もう神仏にそして数日前応召した夫に祈る以外、方法はなかった。

と、足音が頭のそばで止まった。恐怖が、硬直したからだ中を突き抜けて、血が止まり、胸の高鳴りも静止した。一秒、二秒……。話声、足音、死を確かめるのか、軍靴が足をけった。

力を抜いて、けられた足はそのままに、いま撃たれても、死んだふりを通さなければ、子供たちも殺される――その一心であった。

やがて、ソ連兵は去っていった。何ごともなく、そして、足音も車の音もまもなく遠のいたが、動かなかった。

周囲がざわつき、人の名を呼びかう声が聞こえたとき、金谷さんははじめてからだを起した。もちろんソ連兵の姿はなかった。

子供たちも、むっくり起きた。無事だ。しかし、末っ子の彰久ちゃん(五歳)だけがいつまでも動かない。死んでしまったのだろうか、急に不安がつのって「彰久ちゃん、彰久ちゃん」金谷さんは大声で名を呼んだ。すると、「もういいの、おかあさん」彰久ちゃんがやっと目をあけて、金谷さんを見上げた。

やがて、あちらの社宅、こちらの物陰から、ぞろぞろと恐怖にほおをこわばらせた人が集まってきた。せいぜい百メートルほどしか離れていない社宅と防空壕の間をいったりきたりしながら、避難民の群れから取り残された心細さから急いで南下しようという人や、またソ連軍に出っくわすかもしれないという不安を訴える人などで、決心がつきかねているうちに、いつか夕暮れが迫っていることに、みんなは気付いた。

樺太の夏の日暮れはおそい。午後七時ごろ、ようやく人びとは久春内に向かうことにしたが、再び路上に青っぽい服装のソ連軍を発見した。

鉄カブトをかぶった兵隊たちが、隊伍を組んで行進している。人びとは「敵だ」と叫ぶと逃げ出した。多くは側溝のなかにころげこむようにして身を伏せたが、そのとき、三菱倶楽部上田管理人の夫人の連れている君子ちゃん（四歳）が急に火のついたように泣き出した。

困った。泣きやめさせなければ、みなさんに迷惑がかかる——周囲の人たちの困惑というよりは必死の表情をみて、とっさにそう思ったのであろう。上田さんが泣く子供の上におおいかぶさるようにしたのを金谷さんはちらっと見たまま、顔を地べたに伏せた。一瞬苦しそうな泣き声（それを人びとは、防空頭巾をかぶっていたからだと思ったのだが……）、そして、すぐ声はやんだ。

ソ連兵の一隊は、避難民の伏せた側溝の方には近付かず、遠くをそのまま恵須取に向かう国道上に進んでいった。しばらくして、ほっと蘇生する思いで人びとが側溝からはい出したときはすっかり日が暮れていた。

方角も道もろくにわからないのに、夜にかかって避難することは無謀だからと、あすの朝早く行動を起すことにして、避難民は思い思いに社宅にはいり、防空壕に戻っていった。金谷さんたちの壕には、成相さん、本間さん、上田さん、鈴木さんの五家族がはいった。とにかく今夜はここであかそうと決めると、側溝で胸までビショビショにぬれたモンペをとって干しはじめた。

と、そのときまで、何かしょんぼりとしていた上田さんが、

「君子が死んだらしいの。冷たくなってしまった」

と、背中の子供をおろしながらいった。

「ええっ――」

のぞきこんで、手に触れた小さいからだは、すでに冷たくなっていた。壕の片すみに、遺体を横たえると、白いサラシでおおって、蠟燭をともした。やりきれない絶望感、無力感が、冷たく、じめじめした壕内の空気のように膚に触れた。

「私たちはここで死にます」

まずその空気に耐えられなくなったのが、本間さんであった。女の子ばかり四人を連れていては、もう生きて逃れる自信を失ったとしてもやむを得まい。サバサキ包丁をとり出

して「お先させていただきます」という。成相さんは、むしゃぶりつくようにしてサバサキを取り上げ、「そんなことをいってはいけない。一緒に歩けるだけ歩きましょう」となだめた。

誰もが、生きて本土に帰れるとは思っていなかった。あすは、いやあと一時間後には、君子ちゃんの死が自分たちの上にもくるかもしれない。しかし、そうなるとしても、子供たちだけは最後の最後まで生かして、本土に帰さなくては。あすは朝からみんなを追って歩くんだ――その気持を、本間さんにではなく、自分自身にいいきかせる、というのが本音だったのである。

金谷さんは長男が誕生したとき神社からもらった〝おすがた〟をとり出した。そして「きょう一日生き延びたことを感謝しましょう」と手を合わせた。みんなが、これにならった。

そのときになって、壕の片すみで黒いものがうごめくのが蠟燭の火のかげでわかった。ハッとして目をこらすと、それは三、四歳の女の子で、不自由そうな身動きから、小児マヒの子であることがわかった。

捨てられたのである。継子だという噂があったが、ほんとうだったのかもしれない、と成相さんは思ったという。それまで死んだ子のそばを片時も離れなかった上田さんが「君子の身がわりに私がめんどうを見させてもらうんだ」といいだした。そして、おびえ、泣き声も出ないほど弱りきっているその子の世話をやきだした。

この一日の異常な体験で、人びとは疲れ、不幸な事件とソ連兵の姿を思うと気持は混乱した。前途への不安がしだいにふくれ上がって、だれもが泣き叫びたいような恐怖に身をさいなまれた。しかし、みんなは耐えた。暗がりで子供たちの目が母親の顔にそそがれているからだ。

まんじりともしないうちに、夜があけた。換気口から白い光がかすかにもれてくると、人びとは立ち上がった。上田さんはサラシに包んだ君子ちゃんの遺体の処置を残った男子職員に頼むと、身がわりの小児マヒの子を、しっかり背にくくり、上の子の手を引いて壕から出た。成相さんも、自決を思いとどまった本間さんも「歩けるだけ、行きつけるところまで歩きましょう」と励まし合いながら歩き始めた。

一行が防空壕から出て歩き始めたとき、「金谷さん、金谷さん」と社宅の方から呼ばれて、金谷さんはじめみんながふり返った。

小児科医の奥さんだった。「浅田事務長の奥さんがなくなったんです」という。その話すところによると――。

防空壕にはいらずに社宅に向かった人たちは、急に飛び出してきたソ連兵の一隊と鉢合わせした。昼間の部隊であったのだろう。アッと息をのんだが、逃げようにも足はそこに釘付けされたように動かなかった。とソ連兵たちは女、子供だけだったからであろう、手まねで「暗いから家に戻って寝なさい」という仕ぐさを繰り返して立ち去った。

ホッとした人たちは、いわれるままに小グループにわかれて、あき家になっている社宅にはいったが、それからまもなく、四人で子供を連れて一軒の家にはいっていた浅田さんが、その医師夫人などに別れのあいさつにきた。そして「みなさんは、どうかご無事で日本にお帰りになって。私の主人は炭礦の責任者として、最後まで残ることになりましょう。ソ連軍に占領されればなおのこと引揚げることはできません。私たちは、ここで死ぬことにしました」といって、戻っていったという。

金谷さんたちは、あまりのことに愕然として、どうして自決を思いとどめさせてくれなかったのか、というと「しっかりした覚悟でいられ、とどめようがなかった。それに、私たちもおそかれ早かれ、同じことになるんですから……」といい、一時間後には、あるいは一日後には、私たちの上にも死がくるかもしれないという不安（あるいは覚悟）は、みんながいちようにいだいていただけに、責めることもできなかったという。

浅田さんが別れにきたときは、もう四人の子供たちを部屋の中で、自らの手で扼していたと思われた。人びとがいかに押しとどめても、覚悟をひるがえさせることは不可能であったろう。

成相さんは思わず社宅まで走ったが、子供四人は部屋の中に横たわり、夫人はその部屋を見守るように、窓の外のハシゴで自害し果てていたという。金谷さんは遠くから手を合わせておがむと、重い足を引きずるようにして、避難する人びとの中にはいっていった。

大和哲男さんが、塔路礦業所のおもだった人たちの、塔路に向かって戻るときを描いた部分に次のような場面がある。

九月五日、武道沢の学校前に休憩中の成相副長さん家族、金谷院長さん家族、大谷さん家族、倶楽部の上田さんの奥さん、少し離れて浅田課長がおり、同課長は「とうとう子供と家内を失ってしまったよ。これだけさ」とボストンバッグを指さした。中には遺骨と会社の重要書類がはいっていた。課長はそのボストンバッグを背中に負って塔路への道を歩き始めた。

看護婦の集団自決

十六日未明、大平が空襲をうけると、避難民は先をきそって南下し、炭住街にほとんど婦女子の姿を見かけなくなっていたが、大平神社の岡の横穴式防空壕に避難していた炭礦病院待避所には、八人の重症患者を守って高橋ふみ子婦長（三十三歳）以下二十三人の看護婦が踏みとどまっていた。

同炭礦は王子製紙系で、昭和十六年には百五万トンを出炭（『王子製紙社史』による）した炭礦だが、礦員が本州方面に転用されると、病院の医師も減り、たった一人残った院長も応召、留守は恵須取市街の製紙工場病院の医師が通いできたり、大平市街の開業医がきて治療に当たっていた。

大空襲のあと礦業所の命令で、北の丸越沢にいた同礦の婦女子も山道を南下、内恵道路に抜けて避難を開始したのを、壕内の看護婦たちは知らなかった。

午後になって、この朝浜塔路にソ連が上陸したことを、大平にとどまっていた男子職員から聞かされた高橋婦長は、ソ連兵もこの重患に危害を加えることはないだろう、薬を渡して避難しようと副婦長石川ひささん（二十四歳）、片山寿美さん（二十七歳）らと相談、若い看護婦をせかせてあわただしく壕を出て南下した。

上恵須取への道約二十四キロ、夏草のなかを十キロほど進んでいくうち先頭グループの足が急にとまった。「ソ連軍だ」。誰もが一瞬、心臓が凍りついたように感じた。次の瞬間、道路わきの草のなかを泳ぐようにして逃げた。そこは武道沢だった。かなり走って倒れ込むように高橋婦長を中に固まった二十三人は、どの顔も恐怖にひきつり、息苦しがった。ゆくてに見えたソ連軍は大平に向かっているようだった。すると、ここを脱出して南下することは不可能だし、大平に戻ることもできない。おそかった――そのとき高橋婦長が思ったのは若い看護婦を預かっている責任、もし無事な姿で親のもとにかえすことができないとしたら、死を選ぶしかないということだったようだ。その気持はみんなにも伝わった。

死を決意すると小高い丘を登っていった。ハルニレの大木が一本あった。それを囲んですわると君が代を歌い、互いに職場でのわがままや小さな衝突は自分が至らなかったからだと懺悔した。星空の下で思い出すまま静かに歌をくちずさんだ。石川副婦長の好きな山ざくらの歌もみんなが低く唱和した。

鳴海寿美さん（旧姓片山）は、

「避難の指示が壕内の私たちにきたのかどうかはっきりしません。十六日未明の空襲のさい、市街の医師がきて手術をしていたのです。爆弾が炸裂し、機銃弾が激しく周辺をたたくたびに地に伏せるといった混乱のなかで、手術しなければならないような重症患者を預かっていたのですから、どう処置するのが正しいか私たちだけで判断はできませんでした。武道沢に逃げこんだあと、親たちのあとを追って無事避難できるとは思えなかったのです。高橋婦長が自決を決意したことは私ばかりでなく若い人たちもそれ以外方法はないと、ごく自然に思ったのです」

と語っている。

十七日未明、高橋婦長はあらためて、死を選ぶしかなかった自分の不明を詫び、それぞれが自決用に所持していた劇薬を飲み、注射した。しかし、ソ連兵をみかけて逃げるときころんで薬びんが割れ、致死量にはたりないことを知っていた。そのため手首を切って出血死をも、と高橋婦長は看護婦の手首をつかんで血管にカミソリの刃を立てた。若い看護婦は死を覚悟していてもカミソリで切ることにひるんだ。婦長はにじり寄ってそれを叱り

上段左から、高橋ふみ子、石川ひさ、久住きよ子。下段左から、真田かずよ、佐藤春江、瀬川百合子の各看護婦。

つけながら手首に刃をたてたが、やがて自らが力を失い、倒れるからだを起しては狂気のように掻き切ったという。

「でも、死ねなかったのです。意識が少し戻ってきたとき、周囲に同僚の声が聞こえました。太陽が頭上にありました。「じっとしているのよ、血が出つくすまで」といったことをかすかに記憶していますが、そのまま、また生死の境をさまよっていたのですね。十八日朝、丘の下の佐野造材に収容されました。そして高橋さんら六人が絶命したことを知りました」と鳴海さんは語る。

死んだのは高橋婦長と石川副婦

長、久住きよ子さん（二十二歳）、真田かずよさん（十九歳）、佐藤春江さん（十七歳）、瀬川百合子さん（十六歳）の六人で、同飯場の人たちにニレの木の下に埋葬された。

防空壕を抜け出したときから、看護婦の孫娘、工藤咲子さんのことが心配で、ずっとあとをついてきていた付添婦の祖母がいて、看護婦が丘に登ったあとも不安そうに麓でおろしていたが、佐野造材部の人がいぶかっておばあさんに問いかけたことから、あるいは……と駆けつけてみてわかったのだという。

避難していた人たちもソ連軍の命令でそれぞれの町や村に帰っていった。大平の人たちのなかには帰路、看護婦の集団自決を聞き、ニレの下にできた六つの土饅頭に野の花をそなえていく人たちもいた。

二週間後、生き残った片山さん、小林とし子さん、寺井タケヨさん、それに工藤さんらは、白木の箱にはいった六人の遺骨とともに大平に帰り、再び炭礦病院で働くようになった。手首に巻いた白い繃帯は自決の傷跡として人びとの口からソ連兵にも伝わり、彼女らをみる目にひとしく感動の色が浮かんだ。

鳴海さんらが自決の傷跡を語ってくれたのは戦後二十五年を経てからだった。ようやく口をひらいて真相を語ったあとも、「看護婦でありながら生き残ったことが心苦しい。一生自分の心のうちだけに秘めておきたかった」と繰り返した。生き残った人たちの中には引揚げ後、自ら山奥の生活を求めた人、結婚を考えまいとした人もいる。自らを苦しめることが生き残ったもののできる「つぐない」であると信じてそうしたのであろう。二十五年目、生き残った人びとが札幌でささやかに合同慰霊祭を行なった。十七人のうち消息のわかった十二人が集まり、角田徳子さん（旧姓今谷）が、あのとき訣別の歌となった山ざくらの歌を歌った。

「山ふところの山桜、一人匂える朝日かげ、見る人なしに今日もまた、明日や散りなんたそがれに……」

その歌にみんなが泣いた。

非情の果て

被占領地区に潜入

北の地区の邦人が先をきそって南下しようとしていたころ、逆に北海道から渡っていった人たちがいる。当時、拓銀本店にいて豊原支店に現金輸送を命じられた牧野良平さんは、「総額四百万円を五人でリュックに分けて背負い、両手に煎った大豆などの食糧を下げた格好はまるでマナスルのシェルパのようだった。騒乱の大泊から豊原に着くと、緊急疎開を前に、預金を引出そうとする市民が銀行の前に行列をつくっていた」と語っている。

北海道、本州で復員、樺太の家族を心配して漁船を雇って渡る人、会社や役所の用務で渡る人も多く、島民や軍が残した物資を略奪するため船で向かう者たちもいた。当時、三菱美唄礦工作課技師だった大和（やまと）哲男さん、同坑務課技手だった前田巌さんは、十三日以降、塔路、北小沢（きたこざわ）両礦業所との連絡が途絶えたため、社命で樺太に渡ったのであるが、大和さんは、「稚内港で十八日朝、家族の安否を気づかって渡島するという人たちと強硬に談判して、少数の者ならと許可をとり、その夜七時ごろ、宗谷丸に乗ることができた。しかし、同船が岸壁を離れると、樺太に行くものが三十人ほど隠れており、それがぞろぞろ現われ

増産のかけ声で開発が進められた西海岸北部炭田の坑内。

て酒をあおりだした。大半は規定外の荷物を輸送するため乗り込んだ不都合な者たちだった。船は十九日未明、大泊に入港したが、港駅から本駅までのあの長い埠頭に避難民があふれ、海に落ちんばかりの人の波だった」と書いている。

ところで、大和さんらが受けた社命は次のようなものだった。

三菱鉱業系の炭礦は南樺太炭礦鉄道、内幌炭礦鉄道があったが、本社機構はなく、美唄の後藤太郎所長が北海道・樺太地区の責任者だった。南樺太炭礦鉄道は塔路と北小沢の二礦（諸津（もろつ）は廃坑、小恩内（こおんない）は開発中）で、塔路炭礦などはいずれも十九年九月五日付「炭礦整備令」によって職・礦員のほとんどが九州方面の炭礦に徴用され、山元には少数の保安要員と家族が残されていた。家族は塔路だけで約二万人といわれた。

十三日、塔路の清水三雄副長からの最後の連絡は、多くの婦女子を抱えての苦悩と、万が一のときの決意を述べたものであったため、後藤所長は大和さんに、①塔路、北小沢の職員・家族の安否を確かめること　②重要な図面、主として地質調査図などを持てるだけ所持して脱出すること　③ソ連に占領されたが、賠償の対象ともなるので早まって施設を破壊しないようにさせること　④引揚げには〝赤穂城明け渡し〟の心境で日本人の名誉を保って引き渡すこと　⑤優秀な職員だけを残したので、電報のように玉砕するとしてもいさぎよくし、避けられて炭礦を引渡すときには立派にやってくれると信じているという所長の気持を伝えること　⑥引揚げたらば美唄にくるよう伝えること――などを命じた。

同所長は大和さんらの出発したあと勤労課池原久次郎さんにも同じ用務を与えて出発させた。大和さんは十九日宗谷丸で大泊に着き、二十二日知取ではソ連戦車隊の進駐に遭い、塔路には九月二日にはいった。その後同十五日北小沢に潜入、さらに小恩内でも家族の模様を掌握して南下、能登呂半島の内幌(ないほろ)を経て密航を図り、二十一年一月十六日、吹雪の稚内にようやく上陸することができた。その見聞をまとめて二月末、後藤所長に提出したが、その報告は罫紙二百五十五ページに細かい文字でぎっしりと書かれている。記憶新たなうちに執筆されたものだけに、関係者には高く評価されている。

この「決死の終戦連絡」の報告の一部はさきに引用したが、再びここで紹介し、知取でのソ連戦車隊進駐の状況と北小沢炭礦義勇隊などで起きた悲劇に触れよう。

知取にソ連戦車隊進駐

二十日、豊原郵便局前で塔路山城町の理髪店主に会った。彼は竹田文雄博士一家の自殺と発電所の爆破、そして、住民の大半が温泉沢、大平道路から大平に逃げたこと、清水副長以下の決死隊が飛行場の滑走路爆破にいったが機銃掃射で清水副長も重傷を負ったこと、礦業所の道路には三十間ごとにダイナマイトを埋設する作業をしていたことなどを話してくれた。

豊原からの列車には命令で奥地に引返す警官や御真影を引取りにいく学務課員が多く乗っていた。列車が午前十時知取駅に着くと、駅員はものものしく武装し、気負い立った武装警官隊がホームや線路を警戒していた。列車はこれ以上北上しないといわれて下車したが、混乱の中で塔路礦資材課の岡本書記夫妻、金高木工場中井戸良一さん夫婦に会った。中井戸さんらは「内路にはすでにソ連戦車隊がはいっていた。私らはそのそばを走るようにして逃げてきた」と語っていた。

知取―内路間七十二キロ、塔路からは二百四十キロ、この道程を四日半で歩いてきたのだという。危険区域を初めて身近に感じた。駅前の知取自動車会社に、塔路に帰る人たち十三人と泊ることにしたが、興奮のあまり、ウィスキーをかたむけて寝た私は、身体を突いて「ソ連の戦車だ」という声に起された。時計をみるとかっきり二十二日午前零時、キャタピラの轟音がすでに間近に迫っていた。障子をサーチライトのような光がピカリとかすめた。

静かに障子をあけてみると、すでに目の前の路上に一両の戦車が止まっており、別の一両は駅前にくるなり、ぐるりと方向をかえて止まり、ばらばらと天蓋をあけて兵隊が飛び出し、散開した。また一両は木柵をバリバリと踏みしいて鉄道線路上にどっかりあぐらをかいてしまった。列車の運行を阻止するつもりらしい。あとからきた三両はまっすぐ南に向かって走り去った。轟々たる響きは、あとからあとから戦車が続いてきているようにもとれた。

ところが私たちのいる家には乱入する気配がない。川上炭礦から塔路に帰るため同行した十川さんが階下から「なんでもないから降りてきてもよい」と呼ぶ。階下は電灯を煌々とともし、事務室のテーブルにウィスキー三本を立てて、ソ連兵がきたら飲ませるのだという。

案の定、やがて戦車兵二人がにこにこ笑顔ではいってきた。そして握手を求めて何かいう。ことばがわからないので、ウィスキーのコップをにぎらせるのだが、口をつけようとしない。私は彼らが手真似でワダーというような言葉を繰り返していることに気付いた。英語のウォーターか、と思った私は急いで水のコップを出すと、ワシづかみしてひと息に飲み干した。そのあとも次々とワダーを連発してやってきた兵隊は、水を飲むと握手をして出ていった。敵意をもっているようには思えなかった。このまま平穏な状態で占領が進行しているのだと初めて悟った。知取では私たちが最初にソ連兵と交歓したのではあるまいか。

朝になってみると駅前には十四、五両の小・中型戦車がいた。日本人は遠くからおそろしいものを見るようにしていたが、子供たちはまもなく戦車兵と仲よしになった。そのうちにおびただしい車両があとからやってきた。ジープやトラックにはUSAのマークがはいっていた。徒歩でくる部隊はわずかで、それも小さい袋を背にした身軽な装備で、なにか哀調をおびた歌をうたって進んでいった。

ソ連軍は町役場と警察署を占拠すると、奥地からの避難民を第一国民学校に収容した。広い校庭や道端は、その人たちが乗ってきた馬車がいっぱい、馬は酷使され、馬糧もろくに与えられなかったのだろう、倒れて土に頭をつけ死を待つばかりのような馬がほとんどだった。それらの馬は公然と屠殺され避難民の食糧になった。

午後一時ごろ知取地区占領戦車隊長の大尉の名で布告文が張り出された。「われわれの敵は軍国主義者である」といい、「それぞれの職場に帰って作業をせよ、幸福は君たちが働くことによって得られる。当分の間南北各地との通行を禁止する、特別事情があれば司令部の許可を得ること。夜間外出は六時まで。ラジオ、電話は二十四日午後二時までに司令部に提出、武器刀剣類は二十三日正午までに役場に提出すること。これに反した者は処罰される」といった内容のものであった。

そのころ（と大和さんは書いているが、時刻は朝のうちだったようだ）白旗を機関車の先頭に掲げて停戦交渉の軍使を乗せた特別列車がきた（二十一日知取に着いたが、峰木師団長が元泊まで北上しているとの知らせで同町に行き、再び軍使として交渉に当たる指示を受けた鈴木参謀長が蟹江特務機関長、尾形警察部長らと知取に引返し、同日午前十時半から消防署でアリモフ先遣兵団長と交渉にはいっていた）。

ソ連軍が知取に姿を現わした日から、国道をくる避難民はいなくなった。そして知取川ぞいに下ってくる人が日に十人ほどもいたろうか。内恵道路をきたものの内路が占領されたと聞くとコースを変えて、股木沢（またきざわ）から南新問（にいとい）川に沿って山中を歩き、標高一〇三四メートルの新問山麓を越えて知取川の上流に出る道を選んだ人たちだ。「山越えのための十六キロほどの登りでは、空腹と疲労で倒れ、頂上付近に多くの人が死んでいた」とその人たちは語っていた。四人の子供を連れ、一週間かかって山越えしてきたという四十がらみの婦人がいた。衣服はワカメのようにボロボロになっていた。

二十三日、ズシーン、ズシーンと遠くで戦車砲の音がした。戸外に飛び出し高い所に登ってみると、遥か沖合を一隻の発動機船が南下、これに陸上から砲撃が加えられており、十二発目で命中、パッと黒煙が上がったと思ったら次の瞬間、海面に船影はなかった。

ソ連軍は列車で南下を始めた。アコーディオンをひく若い兵士のそばで、少将の肩章の堂々とした将軍はじめ高級将校の一団が耳を傾けていた。それを奇異に感じている私たちに、町役場の腕章の男たちが、すぐ敷香行きの列車が出るから早く、と怒鳴って回っていた。午後三時ごろ、私たちはその列車の貨車にとじ込められて内路に向かった。

大和さんは九月二日塔路に着いた。途中、内路を出る町はずれでは十数人のソ連兵が立ちふさがり、時計などめぼしいものを取り上げられた。塔路に着いたとき、最初に目撃したのは第三国人が台車に掠奪した三十俵ほどの米を積んで運んでいる情景だったという。ソ連進駐後の町では星の中にハンマーとカマのマーク、CCCPの文字の腕章をした治安維持会ができ、食料の確保、配給、発電所と水道の復旧、掠奪品（隠匿品といっていた）の返還などの問題で「毎朝夕、心配そうな表情で、こうしなければならないというふうに議論し合っていた」という。塔路についていろいろ調査したあと大和さんは同十五日、こっそり塔路を出発、北小沢に向かった。

炭礦義勇戦闘隊長、覚悟の自害

途中の諸津では発電所の煙突を砲弾が貫通してぽっかり穴があいていたが、部落の人たちは山に避難していたので被害はなかったという。ソ連海軍の小部隊が舟艇で上陸してき

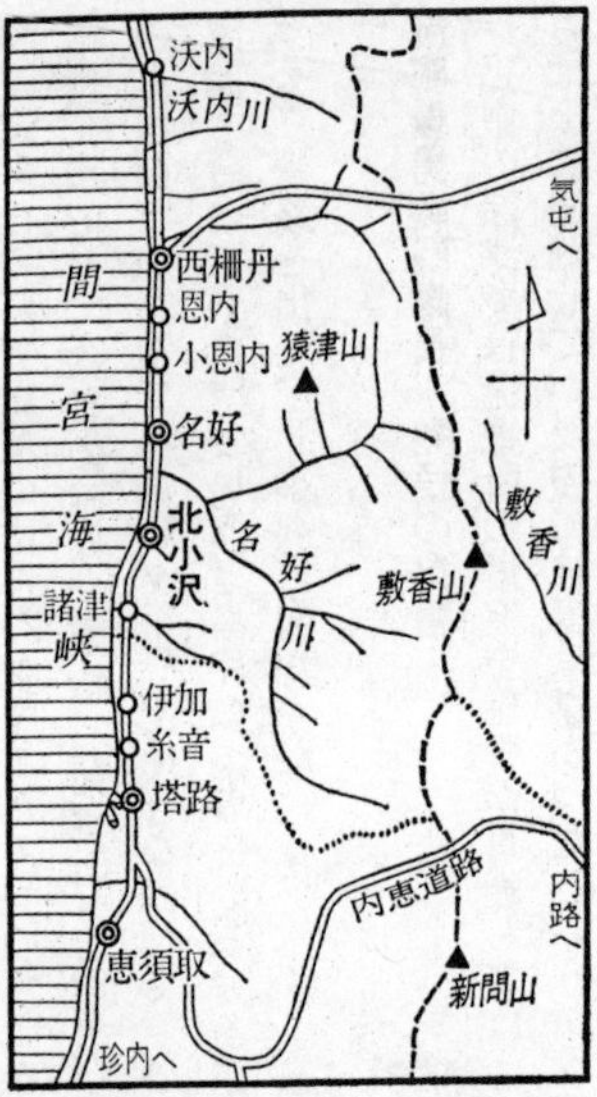

たので、滝沢というロシア語のできる馬車屋さんが単身交渉に行き、血をみずにソ連軍は村にはいったと聞いた。

夕刻、北小沢炭礦にはいり親しい三神医師宅に着き「北小沢の終戦」については、主として同医師に聞いたところによって綴った。

同地は平穏な日々が続いたが十三日夜から停電になり、ラジオが聞かれなくなった。デマがとぶなかで恵須取方面の空が真っ赤に染まるのを見て、やがて自分たちの炭礦も戦火に包まれることを覚悟したという。

炭礦は成人男子は五十人足らず、残りは女子供ばかり二千七百人ほどで、主人が徴用の家庭では、国境に近い地域だけに不安がひとしおだった。義勇隊は隊長が米坂民三さん、幕僚長伊藤武雄主任、炭礦義勇戦闘隊長市村博美さん（資材事務）で小銃八丁、弾丸三百発。銃は中国の分捕り品などでどうにか使えるのは三丁だけだといい、さっそくダイナマイトで手榴弾や地雷づくりにかかり、合わせて三百ほどを整えた。

また、増援がくるまでゲリラ戦でもちこたえるために、もっと銃火器がほしいということで、小銃八丁を船入澗の崖上に配置、舟艇がはいってきたら澗口の灯台を爆破して退路を断ち、あわてている敵に崖から猛攻を加え、斬込んで機関銃などを分捕って山中に逃げ込む手はずを決めた。灯台爆破はハシケの裏に隠れて電源スイッチを入れる方法で二人の隊員が当てられた。このことが成功したら運炭軌道を退却、防空壕を拠点にゲリラ戦をやり、やがて山を越して名好川に出て、分水嶺から白雲峡に出る想定で、あちこちに、ダイナマイトを詰めた一斗缶の地雷を埋設したりした。

停電で十五日の終戦のラジオ放送が北小沢では聞けなかった。その翌日か翌々日、敵砲艦の威嚇砲撃があって山に十数発の砲弾が撃ち込まれた。そして高空に機影が見えると砲艦が反転して去ったため、人びとが、友軍機だと小躍りして日の丸を振ったところ、急降下して銃撃を加えていった。

降伏は二十二日夕刻、名好警察署から派出所に知らされた。住民を早急に南下させるようにとのことで義勇隊幹部と警官は対策を協議した。伊藤主任は「すでに塔路飛行場はソ連軍の手中にあり、国道を南下できないとしたら、婦女子が山越えするのは困難だからここにとどまろう」と主張したという。

また、市村炭礦義勇戦闘隊長も、いさぎよく戦うことを主張、青年学校の生徒らに支持されたというが、頓所永重巡査部長ら警官は、命令どおり山越えして南下することを主張して二十三日午前六時に出発することで押し通した。

山越えが決まると、それまで山峡の緑町方面に避難していた人たちは、ぞろぞろ社宅に戻り、蠟燭の火を頼りに家の中を片付け、必要な食料や着替えをトランクやリュックに詰めた。大事にしまっていた砂糖を出しておしるこを作ったり、鶏をしめ殺したり、最期をおもんぱかって風呂をわかし、膚着を替える人たちもいた。疲れ切って就寝したのはどの家も真夜中だった。そして、午前二時半——。

ドドドーッという艦砲射撃のような音に人びとははね起きた。

しかし、音はその一回だけ。怪訝そうにしていると「火事だ」と叫んで走る足音がした。その声で戸外に出ると、社宅の一角の市村さん宅が燃え、無風のなかに火柱がまっすぐに立っていた。三神医師が駆けつけたとき、付近の人たちがバケツリレーで消火していたが、火勢が強く、二十分ほどで屋根が焼け落ち、炎で赤く染まった人たちの顔が不安におののいていた。

ふと、うめき声が耳についた。ほとんど同時に耳にした人たちが、声のする縁側の前の畑に目をこらすと、市村さんが倒れていた。

戦うことを主張して入れられなかった市村さんは、その夜、レイ夫人と長男佳一君、二男次郎君を道連れに自害を図ったのである。病院に収容された市村さんは苦しい息の下から三神医師らに語ったところによると、晴れ着を着た家族は、最後の晩餐のあと、市村さんが日本刀で一人びとり首をはね、自らは切腹をしたが、きっ先が胃のあたりから横隔膜深くはいって横に切ることができず、用意の手榴弾に点火したが顔に傷を負っただけ。やむなく障子に火をつけたが背をやかれて縁側からころがり落ちたものらしかった。

病院での市村さんは、あまり苦しむため三回も安楽死させようと劇薬を注射したがきかなかった。しかし、手術をしたあと腹膜炎を併発し「特攻隊は七生報国を誓って死んでいったが、私は国のためなんらなすところがなかった。残念だ」といい残し、八日目に息を引取った。

市村さんの父、多默さんは当時、塔路郵便局長だった。妹、幾子さん（現姓春日）は博美さんについて次のように語っている。


兄とは十五日朝、電話で「日本人らしく、最後まで戦いましょう」と、家族みんなで激励し合ったのが最後でした。兄には長女文子がいて、たまたま祖父母（私の両親）のもとに遊びにきていたため生き残りました。ハルピン学院卒の兄には、革命期のロシアを知っていたのと、日本人としての自覚が死を選ばせたものと思います。

私は十六日朝、父を残して空襲下の塔路を逃げ、母や弟妹、幼い姪文子らと大平で会ってさらに南下しましたが、久春内の奥山朗々さんの寺で厄介になってやがて町に戻りました。父は阿部町長らが射殺されたと知らず、停戦交渉に行き、捕えられて九月初め帰されました。

心中・発狂・斬殺

市村さんの火災のとき、駆けつけた人たちの中に三神医師が見かけた伊藤武雄さんも、夫人と子供、実妹の一家と自害した。

その朝、二十三日午前四時半ごろ、三神医師の隣に住む薬剤師、柴岡さん宅にきた伊藤さんは、窓ごしに「先生にもらった薬を飲んだが死にきれない、もっと強い薬がほしい」といった。ちょうど逃げる仕度でごたごたしていた柴岡さんが「青酸カリがないので、あれ以上の薬はないんです」というと、うなずくともなく坂道を下っていった。少して自転車の男がメガホンを口に、「早く逃げてください。ソ連の軍艦が進んできています」「西柵丹に上陸したソ連軍は残虐で、川は血でいっぱいだそうだ」と怒鳴ってきたが、それを聞いたからか、伊藤さんが運炭軌道の踏切りを走って渡って自宅に向かったのを、柴岡さんはちらっと見たという。

それからしばらくして、柴岡さんは逃げる途中、病院に寄った。そこで「自決したのは市村さんだけかな」と、誰いうとなくいいだしたとき、柴岡さんは、ハッとして伊藤さんのことを思った。柴岡さんは青年学校生一人を連れて伊藤さん宅に走った。

裏口から奥に進んでいった柴岡さんは、かすかにうめき声がする部屋のふすまをあけ、遮光幕を切り破った瞬間、そこに見たのはこの世のものとは思えない凄惨なものだったという。二人は走り帰り、病院にいた人たちみんなが担架を持って駆けつけたが、その八畳間は血の海で、伊藤さん一家三人と伊藤さんの実妹のとつぎ先の一家四人が倒れ、伊藤さんと妹の長男、二男はまだ息があった。

その長男（当時八歳）だけは奇跡的に生きかえり、伊藤さんは四日後、筆談で「北小沢炭礦の皆さんに対し努力の足りなかったことを詫び、かつ自分たちのことについて心配をかけたことをお詫びする。今後、皆さんのご健勝と無事祖国に帰られることを祈念し、日本帝国の万歳、天皇陛下の万歳を、声が出ないので心の奥より叫び上ぐ」といった意味の遺書を残して息をひきとったという。遺書はその後、同礦に保管されていた。助かった子供はのちに三神夫人に「薬を飲んだが死ねず、苦しんでいると、伯父が暗い部屋の中で一番下の妹からカミソリで喉を切った。おかあさんが「おかあさんも、すぐ一緒に死ぬんだから」と抱いてくれたので……」と語ったという。

購買助手沖本清さんの一家も自決した。市村さんが手榴弾を爆発させてまもなく、寿町の沖本さん宅で九発の銃声が聞こえた。

朝、社宅を警戒していた主婦たちが、沖本さん宅にはいってみると、玄関の板の間に大きい肉塊がどさりと落ちていて天井や壁は血しぶきで真っ赤になり、小銃一丁が投げ出されていたという。

障子をあけると血痕が奥の方に点々と続いており、奥八畳にはいると、ふとんの中に沖本さんの一家六人と親類の子供二人、計八人の死体が横たわっていた。顔には白タオルがかけてあり、死顔は静かで寝たままのようだったといい、銃弾はみんな心臓を射抜いていた。このことから考えて、服毒後、沖本さんがとどめに撃ったものと思われた。そして、その沖本さんは顔面をそぎとられ、一番端に末っ子を堅く抱きしめて倒れていた。玄関の肉塊は沖本さんのマスクで、最後に玄関で喉に銃口を当てて足指で引き金を引いたのだろう。そして奥八畳まではっていって子供を抱いて息絶えたのだろうか、その子を思う親の心が人びとの心を強く打った。

このような、いくつかの惨事は夜明けごろ次々と起ったが、午前九時半ごろ、白樺峠の監視哨から「小型軍艦三隻が諸津沖に現われて艦砲射撃中」という報告がはいった。そのとき社宅の一角で火災があり一棟が焼失した。

同家は松野さんといい、夫は召集、一年生の長男とその年生まれたふたごを抱えた夫人が、劇薬を赤ん坊一人にふくませたが、苦しがるのを正視できず、自分も死のうと覚悟していたことも忘れて、その子を押し入れのふとんに寝かせて家に火をつけると残る子供を連れて裏山に逃げこんだのだという。そのときは発狂していたのだ。

この日、町でも、朝鮮人の製綿業、金本さんが頭から肩にかけ、ざっくり日本刀で斬られて死んだ。

いろいろ乱れ飛んだデマの張本人にされて社宅付近を歩いていたとき、国境地区から脱出してきた日本軍の軍曹に斬られたのだという。また、下出霜松さんという請け負いの小頭は、赤い腕章をしていて、酔った義勇隊員に「われわれは降伏していない。おまえはスパイか」と日本刀で斬られ、小銃で撃たれて死んだという。

この義勇隊員はその後名好川上流の部落に潜伏していることがわかり、下出さんの身内が仇うちするといきまいたが、友人がひそかにそのことを知らせ、部落から姿を消した。

三神医師の単独停戦交渉

悲劇が次々と発生している炭住の道を、泣き叫びながら行く子供、大きい荷物を引きずるようにして去っていく女たちの姿を、病院の窓から見ていた三神医師は、人びとの行くてにそそり立つ山岳と、幼い子と荷をもって越える無謀さを考えると、直接ソ連軍に停戦交渉するしかないと覚悟した。夫人と看護婦には「夜九時までに帰らなかったら殺されたと思ってくれ。そののち君たち自身は服毒したければそうしても良い」といい残し、患者の朝鮮人の金本少年と一緒に病院を抜け出した。ソ連軍には朝鮮人通訳がいると聞いていたので、ロシア語はわからなくても、朝鮮語ができればよいだろうと思い、「逃げまどう人びとを救うために」といい聞かせたのだという。

警官や義勇隊の主戦論者に会って降伏交渉に行くことを感付かれたら、ただではすむまいと思った二人は、線路を匍匐して海岸にたどりつき、船澗の崖の上に立って、周囲に誰もいないことを確かめた。諸津の沖合に砲艦らしい三隻がいた。さっそく、走って北防波堤の先端に立ち、用意していった赤い大きな布を竹ザオにしばりつけ、大きく、何度も何度も振った。と、これを認めたのだろうか、諸津沖の三隻はまもなく、北小沢に向かって動き出した。

近付いてきたソ連船は砲艦二隻と小型の発動機船一隻で、こちらの赤旗をみて、船澗の入り口に寄ってきた。そのとき、三神医師は灯台に強烈なダイナマイトを装填してあることに気付いた（前述のように、このときも決死の隊員が、ハシケの底にひそんでいたという）。まさに危機一髪というところ、三神医師は必死になって手を振って、危険であることを知らせた。

船は変針して沖合に止まり、小型の発動機船だけが、これも合図に従って北防波堤の外側にぴたりと接舷した。ソ連の海軍士官や水兵数人が防波堤に上がり、赤旗をもった三神医師の前にやってきた。

士官の一人は、たどたどしい日本語で、

「おまえは、ここの代表者か」

と問いかけてきた。日本語が通じる。通訳は必要なかった。三神医師は金本少年に帰るようにいって、「代表者ではない。北小沢炭礦の代表は一家が切腹自殺をした。次の代表も一家首を切り、切腹をした（腹をみせて、刃物で横に切る格好をしてみせたという）。私はドクトルであるが、代表が死んだので、みんなから選ばれて交渉全権としてきた」

「おお、ドクトール」。相手の士官は握手を求めてきた。

「日本、天皇陛下、降伏した。われわれ人民も陛下の命令どおり降伏する。しかし、日本天皇陛下戦うといえば、われわれ、みんな死ぬまで戦う。もう平和になったんだから（ソ連兵の手をにぎり）貴軍も平和を愛するなら危害を加えないでほしい」

へたな通訳のために、ことばを短く区切って、こういった。

「しかり、ソ連軍は平和になった以上、住民には危害を加えない。住民は皆仕事をしているか」

「いや、ソ連軍は日本人をどんどん殺すというので、みんな山の中に逃げた」

「それはかわいそうだ。わが軍は平和を愛する日本人にはなんら敵意をもっていない。さっそく従前どおり、仕事をするように、さっそく、おまえから、山の中に連絡して、帰るように取りはからってくれ」

そこで、三神医師は「わかった。しかし、住民が帰ってきても決して殺さないか」と、数回繰り返して念を押した。そして、なおも、

「もし、うそをいって殺すなら、おれは今、ここで死んでやる」と、いいながら、ポケットから、かねて自殺用として持っていた、小さいグラスと薬びんを出し「モルヒネ、コカ

イン」と、びんをあけて口に当て、まさに飲むまねをした。
「ホーダー、ホーダー」(だめだ、いけない、いけない)。士官はあわてて手をおさえ、グラスをもぎとり「もう平和になったのだ。平和を愛するものにとって、このようなものは粉砕されるべきだ」と、防波堤のコンクリートの上に投げつけた。グラスは粉々に砕け散った。

三神医師はさらにポケットから粉薬を出し、再び飲むまねをしたら、それももぎとって「あなたはドクトルだ、死んではいけない。日本人の心がなかなかわからない」といい、同医師のポケットを探り、薬をみな海中に投げ捨ててしまった。
「じゃあ、住民を殺さないな」と聞くと、通訳の士官は、にこにこして、「絶対に殺さない。日本人は非常に野蛮な人種だと思っていたが、初めて日本人に接してみて平和を愛する人間だということを知ってびっくりしている。われわれはスターリンの命令で、一人でも日本人を虐殺した兵隊は、直ちに銃殺の刑を受けることになっている」と、ピストルを取り出して自分が撃たれる格好をしてみせた。

そのあと武器、弾薬についてきかれ、ないというと、日本刀はと聞いてきた。炭礦のえらい人が切腹したので血がついたままだというと、顔をしかめてそんな話は聞きたくないといったという。これなら強心臓で押しまくれば、たいしたことはないぞと自信がつき、警察官はいるだろうというのには、「警察は昔からいない。ときどき恵須取からきたが、いまは帰ってしまった」とうそをついたが、相手はそれを信じこんだようで、北小沢の警官六人は、その後も誰一人探索、検挙された者はなく、みんな労働者になり働いていた。

このころから急に話が打ちとけて、炭礦の話をしているとき、病院で三神医師が海岸に向かったことを聞きつけて、歯科の鎌田技工士と国民学校の教師ら三人がやってきた。ところが、教師はツカツカとソ連士官の前に進み出て、直立不動の姿勢になり、「私は共産主義を奉じて、児童の教育に当たります」と誓ったという。

そのうちに、三神医師が手まねで港にはいるなといった理由をきかれ、しまったと思いながら、「ソ連軍が乱暴だと聞いたので、港にはいれないために爆破しようと、切腹した代表者が火薬を装塡したのだ」と答えた。おどろいた士官はすぐ取りはずして海に捨てろというので、鎌田さんらがうろたえて、おっかなびっくり取りはずして捨てたという。

そのころはすでに夕方になっていた。三神医師はいわれるままにソ連船に同乗して、名好に向かい、増田炭礦の桟橋に三十人ぐらいの兵と上陸、ソ連兵は名好市街を占領した。

そのころにはすっかり日が暮れ、署内では蠟燭をつけ、なおほかの士官たちが、次々ときて三神医師に尋ね、「明二十四日、北小沢にも一隊を引連れて占領に向かうので、できるだけ住民は家に帰り、赤旗を立てて歓迎してもらいたい。少数の兵が駐屯することになるので、宿舎、寝具をそろえてもらいたい」というので「よろしい」というと、はじめて釈放してくれた。午後八時ごろであった。

午後九時になると夫人や病院の看護婦が自決するかもしれないという心配で、護衛兵をつけてやるというソ連士官の親切を辞退し、太ったからだをマリのようにして走り帰って、海岸の運炭事務所の電話に飛びついたとき、病院ではみんなが一室に集まって、いよいよ最後のときが迫ったと、時計の針を見つめていたという。間に合って、受話器を置いたとたん、肩の力が急に抜け、ぐったりと疲れが出てきたと三神医師は、その後も停戦交渉に腐心した当時のことを聞かれるたびに答えていた。

十数人のソ連の小部隊が名好から徒歩で北小沢に進駐、炭礦職員倶楽部の宿舎にはいったのは二十四日午後だった。

大和哲男さんは九月末、自転車で三菱が炭礦開発中の小恩内に向かい、さらに西柵丹(にしさくたん)まで行ったという。

小恩内では国境から後退した憲兵など八十人ほどの兵が、同地の山合でソ連軍と対峙するというので、三菱の社員、田沢技師や建設作業員もその部隊と行動をともにしたが、軍は十二日、豊原に向かうことになって山中を南下していった。西柵丹では十二日朝、住民を山奥に避難させたあと、義勇隊が海岸の砂浜に火薬を埋めて電気発破で上陸軍に対抗する準備をしていたが、同夜、小型艦艇が海上から銃砲撃を加えた。しかし、威嚇射撃であったらしく犠牲者はなく、その後、同地では郵便配達の老人一人が死んだだけだった。

ソ連軍は約三十人が二十五日ごろ陸上を進んで町にはいった。そのころ飛竜を撤退した向地視察隊の中山俊豪大尉、安別派遣隊吉田重吉中尉らの部隊が、東の露草部落にたどりつき、ソ連軍と戦う動きをみせたため、邦人が日本の降伏を知らせ、部隊も山越えして撤退していった。

（大和さんの終戦報告による記述はここでとどめることにする。）

緊急疎開

ソ連軍の進攻が始まると国境線に近い地域の邦人は、安全と目される敷香など後方の町村に難を避けたが、やがて、中央では敷香付近までが戦場になるという判断で緊急疎開が始まり、敷香に殺到した奥地の人たちは、貨車にまで詰めこまれて南下していった。

同じころ、西海岸では塔路、恵須取などへの空襲と艦砲射撃が始まり、人びとは列車のある内路、久春内への炎天下の死の行進を開始したが、樺太庁は十日正午の緊急会議で緊急疎開の方針を決定、十二日緊急輸送協議会の常任幹事会で疎開要綱を作成、輸送開始を十三日として支庁、市町村、警察署に通達した。

樺太が戦場になった場合に備え、樺太兵団は、老幼婦女子の疎開を考慮、鈴木参謀長と大津長官の話し合いもできていた。二十年春、豊原に海軍武官府が設置され、黒木少将が着任したときも、あらためて三者が協議、それぞれが船腹の確保につとめ、疎開の指導には樺太庁が当たることなども決め、十二日は後藤庁保安課長、小川樺鉄運輸課長、角田船舶運営会支部長の三常任幹事によって婦女子十六万人を十五日間で輸送する目標を立てた。そして戦災地、僻遠地を優先、六十五歳以上の老人、十四歳以下の子供と婦女と病人などを輸送することなども決め、町村ごとに割当てによって大泊、真岡、本斗の三港に集結乗船することにした。

しかし、疎開船は十三日に第一船が出たが、疎開要綱などの徹底に手間どり、一般住民の乗船者は意外に少なく、将校の家族、樺太庁はじめ各官公署の人たちの家族がめだった。大泊の機関区ほかで、いち早く家族を帰した上司に対する不満から一時、職場放棄があったり、落合では一町民が武器をもって町長を追及するといった事態も起きている。

一部に先をきそって家族を引揚げさせた人たちはいたが、当時、庁警防課警防係長だった林雅爾さんは、

「国境で戦闘が始まったため、われわれは住民保護などで、もう家に帰るなどということが許されなくなるので、家族は本土に帰すようにと上司の指示があった。ところが、島を去ることは非国民だといわれ、自らもそう思っていたところだから、だれも家族を送り出さなかったので、私は十三日に家族を帰した。ほかの人たちもそのころから急に家族を引揚げさせるようになった。このことから終戦を知っていて家族を帰したといわれるのだろうが、私たちは足手まといになる家族を帰し、身命を賭して樺太を守ろうという純粋な気

持であった」

と語っている。

また大津長官未亡人、亀代さんは「私たちは主人を信じ周囲の家々があき家同然の中で、人心の動揺を防ぐために官舎に残っていました。しかし、十五日の詔勅を聞いて、内心、胸をなでおろしたのもつかの間、ソ連軍の西海岸への上陸と邦人への乱暴を聞き、主人の今後の運命を思うと、娘と孫をかかえた私たちがいることは足手まといになるだろうと決意し大泊に向かったのです」といっている。

軍関係については、鈴木参謀長が、

「樺太兵団は外地の一線部隊と同じで家族を置いてはいけないことになっていたのに、そのまま引きとめている将校があったので、部下を旭川にやり、旭川周辺に二十戸ほどの借家を見つけた。契約書もかわし、八月六、七日の団隊長会同で、十三日をメドに引揚げさせるようにきつくいいつけた。ところが九日にソ連が参戦し、十五日には終戦になったため、軍は敗戦を知って、家族を疎開させたという声を聞くが、そのようなことはない」

と語っている。

司令部に勤務していた新藤大松軍曹も、契約書を旭川市周辺の町村長に送ったことについて記憶していると述べている。

緊急疎開はこうして十三日から始まった。樺太庁は大泊、真岡、本斗の三港から船という船はフルに動員して、邦人の輸送に当たった。大泊には原田勝二郎警防課長、西海岸には竹内刑事課長と真岡、寺谷忠吉勤労課次席（シベリアで死去）、本斗、林警防係長らが出向いて指導に当たったが、奥地から陸続としてやってくる避難民はさばききれず、またたくまに大泊桟橋をはじめ三港は黒山のような人で埋まってしまった。

そして二十二日には本道留萌沖での小笠原丸など三船の沈没、大破、千七百八人死亡または行方不明という惨劇があり、二十日のソ連軍の真岡上陸、二十三日の大泊上陸によって、この緊急疎開は終ったのだが、この間に疎開させた数は実に七万八千から八万人と推計された。

このほか漁船や機帆船による脱出も行なわれ、脱出、密航合わせて二万六千〜三万人といわれた。もちろん、シケなどで遭難した船も多く、このうちどれだけが北海道に上陸したかはわかっていない。

貨物列車に鈴なりの人

奥地からの避難民は汗とほこりにまみれ、疲れたからだで列車に乗ると、口をきく気力もうせたようにぐったりとなって南に運ばれていった。敷香にいけば、内路に着けば――それだけに精根を使い果たした人たちは、まさに〝運ばれた〟かっこうだった。ことに貨車に乗った人たちは、無蓋車では炭塵にまみれ、有蓋車では外部から錠をかけられ、密室にとじこめられて、熱気にむされ、半ば気を失ったまま南下を続けたという。

人口が少なく、鉄道は石炭と木材、パルプなど貨物輸送のためのものであった樺太では、緊急輸送は貨車を使用せざるをえなかったが、やがて船輸送が詰まってしまった。ところが奥地に列車を待っている人たちのために、列車は途中駅に避難民をおろして、反復運転をし、大泊、真岡では船便を待つ人たちが、埠頭を埋めつくし、二日も三日も地べたにすわって〝時〟を待った。

その模様を関係者の手記で読んでみよう。

渡部千穂子さん（旧姓西垣）は留萌沖で沈んだ泰東丸の生存者の一人である。母と弟妹三人が行方不明になった。その手記のうち、泰東丸に乗り込むまでである。

終戦の放送を聞いた夜、大泊に近い田舎の小学校の庭はぶきみな静けさのなかにあった。学校を兵舎にしていた陸軍の小隊は目的を見失って右往左往している。虚脱の状態である。風もなく黒々としている裏山の針葉樹林や付近の傾いた家々を月が照らしていた。ときおり、飯盒をさげて水をくみに坂道をおりていく兵隊の姿がみえた。

その小さな学校で校長をしていた父、そして教員であった母と私は、兵隊の大きい木のふろをすすめられて、その夜初めて月の光にさらされて野天ぶろにはいった。いつもなら、そんな変った環境に全身で喜ぶ小さい弟妹まで、何かの運命の予感があってか、むっつりと口をきかない。私は二十一歳、母は四十四歳であった。妹三人、弟二人がふろをあがったあと、私は父と母に「これからどうなるの、何か指示を待つの」などと繰り返しいったことを覚えている。これが私たち家族の最後の夜になる（泰東丸で母たちが行方不明になった）などとは予想もしていなかった。

十六日朝、すぐ近くを走る列車をみて驚いた。無蓋の貨物列車に人が鈴なりだ。次の客車は屋根の上にまで人がしがみついて乗っていた。列車は次から次へとやってきた。奥地から何日もこの炎天にさらされ、疲れはてて鉄道のある町までたどりついたのであろう。生きているのか死んでいるのか、身動き一つせず、虚空をながめている。

血だらけの繃帯が目につく人たちのグループの貨車が目の前を通過した。私はだれかれなく「しっかり、もう少しよ。がんばってね」とホームを走って叫ばずにはいられなかった。そのとき、防空頭巾の中から、黙って、寂しげな笑顔をみせた女の人――「そうだ、こうしてはいられない」、瞬間、私はそう思うと学校（家でもあった）に走った。

父は命から二番目に大切にしていた博物の山のような本と標本を、土を掘って、その中に投げ込んで焼いていた。父の誇りであったこれらの本や標本が煙になっていくのをながめる父の目に涙が光っていた。

「私たちも出かけましょう」

私が声をかけると、母も「何もいらないよ」と、まるでピクニックにでも出かけるような格好で立った。母と私たち子供六人は父を残して家を出た。

駅には村の人たち大勢が列車を待っていた。やかん、洗面器をかかえこみ、大きな荷物の中に埋まるようにした人たち、私はバッグ一個、妹や弟は私の手製のリュックを背負ったきりである。

私たちが大泊で船に乗ったのは二十一日だった。

港は人と荷物の山。臨海倉庫はどこもここも避難民で割り込む余地はなかった。海風にさらされて私たちはふるえ、たまりかねてあき家をみつけてはいりこんだ。

夜中、汽笛がなった。船が出る、私たちは起き出して港にいった。昼間からじっと動かずに順番を待っていた人たちも多いのであろう。桟橋を埋めた人びとの数は少しも減ってはいなかった。その人波にもまれ、押されるようにして船つき場にどのぐらい立っていたろう。小さい弟や妹に「しっかり、つかまっているのよ」といいきかせる。周囲の人たちは、何時間もの間、ひとことも口をきかず、ただ耐えているという感じだった。

人波に埋まる桟橋

伊藤みどりさんは次のように書いている。

私たちは落合町の王子製紙落合工場社宅に住んでいました。終戦と同時に婦女子と男は数え年十四歳以下の子供に緊急疎開の命令が出され、敗戦の放送で泣きはらした顔で、私は当時、拓銀に勤めていた長女と小学五年の三男を連れ、リュック一つを背に駅に向かいました。十九日午後二時ごろでした。

落合駅で私たちが詰めこまれたのは有蓋貨車でしたが、そのとき駅まで送ってきた十五歳（数え年）の二男が別れの寂しさに耐えきれず泣き出し、しまいには線路に泣き伏すあわれさ。夫がなだめながらかかえて離れ行く姿は、いまもまぶたの底に焼き付いて離れません。

豊原に着いたのは午後六時ごろでしたが、駅員がきて「朝まで静かにしてください。ほかの貨車の人は全部豊原で下車させるのだから……」といい、外から錠をかけ、遠くの線路に朝まで放り出されていました。

朝、真岡が艦砲射撃を受けているという話を聞きました。戦争が終ったのになぜだろう、そんな割り切れない気持の私たちを乗せた貨車が、引出されて大泊に向かったのは正午ごろだったでしょうか。夕方の大泊は人、人……の波。三日ほど前から、大泊にきても船腹がなくてとどめられている疎開者は四万とか、乗船の見通しがないとか、いろいろな情報が乱れ飛ぶ中を、私たちも桟橋までいくと、二人の将校が抜刀し大声でわめき散らしていました。娘と息子の手を堅くにぎり泣きながら逃げ歩いていると、今夜十時に乗船するという大勢の人たちの列のところに出ました。私たちもその後尾に並んで順番を待ちました。こうしてどうにか同夜乗船できました。が、それが運命の第二新興丸であったのです。

また計良掬子さん（当時小学六年生、恵須取町中島町出身）は次のように語っている。

久春内からまっ暗な貨車にとじこめられて南下していた私たちは真岡の町にはいったとき、家々の屋根に白い旗が音もなく揺れているのを見て息をのみました。やがて敗戦を知らされ、ことばもなくその旗の白さをみつめていたものでした。十九日ごろの真岡でした。

豊真線を抜け、大泊に着いたのは二十一日。海岸に並んでいる多くの倉庫の一つにはいりましたが、広い倉庫の中は疎開の人たちで足の踏み場もないぐらいでした。そのうち乾パンと貝缶詰の配給があるというので、ぞろぞろ出ていったのですが、人波にもまれているうちに五歳の弟を見失い、母と私は青くなって食料も受けとらず捜し回りました。母は、もし見つからなければ、北海道に帰るのを断念するとまで口走るのでした。だから「もしや」と思って、さんざん捜し回ったあげく倉庫に戻り、私たちの荷物のそばにすわっている弟を見つけたとき、私たちはだき合って喜びました。

二十二日朝、私たちは起き出して桟橋に向かいましたが、ものすごい疎開者で、私た

緊急疎開の人波で混乱した大泊港の桟橋。

ちにいつ乗船の順番がくるかまるで見当がつきませんでした。それでも私たちはあきらめませんでした。あすは大泊にソ連軍が上陸するという噂が流れ、人びとは恐怖にいても立ってもいられないといった表情でした。そのとき、私たちのわきを白足袋にぞうりばきの女の人たちが子供を連れ、男たちにみちびかれて船に乗り込んでいきました。リュック一つの私たちにひきかえ、両手にいっぱいの荷物をもって——私は「同じ日本人でありながら、こんなことってあるものか」とくやしくてしかたありませんでした。

と、そのころ、前夜出港した船が留萌沖で魚雷攻撃を受けて沈没したので、引揚げ船の出港をとりやめるという知らせがはいりました。私は一瞬、つき上げてくる不安を押えきれませんでした。動揺が長い桟橋を埋めた人たちのなかに広がり、絶叫にちかい叫び声が周囲に起りました。

そうなってなお、桟橋を動かない人びとのなかを、一家は力なく町の方に引返しましたが、そのとき、人ごみの中をやってくる姉に出会いました。恵須取で別れていらい消息不明だった姉です。そして、また歩き始めたとき、防波堤の下にポンポン蒸気が一隻ついていました。人びとの声を聞くと、北海道へ向かうというのです。それをきくと付近の人たちは一枚板の上を船に乗り移りはじめました。私たちも無意識のうちに船に乗りました。

「これ以上乗ったら沈むぞ」と船員が叫びながら、疎開者を押しとどめて船を離しましたが、それまでに乗ったのは三百人ぐらいもいたのではないでしょうか。

「頼む、乗せてください」と、なお泣き叫ぶ岸の声をふり切って船が稚内に向かったのは、もう夜になるころでした。月がきれいで樺太の山が黒ずんでみえ、だれかが「さらば樺太よ、またくるまでは……」と〝さらばラバウルよ〟の替え歌を口ずさむ。それに合わせて二人、三人、涙にほおをぬらして唱和する低い歌声が、規則正しい機関の音のなかに聞こえました。

そのころ、私たちの周囲でそれまで毛布にくるまっていた二、三人が、毛布からぬけ出て、甲板にすわりなおしました。半袖シャツの兵隊でした。

輸送力増強に苦肉の一計

伊藤みどりさんの手記、計良掬子さんの話には、人びとが住みなれた町や村をあわただしく、そして、つらい別離のあとに出発していった模様が描かれている。また一部では、優先的に引揚げ船に乗船した階層があって、それを一般の人たちが、同じ運命のもとにありながら——と、くやしく見送ったこともでている。

しかし、最も強く描いているのは、あふれるばかりの疎開者の群れであり、緊急疎開とりやめ後、小さな機帆船などによる脱出と樺太を捨てた人びととの心情であった。北三松豊原駅長は「十五日午後二時から樺太庁、豊原市、樺鉄の合同会議が開かれて緊急疎開列車の運転が決まり、非常ダイヤが編成された」と次のように語っている。

ダイヤは古屯—大泊間を幹線とし、恵須取—久春内間はバス、トラックを総動員、久春内—本斗は豊真線を経て豊原駅に継送するというものであった。

しかし、配船のつごうで大泊まで送り込んだ疎開者も、毎日数百人ずつ残客が出るしまつ、それらの人たちは桟橋、倉庫、あるいはあき家になった市内の住宅に泊り込んで順番を待つようになり、二十二日朝には、これ以上送り込まれても、二十一日分もとても収容できないから列車を豊原で打ち切ってほしいという大泊駅長から豊原駅長への要望があった。ところがこの朝は真岡方面からの列車がすでに豊原を出発する矢先であり、続いて敷香方面からも列車が到着する直前。駅構内の仕分け線は貨車がいっぱいに詰まっており、やむなく列車を発車させた。

当時、樺太の防空警備の責任者であった原田勝二郎樺太庁警防課長は、この大泊、稚内間の輸送の隘路を打開するため、十八日昼には、自ら大泊に出向いた。

そのころ、稚泊連絡船、宗谷丸、亜庭丸のうち亜庭丸は、米軍機の襲撃を受けて壊滅に瀕していた青函航路に回航して、樺太疎開には宗谷丸と海軍の機雷敷設船、砲艦などが動員され、計十五隻が就航していた。

同課長が大泊に行ってみると、これらの艦船はいずれも定員いっぱいしか乗せず、これではとても南下してくる避難民をさばききれるものではないとみて、桟橋にいる軍の輸送指揮官に交渉したが、海上の危険をおもんぱかって定員外乗船を頑強にことわられた。同課長はやむなく一計を案じて、コモかぶりの酒を届けたという。

「どうせ、ソ連軍が進駐したら、酒蔵の酒も押収されてしまうにちがいないと思い、直ちに大泊警察署長と話し合って、酒造家から十五樽のコモ樽を届けさせ、輸送司令部の玄関先におろして、いかにも輸送船団の労をねぎらうように装って「万一輸送中に事故があったときは、私が樺太庁長官の名において責任を負うから、人員を制限せず乗れるだけ詰め込んでほしい」と頼んだものだった。ところが、コモかぶりの手前か、前とはうって変り、彼らは私の要請を受け入れてくれた」

と、原田さんは語っている。

このことがあって、各船はそれまでの二倍から三倍の疎開者を乗せるようになり、小さな駆逐艦はマストの周辺まで、ぎっしり人がすわりこんで、文字どおり、鈴なりで大泊を出港していった。

輸送司令部はそれまで、宗谷海峡には米潜水艦が潜入し、連絡船や護衛の海防艦などを襲撃していることから神経質になっていたのであろう。

老人や婦女子の疎開にまじって樺太刑務所は受刑者を札幌に移送した。もちろん一般邦人の引揚げ船に乗船させることはできず、十八日トラックで死刑囚三人をふくめ重罪犯など五十人を朝倉見介副看守長らがトラックで大泊に運び、十九日、機帆船をチャーターして同港を出た。また二十三日には二回目の護送が行なわれ成功した。

緊急疎開の最終船は二十三日、停戦協定成立後、宗谷丸、春日丸ほか一隻が危険を承知で出港した。そのときはソ連艦艇が大泊に向かっているという情報で、いったん乗船した一万人のうち四千人ほどは下船したが、残る六千人は三船長の決定で、午後十時に出港していった。

難民あふれる稚内

稚内は七万八千から八万といわれた緊急疎開による人びとと、小型船による脱出者で、十七、八日ごろには戦場のような混乱を呈した。しかも樺太から送られてきたものは人ばかりではなかった。樺太庁は急迫している北海道に疎開者を受け入れてもらうため道庁経済保安課の要請で、樺太にある米や麦粉などはできるだけ疎開者の船に積み込むように、と樺太食糧営団に命じた。その米なども揚陸された。

同営団管理課長だった外崎博さんの話によると、

「樺太庁の命令で直ちに緊急会議が開かれ、井村業務部長、佐藤司総務部長、高橋松治経理課長と私たちが集まり、船腹は庁が確保するから、できるだけ奥地のものから大泊、真岡に輸送して、船積みする用意をするようにということになり、貨物列車を夜通し運行して二つの港に米や麦粉を集めたものでした。米のとれない樺太では、私たちも食糧確保にはやっきで、まる一年分を貯蔵していた。どれだけ積んだか数字的なことはつかんでいないが、戦後、樺太庁残務整理事務所から六千円が営団に支払われたと聞いたが、かなりの数量を運んだことはまちがいない」

という。

稚内港の桟橋待合い室、通路はもちろん、岸壁はリュックを背に、小さい子供の手を引いた人びとでいっぱいになった。そのうえ、遠く敷香方面や亜庭湾内の漁村からの脱出者のちっぽけな発動機船は北防波堤にひしめき、米・麦粉などを積んだ機帆船が、どんどん食糧を揚陸すると、疎開船と前後して樺太にとって返すといったありさまで、港と町の混雑は想像に絶するものであった。

樺太庁の島民疎開事務所が置かれ、稚内町役場の職員や町の婦人会は、避難民の世話に奔走した。稚内要塞司令官芳村覚司少将は、樺太兵団鈴木参謀長からの電報を受けて、これら引揚げ者のために、約三百人の兵隊をふり向けた。

当時婦人会長だった田淵シゲさんは「私たちはせいいっぱい、あの人たち（避難民）のために走り回りました。私たちだって、終戦の悲報に打ちひしがれ、あすの食糧の心配もあったが、目の前にしたみじめな姿にじっとしていられなかったものです」と語っている。

稚内に上陸したおびただしい、あわれな姿の疎開者は、多くが列車で南下していった。

当時札幌鉄道局旅客課員であった武田員市さんは、札鉄局と稚内管理部間の連絡員として十六日単身稚内に行った。そして、厖大な引揚げ業務と混乱に驚いた局から応援の小林列車課長らが十九日到着するまでの三日間、不眠不休で、避難民を列車に乗り込ませるために奔走した。当時の武田さんの記録をひもといてみよう。

十六日の夜行列車に乗った武田さんは、朝、ふと目をさますと、列車が天北原野の小駅に停車していた。窓外をみると豊富駅、緊張した面持ちの佐藤専務車掌がはいってきて、「緊急の用のない人と婦女子は下車してください。ソ連軍艦が稚内沖に現われたのです」という。列車が稚内に着くと、稚内の町は樺太の避難民のほかに、大きい荷物を背負い輿

かつて樺太からの避難民でごったがえした稚内港。

奮した稚内町民がうろうろしており、稚内駅では、午前十時発の第一次避難列車を皮切りに貨車まで動員、一時間おきに六本の臨時列車で六千六百五十人を遠別、天塩、豊富などに送り出す準備をとっている。

ところが、発車一時間前にこれはまったくのデマと判明、取り止めになったが、海軍部隊は、連合軍が上陸したら一戦交えるのだと、紺色のトラックに大砲を積んだ兵隊たちが町を走り回っていた。武田さんが着いた日、町は一日中、殺気だち、あわただしく過ぎていった。

十六日樺太からの避難民は宗谷丸、白河丸、白竜丸の三船で千七百人が上陸したが、十七日には、五千五百三十五人が上陸、緊急疎開は、そのころから本格化した。

この避難民は稚内の食糧事情や収容能力か

らいって、ゆっくり身のふり方を決めさせたり、聞いたりする余裕などなく、列車のつごうがつきしだい旭川、札幌方面に送り出すことになった。十七日、臨時列車一本と四本の旭川以遠への列車に客車を増結して詰め込んで出発させた数は三千九百五十人に上った。稚内に回す列車は、緊急の者以外を乗せず、できるだけカラで突っ走らせ、稚内から普通列車に乗る人たちも切符の発売数を制限した。その次には臨時列車を貨車ばかりにした。避難民だけのために鉄道は動いたのである。

「船でくる人たちは疲れ切って、上陸直後、精根つきはてなくなる老人、出産する婦人……。宗谷丸は桟橋に接舷するが、軍艦や社船は沖がかり。それをハシケに乗り移らせるのであるが、入港は深夜になることがしばしば。眠りこける子供たちを下船させるのは危険このうえないし、桟橋は蠟燭送電で暗く、カーバイトランプまでかき集めたが、思うようにいかなかった」と武田さんは述懐する。

臨時列車は、ぎっしり人を押し込んだら時を決めずに発車させた。貨車のやり繰りのためである。しかも、どこまで走らせるかのメドがなかった。だから無謀な話だが、ひとまず旭川まで行って、残客が多ければ札幌まで走らせ、なお南下を希望する人たちが多ければ函館までやろう——といった、その場その場での判断で走らせるというありさまだった。

無蓋貨車に乗った人たちは、雨が降ると傘をさし、うずまく黒煙で真っ黒になって送られていった。有蓋貨車の中はむしぶろの暑さ。そのため扉を半開きにし、乗客がこぼれ落ちないようにするため、駅員は縄を集めて回った。

また、途中駅でのにぎりめしの炊き出し、乳幼児のために粉乳を融かす湯の用意、主要駅への仮設便所の設置やオシメの洗濯、その一つ一つを、武田さんは札鉄局の上司に報告して実現した。炊き出しのためには樺太から運んできた米五十俵を送ったりもしたという。

避難民が樺太から持ってきた荷物もやっかいなことだった。危険なタラップをやっと降りたあと、百人近い作業員が荷物をおろして埠頭に積みあげるが、小山のような荷物のなかから、所有者を捜すのはとてもできることではなかった。やむなく荷札のついているものは、着駅まで無料でどんどん運んだ。それが果たして所有者の手に渡ったかどうかはわからない。


樺太庁の島民疎開事務所が設置されたあと樺太鉄道局から安井、工藤氏、同警察部から小野寺警部、さらに樺太師範、樺太医専の生徒八十人などが稚内における避難民の援護のため派遣されてきていた。

武田さんのメモでは十八日、避難民の上陸は一万三千六百三十三人。そして、この日、稚内からは八千九百人が列車に乗った。ほかに勲部隊千五百人、達部隊六百人などの復員列車も出た。

翌十九日は上陸九千五百人、列車輸送一万五十人を数え、ようやくこのころから列車の行き先を決め、目的地別に乗り込ませることができた。また二十日は、天候がくずれ、避難民は三千六百七十人に減り、列車では、七千四百人ほどを運んで、稚内にたまる一方だった人たちが、わずかながら解消できた。「この日までの輸送人員約七万人」のことばで、武田さんの記録は終っている。

稚内のこの混乱のなかで、大和さんの手記にもあったように、避難民を運びに行く船にもぐりこんで渡島、荷物をかついで運ぶ〝危険きわまりない〟カツギ屋が現われた。また漁船で脱出してきた人たちのなかにも、むこうに残した漁網、漁具を取りに戻ったり、さらには沿岸の倉庫などを荒らしたうえ、荷物とともに金を取って脱出者を運ぶものも出てきた。

三引揚げ船の遭難

千七百余の遭難者

二十一日昼少し前、ブリッジが白色の逓信省海底電線敷設船「小笠原丸」(一、四〇三トン、翠川信遠船長以下六十人乗組み)が、鈴なりの避難民を乗せて稚内に入港した。

同船は入港すると稚斗連絡船の埠頭に接舷、半数ちょっとの避難民を稚内で下船させた。武田さんは急いで同船に行き事務長に「小笠原丸はもう疎開者輸送には当たらないのか」と聞いた。事務長は「これで本船は戻る。小樽で石炭を積んで、秋田の船川に帰ることになっている」

そこで、武田さんは、陸上輸送が、もう手いっぱいであることを訴え、小樽まで、避難民を乗せてほしいと頼んだが、事務長は「食料不足でとても乗せるどころではない」という。稚内から小樽までと無理に六人の避難民が乗り込んだが、武田さんは、食料がないのならあきらめよう、避難民はここで降ろしてほしいと頼んで、引返した。

まもなくメガホンを口にあてた船員が「疎開者は稚内で降りてください」と叫んでいる声を耳にしたが、ハッチにすわりこんだ人たちは、疲れ切ったもののように、誰一人腰を上げる者はなかった。

武田さんは午後四時、札幌に帰るべく駅に向かっているとき、はるかに防波堤の突端をかわして小樽に向け出港した小笠原丸を見た。

同船は翌二十二日午前四時二十二分、北緯四三度五〇分、東経一四一度一九分、増毛町別苅の沖合で、国籍不明の潜水艦の魚雷攻撃を受け、一瞬にして沈没したのである。

同じ日、留萌沖で同じように小樽に向かった引揚げ船の「第二新興丸」（二、五〇〇トン）は魚雷攻撃を受けて大破し、「泰東丸」（八八〇トン）は白旗を掲げているにもかかわらず、浮上した潜水艦の砲撃によって轟沈した。

三船の死者、行方不明合わせて千七百八人。苦労に苦労を重ねて引揚げ、本土を望む海上で一瞬にしてこれだけの人が、しかも戦後一週間もたってから死んでいったのである。

第二新興丸については大泊出港後、小樽回航の指令を無電で受け、急遽針路を変更した。泰東丸も同じであったろうと思われる。小樽入港の理由が、稚内の混乱と列車輸送や収容力が限界にきたためであったことは推測できる。しかし、だれが、どのような意図で指示したか、真実は明らかにされていない。

また、潜水艦攻撃は相手が樺太からの避難を止めさせるためであろうとの一部の推測もあるが、白旗を掲げ、しかもデッキに非戦闘員である婦女子ばかりがいっぱい乗っているのを目の前にして砲撃する（泰東丸）にいたっては、非道といわざるを得ない。

小笠原丸など三引揚げ船が魚雷で沈没、あるいは砲撃で大破した二十二日、樺太の西能登呂岬の南の海峡上でも、引揚げ船の大阪商船所属「能登呂丸」(一、一〇〇トン、粟田富太郎船長)がソ連機の腹に抱いている魚雷をくって轟沈した。不幸中のさいわいといえるのは、同船は避難民を乗船させるため本斗から大泊に回航途中で、まだ婦女子が乗っていなかったことだ。当時、同岬の白主にいた歩二五第二機関銃中隊釣部利一見習い士官は、「午後一時ごろだったろうか、ソ連機二機が、私たちの陣地の上を通過して、低く突っ込んだとみるまに、船の数倍の高さの水柱がたち、やがてそれが消えたとき、船影はなかった。対空射撃の配備につきながら、私たちは唖然として声も出なかった」と語っている。

この能登呂丸の場合、ソ連機であったことは明らかである。が、小笠原丸など三船については国籍不明の潜水艦とされている。

小笠原丸の沈没

二十日午後十一時四十五分、小笠原丸は、避難民千五百十四人を乗せて大泊を出港した。敷香、内路、落合、豊原、珍内、大泊などからの人たちがおもで、逓信関係者の家族はこのうち二百五十人ほどだったといわれる。同船が稚内港にはいったのは二十一日午前十一時ごろ。この航海を最後に、小樽を経由して秋田県船川に向かうという同船から八百七十八人が下船、先に稚内に着いていた避難民のうち六人が、小樽に寄港するなら混雑する列

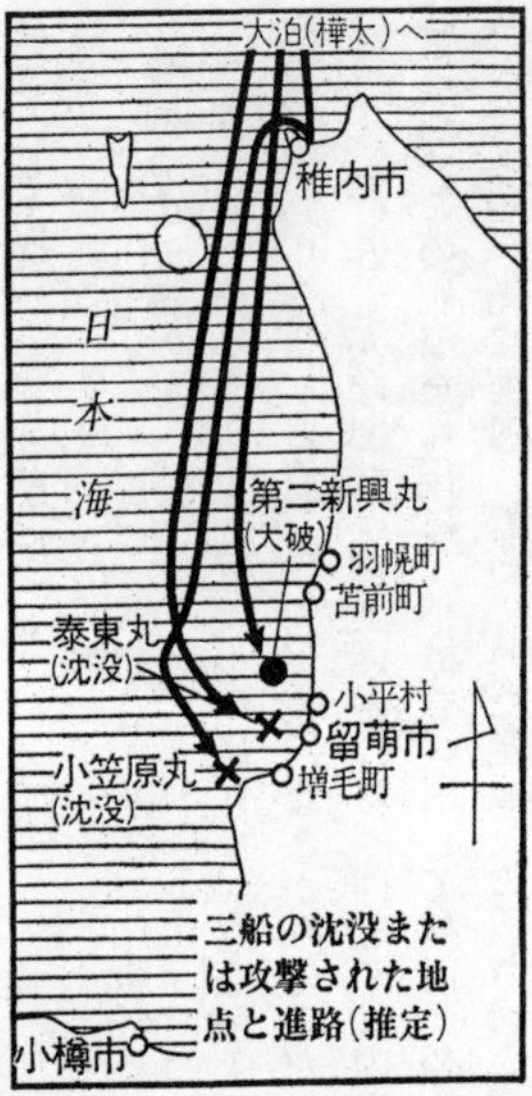

車よりも……と、タラップをのぼっていった（これで稚内出発時の、同船の乗船者は、乗組み員六十人、避難民六百四十二人、計七百二人となる）。そして同船は午後四時、稚内を出て、南下していった。

「小笠原島のシナ人が上陸した」

別苅の防空監視哨員があわてふためいて増毛役場に報告してきたのは二十二日午前九時ごろ。小笠原島のシナ人――何度聞き返しても、なんのことかわからなかった。が「何かどえらいことが起ったのにちがいない」、尾谷清四郎町長は、自ら二十人ほどの職員を連れて、別苅の海岸に走った。

海岸には、半死半生で泳ぎついた人たちが、波打ちぎわに寄せられた女子供の死体のなかでうごめいていた。「小笠原島のシナ人」は「小笠原丸の避難民」であった。海岸でその人たちの救助に駆け回っている別苅の小手繰り船の漁業組合長川向市太郎さんらに、尾谷町長は、「すぐ船を出すんだ。動ける船は全部出てくれ。油はなんとかする」と叫んで回った。

役場や別苅の漁民が海岸で収容したのは生存者六十二人、漂着した死体は二十九体。生存者は佐藤クニさん（当時二十五歳）ら避難民二十人と、高見沢淳夫三等航海士ら乗組み員四十二人（うち兵隊八人）。沖合での捜索は、約二十隻の小手繰り船が出て行なわれたが、生存者は発見できなかった。役場が、高見沢三等航海士ら生存乗組み員に聞いたところによると、小笠原丸は、カムイト岬から六・四キロ（別苅の沖十二キロ、北緯四三度五〇分、東経一四一度一九分）の海上にさしかかった午前四時二十二分ごろ、潜水艦の魚雷攻撃を受け、瞬時にして沈没したという。

この時間で、しかも沈没が早くては、佐藤さんら婦女子が生き残れたのがまったく僥倖であった。

その後、シケなどのたびに、船内から流れ出た死体が増毛海岸一帯に流れ着き、その数は三十体（漂着合計五十九体）にのぼった。川向さんら漁民が沖に出て、網にかかっていると、それぞれわが家に引きとってダビにふし、骨を守って、法要もした。わずかな戸数の別苅ではどの家にも身元のわからない仏が一柱や二柱は、父祖の霊とともにまつられていた。

以上は、生存者の話から増毛町役場がつくった記録によるが、小笠原丸が沈んだ朝、海上はよく晴れて視界がよかった。海上二十数キロ離れた留萌防空監視哨の尾崎一郎哨長らは、望遠鏡に、白波が切れ、潜水艦の司令塔、ついでハッチと浮上してくるのを見たという。

そして、潜水艦だ——と息をのむうち、南に向かっていた船（小笠原丸）が大きく迂回し、舳先（へさき）が潜水艦に向いた。と、次の瞬間、マストが横倒しに折れて、大きい水柱が上がった。船体は一分としないうちに海中に没した。

疲れ切って眠っていたであろう避難民は、潜水艦だという叫び声とともに、船体が大きく向きを変えたことに気付いたとしても、次の瞬間、魚雷をくって、三十秒〜一分たらずで沈む船から海中に飛び込み、岸に泳ぎ出すことは、ほとんどの人たちに不可能なことであったろう。

増毛町役場の小笠原丸関係死者名簿には、「（氏名）不詳、女、四歳、木の葉模様ビロード服一、赤ラシャ服一、袖なし」「不詳、女、三歳——」といったぐあいに、死者の特徴、着衣を書いてある。おとなは、衣服に縫いつけた名札で氏名はわかるが、子供はほとんど名前がわからない。また生存者の話では敷香方面の女子挺身隊員三十七人が乗船していたというが、いずれも行方不明である。

避難民の団長だった大泊の特定郵便局長馬場三雄さん（すみ夫人は泰東丸に乗船、同じ日になくなっている）も船とともに波にのまれた。

家族犠牲に遺体収容

五百八十一人はこうして船とともに、別苅沖合十二キロ、水深二十六尋（ひろ）というからざっと五十メートルほどの海底に沈んだ。

ところが、このうち三百十二体は、一増毛町民の力によって、二十六、二十七年の二年がかりで、海底に泥をかぶって横たわる船内から引揚げられた。その人——増毛町、村上高徳さんは「もうけ仕事をたくらんでいるとか名を売るためだといった中傷に耐えて、つらい数年間でした。家内はやめてくれと泣きながらいい、ついには病気で倒れてしまい……」と、当時を述懐する。

終戦のとき、村上さんは稚内の達部隊浅田隊の下士官だった。樺太からの緊急疎開が始まると、避難民救護に動員され、町にあふれた人たちを仮宿させてほしいと、旅館を一軒ずつ歩いて頼んだという。旅館にあぶれた人たちは、学校に収容されたが、そのなかに小笠原丸で帰った人がいた。小笠原丸が再び樺太に戻り、避難民を乗せて稚内に着いたのは二十一日。そのまま一部を乗せて南下すると聞いた村上さんらは、昼食をぬいて、自分たちの米で炊き出しをして、船の避難民に届けたという。

その小笠原丸が、六百数十人の避難民を乗せたまま沈んだと聞いたのは、翌二十二日。復員した村上さんは、増毛の前浜からのぞむ海に同船が沈んでいると聞いた。そして、終戦の日が近づくと「小笠原丸犠牲者の遺族だが、何か遺品は漂着していないだろうか」と役場を訪れ、何もないとわかると、地元の人たちの指さす海をながめ、浜の石ころを拾って帰っていく人たちを何人かみた。

この二つのことが、村上さんに同船の遺骨収容を思い立たせた。「同胞が沈んでいるのを、いつまでも放っておいていいわけはない。敗戦国だからといっても、そんなことまで戦勝国の機嫌をうかがう必要はあるまい。それよりも、遺骨は家族のもとに帰し、遺族が心からとむらいをすれば、それで気持の整理もできて生業につけるだろう」と考えた。

遺体引揚げを実現するために、村上さんは二十四年、町会議員にうって出た。当選するとまず、自分の所信とともに「増毛の玄関先のようなところにじゃまものがあっては漁民だって網を引けない。町の手で遺体を収容し、船体を処分すべきである」と訴えた。しかし、町議会はにべもなく、これを否決した。

町議会で沈没船引揚げが否決されたことがかえって「それでは独力ででもやってやる」という村上さんの意地をかき立てた。

逓信省にかけ合って船体をもらいうけ、サルベージと契約を結んだ。二十四、五年は調査にあたり、二十六年、遺体引揚げに潜水夫を入れることになり、巡視船とサルベージ船で海中をワイヤーを引いて小笠原丸の船体を突き止めた。ところが位置を確認して投入したブイが、翌日はシケで流失してしまった。

「いささか、因縁話めくが、私はきっと、船の位置はわかると思い、サルベージ船で沖に出ました。花束と蠟燭を持った私。私を支持してくれた同僚議員二人と僧侶、駐在の警官が同乗しました。シケがまだすっかりおさまっていない海上で、私はきっとここだ、と思う地点にくると、まず供養をしました。するとどうだろう。白波が消え、投下した花束はスーッと海底深く吸い込まれていったのです」

村上さんは、そのときのことを、こう語る。

確信に似たものをこのことで持った村上さんは、サルベージ船の人たちが無謀だというのもかまわず、命綱をしばりつけた潜水夫をもぐらせた。そして、かたずをのんで命綱の動きを見つめているうち、急いで上げろの合図、サメでもいたのだろうか――青くなって、船上の人たちが命綱を引上げると、潜水夫は、「おそろしい。めくらめっぽう降りていったのに、海底に着いたと思ってみると、小笠原丸のデッキの上だった。仏さまの引合わせだろうか」と青ざめた顔で訴えたという。

小笠原丸はわずかに傾き、真ん中に一、二メートルの亀裂が走っているが、ほぼ昔のままの姿で泥の中に沈んでいた。この日から遺体の収容は始まった。

はだかもぐりで、一回が七分から十分。最初は女性が一体。サロンの捜索は難儀した。そのサロンから馬場局長の遺体が発見されている。二十七年九月まで、ふた夏かけての作業で三百十二体が引揚げられた。

そのころ、潜水夫が、小笠原丸から二百メートルほどのところの泥の中に潜水艦のようなものが沈んでいる、火薬でも仕掛けてみたらどうかといった。しかし、事実潜水艦であって、魚雷でも抱いていたら小笠原丸も吹っ飛んでしまうと制止したことがあったという。

同年十一月、リンゴ園に囲まれた増毛墓地に村上さんと道、町、電電公社によって「小笠原丸殉難の碑」が建てられた。町の竜淵寺に安置されていた遺骨は六百二十九に分骨して碑の中に納められ、同月、慰霊祭が行なわれた。

村上さんの努力によっても収容できなかった遺体は二百六十九体。もちろん潮で流れ去ったものも多いであろう。まだ船内深く眠っているものもあるにちがいない。しかし、家業を擲ち、家族を犠牲にして、これまでやるのが精いっぱいだった。

いまでも遺族は年に一人か二人ここを訪れる。「盛岡の人だという男の人は、じっと目をつぶって手でお骨に触れて、二つのお骨を拾い「残るみなさん、私は妻と子供をいただいていきますよ。さみしいだろうけど、家族が迎えにくるまで待っていてください」とい い、私には「もっと早くきたかった。でも、祭る家も、ここまでやってくるお金もなかったのです。今度、その願いがやっと果たせました」と語って、帰っていった。まだ引取り手の現われないお骨が碑に眠っています。中傷と蔑視のなかで妻は心痛の余り病気になり、長男は大学にやれず、かなり気持もぐらついていたようだった。でもその長男も、いまはりっぱに家業を継いでくれていますよ」。村上さんはこう述懐する。父の気持が妻子にようやく理解してもらえた喜びがこもっていた。村上さん一家の犠牲のうえに、小笠原丸の遺体収容が行なわれたことを、われわれは忘れてはなるまい。

第二新興丸、敵潜と遭遇

「第二新興丸」（二、五〇〇トン、艦長萱場松次郎海軍大佐、百六十四人乗組み）が魚雷攻撃を受けたのは小笠原丸沈没の一時間ほどあと。同艦は大泊で三千六百ほどの避難民を乗せ、稚内に向かったが、途中、小樽回航の指示で、小笠原丸のあとを追うようにして南下していたのである。第二新興丸は東亜商船から徴用、改造した特設砲艦兼敷設艦で、輸送船団の護衛司令艦として、千島に点在する部隊への弾薬や物資の補給のほか津軽海峡と宗谷海峡に機雷を敷設、本州と北海道、さらに樺太の連絡路を確保する任務についていた。同艦は性能の悪い戦時急造艦が多かったそのころでは残り少ない優秀艦で、装備は十二センチ砲二門のほか二十五ミリ機銃十数丁と爆雷投射筒などを搭載していた。

八月初め、同艦は大湊で米や粉みそなどを積んで、小樽、稚内に寄って十数隻の輸送船団を組み、千島に向かっていた。当時、千島への弾薬、物資の輸送は太平洋を航行せず、オホーツク海をまっすぐ樺太海豹島近くまで進み、同島寸前でめざす島に向け針路をとっていたが、それでも米潜に捕捉され、この千島輸送を〝特攻船団〟などと海軍部内ではいっていた。同艦が終戦を護衛駆逐艦から知らされたのは、稚内を出てまる一日航行したころだった。船団は急ぎ稚内に戻り、同艦はそこで樺太からの避難民の引揚げ輸送船としての命令を受け、大泊に回航した。

四つの船艙につめた米、粉みそを平らにならし、さらに石炭庫までカマスを敷いて、避難民を乗せて一回、二回と大泊、稚内間を折返し輸送に当たった同船が、三回目に大泊に入港したのは二十日の夜であった。

輸送計画では桟橋に詰めかけている八百人と翌朝にかけて奥地から三本の列車で着く人たち、合計三千から三千五百人が、食糧を満載したうえに乗船することになった。おそらくこれが最後の便になるであろうということであった。この朝、真岡にはソ連軍が上陸、国境方面からの戦車部隊は一気に南下する気配をみせていたし、ソ連海軍がこの大泊にも一、二日うちに進駐することが予測されたからであろう。

同夜、八百人を乗せ、二十一日列車で着いた人たちを待った。人数を把握するためザラ紙を切って乗船者一人びとりに渡したが、その数では乗船者は三千三百六十人ほどだった（当時の一等航海士中沢宏さんの話。しかし、水雷科の兵長だった熊谷伝治さんは「乳呑み子もいれると実数はもっと多かったろう。荷物の上も甲板も寝ころぶどころではなく、膝と膝をつき合わせてすわるほどであったから、潜水艦が浮上したとき後甲板に走るのに、人びとのすわった中を渡っていくのに苦労をした」と語っている）。

（以下、この二人の記述を中心に同船の遭難の状況をつづってみる。）

明け方に着いた列車は、屋根の上まで人が乗っていた。煙にまかれて、男女の区別もつかないほどであった。遠雷のように、ときおり砲声が聞こえた。真岡方面の戦闘がしだいに熾烈化しているのであろう。すすけた顔、目に不安をありありと浮かべて、人びとは夕ラップを上がってきた。そして乗船が完了すると同時に、船は追われるように岸壁を離れた。二十一日午前九時前後である。

午後、船が港外に出たころ「稚内は避難民でいっぱいで、陸上輸送の見通しもつかない状態であるので、同船は小樽に回航せよ」という入電があった。

船内では衣糧科の兵隊たちが、汗を流してめしを炊いていた。三千数百の避難民と兵隊のめしは、釜を休まずに炊きづめでも追いつかないほどだった。避難民の婦人たちも、にぎりめしをつくるのに協力した（伊藤みどりさんは、そのとき避難民四千五人と乗組み員百六十四人の分をにぎったといっている）。また分隊ごとに数人の若い水兵たちが動員され、にぎりめしを配ったり、湯茶を持って避難民の間を泳ぎ回っていた。

宗谷岬をかわし、夜にはいるころ、海は雨が横なぐりに降り出し、夜目にも白波が見え、船足ののろい第二新興丸は大きくローリングしだした。

雨がしだいに強くなってくると甲板にいた婦女子のなかにはむりに船艙にもぐり、あるいは兵員室前の通路にかくれこんだものもいた。しかし、多くは荷物の陰で雨にぬれて眠っていた。船内は灯火管制をしていたが、国際衝突予防法どおり航海灯をつけジグザグ運航もせず、一路小樽に向かっていた。

石炭燃料の同船は、巡航速力九ノット、ものういような機関の音を響かせながら、それでも午前三時半ごろは、焼尻島の沖を通過していた。雨はやみ、しらじらと夜が明けてき

北海道小平村海岸から第二新興丸、泰東丸が遭難した沖合を見る。

た。

船橋では当直将校の水雷長のそばで、中沢一等航海士が副直将校として任務についていた。時計が午前四時を少し回ったころ、電探室から「右三十度、一万メートル、船らしきもの」と伝声管で報告があった。周囲は霧、しかもまだ海面は暗かった。「浮遊機雷かもしれないな」と思って、右舷の見張り員に「右三十度方向に注意せよ」と命令する（「日本が降伏してもなおソ連は攻撃をやめていないことは知っていた。が、それも樺太占領のためであって、無用の船まで攻撃するとは思ってもみなかった」と中沢さんはいうが、同船が国際法に従って行動したのは、艦長以下、中沢さんと同じ考えであったからだろう。もし、そう考えていなければ――〝船らしきもの〟が潜水艦であったかどうかは別にして――当然、潜水艦攻撃を予測した行動をとりつつ航行するはずである）。

「右五十度雷跡」

船橋で右舷の見張りについていた信号長の、切り裂くような鋭い声。

「おもかじいっぱい」

その声が終るか終らぬうち足下に大きな衝撃――。

雷撃、船艙に大穴

「キューンという音、どうも的確に表現できないが……。私は石炭の上にカマスを敷いてすわっていた。長男賢（当時九歳）がおしっこだというので目をさまし、一人でいっておいで、と出してやって、五分ほどしたときだった。そしてギュー、ギューという音とともに船首が海底に突っ込んでいくように傾いた。魚雷にやられた。死ぬんだ――と思いながら、その傾斜していくことの気持の悪さはたとえようがなかった」

山内愛子さん（大泊町でつるや旅館経営）は雷撃を受けた瞬間をこう説明している。そして「この瞬間、私は長男のことを忘れていました。人間って、死のきわには、そうなるのかと思うとあとでそらおそろしい気持がしました。しばらくして、ふっと賢のことを思い出し、「賢どうしたの、どこにいるの」と夢中で叫ぶと、ハシゴを伝っておりてきて、おしっこのあと水を飲みにおりていったときに、あの衝撃で兵員室の廊下にいやというほどからだをぶっつけたといっているんですよ」と語っていた。

熊谷さんは、突然のものすごい音響とともに眠っていたからだを一メートルほど離れた兵員室の壁にいやというほどたたきつけられていた。とっさにのぞきみた腕時計は五時二十分だった。

(この時間について、中沢さんは四時五十五分だったといい、ほかの多くの人たちは五時少し過ぎ、あるいは五時半ごろだったといっている。)

船首がどんどん傾いていく。

「機雷だ」

うろたえた声が通路を走る。熊谷さんは衝撃から考えて、とっさに、自分たちが宗谷海峡に敷設した九三式機雷の浮流したものに接触したと思った。

「全員配置につけ、右舷三十度、国籍不明の潜水艦」

そのとき兵員室の拡声機がどなった。兵隊は避難民とその荷物で埋まった甲板を走って配置についた。一番砲、二番砲のカバーをはずし、弾丸をこめ、右舷に砲口を向けた。機銃も一斉に銃口を右の海面に注いだ。船橋から敵の推定方位が示された。砲術長の命令が下る。砲火は見えぬ海中の敵に対して一斉に火ぶたを切った。

威嚇射撃を加えながら、萱場艦長は「多数の生命を預かっているのだから、なんとしてでも近くの港にたどり着くのだ」と部下を叱咤した。留萌へ——操船する船橋の航海長以下も、機関科も砲術科も、虎口をのがれるために懸命だった。

しかし、右に傾き、船首を深く下げた船は、容易に進むことができなかった。

魚雷は第二船艙に当たって、横十二メートル、縦五メートルほどの大穴があき、積んでいた米やみその中で爆発していた。前甲板のマストはつけ根を吹き飛ばされてもぎとられ、舷側の穴からはいった海水は、マストの抜けた穴やハッチからうなりをあげて船橋に届くほどの水柱を吹き上げた。

船艙にいた避難民は大半が死に、助かった人も爆風で手足を吹き飛ばされ、海水とともに船艙でうずまき、おびただしい米やみそとともに海中に流れ出し、出口の近くにいた人たちはずぶぬれになって甲板上にはい上がってきた。

伊藤みどりさんは「〝大きな丸太にぶつかっただけだ。静かに、荷物はそのままに甲板に上がるように〟という兵隊の声で、泣きながら子供の手を引っぱってわれ先にと甲板に上がっていく。私もそのあとについて甲板に出た一瞬、驚きに声も出なかった。通路一面は血。けが人や、すでにくちびるが紫色に変ったままぐったりした人。私は膝まで水につかりながら、左の舷側に寄って死人やけが人の中をかきわけて後甲板に走った」と語っている。甲板上の人たちと荷物も、急に傾いたため海水とともに海に放り出されていったようであった。

二番艙に両親とともにいた富永時枝さん（内路から引揚げ、旧姓堀畑）、藤本花江さん

（同）姉妹は、船が傾斜するとともに腰まで海水につかって、兵隊の叫ぶ声にあわてて甲板にはい上がっていくと、甲板を埋めつくしていた荷物や人は跡形もなかったという。夜中に雨が降り出したとき「荷物はわしがみている。みんな下にいきなさい」といって、堀畑さん一家と妻トミさん、娘常子さんを船艙内に入れ、両家の荷物のそばにすわっていた工藤善作さんの姿も、荷物とともにかき消されていた。

甲板のマストが引抜かれた跡は直径七、八メートルの大きな穴があいていた。船首が下がると、吹き出す水のなかに、魚雷で吹っとんだ人たちのおびただしい頭や足とともに、半死半生の人たちの助けを求める悲痛な声、そして次の瞬間、必死の操船で、沈みかかった船首が上がると、穴の水は、深井戸のように落ちこんでいった。

「みんな死ぬんだ。小さい子は捨てろ」。誰かが叫んでいる。時枝さんら一家は、舷側に必死の面持ちでつかまった。再び船首が海底に突っ込むように下がる。第二船艙の死体や荷物がマストの穴から沸き出るように浮上してくる。「ロープかなにかあれば——」時枝さんの父信太郎さんが叫ぶ、母コトさんが帯を解いて渡し、一端を投げたが届かない。

綱を渡し、船首に近い船艙の人たちに後甲板に移るようにと、兵隊が声をからして誘導していた。右舷を深くさげた船は、カジを左にいっぱいにとって、やっとまっすぐに進んだ。しかし、機関はフル回転であるにもかかわらず、船首が下がるたびにスクリューは海水を飛散させて空転、船首があがったときの惰性で船は進んでいるだけで、速力はせいぜい四、五ノットであったろう。

熊谷さんら船尾の爆雷投射筒に爆雷の装填を終った水雷科の兵たちは、船速が落ちたうえ、船艙から流れ出て、船の右舷を後方に押し流されていく避難民の身を考えると、潜水艦に最も有効な爆雷投射ができなかったという。

「おびただしい荷物の中を、船艙内にいた人たちが爆風でやけどしたような顔面は米やみそ、血にまみれ、服はズタズタにひきちぎられ、もう生きているのか死んでいるのかわからないような形相で、船の右わきを流れていく。それをみながら、救い上げてやることのできないはがゆさ……胸かきむしられる思いだった」と熊谷さんは回想する。

海中の見えざる潜水艦に銃砲弾をあびせながら、このような必死な操船で、同船はのろのろと、しかし懸命に留萌をめざしていた。

不幸中のさいわいといえることは、魚雷の当たったのが二番船艙であったことであろう。もし魚雷が左舷をも貫いていたら、船は真っ二つに折れて瞬時にして波にのまれたにちがいない。また船首に寄っていたら第一船艙の弾薬庫に当たって船は木ッ葉みじんであったろう。

さらに、もっと左に寄っていたら船の心臓部の機関室であった。破られた穴の左側は、機関室の隔壁にあと一メートルであった。そして機関室の二番艙寄りが石炭庫であったことと商船改造の船であったため隔壁が鋲(びょう)止めであったこともたすかった。電気溶接であれば、水圧に耐えられなかったし、石炭が抜けかかる鋲を押えるかたちになった。機関部の兵員は、懸命にこの隔壁の補強につとめながら進んだ。

見事敵潜を轟沈

そのとき右後方に白波を切るのがみえたと思うまもなく、黒い艦橋が波間に姿をみせ、舳先を突き立てるようにして潜水艦が浮上してきた。一隻、二隻……。そして、第二新興丸めがけて機銃弾をあびせてきた。

目標を得た第二新興丸の砲と機銃も一斉に火を吹いた。熊谷さんの目測では距離三百メートル、舷側をたたきつけるような敵の機銃弾で、機関室から出てきた先任兵曹が、右コメカミを射抜かれて即死したほか、避難民にも死傷者が出た。

清水敏子さん（旧姓大高）の母マツエさん（当時三十三歳）もこのとき機銃弾をあびて死んだ。敏子さん当時十四歳、西内淵（にしないぶち）から引揚げた。魚雷を食った二番船艙に乗っていた。

「私は眠っていたのです。大きな衝撃とともに気付くと水の中。がぶっと水をのんで、苦しさのあまり、母の名を呼びました。ところが、母はいないのです。死にものぐるいで叫び、もがきました。すると、兵隊が私をつかみ上げて、口に手を入れて水をはかせてくれました。生気を取り戻して母を呼びましたが、母の姿はみえません。母は魚雷を受ける寸前甲板に出ていて、潜水艦の弾丸に当たったのです」という（敏子さんは、船が留萌にはいってから、一日中、母を捜して留萌の町を狂気のように歩いたという。そして疲れ果てて、埠頭に戻ってくると、ずらりと並べた死体の中に、ムシロをかぶされた母の死体があった。十四歳の少女にどうしてよいのかわからなかった。泣きながら列車に乗ると、母の親類を尋ねて青森県に渡ったが、その後三年目、樺太から引揚げた父代吉さんも死亡、一人ぼっちになってしまったという)。

いかり狂ったように、船上の銃砲火は潜水艦に集中した。石炭庫にいた山内さんはそばの赤塗り鉄筒が弾薬庫だと聞いて、乗船したときは身の縮まる思いだったが、ハッチから兵隊が「弾薬庫をあけて弾丸を運んでくれ」というと、周囲の人たちと引揚げ荷物のリュックをからにして、大きい砲弾を二発ずつ詰めては、次々と船上に上げた。「落とすな。ぶつけたら危いぞ」という声に、胆を冷やしながら何十回、弾丸を運んだことだろう。

第二新興丸は元商船、砲艦に改造したといっても、外見は変らなかった。雷撃で沈まないとみると、砲撃を加えるために浮上してきたのであろう。しかも、こちらの装備も知らず、至近距離にゆうゆう浮上、一斉に銃砲火をあびせられた潜水艦の一隻は、黒い水柱を高く上げると瞬時に姿を海中に没し、もう一隻も姿を消した。

「やったぞ。みんなのカタキをとったぞ」

兵隊は、その一瞬、口々に大声で叫んだ。海面におびただしい黒い油が流れ出た。一隻の沈没はまちがいないと誰もが思った。しかし、もう一隻についてはわからない。潜水艦の数を二隻という人と三隻という人がいるがこの混乱の中でどちらとも決しかねる。ただ、この一時間ほど前、小笠原丸を撃沈した潜水艦は別のものであることは明らかだし、さらにこのあと泰東丸に砲撃を加えた潜水艦が初めから浮上、砲撃をしたことを考えあわせると、これも前二船を襲ったものとは違うことが推定できるわけで、当時、この海域を遊弋していた潜水艦が一隻や二隻でなかったことになろう。

しかし、甲板上では、この激しい砲戦にまるで気付かなかったように、雷撃で死んだ肉親や、波にのまれた人たちの名を呼び続ける悲痛な声がいつまでもやまなかった。ある老婆は、年ごろの孫娘をマストの穴にすいこまれ「嫁にやるため、樺太に残った息子夫婦から預かってきたのに……」と舷側にしがみついて、泣きくずれていた。

田中きみ子さん（旧姓夏井）は大谷村から引揚げる途中。姉と叔母清水キクさん、姪の久子さんが死んだ。一人残された叔母の子芳輝君が、母と姉の名を呼んで泣きじゃくるのを当時十九歳のきみ子さんと祖母チエさんが、抱きしめて声もなかった。そのとき、君が代がだれのくちびるからともなくもれ、しだいに生き残った人たちの合唱になっていくのを聞いた。

「生き残ったんだ。助かるのだ」。涙でくしゃくしゃになった顔で、君が代を唱和しながら、生きていることを実感として受けとめたという。そして「みなさん。大丈夫です。もう船は沈みません。安心してください」。艦長が、船橋から、歌う人びとに声をかけたとき、喜びがみんなの上に広がっていった。

戦闘はせいぜい二十分ぐらいだったともいい、一時間も、二時間も続いたように思うともいって、生存者の話はまちまちだった。どうにか留萌港に逃げ込んだのは午前九時ごろ。十七、八浬(かいり)を三時間以上もかかったのである。

留萌に上陸したとき、避難民の数は三千百数十人。二番艙は死体の山で、右舷のまくれた外板にはさまった死体や、天井にぶらさがった女の死体もあった。このほか甲板上で機銃弾でなくなった人も合わせ、二百二十九体(男六十八、女百六十一)が収容された。田中さんは叔母、姪の死体は確認できたが、姉の死体は流されたといい、このように流れてしまった分も合わせると、同船の死者は四百と推定されている。また手、足を吹っとばされるなどの重軽傷者も百人にのぼった。

散乱する血と肉塊

池田外雄海軍兵長(旧姓粟山)と大湊海軍施設部二一二部隊の稲村和雄軍属の手記を紹介しよう。

〈池田外雄さんの手記〉

私は砲術科の中甲板機銃分隊に所属していた。しかし、この緊急疎開では一番船艙の避難民のいわば世話班長であった。

明け方になって私は避難民にまじって仮眠していた。暑さと人いきれで船艙内はむしぶろのような息苦しさだった。シャツ一枚の胸もとをはだけて人びとは、横になっていた。火のついたように激しく泣いていた子供も寝静まり、船酔いで胸がむかつくというので、寝ている人たちの頭の上をまたいで、タライをはこんでやった人も、どうやら落ちついたようであった。私は片すみでエビのように足を折り曲げて、うとうとしていた。どのくらい時間がたっていたろうか。突然、大きい衝撃を船のすぐ後部に感じて目がさめた。

暗闇のなかで避難民がとっさに危険を感じて、身がまえるように押しころした声で子供の名を呼んだり、出口の方ににじり寄る気配が感じられた。しかし、私には何事が起ったのか判断がつかなかった。混乱する周囲の人びとを制止したが、私の声に従う人はなかった。

私は人をかきわけて上甲板に出た。そして、私は一瞬息をのんだ。甲板を埋めつくしていた人と荷物は掻き消すようになくなり、目の前には、根元を吹き飛ばされたマストがさかさまにつり下がっていた。

本能的に足元をみた私は、そこに血に染まって倒れている人たちを何人か見て、とっさに船艙に戻ると避難民を甲板に誘導し、最後部甲板に移動させた。このとき、全員配置につけのラッパが鳴った。私は上半身はシャツ一枚の姿で、倒れている人たちを飛び越え、中甲板三番機銃に走った。

中甲板も避難民でいっぱい。怒号と泣き声、お題目をとなえる声、君が代。人びとをかきわけて逃げようとする人——恐怖にゆがんだ顔がひしめいていた。カッター（ボート）に三十人ぐらいの避難民が先をきそって乗り込んでいた。しかしカッターをおろす操作がそこにいる人たちの誰にもできない。それをみて、一人の士官が駆け寄り、何か怒鳴るようにしながら軍刀を抜いてロープに切りつけた。と、片方のロープが切れたからたまったものではない。乗っていた人たちは悲鳴とともに頭から海中に落ちていった。逆上していたとしか思えない行動である。士官は残るロープの方に回るとこれをまた軍刀で切った。からのカッターはさかさまになって海に落ちこんでいった。

一瞬のできごとであった。海には大ぜいの人たちが浮いていた。しかし、しだいに遠ざかっていき、その間、船も必死の操船にもかかわらず沈んでいくように感じられた。

そのころ、右舷に潜水艦が浮上してきた。いっせいに私たちはその方角に機銃を向けた。艦橋が海上に出るとすぐ、艦橋の機銃が撃ってきた。機関科の上等兵曹が撃たれて死んだほか、甲板にいる避難民のなかにも犠牲者がでた。しかし、艦橋の艦長からは「撃て」の命令は出なかった。艦橋のすぐ下にいた私たちは、はやる気持を押えて艦長と潜水艦を等分にみて次の命令を待った。潜水艦の位置は意外に近い。艦体が波の上に出た。敵兵が艦首の大砲に向かって走っていくのがみえ、ぐるっと砲身をこちらに向けた。「撃て」の命令が出されたのはそのときであった。一番砲、二番砲、右舷の機銃が火を吹いた。

〈稲村和夫さんの手記〉

「若い者は甲板に戻れ」。その声に私は乗りかけた救命ボートからおりて前甲板に走った。「重いものはみんな海へ捨てろ。早く、早く」という声がかかる。二番船艙に魚雷をくって船首はがっくり傾いている。私はスコップをつかむと力の限り甲板に積んである石炭の山をくずして海に放り捨てた。

ある者は材木を、ある者はドラム缶を、またある者は材木をイカダに組んでいた（第二弾に備えていたのであろう）。「ウウーッ、たすけてくれ」。私はその声でふり返った。倒れたマストの下敷きになった同僚だ。脳天から血をふき出し、太い柱に押えつけられたからだをもがいている。スコップを放って引きずり出そうとしたが一人や二人の力では、マストはびくともしない。

そのとき船がぐっと傾いた。「沈む。おい船が沈むぞ」。だれかがわめいた。南無妙法蓮華経――助けを求める声が右往左往し、血と肉塊が散乱する甲板にぺたりすわりこんだ老婆の題目をとなえる声とウチワ太鼓の音がひときわ高くなる。

「船は大丈夫。心配するな」。兵隊が恐怖にひきつる人びとに向かって怒鳴ったが、その声の終らないうちにドドド……ッと銃砲声。「潜水艦だ、弾丸を運べ」。私のすぐそばで兵隊がかみつくような声をはり上げた。

私はその声に身をひるがえして船艙の階段を駆けおりて、あっと息をのんだまま、そこに棒立ちになった。

舷側は大きい穴があき、そこに海がぶきみな色で口をあけていた。魚雷の爆風で吹き飛ばされたはだかの死体、片腕をもがれたもの、首のなくなっているもの、天井からさかさまにぶらさがった女。その中を夢中でかきわけて弾薬をとり出して前甲板に駆けのぼっていった。潜水艦は浮上し、すべての銃砲がそこに集中した。と、そのとき、機銃手が甲板にたたきつけられるように倒れた。潜水艦の機銃でやられたのである。私は思わず走り寄った——と、そこまでは記憶がある。キーンという音を全身に感じたまま、何か深いところに落下していくようであった。

気がつくと海であった。半ば気を失った私を流木につかまらせてくれている人、その人も重傷を負っていた。死体や漂流物、声をあげている漂流者、それらが一緒に流されていく、銃砲声も聞こえず、船もとっくにみえない。私は流木にしがみつき、波にからだをまかせていた。

雷撃で傷つき、懸命の操船で留萌に向かう第二新興丸に、一隻の漁船があやしむように近付き、いったん去ったが再び数隻の漁船と近寄ってきた。そして、雷撃を受け、かろうじて船首をたてて進んでいることや多くの避難民のなかに犠牲者があることをみて、驚いたように去ったが、これらの漁船の知らせで、留萌町は半鐘を鳴らして危急を知らせ、同船が岸壁につくと、警官、町職員、水難救済会員、警防団員、それに医師や看護婦の乗った数台の消防車が、すでに待機していて負傷者の手当、遺体処理、避難民の世話などに当たった。

当時留萌警察署にいた石塚行基さんは、

「あの朝、無気味な爆発音が留萌でも聞こえていたが、連絡を受けて岸壁に駆けつけ、右舷に大穴を受け、やっとたどりついた第二新興丸をみてびっくり、あの音がそうだったのかと思った。二番ハッチの死体の山と足、腕がちぎれ血まみれの負傷者、まさに生き地獄の光景だった。息絶えたわが子をしっかり胸に抱いて離さない母親、岸壁のコンクリートの上に横たわる母の遺体にすがりついて、いつまでも、いつまでも泣きやまない子供。泣きさけぶ声は港内をおおったものだった」

と語っている。

助かった人たちは、下船して町の世話で集会所などに向かったが、熊谷さんは、「不幸な船に乗った人たちを涙で見送るばかりであった。大泊で出港までの間、六歳ぐらいの男の子と仲よしになって、ちょっとの時間だったが遊んだ。その子はまもなく母親に手をひかれ、私の方を何度もふり返りながら前甲板の方に去った。私はその子が無事であったろうかと下船する人びとの列を目で追ったが、ついにその子も母親も捜し出すことができなかった」という。

続いて泰東丸も

恐怖のおさまらない避難民が下船して少したったころ、同船に残った人たちは、遠く砲声のとどろくのを聞いた。船橋を出て二番船艙に手を合わせていた中沢航海士は、背後にその音を聞き、急いで船橋に戻って双眼鏡でみると、一隻の船が潜水艦に追われているように見えたが、まもなく船体が傾いたとみると海中に没してしまった。時計をみると午前十時だったと語っている。

この船が、第二新興丸のあと大泊を出て、同じように小樽に向かっていた東亜海運所属「泰東丸」(八八七トン)であった。

泰東丸は、乗船人員七百八十人(乗組み員を含めて)で小樽に向け航行途中、潜水艦が浮上、急ぎ白旗を掲げたが、砲撃を受け、機関部に命中して轟沈した。沈没後しばらくしてわが駆逐艦などが同海域で生存者百十三人を救助した。残り六百六十七人は死亡または行方不明になり、小笠原丸の六百四十一人を上回るが、沈没地点については「苫前沖と推定されるも不明」とされている。

百十三人の生存者がいて、なぜ沈没地点がわからないかというと、救助された人たちは、駆逐艦でそのまま大湊に送られたからである。しかし、第二新興丸の中沢さんは双眼鏡で沈没の場面をみている。さらに、当時の鬼鹿（おにしか）村役場の社会係であった西村正雄さんは「小平村（旧鬼鹿村）大椴の沖合数キロ」といっている。

西村さんは次のように語る。

「当時、私は東京から疎開して鬼鹿の高台の寺に寄寓していた。朝食前の六時ごろ、二、三発続けて砲声を聞き、住職や家族と外に出てみると、沖合で、船がジグザグ運航しており、同船の舷側でパッと光ると、ちょっと間をおいて砲声が聞こえた。ほどなく、砲声がやみ、船は傾いたようなかっこうで留萌方向に向かった。

私が朝食をすませて出勤、役場で事務をとっていると、沖合でまた砲声がした。みんながスリッパをつっかけて前浜に走り出てみると、朝のときよりも少し南、大椴部落の沖合七、八キロに、二つの黒点がみえた。一つは少し大きく、明らかに船であったが、もう一つは豆粒ほどで、さらに三、四回砲声が聞こえたあと、大きい黒い船影が急に海に沈んでしまった。

それから酒井繁助役の命令で、部落の小手繰り船に「沈んだ船の人たちが同胞であったら捨てておかれない。船を出してくれ」と頼み、酒井助役と佐藤祐二兵事係と私ら四人が三隻の漁船に分乗して沖に出て二時間ほど捜索した。三隻のうち大きい大福丸が女の死体一体を見つけて収容し、ほかの船は粉みそやハンモックなどを拾い上げて帰った」

鬼鹿港町一区に住む佐藤吉之進さんは、このときの大福丸の船頭。「漁業会の書記が双眼鏡をのぞいていて、貨物船みたいのが沈んだといっているところに、役場から船を出してくれというので、おっかなびっくりだったが大福丸を出した。朝早くのときは、霧があってよくわからないが沖合八キロほどだったただろうか。あとのときは、もうちょっと左（南）寄りだった。潮の流れでものすごい漂流物が、ちょっと沖に出ただけで流れ寄ってきていた。その中に三十五、六歳の女の死体が浮いていて、それを収容して戻りましたよ」と語る。

その後二十日間ぐらいに、鬼鹿の海岸では四十五体が打ち上げられた。半数ほどは引取り人が現われた。多くは第二新興丸関係だったが、なかには泰東丸の人もいた。

泰東丸で救助された渡部千穂子さん、西垣千明さん姉弟の手記で、同船の沈没の模様をみよう。渡部さんについては、さきにも千歳村貝塚小学校長だった父親を残し、母と渡部さんをかしらに六人の子供が乗船したが、母と母にしがみついた小さい妹二人（小学二年と五年）は波にのまれてしまったことは触れた。この姉弟と八千代さん（当時中学一年）、千文さん（当時女学校四年）が助かった。

渡部さんの手記は、昭和二十一年につづったものに、最近の手記で補ってみた。

大泊港には軍艦二隻が係留していたが、少しでも早く乗りこんだほうがよいと小さい機帆船の泰東丸のタラップを、私たちも人波にもまれながらのぼっていった。若い京なまりの船員が「敵艦が出たら終りだ。恐ろしいこっちゃぞ」といいながら船内の電灯を消していった。

雨の中を泰東丸は出港した。朝になってみると、この八百八十トンほどのちっぽけな船の甲板から船艙から機械の間までぎっしり避難民が乗っていた。丸に王の字の腕章をした百人以上の団体もいた。

「元気のある人は、炊き出しの手伝いをしてください」といわれ、私はおにぎりをほおばりながら、みんなの中をにぎりめしを配って歩いた。しかし、力なくさし出した手に一つずつのせてやっても、だれ一人口にもっていこうとはしない。北の方の人たちが多く、口もきけないほど弱りきっていた。

私はしかたなく弟や妹のそばにすわってしまった。船員が「あんただけ珍しい元気やな」と声をかけてくれた。

午前十時ごろ、私は陸地が左手にずっと続いているのに気付いた。民家の屋根であろうか、キラキラと光って見える。

「もう増毛の海岸が見えたよう」。私は思わず大声で叫んだ。すると、それまで黙りこくっていた周囲の人たちのほおに喜びの色が走り「ほんとだ、北海道だ」「陸地だ」と二、三の人たちが声をあげ、光るような目をみんなが一斉に東の方に向けた。そのとき何かわからないざわめきにふりかえると、船尾から百メートルほど横にぽっかり潜水艦が浮上していた。そして、艦首を泰東丸の方に向けて近付いてくる。船員や陸軍の兵隊があわてて伏せながら白い大きい旗をふり上げた。私は、最後だと直感した。と、次の瞬間、大きい音とともに襲った爆風と衝撃で私たちは船の機械の間に投げ込まれた。私は「耳を押えて」と小さい弟妹に叫んだことだけを覚えている。

泰東丸を砲撃、沈没させた潜水艦のスケッチ（渡部千穂子さんの手記から）。

　肩をたたかれたように感じて手をやってみた私は、アッと息をのんだ。赤い肉片だ。やられたと思ったがどこもいたくない。頭を上げてみると上の甲板にいた人たちはだれも見えず、バラバラになった手足や赤い肉塊だけが散乱している。いまの一撃はどこに命中したのかわからないが、それで甲板上の人たちは吹き飛ばされてしまったのだろう。肩の肉はそこから飛んできたものなのである。そのとき、潜水艦の甲板上を、兵隊が歩き、ハッチからあから顔ののぞくのがみえた。これらのことはとっさに目に映ったことで、続いて大きい音が五、六回したが、爆風と衝撃のあと、船は横倒しになり（二十一年のときの記述ではくるくる回ってと書いている）ぐんぐん沈みはじめた。

砲撃のたびに周囲の人たちの姿は掻き消すように減っていった。気が付くと傾いた船体を高い方によじのぼっていく人たちの中に母と母にしがみついた二人の妹（小学二年と五年）がみえた。私がみた母たちの最後の姿であった。私は倉庫の扉につかまってころがっていた。周囲には何かのカケラが無数に飛び散っていた。私は横倒しの船をよじのぼっていく懸命な母たちの姿をみるのがつらくて自ら海の中に飛び込んでいった。同時に頭から油のようなものがかぶさってきた。船は五分もしないうちに姿を消した。母や小さい妹たちも……。すぐ下の弟や妹たちがどうなったかわからない。

私はおびただしい荷物がただよっている中で、夢中で、荷物に手をかけたが、どれも頼りなく、すぐ海水をすいこんで沈んでいった。

「助けて」「助けて」と血をはくような叫び声を耳に、私は荷物から荷物へと、浮かんでいる周囲のものに次々とつかまって、浮かんでいた。

死体だらけの海

西垣千明さんは当時、国民学校四年生。翌二十一年、姉千穂子さんとともにその体験をまとめた。以下全文（原文のまま）を紹介しよう。

「しゅうせん」

樺太にいた時に僕の家は学校についていました。学校ではウサギを飼っていました。学校の生徒はウサギ当番をきめられているのにいつも草を十分やらないので、父さんが「ウサギが死ぬから、お前達が草をやれ」といいました。母は姉さんと二人で毎日草をやりました。

毎日草をやったのでウサギの赤ちゃんが生まれました。それで僕はウサギばこをつくりました。

二つ目をつくろうとしていたとき姉さんが「戦争が中止になった」といってきました。僕はびっくりしてすぐ職員室に行って見た。学校に泊まっていた兵隊さんがラジオのそばで軍刀をだいて泣いていました。

それから二、三日たって疎開者が台車や機関車にのってやまづみのやうに、雨にたたかれながらずぶぬれになってどんどん送られてきました。いよいようちでもたつことになった。僕達も台車の上に乗って大泊港につきました。大泊はもう人で一ぱいでした。

その夜の一時頃出発しました。稚内をみて小樽につくことになりました。そうして一昼夜をすごすと留萌の沖で何だか「ガン」とものすごい音がして耳がわれさうになりました。

みんな「せんすいかんだ」「しゃがめ、しゃがめ」と言いました。だれかが「あぶない」と声を出しました。まもなく七、八発音がすると船は次第に傾きました。

みんなの後につづいて死体だらけの海の中にとびこみました。僕は何が何だかわかりませんでした。ただむ（夢）中で板につかまっていました。ういたいかだが四ケ所に見えました。兄さんのいかだが一番先頭、その次が僕のいかだで、あとの二人の姉さんはどこえ（へ）行ったかわかりませんでした。

その中（うち）に遠くの方に汽船のけむりが二ケ所に見え、いよいよ僕達の方に近づきました。僕はその中の一隻「こうえい丸」にたすけられ、姉さん二人と兄さんは「石崎かん（艦）」に救はれました。そして船は大湊につき、そこから函館について僕達は上陸しました。

電車にのって駅に行って見ると復員者でもう一ぱいでした。やうやく汽車に乗って幌別につき、おじさんの家でゆっくりやすみました。それでも窓を見ているとまだうごいているやうでした。

窓の下では名前のわからない虫が「ジージー」ないていました。樺太の町のことを思い出し、お母さんの顔が目に浮かんできて涙がぼろぼろ出てきました。

少年の日の西垣さんにとって、いかに大きい衝撃であったことか。姉の千穂子さんは「あとで、当時高女四年だった妹は、潜水艦が浮上したとき日本の軍艦だと思っていたといい、小さい弟（千明さん）は艦橋で敵の兵隊が笑っていたよ、と語っていた」というが、そうしたことは忘れてしまったのだろう。このつづりかたでは触れていない。そのようなことを明確に刻みこんでおくには、あまりにもむごい体験だったのだろう。末尾の方に、名も知らない虫の声に樺太を思い、なくなった母の顔を思い浮かべてボロボロと涙を流したとあるが、母や姉を失った悲しみだけが、一年たっても少しも軽くならなかったのではあるまいか。

緊急疎開と沈没三船についてのしめくくりに、二十一年北海道庁がまとめた「樺太緊急疎開者数調べ」をみてみよう。これによると大泊、真岡、本斗合わせて延べ二百二十隻が緊急疎開に動員され、輸送数は七万六千六百九十二人とあり、このほか国警北海道本部からの報告として三百二十六人があり、合計七万七千十八人になる。この数字は樺太連盟の推定七万八千から八万人という数字の根拠となっている。

北海道警察の報告三百二十六人の内訳は枝幸（えさし）七十六人、天塩百二十四人。浜頓別七十八人、紋別三十七人などで、なかに沓形（くつがた）二人、鬼鹿（おにしか）三人、猿払（さるふつ）四人というのがある。二人三人というのは、おそらく磯舟をあやつって海峡を乗り越え、逃げてきたもので、最短距離の稚内には、小型漁船がひしめいているということから、これと同じく小型漁船や磯舟で渡ってきた人たちは、かなりあったことが考えられる。

疎開者の上陸地別にみると稚内は十四日の二百二十八人に始まり、十六日は千五百八十二人、この日から急増し、二十一日の一万九千、十八日の一万四千五百、十九日の九千などが多い日。疎開は二十四日まで続いている。また小樽は二十日＝四千七百七十七人、二十一日＝百四十八人、留萌は二十一日＝百五十八人、二十二日＝三千二百十九人で、二十二日の数字は第二新興丸の生存者である。また岩内は二十一日＝三十五人で、函館二十三日＝百十三人は、前日、沈んだ泰東丸の生存者が大湊を経て函館に上陸した数字である。

地獄図絵、真岡の町

ソ連艦艇、港内で砲撃

あの朝——八月二十日の真岡は身にまといつくような深い霧であった。

霧の中にぼんやりみえる埠頭倉庫のトタン屋根はぬれて、雨のあとのようににぶく光っていた。そして、この朝も婦女子を北海道に輸送する船が、ぎっしり岸壁につき、早々と起き出した人たちが、リュックをかつぎリヤカーを押して霧の中を港へと坂道を降りはじめていたのである。

松田与四男さんは、午前五時前真岡港湾作業会社の事務室にいた。二十年も前になくなった父の夢をみて、十八日に送り出した妻子のうえに何か不吉なことが起ったような不安にとらわれ、こんなに早くふとんをぬけだしてきたのであった。もの音一つしない静かな港の朝、貨物船「交通丸」と機帆船数隻、それに西海岸の北部からのがれてきた漁船や、ハシケが霧の中で眠るように並べて係留してあった。これら北からきた船の中には多くの女子供が乗ったままであった。

松田さんが事務室に一人つくねんとすわっていると、あわただしく二人の憲兵が駆け込んできて一人は倉庫の階上の望楼に登り、一人は事務室三階に駆け上って「何か見えないか」と話しながら港を見つめていた。霧のため全く沖合は見通せなかったが、松田さんはソ連艦艇が近付いたことを直感したという。

憲兵はまたあわただしく駆け去ったが、ほどなく小玉作業部長が出勤してきた。と、そこにハシケ船頭の一人が飛び込んでくるなり、「見たことのない、速力の早い船が港内にはいってきたが、すぐ引返していった」と報告した。そして、これと前後して、同じような報告が二、三人の船頭や雑夫からもたらされ、小玉部長と松田さんらは三階にのぼったが、やはり、一面に立ちこめた霧で、何も見えなかった。しかし、会社の近くに住んでいる用度係に知らせに走った松田さんが、またようすをみるため三階に登っていき、ただ一人、港内をみて立っている小玉部長のそばに立ったとき、むかいの岸壁に黒っぽい、一見してソ連艦艇とわかる上陸艇が、接岸しようとしているのが、初めて目に映った。

「ソ連の出方が判明するまで、ここにいない方がよい」と思った松田さんが、会社を出て、二十歩も歩いたかと思ったとたん、ものすごい銃砲声が頭上を通るのを感じ、一瞬息の詰まる思いでそこに棒立ちになった。

これよりやや早く、ソ連の艦艇が真岡に近づきつつあることを知った人たちがいた。

「午前五時四十分、真岡郵便局分室に泊っていた私は、真岡の北八キロほどの幌泊（ほろどまり）監視哨から「ソ連軍艦らしいのが四、五隻、幌泊に向かってきたが、すぐ方向を変えて真岡に向かった」との連絡を受け、直ちに関係方面に連絡をした、という交換室の高石ミキ監督の電話報告を受けた」と当時の上田豊蔵真岡郵便局長は語る。

その電話で高石さんに職員を非常呼集するように告げ、また宿直総監督の平井電信主事にもそのことを伝えさせた上田局長は、同じ分室に寝ていた斎藤英作主事と菊地覚次郎主事を局に急行させたあと分室を出た。非常呼集とは、戦闘状態にはいったとき、遺漏ないように処置するため、かねて定めていた手筈であった。高石監督からは直ちに軍・警など関係方面にこの情報は流されていた。

分室を出た上田局長は、急ぎ足で局に向かいながら、港内をみると、大きい軍艦二隻と駆逐艦程度の船二隻が港内に進入してくるのが見えた。それぞれの甲板にはぎっしり兵隊が並んでいた。しかし、いわゆる敵前上陸のような緊迫感は感じられず「ああ、何ごともなくすみそうだ。戦争が終ってすでに五日もたっているんだ……」と、わが心にいいきかせながら再び歩き出した。ところが、それから一、二分。ちょうど局まであと五十メートルほどの栄町二丁目のかどにかかったとき、突如、地軸を揺るがすような砲声が轟き、追いかけるように機銃がいっせいに火を吹いた。

路上に身を固くして伏せた上田局長の目に、それまで道ばたに立って珍しげに港内を見おろしていた市民の、撃たれて倒れるもの、あわてて身を伏せるものもふくめてバタバタと、将棋倒しに倒れるのが映った。

そのころには、あの濃い霧も高台ではすでに薄れ、谷間や低い港によどむように残っているだけだった。緊急疎開でこの日の船に乗船するのは南浜町方面の高台の人たちが多かった。早く家を出た人はすでに岸壁まできていたし、坂道を歩きながら、見なれない軍艦に異様な胸さわぎを覚えて立ち止まっていた人たちもいた。また、涙ぐみながら、残る夫や子供の見送りを受けて家を出たとたんに、銃火をあびた人たちもいた。

時間は午前六時か、それをちょっと回ったぐらいであったろう。

「おい、敵艦だ。敵艦隊がはいってくるぞ」

歩哨成田粕三上等兵（のちに戦死、稚内市出身）が大声で叫びながら駆け込んできた。五時半、起床と同時に炊事にかかっていた前田貞夫上等兵らは、その声に飛び上がるようにして小屋から駆け出して海上をみた。伝令要員の前田上等兵が時計をみると五時四十分、正面の海上、霧の中にかすかに大型の軍艦三隻が停泊しているのが確認された。そして、さらに目をこらしてみると霧の切れ間の、もっと沖合には戦艦らしい船が七隻もいる。

いよいよ、くるものがきたというのが、いつわらぬ気持であった。大急ぎで宿舎に帰ると軍装を整え、背嚢の私物をストーブに投げこむと砲座に戻り、広瀬保分隊長（のちに戦死、北海道池田町出身）から第一大隊本部に電話連絡を命ぜられた前田上等兵は近くの電話まで走って、この状況を報告した。大隊本部からは直ちに「分隊は現状維持、発砲は絶対禁止、ソ連艦艇の種類、数および上陸の状況を報告せよ」という命令が打ち返されてきた。

大隊本部ではこの報告よりわずかに早く、出漁中の漁民が逃げ帰っての報告を受け、その確認のため将校斥候岩瀬少尉を出していた。分隊に戻った前田上等兵は大隊本部命令を伝えると、沖合の艦隊の行動と眼下の町を等分に見て立っていた。

歩二五連隊砲中隊（国島哲夫中尉）の広瀬分隊は広瀬伍長以下十人、四一式山砲一門と弾薬七十三発、それに分隊長の拳銃と弾丸二十五発、兵隊はゴボウ剣と手榴弾一発ずつ、これが分隊の装備のすべてであった。陣地は標高百メートルほどの海岸段丘、ポプラに囲まれた金比羅神社のそばにあり、眼下にはカニの缶詰工場や、漁場の網干し場があり、その前方五百メートルほどに北真岡の漁港があった。この陣地は同方面における最前線になる。

北真岡から引揚げ船の出る真岡港まで約一キロには、リヤカーに積んだ引揚げ荷物を運ぶ姿や、立ち止まって別れを惜しむような姿が随所に見られ。陣地のすぐ下では、前夜西海岸線を南下してきた人たちの無蓋車が止まっていた。途中、ソ連機の機銃掃射をあびて負傷し、雨にぬれた人たちの姿は悲惨をきわめた。

前田上等兵は、ふとこの陣地近くの人たちを思った。短い接触ながらみんな好意あふれる人たちだった。そして、けさ日新丸という船で真岡をたつはずだった。十八日朝、歩哨に立っているとき、分隊の炊事用具などの世話をやいてくれた神官の弟、吉田和之輔さんの長女八重子さん（真岡郵便局交換手）が通りすがりに、「私たちは兵隊さんと一緒に最後まで真岡（職場）にとどまることに決めました」といった。その決意のほどに感動し、「疎開するおかあさんたちも、あなたがいなくては困るだろう」というと「妹や弟が一緒だから大丈夫ですよ。私たちの仕事は私たちでなければできないし、残る人たちが困りますから、最後まで私たちも残ることにしたのです」と答え、「じゃ、あすもね。お元気で」のことばを残して、身をひるがえすように去っていったが、どうしたのだろう。ほんとに残ったのだろうか――などとも思ってみた。

そのとき、沖合から三隻の船が北真岡に向かって動き出した。舷側が真っ黒にみえるのは兵隊である。沖合三千五百から四千メートルにいる七隻の軍艦は、この三隻を護衛するように、砲身を陸上に向けているのが流れる霧の間からはっきり見えた。

陸に向かう三隻の兵員は各三千五百ないし四千――広瀬分隊長はこう観測すると、自ら大隊本部へ電話報告のため駆け出した。緊張と興奮でからだがふるえる。四番砲手の前田上等兵は弾薬を壕より運ばせ、砲隊鏡を一心にのぞいていた。帰ってきた分隊長は大隊本部の命令を「絶対発砲するな。ソ連軍の出方を監視して報告せよという命令だ」という。

最前線にわずか十人の兵で自決用手榴弾一発しか持っていないわれわれに、一発の砲も撃たせずにどうやって陣地確保ができよう。おめおめと死ねというのも同然であろう。矛盾した命令（そのときはこう思った）に誰もがむらむらと怒りを感じた。「この期に何をいっているんだ。のんきなことを」とはき出すようにいう兵隊もいた。

しかし、一方では、無条件降伏をした以上、抵抗せず真岡をあけ渡せば、ソ連だってむちゃはすまいといった気持もあった。疎開をあきらめた近くの住民も、陣地のそばで海上を見守っていた。前田上等兵は砲手の位置で、照尺の距離ゼロ、直接照準で発射準備をすると砲口を開き、ソ連の先頭の船を視界に入れた。と、漁港に進んできた第一船は防波堤入り口の浅瀬に乗り上げてしまった。そして左右に揺さぶるようにしたが離礁できず、これをみた後続の二隻が急遽、進路を変えた。そして真岡港に全速で突き進んでいくとみるや、沖の軍艦の砲声が轟いた。

陣地後方の空中で砲弾の炸裂するような音を聞いたと前田上等兵はいう。そして市街地では本町の二、三カ所で火の手が上がり、郵便局付近に火の玉のようなものの落下するのがほとんど同時に目にはいった。

疎開めぐるみにくい争い

真岡町人口――二万三、四千人、樺太西海岸南部の海岸段丘に栄えた樺太第三の都市であった。荒沢勝太郎さんは著書『郷愁通信』の中で「第一段丘が海に没し、平磯となって間宮海峡の波を受け止め、白く騒ぎ、または溺れ谷となって船だまりになっている。幅の狭い第二段丘にはメーン・ストリートが南北に延びていた。私たちはコンブをのばしたようなまちだといっていた。ここには倉庫、水産加工場などのいわゆる臨水地帯があり、商店街があった。崖の上が第三段丘で、山の手と呼ばれた。警察署と郵便局を除いた官公衙が並んでいた。植民地的な権力主義――そういったものが、わがもの顔にあぐらをかいていた」と書いている。

この真岡の町に、山脈を越えてソ連の複葉機が飛んできて、ゆっくり旋回して去ったあと、一、二日して、港内に停泊中の石炭船が突然すさまじい音響とともに数十メートルの水煙を立てて轟沈した事件があった。この事件で真岡の住民は内心誰も不安に襲われたが、その気持に拍車をかけるように、十二、三日ごろからの西海岸線は、どの列車もどの列車も北部からの避難民を運んで南下してきた。国境方面の戦況の悪化がいやでも目についた。

そして十五日、終戦の放送があると、午後三時ごろには樺太庁から婦女子の緊急疎開の命令が届いた。町内会ごとに出発の日どりが決定、汽船大宝丸はじめ第一船団が真岡を出港したのは十六日午後五時だった。

疎開には機帆船、漁船、それに引き船に引かせたハシケまでが動員されたが、そのうちには権力で家財道具を積み込む者、権力がない人間は金の力で船長を買収して家財を積みにかかるといったみにくい行為までも現われた。松田さんは、

「十七日午後、乗船指揮に当たっていた警官と憲兵が大声でいい争いをしていた。みると憲兵が自分の家財道具をしゃにむに積んだことを警官に知られたのが原因だった。戦争中

も憲兵と警官はことごとに反目し合っていたが、敗戦で警官が断然勢いを得たようで、このときの警官もすさまじく居丈高に相手の非をならし、いまにも双方が抜刀しかねない勢いであったが、ついに憲兵が引揚げてことなきを得た」

と語っている。

また、真岡中学校教諭だった平野太さんは、

「私は十七日からかぜで三十九度近く発熱したが、家内と子供二人をなんとか帰国させたいと、母子三人の身辺の必要な物をまとめて、毎日埠頭までリヤカーで運んではまた官舎に持ち帰るというむだを三日間、十九日まで続けたものである。このため十九日夜にはついに寝込んでしまったが、あの坂道を三日間も上下したのは、各町内会ごとに順序だてて乗船するようになっていたのに、突然、ほかから割込んで大量の家財道具を積む者があったり、時間がなくなって乗船不能になるということが発生したからで、私たちの高浜町住民はついに二十日朝一便だけと申し渡されることになってしまった」

という。

高浜町のあとであった王子工場組が先に乗船したといった噂も流布されたが、平野さん宅では乗船予定が次々とおくれていったことが、やがて妻真砂子さん、四男剛男ちゃんを死に追いやることになったものである。

このように真岡は、婦女子の緊急疎開の混乱の中に流血の二十日を迎えるのである。

『サハリン物語』の著者、林藤丸さんは十九日の行動を次のようにいっている。

「夕方、樺太庁から、恵須取方面の戦傷者が真岡に行くから応急処置をし、内地へ送還せよといった意味の文書が真岡医院長あてに到着した。山岡敏一院長以下、私、内科医長斎藤兵治博士は、役場の吏員たちと一緒に北真岡の役場が設営している臨時救護処置所に乗用車を飛ばした。北真岡の駅に着いたとき、約一個中隊ぐらいの歩兵の初年兵が貨車から降りてきた。悄然とした感じで、中には銃を持たない者もいた。ほとんど軍人として教育はしていないのでないかと思われるような整列の仕方だった。元気なのは指揮官の将校だけであった。

「これからどちらへ行かれるのですか」と聞いたら「荒貝沢の方へ向かいます」ときびびとした返答をして、兵隊を連れて、夕闇の中に消えていった。彼らは明朝襲来するソ連軍と一戦をまじえるための布陣であったのだ。私たちは、まだ、そう戦機が迫っていると は知らないから、ゆうゆうとしたものであった。

役場の吏員は、最初は戦傷者を北真岡駅の中で処置するつもりであったが、意外に兵隊や乗客の乗り降りが多いし、不潔でもあるので、漁場の魚干し場の一部を整理してそこを使用することになった。梱包を開き、薬などを並べる間もなく患者が運ばれてきた。多いのは銃弾による損傷で、爆弾によるけがもあった。また妊婦やふつうの病気のものもまじっていた。

全部の治療を終ったのはもう夜半を過ぎていた。山岡院長が「これらの患者はどうするのですか」と尋ねると、吏員は「明朝の一番列車で本斗に送って、直ちに内地送還になります」と答えた。私たちは車で帰ってきた。翌朝は高浜町の婦女子の疎開のため、引揚げ船に乗船しなくてはならないし、妻や子供を港まで送ってもやらねばならない。

妻は弁当や子供の服装、荷物を心配して一睡もしなかった。私は一眠りしたあと内地に送っておきたい書籍などを荷作りし、準備が終ったところで、子供たちを起し、朝食を終って外に出ると、夜はほのぼのと明け初めていた。

濃霧が街道に満ちていた」

軍旗奉焼後、事態急変

林医博がいうように、真岡方面ではソ連軍が上陸する寸前まで軍隊の移動がはげしく行なわれていた。先に詳述したが、軍は対米陣地構築の途中でソ連の参戦を迎えたわけで、急遽、配備変更が行なわれたが、国境方面が急務で、真岡方面を担当した歩兵二五連隊（山沢饒大佐）は、終戦の日の十五日にはまだ部隊移動の過程にあった。

それまでの山沢部隊は連隊本部、歩兵砲大隊（菅原養一少佐）を小沼に置き、第一大隊（仲川義夫少佐）は落合、第二大隊（中村盛大尉）は西能登呂岬（稚内要塞司令官の指揮下）、第三大隊（藤田幸夫大尉）は留多加にあって、真岡には特設警備三〇五中隊（広木護郎大尉）がいるだけであった。

山沢部隊が真岡を中心とする守備につくため移動を始めたのは、九日以降で、第一大隊主力は十一日真岡に着き、小能登呂から真岡にかけての海岸線の背後の山にはいり、連隊本部と歩兵砲大隊が軍旗とともに逢坂に進出したのは十二日。第三大隊はそれよりおくれて二十日、真岡の後方、熊笹峠、豊真線宝台付近にはいった。しかも第一大隊の第三中隊（浅倉正二郎大尉）は恵須取に急派され、第三大隊第一〇中隊（佐藤正一中尉）は上敷香の筑紫参謀の指揮下にはいり、一個連隊とはいうものの、歩兵はほぼ半数の兵員であった。あわただしい部隊移動と師団命令の変更について仲川第一大隊長は次のように書いている。

九日朝、師団司令部に召致され、師団長室で峰木師団長から「落合地区を自己の死に場として心血を注いでいる第一線部隊長に、現任務を離れ、真岡地区に転進せよと命じなければならない師団長の心中は断腸の思いであるが、情勢はこのとおりだ。落合地区は他部隊と交代して真岡に行ってくれ」と命ぜられる。堅く手をにぎる師団長の心境を思い、真岡転進を快諾、鈴木参謀長より細部の指示を受け、部隊本部に帰り、陣地構築中の部隊の集結、引率を第一機関銃中隊長北島幸市大尉に命じ、各中隊長と同行して真岡に急進する。

車中にて「本斗―野田に至る海岸線二十キロを防禦し、ソ連軍の上陸を妨害、それぞれの地区を確保し、ソ連軍の豊原進出を阻止する」任務と防御配備について各隊長に図上にて指示す。

十日、真岡駅に到着、各隊長を現地に出し、自らは真岡地区を偵察、日影館真岡支庁長に交渉して自動車を借り受け、本斗―野田間の重点地区から順次視察し、配備や陣地構築などを決定する。同日夕刻から部隊が真岡駅に到着、それぞれの任地に向かう。

十一日、正午ごろ、国境方面の戦闘により「仲川部隊長は一部を真岡地区に残置し、機関銃を含む主力を率いて落合に急進し、国境方面から後退する諸部隊を合わせ指揮し、落合北方の大木村の東西の線で、南下するソ連軍を阻止せよ」という無電による師団命令を受けた。

直ちに貨車の手配を師団に要求、各地に散った各隊を再度、真岡駅に呼び戻すこととし、自らも真岡駅に乗り込んで、準備に当たったが、そうしている間に、三たび無電で次のような師団命令がはいった。

一、ソ連艦隊ウラジオを出港し日本海を北上中との情報を受く。

二、仲川部隊は落合転進を中止し、前任務を続行すべし。

この再三の命令の変更で、部隊は右往左往したが、当時の配備は第一中隊（山形幸一中尉）は真岡地区、第二中隊（高橋進中尉）は蘭泊地区、第四中隊（高橋弘中尉＝のち戦死）は羽母沢飛行場、第一機関銃中隊、第一大隊砲小隊（若林孝司中尉）は大隊本部とともに真岡東方台地であった。しかし、その後、第二中隊は十三日に、一個小隊を蘭泊に残し、主力を至急大隊本部の指揮下にはいるよう命令を受け、第一小隊（篠原巌少尉）を残し、主力を荒貝沢、一部を手井の貯水池に移動するといったあわただしさで、陣地構築の状態は、各個に散兵壕をつくった程度、これらをつなぐ交通壕を完成するまでは進んでいなかったというのが実態であった。

山沢連隊長は、このことから真岡での戦闘は「早いもので十日前、おそいものは半ば遭遇戦的に戦場に到着し、準備不十分、地形不慣れであったし、次に陣地施設がなく、クマザサのため射撃、通信連絡もきわめて不便な中での戦闘であった」点が、国境方面の戦闘との大きい差異であったと指摘している。

山沢連隊長は、さらに「終戦に伴う上司の指示で、十八日約一割の古年次兵を除隊させ、特設警備中隊、義勇隊も解散、戦争放棄の姿になったのち、再び自衛戦闘を継続せよとの命令によって守備につき、ソ連軍に対しても穏便に〝停戦〟しようとの態度であった」点を〝悲劇の戦闘〟の要因に数えている。

十五日の終戦を、国境方面とちがい、真岡地区ではほとんどがラジオを聞いて知った。各隊は古年次兵の召集解除を十七、八両日にかけて行ない、残った部隊もそれぞれ大隊本部の位置などに集結し、十八日には、軍旗を連隊本部のあった逢坂の神社境内で焼いた。連隊旗手奥田富蔵少尉は次のようにその状況を書いている。

午前十一時、逢坂国民学校の一室、連隊長室に奉置した軍旗に白布のおおいをしてささげ、誘導将校椿坂少尉以下に誘導され、村民の見守る中を神社境内に進んだ。夏の日ざしは強かったが、心は暗く、草茂る参道を登って草相撲の土俵の台に進んだ。連隊本部、五中隊など約二百人がじっと見守る中で、白布をとり、ラッパの君が代吹奏の中でささげ銃。そして山沢連隊長、副官石黒粂吉大尉が火をつけた。

明治三十三年親授され、日露戦争における二〇三高地占領、シベリア出兵、満州事変、徐州会戦、ノモンハンの戦闘と数々の戦績を物語るような、ほとんどが房だけの歴史ある歩二五連隊の象徴をいま失う気持は耐えがたかった。個人的にはこの軍旗の下で、父も日露の戦いに従軍した遠い昔を思った。ふとわれに返ったとき、居並ぶ連隊長以下のほおに涙と汗が流れ、ささげ銃の、兵の間からすすり泣きが聞こえた。

軍旗が灰になるのに三十分ほどかかった。最後の菊のご紋章は兵器係将校木村隆一中尉の用意したダイナマイトが仕掛けられ、山沢連隊長がスイッチを入れ、粉みじんに粉砕した。四十五年にわたる連隊の歴史にピリオドが打たれた瞬間である（菅原歩兵砲大隊長、石黒副官らは、連隊長の自決を心配、軍刀と拳銃をかくし、ご紋章に近付き過ぎないよう、点火のときは後ろから二人の部下を連隊長の背後につけ、軍服のすそをにぎりしめていた)。形見として軍旗の房を一本ずつ、各中隊長にわかち、灰は埋められた。

軍旗を焼却したそのとき、部隊は戦争を放棄したのである。しかし、これからの終戦処理をめぐってどのような困難、屈辱に遭遇するか測りしれなかった。連隊長は「難局に遭遇するほど団結が強固になるのが真の団結だ」と全将校に最後の訓示を与え、団結のことばを三唱した。

ところが、その後「二十日十五ないし十六時の間に歩二五の主力は小沼(豊原北方)付近に集結せよ」の師団命令がはいり。急ぎ出動準備にかかったが、追いかけて先の命令を取り消し、「ソ連輸送船団が軍艦護衛のもとにウラジオ方面から北上中で、十九日夜には樺太西南部に到着し得る距離にあるから警戒を厳にされたい」との情報がはいり、各部隊は状況の急変に驚きながら、再び配備についた。

鈴木参謀長自らが停戦交渉にのぞむ考えで、不調のときは力でソ連軍を防ぐため歩二五の配転を計画したが、ソ連輸送船団が近づきつつあるという情報で、参謀長はこれをとりやめ、歩三〇六の一部を率いて北に向かったのである。このような混乱の中で、歩二五はかろうじて、ソ連軍の真岡上陸時には、第一大隊を真岡の東一・五キロの荒貝沢付近に集結させていたというものの、高橋第二中隊長は、陣地構築ではなく武装解除を受けるため準備にかかっていたといっており、戦闘配備についたのは、ソ連の艦砲射撃が開始されてからであった。

しかも、ソ連の射撃下に町民が戦火に追われて山道を逃げてくるのを見ながら、なお穏便に戦闘を終らせたいという態度で臨み、相手を刺激する行動を厳にいましめていた。

真岡地区での師団、歩二五連隊の戦争終結に対するこのような考え、判断に対し、港を見おろす北真岡の高台から、たちまち銃砲火に包まれていく町や邦人を眼下にした連隊砲中隊広瀬分隊の若い兵たちが、いかに切歯扼腕したか――前田上等兵がいうように「一方に穏便な終戦を期待する心が確かにあった。しかし、この状況を見ながら手をこまぬいていろというのかと、私はいきり立ち、砲口を開いて弾丸をつめようとした。でも命令だと広瀬分隊長にたしなめられ、涙をのんで見ているだけだった」のである。

住民に容赦ない砲撃

初めソ連軍艦が撃ったのは空砲であったという。ソ連軍につかまり、海岸の塩倉庫に収容された人たちの中で、ソ連の海軍士官からそのことを聞いたという人もいる。特警中隊の衛生下士官であった松本光雄さんは、同隊の解散で本町の自宅に帰っていて、この朝のことをこう語っている。

「朝、家の前の道路が急にざわめき、声高に話合いながら駆け出す人たちがいるので、飛び出してそのあとを追って海岸に走った。すると沖合の霧の中に数隻の軍艦らしい船影が見えた。それが急速に姿を大きく、はっきり現わした。ソ連の艦隊のようだ。

しかし私は、戦争が終った以上、彼らは上陸するのであろう、その指示に従えば、いやなつらいことはあっても、おそろしい戦火に巻き込まれることだけはあるまい——と私なりの判断をした。そのとき、突然砲声が頭上をとどろきわたった。

「空砲だ、ははあん、上陸の合図だな。勝手に上陸するがいい。荷物だ、こっちは引揚げの荷づくりを急がなくては、まもなく引揚げ船の出る時刻だ」

私は小走りに家に戻って荷づくりにかかった。と、砲声にまじって銃声がにわかに起った。びっくりして二階に上がってみると付近の路上には人影がなく、艦砲もいつのまにか実弾に変って市内各所で炸裂していた」

また歩二五第二中隊松木重雄一等兵が、室蘭市絵鞆町二、村田徳太郎さん（第一大隊副官村田徳兵中尉——二十日停戦軍使に出て射殺される——の父）にあてた手紙の中で、

「ソ連軍艦が空砲を撃った。突然の砲声に驚いた町民はなだれをうって部隊のいる山間（荒貝沢）に避難してきた。しかし、空砲はいつのまにか実弾に変り、どこかで日本の重機が応戦した。どちらが先に実弾を撃ちだしたかはわからない。村田副官が撃ってはいけない、攻撃してはいけない、と怒鳴っていた。山沢連隊長の命令がない限り、応戦はできない。そのうちに、どうやらわが方は真岡の憲兵隊か特警中隊が口火を切ったらしいこと

がわかってきた」と書いている。

第一機関銃中隊の人事係岡崎健吉准尉は、「真岡には中隊から一分隊が配置されていたが、終戦後、同分隊員から、応戦したことを聞いた。砲声がとどろき、濃い霧の中から突如、艦艇が現われたとき、分隊長が命令をくだしたと聞いた」といっている。同機関銃分隊は松山武雄伍長以下重機二が真岡駅東側台に位置したことになっている。

一方、ソ連の『大祖国戦争史』のなかに「日本が無条件降伏したことによって、今やソ連軍の任務は、いかに迅速に樺太南部を占領し、日本軍とその物資財貨の日本本土引揚げを阻止するかに絞られた」とあり、さらに真岡上陸のところでは「部隊を上陸させた魚雷艇が反転、退避すると、これを援護するため上陸部隊の火器が一斉に火を吹いた」とある。

このような状況下で、どちらが先に実弾を撃ったか、正確なことは把握できない。しかも、恵須取、塔路地区では十三日ごろから艦砲射撃、空爆下にソ連兵が上陸を敢行、このため多くの犠牲者が続出し、戦火をのがれた邦人が疲労、空腹と恐怖にほおをひきつらせてぞくぞく真岡の町にはいってくるのを町民はまのあたりにみせつけられていた。だから、この次は真岡が戦火に焼かれるかもしれないとは、誰もが内心危惧していたことだった。その耐えていた恐怖心に火をつけるのは空砲、実弾のどちらでも同じことだった。

高台の陣地で広瀬分隊が真岡の町の戦火に包まれていく模様を歯ぎしりして見守っていたころ、鉄道の電気区真岡車電区に勤務していた寺内幸夫さんは海岸線まで走り出て、霧の中をゆききするソ連の艦艇の動静を見つめていた。以下寺内さんの手記である。

私は北真岡駅構内の詰所に出勤する途中、三番線に列車がはいっているのを見て不審に思った。

前夜から勤務している同僚が「あれは恵須取方面から避難民を乗せてゆうべ着いた列車だ」というので、ホームに行ってみた。客車二両のほかは有蓋車、シートを張って屋根の代用をした無蓋車四、五両で、こぼれるほど奥地からの人たちが乗っていたが、疲れ切った人びとは半病人のようであった。何日か雨に打たれて、列車のある久春内まで歩いてきたのであろう、着ているものは汗と体臭で臭かった。

ホームはタスキをかけた国防婦人会の人たちがにぎりめしやお茶を配って忙しそうに走り回っていた。それから五分ぐらいで列車はノロノロと発車したが、発車という声とほとんど同時に(どちらが先であったか記憶ないが)「軍艦だ」という叫びが聞こえた。

私はホームから駅を抜けて、駅前道路に出て海を見た。道路から海までは四、五十メートルのなだらかな坂になっていて、その間に一軒の漁師の番屋があるだけ。海辺にある船入澗は缶詰工場への入り口と奥の市場に船がはいる入り口が左右にあって、初めての船はよほど注意しないと浅瀬に乗り上げてしまう。その辺は平磯だからだが、その危険な浅瀬に向かって、一隻の捕鯨船のような船が全速で突っ込んできた。

防波堤の沖合は濃い霧で何も見えないが、その防波堤入り口から一直線に海岸めがけて近づいてきた船は、無謀なことを――と、見ているやさき、浅瀬に乗り上げ、いきおい余ってぐるっと向きを変えた。そして左右に揺さぶっていたが、ついに浅瀬から脱出することができなくなった。そのころ、沖を北から南に通過する艦艇が霧の中にかすんで見えた。私が数えたところでは八隻、駅事務室に戻ってみると、窓のところから海を見ながら受話器を耳に当てて沖の軍艦の通過のようすを細かくどこかに連絡している兵隊がおり、彼は「数隻」と報告すると受話器を置き、自転車で市街の方に走り去った。その直後、箱を積み重ねたような艦橋の大きい軍艦が、防波堤入り口の沖合で方向転換して再び北上していくのがみえた。この間、七、八分のできごとであったろう。と、そのとき、真岡の方角で、突然、百雷が一時におちたような砲声がとどろいた。

海上からの砲火はすさまじかった。艦砲は山のむこう、荒貝沢の北斜面の陣地（第二中隊第二小隊＝佐藤勝四郎少尉）を丸坊主にするほどたたき、機銃は真岡の坂道を掃射した。避難民を乗せて豊原に向かった列車は、まもなく機関車だけが離れて走り去り、人家の陰に止まった貨物車や客車からは避難民がクモの子を散らすように逃げ出した。

栄町二、三丁目の十字街は、海から丸見えの高台で、無気味な音とともに弾丸が短い光芒を残して飛び、郵便局に向かう途中だった上田局長は、局舎を目の前にして、どうしてもその十字街を駆け抜けることができなかったという。ちょうどそのとき、列車がノロノロ進行してきて、上田さんらのいた近くに停車したが、上田局長のいるところからは、四、五人の避難民が列車を飛び降りて、山をはい登って逃げるのが見えたが、背後から撃たれて、山膚をころころところげ落ちるのが手にとるように見えたという。

この十字街には五、六人が上田局長同様、釘付けされていたが、一人を除いて負傷者ばかりであった。中には右足をくだかれた重傷者もいたが、赤チンキを塗ってやることしかできなかった。特別肉攻班と書いた白タスキをした真岡署木村巡査部長は、とめるのもきかず、「自分は結核で休んでいたが、どうせ助からない命なのだから、男らしく死なしてくれ」というなり、弾丸の中を駆け出し、目の前で「やられた」と叫んで倒れた。上田局長と由田与三吉さん（のち死去）は、同巡査部長を家の陰に引きずり込もうとして路上に飛び出し、上田局長は左手に貫通銃創、由田さんは右足に盲管銃創を負った。しかも、ようやく引きずってきた同巡査部長は背中に数発の機銃弾をあびていて、のちに死んだ。

こうしているうちにも、ソ連軍はどんどん兵隊を上陸させ、めくらめっぽう自動小銃を撃ち込みながら海から山手に向かって進み出した。

旭町や本町付近では砲撃によって火災が起き、もくもくと黒煙がたちのぼり、風下では火の粉が降るように落ちてきた。最後の時が近づいているような恐怖感から人びとは山をはうようにして裏山の尾根を越え、あるいは荒貝沢の豊真山道、豊真線、金田の沢の避難林道をむらがるようにして東に向かって避難していた。また、逃げることもできず、防空壕にひそんでいた人たちも多かった。そして手榴弾を投げ込まれたり、自動小銃の掃射をあびて、射殺された人も多かった。町中にいて助かった人たちは幸運という以外にない。

それほどソ連軍の銃砲火は激しく、そして一般人にも見さかいなく銃火をあびせてきたのである。

射撃命令下らず

真岡はこうして戦場と化したが、日本軍の第一線部隊である歩二五第一大隊の仲川大隊長は反攻の命令を出さなかった。住民への被害の増大をおそれたのと、穏便に停戦させるためであった。このため、荒貝沢の主陣地からポツンと突き出したかたちで北真岡の裏山に陣地を構築していた連隊砲中隊の広瀬分隊は、一発の砲弾も撃たず砲を破壊して後退したが、このとき広瀬分隊長はソ連兵の猛攻を受けて戦死した。

それまでの状況を広瀬分隊前田貞夫上等兵の手記でみよう。

背後の空で炸裂音がすると、広瀬分隊長が大声で「タコツボにはいれ」と叫んだ。丘の上から港を見おろしていた付近の住民は、わっと散った。そのとき列車が私たちの高台の下を通過していったがまもなく連結を切って機関車だけが走り出した（機関車は、真岡駅を通過、王子製紙工場の先で艦砲射撃を受けて転覆しているのを後日みた)。止まった貨車、客車からは、避難民八百か千人ほどが、クモの子を散らすように裏山めがけて走り出し、町の人たちも銃声に追われて山膚をよじのぼっていく。

一キロほど離れた真岡港に進入した敵艦からは兵隊が上陸し、浅瀬に乗り上げた船からも海中に飛び込んだ兵隊がぬれネズミになって船着場に上がり、四、五十人固まると、どっと北浜町に向かって走り出し、逃げおくれた住民に自動小銃をあびせかけた。

私はむらむらといきどおりが胸につき上げてきて、直接照準で砲口を敵集団に向けて、広瀬分隊長に射撃命令を二度、三度と迫ったが、分隊長はがんとして承知しない。片膝を地について眼下の状況を凝視している。この悲惨さを黙視せよというのか——私は、いきなり後方の弾薬箱をとりに行こうとした。と、それまで陣地後方に逃げずに残っていた機関士の高田則男さんが、私の動作をみるなり、重い弾薬箱を引きずって「兵隊さん、撃ってください」と近づいてきた。私が「ようし」とその手から砲弾を受け取ったとたん、私は分隊長の体当たりで突き飛ばされた。みると、分隊長は砲にしがみつき、「前田、がまんしてくれ、今ここで発砲したら、この逃げまどう住民の死傷はふえる。一刻も早くこの状況を大隊本部に知らせに行ってくれ」と叫んでいる。

「自分は四番砲手です。だれかほかの者に命じてください」。私も気が狂ったようになって分隊長にいった。そのとき。バラバラと乱射する自動小銃弾が頭上を飛んだ。みると十数人のソ連兵が近づいてくるのがみえる。町にはおびただしいソ連兵の姿がみえ、住宅をつたい、陣地を包囲するように山をのぼってくるのがみえる。

「前田、命令だ。分隊をつれ、直ちに本部に行き状況を報告せよ。おれは最後の始末のために残る」

最後の始末、それは操典に、最後の手段として、最後の一兵まで戦い、最後の一人は砲を爆破して砲と運命をともにすることを明記してあることをさす。分隊長は眼下の敵をみて、すでにこの覚悟を固めたのであろう。しかし、私とて分隊長一人を残して去ることはできなかった。分隊長を押しのけて「私が残ります。前田と代わってください」といった。

しかし、分隊長はがんとして砲口から離れなかった。そのとき再び銃声がした。近い。五十メートルほどの民家の陰に約五、六人の姿がみえる。分隊長はいきなり拳銃を抜いて私の胸元につきつけ、「前田、おれが同年兵のおまえをなぜつれて歩いたかわからないのか。おれはおまえをみこんで最後の願いを聞いてもらうためだ。分隊長の責任と、おまえの責任はどちらが重いか。そのことぐらいわからないのか。早くみんなを連れていけ。おれも始末したらすぐあとを追う」と、キッとにらむ分隊長のほおを涙が流れ落ちた。

私は「行きます」と答えて分隊員に集合をかけた。成田粕三上等兵の姿がみえない。

しかし捜す余裕はなかった。三人ずつのグループに分かれて大隊本部に向かうよう指示、分隊長に「砲の始末をつけたらすぐきてください」というと、裏山をめがけて一目散に走り出した。

山は三十度を越すきつい斜面の芋畑であった。その三百メートルほどを芋の茎に足をとられ、ころんでは走り、走っては茎に引っかかって倒れ、夢中になって走った。背後で自動小銃がひときわ激しくなった。石川上等兵、三上上等兵がどこを走っているのかも眼中になかった。同行の阿部昇一等兵、奥田一等兵がばったり倒れると、喉をヒイヒイさせて動かない。私も目の先が何も見えなくなった。二人は「先に行ってください」といって立とうとはしない。気があせる。私は帯剣を抜いて、めちゃくちゃに二人の腰をなぐりつけ、「おい、立て。ぐずぐずしていたら分隊長が死んでしまう。おれたちも殺される。ソ連兵に殺されるなら、このおれがたたき殺してやる」とどなった。その剣幕に二人は身を起すとまた走り出した。山頂を越え、霧とササヤブの中の細い山道をころがるようにして進んだ。

やがて豊真山道をみつけ、大隊本部に着いた私は、仲川大隊長に分隊の情況を報告した。大隊長はしばらく考え込むようにしていたが、何もいわなかった。

午前十時ごろ、私たちよりおくれて、石川上等兵らが大隊本部にたどりついた。しかし三上上等兵の姿はなく、彼は一人わかれて山越えし、どこかに行ったと聞いた。その少しあと歩兵砲大隊長菅原少佐が逢坂から馬を飛ばして、前線の状況視察にきた。同少佐はかつて当番兵としてつかえた上官である。

わが分隊の報告を武田晶准尉から受けた菅原大隊長から、私にあとの兵はどうしたかと聞かれた。あと三人は到着していないと答えると、大隊長は烈火のごとくおこった。

「おまえたちは分隊長を置いて逃げてきたのではないか。なぜ砲を持ってこなかった」と激しく叱責され、弁明の余地はなく、胸中にえくり返るような怒りとくやしさで涙が流れた。

大隊長は武田准尉に、直ちに兵十人を連れ、広瀬伍長と連隊砲を取り戻すように命令、私たちは再び武田准尉に従って引返した。荒貝沢に霧が深く、市街の煙も流れこんで視界はますます悪くなった。一キロほど進んだが、あとは直線の道になるので、近道を捜すことになり、手榴弾一発しかない私と石川上等兵は小銃一丁を借りると、同准尉以下をその場に残し、陣地の裏山に抜けられそうな沢をみつけて進んだ。五百メートルほどのところで防空壕をみつけた。北浜町と荒貝付近の人たちの共同壕で、中はおびえた表情の住民がぎっしりはいっていた。金比羅神社の丘に出る近道を聞くと、直ちに引返したが、武田准尉らの姿はなかった。山越えしたのかもしれない——と思った私と石川上等兵は再びいまの沢を走った。

見おぼえのある裏山の芋畑に出た私たちは、山膚をはって流れる霧の中をどんどん進んで陣地の真裏七百メートルほどのところに出てようすをうかがった。陣地付近は霧と煙におおわれている。時計をみると十時二十分。なおも霧の中に目をこらしていると土塀の上や陣地にソ連兵の動きがみえる。そのころからようやく日が照り出し陣地の輪郭が浮かび上がってきた。砲はわからないが、ソ連兵五、六人が歩いており、土塀の上には円盤のついた機銃をすえて、一個分隊ほどのソ連兵が腰をかけている。

二人だけでは突っ込むことはできない。私たちは北真岡駅を正面に見る沢に移動した。その沢には台地付近の人たちや鉄道官舎の人三百人ほどが退避していた。私たちをみると、みんなが喜んで、顔見知りの主婦がにぎりめしと干し鮭の切り身をくれた。急に空腹をおぼえ、いきなりかぶりついたが、喉を通らない。水をもらって飲むと、にぎりめしはフキの葉に包んでポケットに入れ、休む間もなく、武田准尉を捜して出発した。心細いのであろう、「私たちと一緒にいてくれ」とすがるような目で頼まれたが、私たちは事情を説明して、沢づたいに山に登った。

鉄道官舎に出入りしているソ連兵十人ほどが見えた。思わず銃を構えて引き金に指をかけたが、ふと、広瀬分隊長のことばがよみがえった。「そうだ、ここで一人や二人殺傷したところで、沢にいる避難民に危害を加えられたらどうする」。私は銃をおろして歩き出した。沢を登りつめた付近の草むらに四、五十人の人たちがいた。その中に、酒会社の女工の姉妹がいて、私たちに駆け寄り、一緒に連れていってほしいと懇願する。

私は事情をあかし、友軍が増援され、ソ連軍を食い止めるであろうが、ここにいては危険だから豊原に向かって退避するようにいい残してそこを離れた。

すでに正午であった。しかし准尉らの姿は見えない。二人はけさ脱出した芋畑についた。旧陣地まで約千メートル、ソ連軍は兵を増し、ポプラの下の土塀に機銃がずらり並んでいる。分隊長はすでに戦死したと判断せざるを得なかった。

夜を待つため、沢を後退すると武田准尉らが草の中に伏せていた。私たちを待たず、頂上にのぼり、まっすぐ陣地に突入したのだという。陣地には広瀬分隊長が拳銃をにぎりしめてうつぶせに戦死しており、死体は太腿と腹、頭に一発ずつの弾痕。頭の一発は自決のために自ら撃ったものらしく、砲は撃鉄がなく、使用不能になっていたという。武田准尉は、「拳銃で応戦しているうちに腹部と足に負傷、最後の砲爆破も不可能になったので、発射装置をはずして隠し、自決したのだろう。拳銃の弾倉は弾丸が三発しか残っていなかった」と語ってくれた。兵一人が広瀬分隊長を背負い、残りの者が砲を分解して陣地を引揚げる途中、中腹の畑で敵の追撃を受け、やむなく死体を畑の窪地に横たえ、砲も捨てて撤退したという。

赤い夕日が霧と煙で時折りかげる中を、私たちは再び出発した。眼下の陣地には敵兵がいる。分隊長の死体がある場所は、けさ、私たちが通った芋畑である。しかし、小銃三丁だけの装備で敵の眼前におどり出していくわけにはいかない。夜を待つ。

夕日を浴びた沖合に大型艦三隻が停泊、浅瀬に乗り上げた船は、同じような船がワイヤーをかけて離礁させようとしている。すでに銃砲声はやみ、真岡港では二隻の船からおろす武器弾薬類が岸壁いっぱいに積み上げられている。市街は各所で火災が起き、煙が町をおおっていた。

武田准尉から引揚げの命令が出て私たちは大隊本部に帰った。

停戦軍使射殺さる

荒貝沢の第一大隊は、大隊本部のほかに第一中隊第三小隊、第二中隊（第一小隊欠）、第一機関銃中隊（第一小隊欠）、第一大隊砲小隊、それに十九日上敷香から南下した田代小隊（第一大隊残留者で編成）と十八日旭川から第三中隊に着任した大和田郷少尉が、同中隊残留者で編成した一個小隊があり、のちに工兵八八連隊第四中隊の竹本小隊（竹本秀雄見習士官）が二十日朝、豊原をたって荒貝沢に急行していた。この兵力のうちから十八日には約一割の古年次兵が除隊していた。第一機関銃中隊人事係岡崎准尉は、同中隊で約四十人が除隊し、樺太関係者で家族の消息がつかめない者などはこの朝までに中隊に復帰し、その後の戦闘で戦死者も出たというが、一個中隊の人員が七、八十人に減ってしまったところもあり、比重としては戦闘訓練の未熟な兵がふえるということにもなった。

二十日早朝、ソ連の軍艦が霧の中に見えたという報告がはいったとき、各隊は武装解除の準備にかかっていた。大隊長命令で将校斥候として岩瀬少尉が兵を率いて出ていった。同少尉らはその後ついに戻らなかったが、真岡の状況は連隊砲の広瀬分隊などからくわしく報告された。仲川大隊長は、しかし、発砲を厳にいましめるだけであった。

各隊はあわただしく沢の両翼の陣地の配備についた。無気味な時間が流れていった。と、そのとき、上空を走る雷のような弾道音が一斉に起った。

重い霧は谷合に沈澱して、大隊本部付近では視界三十～五十メートルほどであったが、上空は薄霧で、その中に艦砲射撃で真岡市街の一角が炎上したらしく、黒煙の立ちのぼるのが望見された。そしてやがて、豊真山道をこの荒貝沢めざして住民がなだれをうって避難してくるのが見えた。

避難民の中にはこの朝、引揚げ船に乗り込むばかりに用意していた人たちもいた。しかし、寝巻姿のまま、胸もとをはだけ、はだしのままの人たちも多かった。砲声に驚いて寝巻にゲタのまま飛び出したものの、着替えにもどることができなかったのであろう。途中、ゲタを捨てて血だらけの足で集団からおくれまいと必死の形相の人たちもいた。

大和田少尉は、この朝疎開荷物の荷役などの作業隊長として出発することになっていたが、この人たちをみると、武装解除のため道ばたに積み上げてあった軍服などの山に駆け上がり、「その格好では逃げ切れるものではない」とズボンやシャツ、軍靴などをやり、恐怖にゆがんだ顔に「ここはわれわれ軍が食い止める。一刻も早く豊原まで行きなさい」

停戦軍使村田中尉。

と声をかけてやったという。

そのころ、後方の逢坂では、艦砲射撃の音ですでに山沢連隊長以下がソ連軍の攻撃を知っていた。山沢連隊長は、遠雷のような音、その弾道音、炸裂音によって数隻による艦砲射撃だと判断、ふとんをけって起きたという。当時、同連隊長が宿所にしていた逢坂郵便局長広瀬貞さん宅では、きみ夫人が交換台についているときに「ゴーゴーという遠鳴りを聞いたが、その直後、真岡から師団司令部にかかった電話を聞いて艦砲射撃であることがわかった。すぐ山沢さんに知らせようとして部屋にいくと、山沢さんは軍服をつけ、乗馬の用意を待てず、軍刀を片手に歩いて逢坂国民学校の連隊本部に向かうところだった」と語っている。

連隊長は直ちに各部隊に配置につくように指示したが、第一線の仲川大隊長からの報告がはいったのとほとんど同時であった。連隊長は仲川大隊長に対しては直ちに、師団の従前からの指示に基づき、速やかに軍使を派遣することを命令した。

真岡が艦砲射撃ばかりでなく、機銃の掃射を受けて、火災が発生し、住民の中に死傷者が続出していることははっきりしていた。しかし、仲川大隊長は交戦を許さず、現状待機を命じ続けた。そして、ソ連軍の先兵が豊真山道入り口付近に見え始めたとの報告を受けた午前七時半、霧などによる不測の事態の起ることも心配されたが、これ以上おくれては荒貝沢の第一大隊との間に戦闘が避けられないと判断、軍使村田徳兵中尉の派遣を決定、村田中尉以下の随員、護衛兵を本部前に集合させ、訓示のあと訣別の水さかずきをかわし、これを送り出したのであった。

この軍使派遣の模様を、仲川大隊長の手記「涙でつづる血の戦記」でみてみよう（このなかで日時などの点について、ほかの資料によって訂正し、ことばを平易にしたことを、あらかじめおことわりしておく）。

十九日夜、ソ連軍が上陸した場合、事態を穏便に収拾するため軍使を派遣することに決し、その人選に腐心した。

同夜の気象状況より推測し、明朝は濃霧の発生もあろうかと判断し、その中では不測の事態が起るかもしれないという予感がしたため、軍使村田副官以下の人員を決定し、軍使の口上文は日ソ両国語の二通りを通信紙に記述し、白旗も濃霧の中で軍使であることをたやすく確認できるように敷布大のものを携行せしめるなど、万般の準備をした。ときに二十日午前三時半ごろだった。

軍使、大隊副官村田中尉、随員前岡軍曹（大隊本部書記）、通訳金山軍曹（朝鮮出身者）、兵七人、軍犬一。この軍犬は不測の事態が起ったとき放つためのものであった。

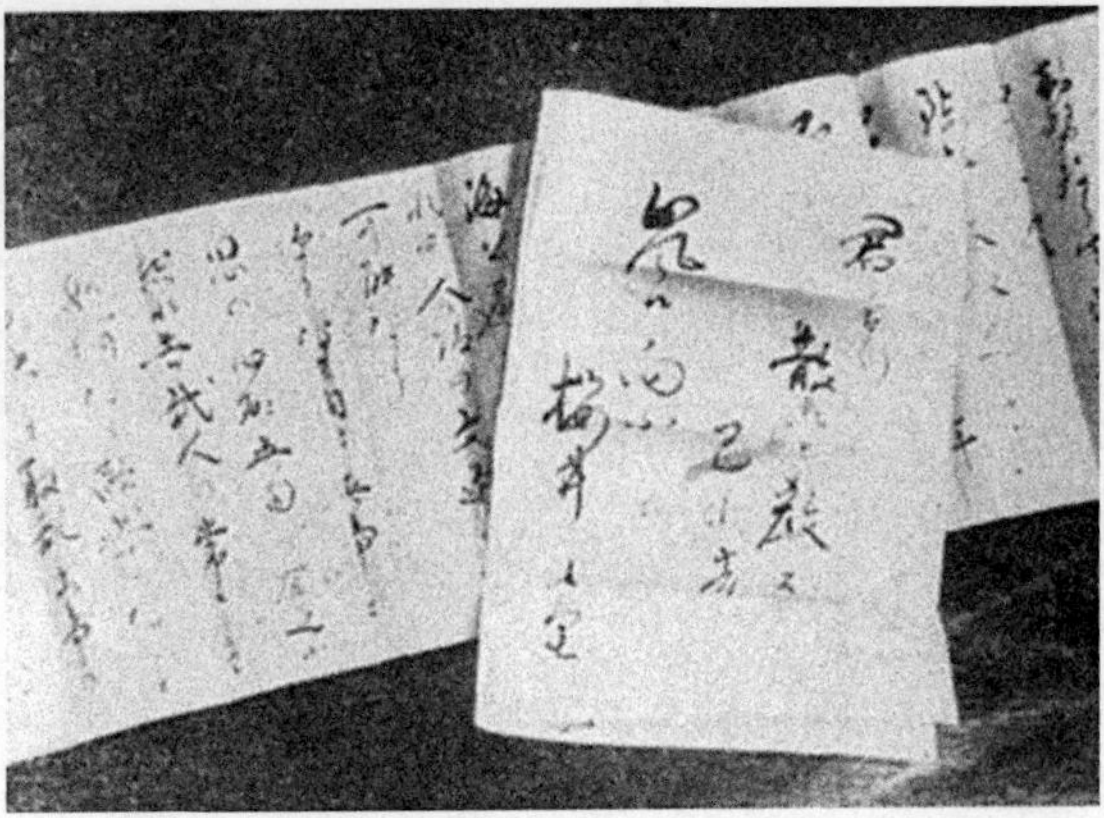
村田中尉が軍使に出る直前、両親にあてて書いた手紙。

（この人員について山沢連隊長の手記「真岡方面の戦況」には一行十三人とある。また戦後二十二年、復員局が帰還者から聴取してまとめたものによると十七人で、氏名は村田徳兵中尉、中前秀雄軍曹、金山重男軍曹、藤原栄治伍長、市原俊美伍長、原田博兵長、川合喜一郎一等兵、新谷馨一等兵、堺良一一等兵、獅ケ堀好正一等兵、金田永河一等兵、青海永吉一等兵、太田秀雄一等兵、遊佐武上等兵、佐藤雅美二等兵、松木重雄一等兵、宮崎正次上等兵となっている。このうち戦死の公報がはいっているのは村田中尉、中前軍曹、藤原、市原伍長、原田兵長、新谷、堺、獅ケ堀一等兵の八人。また生還者は遊佐上等兵＝二十二年八月十三日帰国、松木一等兵＝二十二年七月二十九日帰国、と太田一等兵の三人。金山軍曹、金田、青海一等兵は朝鮮人で道庁社会課の調べでは生死不明だが、このうち金山軍曹は通訳であったことがはっきりしているので、これらを考え合わせると一応、十二人までは確実である。）

軍使がソ連軍に申し入れる内容は次のようなものであった。

一、われわれは大日本帝国の軍隊なり。
一、八月十五日正午、終戦の大命降下し、日本軍は自主的に戦闘行動を中止した。貴軍隊はこれを知らないのか。
一、われわれは戦闘をする意志がない。よって貴軍隊は直ちに戦闘行動を中止してほしい。
一、直接、指揮官相互において話合いを行ない、平和裏に事を運びたいので貴意を得たい。

濃霧の中を艦隊が遊弋しているという報告を受け、いかなることがあっても発砲してはいけないと注意を与えて将校斥候を出した。しかし、その報告がないうちに、不意に猛烈な艦砲射撃を受けた。やがてその模様と真岡町の山腹付近の家屋が炎焼中であることがわかり、その旨を連隊本部に報告したが、それからほどなく荒貝沢入り口付近にもソ連兵が集結しつつあるという斥候の報告がはいってきた。

そのころ沢は濃霧で視界はわずかに三十メートル程度。この沢に向かってソ連軍が行動を開始すれば、両軍が激突することは必至であった。軍使派遣の時機を失えば、事態を収拾できないばかりか、多くの住民を戦闘の巻き添えにする心配が大きくなる――ただただ霧が一刻も早く晴れ上がることを祈るのみであった。

午前七時三十分、ようやく視界五十メートル程度となる。これ以上、延期すれば、ソ連軍が積極的な行動に移ることは疑う余地がなかった。ついに軍使の出発を決意し、軍使村田中尉以下を本部前に集合させ、次のように訓示した。

「一、諸君は樺太兵団将兵と樺太在住民の命を双肩ににない、この難局に対し、平和裏に事態を収拾しようとする使命を帯びている。一、相手は諸君が充分承知しているとおり、わが軍がなんらの抵抗もしないのに、一方的に艦砲射撃を加え、上陸を強行、放火、略奪をほしいままにしている。一、われわれは刀折れ、矢つきて戦闘を中止したのではなく、天皇のご命令により、敵と戦うことなくして自ら矛(ほこ)をおさめ、自主的に戦闘を中止した帝国陸軍の精鋭である。どうか日本軍人として終始りっぱな態度、行動をとり、この大任を無事に果たしてくれるように切望する」

このような訓示に加えて、視界がきかないので充分注意してほしい。そのため五十メートル間隔で逓伝哨を配置し、その先端は荒貝沢入り口（いちばん沢が狭くなっているところのカーブの橋）で、逓伝哨の指揮は田代正広軍曹（札幌市出身）がとる。もし不測の事態が起きたときは、まず軍犬を放して本部の犬舎に帰し、伝令を逓伝哨先端の位置に走らせること。金山軍曹は村田軍使のことばを、忠実にソ連軍に伝えるよう努め、もしその意図が通じない場合は口上文二通を相手に渡し、身ぶり手ぶりででも相手に日本軍の意思を伝えてほしい。市原伍長以下は軍使らを護衛し、その指示を忠実に実行してほしいと、細かい注意を与えた。

軍使村田中尉は、これに対し、「ただいまの訓示並びに注意事項を守り、帝国陸軍の軍使として正々堂々その任務を果たしてまいります」と、ふだんと変らず力強く答えた。水筒のコップで水さかずきがかわされた。大隊長は軍使一行を第一線陣地の位置まで見送った。村田中尉がさしのべた手を「しっかり頼む」と堅くにぎり返したものの、その心中、実に名状しがたいものがあった。

同地点で待機していた田代軍曹は逓伝哨を指揮して軍使のあとに続いていく。何人目かの逓伝哨をかすかに見える位置に残してその一行が霧の中にすいこまれるように消えていくとき「どうか不測の事態が起きないように。無事大任を果たして帰りつくように……」と神に手を合わせる思いであった。時、午前八時やや前であった。

連隊本部への有線電話は砲撃のためか切断されていたが、このころようやく補修され、軍使の出発を報告した。ソ連軍の動静と軍使のことを心配しつつ、本部にて図上の諸計画を考えているうち――午前九時少し過ぎ、四囲の静けさを破り、突然、自動小銃の断続音が三回か四回、沢の入り口方向にした。濃霧いまだ晴れやらず、視界ようやく二百メートル程度であった。

不安がかすめた。同九時半を過ぎても逓伝哨からはなんの知らせもこない。軍犬も帰ってこない。焦燥がしだいに心中に黒い大きいかたまりにふくれあがっていく。午前十時ちょっと前、軍使の護衛兵だった松木一等兵が、第一線の兵に付き添われ顔を血に染めて帰ってきた。その瞬間、不安が的中したことは疑う余地がなかった。

「部隊長殿……村田副官殿が、やられました」とのみ。あとは感情が高ぶって声を立てて泣くばかりであった。

直ちに軍医に命じてメンター酒を含ませ、注射をして感情を静めるとともに応急手当をしたのち同一等兵の報告を聞いた。そしてこのことをすぐ連隊長に報告し、今後とるべき道について指示を仰いだ。この指示がくるまでの間、村田副官の写真を取り出し大隊本部にあてていた農家の仏壇に飾り、香をたいて軍使一行の霊に合掌し、こみあげてくる怒りを押えるために、静座を続けた。しかし、激する感情をころすことはできなかった。

戦闘の火ぶた切る

仲川大隊長が松木一等兵から受けた報告については、戦後、同一等兵が軍使の父にあてた手紙があるので、それをここに紹介してみよう。

朝、私たちは激しい艦砲射撃の中で陣地配備についていた。応戦の命令は出ず、私たちの身にも危険の迫ってくることを覚えた。「早く、早く」。陣地ではみんなが射撃命令をじれったそうに声に出して待っている。

そのとき一人の伝令が陣地に走ってきた。命令を読む、次々と氏名を呼び、直ちに大隊本部に集合せよという。私の名前があった。二中隊からは分隊長市原伍長以下十二人、そのほかに大隊本部の下士官中前軍曹らの名前もあった（人数については確実ではありません）。私物の整理を終え、敵弾が散発的になったところをねらって、私たちは大隊本部に走った。

大隊本部前に集合した。仲川大隊長と村田副官が本部から出てきた。大隊長の訓示があり、その間、大隊長の目の光が印象に残っている。「各自は四二部隊（歩二五）を代表する軍使村田副官の命令を守り、はずかしくないよう行動してほしい。副官の命令がないかぎり射撃してはならない」と注意を受け、村田副官のことばのあと、別れのさかずきをかわした。各兵の目が内心の緊張と興奮のために、ギラギラと光ってみえる。周囲の人からみれば私も同じであったにちがいないのだ。

大隊長に見送られて陣地を出た。深い霧の道を声もなく進みつつ、私は映画や絵でみたシンガポール陥落の歴史的な情景が脳裏をかすめた。そのことを小声で前をゆく村田副官に話す。副官はただ「うん、うん」とうなずくだけ。しばらくして「はずかしくなく、万一のときは清く死す」。ぽつんとこういった。そのとき私は信頼している副官のそばにいることに心強さを感じた。

みんなは無言、先頭は遊佐兵長の白旗。そのあとに整然と隊伍を組んで進む。いろいろなことが脳裏を去来した。荒貝沢入り口が近づいた。そこまでの距離は実に近く感じた。酒屋があり、付近に住宅がまばらにある。むろん人影どころか犬一匹見えない。

前方のようすがわからない。停止した副官は眼鏡を取り出してみていたが、右手の小高い丘には何も見えない。前進、三十メートルほど進んで鉄道踏切りにさしかかったとき、突然、その丘の上にソ連兵が姿を現わし、軍使の停止を求めながら近寄ってきた。

私たちの分隊は踏切りの上にいた。副官は白旗の遊佐兵長、中前軍曹、通訳金山軍曹とともに前に進み出た。分隊との間隔十メートルほど。副官は通訳を通して話している。指揮官との会見を求めたのであろうが私たちのところからは聞こえない。

(ソ連軍と踏切りで会ったときの状況が松木一等兵の手記では触れていないので、仲川大隊長が聞いた報告をもとに補足しておこう。)

先に出た軍使を取り囲むようにして、十メートルほど手前でいったん止まった。ソ連軍は、銃を置けと要求、村田中尉の指示で一行が道路ばたに叉銃すると、同行している軍犬もそばの電柱にしばるように要求、その指示に従った。

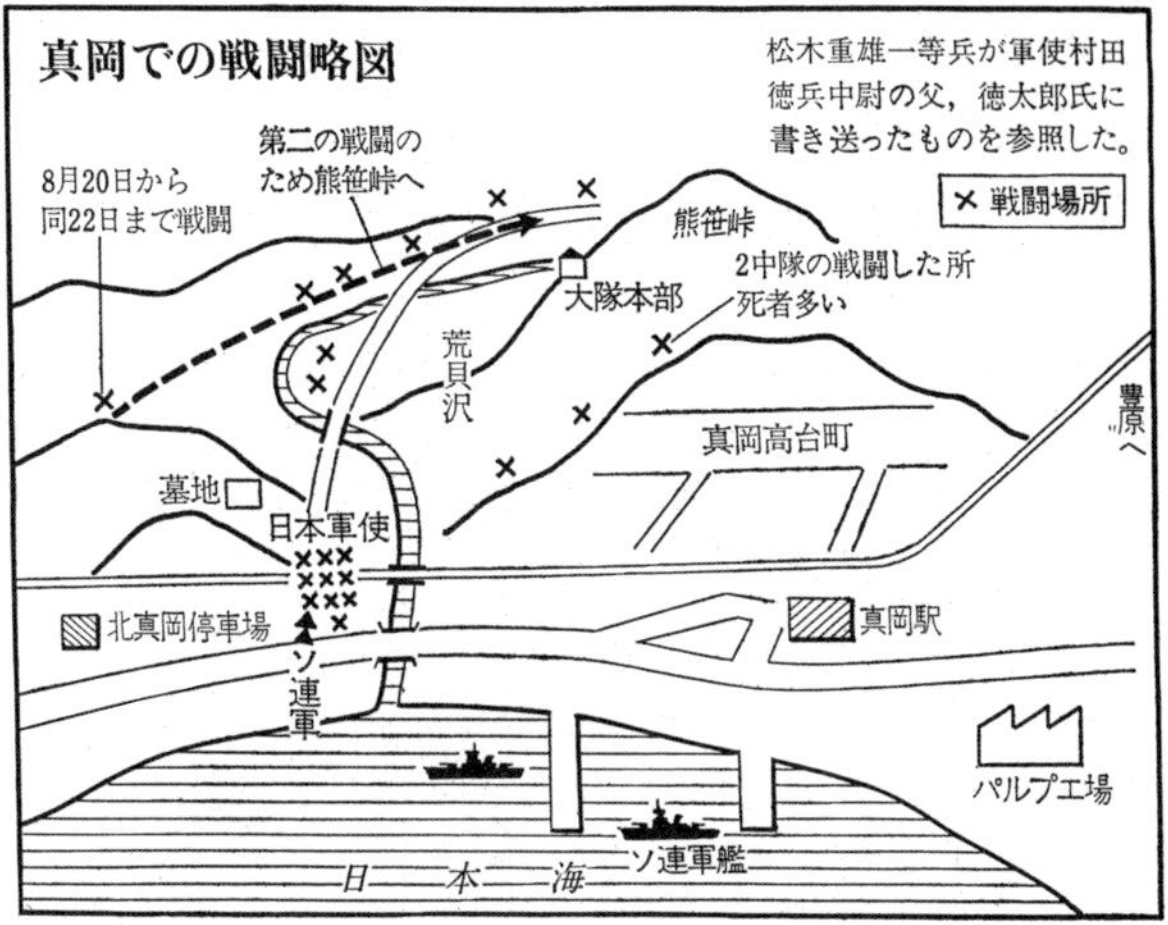

こうして武装を解いたあとソ連軍が近づいてきた。

（ここで再び松木一等兵の手記に戻る。）

軍使の申し入れに対し、ソ連軍はまるっきり受け入れるようすがなく、一人のソ連兵が銃をかまえて村田副官に立ち撃ちの姿勢をとった。副官は胸元の銃口を手で横に押しやって、なお話をする。金山軍曹が懸命に通訳に当たっていた。そのとき、さきほどのソ連兵は突然副官のからだに銃口を向けるなり銃を乱射した。

「伏せろ」。だれかの叫び声で、私は副官の倒れる姿をみながら線路わきの排水溝に飛び込んだ。ソ連兵が最初の乱射と同時に駆け集まって、自動小銃をかまえていっせいに撃ちはじめた。

私は自分の小銃をとって排水溝を三十メートルほど走った。溝の横が小高くなっているので、ソ連兵の位置からは死角になって気付かなかったのであろう。そしてさらに走って小山に登り、防空壕を見つけて飛び込んだ。ところがどうだろう。現場から五十メートルほどの壕内に逃げおくれた住民がはいっている。北からの避難民であったようだ。五、六分銃声がやむのを待って「夜になったら逃げて部隊のいる方にくるよう」にいい残して、飛び出し、夢中で本部に向かって走った。

まもなく重機を中心に散開している友軍陣地が見えた。軍使に出たことを知っている戦友が手を振ってくれた。私は状況を報告した。仲川大隊長以下そのときの顔などは覚えていない。二十分ほどおくれて遊佐兵長、太田上等兵が負傷し、血みどろになって帰ってきた。大隊長はこのとき、初めて戦闘の腹を決めたのであろう。

この軍使がソ連兵の射撃を受けたとき、逃げおくれて近くの家の物置き小屋の陰から見ていた住民もいた。前田貞夫さんは、戦後、そこに住んでいた阿部安太郎さんの母親にその状況を聞いたという。当時六十歳ぐらいだったその人は、次のように前田さんに語ってくれたという。

「この朝の引揚げ船に乗るため、港に向かう途中、ソ連の軍艦を見てあわてて引返した。いつか家族とも別れわかれになり、再び家を出ようとすると、ソ連兵はすでに踏切りを渡って二、三十メートルのところにきていた。あわてて引返し、物置き小屋の陰に身をひそめて、じっと動かずにいた。ところが荒貝沢の奥から将校と一団の日本兵が、白旗を掲げて進んできた。その先頭が踏切りにかかったとき、飛び出してきたソ連兵が停止を命じた。そして手まねで銃を置けと命じ、自動小銃で撃った。そのとき日本の将校は軍刀を抜くが早いか何か叫んで敵の方に突入し、それに兵も一団となって続き、ソ連兵はどっと道を開いて逃げたが、将校は少し走って酒屋のそばの橋の付近に倒れた。あとの兵隊も自動小銃の乱射で傷つき、バタバタと倒れた」

阿部さんの話は恐怖の中で物陰から見ていたこととて正確な観察といえるかどうかはわからない。

それからしばらくして付近の住民はソ連兵につかまり、北浜町の塩倉庫に連行されたが、その人たちの話では、倒れている軍使の一行のそばを通り抜けたときは、まだかすかに息の残っている兵もあったという。

村田中尉のいとこ平田富夫さん（当時歩兵砲大隊本部書記）は、「十九日菅原歩兵砲大隊長と真岡にいっているとき、第一大隊からソ連艦隊が近づいているという連絡を受けて帰る途中、第一大隊本部で村田副官に会った。そして、いよいよくるらしい、互いにしっかりやろうとことばをかわして別れたのが最後。翌二十日、大隊長と通信兵を乗せて車で第一大隊本部にいったときは、軍使射殺のあとで、逃げ帰った兵の一人は、銃剣で刺され、手で払ったが、甲を突き抜けた。それで谷にころがり落ちて小川伝いに逃げてきたといっていたのを聞いた」と語っている。

仲川大隊長からの報告を受けた連隊本部からは、しばらくして「衛戍勤務令第十一条、第十二条に基づき行動するように」という命令があったという。これは歩哨が剣を用いる場合の条項で〝自衛戦闘〟のことをいうもの。直ちに村田軍使以下の惨殺の状況とともにこのことが各隊に命令された。

やがて、ソ連軍は豊真山道はもちろん、荒貝沢の両側の山からも一斉に前進してきたという報告が、斥候や第一線の各隊からほとんど同時に大隊本部にはいってきた。時刻は正午をちょっと回ったころ、第一大隊は初めて戦闘の火ぶたを切ったのである。

ソ連軍、真岡を掌握

真岡に上陸したソ連の兵力は、混成一個旅団といわれた（山沢饒連隊長の話）。軽戦車二十数両と迫撃砲十数門を所有した。

これだけの部隊を揚陸するソ連の輸送船団は、先の記述でもわかるように、戦艦または巡洋艦、駆逐艦などに護衛され、総数十隻を越え、威風まさに四囲を圧する大部隊であった。護衛艦の主砲は、菅原歩兵砲大隊長が二十日朝、第一大隊に向かうとき、逢坂の東一キロ付近にその砲弾が落下していたといい、そのことからみて射程は一万メートルをこえるものだった。

山沢連隊長は戦闘終結後、ソ連軍指揮官の少将に会ったとき、相手が、国境を突破した部隊が先に豊原にはいったと聞き、チェッと舌打ちして残念がったのを見て、真岡上陸の部隊と国境方面から南下した部隊のどちらが先に、樺太を手中に納めるかに〝競争意識〟をもっていたようだと語っている。

同部隊は独ソ戦に参加した部隊で、タタール人、ユダヤ人、ギリヤーク人、それにいわゆるソ連人でもシベリア地方に生まれ育った兵たちが多かったといい、ボロ服をまとい、歩兵で武器を持たない者さえあったが、彼らは交代なしで二十四時間立哨できるほど鍛えられた兵でもあったという。

これらのソ連兵は、艦砲の援護下を、自動小銃を乱射しながら続々上陸、海ぞいの細い町を一気に手中にすると、やがて荒貝からの豊真山道や、町の背後の山に散開していったが、このため逃げおくれて背後から撃たれたり、防空壕に自動小銃を撃ち込まれたり、手榴弾を投げ込まれるなど、殺気だったソ連兵のために一般人の犠牲も多く出た。

この朝、ソ連の艦艇をみて、戦争は終った、と自宅に帰って、引揚げの荷づくりにかかった松本光雄さんも、そうしているうちに逃げ出す機を失って、町中を逃げまどい撃たれて重傷を負った一人だが、以下はその手記である。

初めの空砲がいつのまにか実弾に変り、機関銃の音が入りまじっていることに気付いた瞬間、私は二階に駆け上がって、路上に人っ子一人いないことがわかると、あわてて裏の防空壕に逃げ込んだ。私と父音吉、それに高野政雄さん、小笠原さんの四人は、壕内の暗がりで外の気配をうかがいながら四、五十分も身をひそめていたろうか。銃砲声はますます激しさを加え、板囲いの壕が紙のようにふるえ、着弾地がしだいに近づいているような恐怖が高まってきた。

私たちは壕の入り口を開き、家と家の谷間から見上げると、真っ黒い煙が空をおおって流れている。「こうしてはいられない。焼き殺されるかも……」。とっさに四人の頭に共通した考えがひらめいた。裏口から家の二階に上がって状況をみると、表通りのあちこちに銃を構えたソ連兵がいる。

「山だ」。四人は裏通りを横切って背後の山にはいるため、小路に回ってようすをうかがった。誰かが家の陰からそっと顔をだしたその瞬間、ババーンと数発の弾丸が身をよせる板塀に当たった。見つかった。あわてて下水溝に伏せたものの、四人が行動をともにするのは不可能だった。

私は下水溝をはい、縁の下を抜けて、塀を越えるため、煙の流れる方に向かってそろそろと進みはじめた。家から家へ、縁の下にもぐって約一丁を逃げのびるのに四、五時間はかかったろう。倉庫の横に出た。目の前に二メートルほどの塀があった。

これを乗り越えるのは容易なことではない。塀を越えないとすると小路を出て、倉庫の前を走り、次の小路に逃げ込むしかない。あるいは降伏か。思いあぐねて、じりじりと塀づたいに道路の方に移動した私は、再びようすをみるため路上をみた。アッ、私はその瞬間、十メートルほど前をやってくるソ連兵とばったり顔があった。

度を失った私は、くるりと向きを変えると小路を走り、塀に突進した。からだごとぶつかるようにして夢中で飛びついた。しかし、手の届く高さではなかった。二度、三度むしゃぶりつくようにして、やっと手をかけた私はからだをよじって、塀に上がったが、その瞬間、金棒で思いっきりなぐられたような衝撃を左足に感じ、そのまま、反対側に落ち込み、射角からのがれるために十メートルほどはって、倉庫の裏に出た。

左のむこうずね(脛骨)の貫通銃創で骨折、腿を動かすとグラグラと動いた。周囲はおとろえをみせない砲声の中にあった。火煙が低く吹きつけるように流れてくる。私は観念した。そして周囲を見回すと、一坪ほどの畑があり、その四すみに杭を立て、ニシン漁に使うタテなわを張ってあるのが目についた。いざり寄るようにして近づくと、網に手をかけて、引っぱり、網の結び目をほぐして、糸で長さ四メートルほどの縄を作った。そして、その一端に輪をつくって首にかけた。

いっそのこと、自ら命を断とう。私は、恰好の場所を捜し求めた。

原っぱのむこうに二階建ての家があった。あの家の二階から首をつろう。私は一時間ほどかかってつくった縄を首にかけ、のろのろとはい進んだ。すでに日は低く傾いていて、黒煙はいよいよ低く、うずまくように流れはじめていた。

私は懸命だった。足の苦痛がひどい。十五メートルほどの原っぱをどうにかはって、その家についた私は、裏口の階段をはい上がると、戸に手をかけて引いた。ガチャンと音がしただけで戸は開かない。もういちど力を入れて引いてみた。しかし、戸はびくともしない。

私は渾身の力をこめて引いた。と、そのとき、何かわめき散らすような大声を耳にして、思わず声の方を見上げると、少し離れたところから一人のソ連兵が、射撃の姿勢で何か叫んでいる。

いちどは死を決意し、ここまできた私だったが、あらためて「いよいよ最後だ」と思った。「撃て」。心の中でそういったが、銃口をみつめて死を待つのはおそろしかった。ソ連兵の反対の方に顔をねじ曲げ、息を深くのむと、今か、今かと待った。

相手はまた、どなるような声で何か叫んだ。おそるおそる声の方をみると、なんと自動小銃を肩にかけ、手のひらを上にして、ちょうどわれわれの手まねきと逆のかっこうを繰り返している。来いということらしい。生きられるかもしれない——私は、夢中ではった。そして裏通りに出てみてびっくりした。むこうの表通りをぞろぞろと男、女、子供が本町の方に向かって進んでいくではないか。

夕暮れが近づいていた。私は板塀を伝って、そっちに進み出た。煙の下を銃を腰にかまえたソ連兵の指示で、三百人ほどの邦人が重い足どりで歩いていた。ある者は傷ついて血を点々と路上にしたたらしていたし、子供は恐怖に泣き叫びながら親の後に従っていた。

私は収容される人びとの中に、けさ別れた高野さんを見つけるとその肩にすがって、歩き始めた。

遠くの家や倉庫が音をたてて燃えていた。炎は空に赤く立ちのぼり、近くの家なみは陰翳をしだいに濃くしていく。ぶきみな弾道音と遠い炸裂音、山の方の銃声がひとしきり激しくひびいた。仮繃帯がずれて出た傷口から血をしたたらせ、不安と苦痛に青ざめた顔が私のすぐ横にあった。私は路上に放り出してあるリヤカーを持ってきてもらうと、それに乗った。リヤカーの後ろに山下町四丁目の伊藤豆腐店の奥さんが、手榴弾の破片で顎をそがれて重傷を負い、苦痛と恐ろしさに声もなく歩いていた。

伊藤さん母娘は逃げそびれて防空壕にひそんでいたところに手榴弾を投げ込まれ、入り口近くにいた娘の京子さんは即死し、奥さんらがけがをしたことを後日聞いた。私は父がいないかと目で追ったが発見できなかった。父は裏道を横切って山に逃げたが、そのとき足を撃たれ、山にはいった人たちについていけず一人取り残されたらしく、いろいろ尋ねてみたが、それ以後の父の消息をついに知ることはできなかった。

私たちが歩かされた道のあちこちに射殺体がころがっていた。壁にもたれかかるようにして、すわったままの死体もあった。それを見ると子供たちの泣き声はいっそう高くなった。おとなたちはその泣き声におびえるように絶望と恐怖といかりが入りまじった蒼白な顔でみつめていた。こうして、まもなく本町四丁目の港の岸壁に着いた私たちは、そこに固まってすわらされた。別の方角からきた人たちも、あきらめ顔で指示に従っている。その中に町立病院の林藤丸医師がいた。私は足の傷をみてもらったが、薬もなく、手当の方法がなかった。

私たちがすわっていたコンクリートの岸壁に、高階勝次郎町長はじめ警防団員、警官などが整列させられ、射殺されたことをあとになって聞いた。

日がとっぷり暮れたころ、私たちは近くの二棟の大倉庫の一つに収容された。すでに午後九時ごろであったろう。窓に燃える家々の火が映り、それが意外に近かった。倉庫は中を二分して、片方に男たち、片方に婦女子や老人が入れられた。

ここに入れられた男の数は三百人ぐらいであったろう。一歩も歩けなくなった私はリヤカーに積まれたまま入り口のそばに放り出されていたが、倉庫の奥に固まってしゃがんでいた人たちの顔は、窓からさしこむ火炎のあかりで、ボーッと浮かんでみえた。そして、やがてたばこの火がときどきパッとつき、人びとの心にようやく「助かった」という感慨のようなものがただよい始めたことを私は感じた。

そのころ、隣にいったん収容された婦女子が解放された。ひとしきりざわめいていた隣が、しばらくして物音一つたたなくなった。火災はいっこうに弱まりはしなかったし、銃砲声も絶えなかったが、町は完全にソ連軍の手中に移ったことを意味するのであろう。

真夜中、扉を乱暴に引きあけて、二、三人のソ連兵がはいってきた。乱れた足音から酔っぱらいであることがわかった。二言、三言、いい合っていると思ったら、突然、奥に向けて自動小銃を乱射し、外に姿を消した。沈黙、そして、押しころしたようなうめき声が聞こえる。外では、そのころから再び砲声が激しくなり、うめき声のする暗闇では、めくら撃ちに当たった人たちがいたのであろうが判然としなかった。

その後も二回か三回、ソ連兵がきた。目的は腕時計や万年筆だという話であった。リヤカーの私のところにはこなかったが、それらを手あたりしだいに、略奪すると、姿を消した。はじめの兵のときは、そうとはしらずにだれもが〝戦利品〟を差し出さなかったから、やけっぱちで自動小銃を乱射したのにちがいなかろうということであった。

二十一日朝八時ごろ、私たちは全員外に出された。元気な人たちは四列縦隊に整列させられ、負傷者は列外に集められた。中には相当の深傷を負っていながら、むりをして整列した人もいた。元気なものは働かせ、足手まといの重傷者はここに残して、きのうあったと聞いた銃殺が行なわれるかもしれないと〝不幸な直感〟がひらめいた。そのことを考えたのは私だけではなかったであろう。だから、働ける者はむりをして隊伍に加わっていった。

ほどなく整列した人たちは消火と路上の死体の取りかたづけの使役に出ていき、私たち残った負傷者十人ほどは再び倉庫に収容された。

倉庫の中は、中央の歩道を残して、塩が床面いっぱいに五十センチほどの高さに積み並べてあり、両側にニシン場で使うカマスや縄などが、背の高さ以上にぎっしり積んであって、あちこちに七、八人の負傷者がうずくまっており、入り口近くの歩道の塩の上に二体の遺体がころがっていた。

死体の人たちは、ゆうべソ連兵が乱入して撃った弾丸を受けて死んだのだといい、負傷者のなかの二、三の人たちもそのときに負傷したと語っていた。私たちがこの倉庫にはいっていったとき「水を、水をください」というかぼそい声が聞こえていたが、しばらくするうちにはその声も絶えた。

入り口に立った歩哨はまだはたち前のような若い兵隊だったが、親切であった。そのころ、前夜釈放された婦人たちが、にぎりめしなどをもってやってきた。

この婦人たちは、ゆうべ釈放されるころ、男たちはシベリア送りになって生きては帰ってこないだろうという噂が流れ、窓のふちにしがみついて、子供を胸に抱いて、「おとうさん、もうひと目、子供の顔をみてやって」と涙声で別れていったが、夜があけてもシベリアに送られないことを知ると、不安がふっきれたわけではないが、やはりホッとしたのであろう。食べ物をもってやってくるのであった。この若いソ連兵はそれをいちいち運んできた。ゴールデンバットを大箱ごと私たちに投げてくれたりもした。

みんなはにぎりめしをほおばり、たばこの箱にいざり寄って、それをポケットに押し込むと、むさぼるようにしてのんだ。

夕刻、私たちは戸外に引出され、庁立病院に収容された。病院には戦闘のそばづえをくったおびただしい負傷者が収容されていた。

素早かったソ連軍の上陸

臨海地帯にならぶセメント倉庫や造船所のガランとした建物などに収容された人たちも多かった。しかし、その数はよく把握できない。

北真岡にいた工藤キセさんは、

「長女信子（現姓徳田）、次女直子（現姓星野）がリヤカーで引揚げ荷物を本町まで運んで出ていって二十分ほどしたときに一斉に艦砲射撃が起き、赤くシューッと空を飛ぶのをみて、まだ寝ていた長男信一、三女弘子を起したら、二人ともあわててはだかで走り出して防空壕に飛びこむんです。おろおろ着物をもって追っていきましたが、いったん壕にはいったあと、私は弾丸の下をはって家に戻り、何を思ってか窓の遮光紙をおろし、貴重品を身につけていると、裏の家の人が「ここにいたら殺される。豊原まで逃げよう」と叫んでいました。荷物を運んでいった二人のことが心配だし、男手もないので、防空壕に戻り、じっとひそんでいると聞きなれない話し声。そっとのぞくと、ドロドロの服をきたソ連兵がすぐ近くに立っていたんです」

とソ連の上陸が早かったことを語っている。そして、

「どうなるのか、とっさには考えもおよばなかった。すると近所の造船会社の社長さんが、先にとらえられていて、「みんな、ぐずぐずしていたら殺されるぞ。早く出てこい」となっているんです。出ていくと、一列に並ばされ、本町に向かって歩かされました。しばらくいくと信子と直子が私たちの列にはいってきました。二人とも荷物を置いて近くの壕に逃げ込んだらしいのですが、ガヤガヤ声がするので出てみると、ちょうど私たちの列が目の前を通っているので、まぎれ込んだのですが、そのとき、竹本浅次郎警防団長が「おとなしく、いいなりになるんだ」と、私たちに抵抗しないよう声をかけていました。その竹本さんがソ連兵に射殺されたと聞いたのは、町がすっかり落ちついてからでしたが……」

とも語っている。

また、相浜町内会長だった和島兼義さんは「家族を防空壕に避難させて、壕から顔を出したら付近に人影がなく、すでにソ連兵が山の手の真岡駅前を歩いていて、家の裏に火の手が上がっていた。私は一人でノコノコ出ていくと、二人のソ連兵が五、六十人の町民を

並べているのに出っくわした。私をみるとソ連兵は銃口を向けたが、誰かが「手を上げろ」と叫ぶので、思わず両手を上げると、その列に入れられて造船所の跡に連行された。家族に知らせる暇もなかった」という。

このように、この日ソ連兵につかまって収容された人たちは、家族が散り散りになっていたり、幼児をかかえて山越えすることに自信がない人たち、あるいは町内の人たちの世話、職域の責任者として持ち場を離れられなかった人などが、そのほとんどであったようだ。また、松本さんのように終戦いらいすでに五日も経過しているから、上陸の合図だと思っているうちに、避難のチャンスをのがした人。さらに、そのことから、町の首脳や警察署長、軍などが、すぐにも停戦交渉に当たるだろうとみて、動かなかった人たちもいる。高浜町にいた道下隆俊さんはその後者の判断であった。

道下さんは引揚げ後、記憶をたどって真岡の悲劇を書きつづり、ガリ版刷り八十五ページの『ソ連軍進駐時の真岡町を回顧して』を出版したが、その中で次のように書いている。

高浜町にいた私たちの家族（婦女子）は二十日朝、交通丸に乗船するように指示されていた。二十日朝、世話係である江村孝三郎さん（真岡中学教諭）宅前に六時に集合することになっていたが、その時間が近づいてもまだ一人も集まっていなかった。まだちょっと時間があると、背中の荷物をおろしてすわり、みんなで茶をのんでいると、突然耳が破られるような砲声が相次いで起った。

何ごとだろうと北側のガラス窓をあけてみると、私の官舎から七、八十メートル離れた北のあき地にあった軍防空監視所の構内で機関銃などが海に向かって火を吹いていた。海を見ると、初めてみる多数の艦船が沖合を行きかいながら陸地に向かって発砲している。

〝ソ連だ〟と私にはピンときた。実弾だからまさに日ソ両軍の衝突である。私はこのとき、すでに終戦詔勅が出ていることでもあるし、日影館喜助支庁長、三浦春見警察署長などが両軍に交渉すればすぐにも戦火はおさまるものと考えたので、家の中にいて砲弾でも受けてはたいへんだと、急遽、家族を官舎の前のあき地の防空壕に避難させたのち、私もはいった。もちろん緊急疎開の仕度も身の回り品も腕時計も部屋に置いたままであった。

ところが、五分過ぎ、十分たっても休戦するどころか、銃砲声はますます猛烈になるばかりである。そのうちに私たちのいる防空壕から二十メートルと離れない谷内真岡中学校長宅付近で、機銃の音に入りまじって人声がする。私は防空監視所の兵隊がその付近まできているものと思ったが、何か異常なものを感じ、よく耳をすますとどうも日本語と違うようである。ソ連軍だと思うと同時に私は「もうだめだ」と思った。

やがて、私たちの防空壕の上やその付近を声高に何か話しながらどかどかと通る足音がきこえてくる。三宅坂の方角からも馬車か砲車かわからないが轟々とおびただしいわだちの音がきこえてくる。その状態から推断するに、ソ連軍はかなりの兵力と火器を上陸させたらしい。この日、真岡の町にいた日本軍の兵力がどのくらいであったのか私たちは知らないが、それにしても、あまりにあっけなく敗退したことに憤りと悲しみをおぼえた。

私は、ソ連軍が町を占拠したのちにどのようなことを行なうか、かつての尼港事件(ロシア革命に干渉、ニコラエフスク〔尼港〕を占領した日本軍が一九二〇年二月、パルチザンに敗れ、同五月パルチザンが撤退の際日本人捕虜などを殺した)のことなどを想起して暗然とした。そして、自分と妻が血祭りにあがることがあっても、子供七人はなんとかして、無事に日本の土を踏ませたいと思い、時折りソ連兵が通る足音を耳に、ここからの脱出の時期と、方法について考えていた。長男(俊一さん)が壕を出て、山越えして豊原にいくといって、ときどき壕の蓋をあけるので、それを制止するのに妻と苦労した。もし、そのとき出ていたら付近一帯にソ連兵がたくさんいたのだから、どのようなことになっていたかと思う。

その間もソ連軍の馬車や車両が三宅坂を登って中学校の方に行く音が続いていた。いかに考えても昼間の脱出は断念せざるを得ないことだったが、子供たちのことやこれからのことを考えると不安と焦慮で、頭の中はゴチャゴチャになってしまっていた。

夕刻、防空壕の方に近付いてくる二、三人の足音を聞きつけた。その足音は壕の入り口で止まった。何か話合っていると思ったら入り口の蓋があいた。出てこいと二回連呼されたように記憶している。私は、これが私たち一家の最後だろうと思うと涙も出ず、泣くこともできず、声もかすれて、ことばにならないほどだった。それでも私は妻と子供たちに日本の土を踏ませたい。それさえできたら自分はどうなってもかまわない、と意を決してソ連兵の前に立ったのである。

自動小銃をもった兵隊、手榴弾をもった兵隊、柳刃庖丁をもったものの三人で、服も顔も油とほこりによごれて泥んこになっていた。光るものは二つの目と歯だけ。地獄の鬼のような形相であった。

私の身体検査をすませるとソ連兵はまだ壕の中にいるのなら全部出るように伝えろというしぐさをするので、私は妻や子供に出てこいといった。妻を先頭に七人の子供が続いてゾロゾロとはい出してきてならんだ。ソ連兵は長男と二男（邦博さん）のからだを調べると、妻や小さい子供に家に帰れと手と身ぶりで示し、私と長男、二男の三人にはついてこいといって海岸の方に連行した。

妻や小さい子供たちとのこれが別れかと思うと胸ははりさけんばかりであった。ソ連兵に示されたとおり王子工場構内にはいっていくと、そこにはすでに五十人ほどの日本の男ばかりがならんでいた。

工場の正門のそば、海に面して立っている何棟かの倉庫が、燃えるにまかせていた。正門を出て南浜町六丁目にかかると、道路わきに男の死体があり、少し離れて和服の女の死体がころがっていた。だれであるかはわからない。避難途中、射殺されたのであろう。

私たちは本町一丁目から築港埋め立て地に連れていかれ、暗くなってからセメント倉庫に入れられた。真っ暗ではあるが、すでに多くの人たちが収容されているらしいことは、ささやきと気配でわかった。子供二人とエビのようにからだを折り曲げて横になったが、砲弾が倉庫の屋根の上を無気味な音をたてて飛んでいくたびに、倉庫が倒壊するような不安で、眠るどころではなかった。

町に残っていた人たちの多くはこうして夕刻までにぞくぞく収容された。日が沈み、その残映も消えると本町一丁目、南浜町一丁目、本町五〜八丁目、北浜町二〜八丁目、山手町三丁目などに起った火災が、夜空を赤くこがして燃え続け、地表は黒白も分かたないほどの暗さであった。

荒貝沢の第一大隊からこの夕方、兵六人を率いて将校斥候に出た大和田郷少尉は、同日朝、斥候に出たまま未帰隊の岩瀬少尉以下の捜索をかねて真岡市街の状況を把握することにつとめたが、真岡の裏山から真岡神社付近に出ると、王子の木材集積場は、一帯が白っぽい巨大な炭火のような状態で、付近は明るくて前進不能で、迂回して埠頭までいくと、倉庫付近にはソ連軍につかまった邦人がおり、さらに岸壁では、午後九時ごろだというのに、横付けしたソ連の輸送船の荷役にかり出された人たちが、力ない掛け声に合わせて作業をしているのを確認した。

岩瀬少尉は、帰路、神社裏の山道の暗闇で、ソ連の斥候とはち合わせしそうになったが、一瞬早く気付いて闇に身をひそめ、ことなきを得た。この斥候で同少尉らの消息はつかめなかった(のちの調べで、同少尉は真岡出身の部下を帰し、自決したと確認された)が、ソ連軍は上陸後、いちはやく戦線を南北に広げ、鉄道線路に機銃を据え、線路を越えて山側に逃げる人びとに銃火をあびせ、さらに、山の手にある真岡中学校、第一国民学校などの線まで進撃、午後には豊真山道とその両翼の山から荒貝沢の第一大隊に対して、ひた押しに進撃を始めたことなどが確認されたのである。

疲労、空腹、絶望の逃避行

死の恐怖におびえながら、町に踏みとどまっていた人たちとは別に、無気味な砲声に追われるように豊真山道などを逃げた人びともまた死にまさる苦労をしたのである。避難民の数は一万五千とも一万八千ともいわれた。同町から豊原方面に抜ける豊真山道の入り口は、町の北のはずれであったため、十八年、真岡林務署が、南の金田の沢からはいって逢坂に抜ける〝避難林道〟をつけていた。西村宗信さん（元真岡林務署林産航空油主任）は、「私が造林主任だった十八年、細越業務課長の発案で、敵が上陸したときに備える避難林道をつくった。はじめ真岡沢を起点にしようとしたが、急峻のため金田の沢に変更した。幅一・二メートル、延長十五キロ、道はつけたものの、翌年からは維持費がつかず荒れるにまかせ、私自身も忘れていたが真岡最後の日に初めて思い出した。使用されたのはわずか一日だけであったが、数千の人びとの生命が、この避難林道によって救われたことの喜びと悲しみを、私は生涯忘れることはできない。二十年たったいま、あの林道は白樺やトドマツが密生し、もはや熊の通る路径もないであろうが……」と語っている。西村さん自身もこの道を避難したのである。西村さんは避難林道を逃げたときの状況を次のように書いている。

バリバリと脳天がさけるばかりであった。空襲——私は、直感的に妻を引っ張るように前の防空壕に飛び込んだ。十秒、二十秒……壕の中で私は不安におそわれ、妻の制止もきかず、顔を出してみると、海からも銃砲声、壕が時折りズシーンと揺れる。しかし、天地を引きさくような銃砲声のなかで、この南浜町は道路にも官舎街にも人影一つ見えず、無気味なほど静まりかえっている。

みんな私たちだけを残して、すでに逃げ去ってしまったのだろうか。いまソ連兵がやってきたら身を守る小刀とてない――逃げよう。妻は手術をうけて退院したばかりで、歩行さえ思うようにならないが、このままでは必ず殺される。よし、逃げられるだけは山に逃げよう。私はむりやり妻をせきたてて、官舎に戻り、新しいモンペ、地下足袋をつけさせた。重いリュックを一度はかついでみたものの、妻を背負って逃げる場合を考え、あきらめると、裏口の防火用バケツをそれぞれ頭にかぶりながら、官舎を飛び出すとジャガ芋畑を一気に走った。

起伏する丘を私たちは稜線めざして走った。霧が薄らいで、朝の太陽に光る芋の葉の露、紫と白の花、ブスッ、ブスッと弾丸が足もとの土にささり、頭上をかすめる。私たちが狙撃されているような恐怖、妻は十歩走って「もう、だめ」とあえぎ、五歩走っては倒れる。そのつど私は駆けもどって、叱りつけ、妻の手を引っ張っては走り、朝露にぬれた土に伏せ、また走る。長い時間のように感じたが三十分も走ったのであろうか。私たちはバケツをかぶった異様な姿で、稜線の陰にからだを投げこむように駆け込んだ。

そのうちにこの山陰に、あちらこちらから人びとが逃げてくる。顔見知りの憲兵もいる。稜線からのぞくと、霧の中で町の数カ所から大きい黒煙がのぼっている。建物の陰になって埠頭は見えないが、あちこちでアリのように活発に動いているおびただしい人、ソ連兵は完全に上陸したのであろう。

沖合には軍艦らしいものが、白い霧をとおして二つ三つ見える。黒煙はみるみる赤い炎となって天をこがす。稜線めがけて弾丸は激しい。

　妻をうながして、真岡沢に向かう。山陰から、真岡沢の入り口から、ぞくぞく町の人たちが逃げてくる。昨日、真岡に配置されたという部隊の兵が二、三人、私たちのそばに寄ってきて、豊原に出る道を教えてくれという。三八式歩兵銃の負い革がなんと荒縄に変っているではないか。

　沢にはいったので機銃弾は飛んでこなくなったが、砲声はますますさかんになった。真岡沢から林道にのぼる決心をして、妻をひっぱるように進み、沢の苗圃の事務所に着いた。管理人はいち早く逃げ出したらしい。勝手知った台所にはいると、めしを炊いたばかりのかまがからっぽで放ってある。畳に靴の跡、あとからきた避難民が、ごっそりちょうだいして行ったらしい。

　私たちは朝めし前だったし、これから先の林道のことを考え、まず食料と飲み水を用意するべく一反ぶろしきと米、干し魚を無断借用、裏口に回って、コンコンとあふれるわき水を腹いっぱい飲んで、一升びんにも詰めた。

　これだけではまだ不安なので、荒縄をもって、鶏小屋にはいった。しかし、鶏はさわぎたて、逃げ回ってなかなか捕えることができない。そのかわり、生みたての卵が二つ、逃げだした巣箱にあったので、一つずつご馳走になった。これが八月二十日の私たちの朝食であった。

苗圃のそばを次々に通っていく避難民の中に、私の係りの女子職員がいた。私はころがっている一升びんに水を入れて持っていくようにすすめた。

事務所を出てしばらくいくと、沢の奥の原っぱに数百の人たちが集まっていた。はだしの男、ふとんに老人を包んでかついできた中年の男、小さい子供の手を引いて不安そうな表情の婦人、中にリュックやトランクを持った人もいたが、ほとんどは着のみ着のままである。

「林務の者はいないか」

大声でさけんでいる。近づいてみると日影館支庁長である。私をみると豊真山道の合流点まで案内せよという。私は妻がこのとおり病人なので先頭に立って案内はできないが——といって、支庁長らおもだった人たちに、避難道を詳しく知らせた。

人びとはそれに従って出発した。私も妻も、そのあとに続いてクマザサを分けながら急な山膚を登りはじめた。密生したクマザサは太く、私たちの背たけの二倍以上もあるので、前の人の背にぴったりついて進まないと、バサッと音をたてて元にかえると、こんどは容易に両手で押し分けることができないうえ、前の人から二、三メートルも離れると、どの方角に進んでいいのかもわからなくなってしまう。だから、誰もが死にものぐるいで、クマザサの中を泳ぐようにしてのぼるのである。

げたをはいている婦人は鼻緒がすぐ切れてはだしになった。子供の泣き声が続く。兵隊が子供連れの婦人の前に立ち、ゴボウ剣でササを伐開しながら進んでいたが、そのうちにあやまって婦人の背の赤ん坊の頭に短剣が刺さったらしい。火のついたように泣いていた赤ん坊は急に泣きやんだ。死んだのであろうか。その婦人はオロオロ泣き出さんばかりになって、それでも両手につかんだ三つと五つの子供とともにクマザサを泳ぎ続けていた。

　こうして悲惨な逃避行がクマザサの中を蜿蜒（えんえん）、列をなして進んでいった。

　クマザサがやや少なくなり、うっそうたる原生林、そして白樺の林、それらをいくつか過ぎて、やっと私たちも明るい峰の避難林道に出てホッとした。

　霧はすっかり上がって、明るいもう秋の気配すら感じさせる空が広がっていた。林道のそばには、ヤナギランやハクサンチドリが美しく咲いていた。

　私は一反ぶろしきに包んだ食糧をおろした。一升びんは背中で傾き、水は半分以上も汗と一緒になって、シャツはしぼりとれるほどぬれていた。残りの水をゴクゴクと飲み、煮干し魚をかじった。

　金田の沢からはいってきた人たちとも出会った。林道は草が生い茂ってはいたが道は小峰づたいに高く、あるいは低くどこまでも続いている。福田の沢の製炭事業所まであと十二キロ、そこからは既設の馬車道が豊真山道の逢坂へ出る。それは豊原市に通ずる道でもあり、内地へつながる道なのだ。

樹木の遮蔽物も少ない峰の上を歩いていると、風のかげんか真岡の焦炎のにおいがして、砲声がますますはげしくなるようだ。ときどきブル、ブルーンと爆音を山々に響かせてソ連機が上空をゆく。そのたびにわずかな茂みに私たちは身を伏せる。

病み上がりの妻は、ここまできたのが精一杯だったのだろう。そのうえ砲声や爆音でまいったこともあろう。ここで死にたいという。私は叱りつけ、疲れきった妻を背負って、あえぎながら歩き出した。さすが頑健な私も妻を背負っての山道はつらかった。休んでは歩き、歩いてはヨロヨロとよろめき、元気な人たちが私と妻を次々に追い越して先に進んでいった。

白樺林、切り株が足にひっかかってもつれ、よろめく。道路をつけるとき、もっと低く切らせればよかったのにとくやまれた。林を過ぎ、高い断崖の道にかかる。背からおろして妻をだましだまし歩かせるが、妻は狂ったように断崖から身をおどらせようとする。仕方なく私は苗圃で鶏をしばるはずだった荒縄で妻のからだにひと巻きし、その一端を私の腰に結んで、妻を先に立てて進んだ。

もはや、ここでは体裁も見栄もなかった。

空腹と疲労、虚無と絶望の山なみ。福田沢の事業所にたどりついたのは、もはや二十日の夕方五時ごろであった。

建物の周囲の草むらには、汗臭い数百の避難民がいた。くたびれて口をきく元気もなく、ごろりと横になっている者、腰かけて放心したように虚空を見つめている者、眠りこくっている子供たち――。

夜にはいって山は小雨となり、心なしか西の空がうす明るく、ときおり遠雷のごとき砲声がこの福田の沢まで、にぶく響いてくるのだった。

豊原へ豊原へ

豊真山道、これと逢坂で結ぶ避難林道――真岡の町の北と南から避難民はこの二本の道に殺到した。そればかりではない、その二つの道の入り口にたどりつく余裕もなく背後の山に駆け登り、クマザサや灌木の茂みを泳ぐようにして山道めざして落ちていった人たちも多かった。

山膚をよじのぼりながら、攻め上がってくるソ連兵の自動小銃の乱射で、ごろごろと撃たれてこぼれるようにころげ落ちた人たちを上田郵便局長はずいぶん見たという。また山ぎわの線路についたソ連兵は、線路に銃口をすえ目の前を横切って山に逃げこむ人びとをえじきにした。松本光雄さんの父音吉さんは、そのとき足に重傷を負い、ようやく尾根は越えたもののその後行方不明になった。

大和田少尉が荒貝沢の戦闘から撤退する途中の山中で一緒になった六十歳ぐらいの小柄な老人は、喉を撃ち抜かれて血だらけ、

「先に逃がした孫たちのあとを追って、線路を越えるとき撃たれた」と苦しげな息でいっていたという。

深いクマザサの中で方角を失い、山道にたどりつけないまま二十日の夜を迎えた人たちの数も多かった。すでに正午を少し回ったころには、ソ連軍と荒貝沢の第一大隊の戦闘が始まっており、その間にまぎれこんだ人たちは、いつ、どこからソ連兵が飛び出してくるかわからず、またどんなことで日本軍がソ連兵とまちがって撃ってくるかもわからず、はかりしれない恐怖の中で、夜を徹したのである。

また当時、防空監視哨副哨長だった飯山泰造さんは「一家が港のそば（石浜町二ノ十四）でソ連軍の上陸が急だったため避難できず、暗くなりかけた午後六時半ごろ、真岡中学裏山に父熊一さんら四人と逃げこみ、春風山の中腹道路を歩いているときソ連兵に出会って熊一さんら四人が射殺され、一人だけ逃げのびた」という。

寺内幸夫さんは山を下っていく人たちが空腹を訴えるため山の中を駆け回り、ある農家でジャガ芋を掘ってゆでるとセメント袋に入れ、胴ニシンのカマスをかついで運んだときの話を次のようにしている。

数十人の避難民が固まっているところまでいって芋やニシンを分けたあと、両親や弟妹を捜して暮れかかる沢をおりていった。と、突然右の方で人の気配、ソ連兵か――私は草の陰にしゃがんだ。しかしそれは十二、三人の漁場の人たちで、番傘ほどもある樺太フキを一本ずつ持ってすわっているのであった。

さらに二、三十メートルさがるとまたガサガサと音がした。みると父だった。父は四つの妹を、母は赤ん坊の弟を背負って身をひそめていたのだ。さっきの避難民といっしょになって逢坂めざして歩き出したのは午後八時ごろ。父母はちょっとした木の根につまずいてもころぶありさまだった。疲れていること以上に、勤務中行方がわからなくなったすぐの弟や、町に買い物にいくと早朝出かけた妹二人のことの心配がはるかに大きかったのだろう。

しばらく進むと、闇の中で「誰か」という声、私たちは一瞬足がすくんだ。それでも勇気を出して「真岡からの避難民です」というと、ここから先は二、三百メートルおきに歩哨がいる。相手が「カメ」といったら「ツル」、「山」といったら「川」と答えるようにと教えてくれた。

日本兵とわかると私たちは急に安心感と空腹をおぼえ、私が背負っていたニシンを二本あて配分して食べた。避難民もそのころはすでに百四、五十人にふくれあがっていたが、ササの葉の露をなめては闇の中を歩き続けること約三時間。ようやく熊笹峠の下の山道に出ることができた。

こうして歩きずくめで逢坂に着いた人たちは、空腹と疲労でへとへとだった。清水村の逢坂郵便局長広瀬貞さん、きみさん夫妻は、「朝七時ごろになると、寝巻の胸をはだけた人たち、はだしのままの人たちが、疲れきって町にはいってきた。見栄も外聞もなくて、ただ豊原へ、豊原へと避難していく人たちは、日がとっぷり暮れるまで、ひきもきらなかった。軍物資を格納する三角舎づくりにきていた特別工作隊が、食糧を野積みしてテントをかけてあったが、それをたくさんもらったので、避難者のために砂糖水をつくって出したり、タバコはバラで酒は四斗だるごと出して、元気づけてやった」と語っている。

寺内さんは逢坂駅に着いたとき四、五十人の避難民とともに、貨物ホームに積んである軍の乾パンの箱を足で蹴破って食べたという。また中野駅についたとき会った先輩、原田茂さんは、半袖シャツにステテコというかっこうで赤ん坊を抱いて逃げる途中、三歳の長男をつれた奥さんと別れたが、そのまま中野まできて、知人宅にミルク乞いして歩いていたという。

こうして、人びとは逢坂から、さらに豊原へと逃げていったのであるが、そのなかには、苦しさのあまり子を捨てたり、急に産気づいて、赤ん坊を産み捨てていった親たちもあった。広瀬さんは戦闘が終って九月にはいってから逢坂神社の鳥居のそばで産みおとした赤ん坊の死体をみつけて埋葬、卒塔婆を立てたといい、また、町はずれの戦車壕の中に若い女の全裸の死体があるのもみた。清水村瑞穂の女だといい、逃げおくれてソ連兵にいたずらされたうえ殺されたものであったという。

また逢坂に着いて木工場に避難していた五百人ほどを連れて豊原に向かった佐藤道さんは、「夜豊原に向かって歩き始めたが、その途中、親におきざりにされた子供たちが二、三十人もいた。二日後豊原にはいった私は、連隊区司令部からトラック五台を借りてこの子らを迎えにいった」と語っている。

うちつづく自決、心中

真岡中学校の体育教官平野太さんは二十日朝、引揚げる予定だった奥さんの真砂子さん（四十三歳）が連絡に出ていったあと、不意に砲撃が始まったため学校に走ったが、それきり奥さん、四男剛男君（九歳）と会うことができず、後ろ髪ひかれる思いで避難民のなかにはいって豊原に向かった。そして、戦火がおさまって、再び真岡に戻ったとき、二人が隣家の江村孝三郎少尉（五十五歳）一家五人とともに自決したことを知らされた。

あの動乱する町で、そのような例はいくつもあった。以下平野さんの手記を読んでみよう。

午前六時、私は床の中から家内を叱り飛ばして、早く区長のところにいって引揚げの連絡をとるんだと追い出した（平野さんは引揚げ荷物をリヤカーで港まで運んでは家族の乗船が延びて、持ち帰るということが三日も続き、そのためカゼをひいて寝ていた)。家内が末の剛男を連れて出かけてからほどなく銃砲撃が始まったのである。

そのうちに、私の官舎にも小銃弾が四、五発ブスッ、ブスッと撃ち込まれ、長男一典(十七歳)、三男哲郎(十一歳)にふとんを窓ぎわに積み上げさせて「威嚇だ、しばらくすれば止むだろう」といって、十六、七分後、窓をみると、ソ連船は築港沖に移動していたし、思いなしか銃砲撃もこやみになったので、子供には「学校の裏山の防空壕にはいっていなさい」といって家を出してやり、私は大急ぎで寝巻を国民服に着換え、熱があるのでオーバーを引っかけて、まず中学校に異常がないかと家から走り出た。

学校に駆け込んで、大声で「誰もいないか——」と、どなったが、声はなかった。寄宿舎に走った。生徒や賄い婦が残っていてはたいへんと思ったので、ここでも「誰かいないか」と大声をはり上げながら二階から賄い室まで駆け回ったが声なし。子供たちをやった防空壕の方に出ようと走り出したとたん、目の前を弾丸が激しく飛んで、あまりの激しさに便所と体育館の間に身をかがめてようすをうかがっていたものの、ソ連軍はまず学校を占拠するにちがいないと思うと気が気でない。「ようし、いちかばちか……」。私は決心すると、まっしぐらグラウンドを突っきって走った。

裏山のはしにたどりついたとき、旭町の高台は黒煙に包まれ、本町の方角にも煙が立っていた。ジャンプ台のランディングバーンをすべったり、ころがったりして、駆け降

真岡中学の校庭（左端に校舎と寄宿舎）から見る真岡の町。

り、役場公舎のはずれまで走った。子供二人はそこで、じっと立って私を待っていた。なだれのように避難民は水源地の方に走っている。

「おかあさんは」

「こないよ」

「そうか、十分ほど待とう。それでこなければ、どこか、ほかの方角に避難しているにちがいないから心配ないさ」

避難民の中に二人を捜し求めた。しかし、徒労であった。みんなと一緒に避難するよりあるまい——私は、そう決心して、子供に目をやったら、哲郎ははだしのままである。やむなく私が背負って、避難民の列について歩き出した。

（平野さんと二人の子供は二十三日豊原に着いた。そして九月七日、真岡に帰る列車が出たというので、八日豊原駅に急ぐ途中、知人から江村少尉自刃を知らされ、そのことを師範学校在学中の江村少尉の二男孝さんに知らせに走って同日午後の列車で真岡に帰った。以下手記を続けよう。）

十八日ぶりで午後五時ごろ真岡に着いた。人ごみにまじって駅を出たとたん、父兄の一人に「先生、お気の毒でしたね」という挨拶をうけた。「はあ」といったあと、避難の苦労をいうのだと思い、「いや、みんな同じですよ」と返事して歩き出した。

南浜町三丁目あたりを歩いていると、誰かが、また「お気の毒でした」と頭をさげて通り過ぎた。どうして私だけに声をかけてくれるのだろう――不審でならなかった。本町の畑木商店が臨時の町役場（役場は前町長の葬儀のとき火災で焼失、第一国民学校の一部を使っていたが、ソ連軍上陸後接収された）になっており、そこに着いてみると庁立病院の林医長が出てきて「先生、奥さまが誠にお気の毒でした。どうぞ、気を落とさずに……」といって、あとのことばをのんだ。その瞬間の感情のうずまきを私はうまく表現できない。

私はソ連軍に殺されたのだろうと思った。町は焼け、破壊され、荒廃しきっており、数多くの犠牲者が出ていた。そのような空気のなかにはいっていったので、なにをボヤボヤしていたのだろう。それでは剛男も一緒にやられたのにちがいない。しかし、これが戦争だ――と、あきらめの気持に、やがて変っていった。二人の子供の感情の動きがどうであったか、どのような表情であったか、私は覚えていない。とにかく複雑な気持をいだいて高浜町の官舎についた私が、家に一歩足を踏みいれるとメチャメチャに荒らされた家の中で、ソ連兵一人が、家捜しの最中で、私をみておどろくと、銃口を向けて立ち上がった。手まねで、出ていけというようにしてうなったら、その勢いにのまれたのか、ソ連兵はだまって出ていった。家の中は全く目も当てられない状態で、ボロだけが押し入れに残っていた。私たちが戻ったと知ると近所の人たちが次々におくやみにきてくれた。そのきれぎれの話をまとめてみると、妻と子は、江村少尉の一家五人と一緒に、同家で江村少尉の軍刀で殺され、死体は町の人たちが家の前の道路わきに埋めてあることがわかった。

私としては、相手がソ連兵でなくてよかった、日本軍人、しかも長い間の友人によって、その一家と死を共にしたのだから、何もいうことはないと思った。ただ、なんとかして船で引揚げさせようと思って、叱って区長のところへやったことがこうなったもとだと思うと、悪いことをした、私が軽率であったとくやまれてならなかった。

やがて、江村さんの自刃の模様をくわしく周囲の人たちから聞くことができた。谷内校長はじめ人びとはその自刃を、ことばをきわめてほめた。六畳の仏間で江村少尉は、清子夫人（四十五歳）と三人の子供、静子さん（十八歳）、実さん（十五歳）、豊さん（十二歳）と私の妻と剛男の五人に目かくしをさせて、首をはねたあと、最後に自らは仏壇に面して切腹した。仏間の血しぶきからその模様がよくわかったという。ただ母親二人は、隣室のふすまを押し破って、のけぞって死んでいたという。日本人のハラキリは、ソ連軍にも非常に強い感銘と畏怖を抱かせたようで、その後数回、ソ連兵が官舎にきて「ここの奥さんと子供はこれだ、これだ」と喉を突いて死んだかっこうをして、何かしゃべっては出ていくのをみたが、そのたびに私は、妻子の死を思って暗い気持になったものである。こんな話も聞かせてくれる人があった。平野先生がもう一日早く帰っていたら、衣類や家財道具は盗まれずにすんだのに。前日、ソ連兵や日本人の誰かがみな持ち出した。相手の日本人が誰か見当はついているが、いまさらいうわけにもいかないし――と。その後、名前をあげて教えてくれる人もあったが、私にしてみれば、すべてを放棄して避難したのだから、所有権を放棄したのだ、という考えで「そうですか、あの人がねえ」ですましてしまった。

江村少尉一家と私の妻子の遺体は、道路わきに一緒にムシロをかぶせて埋めてくださったというので、ソ連軍の車両が通るたびに、遺体がどうなるかと心配しながらも、ソ連兵が目を光らせているので、うかつに掘り返すことや動かすこともできず、ときどき線香と花を道ばたに添えて、冥福を祈ることぐらいしかできなかった。

ところが、それとて、ソ連兵がいぶかしんで通ったり、近くでみていると、どんなことが起るか測り知れないので、できるだけおまいりすることも避けなければならなかった。

でも私にしてみれば、そのまま放置することはできなかった。学校も町も遺体の処置についてなんの方法も講じてくれないので、私は区長に依頼して寝棺を五つつくってもらい、近くの畑に埋葬されていた同僚の英語教師根本四郎先生（四十二歳）とスイ夫人（三十三歳）の遺体も掘り起して、計九人を寝棺に入れて、春風山麓の墓地に埋葬し直した。

根本先生は、奥さんが臨月に近かったので避難しなかったのであろう。自分の家の防空壕にはいっていたが、夜になったのでもう大丈夫だろうと、家に戻るべく壕の外に出た瞬間、ソ連兵に撃たれ、入り口に倒れていたと聞いた。

遺体を地中から掘り出したときは、粘土質の土壌のせいなのだろう、一カ月以上も経過していたのだが、顔が白蠟色に変っているだけで、生前と何も変化がなかった。ただ子供二人のからだの区別がつかず、どちらが剛男なのか、豊君なのか判断に苦しんだ。外の五人は切り傷もよくわからないほどであった。

このときの私の心境は複雑で、とても第三者に語ることはできなかった。

昔から愛国精神、武士道、軍人精神の極致は、天皇のため、国のために立派に死ぬことであると考えられ、教育もされてきた。しかし、ソ連軍が上陸したときの混乱の中では、一般邦人も軍人も他人を押しのけても逃げのびようとしたあの姿をながめて、私は、いざとなると、軍人とても人間である以上、生きるために恥も見栄もなくし、きわめて動物本能的に走るものなのだと思ったが、それを思うと江村少尉の断固たる処置は、まことに〝誇るべき軍人〟江村さんであったと尊敬するのである。

しかし、だがしかし、ひるがえってその当時のことを静かに考察してみるとき、暗然たる気持になるのは私一人であろうか。

思考、意志という点でおとなの江村少尉と妻たちは、ある覚悟があって切られ、自決したのであろうが、子供たち五人は目隠しをされ、おそらくは合掌し、お題目をとなえながら首をはねられたのであろう。そのときの気持を思いやれば、私には名状すべからざる悲惨な悲しみがわいてくる。

悲しかったであろう子供たちの気持を想像するたびに、思い起すたびに、じっとしていられないような気持になり、夜も眠りつけないことが、いまなおしばしばある。しかし、私たちよりももっともっと不幸な人びともあったのであろうからと、忘れる努力をする以外にはない。

二十一年五月ごろだったろうか。江村少尉の二男孝君とともに、いつ引揚げ許可がでるかわからないし、引揚げができるとなれば、なんとかお骨にして持ち帰りたいものだ。このまま異国となる土地に残して帰っては、仏も浮かばれまい。このさい真教寺に頼んで心ばかりの葬儀をしようと相談した。そして再び遺体を発掘したが、すでに死後九ヵ月も経ているというのに、掘り起してみると、前のときと何も変化していないのには驚いた。この墓地も粘土質のためであった。

ついでに、罪悪であるとは思ったが野本先生の奥さんが妊娠七、八カ月と聞いていたので、おなかの子も、外界の空気に触れさせるのも、赤ちゃんの供養になろう。そして一家三人として火葬してやろうではないか――と、腹をさいてみたら、三十センチぐらい、頭髪も黒々としたかわいい女児であった。

野本先生夫妻にとっては初めての子。生まれ出るこの赤ちゃんに、いろいろな夢を描いていたであろうに……と思うと、あわれさに涙がこぼれた。

こうして、つごう十体を火葬にし、お骨を少しずつ三家に分けて拾い、残りを墓地に埋葬した。

平野さんの手記では、このほか江村さんの隣の官舎にいた同中学の軍事教練の助教官伊藤軍曹や柔道の山田教官、英語の鴨志田義平教諭の一家六人の自決などについて、当時聞いたことをつづっている。

伊藤軍曹は、夫人を十九日、谷内校長の家族とともに緊急疎開の船に乗せることができたので、南浜町の夫人の実家に帰ったが、その後、全く行方不明で、おそらく防空壕にはいっていて銃撃されたのではないだろうか、という噂だった（この点で、道下さんは「奥さんは引揚げていなかった。そして、二十日朝、同軍曹は官舎前の防空壕に避難したが、ソ連兵に撃たれて壕内で死に、奥さんは家の中にいて助かったように聞いた」といっている)。

また、山田さんという柔道教師は、王子工場の次長と山づたいに手井の沢に出て豊真線手井駅と池ノ端駅の中間で、喉がかわいたので貯水池の水を飲もうと、ひざまずいて首を突っ込んだまま、狙撃されて死んだという(線路上でという話もある)。

鴨志田教諭(三十一歳)は、ソ連軍が砲撃下上陸を開始すると幸一(六歳)、緑(七歳)、由紀子(四歳)、幸子(二歳)——終戦後の真岡町役場の調べでは四人となっているが、平野さんは三人と記憶している。由紀子、幸子が同一人かもしれない——の四人の子供を押し入れの中で、西洋カミソリで殺し、フミ夫人の頸動脈を切ったあと、自分も同じように自刃(互いに頸動脈を切り合ったともいわれる)して、妻子の上にかぶさるようにして死んでいたという。

同家の官舎は三宅坂に面しており、ソ連兵は最初にこの坂を破竹の勢いで進撃してきたというから、小さな四人の子供をかかえては避難する余裕などなかったであろう。鴨志田先生は外国語学校出身、かつて樺太国境警備の巡査であったが、敷香中学が開校したとき、迎えられて英語を担当、のちに真岡中学に移った。

平野さんは江村少尉の自決と鴨志田教諭の自決を比較して、次のような疑問をぶっつけている。

「江村少尉の自刃を軍人のかがみとしてほめるのは当然であるが、英語教師一家の自決については、周囲の人びとのほとんどが、あまり語らなかった。なぜだろう。私は一抹の寂しさをそのことに感じたものである。両家とも、子供たちを思う愛情が死に結びついたものであろう。そうであれば文官であった鴨志田先生の精神をもっと称揚してよいのではなかろうか。ただ、なんとか生き残って将来の道を打開することも人間としての愛の極致ではなかったかと当時思ったこともあったが、これは私のごとき凡人の考えであるかもしれない」

真岡の戦死者名簿

当時の真岡町助役藤岡左一さんが引揚げのときに持ち帰った二十日の戦災死者名簿を次に転載しよう。

藤岡さんは町役場の総務課長だったが、前町長の死後空席だった町長席に助役の高橋勝次郎さんがすわり、藤岡さんは特設警備中隊が十五日の終戦とともに解散、役場に帰ると、同日付けで助役になった。〝ポツダム助役〟である。ソ連が進駐後、役場が死没者名簿の作製にかかり、三部ほど罫紙で同じ名簿をつくったが、その一部を藤岡さんが引揚げのときに持ち帰ったのである。

これによると二十日の死者は四百十八人、行方不明五十九人、この行方不明を死者とみると、真岡でこの日、ソ連兵から撃たれて死んだ人、自決した人などは実に四百七十七人にのぼる。

この数字はもちろん絶対的なものではない。というのは、将校斥候に出た歩二五第一大隊の岩瀬政弘少尉（真岡町出身）のほか、河北小一郎少尉（この名簿では川北とある。樺太広地村出身）、連隊砲中隊の戦死者、広瀬保伍長、成田粕蔵上等兵など兵隊四人がはいっている。

また、前日、ハシケで奥地から避難の途中、シケで真岡に着いた人たち約六百人は、同夜、第一国民学校に仮泊したが、このうち朝になってハシケに戻り、難に遭った人たちもある。その模様を上田豊蔵さんは、「郵便局分室の二階から私がみたとき、二隻のハシケの上にはかなりの婦女子がいたが、その直後、ソ連が上陸を開始したので、その多くは機銃掃射をあびてやられたと思う」といい、戦後、ソ連軍の命令で潜水夫がその付近の海にもぐったとき海底に死体がいくつもあったと伝えられている。

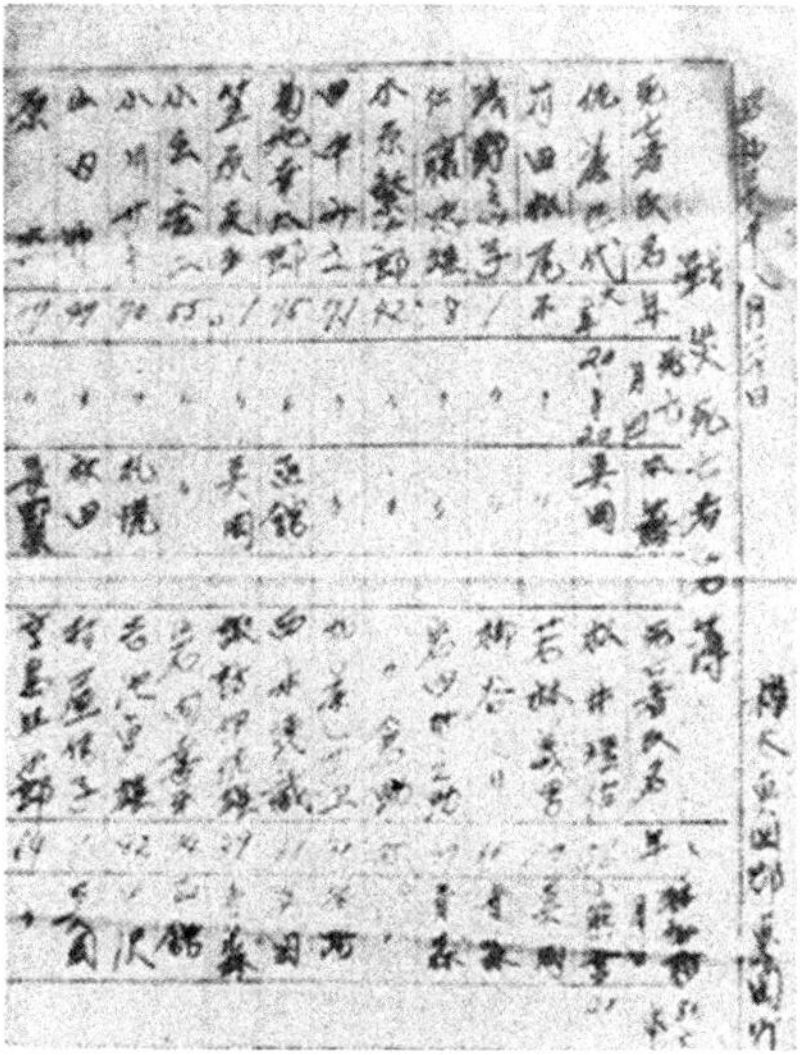
真岡の戦災死者名簿（部分）。

道下さんは、

「珍内警察署坂本警部補の夫人が、二十一日夜、学校で仮眠しているときソ連兵が乱入、放火騒ぎなどがあったため、暴行されるよりも死をと、毒薬を子供四人にのませたあと自らも服用したが、子供二人と自分だけが死に切れず、泣く泣く死んだ子二人を学校裏に埋葬したことを九月五日、直接聞いた」

と書いているが、これらも名簿にはのっていない。

このほか学校から裏山に逃げこむ途中の人たち、この朝、北真岡から出た列車に乗っていた人たちで、途中列車が止まって山側に逃げた人たちの中でも死傷者はかなり出たと推測できるがこの人たちははいっていない。だから、このことを考えると総体の戦災死者はどのくらいの数字になるかちょっと推測できない。四百七十七人は、身元のわかっている人の、しかも一応のメドであるといった程度に過ぎなくなる。

また死亡の日時が明らかに二十一日以降のものもあるが、そのまま掲載しておくことにする。

(年齢は数え年。文字が不鮮明なものもあるが、それは筆者が判読して書いたことをおことわりしておく。)

【戦災死亡者】

佐藤正代(三一) 苅田松尾(不明) 浅野ミツ子(一) 仁藤忠雄(一八) 木原繁次郎(四二) 田中みさ(七一) 菊地幸太郎(七五) 笠原友平(五一) 小出秀二(五五) 小川サ

キ（七〇）山内卯（四九）原杰（一七）松井理作（五六）若林義男（一七）柳谷くり（六六）岩田竹之助（四七）同倉助（七五）加藤ヒサヱ（三〇）西本徳蔵（六一）諏訪伊佐雄（三九）岩間喜平（四二）吉池貞雄（四二）村屋信子（一）高島与次郎（六四）中村正三（一六）上田亨（一六）郷久俊夫（一九）須田政吉（七七）能代豊蔵（四六）田中守次郎（不明）佐藤仲助（七二）平沢きん（六九）青野昌子（八）同重喜（一〇）長尾金一（三八）大畑千代太郎（六〇）友田茂子（二）大畑君代（一）江崎鳳吟（四九）萬谷利秋（二七）守山弘（一八）大山ナミイ（二九）宮本留吉（六七）曾川与太郎（七七）篠田民夫（一九）谷内誓孝（四三）木村三郎（二七）辰野文雄（六三）渡辺政則（三六）佐野政蔵（四〇）伊藤鶴治（五〇）麓要作（五二）泉秀蔵（三一）松坂登（六〇）後藤長太郎（五〇）原子垣太郎（五五）菅原貞吉（不明）原田伊兵衛（五七）森田太一（五四）同馨（三〇）北村留吉（六八）北久太郎（五八）松井洋子（七）同義信（四四）同正子（三〇）久世重子（二）竹内信平（六一）野宮男茶（五六）斎藤清三郎（四八）米内山政吉（四二）新多郎（五四）小森政夫（三三）今井栄之助（不明）前川捨次郎（六三）藤田ユキ（不明）同勝之助（同）同利勝（同）同忠一（同）同弘子（同）佐藤政治郎（五九）島清治（不明）高木米松（六五）小林平（一）鈴木慶吉（七六）今良徳（不明）川島長右衛門（六三）奥山富五郎（二六）佐藤ハル（四五）池口三四郎（五〇）佐藤藤吉（四九）一戸寅助（五六）牧野為次郎（四四）松橋

みどり（一八） 斎藤常四郎（八一） 伊藤キヨ（三九） 高橋笑美子（一七） 高瀬カズヱ（三四） 高田八州雄（二） 同照子（二） 田中勇務（二） 石崎織子（二） 東浜吉蔵（八〇） 石山末吉（五三） 森下芳次郎（四二） 渡辺武夫（一七） 山本金次郎（五一） 小室則子（二） 神戸松次郎（四六） 黒田タキ（七一） 高橋コト（七二） 大浜ミヨ（二七）坂本正一（四五） 橋本準平（七〇）、坂井誠一郎（不明） 本荘谷栄蔵（六四） 同キイ（六一） 伊藤弘史（四） 同恭子（一九） 金沢利孝（二九） 吉田幸太郎（二五） 同キネ（二九） 同穣（二） 斎藤利吉（四四） 増田澄政（一六） 松崎繁太郎（五六） 田川勇蔵（四六） 石塚美和子（二） 佐藤泰一（二九） 同隆久（一六） 田中正司（三七） 浜井利一（三九） 大浜才一郎（二六） 河内久治（八二） 志摩奎実（五九） 同容声（二四） 東浜吉信（五七） 横山昭平（不明、二三か四か判読できず） 嶋中勇蔵（四四） 扇谷貞雄（三〇）服部さのゑ（四六） 松井敏夫（三） 加鳥章（一九） 皆木幸作（五二） 武部義春（四一）同由太郎（六八） 岩瀬政弘（三一） 大矢忠三（四九） 藤井喜四郎（四五） 和田ヨネ（七一） 佐野藤作（六七） 川畑吉五郎（五七） 出村忠作（四九） 岩倉高次郎（六六） 簗田亀松（六五） 国久武夫（一七） 佐藤ハル（六一） 竹内太七（不明） 同定一（一八） 作道勝次郎（四八） 猪股五平（五〇） 奥村重男（五〇） 菊地国蔵（六八） 杉本由美子（八） 石橋勤（三〇） 柿田平吉（七一） 同義（四一） 小林海林（四五） 古川杉一（二五）伊藤千枝（一〇） 森音吉（四六） 三丈由吉（七七） 吉田源蔵（五八） 佐々木精一郎（五八）斎藤三蔵（四三）横山彰雄（四七）同貞夫（一五）菖蒲米蔵（五五）西川トシ（五一）木村石太郎（五八）太田松五郎（四四）酒井浜吉（六五）高橋忠次郎（四〇）高木茂（一八）中野藤吉（三七）田中留太郎（五二）佐藤留吉（四三）伊藤長次郎（五五）築田義信（二三）福士五郎（三四）高橋肇（二〇）椿仁吉（四三）須々田多兵衛（三六）西川善八（六二）上野定次郎（七〇）渡辺照（一八）池田昭子（一九）前島央（一四）池田孝夫（一三）神豊蔵（五三）山田民男（二六）楠美正雄（二二）上野垣治（四三）阿部松三郎（四三）館田喜久蔵（二八）寺下元次郎（五三）岡本勇次郎（六二）笠松弥五郎（七二）鈴木アヤ子（一）寺崎京蔵（四三）金村谷淳（四）金宮三（二一）小河今蔵（六九）中島次吉（五六）金水哲（三三）工藤公男（二二）笹垣ハル（七九）同美恵子（四）高橋春久（二九）佐藤直江（四七）本間重俊（五三）須田石蔵（五三）竹本浅次郎（五三）中鮮（四四）泉浩（四七）藤本弘義（一八）畑武雄（四二）村上節子（一五）同スソ（五八）岩崎清次郎（六五）西村朔七（六二）長谷川政次（四三）斎藤シン（二四）石田捷夫（二〇）小野銀蔵（八）畑中亀蔵（二四）小野勝祐（四三）船越円蔵（五六）浜ミネ（六六）同クマノ（三七）笹森広司（九）同美津子（一一）同親支（七）同ヒロ子（四）同正志（一）藤本君子（一五）同良夫（一〇）同明（八）高城淑子（二〇）榎本キク（五四）志賀晴代（三一）山岸清（六一）佐々木キミ（二〇）八木末吉（二八）斎藤貞江（六六）藤川隆一（六九）小林弥吉（六三）木村武雄

（四一）秋山鶴治（四二）佐藤博良（一八）角田俊子（二四）谷川翠（八）高橋勇治（三五）折戸雅子（二三）大見定吉（五〇）同吾平（四六）同チヨ（四八）可香谷シゲ（二五）吉田八重子（二二）山本ミツ（二三）高橋忠雄（三〇）鴨志田義平（三一）同フミ（三三）同幸一（九）同由紀子（二）同幸子（二）同緑（七）根本四郎（四二）同スイ（三三）江村孝三郎（五五）同清子（四五）同静子（一八）同実（一五）同豊（二二）平野マサ子（四〇）同剛男（一〇）川堺ヒサ（二一）多田利七（六六）清水征夫（二）河元フミ（一四）三国正明（二三）前田来一（三九）中野常吉（七〇）竹之内菊次郎（五八）佐々木豊吉（三三）長谷川清（一七）福田巌見（八三）平山永太郎（三五）永元正（一）可知謙太郎（四〇）高橋栄子（二）吉川伊三郎（六五）川北小一郎（二四）池上紀子（二）斎藤勝吉（二）管原萬吉（不明）河内操（二〇）小倉孝（一九）佐々木ヒデヱ（二五）同勉（一）竹田三男（一七）同美代（二〇）大森ひい子（四）同只好（三七）杉山哲雄（一一）河元ヨシ（五二）中野幸吉（五〇）八木橋亀太郎（四六）相馬金太郎（六三）西尾誠（四二）木村秀作（四一）長堀福次郎（三五）柏崎武（一八）浅香麟三郎（四五）佐々木久蔵（三六）斎藤弥吉（五三）平野松之助（三四）畠山福三郎（八四）土井松二郎（四一）小山内実（一九）安岡要太郎（五二）山本平八（六一）藪吉太郎（四六）中村慶三郎（三四）吉田ヨシヲ（五四）三浦甚五郎（五二）守屋美智（一五）小松重夫（二六）酒井源次郎（四五）藤原洋（三）河東盂元

（三八） 長谷川清（五五） 内山不二夫（三四） 古谷品太郎（三八） 中居奈賀（六七） 同信一（四三） 源乙五郎（五八） 今二三三（五三） 岡正祥（一） 山田京子（一七） 中畑珍作（五八） 蛯名邦子（二） 福田満（三〇） 同美津恵（二） 本間千里（三七） 同利子（六） 宇田フミ（二五） 白幡フミヱ（三八） 川村三郎（五四） 同柾次郎（七八） 森谷正太郎（五六） 五十嵐進（五八） 市町邦明（二） 同広子（二） 同典子（六） 同清高（四） 同清次郎（六四） 同雅子（四） 池端スソ（七五） 木村孝雄（一一） 高石キミ（二五） 沢田キミ（二一） 佐藤新太郎（三六） 鬼柳千年人（五〇） 伊藤栄三郎（不明） 中岡光夫（同） 市川正吾（一六） 窪田柏（一七） 松本三郎（三三） 寺嶋竹次郎（六五） 結城清作（六三） 大内幸子（一五） 同キク（四八） 瀬里崎公順（不明） 獺八太郎（三二） 海（または斎）藤重三（不明） 逸見達二（二七） 大野一雄（四一） 石山忠吉（七〇） 浅田光幸（三三） 清野正幸（七） 宇山嘉一（四六） 加藤テツ（六） 同金太郎（四九） 広瀬保（二四） 成田粕蔵（二六） 松本匡（三四） 相沢勘作（不明） 同彬（同） 若狭談次郎（六〇） 伊藤四郎（不明） 秋山ヨシ（四〇） 笹淵善蔵（六一） 吉伊政雄（二八） 箱根兼松（六六） 佐藤菊松（四七） 林与太郎（三二） 竹内源七（五六） 鴇田兼太郎（六〇） 工藤勝造（九） 同初江（七） 同スヱ（二） 同フジ子（一二） 同りわ（二六） 篠原藤熊（五四） 若大西久松（二九） 久保栄厳（三六） 柳谷仁太郎（五四） 藤坂正雄（三三）

【行方不明】
嶋中勇蔵（四九）牧野為次郎（四四）岡野フヂ（四〇）同ケイ子（三）下村彦福（六五）東峯日良（二八）上山政三（二六）奥原喜三九（五一）同康司（一八）荒山為吉（四五）霜山一二三（四三）同登（一八）伊藤徳三郎（四四）渡辺今朝吉（六一）伊藤繁治（四二）田中市太郎（六五）菅生銀次郎（五〇）竹田友吉（三二）遠藤四郎（一八）村谷兵吉（五〇）木津谷男茶（五五）斎藤幸次（一九）井坂利吉（四六）鎌田三平（四六）大淵佐助（四七）佐々木銀四郎（三四）工藤由英（四〇）猪股与太郎（六〇）麓忠三郎（三七）沢田吉雄（四五）白鳥富作（五一）岩崎健蔵（三八）川辺幸作（二二）石塚忠一（三二）宇留門正平（三一）野村恭蔵（一九）同健次郎（一八）高橋源四郎（三八）高松興四郎（四一）佐藤光保（一六）森山吉光（三四）山崎多一郎（四八）吉田佐吉（不明）石田吉治（四五）霜山昭（一八）大坪作次郎（不明）松本音吉（四三）佐藤光弘（一八）川口庄太郎（三五）鎌田米松（二九）四木松男（一六）横尾清（四五）高田儀太郎（七一）茶木元康（二六）村山重任（三五）水野正作（四一）市沢末吉（三五）平垣照義（四七）井本兼雄（三四）

殉職九人の乙女

宗谷海峡を見降ろす稚内の丘の上〝氷雪の門〟のそばに、ブレスト（交換手用の送受話

殉職九人の乙女の碑。左端の面に上田豊蔵さんが問題にする碑文が彫られている。

器）を耳にかけた乙女のレリーフと「皆さん　これが最後です　さようなら　さようなら」の文字を彫った〝殉職九人の乙女の碑〟（制作本郷新さん、寄贈者上田祐子さん）がある。

その碑文には、

「昭和二十年八月二十日日本軍の厳命を受けた真岡電話局に勤務する九人の乙女は青酸加里を渡され最後の交換台に向った。ソ連軍上陸と同時に日本軍の命ずるまま青酸加里をのみ、最後の力をふりしぼってキイをたたき「皆さん、さようなら、さようなら、これが最後です」の言葉を残し、夢多き若い命を絶った。戦争は二度と繰りかえすまじ、平和の祈りをこめて、ここに九人の乙女の霊を慰む。昭和三十八年八月十五日」

と書かれている。

八月がくると、紺碧の海のむこうに、樺太の島影が浮かび、緑におおわれたこの丘にたたずんで、夢多き命を自ら断った九人の交換手を思い、二度と戦争は繰り返すまいと心に誓う人たちの姿が数多くみられる。「そのたびに〝ああ、あの子の死もむだではなかった〟と思うんです」と、稚内市に住む可香谷シゲさん（二十三歳）の母親は語る。

ところでこの碑文のうち「日本軍の厳命を受けた」「日本軍の命ずるまま青酸加里をのみ」について、強く否定している人がいる。当時、彼女たちの上司、真岡郵便局長であった上田豊蔵さんだ。

上田さんは「軍の命令で交換手を引揚げさせることができなかったから、結局、軍が彼女らを死に追いやったといわれているが、これは事実無根です。純粋な気持で最後まで職場を守り通そうとしたのであって、それを軍の命令でというのはこの人たちを冒瀆するのもはなはだしい」という。

八月十六日、豊原逓信局から、警察と連絡をとり、女子職員を緊急疎開させるよう電話があった。私は全員を集めてその旨を申し渡したあと、三浦警察署長に会って、女子は各地区ごとの疎開家族と合流して引揚げさせることを認めさせ、そのあとの電話交換業務は真岡中学の一、二年生五十人ほどを急いで養成することとし、谷内中学校長と話合い、その手筈を決めた。

ところが、電話担任の大山一男主事が「全員が引揚げに応じない。そして局にとどまることを血書嘆願とするといって準備をしているようです」と報告してきた。

私は直ちに女子職員を集め、ソ連軍が進駐したのちの予想される事態を語り、説得したが、交換手の監督鈴木かづゑさん以下全員は、電話の機能が止まった場合どうなるか、重要な職務にある者としてそれは忍びないと主張して譲らなかった。とくに高石さんが強硬であった。そして、この考えに電信の一部にも共鳴する職員がでてきた。

私は感動した。しかし、その決意を肯定することはできない。ソ連軍進駐後はどのような危難が女子の上にふりかかってくるか、と思うと私は慄然となる。緊急疎開の方針を変えず、豊原逓信局伊賀業務課長（シベリア抑留中に死亡）に電話で「小笠原丸を大泊からの疎開に一回就航させたのちは直ちに真岡に回航、西海岸の女子通信職員の引揚げに当たらせてほしい」と交渉、その承認を得た。同船が真岡に入港したら命令で乗船させる決意をしたのである。結果的に同船が入港するより早くソ連軍の上陸が開始されたのではあったが……。

このような経過を知ってもらうなら、軍の命令で生命を断ったものでないことは理解できるはずだ。

上田さんはこのように書いたあと、「あらゆる階層の人たちがあわてふためき、泣き叫び、逃げまどっていたなかで、郵便局の交換室、ただ一カ所で、彼女らがキリリとした身なりで活動を続けていたのである。このようなことが他人の命令でできることかどうか、その一点を考えてもわかることだ。崇高な使命感以外にない」ときっぱりいう。

二十日朝、交換手の高石さんから電話を受けた上田局長は、非常呼集をかけさせると、分室に泊っている斎藤英徳、菊地寛次郎両主事を郵便局に急行させ、自らも身づくろいして、二人を追うようにして飛び出した。しかし、銃撃が激しいため、さきに書いたように、上田局長は十字街に釘付けされ、飛び出して負傷した警官を助けようとして自らも負傷、局舎に近づくことができなかった。そのうちにソ連兵がその十字街に近付き、上田局長はそばの由田与三吉さんとはかり、若い男にいって棒の先に白布をしばりつけさせて軒先からソ連兵の目にふれるように振らせた。これで上田局長らは助かったものの、直ちに海岸の倉庫に連行され、局員がどうなったか知るすべもなかった。

局長らがソ連軍に捕えられたのはまだ朝のうちだった。その後、ぞろぞろと町民がその倉庫にはいってきた。血みどろの負傷者はなんの治療も受けられず、弱々しいうめき声が夜通し続いて、二十一日の朝がきたとき、局長の周囲にいた十人ほどの重症者の多くはすでに冷たくなっていた。その人たちは一様に腹部を撃たれていた。

上田局長、由田さんらは、ほかにも相当いるらしい負傷者のため病院で治療を受けさせたいとソ連の将校に訴えた。かつてカムチャツカ漁場にいたことがあるという男の、あやしげな通訳ははがゆかったが、二人は必死だった。ようやく許しを得ると、局長らは監視兵に付添われて庁立病院に向かった。負傷した腕をかかえこむように歩く局長に若い女が駆け寄ってきた。みると交換手の一人だった。

「局長さん、高石さんら宿直の交換手全員が自決したらしいんです」

こう叫ぶと、みるみる涙があふれ、「ほんとうか」、せきこんで聞くのにも、あとは嗚咽のなかで「町は自由に歩けないし、局にも近付けないので、どうなっているのか確かめることもできないんです」と答えた。

局長がさらに何か問いただそうとしたとき、監視兵が大声でわめいた。交換手は恐怖に顔をひきつらせて離れていった。

病院にはいった上田局長のところに、近くの官舎に住んでいる保険の加藤主事夫人が食事を持って見舞いにきた。その人は鈴木かづゑさんの妹であったので、すぐくるようにいってほしいとことづけた。

鈴木さんは電話交換手としての経歴十七年のベテラン。翌朝、病室にきたが、沈痛な面持ちでやはり「高石さん以下、当夜の宿直者が自決したことは確実だ」と次のように、彼女は推測を語った。

一、宿直者のうち一人（名前は忘れたと局長はいう）が、電話連絡のつかない地域に非常呼集を伝達するため、高石さんの命で外出したが、その交換手が「高石さんが万一の場合自決する考えらしい」と話していた。

（その人は川島キミ子さんとみられる）

二、渡辺照さんは非常呼集を受けて非番ながら直ちに出動したことがわかっているが、その渡辺さんを含めて交換手九人の姿をみた人がいない。

三、交換手のほとんどが万一の用意に工務の技術官駐在所から青酸加里をもらって所持していた。

以上の三点から鈴木さんは、どうしても自決したとしか考えられないというのである。自決がうそであってくれ——祈るような気持でいた上田局長も、鈴木さんの話を聞いているうちに、それがどうやらほんとうであることを覚悟しないわけにはいかなかった（のちになって、局長が青酸加里を所持している局員を調べたところ、半数以上が白い紙包みを持っていた）。

局長は折りよく病院に見回りにきたソ連軍将校に、部下局員の遺体を引取るために局舎にはいることを認めてほしいと訴えた。そのときは、あすまで待てといって帰ったが、二十三日の昼過ぎにやってくると「私が連れていくからすぐ仕度をせよ」といった。

途中の警備が厳重で、邦人が歩いていると何度も調べられるというので、局長はとっさに医者の白衣を借用することを思いついた。そして鈴木さんと電信の女子事務員の斎藤さんには看護婦の白衣を着せて、胸に赤チンキで十字のマークを描いてやった。三人は医者と看護婦になりすますとその将校のあとに従った。

三人は局舎にはいり、廊下を抜けると、薄暗い階段を駆けるようにしてのぼり、右手の交換室の戸をあけた。三人の目にまっさきに飛び込んだのは監督の机の前に倒れている高石ミキさん（二十四歳）の遺体であった。机の上にはその日の交換証のつづりと事務日誌がきちんと重ねられて、そのわきに睡眠薬のあき箱が二つころがっていた。

また吉田八重子さん（二十一歳）は市外交換台にプラグをにぎったままうつ伏せになり、隣の市外交換台の前では、コードをつかんだままの渡辺照さん（十七歳）が横倒しになっている椅子の上におおいかぶさるようにして死んでいた。この二人はブレストを頭につけたままで、最後まで他局からの呼び出しに応ずるために、薄れゆく意識の中で、交換台にしがみついていたのであろう。プラグをにぎり、コードをつかんだ右手の指先に、彼女らの仕事に対する執念をみた思いであった。

三人はあふれる涙をぬぐおうともせず、九人の最後をしっかり脳裏に刻み込んだ。可香谷さん、伊藤千枝さん（二十二歳）、沢田君子さん（十九歳）、高城淑子さん（十九歳）、志

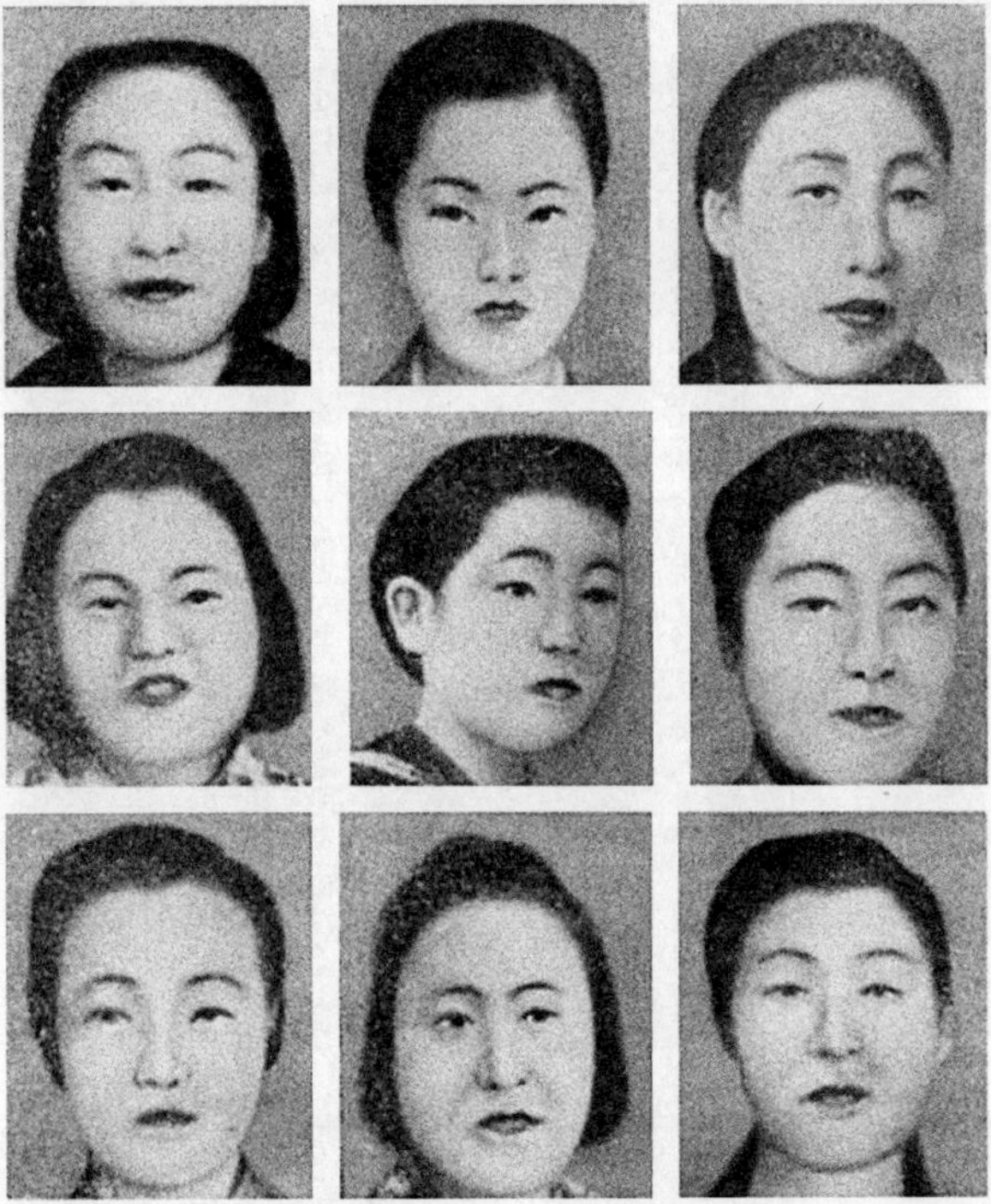

右列上から、可香谷シゲ、高石ミキ、伊藤千枝。中列上から、志賀晴代、吉田八重子、沢田君子。左列上から、高城淑子、渡辺照、松橋みどりの各殉職交換手。

賀晴代さん(二十二歳)の五人は、監督台と東の窓に沿って並んでいる交換台のほぼ中間で、恐怖のため肩を寄せ合うようにして倒れ、ただ一人松橋みどりさん(十七歳——と局長は記憶している——)の遺体だけが、どうしたわけか南に面した窓ぎわにあった。

睡眠薬のあき箱があることからみて、最後を見苦しくしたくない女性らしい心やりから睡眠薬を飲んだあと青酸加里をのみくだしたのであろう。そんななかにあって、当時十七歳であった松橋さんが、最後の瞬間まで生きたいと願ったのであろうか。あるいは戦火に追われて逃げる肉親の無事を願ったのかもしれない。そのいずれにしても胸を打つ最後であった。九人は白っぽい制服にモンペをつけていた。午前三時には就寝したはずだから熟睡中を起されたのであろうに、その乱れはみじんも見受けられなかった。

室内も女性の職場らしく、いつものように整然としていた。しかし、交換台には五、六発の弾痕があった。すでに窓越しにみる町には激しい銃声とともに恐ろしいソ連兵が押寄せている中で、若い乙女たちにして、自ら生命を断つ以外、道があったであろうか。

同行したソ連将校は、局長らの背後に立って、最後の瞬間まで職場を守って死んでいった九人の遺体をみじろぎもせず見つめていたが、ついにひざまずいて慟哭する鈴木さんらをみると、静かに胸元に十字を切って、しばらく瞑目していた。死——ことに職責に死した乙女をみたとき、そこには敵、味方も人種の差もなく、人間としての崇敬の気持があるだけだということを上田さんは思った。

ややあって、気をとり直した三人は、局舎の裏手のあき家になっている雑貨店からリヤカーとムシロを持って戻ると、すでに屍臭のただよいはじめた遺体を抱きかかえておろし、三体ずつ三回に分けて病室に運んだ。男はみんな監禁されていて、病院に運ぶよりしようがなかった。そして負傷して入院している人たちに手伝ってもらって、病院の裏に穴を掘り仮埋葬した。穴を掘り終り、九人の遺髪を切って埋め、土盛りをすまして、汗をぬぐうころには、さしも長い夏の日も低く西に傾いていた。近くの官舎街を捜し回って線香と蠟燭をもってくると土饅頭に添えて、みんなが手を合わせた（遺髪は鈴木さんに託して遺族に届けてもらったが、居所がわからず届けられないものもあったかもしれないという。なお戦災者名簿の名前、年齢に間違いがあるので、関係者の話から文中で統一した。殉職九人の乙女の碑の松崎も松橋が正しい）。

次の日、局長ら三人は再び同じ医師と看護婦の服装で、局員のなかに犠牲者があるかどうかを調べるために出掛けたが、局内と局周辺には一人も倒れている人はいなかった（実は局構内の防空壕に電信係の若い局員阿部宏さんが死んでいたのだが、奥が暗くて確認できず、後日、壕を掘り返した人たちが発見している）。このあとさらに局員の津谷さんらが、真岡川流域をかなり奥地まではいって捜し、このときも中本雑貨店の主人ら十五人の死体をみつけたが、そのなかに局員はいなかったという。しかし、最終的には九人の交換手を含めて十九人の犠牲者のあったことが判明した。非常呼集を受けて出勤の途中、山手町の北側の沢の自宅から出たところを撃たれて死んだ電信受付け折笠雅子さん（二十一歳）――町役場の名簿では折戸となっている――をはじめ、避難した防空壕に手榴弾を投げ込まれて爆死した局員などもいた。

その後、十二月十日、病院裏に埋葬された九人の遺体は家族によって発掘された。

高城さんの両親秀磨さん、キン子さんは、二十日午後三時ごろ防空壕のなかで、淑子さんの自決を聞いたという。戦火がおさまるのを待って局にいったが内部にはいることは許されなかった。可香谷さんの母あささんは、ソ連軍が近づいてくると裏の芋畑に逃げこんで一夜をあかし、翌日は押し入れに身をひそめてすごした。それというのも一人残した娘シゲさんを思うためだったが、二十二日になってシゲさんの死を知った。

「そのとき、局の方が知らせにきてくれました。でも別に泣きもしなかった。私たちもおそかれ早かれ死ぬと考えていましたから……。それから十日ほどして、死の不安が一応去ったとき、思いきり声をあげて泣きました」とあささんは語る。そして、ソ連軍にシゲさんの遺体の引取りを願い出たが「めいめいが掘り起してはいけない」といって許されなかった。

ソ連軍にも、その職責をまっとうした崇高な死は知れわたっており、死体が粗末にならないように、避難した人たちが帰って、遺族がそろったところで発掘してほしいというのが、いい分であったようだと、あささんはいっている。

真岡郵便局。交換室は裏側にあった（ソ連治下でもそのまま保存されていた。昭和40年撮影）。

遺体発掘の光景はあささんにとって、いまもきのうのことのようにあざやかな印象を心にとどめている。

「シゲは沢田さん、高石さんと一緒の穴に埋葬されていました。薬のせいか喉もとの腐っている人もいましたが、ほとんどはきれいな死体で、沢田さんなどはまるでお人形のようでした。シゲは手ぬぐいを首にかけ、制服の胸にネームがはいっていました。靴は足ひもでしばってあり、モンぺは二枚はいていました。敏速な行動がとれるように靴をひもでしばったのでしょう。モンぺは恥かしめを受けないよう重ねたのだろうと想像できます。極度の緊張、恐怖の中で、若い娘らしく身づくろいしたさまが目に浮かびます」

吉田さんの弟、武さんは当時、真岡中学三年だったが、「遺体は八つしかなかった。あとで聞いてみると、一人が離れて死んでいて、別に少し離れて埋葬されたと聞いていた」といい、上田局長らの記憶とずれがある。

こうして掘り起した遺体はそれぞれ肉親がリヤカーで火葬場に運び、火葬にした。軍も官も無秩序になだれをうって逃げていったなかで、純粋に職責を考え、そして死んでいった子、姉、妹たち。変り果てたそのみじめな姿に、肉親はみんなが声をあげて泣いた。そしてお骨を分骨して帰る道すがら、戦争の悲惨さをしみじみと思ったと吉田さんはいう。

「かあさん、これ私の形見。預かっていてね」

十九日朝、いつものように出勤のしたくをしていた可香谷シゲさんは、母親あささんに白い布包みを差し出した。貯金通帳、写真のほか、シゲさんが日ごろ大切にしていた品々がはいっていた。

「どうしたの、急に……」

あささんがけげんな顔をすると、「ううん、なんでもないの……」といってシゲさんは防空頭巾を背にくくりつけると飛び出していった。

この日は沖合に白波が立ち、奥地からハシケ二そうを発動機船に引かせて避難してきた人たちが、ここで下船して第一国民学校に仮泊するため坂の道をあえぎながらのぼっていた。

夕方、シゲさんから電話がかかってきた。

「おかあさん、晩ごはんのおかずがないの。なにかあったら持ってきてよ」

「ああいいとも、おとうさんがあとでタバコを買いに行くというから、何か持っていってもらうから」

娘のなんの屈託もない声にほっとする思いであささんは受話器をおいた。ところが、そのころから急に霧がわき起るように発生し、夜にはいると灯火管制の町は一寸先も見えないほどになり、おかずは届けることができなかった。

あささんは、「いまになると、あれがシゲの最後の願いであったわけで、それを聞いてやれなかったことを思うと……。死を思いつめていた娘は、最後に親に甘えてみたかったのでしょうね。かわいそうなことを……」と声をつまらせる。

吉田八重子さんの家では、二十日朝の船で北海道に疎開するはずだった。朝から荷づくりをしていた和之輔さんや八重子さんの弟武さんは、気が重かった。八重子さん一人を、いつソ連軍が上陸するかわからない真岡に残していかなければならなかったからだ。残していく八重子さんのために、母親は、大好きなおはぎをつくった。

武さんはそれを重箱に詰めると郵便局に届けた。すでにあたりは暗くなりかけていた。局の階段をトントンとのぼって交換室の戸をあけると、八重子さんは入り口に背を向けて交換台についていたが、戸のあいた音にふり返って、そこに中学三年の弟が立っているのをみると、ブレストをはずして近づいてきた。

「ねえさん。これ、おはぎだ。荷づくりも終ったし、かあさんが最後のご馳走に、ねえさんの好物をつくったんだ」

といって重い包みを差し出した。

「ありがとう。武ちゃん、こんなに。重かったでしょう」

弟にお礼をいって受け取った八重子さんは、ちょっと間をおいてから、低い声で、

「武ちゃん、もう会えないかもしれない。からだに気をつけて、しっかりやるんですよ」

こういって、武さんをみながら涙ぐんだ。

「うん、ねえさんもだよ」

死を決した姉のことばとは知らず、軽くうなずいて武さんは局舎を出た。

翌朝のソ連軍の上陸で吉田さん一家の引揚げはだめになった。武さんと兄敏雄さんは一足早く荷物を積んだリヤカーを引いて埠頭に向かう途中、霧の中に突然姿をみせたソ連艦艇におどろいて逃げ、両親も山を越え豊原に向かった。そしてしばらくしてから真岡に戻ったとき、八重子さんたちの死を知った。

「生前の姉たちに会ったのは私が最後であったかもしれません。姉のあのあらたまっていったことば以外は、ふだんと変りない交換室の空気でした。死ぬとわかっていればむりにでも連れもどしたものをと思うと残念だ、くやしいと思うのですが、死を覚悟しながらふ

だんと変らぬ表情、動作であったあの人たちの姿はほんとうに立派なものでした。私の届けたおはぎを、みんなで分け合って食べてくれたろうと思う。死出の旅にささやかなご馳走であったが……」

武さんにとって、八重子さんとの最後はいつまでも忘れられない。

その夜、交換手の勤務は午前三時になると、特別のことがない限り仮眠をとることになっていたことからみて、高石さんらは、そのころ就寝したろうと思われる。そして五時三十分前後（上田局長が連絡を受けたのが五時四十分だったといっていることからみて）、真岡の北八キロの幌泊監視所からソ連軍艦が真岡に向かっているという電話がきて、起されたのである。

可香谷あさ子さんはこの朝、シゲさんからの電話を受けた。それがわが子の最後のことばとなっただけに、あささんはいつまでもそのことばを忘れることができない。

「敵の船がみえる。かあさん、とうとう……。いちばんよいものを着て、きれいに死んでね。鈴木さん（かづゑさん）にも知らせて……」

あささんが、付近の家に「シゲからソ連の軍艦が見えるといってきた」とあわてて飛込んでいった瞬間、頭上にものすごい弾道音がとどろいた。

真岡の東、清水村逢坂の広瀬郵便局長夫人きみさんは起き抜けに、ゴーゴーという遠鳴りを耳にして、遠雷だとばかり思っていたという。きみ夫人は交換手を豊原に避難させたあとひとりで交換台についたが、そのとき真岡から豊原の師団司令部へ火急を告げる連絡電話を傍受して、遠雷と思ったそれが艦砲射撃であることを知り、真岡局を呼んだ。

応答があった。可香谷さんの声だった。しかし、その声は銃砲声にかき消されそうになるほど。

「外をみる余裕なんかないのよ」

可香谷さんの悲痛な声は、いまでもきみ夫人の耳朶にこびりついている。そのころはすでに無気味な弾道音と遠い炸裂音のなかを、上陸軍は激しく自動小銃や機銃をあびせながら市街に侵入していたのであろう。逢坂からはその後も断続的に真岡を呼んだが可香谷さんのあの声を最後に、午前六時半ごろには豊原回線は砲撃で切断されてしまったのか不通になった。そのときからきみ夫人は心の中に、可香谷さんらの身に不幸なことが起ったのでは——というおそれを持ち続けたという。

逢坂局との連絡が断たれた後も泊居（とまりおろ）線だけは生きており、刻々最後のときが迫っていく真岡交換室の情景が無気味な銃砲声とともにはっきりわかったという。

そのことは、九月にはいって、上田局長がソ連軍の通信隊長を案内して泊居にいったとき、泊居局の所弘俊局長から詳しく聞くことができた。

ソ連の軍艦が沖合に現われたという第一報は、五時四十分をちょっと過ぎたころには泊居局にもはいった。郵便局のある第二段丘はたちまち戦場と化し、各所に火の手があがった。近くの北浜町の一角からの火の燃えさかる状況は泊居局に通報された。そのときには弾雨にさらされている九人に危険が刻々迫っていることが、銃砲声のなかで感じられた。そして、渡辺照さんが「今、みんなで自決します」と知らせてきたのは、所局長の記憶では午前六時半ごろだったという。

「みんな死んじゃいけない。絶対、毒をのんではいけない。生きるんだ。白いものはないか、手ぬぐいでもよい、白い布を入り口に出しておくんだ」

所局長は受話器を堅くにぎりしめて、懸命にさけんだ。声だけで、相手を説き伏せられないもどかしさ。しまいには涙声で同じことばを繰り返した。しかし、その声をひときわ激しさを増した銃砲声が吹きとばした。

「高石さんはもう死んでしまいました。交換台にも弾丸が飛んできたし、もうどうにもなりません。局長さん、みなさん……、さようなら、長くお世話になりました。おたっしゃで……、さようなら……」

所局長も交換手も顔をおおって泣いた。無情に、電話は切れた。だれかが二こと、三こと「真岡、真岡、渡辺さん……」と叫んだが、応答はなかった。

所局長の未亡人松枝さんの話では、所局長はこのあと、午前十時過ぎ自宅に戻って、電話を引入れた一室にとじこもったきり出てこなかった。深夜の一時ごろ、松枝未亡人が寝床でふと目をさましたが、局長の部屋にはまだ灯がついていた。集団自決を止められなかったことに苦悩していたのかもしれない。死んだ交換手たちの上司、上田さんには詳しくその模様を話したが、松枝さんには、とうとう一ことも語ってくれなかったという。「この問題に関するかぎり、夫はその苦しみをいだいたままなくなったのでしょう」と松枝さんは語る。

真岡交換室の最後は、豊原逓信局でも知っていた。

豊原局の交換手渡辺テツさんが真岡の回線が切れる寸前、「ソ連軍が局の軒下まできた。これが最後の連絡です」という電話を受けていたと、当時同局に勤務した関係者はいっている。

高桑保之さんは、

「当時、第五方面軍航空情報隊第四監視隊（武井忠五郎中尉）に所属する下士官で豊原におり、樺太南部、富内、大泊、西能登呂などに監視哨を配置、情報収集に当たっていた。真岡からは刻々、戦闘状況がはいってきたが、やがて、混乱状態になり、私たちの姉妹隊である真岡監視隊も撤退するという連絡をうけた。その後プツリと真岡の情報が止まった。どうもおかしいというので武井隊長の命を受けた私は駅前の豊原郵便局二階の逓信局に駆け込んだ。薄暗い業務課の片すみに、ただ一人、国防服に巻き脚絆をつけた伊賀業務課長が腕を堅く組んで、沈痛な面持ちですわっていたが、申し訳ない事態になりました、実は、けさ真岡の交換手が自決しました、といって、最後の連絡を話してくれた。一瞬冷たいものが背筋を走るのをおぼえたものでした。同課長はその後、戦犯でシベリア送りになり、凍りついたシベリアの土になったと聞いたが、あのときの苦悩する姿は忘れられない」と述べている。

（自決した交換手は九人であるが、実際には十人が服毒した。さいわい致死量に至らず一命をとりとめ、交換室から自力ではい出して救助されたという。）

町長、奇跡の生存

高橋勝次郎町長はソ連兵にとらわれ、真岡高女の西尾誠先生らとともに港に連行され、ソ連兵に撃たれた。一緒に撃たれたのは十人ぐらいだったというが、そのなかで高橋町長だけが奇跡的に一命をとりとめている。

道下さんは本古舟漁業上田政之助さんに後日聞いたこととして次のように書いている。

九月初旬、近くの幌泊海岸に巡査部長の制服をつけた死体と背広の男の死体が漂着、死体処理のため蘭泊村役場の人が現地に駆けつけ、その氏名を確認したうえ、付近の高台に埋葬した。警官は支庁警務課会計係今崎嘉実巡査部長、背広の人は西尾先生で、二人とも銃創があった。また、少し北の楽磨海岸にも警官の死体が漂着、調べた結果、同じく警務課の福田武雄巡査と確認された。私は上田さんと別れ、役場で死体処理に当たった吏員に会ってそのことを確かめた。

道下さんの記述からみると、この人たちが高橋町長と同じようにして撃たれたのであろう。

町長は二十日朝、藤岡助役、長男英一さん、それに第一国民学校の八木橋亀太郎教頭らとともに、同校に集めたご真影を、総合グラウンドのタコツボで焼却していた。英一さんは、母たちがすでに疎開したあとで山手町の官舎に父の町長と二人で生活しており、この朝は父に従って焼却を手伝っていた。ソ連軍の砲撃はそのとき始まった。

やがて上陸するソ連兵の姿が霧の中で見えると、町長は、前日珍内方面からきて第一国民学校に収容されていた婦女子を避難させた。子供の手をひいた人たちがバラバラと裏山に逃げこむ。「早く、早く」とご真影の焼却を急がせたが、容易に燃え上がらなかった。ごうをにやした人びとは、台紙を引きはがし、写真だけを火にくべたが、そうしている間にも上陸軍は一気に山の手に攻め上がり、三宅坂には緑色のソ連兵の姿がすでにみえはじめていた。

町の最高責任者として、その場を離れることができない父を残して、藤岡助役、総務課の小柳係長らについて、当時中学一年生だった英一さんは逃げた。町の炭焼き窯がある福田の沢、水源涵養材がある真岡沢の一帯の地理に明るい藤岡助役が先に立って山を越え、避難林道を豊原へと避難した。

九月にはいり、真岡に戻った英一さんは、駅で、上級生から「江村先生のご一家と平野先生の家族が自決した。きみのおとうさんは撃たれたが、生命だけは助かって庁立病院にはいっている。そうとう重傷らしいが……」ときかされ、その足で病院に走った。町長が入院して、一人ぼっちの英一さんはその日から病院で暮らすことになったが、どうやら回復に向かっていた父の口からそのときの模様を聞いた。

高橋町長は、藤岡助役や英一さんらを逃がしたあと、第一国民学校内の仮の町役場にはいっていた。そこにどかどかとソ連兵が侵入、取り調べをしたらしい。英語で「私は町長だ」と繰り返したがもちろんソ連兵に通じるわけがない。そして相手が何をいっているのか皆目見当もつかないうちに北浜町の岸壁に連行された。八木橋第一国民学校教頭らがどうして逃げなかったのか、町長と一緒だった。そして、一列にならべられると、なぎ倒すような自動小銃の乱射。町長が腰を撃たれて倒れたとき、二弾目が肩に当たった。ソ連兵は倒れた町長の背中にあがって、さらにとどめの一発を撃ったが、そのまま意識を失い、あとの記憶はない。どのくらいたってからか、ふと町長が気付くと、倒れたからだを冷たい波が洗っていた。

傷は肩に二発、腰に一発、からだを動かすこともできないほどの重傷であった。ほかの人たちは、撃たれて海に落ちたものか、波にさらわれたのか、姿はなかった。腕だけの力でどうやら付近に上架してある破船の陰にはってはいると、三日二晩、じっと身をひそめた。そして二十二日夜、少し離れた知人の小山田さんの家にはってたどりつき、空腹に水をがぶがぶのんで階段を二階に上がった。

死ぬなら勝手知った小山田さんの家の畳の上で死にたいと思ったという。そして、窓から声を限りに「誰かきてくれ」とさけび続けた。しかし、その声は消え入るように弱かった。たまに聞きつける人がいても、血まみれのその姿から誰も町長だとは思わず、おそれて逃げるようにして立ち去った。

最初に高橋町長を確認したのは工藤キセさんだった。ソ連軍から解放されると、女ばかりの不安から家を捨てて粂古舞（くめこまい）にいっていた工藤さんは、その日、家の荷物をみるために戻る途中呼びかける声に、ふっと小山田さんの二階を仰いでびっくりした。

思わず逃げ腰になると「わたしは町長の高橋だ。つかまって船入澗に連れていかれて撃たれた。こわれた船のかげにかくれていて、はって逃げてきた。もし真岡の人をみたら高橋がここにいると伝えてくれ」という。あわてて工藤さんは北浜町の有志の金子さんに知らせに走った。おどろいた金子さんが、リヤカーをもって町長を収容に向かい、病院に入れたのである。

英一さんの話では町長は二十日朝、いつも腰にさしている日本刀は家において出かけたが、警防団員と同じような服のうえに、憲兵隊長からもらった戦闘帽をかぶっていた。星のマークははがしてあったが日焼けした帽子にその跡がはっきり残っており、軍人とまちがわれたのであろう。病院にはいってから、町長とわかり、ソ連軍の幹部が、見舞い品をもってきて「とんでもないことをした」と頭を下げるのを英一さんは何度も見たという。

高橋町長の肩の弾丸は急所をはずれ、腰の傷も腰椎をはずれていた。傷がなおると藤岡助役らとともに、引揚げまで役場で仕事をした。藤岡助役はソ連軍の地図に、かつて町が谷町沢に掘り抜いた横穴防空壕が要塞として記入されているのを見ている。「だから、ソ連軍の真岡への攻撃が熾烈をきわめ、兵隊に似ている町長も巻添えを食うことになった」と同助役はいう。

親を失い子を死なせ……

日本郵船の代理店、真岡郵船支配人だった舟越円蔵さんは山手町の自宅から少し山に寄って建っている真岡神社の前の下水溝で射殺されていた。

のちになって死体を収容した高野常信さんは、いよいよソ連軍が目前に迫ったので避難しようとして走り出したところを背後から射殺されたようだ、といっている。

また真岡漁業会長、同警防団長など多くの公職を持っていた竹本浅次郎さんも射殺された。酒造業島田久四郎さんによると、浜に連行される途中、警防団長の制服を着た竹本さんにソ連兵がしばしば銃口を向け、そのたびに「兵隊ではない」というしぐさをしたが、そのうちに何かの拍子に竹本さんが後ろをふり向いた瞬間、ソ連兵が自動小銃を発射したという。

神官らしい死にぎわだと、のちに称賛されたのは真岡神社（山手町四ノ四）の湖山寛さんである。長男で当時、真岡中学四年生だった寛一さんの話によると、二十日朝、ソ連軍の上陸とともに父子と居合わせた本斗の神官、書生の四人で防空壕にかくれ、丸一昼夜、何も喉を通すものもなく、空腹をかかえて身をひそませていた。

二十一日昼ごろになって、寛一さんと若い書生は壕の戸をあけて、四囲をうかがい、ソ連兵の姿がないと知るや、裏山めがけて走った。その瞬間「ババーン」という銃声。境内のはずれに数人のソ連兵がいるのがちらっと目をかすめ、同時に右上膊部にしびれるような痛みを感じて、がっくり膝をついたまま寛一さんは動けなくなった。

一人は逃げたが、一人が地上にころがったのをみると、ソ連兵が近寄ってきた。そして、貫通銃創で苦しんでいるのが少年だとみると、手まねで「こい」というしぐさをして寛一さんを町の病院に連れていった。当時は中学生もカーキ色の制服を着ていたから兵隊と見まちがえたのであろう。

寛一さんはそのとき別れたきり、その後の父、湖山神官の消息はしばらくわからなかった。

湖山神官は夜にはいるのを待って神社に戻り、ご神体を本殿から出して、ふろしきに包んで国民服の背にくくると、神社の工藤さんという使丁と一緒に山越えして豊原に向かったのである。しかし、一日ほど歩いたあと、同行している工藤さんに「死ぬ」ともらし、途中から一人、真岡に引返していった、と、寛一さんはのちに工藤さんからきかされた。寛一さんが、壕から飛び出した直後起った銃声、そして、行けども行けども子供の姿をみつけることができなかったとき、神官らしくご神体をいだいて死ぬことを決したのかもしれない。

神官は神社に戻って自決していた。それを発見したのは寛一さんのけがが直ってから。寛一さんが数人の人たちと捜し回って、木柵の内側、本殿のそばに庖丁で心臓を一突きして、すわったまま死んでいるのをみつけた。

ご神体は遺骸のそばに散らばっていた。白い神主の装束である点からみても、山から戻ると服装をとりかえて、覚悟の自決をしたものと想像することができた。

このことで、竹中京子さん(旧姓館山、真岡町山手町五、食糧営団真岡出張所勤務)は「生前の父佐一郎から、疎開する私たちを大泊に送ったあと真岡に帰ったら、山手町の家のそばの防空壕に赤ん坊の死体が捨てられていた。湖山神官の遺体発見も二十四、五日ごろで、本殿と神輿を納めた建物の間の屋根の下で自決していた。そばに穴を掘って埋葬したとよくきかされた」といっている。

湖山さんと同じような運命をたどった父子の例に、第三国民学校長であった山内卯さん

（四十九歳）と正さん父子がある。正さんは二十日朝、父の校長とともに学校の裏山に避難したが、その後火災が広がって学校が危うくなってきたので父子は下山して、学校の重要書類をかかえ、再び山にはいろうとしたところをソ連兵に発見され、銃撃を受けた。正さんはどうやら逃げたが父は捕えられた。

三十一日になって正さんが学校に戻ってみると父はそのとき射殺されたらしく、遺体は火葬したという。

このほか逃げる途中、射殺された人として、道下さんの著書では、本町二の真岡土地専務谷内誓孝さん（四十三歳）らの名をあげている。谷内さんは山手町五の自宅に続く畑から山にかかるあたりで射殺されていたという。また南浜町四で米穀食料雑貨商を経営していた浜井利市さん（三十九歳）は、知人三人と自分の蔵の中で首をくくって自殺した。家族は緊急疎開で本土に引揚げたあとだったが、浜の近くの家で逃げられないと覚悟したのであろうという想像を人びとはした。

北浜町八、酒造業板谷菊太郎さんは足が不自由であったためか、家族を豊原方面に避難させたあと酒だるの中間で縊死していた。九月にはいって親類の板谷利三郎さんが発見した。

高野常信さんは、小森政夫さん（三十三歳）ら日通社員であった人など六、七人が、この日の火災がその人たちの放火によるという判定で、捕えられたあと岸壁に連行され、高橋町長の場合と同じように射殺されたことを聞いたといっている。また「砲撃でいったん防空壕などに避難した人たちは、時がたつにつれ、不安になって路上をみたとき、ソ連軍が抵抗を排除して上陸、意外に近くに迫っていたため逃げ出して射殺された人たちが多かったようだ。しかし、あきらめて、最後をいさぎよく、と防空壕から飛び出しぎわに、敵に向かって「天皇陛下ばんざい」と絶叫した人たちの中には、それがソ連軍には降伏と映ったらしく、発砲されず収容されたという皮肉な話もあり、のちに生存者の何人かから聞かされた」と語っている。

二十日過ぎのことになるが、南浜町四、酒造業市町清次郎さん(六十四歳)と五人の孫たちの死も真岡の人たちにとって忘れられない敗戦下の〝悲しいできごと〟だった。市町さんはソ連兵に射殺され、孫のうち、長男善作さんの長女典子ちゃん(六歳)、二女雅子ちゃん(四歳)、三女広子ちゃん(二歳)、と善作さんの弟の長男清高ちゃん(四歳)、二男邦明ちゃん(二歳)はそれぞれの母親の手にかかって死んだのである。

母親はいまも、そのときのことを口にすると卒倒して、詳しい真相は善作さんも、かわいそうで、いまだに聞き出すことができないというが、戦後、断片的に聞いた点をまとめると、おおよそ次のようであったろうと語ってくれた。

「終戦時、兵隊にいっていた私は隊長からちょっと暇をもらって帰宅したとき、それまで奥地に避難していた妻子を呼び戻し、荒貝沢入り口の酒造工場内の住宅に住まわせた。それがあとになって、とり返しのつかないことになったのだが……。私が隊に戻ったあと、二十日朝のソ連軍上陸を迎えた。真岡女学校を兵舎にしたソ連兵は酒を飲むために工場に侵入し、工場内に掲げてある大きい父の絵が胸に勲章をつけたものであったために、えらい軍人と思ったのであろう、工場にはいってくるなりその絵に自動小銃を乱射していくのだった。そして、たまたま父が近くにいるのをみたソ連兵は、絵と同一人物だとみるや父を射殺したのだという。

そんなことがあって、母や妻たちは恐ろしさと生きてはずかしめをうけないために死を決意したのだろう。妻と弟の妻は最愛の子を自らの手で死なせたのである。

妻は、ソ連軍が進駐してから黒パンをもらってきても「おかあさん、毒がはいっているから食べてはいけない」と、だれが教えたのでもないのに、そんなことをいったりこうな典子ちゃんらが、「おかあさんと一緒に死にましょう」といったとき、なにも恐れず、すなおに「はい」と答えたと語っている。

子供を殺したあと、自らも命を断とうと覚悟していた祖母と母二人は、しかし、その直後ソ連兵が乱入して放火したために死ぬことができなかったようだ」

市町さんは、

「あのころの教育はそうするように教えていたのですから妻たちが悪いとは思いません。いまなお、そのことで苦しめられている姿をみるのがかわいそうで、忘れさせてやれないものかと思う。戦後生まれた長男が中学生のころ、学校の作文におねえさんたちがどうして死ぬ気になったのか、その気持が理解できないと書いたことを聞かされ、暗然とならざるを得ません。長男の考えというのではなく、同じ姉弟で、生きた時代、教育のちがいがこうも埋めることのできない溝を持っているのか——と、いうことについてです。どうやって長男に姉たちの死を理解させようか。これは時がたつに従ってますますむずかしいことになっていくような気もしますが……」

と語っている。また市町さん一家のことで道下さんは、九月六日、清次郎さんの未亡人に会ったとき、清次郎さんは「南浜町の店にいくため工場をでて、鉄道線路まできたとき、ソ連兵に突然射撃され、手をけがしながら、荒貝川に飛び込み、土手伝いに逃げ帰った。そして次の日、病院で手当を受けるため再び家を出た。そのときソ連兵の機嫌をとるためだとウィスキーびん数本を風呂敷に包んで持っていったが、それから何分もたたないうちに銃声がして、近所の人が「市町さんはソ連兵に射殺された」といって駆けこんできた」といい、孫たちを死なせたことを泣きながら語っていたと書いている。

真岡警察の動き

この真岡の混乱のなかで警察がどのように処置したかを、当時、真岡駅前交番に勤務、かたわら鑑識の仕事をしていた宮崎行雄巡査、同署経済課輸送係笠原辰巳さんらの話でつづってみた。

宮崎さんと笠原さんが非常呼集を受けたのは二十日午前五時半ごろ。石浜町の下宿から走って本署に駆け込んだのは同四十五分ごろだった。三浦春見署長らはすでに署内にあり、使丁さんは大きい釜でめしをたき、みそ汁を煮ており、到着したものには次々と小銃と弾丸百二十発ずつが配布された。署員はめしを飯盒につめ、鉄かぶとを背にくりつけ、緊張した面持ちで署長、小島警防主任らの訓示を受けた。

ソ連軍がいずれ上陸を企てることは予想していたから、その場合、住民を誘導避難させ、ときによっては最後の抵抗を試みるための準備と分担はあらかじめ決まっていた。また住民の避難を指導するために警防団や消防署の幹部も同時に呼集されていた。

無気味な弾道音が、突如、建物をふるわせるように飛んだのはそのときだった。そして、やがて海岸線に近づいたソ連の自動小銃弾が厚いコンクリートの壁に当たってはね返りはじめると、本町から南浜町にかけての路上には、町民が家を飛び出してきた。防空壕や家の中の防空室にかくれたものの、銃砲声が一段と強まり、ソ連軍の上陸が始まると恐怖がつのって逃げ出したのであろう。一部の署員は小銃や鉄かぶとをかくすと、逃げまどう人たちを誘導するためばらばらと弾雨のなかを駆け出していったが、ソ連軍の銃砲火はそのころからひときわ激しくなった。

徹甲弾のような大きい弾丸が飛んできはじめた。厚い庁舎の壁はみるみるうち砕かれ、くずれ落ちていった。

宮崎さんは交換室に危険をさけて飛び込むと、警防員や同僚警官がすでにぎっしりで、交換台の陰などにかくれていた。もう逃げ込む余地がないと判断すると、あわてて庁外に走り出て、防空壕にもぐりこんだ。その壕は庁舎の前のアスファルト舗装の下をくり抜いたもので、その壕内では三浦署長と近村義治巡査部長、川崎伸広巡査部長、鈴木稔巡査、武田力太郎巡査、藤井尚吉巡査、それに宮崎巡査、笹原巡査の八人が身をひそめていた（藤井さんは署長の長男伸一さん（当時中学生）が一緒だったといっている）。

ソ連兵は警察署付近に進出してきた。壕の出入り口の蓋をかすかに持ち上げてみると、署の前の消防本部内にすでにソ連兵が侵入、三台のポンプ車を引出し、石油の一斗缶を積み上げている。焦土戦術か――と、みているうちに、兵隊が乗って走り出した。木造の家に石油をかけて火を放ったのであろう。やがて、壕から見回す町は火の海と化した。黒煙の中から吹きだすような炎が、音を立てて家々を焼いていった。

「どうする」。三浦署長を中心に八人は、この危険をどうやってくぐり抜けるか、ひたいを寄せて話合った。しかし、脱出するにしても付近はすでにソ連軍に占拠されているにちがいないし、このままいては、いつかソ連兵に発見されて皆殺しになるであろう――決断は容易につかなかった。そのとき、川崎部長が「署長、私にまかせてください」と申し出た。

「そうか、君は軍隊では金鵄勲章をもらって、戦闘の経験があるんだった。よし、ここは君に指揮をまかせよう」

署長の許可をとった川崎部長は、壕の蓋をわずかにあけて、周囲のようすをうかがっていた。しかし、火勢も銃砲火もみるまに激しさを増し、川崎部長も飛び出すことはできず、脱出の機会を失って壕内に身をひそませているしか方法はなかった。

宮崎さんは「私たちはもうダメだと思った。そして、死が目前にぶらさがっているとなると、それまでの恐ろしさが消えてしまってただ無性に眠くてどうにもならなかった」と、不思議なそのときの心理を語っている。いつのまにか、みんながすわったまま、うつらうつらとしていた。しかし、何かの気配を感じたらしい一人が、壕の蓋をわずかに押上げて外を見て、将校と兵十人ぐらいが巡察しているのに気付いた。

不安な数分、アスファルトの舗道を歩いてくるソ連兵が、壕の蓋の上に足をかけると「カタ、カタ」と音がした。

何かいい合うような声がする。

息をのむ一瞬、ガタンと音がして蓋が開かれた。兵隊が着剣の先でこじあけたのである。パッと飛びこんできた光で、眠っていた人たちは目をあけた。「ババーン」。三、四発、壕内に向けて自動小銃が撃ちこまれた。

「ウーッ」。みると入り口のそばにいた藤井巡査が倒れかかりながら、何かいおうとするようにして口を動かした。川崎部長らがあわててその口を手で押えた。銃弾の一発は藤井巡査の左腕を貫通、一発は体内にはいった。

傷口を上にして同巡査のからだを横たえ、ハンカチや手ぬぐいを集めて、あふれる血を押さえると川崎部長は、その耳もとに口をあてて、「藤井、声を出すな。傷はたいしたことがない、すぐ手当してやる。声を出すなよ。みんながやられるぞ」と声をころしてささやいた。

弾丸を撃ち込んで中の気配をうかがっているらしかったソ連兵は、やがて、蓋をすると頭上から去っていった。

ソ連兵が立ち去ったあともなお地上の気配をうかがっていた署長らは、

「家のなかにいる人たちはすぐ出なさい。すぐ出ないと焼け死にますよ」

叫びながら、弾丸の下をくる婦人をみた。三十七、八歳、半狂乱のようになって、ソ連

ソ連兵の先に立って叫んでいる。みると山下町四丁目で、食堂〝志ま家〟を経営している藤本一枝さんだ。壕の近くにくると、なおも、

「かくれていないで、手を上げて出なさい。戦闘帽とゲートルをとり、国防色の服は上着をぬいで出なさい。兵隊とまちがわれます」

と叫んでいる。

壕内の署長は決意した。藤本さんの勇気にうたれたともいえよう。帽子と帯剣を捨て、

制服の上着をぬいだ。ところが、三浦署長だけは「おれは殺されても良いから制服で出る。民衆のてまえもある」といいはった。部下は「それなら、せめて帽子と剣だけは捨ててください」と、むりに剣と帽子を取り上げた(藤井さんの記憶では、路上に出たとき、三浦署長は帽子をかぶっていた。そして、責任者として処断されることを覚悟していたのだろう、「中学生の長男の後事を頼む」とひとことといったという)。

署長を先頭に地上にぞろぞろとはいでていくと、付近にいたソ連兵が一斉に駆けつけてきた、署長ひとりを離して数人の兵が銃口を胸に当てて取り囲み、署員は十五、六人の兵に取り巻かれた。そして署員は海岸の塩倉庫に連れていかれた。その前後を住民の列がやはりソ連兵に銃口を向けられながらおびえた表情で歩いていた。

藤本さんはこの朝、足の悪い女中さんがいたため、山に避難しなかったのだという。そしてひとり息子の徹朗さん(十八日復員)や姪など五人で防空壕にかくれていたが、警防団員が回ってきて「早く逃げなさい」とすすめるので、それではと出て法華寺のあたりまで避難した。しかし弾丸があまりにひどいので、寺のそばの大きい防空壕に逃げ込んだ。弾丸は壕内まで飛び込んできて、あとでみると肩からかけた救急袋の中からポロリと弾丸が出てきたという。

とても逃げられないと覚悟した藤本さんはそのとき「かくれていないで、手を上げて出てこい」と戸外を叫び回る声を聞き、「どうせ死ぬ気になったのだから、殺すか生かすか出てみよう、あの声はだれかわからないが日本人であることはまちがいない」と徹朗さんらにいい聞かせ、思い切ってソ連兵にとらえられたのだという。そして、恐ろしい顔つきであっても手を上げて出ていけばソ連兵も殺さないと直感すると、連行されながら「出てきなさい」と叫んで歩いていったのである。

「ソ連兵は私が気が狂ったようになって叫びながら歩くのをみて、発狂したと思ったことでしょう。私は山下町六、七丁目付近の本通りで血みどろになって倒れている女の人たちをみかけたが、抵抗しなければソ連兵だって何もしやしないと思ったので、こんな悲惨なことをみたくないために叫んだのです」

鮮魚商の中村さんは太った人で、藤本さんが叫ぶ声を聞きつけて、あわてて壕から出ようとしたが狭い出口からなかなか出られず、見ていて気がもめ、「ボヤボヤしていたら殺されるよ」と叫んだという。

警察署の前まできたとき、ソ連兵に停止を命じられ、そこでも大声でさけんでいると三浦署長を先頭に署員が壕から出てきた。

この日、真岡警察署関係の犠牲者は、藤井さんの話によると、銃砲火でくずれ落ちる署内では森嘉助巡査部長が交換室で瀕死の重傷を負い（死亡）、糸魚川敏郎警部補が事務室で死亡。その直後、署内に手榴弾を投げ込まれ、伊藤徳三郎巡査部長らは二階から飛び降りたが、その中の何人かはソ連兵に撃たれて死んだという。また天羽茂平刑事は真岡駅付近の路上で死んでいるのをみたという。
樺太警友会名簿によると、同署員の死者は九人になっている。

憲兵、警官の犠牲者多数

この九人のなかには、ソ連軍上陸を知ると病床を抜け出して本署に駆けつける途中、銃弾で傷つき、これがもとでのちに亡くなった木村喜代作巡査部長もはいっているが、美喜未亡人のもとに「皇国の史は悲し」と題してベッドの上で同部長が書き残したものが届いている。二十年十一月三日に清書したことになっている。その一部を読んでみよう。（原文のまま）

二十日午前六時半ごろ、ソ連船艦十数隻は真岡にきたり、火砲を放つて上陸を開始せり。真岡所在のわが軍の一部はこれに応戦し、午前七時ごろ真岡は戦場となるも、約二時間にして火砲もほとんどしづまり、町はソ連の占領するところとなりたる。

真岡町民守護のため急ぎ軍装を整え、警察署に弾丸の中をはせたるも、不幸にして途中三発の弾丸を受け倒れたり。その後数時間を経て、ソ連の救護所に運ばれ、血塗れたるシャツを切りとり手当を受け、やがて日本人を収容せる真岡漁連塩倉庫に移され、二十一日真岡医院に入院せり。

真岡医院に入院するもの百数名にのぼり、負傷個所さまざまにして、あまりにものすごく、そのさま惨たり。入院三日目、二発の弾丸を手術により抜きとり、傷の経過良好なると身体いちじるしく衰弱す。

秋天へ火砲轟き街震ふ
沁むる身を蘇軍が医師に運ばれぬ
金髪の医師血のり冷ゆシャツを剪る

(夜ソ連兵収容所にきたり、ものいふも通じなければ怒りて機銃ばらまく、死傷十数名)

二日目の秋水うましめしうまし
リヤカーにて秋夕陽の街を医院へと
六ケ所となりたる傷に朝の冷え
いも掘りの人をおどして銃撃てる

(九月三日母、医院に訪ねくる)

病床にいもの塩煮のおいしくて

この日町民は豊原方面に避難するもの多かりしも、防空壕や街路にて弾丸のため倒れるもの、自宅にて自殺するもの多数出せり。町は火災を生じ、数日のうちに大半を焦土と化せしめたり。

忽ちに蘇軍は露の街に満つ
秋天を焦し真岡の街焼くる
秋雨の夜通し降りて火事の熄む
渡り来て露人が家族秋を住む
秋晴や拙き露語で児等遊ぶ
相寄れる男世帯に冬隣る

徴発物資のトラックにソ兵が声高らかに軍歌を唱ひ、露人の家族また渡りきたりして住み、金髪の婦人颯爽として街を歩めども、家を焼き領土を失へる島民の姿に憂ひの影は秋風とともに深まりゆく。

警察官は、真岡署のほかに真岡支庁警務課員のなかからも多くの犠牲者が出た。

二十日朝、課長岩原嘉蔵警視の非常呼集を受けて集まった課員は、ソ連軍の上陸が意外に早かったため支庁のむかい側の第一国民学校の校庭のすみの防空壕にはいった。そして、一部避難した警官もいたが、多くは壕内で夜を明かし、二十一日ソ連兵につかまった。

その後どこに連行されたかわからないが、それからしばらくして、さきに書いたように、蘭泊村の海岸に福田武雄巡査、今崎嘉実巡査部長の死体が打ち寄せられ、さらにその後、真岡湾内で伊藤繁治警部補の死体が発見された。三人の死体にはいずれも銃創があり、このことからみて、岩原課長以下ソ連軍に捕えられた課員は海岸に連行されて射殺されたものと推測された。高橋町長、西尾真岡高女教頭らが一緒であったかどうかは、一人助かった高橋町長もいまはなく、確認する方法はない。

樺太警友会の名簿でみると、警務課員のなかの死者は福田巡査、今崎部長、伊藤警部補のほかに、岩原課長、渡辺初夫、中島隆、石田吉治の名がある。

ソ連軍は軍、とくに憲兵、それに警官にたいしては憎悪をもっていたようで、そのために犠牲者が多く出たと思われる。しかし、それも相手によることで、警務課員はこのように残酷に処断されたのに、三浦真岡署長は制服姿でつかまったが無事だった。また近村巡査部長、宮崎巡査らは、岸壁に一列に並べられながら所持品を没収されただけで助かっている。もちろん、ふつうの住民のような扱いではなく、取り調べ、収容所生活を通じて、絶えず死の影におびえ続けたという。

　その模様を宮崎巡査は次のように語っている。

「防空壕をはい出して捕われ、塩倉庫に収容された私たち十数人は、岸壁に一列に並ばせられた。後ろは海、撃って、けとばせば海の藻屑、私はここで最期かと覚悟した。ところが、ソ連兵の中の下士官らしいのが服装検査をして、まず万年筆を全部抜きとってポケットに入れると次に兵隊が時計、財布などをみんな取り上げ、私はお守りまでとられ、残ったのはちり紙だけ。金目のものをみんなとったあげくに射殺かと思っていると、まもなく海防艦のような船がきて、移乗させられ、艦内でゲペウの取り調べが行なわれた。

　どうやら生きて帰ったが、終始、死におびえていたものだった。恵須取の収容所では、夜中にムチで打つ音とともに助けてくれという声が聞こえ、やがてことばにならない悲鳴、そして、銃声がして、四囲が静寂になる、ということが二日間のうちに八回もあった。捕えられた警察官か憲兵かあるいは特務機関員などであろう。あの悲鳴が耳にこびりついて、生きた心地がしなかった」

清水村の集団自決

　真岡の隣、蘭泊村では、真岡へのソ連軍上陸の詳報を知って、どう対処するかを決めるため、状況視察に向かい、死んだ人たちがいた。

当時、羽母舞（はぼまい）の飛行場警備にわずかな兵がいたが、指揮官の中尉（トヤまたは戸田）は、真岡の戦況をみて、軍人として処置したいと佐藤寅造村長らに申し出て、消防自動車を借り、山崎某運転手と郵便局員でソ連語を知っている笹原某さんと真岡に向かった。しかし、それきり三人は消息を断った。

消防自動車は真岡を望む宇遠泊の坂上漁場付近で道路のふちに転覆したぶざまな姿をしばらくさらしていたことから、ここで走っているところをソ連兵に射殺され、転覆したのであろうと推測されたが、いくら捜しても三人の死体はおろか遺品すらも発見できなかった。

また、これと前後して青年学校の指導員であった柴田茂光さんは、これも真岡の状況をみにいって殺された。しばらくして死体は真岡の入り口で発見されたが、軍服を着て、波打ちぎわに倒れており、前後の模様から斥候のように匍匐して海岸線を進んでいったらしいと、当時、蘭泊国民学校長だった菊谷五郎さんは語っている。

このほか同村では名古在郷軍人分会長以下三、四人の分会員も北真岡駅付近で射殺されている。いずれも戦況を見きわめて住民の安全を——という考えであったのだ。結果的に同村は平穏で、間もなくソ連軍の進駐を迎えた。

真岡の東、歩二五連隊本部が所在した逢坂を中心とする清水村も戦火に見舞われた。戦後、北海道庁が引揚げ者から調査したものによると、同村は二十日、逢坂市街地の大半が焼け、真岡から豊原に向かう避難民約二百人が死亡したと推定された。同村民の中から、自決者が三十五人ほど出た。

いまとなってはその数字を裏付けることは不可能だが、同村緑紅（りょくこう）で二世帯が一緒にネコイラズをのみ、家に放火して心中した事件があり、このときネコイラズが不足なため生き残ることのできた大西ソメさんの手記を次に掲載しよう。

二十日朝、ふだんは静かな山道ぞいの村、逢坂に突然に地底を揺さぶるような無気味な砲声が聞こえてきました。家から飛び出した人たちが、不安そうな面持ちで、なんの音だろうと話合っていると、広瀬郵便局長が「ソ連艦隊が真岡に艦砲射撃を加えている。まもなく上陸を開始するにちがいない」といきごんでいう。

やがて、避難する人たちが村にはいってきた、どの顔も二十四キロの道を歩きずくめてやつれ果て、なかには寝巻の腰に細ひもを巻いて、わき目もふらずせかせかと通り過ぎていく人もいる。急いで近所の伊藤ナカさん宅でご飯をたき、お茶を入れて道ばたに出し、次々にやってくる人たちを元気づけたが、多くはあまり口にもせず艦砲射撃のすさまじさを、おびえた表情でひとこと、ふたことというと、恐ろしさから一歩でも、二歩でも遠ざかろうとするかのように、豊原に向かって去っていった。

切れ目なく続く避難民の列から落伍するように、若い婦人と老母が顔面を蒼白にしてふらふらとした足どりで近づいてきた。聞くと、艦砲射撃の音で家を飛び出し、裏山をあえぎながら越えて熊笹峠にたどりつくころ、急にその婦人が産気づいたため、そばを歩いてた老母が小川で形ばかりのとり上げをしてくれたが、山の中ではどう処置のしようもなく、身にまとったきもので赤ん坊を包んで、大きいフキの葉でおおって抱いてきたという。居合わせた私はびっくりした。そして、オムツにする布を持ち寄って渡し、母体に悪いので休息していくことをすすめたが、再び重い足どりで避難民の列にはいっていった。

夕暮れになると避難する人たちの数が増し、無気味な砲声は依然衰えなかった。私たち自身もこうしてはいられないという焦燥にかられ、家に戻って少しばかりの着替えをまとめていた。すると村会議員の及川洋一郎さん（当時五十一歳）が緊張した表情ではいってきた。

「大西さん、とてもこのまま、としよりや子供が豊原まで逃げることはできまい。こうなったら緑紅の沢の奥深くはいって、身をかくすのがいいと思う」

及川さんの意見に夫（由松さん）も従うことにした。夫と私は及川さん一家とともに、暗くなるのを待って、約四キロの道を緑紅の沢に向かい、沢田正市さん（五十八歳）宅に落ち着いた。しばらくして、そこに小原与吉さん一家七人が合流し、四世帯二十五人の大世帯が土間に丸い輪になってごろ寝して夜明けを待つことにした。

「いったい、これからどうなるのだろう」と、考えているうちに時計は午前零時を少し回った。いつかうとうとしていた私の耳に、及川さんと沢田さんの低い話声がはいってきた。

「女や子供を連れてはこれ以上逃げることはできない。生きる希望が断たれたいま、どうせ殺されるのであれば、ひと思いにみんなで死のうではないか。いま繁雄（二十八歳）がガソリンを取りにいっているから、帰ったらガソリンをまいて、薬をのもう」

その声は確かに沢田さんである。ハッとはしてみたものの、としよりの私もこの先苦労したあげくみじめな殺され方をするより、みんなと一緒に死ねるものなら……と、じっと目をつぶっていると、及川さんの、

「大西さんと小原さんの分のネコイラズがたりない。どうしよう」

といっているのが聞こえた。すでに一緒に死ぬ覚悟はしたものの、薬がないとすれば、かえって皆の迷惑になる。私は起き上がって、夫や小原さんと相談した。そして行けるところまで歩こうと決心した。子供たちはきのうの疲れで、死の旅路の相談をよそに、軽い寝息をたてている。私と夫は、薄暗いランプの光に一人びとりの寝顔を確かめ、そっと「さようなら」とつぶやくと足音をころして戸外に出た。

私たちはあてもなく夜道を歩き出した。小原さんが、子供たちを叱り、あるいは励ま

して歩いてくる声を背後に聞いた。そして、闇の中で沢田さんの長男繁雄さんらしい人影とすれちがった。ガソリンを入手して帰る途中であろう。心の中で「どうか、最後を立派に……」と祈りながら、声を掛けずに行き過ぎた。デコボコ道でころびそうになりながら歩き続けた私たちは、午前二時を過ぎたころ、東の空の一角に、真ッ赤な炎が立つのを確認した。

「とうとう、あの人たちは死んだ。疲れきって眠っていたあのかわいい子供たちは、何もしらずに死んだのであろうか……」

冥福を祈りながら、やがて私たちの上にも襲いかかる死や労苦をさまざま考えながら豊真山道についたときはこの山間にもすでに朝がきていた。

このとき、亡くなったのは及川さんと妻カメキさん（四十四歳）、三女ミドリさん（二十一歳）、四女ツルさん（十九歳）、五女サトコさん（十六歳）、長男吉市君（十四歳）、二男喜八郎君（十二歳）、六女道子ちゃん（十歳）、三男竹春ちゃん（八歳）、四男一ちゃん（四歳）。沢田さん一家は沢田さんと長男繁雄さん（二十八歳）、繁雄さんの妻文子さん（二十五歳）、二女君子さん（二十一歳）、繁雄さんの長男（五歳）と長女（三歳）の計十六人である。

豊真山道に出た私たちは、途中発狂した男に追われるなど苦労を重ねて清水から中野に出て、ここでつごうよく到着した避難列車に便乗、豊原に出ることができた。

十日ほど豊原の近郊、草野に避難しているうちにそれぞれの町や村に帰るようにというソ連軍の布告で、長い悪夢から現実に引戻され、歩いて逢坂に帰り、緑紅の沢田さんの家にいった。

建物は焼け落ちて、白骨化した遺体が十五体あった。どうしても一体だけ少ないため沢田さんの末っ子が焼け落ちるときにバラバラになったのだろうというのが、みんなの見方だった。遺体は土間とおぼしい場所に、あの夜、私たちが同家を抜け出したときに、寝顔を確かめたそのままの位置であった。

焼け跡には及川さんの長女カネ子さん（現姓稲本）と二女久子さん（現姓本間）がたたずみ、「十二人家族のなかで、私たちだけが取残されてしまいました。十八日まで実家に避難していたあと、婚家に戻ったのです。一緒にいたら私たちとて、あの瞬間、同じ運命をたどったことでしょう。両親や弟妹の自殺は早まったのであろうか。あの場合、死を選ぶより方法がなかったのであろう——と考えながらも、心境は複雑です」と語っていた。

それからしばらくして、近所の坂本吉男さんが、焼け跡から二百メートルほど離れた白樺林の中で、首つり死体を発見したが、それは及川洋一郎さんだった。おそらくは火を放ち、みんなの死を見届けてから自殺したのであろうと推測された。

逢坂も灰燼に帰す

逢坂市街は、避難民の流れが途絶えた二十一日、ソ連機の執拗な空襲を受けた。そのためか、地上での放火のためか、市街は二十二日には各所から火の手があがり、夜にはいるころには学校と郵便局など三、四戸を除いては燃え、夜空をぶきみな色彩でぬりつぶした。

それまでは軍の通信網確保のためにと交換台を守っていた広瀬局長の奥さん、きみさんは、山沢連隊長の「車を出してやるから豊原に避難しなさい」ということばで、いよいよ逢坂を離れる覚悟をした。軍から最期のときにと持たされていた手榴弾を返納したが、途中不穏分子のいやがらせを受けるかもしれないと連隊本部の下士官が再び手榴弾を運んできてみんなに所持させた。車の用意ができたという知らせで、駆けつけると、トラック上は重傷の兵隊でいっぱい。きみさんは辞退して局長、局員とともにトラックが走り去ったあと、燃えさかる家々の前を、みんなとはぐれないようロープにつかまって、豊原に向かった。

背後の夜空をこがすような火炎は、この世の終りのように映って、心細く、局員が「また戻ってくることがあったら……」と、道ばたに目印をつけていくのを、たまらない気持でみて歩いたと、きみさんはいう。

(広瀬さん夫妻の軍への協力に対しては、山沢元連隊長はじめ軍幹部は、いまに強い尊敬の念をもって、手記を寄せている。停戦後、豊原の武徳殿に抑留された同連隊長は、十円札に細かく無事であることや協力に感謝する意味のことを書き、人に託して広瀬局長に危険をおかして届けたこともあったほどだ。）

真岡の南、広地（ひろち）村には、二十一日、真岡上陸のソ連海兵隊約千人が進駐、北海道庁の調査では四十三人の犠牲者が出たことになっている。その詳細はわからないが最後の豊原警察署長だった佐藤赳さんの話では、限地歯科医をしていた朝鮮人の鈴木さんと日本人の妻が、ソ連進駐のとき自決したという。

また、こんな話もあった。

ソ連兵がある漁場の女の作業員の寝室に押し入ったことを知った男たちが手に手に猟銃や刃物をもって追いかけた。逃げるソ連兵のうち一人が道ばたの電柱のかげにかくれているのを知らず進んでいくと、突如、背後から自動小銃を乱射、そのために数人が死んだり傷ついたりした事件があったという。

西海岸の南部ではこのほか本斗町で、二十四日ソ連軍が進駐したとき、五人が誤殺され、また泊居町では十八日、駅付近の爆撃と機銃掃射で九人の死者を出し、二十四日、ソ連軍が船で進駐したとき一人が射殺されたと記録されている。

名寄（なよろ）村では十八日と二十五日に空襲を受け、民家三戸と油倉庫が炎上、七人の死者が出たと北海道庁の調査書に記載されている。七人は誤りで二人だという説もある。

また本斗の終戦について、当時緊急疎開の指揮に派遣されていた樺太庁警防課警防係長林雅爾さんは次のように語っている。

「二十日朝、ソ連の軍艦が北上するのをみながら、能登呂丸に疎開婦女子を乗せようとしているとき、同船が機銃掃射を受けた。しかし被害はなく、直ちに乗船を開始した。荷物は何一つもたせず、からだだけ。同船が出港したあと海軍の海防艦二隻が入港、これにも交渉してしゃにむに婦女子を乗艦させて乗り出した。

同町では二十二日夜、北内幌港から発動機船数隻で同地区の漁民の家族を乗せて送り出したのが疎開の最後だった。

ソ連軍は二十四日、真岡から進駐、私はちょうど内幌におり、同地の松田友弥警部補らと、ジープでやってきた二十人ぐらいの海軍の兵隊に武装解除を受けた」

第一大隊かく戦えり

第一橋梁爆破に失敗

　第一大隊が出した停戦交渉の軍使を豊真山道上で射殺したソ連軍は、同山道とその両側の山から、第一大隊に攻撃を加えてきた。その兵力は混成一個旅団と推定された。第一大隊の二十日午後の配備は、新たに山道上に第四中隊沢田小隊（沢田伊三郎准尉、同小隊は上敷香残留の初年兵六十数人で田代正広軍曹が指揮、その後、沢田准尉が交代）を配置、その両翼の山麓に各隊を置いて陣地を強化していたが、軍使が射殺されたあとしばらくして、ソ連軍は山道上のほか真岡の裏山のほとんど全面に散開して、荒貝沢に向かって行動を起した。仲川大隊長はここにいたって、停戦の余地ないことを知り、陣地死守を命じた。しかし、ソ連軍の激しい攻撃はなく夜にはいった。

　小沼から逢坂を経て、第四中隊の初年兵小隊に着いた沢田准尉は、田代軍曹から小隊の指揮を受け継いだ直後、大隊長から真岡郵便局に潜入して本斗の第一二中隊と連絡をとるよう命令を受けた。部下を連れて山道上を前進した同准尉は、軍使が撃たれた踏切りの少し手前にある橋付近まで進んだが、すでにソ連軍がその一帯を占拠しているようすをみる

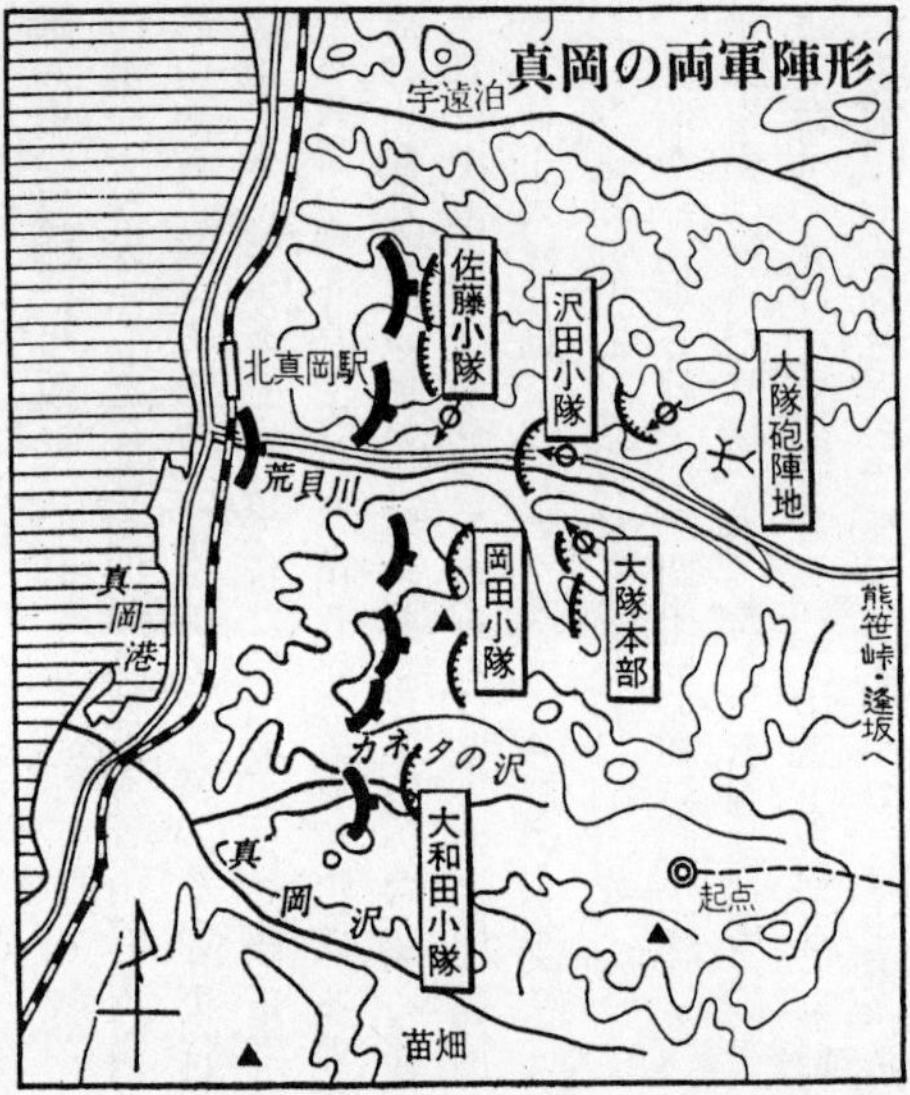

と引返した。

　そこで大隊長は、夜陰を利してこの橋を爆破、ソ連軍の火砲、車両などの通過を阻止する命令を配属の工兵小隊長、竹本秀雄見習士官に命令した。竹本小隊長の命を受けた第三分隊長小川伍郎伍長は分隊員七人を連れ、ミカン箱ほどの黄色火薬二個を携行、出発していった。

　その状況を小川分隊長は次のようにいっている。

　豊原からトラックで前線に着いたのは午後八時ごろだった。荒貝沢の大隊本部に到着すると「第三分隊はノコギリで第一橋梁（二つあるうちの真岡寄りの橋）の橋げたを切れ」という命令が待っていたように出た。食事もせず車を飛ばしてきたので食事をさせてほしいと願い出て、めしを食っているうちに午後九時になり、命令は「ノコギリでは時間がかかるから爆破する」に変った。

方向を指示されて出発したものの、この一帯の地形、地理が皆目わからないうえ、暗闇に雨がシトシト降っていた。山道に出ると沢田小隊の陣地があった。機関銃陣地で分隊長（弘平谷要伍長）に橋の方向を聞くと、部下の兵一人を案内に付けてくれた。

足音をたてないように、闇のなかを進み、橋を渡る。「目標の第一橋梁へはあと五十メートルぐらい」。案内兵が低くいう。緊張する。雨がほおを流れる。そのときピーッと闇のなかで鋭い口笛、横っ飛びに左の側溝に飛び込んだとたん、路面をなでるように機銃掃射、そして、手榴弾が頭をこえて後方に落下した。

ものすごい炸裂音。携帯した黄色火薬が同時に爆発したにちがいない。すぐ後ろに伏せていた和田幸夫上等兵（北海道御影村出身）の左肩が血だらけであった。腕を動かすと、どうやら動く。川尻一等兵は腰の付近をやられてはい寄ってきた。吉田二等兵は顔が血だらけ。

「どうだ吉田」

「痛くありません」

「よし、ここにいてはやられるから右手の沢に飛びこむんだ」

（道は山の中腹をぬっていて、右は谷、左は切り立った崖になっていて、谷におりるしか方法はなかった。)

そういうなり、二、三歩地面をけるようにして沢のなかにダイビングした。しかしあとに続いたのは吉田二等兵だけだった。しばらくフキの下に身をひそませていたが、和田上等兵も川尻一等兵もこない。吉田二等兵の顔をよくみると血だと思ったのは、側溝に飛び込んだとき泥水に顔を突っ込んだからだとわかった。身のたけほどもあるフキの葉の下をぬうようにして長い時間をかけて後退した二人は、沢田小隊にたどりついた。そのときには側溝をはって後退した部下によって「分隊長以下全員が戦死した」という報告が伝わっていた。

沢田小隊長は、「片足をなくした木村兵長がはって小隊の陣地にたどりつき、橋の爆破が失敗したことを報告し、まもなく死んだ、小隊から出してあった歩哨の松本二等兵は第二の橋付近で撃たれて死んだ」と語っている。しばらくして川尻一等兵は、はって陣地に帰りつき、八人のうち生き残ったのは三人であった。

第一の橋の爆破がこのようにして失敗したあと、二十一日午前零時過ぎ、竹本小隊長が自ら部下二人を連れ、弾薬庫のダイナマイトを全部持って第二橋梁の爆破に向かい、これを爆破して帰った。

小川分隊長が遭遇したのは、このことからみてソ連の斥候であったことが想像される。

乱れ飛ぶ砲弾

ソ連軍の攻撃は二十一日朝になって本格化した。真岡市街を焼き尽くすかのように、一夜あけても黒煙が空を黒く塗りつぶし、黒い空から撃ち込まれる艦砲射撃はまず佐藤小隊の陣地に集中した。春風山に布陣していた大和田小隊の大和田少尉は、双眼鏡でみていたが、稜線のクマザサのなかの佐藤小隊陣地は山容のあらたまるほど徹底的にたたかれ、人馬の宙に吹き飛ばされるのが望見されたという。そして同時に高橋中隊長が指揮する岡田小隊の陣地や山道上の沢田小隊、さらに大和田小隊の陣地にも、前夜、クマザサの中を静かに接近していたソ連兵が自動小銃をあびせながら攻撃に移った。

高橋中隊長の手記で岡田小隊の戦闘経過をつづってみよう。

私は双眼鏡で、わが陣地に迫る敵をみつけては近くの兵に狙撃させながら、前進を阻止していたが、おびただしいソ連兵はしだいにクマザサの中を接近してきた。二キロほど離れた佐藤第二小隊は少ない兵力でよく戦っているが、これもやがて中央を突破され、後退をしたようであり、眼下の山道上も、押し寄せる敵にたいして果敢な砲撃をあびせていた大隊砲小隊の砲四門は、迫撃砲の猛射をあびて後方に移動を開始した。

のちにわかったのであるが、第二小隊はこの戦闘で佐藤小隊長が負傷したのをはじめ、多くの死傷者を出し、先任分隊長の二保綏伍長が生存者を掌握して、夜間、熊笹峠に後退、第九中隊長浅野良夫中尉の指揮下にはいり、佐藤小隊長戦死後は小隊長代理としてその任に当たったという。

このように各隊が後退するのをみながら、稜線を死守していた岡田第三小隊も逐次、ソ連軍の圧迫を受け、大隊本部との連絡も断たれて、孤立の状況となった。私の周囲にいた中隊指揮班の兵器係前川武軍曹（札幌市出身）は、戦闘を前に前日私が与えた軍刀を帯びて、昼食の補給をしているうちに敵弾を受けて戦死し、続いて第一分隊長加藤日出秋伍長（樺太元泊村出身）戦死と、戦死傷者が続出した。

私は岡田小隊長、指揮班長吉田繁美准尉（北海道石狩町出身）、前田政雄曹長と相談、「大隊本部、機関銃中隊、大隊砲小隊とも後退したようす。第二小隊との連絡はつかない。われわれはここまでの戦闘でソ連軍の進撃を阻止、連隊主力の熊笹峠進出の時をかせぐことができたと思うので、指揮班、第二小隊は、中隊長とともに夜半、真岡市街に潜入して敵の本陣に斬込み最後を飾る」ことに決した。私は、軍旗奉焼のとき各隊長にわかち与えられた房を取り出して、私とともに行動することを命じた。近くにいた兵は交代で私のもとに弾丸の下を走り寄って、軍旗の房を手にとって涙を浮かべ、最後の斬込みに参加することを誓った。

私はそのあと夜襲に備えての地形把握のため、吉田指揮班長とともに前方の稜線に出て偵察中、敵弾が吉田班長の腹部を貫通した。この傷では生命をとりとめることはできまいと思った私は苦しげな同班長に水筒の水を与えた。ひとくち水を口にふくんだ同班長はその場で戦死した。

吉田准尉、前川軍曹ら戦死者の死体を埋葬したとき、大隊本部から伝令が陣地にころげこむように飛び込んでくると「第二中隊は日没とともに現位置を撤収、大隊本部に合流せよ」と大隊長命令を伝え、再びクマザサの中を下っていった。この命令で斬込みを中止した私は夜を待って山を下り、沢の東に移動した大隊本部に向かった。

幸い敵の追撃を受けることなく大隊本部にはいった私は、そこで初めて村田副官が軍使に出て戦死したことを知った。大隊本部は大隊長のほか、新しい副官として連隊旗手であった奥田少尉がきており、村山康男主計中尉は連隊本部に連絡に出て不在、あとは黒田彰軍医と書記、伝令要員など十二、三人がいるだけだった。

各所でわが陣地を突破した敵は、クマザサの中を数人の小グループで渡過し、どんどん熊笹峠に向かっているらしく、背後の同峠の方角でひとしきり銃砲声がわきあがった。

高橋中隊長らは夜まで稜線を支えて撤退したが、中央の沢田小隊の前面のソ連軍と北の稜線で佐藤小隊と対峙したソ連軍は、しゃにむにこれを突破したため、沢田小隊長は「午前九時ごろには敵に突破された」といい、大和田小隊長も「二時間ぐらいで大勢は決したように見えた」と語っている。

山道の北にあった各隊はそれぞれ後退し、指揮系統はめちゃめちゃになった。このため最左翼の大和田小隊は、「大隊は夕刻を期して最後の斬込みを決行する。大和田小隊は春風山を死守、突撃する部隊を援護せよ」との命令を受け、それまで配属されていた軽機一分隊を大隊に返し、わずかな兵隊と陣地についていた（この戦闘で敵弾が背後の岩に当たり、吹きとばされた同少尉は、崖から落ちて負傷をした）が、夜襲は行なわれず、気付いたときはすでに大隊は後退したあとだった。

中央の山道付近の戦闘経過を、北真岡の連隊砲陣地を放棄後、手榴弾一発と銃剣だけで、戦闘に参加できず、いわば〝傍観者〟的立場でながめるだけだった前田上等兵の手記を中心に描いてみよう。

二十日夜、荒貝沢の大隊本部の位置についた私たちは、本部の兵に工兵が橋の爆破に向かったが、発見されて手榴弾を投げつけられて、ほとんどが死んだと聞いた。

（九月中旬、真岡の人たちにまぎれこんで、この橋のそばまでいったが、山道の崖の狭い道に、戦死した兵隊の死体があった。死体の上を車が通過、押しつぶされて道の両わきにはみ出しており、崖の上には軍靴をつけた足が飛んでいた。）

空腹に耐えられず私たちは炊事幕舎にいき、係の軍曹にいうと「なんでも好きなものをとれ」といい、私は乾パン二袋とフレップ酒の小びん二本をもらった。本部付近の芋畑のなかで乾パンをかじり、水がわりにフレップ酒を飲んだが、下戸の私は疲れと酔いで、そのまま畑の中で寝込んでしまった。

雨が降ったのだろうか、じっとりと冷たい衣服に気づいたのは二十一日午前四時ごろだったと思う。周囲のざわめきで、朝もやの中に目をこらすと、右手の第二小隊のいる山の稜線にソ連兵の姿がみえる。この沢（荒貝）にわが軍を追い落とすためにじりじりと進んでくるように感じられた。激しい銃声がたちまち、この一帯を戦場にした。

そのとき山道の正面、採石場の崖を一個分隊ほどのソ連軍が頂上に向かって登っていくのに気づいた。距離七、八百メートル、陣地間を伝令が走る。沢のむかいの山麓の大隊砲小隊の若林中尉が馬にまたがって走り出し、大声で叫んだ。突然、大隊砲が発射された。朝日がかすかにさした沢の上空をヒュルヒュルと風を切る音がよぎると、頂上の林に、まさにはいろうとした敵の中で炸裂、五、六人の敵が黒いかたまりになって急傾斜の採石場にころがり落ちていった。

周囲から歓声がわいた。大隊砲の正確さと威力に安心と自信が胸によみがえったのであろう。勢いを得たように友軍の重機、軽機が火を吹いた。

武器を持たない私たち八人は、本部の民家の近くに伏せて見守るばかり。八時ごろ、ブルンブルンとにぶい爆音がすると、観測機であろう、敵機一機が飛来、地上掃射を加えながら頭上を旋回し始めた。そのうちに山越しにソ連軍砲陣地からの砲弾が大隊本部のいる沢に落下しはじめ、炊事幕舎のそばで一弾が炸裂した。燃え上がる幕舎の方でゆうべの炊事係軍曹の戦死を伝える声がとぶ。空からの観測で敵の着弾は正確だ。続けざまに砲弾が三、四十メートルの間隔で落下する。

大隊本部から沢の中央を避けて退避するように命令が出た。しかし、砲撃はますます激しくなり、動くことができない。むかいの山を見上げると中腹の二中隊が稜線から下ってくる敵に応戦している模様がわかる。そのとき、本部の民家の近く、斜面に砲弾が二発、身を伏せた大隊長はじめ大隊本部要員やわれわれまでが頭から土砂をかぶった。

大隊本部は急遽、奥に退避した。そのころから戦場は混乱の様相を濃くしていた。あちこちで「〇〇戦死」「△△戦死」という声が聞こえ、そのころから各隊、各自が本能的な行動をとったといえよう。私たちも本部を追って沢の奥に進み、山すその木の根にからだを寄せて伏せたが、その間に眠ってしまったのだろう。ふと気づいたとき、午後の日がかんかんと照りつけ、ぬれていた軍服もかわきかけている。あわてて時計をみると午後三時を少し回っていた。砲撃はやみ、銃声が朝、友軍の第一線であったあたりで聞こえる。そばに伏せている石川上等兵、山田一等兵の名を呼んだ。二人はパッと頭を上げて周囲を見回したが、そこには私たち三人がいるだけ、大隊本部は見当たらない。

むかいの山の稜線にソ連兵が連なって動いているのがみえる。本部はさらに奥に分け入ったのにちがいない。三人は走った。そして五十メートルほどの池のところで、二十人ほどの各隊の残留者と会った。そのなかに私たちの分隊の奥田、堀沢、大森、田中がいた。阿部一等兵だけがどうしたのかそこにも見当たらなかった。

七人は大隊本部のあとを追うべくササヤブをかきわけて進んだ。二中隊第三小隊のいる斜面では再び激しい銃声が上がった。友軍の軽機の音がきこえる。同小隊は敵の重囲の中に孤立しているものと判断された。弾丸が激しく飛んでくるため、池のそばにいた兵たちも私たちのあとを追ってきた。

大隊本部を追っていた前田上等兵らは、結局、二十一日夕刻、熊笹峠に出た。本部は日没後、撤退した高橋第四中隊長と指揮班、第三小隊を待ち、夜にはいって避難林道に抜けたので、そのころは、まだ近くにいたことになる。

なお前田上等兵は、第四中隊指揮班、第三小隊が戦闘した山に、二十一年六月野草採りにいった北真岡の人たちから、白骨と化した日本兵の死体がたくさんあったと聞かされたが、ソ連軍の目がうるさくて自分で確認することはできなかったという。また、そのころ山田一等兵とともに荒貝沢にいったとき、砲弾の土砂に埋もれたり、バラバラになった死体を十体ほど見たが、そのうち氏名を確認できて、遺族に連絡できたのは樺太出身の片桐豊治、伊藤正春一等兵の二人だったといっている。

消し飛んだ工兵分隊

山道を進んでくるソ連軍に対して加えた大隊砲小隊の砲撃は効果的であった。しかし、敵は第二中隊佐藤小隊の中央を突破すると、北真岡の裏山の平坦な畑地に迫撃砲を運び上げたらしく（大和田少尉の話）、はじめ稜線に姿をみせた観測兵によって砲撃を開始したが、のち飛行機の観測になってからはきわめて正確な弾着になった。

高田機関銃小隊長は「山陰のソ連軍は迫撃砲を六門ぐらい装備、それが同じ照準で同時に発射しているようであった。従って効果が大きかった」といっている。大隊砲陣地はその集中砲火で戦死者五人（うち三人は後送されたのち死亡）を出したが、迫撃砲は三、四十メートル間隔で、しだいに大隊砲陣地から最前線の沢田小隊の背後に迫り、ついに至近距離に炸裂した一発で沢田小隊長は吹き飛ばされ、からだ中に破片が刺さった。そして、その直後には田代軍曹が敵弾を受けて戦死し、同時に山道上を敵が突破した。六十八人の小隊員はそのころには二十五人ぐらいに減り、衛生兵の背に負われて荒貝沢の大隊本部にさがる途中、沢田小隊長は、陣地を突破した敵の射弾を左足と尻に受けた。

（沢田小隊長のからだには、弾丸と破片が十二個も突き刺さり、左足は骨折という重傷であった。大隊本部に戻ったが、このからだでは足手まといになると思い拳銃をコメカミに当てて、まさに引き金を引こうとしたとき黒田軍医にとめられた。その後、担架で撤退する大隊と行動をともにしたが、福田の沢では、民間人と一緒に残され、部隊はけわしい山を東に向かった。同小隊長はその後、民間人が逢坂の連隊本部に知らせに走ってくれたために収容され、化膿止めだとすすめられてかじったウドの根がきいたのか、一命はとりとめることができた。しかし、体内には復員後の何度かの手術によっても摘出できなかった破片が四つ残った。）

沢田小隊長は、同小隊の陣地が突破されたのは、午前八時から同九時の間だったと思うといっている。

高田少尉は、機関銃分隊を率い、馬の背のように山道ぞいに東西に伸びる尾根にあったが、やはり迫撃砲で右耳の後ろに負傷、午前八時過ぎ大隊砲が撤退、佐藤小隊、山道上の沢田小隊が次々に敵に破られるとともに、馬の背を熊笹峠に向かってさがった。「高い尾根をゆくと、むかいの山や沢に、放った軍馬が人なつかしさに兵隊を追って歩いているのが、あちこちにみえた。馬のいるところ必ず兵がいるわけで、各隊が戦闘体形をくずしていっせいに後退をはじめた状況が、馬の動きで手にとるようにわかった」という。

このようななかで、工兵竹本小隊第二分隊長岡博軍曹（美唄市出身）以下が戦死した。荒貝沢から少し熊笹峠に寄った山道ぞいにある火薬庫の中にいるとき、いつのまにかそこまでクマザサや大ブキの中を浸透してきていたソ連兵に手榴弾を投げ込まれたのである。

そこには三棟の倉庫が建っていた。避難民が投げ捨てていった荷物がその周辺に散乱していた。三棟のうち一棟が軍の火薬庫であったが、すでに橋の爆破で黄色火薬もダイナマイトも運び出したあとで、建物は工兵隊の待避所になっていた。

橋爆破から生還した小川第三分隊長、吉田二等兵は倉庫に待避していた。朝になって敵の進攻が近くに迫っていることを知った小川分隊長は、竹本小隊長のいる大隊本部と行動をともにしたほうがよいと判断、ここは危険だから出ようと同軍曹以下にすすめたが、そのころにはすでに山道上を弾丸が飛んでいるため危険がって、吉田二等兵以外の兵は道路を横切って本部にいく同分隊長について出るものはなかった。

それからまもなくソ連兵がその付近まで進出、火薬庫に手榴弾を投げ込んだ。のちに飯田衛生兵が小川分隊長に語ったところでは、たまたま火薬庫の外にいた飯田衛生兵が、ひょっと火薬庫の方をふり返ると、ソ連兵が内部をのぞいて日本兵がいるのをみて、手榴弾を投げ込もうとしているところだった。思わず近くの溝に飛び込んだ瞬間、大きい爆発音、からだがすっぽり埋まるほど土砂をかぶった飯田衛生兵が顔を出してみると、小さな火薬庫はあとかたもなく消し飛んでいたといい、あわてて土管をくぐって脱出した。

同小隊の橋爆破と火薬庫事件で死んだ兵は、北海道庁の名簿（戦死公報により抹消したもの）によると岡博軍曹以下、池森己太郎一等兵（北海道美幌町出身）、蝦名喜太郎一等兵（岩見沢市出身）、鈴木米三郎一等兵（室蘭市出身）、野宮太郎一等兵（北海道泊村出身）、早坂亀代治一等兵（芦別市出身）、和田幸夫一等兵（北海道御影村出身）、赤川喜助上等兵（同斜里町出身）、中野弥八郎上等兵（函館市出身）、中秋末吉一等兵（同）渡辺清一等兵（北海道永山町出身）の十一人となっている。竹本小隊長の記憶では十八人が戦死したという。

竹本小隊長と合流した小川分隊長、吉田二等兵は、輜重隊の兵と共に後退、逢坂付近までさがったとき、住民に工兵二人が砲弾で死んだと聞かされ、同地に潜入して埋葬、卒塔婆を立てて再び山にはいり、互いに刺しちがえて自決することに決意し、最後の小銃手入れをしているとき、はるか逢坂方面で停戦ラッパがなったので下山した。

一方、大隊本部から取り残された大和田小隊長は黒川伍長以下十数人の兵とともに下がった。途中、負傷した邦人三人、大隊本部が置き去りにした負傷兵一人を収容、空腹からフレップや野イチゴを食べながら後退、二十四日ソ連の斥候と遭遇、六人を不意撃ちで射殺して黒パンをとりあげて空腹をみたしながら、結果的には大隊本部と同じ道をたどったが、二十七日、捜索の連隊本部越田少尉らに会って逢坂に向かった。

統制を失って後退した各隊は、山道の北の部隊はおおむね熊笹峠について再び同地の戦闘に参加したが、南をいった隊は停戦を知って山を下ったもののようである。

熊笹峠に部隊集結

ソ連軍が真岡上陸を開始した二十日、逢坂の山沢連隊長は、部隊主力を、できるだけ速やかに同方面の戦場に集中する処置をとった。

もちろん主力といっても第二大隊は西能登呂要塞守備で稚内の要塞司令官の指揮下にあ

って、残るのは第三大隊（藤田幸夫大尉）、それも四個中隊のうち大隊本部と第九中隊、第一一中隊（滝本三雄中尉）のみ。藤田大隊長は終戦により小沼集結の命を受け、同日早朝、留多加を出発、新場駅でこの新たな命令を受けると、直ちに部隊を逢坂に進めた。また一方、小能登呂にあった第一大隊の第四中隊（高橋弘中尉）の主力と羽母沢にあった連隊砲中隊を急遽熊笹峠に投入した。

午後四時ごろからソ連軍の兵力はいちじるしく増強され、前線の第一大隊で死傷者が出はじめ、二十一日早朝にはソ連軍はしゃにむに日本軍第一線の突破を図り、さらに第一線補強を断つように荒貝沢―逢坂間の道路と逢坂に対する爆撃を強めた。

このような戦況の下に、第九中隊は午前三時ごろ、逢坂に到着、直ちに熊笹峠に向かった。またこれより四、五十分おくれて留多加からトラックで到着した第一一中隊は二股から豊真線宝台方面に急派された。藤田大隊長は午前五時ごろ連隊本部に着き、熊笹峠の指揮を命じられ、直ちに第九中隊を追って同峠に向かった。

これより先、第一大隊との連絡が絶えていたが、朝になると、豊真線上を避難してくる住民や鉄道員から「相当大きい部隊編成の黒服を着たソ連軍が手井付近に上陸、豊真線を進んでくる」と鉄道電話を使っての通報があり、同方面の戦況に危険を感じた連隊長は、藤田大隊長を直ちに呼び戻して同方面の指揮に当たらせ、熊笹峠には菅原歩兵砲大隊長を出した。

熊笹峠で第九中隊と後退しつつある第一大隊の各隊を指揮して同地を死守せよという命令を受けた菅原大隊長は、副官今井久太郎少尉、大隊書記平田富夫軍曹を伴い、馬を飛ばして同峠に向かった。

平田軍曹は「私は指名されたとき、戦線視察だと思って、いってみたいといった。ほかにも曹長の書記がいるので、二十日の戦線視察に同行したこともあって気軽に申し出た。ところが、連隊本部で山沢連隊長から別れのサカズキでウィスキーをいただき、これは大変なことになったと思った。馬でというので、乗馬のない私は獣医の馬を借りたが、これが駄馬で、駿足の大隊長の馬についていけず苦労した。峠に近づくころ、ぞくぞく第一大隊の兵たちがさがってきた。統制も命令系統もメチャメチャになっているらしく、大隊長はこれを追い返しながら峠に着いた」といっている。

正午に連隊本部から馬をとばして、十数キロを走り、午後一時半には峠に着いて、浅野良夫中尉以下の第九中隊約七十人、第三機関銃中隊の船本小隊（機関銃二丁）、第二中隊第二小隊長佐藤勝四郎少尉以下約二十人、北島大尉以下の第一機関銃中隊の一個小隊（高田小隊、三丁）、輜重八八連隊の菅原正少尉以下二十数人、師団衛生隊の水谷少尉以下二十人などを順次掌握、配備につかせるとともに、さらに第一機関銃中隊の三神源治郎曹長を荒貝沢付近まで出し、見かけた各隊に速やかに峠まで後退するよう命令させた。

このため、後退する各隊を追尾するように、峠までの山間には激しい銃声がわき起った。

そんななかで大隊砲を牽引して後退する若林中尉以下約三十人の大隊砲小隊（砲三門）なども到着した。クマザサの中に迷いこんだ七人の連隊砲分隊の前田上等兵らもいたわけである。

やがて敵の艦砲射撃と迫撃砲の射程は峠に集中しはじめた。射撃は三十分間絶え間なく集中したあと十分ほど鳴りをひそめるという波状砲撃をあくことなく繰り返した。しかも同四時ごろからソ連軍の砲火は激烈をきわめ、しだいに死傷者が出てきたが、夜にはいって小能登呂からの第四中隊主力、高橋弘中隊長以下七十人が到着した。同中隊は二十日午後四時、トラック数台に分乗、蘭泊から山にはいり、二十一日午後六時ごろ逢坂に着き、さらに前進、峠の二キロ前で下車、戦闘体形をとりながら前進、菅原大隊長の「中隊長と小池小隊（小池士郎少尉）は、山道の左の谷を越えて、第九中隊の左台地、吉本小隊（吉本三郎少尉）と石井小隊は大隊本部で大隊長の指揮下にはいれ」という指示によって配置についた。

以上の各隊のほか通信中隊（日比一男中尉）の中川小隊（中川秀次曹長）なども配置され、さらに二十二日午前十一時ごろには羽母沢から転進した連隊砲中隊長国島哲夫中尉と塚原小隊（砲二門と重機一丁）約七十人がはいり、四百数十人の混成大隊となった。

（熊笹峠の戦闘では各隊が各地からはせつけて、遭遇戦的に戦闘の渦中に突入していったため、時間的な経過についての記憶が人によってまちまちであって、どれが正しいとはいえないことが

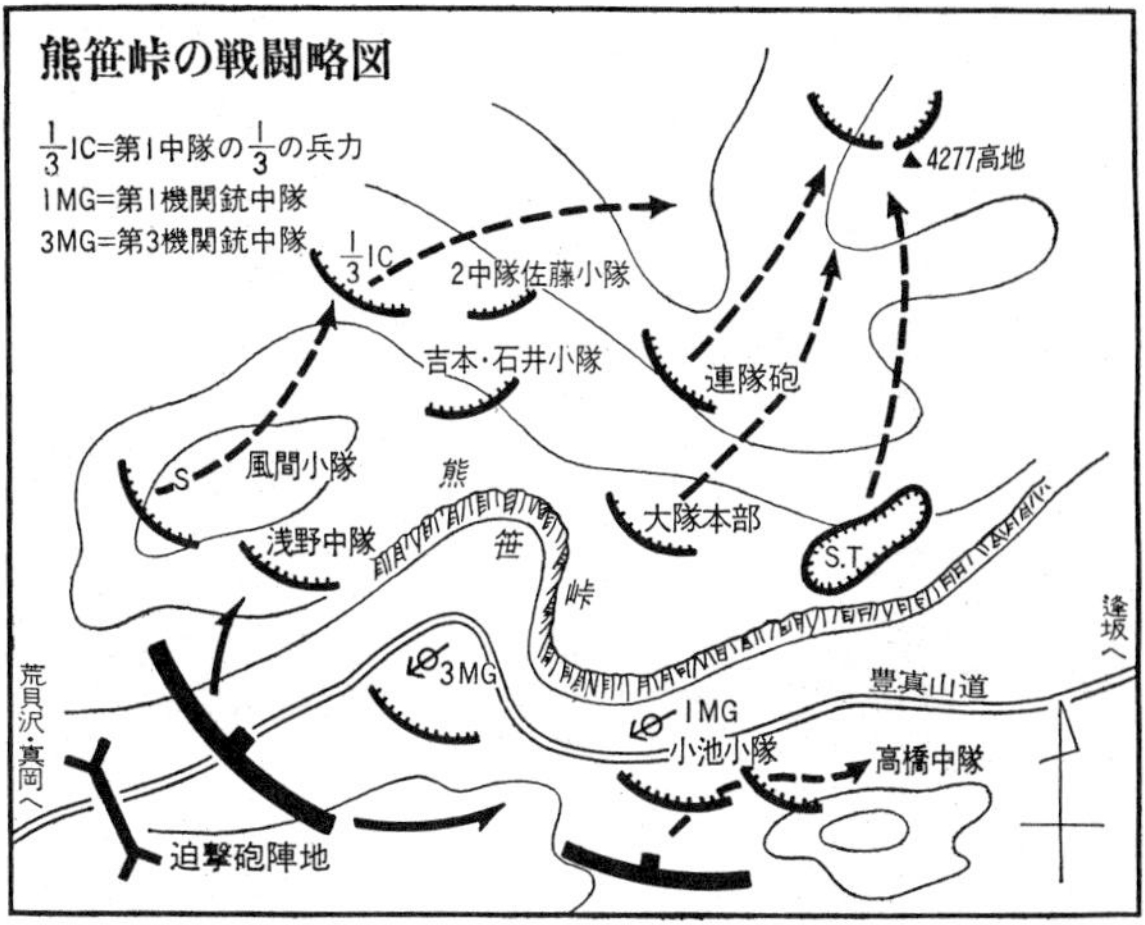

熊笹峠の戦闘略図

多い。従って菅原大隊長の記憶を中心にし、判断に迷うものについてはそれを併記することにしたことを了承していただきたい。）

熊笹峠における菅原大隊は峠の上りをはさんで、両翼の高地を第九中隊、山道正面に第三機関銃の船本小隊（重機二）、左翼に第四中隊指揮班と小池小隊、第一機関銃の二個分隊（重機二）、九中隊の右翼に輜重隊など、これが最前線で、大隊長の直接指揮下にはいった吉本、石井小隊（石井少尉はこの日配属されてきたばかり）は、第九中隊の後方台地、第一大隊砲は九中隊草野小隊の後方に配置された。

迫りくる敵軍

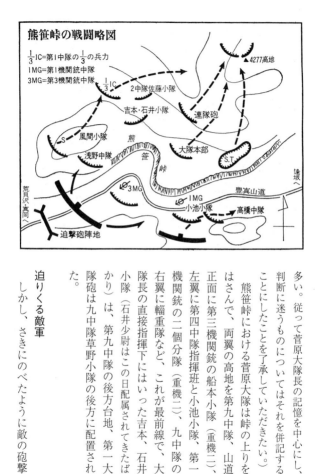

しかし、さきにのべたように敵の砲撃

は激しく、身のたけをこえる深いクマザサの山は、一発の砲弾で直径七、八メートルは、草も木も根こそぎ吹きとばされる状況。第九中隊の衛生兵井上春雄二等兵は「私ともう一人の初年兵は、陣地の前に出て見張りをするようにいわれ、一人が白樺の木によじのぼって、背たけより高いササの葉ごしに警戒に当たり、一人は木の根のそばで、タコツボを掘った。その間も後方の陣地のある台地に撃ちこまれる迫撃砲弾は網の目状に後方からだんだんさがってくる撃ち方を反復し、朝がきてみると、陣地付近の山は丸坊主になってしまった」といっている。

また小池小隊の渓本隆上等兵は「私たちは軽機を据え、その警戒のなかでタコツボ掘りをして二十一日夜は一睡もしなかった。小能登呂からの急進で、円匙などを捨ててきたので手と鉄帽で穴を掘った」といい、この二人の話でもわかるように、ソ連軍は徹底的に砲撃で陣地をたたいたあと、クマザサのしげみの中を小グループでしだいに接近、夜にはいると連絡の口笛がしきりに聞こえ(ソ連軍は国境戦闘でも実証されたとおり、夜間あるいは密林地帯での小グループの行動、接近戦の訓練は徹底しており、自動小銃はこうした戦闘ではきわめて効果的でもあった)、わが陣地の間を縫って、水が漏れるように浸透してきたため、タコツボを掘るのがやっとで、交通壕のないわが第一線はきわめて不利であり、攻防の立場というよりは遭遇戦であったといえよう。これが熊笹峠の戦闘の特色である。

吉本小隊長は次のようにいっている。

「左翼の配備についた高橋中隊長以下に別れ、山道のカーブのわきの大隊本部に向かった。丸い壕の中に菅原大隊長、北島大尉（第一機関銃中隊長）らがはいっており、詳しい状況説明を聞いたあと、小隊は最前線の九中隊直接援護の命を受けた。

示された台地はマッチの光で地図をみたが暗くてわからず、北島大尉の誘導で前進した。時間的な感覚があまりないが、恒川軍曹、木村伍長が兵に指示して壕を掘り、防御体制をとり終ったころには、夜露がひどく、ぞくぞくするような寒さであった。しかし、朝になって、小隊のその急造陣地は敵斜面に向いていることがわかり、胆をひやした」

この吉本少尉の話でも、しっかりした防御体制のとれないうちに戦闘のうずに巻き込まれていったことがわかる。

増援の第四中隊が到着したころからの戦闘経過を菅原大隊長、吉本小隊長の記録を中心にまとめてみよう。同小隊長は、援護部隊として前線をみることのできる位置にあった。

二十一日夜は三十分射撃、十分間休止の砲撃が繰り返され、赤い火柱がひと晩中、続いていた。大隊本部の背後の斜面に陣地のあった通信の中川小隊は、とくに迫撃砲の目標にされた。発電機が始動するとこれを探知して砲弾が集中する。陣地わきの軍馬が傷ついてうなったが、これを聞きつけたようにさらに砲弾が集中して、同陣地の近くの崖の下にいた第一機関銃中隊岡崎健吉准尉がふり向くと、その崖を二、三人の兵が直撃弾で吹きとばされてころげ落ちてきた。

（同准尉は衛生兵を派遣したが、その間も砲弾はつるべ撃ちにたたきこまれ、朝になってみると、准尉自身も多くの死体の中に寝そべっていることに気付いたほどだったという。吉本少尉の陣地からも負傷した通信兵のうなり声が聞こえたが、朝方静かになったので、いってみると砲弾で足をとばされた兵七、八人が死んでいたという。）

中川秀次曹長（北海道厚岸町出身）、明井武二等兵（同様似町出身）らそのほとんどが死んだ。また通信小隊の近くには弾薬輸送の輜重隊がいたがここでも同じように死傷者が多く出た。

この迫撃砲の正確さは、ねらい撃ちではないかと思われるほどで、しかも死角がないだけに損害は大きかった。草野小隊の兵長の伝令が大隊本部にくると、大隊長に「敵の迫撃陣地がわかったので、爆破したい。爆薬をほしい」と申し出た。大隊長が「爆薬はない。手榴弾をしばりつけてやれ」というと、その兵長はちょっと考えるようにしたあと、小隊に戻った。しかし、同夜、迫撃砲陣地への夜襲は行なわれなかった。

午後九時ごろ、今井大隊副官が前線を回って大隊本部に戻り、弾薬が欠乏してきている旨を大隊長に報告した。それからしばらくして、吉本少尉は今井副官について、最前線に出た。暗くなって配置について、最前線の状況を掌握していなかったためである。機関銃小隊の陣地にいった吉本少尉は、機関銃の猛射をあびて後退したソ連軍から分どった対戦車砲にまたがって「どうして、これを撃たないのだ」とわめいている将校をみて、いってみると第一大隊村山康男主計中尉であった。九中隊の陣地に回り、浅野中隊長、草野博少尉、それに那須英二曹長らに会った。浅野中隊長以下は、ともに元気であったが、戦況についての心境は複雑なものを抱いていたように吉本少尉は感じたという。大隊本部に帰る村山主計中尉と三人は同十一時半ごろ帰った。

今井副官（札幌市出身）は大隊長の命令で午前零時ごろ三度目の前線巡察に出た。同副官は吉本小隊の永井新一伍長（北海道奈井江町出身）、今上等兵ほか二人を連れて出発していった。その後、陣地の周辺で、鋭い口笛がきこえ、さらに自動小銃の音が時折りして、ソ連兵が侵入している気配を感じていたが、前線との連絡を終り、これも連絡から戻る第一機関銃中隊の瀬戸芳美伍長とともに大隊本部の七、八十メートルの地点まできた今井副官らは、ここで侵入していたソ連兵と交戦した。

午前二時半（吉本少尉は同三時半ごろだったという）本部の前方に銃声と続いて手榴弾の炸裂音を聞いた。今井副官らが敵と遭遇したのかもしれない――とっさに、そう判断した平田軍曹らが闇の中を走ったが、何も発見できず引返した。ところが、夜が明けてから（平田軍曹は午前八時ごろだという）左の顔面に負傷した兵隊がはうようにして大隊本部に戻った。吉本少尉、平田軍曹らが、その報告で駆けつけてみると、手榴弾が炸裂した地点で、今井副官と兵一人が頭をやられて死んでおり、同じように頭に負傷した瀬戸伍長は、歯をバリバリかみ合わせていたがすぐ死んだ。また永井伍長は右腕、今上等兵は頭に負傷、後方にさげたが途中で死んだ。

現場の状況や負傷者の話からみて、大隊本部に向かっていた今井副官以下は敵の襲撃を受け、副官は拳銃で応戦したが小高い地点から手榴弾を投げられて戦死したことがわかった。

菅原大隊長は、今井副官の戦死で吉本少尉を小隊長のまま副官に任命した。

今井少尉らが少数の敵と遭遇してまもなく、敵の砲撃は一段と激しさを増した。それとともに前線と大隊本部の有線通信が途絶え、大隊長は岡崎准尉を弾薬補充のため連隊本部に派遣した。兵の死傷もしだいにふえていった。白樺などの立ち木は折れたり裂けたりして、夜が明けたとき、ササの吹っ飛んだ台地に、それが卒塔婆のように立っているのに兵たちは驚いた。

この砲撃の激しさとともにソ連軍もしゃにむに熊笹峠を突破するための構えをみせた。吉本小隊の位置から三百メートルほど前方の森林から三百ぐらいの部隊が前進を開始した。そのなかに、一人だけ外套を着て、棒のようなものを持った将校が、突っ立ったまま、大声でわめくような格好で部下を指揮しているのがみえた。指揮官だ、あれをねらえ――兵の何人かは、その一人に照準を合わせたがなかなか当たらなかった。同小隊の約百五十メートルほど前方にいた機関銃もねらったが撃ち倒すことはできなかった。「人をくったというか、とにかくたいへんな度胸のやつだった」と、のちに船本少尉、吉本少尉らは語りあった。すでに相当数の死傷者を出した大隊にたいして、ソ連軍の兵力は歩兵だけで約二千と判断された。

この日、戦場の空はすばらしい快晴であった。それがソ連軍には幸いして、艦砲射撃、迫撃砲とさらに空からの爆撃が加わり、これに呼応してソ連軍は、正面の第九中隊に肉薄してきた。

正面陣地突破さる

そのころ、ソ連空軍は熊笹峠とともに援軍を断つために、逢坂市街や峠から逢坂までの山道にも執拗な空爆を加えたが、そのなかを午前十一時ごろ、羽母沢から逢坂を経由して連隊砲中隊國島哲夫中尉と塚原小隊（砲二門、重機一丁）約七十人が、弾薬補給のため連隊本部にいった岡崎准尉の先導で着き、直ちに第四、第九中隊正面の敵に砲撃を加えた。

しかし、第九中隊草野小隊の台地には、眼前約三十メートルまで敵が肉薄していた。擲弾筒はすでに弾丸もなく、迫撃砲と手榴弾と機銃をたたきこむような敵の猛襲の前に兵は次々と倒れ、草野小隊長（札幌市出身）もまた胸部に一弾を受けて戦死した。

草野少尉の父、巽さんのもとには同小隊生き残りの分隊長成田忠直兵長が戦後、小隊長の軍刀の鍔（つば）を遺品として届けた。そして同兵長は次のように語っている。

「小隊が守備についた台地の正面は長さがかなりあって、わずか三、四十人の小隊では、

真岡町民があえぎながら越えて避難していったあと激しい戦闘がくりひろげられた熊笹峠付近（前方が真岡側）。

隣の戦友がいつ死傷したかなどまるでわからなかった。私は分隊長で小隊長のそばにいたが、あの朝の激しい敵の銃砲火の中で、ふと気がつくと小隊長の姿が見えなかった。心細くなって捜しにいったが、小隊長は、右にいた機関銃陣地のそばで指揮していたらしく、私がみつけたときは敵弾を胸に受けて倒れすでに意識はなくなっていた。あの草深い台地上で、私はそのときまで小隊の近くに機関銃陣地があることに気付かなかった。明け方に着くなり草の中に投げ出され、タコツボを掘っているうちに戦闘の渦にはいったからだ」

成田兵長は、死んだ草野小隊長を引きずって元の位置に戻り、軍刀と雑嚢を遺品としてとると、窪地に死体を置き、草でおおったという。遺族のところにはそのほかに別の同隊生存者から星のついた革財布と少尉の階級章も遺品として届けられている。

小隊長が戦死すると成田兵長は小隊長の軍刀を持ち、鉢巻をして、撃ちまくった。しかしそのとき、元気に飛び回っていたのは成田兵長と上等兵一人、それに初年兵四、五人だけ。やむなく、同兵長は生き残りを連れて同陣地からの脱出を決意、谷間に降りた。

草野少尉の戦死は二十二日正午ごろ報告を受けたと、菅原大隊長はいっている。成田兵長は、もっと早い時間であったという。また吉本少尉は、草野少尉と兵ひとりが午後、この台地で敵の突撃を押えて果敢に戦っていたが、やがて迫撃弾数発が集中して最後のふたりは消えた——といっているが、それは小隊長の軍刀を持って応戦、その後脱出した成田兵長と上等兵のことであったのかもしれない。

この台地から友軍の姿が消えて数分、三百ほどのソ連軍が稜線を越えて攻めのぼってきた。しかし、その瞬間を連隊砲はのがさなかった。直接照準で十数発の砲弾を稜線のソ連兵のなかにたたき込み、はね飛ばされる死体の中を、わめくような声を残してソ連兵は逃げ去った。

草野小隊の右、浅野第九中隊長指揮の中隊指揮班、風間小隊の正面のソ連軍も午前十時半ごろには、陣地の台地をのぼりつめ、しだいに接近していた。

二十一日、陣地からかなり前方に出て見張りについていた井上二等兵らふたりは、夜にはいって敵の射撃が激しくなると、恐ろしさを忘れるためにも、ただやみくもに撃ちまくった。しかし、周囲の草むらに突き刺さる敵弾に心細くなったふたりの初年兵は、陣地に帰ろうと、引返し始めたが、陣地に近づくと、敵とまちがわれて頭上から手榴弾を投げられ、帰るに帰れず朝を待った。

四囲が明るくなって、ふたりは指揮班の陣地に向かったが、その途中の斜面で井上捨男准尉（三笠市出身）と那須曹長が死んでいるのをみた。井上准尉は蠟人形のような表情で倒れ、那須曹長は負傷して自決したらしく首は飛び、手にひもをにぎっていたと、井上二等兵は語っている。

前面のソ連軍の手榴弾と迫撃砲でしだいに兵を失った浅野中隊長は、陣地が急造のため、そこにとどまることはいたずらに死傷を多くするという判断で、近づくソ連軍にしばしば打って出る陣前逆襲を行ないながら、その高台を死守した。

しかも、この間、さらに死傷者はふえ、浅野中隊長は、薄い兵力をまとめるべく指示をしていた。と、そのとき、陣地中央で迫撃砲弾が炸裂した。指揮班に戻っていた井上二等兵は、「いくども打って出て敵を押さえていたため、そのときいた高台はタコツボもないところだった。私は土をかぶったが無事、着弾地からの距離では私よりも遠く、七、八メートル離れていた中隊長が破片でやられた。私はそのあと、古年兵に「下るぞ」といわれ、二、三人で陣地を脱出した」と語っている。

大隊長命令で九中隊の状況を聞くために、同陣地に行った吉本少尉は「私が行った少し前、午後六時ごろ、浅野中隊長（札幌市出身）は戦死した。風間小隊長は、中隊長が倒れて呼ばれていくと「連隊長殿によろしく」といって息絶えたといっていた。砲弾の破片は背中から胸に抜けていた。中隊長を倒した一発で、数人の兵が同じ場所で戦死した」といっている。

この浅野中隊長について、山沢連隊長は「留多加の北方陣地を構築中、視察にいったが、中隊長はボロ服で指揮していたので「その服しかないのか」というと「ほかにはありません」といった。連隊に帰った私は、さっそく私の予備服を送ってやったが、あとで聞くと、それをとても喜んでくれたそうだ」と書いている。同中隊長が最後に風間少尉にいったという「連隊長殿によろしく」のことばは、このときのことを思い浮かべていたのかもしれない。

中隊長の戦死後、風間少尉、架門義光少尉らがよく戦線をささえていた。風間少尉は「中隊長のかたきを討つ」と、敵に斬込み、どっとくずれる敵の一人の兵を軍刀で胸を突いて殺害、その銃を持ち帰ったが、同少尉もまた頭、肩などに負傷をした。中隊の中間に位置した第三機関銃船本小隊は六百発入りの弾薬箱十八個をからにするまで、ねばり抜いた。射手が死ぬと誰かがとにかく機関銃にはい寄って撃ったという。死傷者は多く、船本小隊長も胸を撃たれ重傷を負った。

第四中隊の最後

菅原大隊長は、このような戦況をみて、午後三時ごろ、戦線を背後の四二七七高地に集約、連隊砲を山道に向けて、敵の前進を阻止する考えを決め、各隊にそのことを示達した。同高地はすり鉢を伏せたような台地で、頂上に松の大木が密生していた。敵の砲撃の肉薄攻撃がますます盛んになる中で、急坂を連隊砲二門を押し上げ、撤収する各隊援護のため直射で撃ちまくった。その援護の下を各隊は逐次、後退してきた。

吉本少尉は「吉本、ひどいなあ」という声をかけられたが、それが大隊砲小隊長若林中尉だとわかるのにちょっと時間がかかったという。同中尉は手榴弾で頭をやられて、顔がはれ上がってひどかった。のちに収容所で頭髪を刈ったときバリカンにひっかかって破片がとれたことがあったという。砲弾を撃ちつくした同小隊は、大隊砲三門を分解して埋めて四二七七高地へ退避したのであった。

大隊長は、本部の移動を完了した午後六時、浅野第九中隊長戦死の報告を受けた。また、左翼の第四中隊もかなりの損害を受け、戦線を右寄りに縮小していることを知った。

第四中隊小池小隊は、兵の損耗の激しい中で、稜線を死守していた。渓本上等兵は次のように語っている。

「ギラギラする太陽の下で、私たちは、上半身はだかでタコツボを掘っていた。掘るといっても円匙はなく手で掘った。砲撃は間断なく陣地周辺に炸裂する。大木の陰で銃を肩に休むと、私は子供の写真をとり出して「八月二十二日、真岡の戦場の露と消ゆ」と裏書きしてポケットにおさめた。激しさを加えてくる銃砲声に、生きる望みを私は失いかけていた。

午後にはいって、稜線のむこうを、ウラーの喚声とともに敵が前進してくる。近い、しかし姿はみえない。私は上衣をつけ、銃を、声の方角に向けて撃った。やがて突撃の準備を命じられ、着剣して待機するうちに小池小隊長の突撃命令が聞こえた。私は銃をかまえ、大声を張り上げながら飛び出した。ところが、右側が谷とは知らず走り出した私は次の瞬間、踏み出した足から谷底に落ちていった。そして、谷の中腹の山ブドウのつるに足をとられ、宙釣りになった。上から自動小銃をバラバラと撃ちこんでくる。懸命にもがいてつるを離れると、ずるずると谷底におり、泥臭い沢の水をヒリヒリする喉に流し込んだ。谷底は二メートル近い大フキが密生し、その中を小川が流れていた。川ぞいに少しいくと、中隊の兵七人に会った。山の上はすでにソ連兵に占領された模様で、はい上がることなどはおぼつかなかった」

このころから小池小隊の陣地付近では、このクマザサにおおわれた小さな台地をめぐっての彼我の激しい白兵戦になった。自動小銃を乱射しながら駆けのぼり、手榴弾を投げ込む敵に、小隊は喚声をあげて突撃、稜線から追い落とした。しかし数と火器で絶対的に優勢なソ連軍は、倒れた味方のからだを乗り越えて、執拗にこの地を奪取するため攻撃を繰り返した。

後方の高台にいた高田少尉は「敵はこの稜線をとるために、二度、三度突撃してくる。そのたびに兵の数が減っていくのがわかった」という。「小池小隊長負傷」の報告があったのは午後四時半ごろだった。吉本少尉は大隊副官として弾雨の下をかいくぐり、同陣地にはいった。

「小池小隊長は左肩を撃ち抜かれて、血が吹き出していた。私はそばの村田清軍曹（歌志内市出身）に、小隊長を中隊本部にさげるようにいったが、同小隊長は「おれはここで死ぬ」といってさがらなかった。近くには森高正直上等兵（北海道厚沢部町出身）が銃剣で胸を刺されて倒れているほか七人の戦死体があった。やや後方の台地の中隊本部の陣地から、小池小隊長負傷の知らせで飛んできた高橋中隊長も、ここで迫撃砲の破片で右腕に大きい負傷をしていた。私はここまでを確認すると、小隊長としての任務から自分の陣地に戻ったのでした」と語っている。

ソ連軍の次の肉薄攻撃が始まったのは午後六時半ごろであった。この戦闘で小池小隊長（飯田市出身）は胸部に銃弾を受けて戦死し、村田軍曹もまた戦死した。

平田軍曹は、その最後を「四二七七高地の大隊本部から私たちはかたずをのんで見つめた。すでに日は落ちて薄暗くなりかけたころ、ワーッワーッと三回ぐらい喚声をあげて斬込んでいった。しかしその声も急激に弱くなって、たちまち立ち上がって進む兵はなくなっていった。その光景を見守る気持の苦しく、切ないことはことばに表現しつくせない」と語る。

同中隊に配属された第一機関銃中隊の高橋分隊（高橋数馬伍長）、松崎分隊（松崎孝軍曹）は、小池小隊と草野小隊の中間に位置したが、敵の砲撃はとくにここに集中した。岡崎准尉は「そのなかにあって、両分隊は銃身が真っ赤になるまで撃った。焼けつきそうになると小便をかけて、さらに撃ち続けた」といい、高橋分隊長（北海道訓子府町出身）戦死し、松崎分隊長（同上士幌町出身）また戦死したが、分隊員は次々と射手を交代して、弾丸が尽きるまで撃ち続けた。

小池少尉が戦死したのち、戦場は静かになった。高橋中隊長は戦線を縮小、左後方の中隊本部の付近生存者を集結したようであった。しかし、戦線が縮小されたため左翼のソ連軍は稜線づたいに逢坂方面に移動をはじめ、深夜になってからは中央を突破した部隊も山道を逢坂に前進するために準備中であることがわかった。

この中央のソ連軍の一部は、二十三日朝、第四中隊の背後に回り、同陣地は重囲の中にはいり、やがて激しい攻撃にさらされた。高橋中隊長（北海道美幌町出身）の姿が双眼鏡に映っていたが、それもまもなく見えなくなり、時間にすれば三十分たらず、午前八時半ごろには台地はソ連軍の蹂躙するところとなってしまった。

その模様を隣の高地からみつめる戦友としての心情は、名状できないほどのものであったと人びとはいう。これが第四中隊の〝最期〟で、熊笹峠における戦闘はこうして終った。日本軍の損害は荒貝沢で戦死約三十人（うち将校二人）、負傷二十四人、熊笹峠で戦死四十人（うち将校六人）、負傷三十四人――以上山沢連隊長の記録による――にのぼった。

ソ連軍は同峠を突破すると、大隊が最後の抵抗のため集結した四二七七高地には目もくれず、豊真山道を逢坂へと進んでいった。それからまもなく連隊本部付宮下安一大尉が山沢連隊長の「戦闘を避け、逢坂に帰還すべし」という命令をもって逢坂から着いた。菅原大隊長は夜を待って同高地を下り、山の中を逢坂に向かったが、二十四日逢坂にはすでにソ連兵がはいっていることを知り、川上炭山に向かった。

一方、仲川大隊長は、荒貝沢での停戦軍使が射殺され、第一線がソ連軍に突破されると、拳銃を抜いて自殺を図ったが、奥田副官に止められ、そのいさめに従って、夜間、敵の重囲を脱出することを決意したと語っている。

仲川大隊長、高橋中隊長らは夜にはいって荒貝沢から南の避難林道に抜けて東に進んだ。林道にはすでに通過したソ連軍が残したと思われるソ連文字の紙きれなどをときどき発見、警戒をきびしくしながら進んだが、熊笹峠の南を通過するころ、突撃するらしい喚声を闇の中に聞き、やがておそい月がのぼりはじめるころ、ハイマツをかきわけ標高八百メートルほどの中央山脈を越えた。
逃避行三日目ごろになると兵はササの実をかじり、小川のイワナを生のままのみこんで歩き続けた。二十四日、衛生下士官に農民の服装をさせて逢坂の連隊本部に連絡に出した。顔に泥を塗り、ほおかむりした下士官は、約四キロほど離れた逢坂に潜入、山沢連隊長に会い指示を仰ぎ、「未だ降伏時の教育をしたことはないが、白旗を掲げて直接豊原に向かうように」という命令をもたらした。連隊本部はすでにソ連軍による武装解除を受けたことがわかり、仲川大隊長は、近くの農家から白布をもらい、豊原に向かったのである。

停戦軍使再び出発

ここで、再び前田さんの手記を掲載してみよう。荒貝沢から後退した連隊砲中隊広瀬分隊の生き残りは、ここでも戦闘を傍観する立場であった。したがって観察は細かく、周囲もよくみえないクマザサの中での戦闘の一面をよくとらえているように思うからだ。

熊笹峠に着いたとき、菅原大隊長が馬を飛ばしてやってきた。私たちのように荒貝沢から後退してきた兵やすでに配置についていた兵を集合させた同大隊長は、「われわれ軍人は樺太島民のために、この峠を死守する。敵をこの峠より一歩たりとも入れてはならない。住民全部が北海道に渡るまで戦い、死守するのである」といった意味の訓示をした。心身ともに傷つき、ようやく峠にたどりついて意気消沈していた私たちの心に、グンとくさびを打ち込まれたような感じであった。

各隊は陣地配置が命令された。第九中隊は峠の正面の山、大隊本部はその背後の山にいた。そしてその右翼の山に頭を負傷した少尉を指揮官に私たちの分隊六人と軽機の一個分隊が配備された。とっくに夕日の落ちた時刻であった。指揮官の少尉は、頭の傷が痛むのか、無言で歩くのがやっとであり、下士官二人に付き添われて指示された山に向かっていったのが記憶にある。

もちろん命令指示はできず、われわれは各自の意思で行動した。山頂に登って場所を選ぶ。前方に九中隊の陣地がみえる。私たちはタコツボを掘る。円匙はなく、ササの密集をさけて、帯剣と鉄帽で懸命に掘る。三十分以上もかけて、やっと身をかくすだけの穴を掘った。

四囲が暗くなったころ――七時半を過ぎていたにちがいない――迫撃砲はそのころから一層激烈になり、間断ない集中砲火は、この朝の荒貝沢の戦闘の比でない。

「両軍の撃つ弾丸は一分間に何発だろう。万単位だろうな」

無責任なようだが、手榴弾とゴボウ剣しかない私たちは、こうなると全く戦争の〝傍観者〟だ。ヒュルヒュルーッとうすきみ悪い弾道音をたてて迫撃砲弾が私たちの山にも落下したが、直撃弾以外は穴さえ深ければ心配ないと聞かされているので、だれもあわてず、最前線の九中隊のようすに耳を傾ける。

　戦いはさらに熾烈さを加え、ひっきりなしに木が折れ、裂ける音が耳につく。時間的感覚はまるで失ってしまったが、夜半になると激しい銃砲声も両軍でぴったりと申し合わせたように途絶え、ある時間をおいて再び猛射するという、波状的な砲撃が夜どおし続いた。とくに夜明け前後の戦闘の激しさは表現できない。

　二十二日の朝がしらじらと明けてきたとき、大隊本部から九中隊にかけての山は丸はだか。クマザサは根っこから吹き飛ばされ、木は裂け、折れて、山火事の跡をみるように荒涼無残な姿に変っていた。前線の友軍の銃声は朝になってしだいに沈黙がちになってきた。夜明けの戦闘で壊滅的な打撃を受けたのか、弾薬を撃ちつくしたのか――心配になってきた。木にのぼってもクマザサのため見通せない。三十メートルほどのところに横になった少尉は、動かない。

　やがて、聞きおぼえのある連隊砲の音が、山の下で聞こえた。わが中隊が羽母沢（蘭泊）から応援にきたことを知った。私たちはタコツボから身を乗り出して山の下の気配をうかがった。連隊砲が激しく撃つあいだ、ソ連軍の砲撃はやんだように錯覚したぐらいだ。なつかしい中隊の戦友の顔をみることもできない不運な分隊である私たちは、五、六百メートル離れた中隊の活躍を祈った。

　私は分隊員と相談、戦況の把握と大隊本部で食糧補給と指示を受けるためにタコツボを出た。いざというときの自決用手榴弾一発を持ち、背より高いクマザサをかきわけ、かきわけ、本部の方角にまっ直ぐ進んだ。すでに昼に近い時間であった。二百メートルほどで陣地をくだり、本部の山にさしかかったとき、ふと話声を聞いたように思った。しかしクマザサが視界のかぎり立ちふさがって何も見えない。歩き出し、ササの葉が鳴る。立ち止まってようすをみる。

直径二十センチほどの白樺が一本あった。大隊本部の位置を知るため、その白樺に登ろうと、私はなおもササを押し分けて進んだ。夢中で進んで、この辺だったろうか、と立ち止まって前方を見すかすようにすると、白樺の木はまだ四十メートルほど先だ。しかも、誰かがその木によじ登りだした。敵だ、私は腰を低くしてみる。相手もこちらの音に気がついていたものか、半ば登ってしきりにこちらをみている。

それ以上高くあがられたら発見される。私はとっさに雑嚢から手榴弾を取り出してにぎりしめた。

敵との距離は少し遠すぎる。私はササを押し分けて、一気に進んだ。

敵は何か叫んだようだった。

手榴弾の安全栓を抜くなり、からだをおこして夢中で投げつけた。立ち上がった私をみたのであろう。敵は悲鳴に似た声をあげてころげ落ちるのが目にはいった。そして、次の瞬間、轟然と手榴弾が炸裂した。何かひやっとするものが右手にはねたような感じがしたが、同時に山の頂上で銃声がした。ササヤブを泳ぐような格好で私は逃げた。

分隊の陣地に逃げ帰った私は、本部の山にすでに敵がいることを知らせた。本部は全滅か後退か——取り残された不安がどっと胸を襲う。今後の行動を考えながら右手をみると手榴弾の破片で小さな傷を三カ所に受け、血がにじんでいる。

軽機分隊も負傷した少尉らもいつのまにかいなくなった。木にのぼってみると、山のむこうのヤブの中を軽機分隊らしい兵隊が進んでいるのがわかった。私たち六人も逃げることを決意、森林を進み、午後七時ごろ、逢坂の市街を近くにみるあたりに出た。民家が燃えて夕暮れの空に火炎を舞い上げ、残された牛が鳴き狂って走り回っていた。

しばらくいくと、山道を土煙がまっしぐらに走ってきた。敵か、不安がかすめたが、それは日本軍のトラックだった。私たちをみて止まったトラックの荷台には村山主計中尉と兵ふたりが乗っており、運転台の後ろのアングルに大きい白旗が立っていた。中尉は私たちに「誰かロシア語のできる者はいないか」といった。私が「おりません」と答えると、車は再び熊笹峠の方に向かって走り去った。

「また軍使が出たんだな」。私たちはこういいながらちょっとの間、立ちつくして砂塵とともにたちまち見えなくなっていくトラックのあとを見送った。荒貝沢の村田軍使のように射殺されることがなければよいが——不安がわいた。誰も同じ思いが一瞬胸をかすめたのであるまいか。

爆撃でめちゃくちゃに崩壊した逢坂の町。土砂に半ば埋まって放置された兵隊の死体がふたつあった。駅の丸太の土場に火が移り、火の粉が上がって、無人の町を照らしていた。さらに進むと郵便局のそばに二、三百人の兵が集まっていた。その中には熊笹峠の戦闘の負傷兵とともに撤退してきた兵たちもいて、九中隊は全滅し、菅原大隊長以下は山越えしていったらしいことを聞かされた。

そんな中で局長夫妻（広瀬貞さん夫妻）だけが逃げずに負傷兵の世話をしていた。それが戦闘ですさんだ私たちの心にほんとうにありがたく、兵隊たちを感動させた。そのときひとりの中尉が、兵を前に、「戦闘は終った。いま軍使が熊笹峠に行っている。この交渉がまとまれば、あすは停戦になり、われわれはソ連軍の指示に従うことになる。今夜はみんなが一カ所にいては敵の進攻で危険も伴うので、各隊は各自、付近の林の中に散開退避すること、食料は各自、捜して補給すること、明朝八時、現在地に集合すること、市街の入り口には歩哨を立て警戒を厳重にするため各隊より歩哨を出すこと」という指示をした。

私は話の途中から急に力が抜けていくのを感じ、うつろな目で土場の炎を見つめ、広瀬分隊長らのことを頭の片すみで考えていた。

私たちはその後、爆風で傾いた鉄道官舎にはいって、畳にどっかり腰をおろした。

宝台ループ線上の攻防

真岡地区に上陸したソ連軍の主力が豊真山道の荒貝沢、熊笹峠を突破して東に向かっていたころ、真岡町手井に上陸した部隊（砲数門を持つ五～六百の海兵隊といわれる）もまた、山道と並行する豊真線上を進んできた。

同線上を敵が進攻してくることは予測されていた。だから、二十日ソ連軍の真岡上陸と同時に工兵八八連隊長東島時松少佐は、峰木師団長に対し、「①トンネルに機関車数台を入れて車輪を爆破して閉塞する②高さ十五メートルにレンガを積み上げた高架鉄橋の橋脚を爆破する」ことを具申した。

豊原、真岡を結ぶ同線は東海岸と西海岸をつなぐ唯一の鉄道である。真岡側からは、深い谷底を縫ってきた列車が、池ノ端駅を過ぎて、螺旋状に山を登る（ループ線）と、たった今、通過した地点が遥か足下になる。列車はこのようにして高度を高めて樺太山脈の山ふところに進んでいくが、ほとんどは切り立った山の中腹を走る難所で、この敷設工事では多くの人命を失ったものだという。逢坂までの山越えでは、途中の駅も山膚にしがみつくように建っているだけ。ソ連軍がここを進んでくるとしても、線路上を歩いてくるしか方法はなく、トンネルと鉄道橋で阻止すればことたりるはずであった。

峰木師団長は東島連隊長の意見を了承した。直ちに樺太鉄道局長室に宮田三郎局長（二十二年六月、十年の刑を受け、二十七年一月七日タイシェットの十七号ラーゲリで死去）を訪れ、

最後の戦場となった豊真線宝台ループ線。

同意を得た。しかし、停戦命令によって、この計画は決行されずに終り、二十一日未明には、予測したとおり、豊真線上を「黒い服装の大部隊」が進んできていることが、追われるようにして避難してくる人たちや鉄道員の電話で、逢坂の歩二五連隊本部に知らされた。

亜庭湾の多蘭内(たらんない)と池月(いけづき)飛行場警備を放棄、小沼集結のため留多加に出て、そこで逢坂急進の命を受けた(二十日午後十一時)第一一中隊(滝本三雄中尉)は、そのころ——午前四時少し前、連隊本部に着き、直ちにループ線のある宝台駅付近での迎撃の命令を受けた。同中隊はトラックで二股に引返し、軍に協力を申し出た同地の男子に後方の弾薬輸送を頼み、車を二股地区の婦女子の避難のために残し、線路上を歩いて宝台駅のさらに西、ループ線付近まで進んだ。同中隊には第三歩兵砲小隊の砲二門（大曾根銈一少尉）と第三機関銃中隊の一個小隊（杉田曹長）、それに工兵分隊、通信隊が逢坂から配属された。

トラックを捨てて線路上を宝台駅まで約四キロ、この間、中隊は執拗なミグ機の機銃掃射をあびた。宝台駅につく寸前のトンネルを出た地点の鉄橋上では死傷者が出た。しかも、たどりついた宝台駅付近は身をかくすものもなく、やむなくさらに八百メートルほども進んで、午前十一時少し過ぎ、ループ線を俯瞰する地点まで進出した。

そのとき、尖兵が前方二百メートル付近に黒い人影を発見した。ソ連軍は偵察機からの連絡によって同地点で日本軍を待ち構える態勢を敷いていたとみてまちがいないであろう。滝本中隊長は直ちに前進をやめて陣地につかせるとともに工兵分隊に命じて、眼下のトンネルを爆破させ、第二小隊長片山少尉を将校斥候として出した。同十一時半前後である。

それから約三十分後、片山少尉らの進んでいった方角で銃声が聞こえた。ソ連兵と遭遇したのである。ソ連軍陣地の近いことはこれによって明らかにされ、やがて戻ってきた同少尉からかなりの兵の集結していること、さらに砲陣地のあることが報告された。そして、これを通信分隊が逢坂の連隊本部に打電した一瞬、銃砲火が集中、同小隊は通信機材とともに吹き飛ばされほとんど全員が死傷した。

（山地庸夫さんは「この通信小隊はほとんどが死傷して全滅した。このあと私の分隊に同方面の補修の命があり、分隊を率いて出発したが、途中で宝台は突破されたから引返せといわれて逢坂の中隊本部に帰った」といっている。）

この戦闘は、約一時間後の午後二時過ぎ、わが軍が射撃を中止するとソ連軍の銃砲声もまもなく終息した。

一方、この間、同方面の指揮官として藤田第三大隊長が連隊砲中隊長石橋七朗中尉以下と第一一中隊のあとを追って宝台駅に着き、駅舎を大隊本部としていた。また第一〇中隊の上敷香残留隊は一七日、上敷香を出発して南下していたが、途中内路で行軍不能になった十五人を津島芳雄軍曹（樺太元泊村出身）が指揮し、自動車で二十日夜半逢坂に着いた。そして二十一日、戦闘に耐え得る津島軍曹以下八人だけが宝台の第三大隊に配属され、第一一中隊の正面から攻撃するソ連軍を側面からたたくため、左前方のループ線上の高地を占領する命令を受けて進出した。

この日午後の戦闘が止むとソ連軍は積極的に攻撃をしかけてくることもなく夜を迎えた。深いクマザサと森林のむこうで「もう戦争は終った。停戦しよう」などという呼びかけがさかんに行なわれる一方で、前方二百メートルほどの陣地から右へ、右へと移動していくおびただしい兵員の動きが、暮れかかる樹間にみられた。夜陰を縫って迂回し、包囲戦に出ようとする意図は明らかであった。

スピーカーを通じてのソ連軍の宣伝戦は夜十時ごろまで続き、午前三時、夜が白みかけると、クマザサを踏み倒して、しだいに接近し、展開しているようすがわかった。そして同五時三十分ごろ、激しい銃砲声が山膚をふるわせるようにとどろいた。

激しい戦闘の中を、午前十時半ごろ藤田大隊長が前線に出た。しかし、そのころ大隊砲小隊、機関銃小隊は弾薬が切れ、わが火力は軽機と擲弾筒と小銃だけであった。各隊の損害が急激にふえはじめ、同十一時ちょっと過ぎ藤田大隊長は左肩に貫通銃創を受け、なお指揮をとっていたが、滝本中隊長のすすめで後退、午後になって中隊指揮班宮川由一軍曹、頭部貫通で戦死、さらに滝本中隊長も右足を撃たれて負傷した。しかし同中隊長は負傷をかくして指揮を続行した。

宝台の大隊本部にいた中村辰夫軍医少尉は、「負傷した藤田大隊長はシャツの肩の前と後ろに弾丸の抜けた穴があいていた。左肩貫通銃創であったが自動小銃弾であったためか出血はそうひどくなかった。午後、衛生兵が木村第三小隊長（見習士官）が負傷したと呼びにきて前線に向かったが、弾丸が激しくて途中から一歩も進むことができず引返した」と、その日の戦闘の激しさを語っている。

ソ連軍は、正面の第一線の左右の高地に観測所をもち、その指示による砲撃はかなり正確であった。死傷者が続出し、日本軍がちょっと沈黙したとき、全滅したと思いこんだのであろう。滝本中隊長が眼鏡をのぞいていると左の観測所左下付近の線路上を十人ほどのソ連兵が進んできた。みると中の一人はベタ金で、階級はわからないが、指揮官であろうと思われた。同中隊長はこれに対し不意に集中射撃をあびせさせた。一瞬にしてソ連兵はバタバタと線路上に倒れた。

その直後からソ連軍の攻撃は前に倍して熾烈をきわめた。午後一時半ごろ、正面から喚声とともに突撃を開始した。しかし、手榴弾と擲弾筒による必死の応戦で撃退した。わが第一線は高地にあって地の利を得ているため、再び逆襲してきたソ連軍をも撃退した。

しかし、午後四時過ぎには右手に回ったソ連軍が、背後から突撃してきた。期せずして遭遇戦となったが、近くにいた兵が撃退。続いて正面、左、右と三方から突撃が開始され、喚声と手榴弾の炸裂音が銃声の中で周囲にわき起ると、ついにわが第一線は突破され、滝本中隊長は重傷を負って倒れた。

いったん第一線は突破されたが、林の中、深いクマザサのおい茂った地形の中で兵たちはなおも戦い続けて夕刻になった。敵の砲撃はやみ、「焼き殺すぞ」という叫びとともに焼夷弾がいっせいに撃ちこまれ、クマザサが燃え上がると、火が風を呼んで猛烈ないきおいで、地表をなめるように広がった。各小隊はやむなく陣地を変更した。それとともに組織的な戦闘は終息、滝本中隊は、夜にはいってから宝台駅の大隊本部の位置に撤退した。

一方、ループ線上に進出した津島分隊も、この朝、第一一中隊とともに攻撃を受け、わずかな兵力で陣地保持がむずかしくなり、午前十時ごろ、線路上に出て後退しようとしたところを集中射撃をあびて津島分隊長以下全員が戦死した。

山沢連隊長の記録ではこの宝台の戦闘での損害は戦死者三十五人、負傷二十九人（うち将校三人）となっており、同連隊長関係の戦死者は全部で百九人になる。

宝台における第一一中隊の戦闘経過について、滝本三雄さんは次の手記を寄せた。

重傷の身で指揮をとる

逢坂守備に第一小隊（原福多少尉）を残し、中隊主力は宝台に進出した。二股地区の住民男子は部隊後方について弾薬輸送に当たってくれた。将校斥候の第二小隊長片山少尉が戻り、前方に有力なソ連軍が集結しつつあり、砲陣地も確認したと報告があった。私は通信小隊に対し、連隊本部にこのことを報告するよう命じたが、無電の発信と同時に一斉にソ連軍の火砲が火を吹き、線路わきの通信所は一瞬にして消し飛んだ（第一一中隊指揮班長五十嵐治記准尉は、砲撃下、通信所に行ってみたとき、通信小隊長中川秀次曹長が喉に破片を受けて即死していたのをはじめ、五人の兵隊が戦死していたと述べている。さきに熊笹峠の戦闘で、同じように集中砲火を浴びて通信所が粉砕された際の通信小隊長を中川曹長と書いたが、どちらが正しいか確認できない。通信中隊指揮班長だった二瓶正雄さんは「小隊長は無線が前島敬一少尉、有線が中川曹長で、中川曹長がどこの戦線で戦死したか明らかでない。前島少尉もどちらかの戦闘で負傷した」と語っている）。無気味な静けさを保っていた森林地帯が戦場に一変し、戦闘体験のない部下を私は「落ち着け」と叱りとばしなが

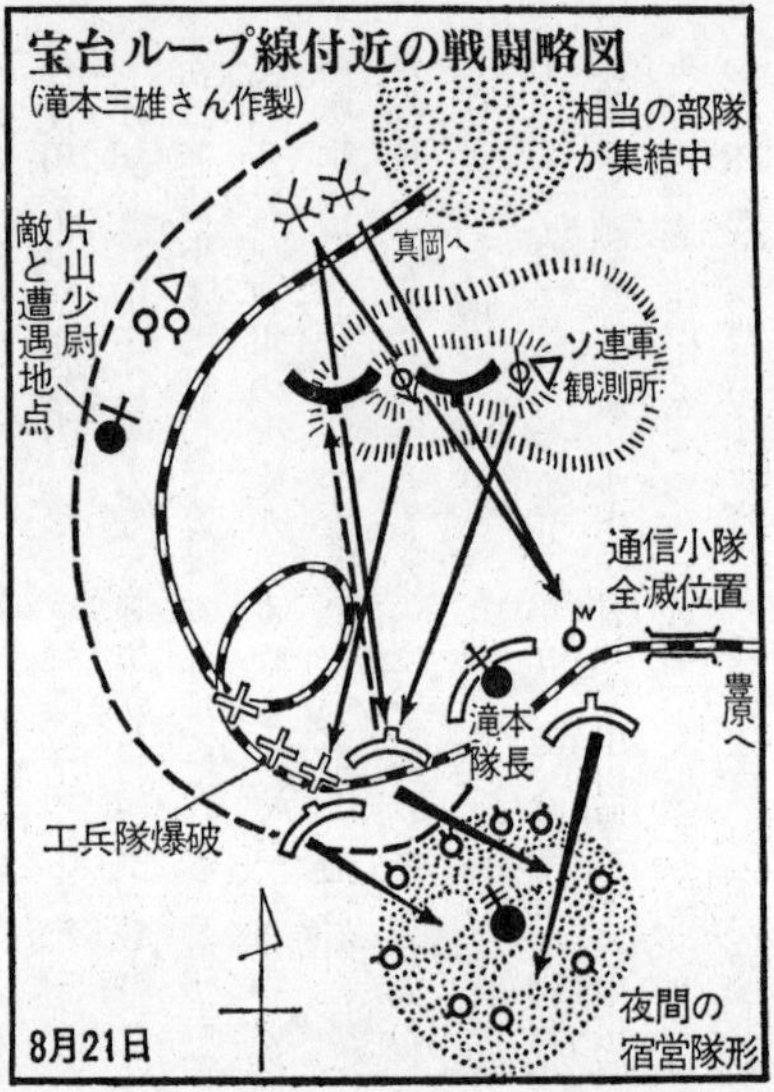

宝台ループ線付近の戦闘略図
(滝本三雄さん作製)

ら配置につかせたが、激しい銃砲声のなかで、またたくまに数人の部下が負傷した。軽機のある一等兵は恐怖から気がふれ、何か口走りながら飛び回っていた。

そのころ、トロッコで部隊の弾薬輸送に当たっていた住民が指揮班の近くにきていたが、そのうちの一人は至近弾で死亡し、ほかに一、二人が負傷した。

戦闘約一時間、私は各隊長に戦闘停止を命令した。そしてわが方の銃声が止んで五分ほどすると、しぜんソ連軍の射撃もやんだ。静けさが四囲に返ってきた。

この日の戦闘による損害は住民を入れて戦死十二人と負傷若干。私は、各隊は現位置で陣地を強化せよ、自衛戦闘であることを考えて陣地を構築せよと命令した。

また、夜に入ってから、各小隊は特に二名あての歩哨を立て四囲を厳重に警戒させた。

そのころソ連軍はさかんに当軍に向けて宣伝戦に移った。「もう戦争は終った。直ちに停戦を結ぼう」「平和な社会を作ろう」などと、夜十時すぎまで続いた。暗い密林の中で兵たちは夜行軍に続く戦闘の疲れからぐっすり眠っている。寝息が聞こえてくるようだ。私は伝令に各隊はなるべく早く休むよう指示した。警戒は特に厳重にすることなども再度付け加えた。

二十二日、午前三時ごろ、東の空が少し白んできた。なんだか前方が騒々しいと、各小隊の歩哨から知らされる。静かに耳をすませると、クマザサを踏み倒すようなバリバリという音がする。人の声もする。まことに無気味だ。いよいよ敵は早朝を期して攻撃に転ずるため展開していることは明らかである。わが軍も速やかに部署につく必要があるので、前日の陣地を強化するよう命令した。

午前五時三十分ごろであろうか、豆腐売りのラッパのようなものが一斉に鳴り出したとたん、銃砲撃がわが陣地目がけて猛烈に開始された。目を開けることもできないぐらいと表現してよいだろう。よくこんなに連続して撃てるものだと思うぐらいだ。

遠く第九中隊などの布陣した熊笹峠の方も同時に戦闘が開始されたらしい。豆をいるような激しい音がする。間もなく突撃の喚声もきこえる。私と最も仲の良かった浅野中尉の奮闘を心から念じる。わが方も中隊長の私を始め、みんな沈着に戦闘を続ける。部下たちも昨日の戦闘ですっかり戦場になれて、きょうは落ち着きもあり、たのもしいぐらいだ。

各小隊から刻々戦況が報告されてくる。心にゆとりができると空腹に気付くのだろうか、持ち合わせの乾パンをかじっているものも見える。水がないため、私も一個食べたが喉を通らない。

午前十時三十分ごろ戦闘指導のため大隊長藤田大尉がきた。今までの状況を報告する。私の左側方約百メートルに位置する。

このとき、大隊砲、機関銃から弾丸が切れたと報告がある。指揮官としてまことに困ったがいたし方ない。弾丸がないのは仕方ないから後方に注意せよと命じた。そのころソ連軍はすでに後方に迂回していたからだ。最前線は健闘している。十一時十分ごろ大隊長左肩負傷の報告をうける。そのころ戦いはいよいよ激しくなった。各隊とも相当の損害を受けたとの報告がくる。

私のまわりの指揮班も一人やられ、二人やられ、もう幾人も残っていない。上田上等兵もやられた。「隊長殿やられました。痛い」と、うなっている。よし、木の下にすわれと命じたが、そこに行くこともできない。水が欲しいとうなる。戦傷のとき水をのませるのは死ねということになる。午後零時二十分宮川軍曹も頭部貫通で戦死。私の後方三十メートルで戦傷した三人を大木の下においたが、一発の砲弾で完全にやられたと五十嵐曹長が報告する。戦場はまさに修羅場の如き状態となった。

間もなく私の右足が棒でなぐられた感じだ。やられたなと思い立ち上がってみたが、右足が動かない。みると真赤な血が流れている。さっぱり痛くない。気を張っているためだろう。負傷したことは部下にもらすなと指揮班の兵にいう。暫くすると若干痛みがする。

戦いは激しさを極める。一時三十分、敵は突撃してきた。「ウラー」の喚声が森林とクマザサのなかであがる。手榴弾と擲弾筒がその声に集中、敵は撃退されて、喚声は遠のいていった。

しかし、敵はまた逆襲を試みる。高地にいるわが方は地の利を得て再び撃退した。兵力の損耗がひどい。朝からの激しい戦闘に、ぽっかり穴があいたように、わが方の銃声がこやみになった。と左前方の山陰から線路上を十人ぐらいの敵が進んできた。双眼鏡をのぞいてみた私はその中に、襟の階級章がベタ金の指揮官のような敵がいるのをみてとった。階級はわからない、しかし、大佐か中佐か、とにかくこの方面の指揮官級であろうと思った。こちらの銃声が止んだのを全滅と早合点してのこのこ出てきたという感じである。

私は静かにこの一団に照準を合わせるよう命じた。そして、知らずに進んでくる敵をもう一度眼鏡で確かめると、一斉射撃を命じた。あらゆる銃口がこの一点に集中し、一瞬にして敵の一団は吹っ飛んだ。

敵はそのころからしだいに、わが陣地を包囲するかのようにして激しい攻撃に移った。四時十五分、左から回った敵が背後を突いてきた。

「おい、千葉。後ろから敵がきているぞ」

そう叫んだ私が「よし、わかった」という声でみると、なんと敵の将校である。日本語を使いながら向かってくるのだ。やにわに五十嵐曹長をはじめ、指揮班の近くにいた兵の近接射撃で撃ち倒した。しかし、敵ながらアッパレであった。

四時三十分、大挙敵の一斉突撃をうける。「ウラー、ウラー」。前方、左、右――いよいよきたかと私も観念した。前線では「ウワーッ」と喚声をあげて応戦している。

同四十五分ごろ、敵はわが一線の前方十五メートル付近で手榴弾攻撃とともに突破して私に向かってきた。右手に軍刀を振り〝サア、こい〟の構えで立ち向かう。無我夢中であった。と、その瞬間、左胸、左足に衝撃を受け、私はころがるように倒れた。しかし、意識ははっきりしている。「この野郎、やったな」と思ったがいたし方ない。突き進んできた敵の十四、五人に包囲された。残念だが、殺すなら殺せと目を閉じた。すると何やら二、三人の敵兵がしゃべり、私にとどめをさすのか自動小銃で連続撃った。肩から胸にかけて数弾、だが、動くことができない。すると敵はもう私が死んだものと思ったのだろう、ちょっとすると、その場を去った。

まだ各戦線とも互いに射撃しているのが聞こえてくる。私のまわりには敵が見えない。

しかしクマザサの深い当地で敵、味方入り乱れての戦闘である。いつどこから敵が出てくるかわからない。敵がいなくなったので起き上がろうとしたが、起きることもできない。左足と左手は鉄棒でも入れたように、まるっきり動かないのだ。

やがて、倒れている私を発見して駆け寄ってきた兵に起してもらい指揮をとった。午前中右足をやられ、また左足、そのうえ左手までやられたとはまことに無残な姿である。前線に連絡し状況報告させる。相当の損害である。大隊長も負傷、すでに後送されている。しだいに二十二日の夕闇が迫ってくる。そのうちに私のところ目がけて焼夷弾攻撃をかけ、バリバリ音を立てて付近が焼け始めた。兵たちが私をササの少ないところに移してくれた。

付近は真っ暗になる。全員集合をかけた。ボツボツと集まってくる。互いに健在であった喜びを小さい声で語り、堅い握手をする。だが私は倒れたのみ。そのとき私はこれ以上、生き残ることは、いたずらに部下に迷惑をかけると思い、自殺する覚悟をして背中の拳銃に手をかけようとしたがとれない。五十嵐曹長はそれをみると、私の拳銃をとって投げてしまった。致し方ないので、ついに死ぬことを断念して成りゆきにまかせた。弾丸を受けていない右手も動かすことができない。神経作用というのか、からだ全体が動かない(入院後わかったが、弾丸が九発、それに破片で肋骨四枚が折れ、そのうえ両足、左手に弾丸を受けていたのでは身体の動く道理がなかった)。

四、五十人の生き残りがいた。各小隊長を集合させ、部隊は一応戦線を整理する目的をもって、宝台駅に集結することを命じた。東の空には月があがり、兵の顔を青白く照らしていたことが印象にある。各小隊順に豊真線上に態勢を整え、私は前日二股住民が弾薬運搬のため使用したトロッコの上に乗せられ宝台に向かった。宝台駅に着いたとき、中村辰夫軍医少尉が私の手当をしながら「あと二時間もつか、どうかわからない」といったのをかすかに知っていた。そして各小隊長に「戦闘はまだ終っていない。明日からの戦闘をよろしく頼む」といったことはわかっているが、その後の行動が記憶にない。

滝本中隊長が重傷を負ってからの模様を五十嵐さんは次のように語っている。

「中隊長が敵に撃たれたとき、私は片山小隊の配置をみるため同小隊の陣地に行っていた。片山小隊長が負傷して、石川広一曹長がそのあとの指揮をとっていた。前線に出たころから双方入り乱れての混戦で、深いササやぶで味方かと思うと黒い敵であったり、敵かと手榴弾をかまえると戦友が飛び出してくるという白兵戦が長いこと続き、指揮班に帰ることができなかった。

夕方、戦闘がやんで周囲にいた兵を集めて戻ったら中隊長は身を動かすこともできない重傷であった。しかし、意識ははっきりしていて自決するために手榴弾をほしがったり、水を飲みたがっていた。敵が火を放ったのはそのころ。ループ線の谷から吹き上げる風でクマザサはものすごい音をたてて燃えた。夜になって宝台に向かった。

ソ連軍は夜の戦闘をしない。陣地のすぐ下の方でガヤガヤと騒ぎながら炊事をしている姿をみながら、私たちは中隊長ら負傷兵と戦死した宮川軍曹の遺体をトロッコに積んで脱出した。

線路わきに背より高く積んである敵の弾薬に火をつけて、ゆうゆう出発した。途中、鉄橋の中央につっ立っている人影に、敵かと緊張したが、それは一二中隊の負傷兵であった。私たちは宮川軍曹の遺体をおろして、橋わきに埋葬、その負傷兵をトロッコに乗せた。

当時、すでに敵は宝台とループ線の中間地点に進出しており、日中後退した負傷兵などはトンネルの入り口の上から狙撃されたらしく、死体が入り口近くの線路上や鉄橋の下などに六、七体もころがっていた。しかし、夜にはいって陣地に引揚げたのだろう。着剣して必死の形相でトロッコの四囲を固めて進む私たちの前に敵は最後まで姿をみせなかった」

真岡方面の戦闘終了

豊真山道の熊笹峠、豊真線の宝台の二戦線が重火器と飛行機に援護された強大なソ連軍に突破されたころ、この山道と鉄道が交差する逢坂では（市街はすでに空爆により廃墟と化していたが）山沢連隊長が、二方面から殺到する敵をここで極力阻止して最後を飾る決意

二度目の軍使、村山主計中尉。

を固め、各隊に「腹切り陣地を構築せよ」と命令していた。

逢坂における配備は逢坂川の橋（山道）を渡って侵攻するソ連軍を在郷軍人などによる義勇隊が市街地入り口で阻止、一方豊真線をくる敵には第一一中隊の第一小隊（原少尉）が配置されていたが、最後の阻止線は逢坂の北方高地とし、同高地には第一中隊（山形幸一中尉）と第一機関銃の一個小隊、連隊本部が陣地の構築に当たっていた。

ところが、熊笹峠における戦闘が混乱に陥った二十二日夕刻、師団から「たとえ捕虜となるも即時停戦せよ」という命令がきた。玉砕を覚悟していた山沢連隊長は新しい命令によって停戦軍使として村山康男主計中尉（村上市出身）を派遣する一方、熊笹峠の萱原大隊長に命令を伝えるため連隊付宮下安一大尉を出したが、敵はすでに同峠を突破して逢坂―熊笹峠、十二キロの中間に進出しており、成否はだれも予測しがたかった。

さきに記載した前田貞夫さんの手記で、前田さんが村山主計中尉のトラックを「二十日の村田軍使と同じように不法なソ連兵に射殺されるようなことがなければ――」と不安で見送ったと書いているが、事実はそのとおりとなり、宮下大尉はその村山主計中尉の遺体を確認し、なお進んで峠の東の高地に兵を集結した菅原大隊長に、連隊命令を伝えることができた。

山沢連隊長は村山軍使を出したときのことを「師団命令を受けたとき、ロシア語のできる村山中尉に「師団命令で日本軍は停戦をする。ソ連軍の要求事項を聞いてくるのが任務だ。真に大切な役目だから用心に用心を重ねて……」というと「私は死んでもよいのです」とこたえた。私がキッとなって「何をいうのか、死んで責務が果たせるか」というと「いや死んでも責務は果たします」といった。そして握手をして出発していった。上敷香にいたころ、私の官舎に故郷の母から送ってきたという丹前を着てみせにきたことがあった。私の長男（一心氏）と経理学校同期生であったこともあって、私はわが子をみるような気持でみていたものだった」と語っている。

村山主計中尉は第一大隊付きではじめ荒貝沢の同大隊本部にいたが、村田軍使が射殺されたあと大隊副官となった。その後、連隊旗手であった奥田為蔵少尉が第一大隊副官代理の命を受けて二十日午後八時ごろ荒貝沢に着いたため、その任を解かれ、二十一日戦闘が激しくなるころ、同中尉は行李輜重を指揮して熊笹峠の東に避難し、連隊本部に合流したのである。

奥田少尉は「副官の申し送りを終って二十一日明け方、大隊本部でフレップ酒を飲みかわしたのが最後だった。私が交代せずに連隊本部にいたら軍使には兵科出身の私がまず選ばれるはずで、それを思うと私の身代りのように思われてならない」と語り、戦後、軍使の状況を宮下大尉らから聴取して、父親の村山良助さんあてに書き送った。

これによると、村山軍使は二十二日午後八時、軍使としての命を受け、部下四人を選び、武装をせず大きい敷布を白旗として掲げたトラックで同二十分逢坂を出発した。

その後、菅原大隊長へ連絡のため下士官一人を連れて、熊笹峠に向かった宮下大尉は、午後十時ごろ、逢坂の近くで頭に銃創を受けた一人の兵に会った。その兵は村山軍使に従っていた兵で、軍使が再び射殺された状況を傷つきながら連隊本部に報告のために戻るところであった。

村山軍使以下は逢坂の西方約四キロ、豊真山道のカーブで一個小隊ほどのソ連軍と会い、トラックを停止させたところ武器を捨てろと手まねし、武器を持っていないとわかると下車を命じ、整列した五人を右から自動小銃で不意に撃ったという。

左端にいたその兵は頭に弾丸を受け、倒れるように装って谷に落ちこんで脱出したといった。宮下大尉は危険の中をあえて前進した。しかし、夜にはいってソ連軍は一時後退したのであろう。同大尉はソ連兵と遭遇することなく、軍使が射殺された地点に着いた。そこには死体だけが放棄されていて、遺品を、と思ったが、時計、手帳などはすでに略奪され、遺髪も考えたが、危険と任務を思い、急ぎその場を離れたという。

石黒粂吉連隊副官は「村山中尉ら三人が射殺され、二人が助かった。そのうちの一人はソ連軍のメモを持ってきた。それによると「午前零時、ラッパを吹かせながら連隊長自らが峠に向かってくるように」とあった」といっている。

山沢連隊長はそのとおり自ら停戦交渉に当たると主張したが、部隊指揮を考え、石黒副官は連隊長を押しとどめて「私がいきます」といい、通訳、ラッパ手を同行して、指定地点に向かったが、ソ連軍はあくまで連隊長自身が交渉にくるようにいい、あらためて山沢連隊長は石黒副官を先導に同地点に向かい、道路上に散開している自動小銃の兵の間を縫って、ソ連軍の指揮官らしい中佐に会った。そして二十三日午前二時、戦闘停止を確認、ソ連軍とともに逢坂に引返し、同七時ごろから、集結中の部隊の武装解除を受けた。

一方、宮下大尉は二十三日明け方、集結中の菅原混成大隊の位置をみつけて命令を伝えた。このため同大隊は、敵と接触しないように、夜を待って山中を逢坂に向かった。戦闘中、真岡特警中隊長広木護郎大尉が大隊本部に合流、地理に詳しいので案内に立った。

しかし、逢坂の北四キロほどに着いて、歩兵砲大隊本部五十嵐曹長、平田軍曹が逢坂の偵察にいってみると、すでにソ連兵がびっしりで、日本兵の姿がみえないため、山越えで川上炭礦に向かった。「友軍がいたら連絡しようと思ったが、一人もみえず外套を着たソ連の歩哨が、霧の中をぞろぞろ歩いていた。やむなく引返して報告、農家で米一俵をたいてにぎりめしをつくって山脈を越えた。川上炭礦では子供たちが魚釣りをしていて戦争のあったことが嘘のようだった。三日後、私は北島大尉（第一機関銃中隊長）と師団司令部に指示を仰ぎに行き、豊原第一国民学校に収容されていた部隊にもぐりこんだが、北島大尉が捕えられた。しかし、そのおかげで司令部に通じた。私が炭礦に戻ったあとソ連軍が武装解除に来山した」と平田軍曹は語っている。

菅原大隊長のメモではバタエフ中尉以下三十人のソ連兵は九月四日来山した。収容時の人員は二百二十一人。

また宝台駅に撤退して露営した第三大隊本部と第一一中隊の生存者は二十三日夕刻、豊原方面から機関車でやってきたソ連軍大尉と少数の兵により武装を解かれた。また山中に立てこもっている生存者にたいしては日比通信中隊長はじめ連隊の将校が命令を伝えて回った。

かくて真岡方面における戦闘は終ったのである。

樺太一九四五年八月以後

停戦後の豊原空襲

二十二日、知取において停戦交渉が成立「捕虜となるも即時停戦せよ」との師団命令が各部隊に出されたが、同日午後、豊原市はソ連機の空襲をうけ、緊急疎開のため豊原駅前広場に集まっていた老人や婦人、子供のなかから多くの犠牲者が出た。停戦交渉成立から二時間以上経過してからの惨事である。

ソ連機による南部地区への空襲は豊原空襲以前には前日の二十一日午後、内淵(ないぶち)の人造石油工場(帝国燃料興業第二事業所)を空襲した八機が落合町を襲っていた。

北海道庁に戦後、引揚げ者がもたらした報告として残っている資料では内淵の人造石油工場で死者三人、落合駅付近と映画劇場錦座付近で約六十人の死者があったとされている。当時町役場吏員であった吉田政雄さんはそのときの模様を次のように語っている。

「二十一日。私たちは駅前にテントを張り、婦女子の疎開の事務をやっていた。と、内淵方面で落雷のような音がして、怪訝そうにみんなが語り合っているとまもなく、内淵の空の方から低空でソ連機が突っ込んできた。駅が目標と判断した私たちは、駅前に集まっていたおおぜいの人たちに「近くの防空壕に避難するのだ」と叫び、私自身も壕に飛び込んだ瞬間、ものすごい振動で、壁にからだをいやというほど打ちつけられた。

爆音が小さくなるのを待って、出てみると駅前の目抜き通りはすでに火に包まれていた。私たちはそれから警官と一緒にトラックで犠牲者の死体収容に当たったが、敷香方面からの疎開者が一時収容されていた錦座付近の壕には死体が折り重なって悲惨をきわめていた。死傷者数は正確に把握していないが相当な数であった」

この落合の空襲は豊原などでは知らなかった。動揺を防ぐために知らされなかったともいい、これが、翌二十二日の豊原空襲の犠牲を大きくした原因だともいわれている。

師団司令部から方面軍へは、豊原空襲について「本二十二日十五時三十分―十六時二十分ソ連機テー・ウー二型六機、ヤー・カー九型三機ニ次ニ亘リ豊原停車場並ニ北豊原停車場付近ヲ銃爆撃セリ、爆弾五―六発、焼夷弾約二十」と報告されている。

食糧営団管理課長外崎博さんは二十二日午前、大泊から出る疎開船に積んでやる小麦粉を、倉庫でトラックに積んで二、三の課員とともに営団事務所に戻る途中、豊原駅前広場で疎開列車を待つ人びとの中を縫って歩いていると、営団知取出張所の女子職員大島さんが見つけて声をかけてきた。

立ちどまって「いつの船に乗れるの……」と話しかけると、疲れ切った表情の大島さんは「ううん、わからないんです」といい、さらに、母親と二人で疎開の途中で、母は知人をみつけたので会いにいっているといった。外崎さんは別れて二百五十メートルほど離れた事務所に帰り、二階で職員と雑談をしながら上着をぬいで窓ぎわの椅子に腰をおろそうとした瞬間、グワーッというような爆音が低く屋根の上を通過した。そして斜めむかいの逓信局の上でバラバラと爆弾を投下したと思うと続いて建物を揺るがすような炸裂音、どうやって逃げ出したかわからないが、とにかく隣のカトリック教会の前庭を走って防空壕に飛び込んだ外崎さんらは、爆音が去ると急ぎ事務室に帰ったが、吹っ飛んでしまったはずの逓信局舎はそのままの姿で建っており、ちょっと間をおいて、そのコンクリートの建物のわきから、気違いのようになった女子供が一丸となって走り出してきた。それをみて初めて目標が駅と広場の疎開者であることを知ったという。

大島さんはこのとき爆風で腰に重傷を負ったが、生命はとり止めた。

当時の北三松豊原駅長は「白旗を掲げた駅舎を攻撃するソ連の非人道的な行為であった」と、当時を次のように回想している。

終戦になると市役所の斡旋で、白布を集めて白旗を作った。白天竺木綿、さらしなどで幅九十センチ、長さ五メートルの細長い旗を急ごしらえであったが駅舎の屋根に三本、周辺の建物の屋上に一、二本ずつ掲げ、無抵抗であることを示した。一方、疎開列車は東海岸線を奥地からやってくる列車のほか真岡方面からのものもあって大泊駅が大混乱、二十日には残客が大勢出たので市内で宿泊、配船を待っている。二十一日分の収容力が全くないから列車は豊原で打ち切って収容してほしいという大泊駅長からの要求があった。

しかし、真岡方面から二百六十人を乗せた列車がはいって午前十時には発車することになっており、続いて正午には敷香方面から列車がはいってくることになっており、さらに構内の仕分け線は貨車が満ぱいで、やむなく真岡からの列車は予定どおり発車させた。

そして、三百八十人を乗せた次の列車がちょっと遅れて午後零時十五分豊原駅にすべり込んできた。列車を打ち切ることを知らせ、乗客を下車させて駅前広場に誘導、市職員が町村ごとに学校、寺院、映画館、旅館などに宿舎割りをした。

この日も豊原は快晴で、汗とほこりにまみれ、睡眠不足からくる疲労、不安で人びとの表情は暗く沈んでいた。乳児は母の乳房を求めて泣く。しかし子供たちは不安も悩みもなく半袖シャツにランドセルと水筒を肩に、炎天下にひたいを流れる汗も気にならないように飛び回っていた。

仮設の赤十字テントでは病人が手当を受け、水飲み場はかわいた喉をうるおそうとする人たちが黒だかり。待ち合い室は満員で広場の四囲の建物の陰などにいこい、荷物の上に身を投げかける人、真岡などにおける戦闘について話す人……。宿舎割りを待つ疎開者とその世話をやく人たち数百人で、さして広くない駅前はごった返していた。

そのとき、駅員が「敵機来襲」と叫んだ。走り出てみるとソ連機（二機しかみえなかったという）が上空で旋回している。

しかし、屋上には白旗が何本も掲げられ、広場の疎開者の中の日赤の救急所のテントにも赤十字旗が表示されているので、爆撃をするとは考えられなかったが、安全のために防空壕への避難を命じた。広場は花壇を取り払い、五～七人収容の壕二十八個があり、周囲のコンクリート広場には急患のために三つの壕があった。ところが、爆撃がいまさら加えられると思わないのだろう、その声が耳にはいらないように、駅の中や貨客車にはいる者、広場で空をながめる者などが多かった。

駅構内では満線に近い客貨車の入れ替え作業も変りなく続いていた。と、急降下した一機は、入れ替え機関車を目標に爆弾を投下、貨物三番線にいた機関車は轟音とともに横転（機関士は即死し、操車掛と連結手は重傷）、続いて二番機が急降下、貨物二番線に投下した爆弾で転車台が逆転した。また貨物一番ホームの鉄道物資部倉庫は焼夷弾が命中して炎上した。

爆風と弾片の飛散で、駅と鉄道局分室の窓ガラスはこなごなに粉砕され、機銃掃射で、駅の中や広場は一瞬にして地獄のような様相に変った。

豊原の町。中央のビルは江戸っ子呉服店、のち警察署になり、ソ連軍進駐直後警官などが抑留された。

　世良伊八さんは爆音を聞いて大胆にも屋根に上がって、急降下して爆撃するソ連機にカメラを向けていたという（写真を持ち帰ることはできなかったが）。「敵機は二機、北豊原から大沢—神社山と円を描いて飛んでいた。そして駅付近に爆弾が投下され、そのあと大きく旋回しながら大通り南七と東六南十付近にも投下するのがわかった。大通り南七のは、ちょうど四谷商店の真裏に落ち、同店主四谷孝俊さんがはいっていた壕は至近弾で、ハリがくずれ落ちたが大金庫があったために下敷きになるのをまぬがれたと聞いた。またもう一弾は自転車で走っている人に直撃、即死したと聞いた」と語っている。

　気屯署藤沢春雄巡査は、そのころ豊原にいて、豊原署の指示で駆けつけたが、「赤レンガの駅前交番の壁に血しぶきとともに腕が爆風で吹き飛ばされてはりついていた。避難民の誘導に当たった同僚の五十嵐巡査が再度の爆撃で死んだ」と語っている。

白旗と赤十字のマークをみて爆撃をするまいと思っていた人たちは度を失って防空壕に殺到、折り重なって爆風や破片、銃弾でやられ、肉片が飛散し、血まみれで苦しみ、もがく声。北駅長は「さっきまで、親たちの苦悩も知らずはしゃいでいた子供が、爆風で腹部を引きさかれ、半袖シャツをまっかにして防空壕の口に死んでいたのがいまでも目につく」といっている。

佐藤豊原警察署長は「疎開列車はまっすぐ大泊に送りこまれていると思っていたので、駅前の惨状をみたときは度を失った」という。次席以下に死傷者の処置を命じ、自らは焼夷弾によって燃え上がった駅の南の消火を指揮していたが、敵機の再度の空爆を受け、とっさに防空壕がわからず、側溝に伏せた。起き上がってみると消火に協力していた料亭〝宇多川〟経営者小林さん（のち死亡）ら数人が負傷していたという。

白旗無視、非情の空爆

寺内幸夫さんは、真岡にソ連軍が上陸すると豊原に逃げ、駅付近が空襲を受けたとき、たまたま構内にいた。以下はその手記。

検車掛の増山君と私は、国鉄職員の落ち着き先、花屋ホテルを出て、豊原車電区の詰所にいった。職員は一人もいない。玄関に立っていると技術掛りの大和さんがきたので、真岡のことを話したり、豊原はすでに家々の屋根に赤旗、白旗が林立しているからソ連兵も乱暴はしないだろう——などといっていると、ものすごい金属性のキーンという音がしたと思ったとたん、天地を揺るがすような轟音とともに私たち三人は、部屋の中で三メートルほども放り出され、床のコンクリートにしたたか頭を打った。

反射的にはね起きた私は、なにやら顔がぬるぬるすると思って手をやるとひたいが裂けて血がべっとりついた。窓ガラスが一枚残らず粉々になって飛び散り、爆風で顔に傷がついたのであろう。不案内なので大和さんの後ろについて走り出した私たちが工機部の防空壕に駆け込むやいなや機銃掃射の雨、暗い壕内には若い女性一人と男が二人かくれていた。

機銃音が絶えたので、壕を出ると二人の職員が血だらけの顔を両手でおおうようにして機関区の方に走っていく。機関車は真っ二つに折れ、カマの方が有蓋車の屋根から突っ込んで燃え上がっていた。さっきの一弾でやられたことは明確だった。

構内の電線はズタズタに切れて地面をはい、レールは二、三カ所で曲がり、あるいは吹っ飛んでおり、駅の南の方で、火の手が上がっていた。事務室にいくと、駅員は鉄かぶとをかぶり、火災が広がってくるかどうか見ているようだった。私は事務室の延焼を心配して津田勇三郎助役、鈴木儀一事務助役に「なにか持ち出す物は……」というと、別にないという返事。私は電話機を出そうと一個だけはずして道路わきの防空壕に運びこんだ。

しかし、火はますます勢いを増してきたが、誰も、ただ呆然とみるだけのもどかしさ。私たちは「また空襲を受けたらたいへんだから神社の森に逃げよう」と決め、広場を突っ切って東に逃げ出した。それから五分とたたないうちに、爆音が聞こえ、ソ連機は駅前広場に頭から突っ込むように銃撃をあびせた。私は二、三日後、宿舎にしていた花屋ホテルに戻ってみたが、壁は無数の弾痕で、はげ落ち、私たちもそこに残っていたらひとたまりもなく死んでいたろうと思い、ぞっとした。

また、樺太新聞の記者だった大橋一良さんは、庁立豊原病院付近で空襲にあい、豊原駅の南からあがった黒煙に向かって駆け出し再び空襲を受けたが、その状況を次のように書いている。

黒煙は焔となって南へ流れていた。黒煙に向かって歩き出したとき再び敵機が襲いかかってきた。私は必死になって防空壕を捜したが、どの壕も荷物がいっぱいで人間のはいる余地がない。三つ目の防空壕にやっと身をひそめる隙間を見つけ、上蓋を閉じようとした瞬間、目の前の民家が火ダルマになっていた。焼夷弾だな——そう思うと同時に熱い爆風と火の粉がフワリとほおをなでた。危うく防空壕の蓋を取られるところであった。

爆弾の音と機銃弾の音が錯綜して耳がガンガンした。かぶっていた登山帽に火がついているのを知ったのはしばらくたってからであった。

敵機が去って壕を出ると一面火の海だった。風上の駅の方に走った。背の高い原田警防課長が全身泥だらけとなって消火の指揮をとっていた。付近には十名余りの警官と消防士しかいない。水が出放しのまま消防のホースが投げ出されてある。私もそのホースの一本を取り上げてみたがすでに消火は不可能であった。白旗が焰を透してユラユラとみえる。白旗ひるがえる町への空襲、こんなことがあってよいものか——私の血は駅前広場にたどりついてさらに逆流した。駅舎の時計も窓枠も吹っ飛び、廃墟の観を呈していたからではない。駅前広場には疎開する婦女子のふろしき包みやリュックが何百個も置いてあり、それは乱れた部分もあったが、所有者が整列していたことを示していた。それが爆弾はそこを目がけて投下されたことを証明していたからだ。

最初の空襲のとき、同僚の品田記者が駅付近にいて、爆弾が落ちたとき夢中で駅の中に飛び込み、壁土が崩れ落ちた入り口をみると三、四人の子供が駆けこもうとしていた。だが、銃撃をあび、口から血をどっと吐きながらのけぞったという。

白旗を掲げているものを襲う——このことを、どう解釈したらよいのか。ソ連軍を真っ向から責められない点もあった。日本軍の抵抗はまだ続けられていたからである。軍、民の終戦に対する考え方の間隙をぬってこの事件は突発したといえるであろう。

空襲が終ったとき、駅では死体を駅講堂に運んで肉親に引き渡し、負傷者は病院に運んだが、どこもいっぱいで庭先に運んでおくしか方法がなかったという。最初の空襲でけがをし、病院の庭先で二度目の空襲にあって死んだ人たちもいた。

身元のわからない死体は支庁、市と警察署がトラックで運んで火葬した。死者数は六十人といい、百人以上ともいうがはっきりしない。北海道庁の資料に死者百八人〈うち奥地からの疎開者七十人〉とあるが根拠がさだかでない。当時、豊原の町は約三万人といわれた奥地からの疎開者、避難民でごった返していた。この空襲のころも真岡などからの避難民は豊真山道を歩いて豊原に向かっており、支庁も市も、避難民援護で狂奔していた。しかも空襲の直後、知取での停戦協定が成立、ソ連戦車隊が豊原に向かっているとのニュースが飛びこみ、空襲で掘り返されたようになった駅前広場は、ソ連軍を迎えるためのいわば入城式のために急ぎ取り片付けよとの命令もあって混乱していた。

焼夷弾による火は夜にはいっても燃え続けた。全市停電のなかで、風を呼んで燃え、時折り油のドラム缶の誘爆する無気味な音とともに火災は二十三日まで続き、美しい碁盤の目の町なみのうち駅から南十三丁目までの三百〜四百戸が灰になった。

ソ連軍、豊原に進駐

悪夢のような空襲が過ぎた二十三日朝、市民はなお燃え続ける町の一角を不安そうに眺め、空襲下なだれを打って郊外に逃げた避難民も夏草のなかで一夜をあかしたが、そのころ停戦協定が成立、ソ連の戦車隊が南下していることを伝える樺太新聞が配達されていた。それには次のようにあった。

休戦の大詔渙発されてより八日間、樺太の戦闘状態は完全な終結を見るに至らなかったが二十二日在樺太日ソ軍間の一般的停戦協定が成立、これに関し同日十九時北部軍管区豊原報道班及び樺太庁から次の通り発表された。

一、本日在樺太日ソ軍間の一般的停戦協定成立せり

二、右に基きソ連軍戦車部隊は正午頃知取より南下しつゝあるも態度極めて友好的にして住民の保護にも留意しあり、且当該地区住民は従来通りの生業を営むやうとの申出あるにより関係地方住民は毫も不安動揺することなく且絶対に軽挙妄動を慎み対敵行動等に出づることなく生業に精励すること

三、避難者は何分の指示ある迄現状のまゝ待機すること

この日の新聞は前日の豊原空襲については一行も触れてなかった。そして、二十三日深夜、ソ連軍の先遣部隊が豊原に進駐した。

ソ連軍はまず列車で約五百の部隊が豊原駅に着いた。北同駅長は「連絡を受けた私は停電中だったので、駅員に蠟燭を集めさせた。列車がホームにすべりこんできたのは午後十一時ごろだった。揺れる蠟燭の灯に照らし出された兵隊のどの顔も緊張で真っ青にみえたのが印象にある」と語っている。この部隊は二十四日早朝、鉄道の各踏切などに警戒の兵を立てた。沿線の住民は朝になって駅周辺や踏切などに武装兵がいるのをみてびっくりした。また、豊原逓信局舎に大きいソ連国旗がさがっているのに気付いた人たちも多いが、これもソ連兵が局舎にはいりこんでやったものらしく、このあと国道を南下した戦車隊が市中にはいり、続いて列車で先遣兵団長アリモフ少将らが進駐したのである。

大津長官、柳川内政、白井経済第一、斎藤経済第二の各部長、白浜憲兵隊長らが豊原駅前広場に同少将を迎えた。

その模様を料理店東京庵の梅元隆蔵さんは次のように語る。

「入城式とでもいうのでしょう。その日は樺太ではもう秋を感じさせるような晴れた日だった。アリモフ少将到着の数時間前から泥んこの戦車隊の兵が自動小銃を持ってずらりと並んでいた。広場にはテーブルを持ち出し、ウィスキーとキンシ、サクラなどのタバコが山と盛られていて市民の目をみはらせていた。接待に兵隊や警官が出るわけにいかず、佐

豊原逓信局、郵便局舎。

藤署長の命令で料飲店組合長橋本丈太郎さんや私たちが、かつて自分の店にいた芸者などを急ぎ捜し出そうと苦労した。大津長官が吉田通訳を従えて広場に着いた数分のちアリモフ少将の列車が到着、金ぴかの帽子、三センチほどの真紅の筋のはいったズボンをはいた礼装の同少将が広場に進んできた」

ソ連軍の豊原進駐は二十三日で、二十二日夕刻には先遣隊が樺太庁にきて重要書類を押収したという人たちが多くいる。しかし、二十五日の樺太新聞の記事（二十六日付）に「豊原市に歴史的なソ連軍の進駐を迎へて二日目」「二十四日ソ連軍の進駐をかつて経験したことのない感情の波に迎へた……」などとあることからも、一般市民がソ連兵をまのあたりにしたのは二十四日とするのが正しいだろう。ただ二十三日午後早くに北豊原付近まで進駐していたことも事実で、宝台の戦闘が終った同日午後、北豊原から機関車で少数のソ連兵が同方面の日本軍の武装解除に向かっている。

前掲の新聞報道は「この朝(二十五日)見るソ連兵の姿は極めて普通の印象しか呼び起さなかった。ソ連兵進駐の第一日は市民の胸中に描かれた一抹の不安を裏切って平穏に過ぎたのだ」とあるが、これは進駐軍に対する「儀礼」であって、豊原商業学校生徒だった赤沼信夫さんは、「玄関に白旗を掲げ、大通南五丁目の逓信局付近にソ連軍を出迎えるようにという指示が隣組を通じてあった。私は国防色の服では兵隊と思われて殺されるというので青色の作業服を着用して行った。みると、すでに戦車隊が到着しており、大通りには日本の警官が五十メートルおきぐらいに並び、市民も大勢沿道に立ち並んでいた。市民のなかには戦車の周りのソ連兵と手まねで話しながら黒パンをもらって食べたり、マホルカを新聞紙に巻いてもらって吸ったりしている人もいた。進駐した夜から、あちらこちらに銃声が聞こえ、女子供の泣き声が耳にはいった。そのあとには必ずトラックの音、すべてをタスカーチ(運搬)するのだ」と書いている。

ソ連軍の一部は豊原から大泊に向かい、一方真岡から海軍部隊が艦艇で大泊に進駐、海上を封鎖したが、豊原海軍武官府の増永宏主計大尉が埠頭に迎えに出たさいソ連兵に射殺された。こうして大泊まで占領したソ連軍は、その後二十六、七日ごろには小さな村々まで部隊を派遣して全島を手中にしたのである。

ソ連の軍政始まる

豊原市に進駐したアリモフ少将は、直ちに豊原放送局（松山清局長）を押えて放送を中止させ、樺太の経済金融の中枢である北海道拓殖銀行豊原支店（高橋太郎支店長）を接収した。次いで二十七日、在樺太ソ連軍最高指揮官から、「①鉱、工、農、林、水産その他の生産事業の全面に亘り従前に倍して生産力の向上を図ること ②各工場の従業員にして目下業務を離れている者は即刻復帰し職場を護ること。特に炭礦においては出炭増加に努力し各工場の原料、燃料を確保せよ ③労働賃金は従前通り確保する ④各総合配給所は従前通り継続せよ、その開所時間は追って命令するが、現在は従前通り日中のみ開所すること」の命令が出た。

また、同日、南樺太警務司令部がおかれ、アリモフ司令官から次のような命令が大津長官に示された。

一、樺太庁は自分の命令に従って執務すべし
一、住民は速やかに各職場に帰り生産に従事すべし
一、治安はソ連軍が責任を持つ。もしソ連兵にして不法の行為をなさば届出ずべし、処罰の用意あり

一、日本人の生活様式習慣信仰を尊重する
一、学校を開くべし
一、戦火災の跡始末をなし市街を清掃すべし
一、一切の武器を提供せよ。もし隠匿する時は厳罰に処す
一、日本内地との通信を禁ず。ラジオの聴取を禁じ、ラジオは提出すべし。後日返す
一、パスポートによらない旅行は禁ず
一、市民は午後九時以後の外出を禁ず。市民は右側通行とする。
一、火事は出すな。出すと厳罰にする
一、倉庫を襲い貯蔵品を盗む者は厳罰に処す
一、樺太庁倉庫の所在と貯蔵品の数量を報告せよ
一、売淫を禁ず、娼妓は解放せよ

このあと、さらに九月一日にはサボタージュや搾取、施設破壊などは銃殺の刑にすることや車と名のつくものはオートバイにいたるまで個人のものも供出せよ、といった命令が出て、軍政がスタートした。また、これより早く、樺太新聞の発刊を停止させたが、放送・新聞のストップは日本人のなかの連繋を断ち、軍政の速やかな浸透をはかったものとみられた。

長官官邸〝白樺御殿〟。

全島に軍政が敷かれた日から、樺太に残された二十八万邦人にとって占領下の新たな労苦が始まったのである。

十月にはいると極東第二方面軍司令官プルカエフ大将が、軍政をつかさどる極東軍管区司令官として幕僚とともに長官官邸〝白樺御殿〟に司令部を移し、地方では旧支庁所在地の豊原、真岡、恵須取、敷香に管区警務司令部、十一の町や村に地区警務司令部がおかれたが、豊原において出されたと同じような命令が出され、忠実な実行が求められた。

次いで民政部が置かれ、局長クリューコフ大佐は、食糧などの配給をする商業配給部ほかの各部に樺太庁などの職員の一部を徴用しつつ行政を進めた。

頻発する暴行と略奪

しかし、市町村ではソ連兵の威嚇射撃と暴行略奪が毎夜のように起き、住民は夜になると表戸を板で打ちつけ、女性を天井裏や地下室に隠し、おののきつつ生活するありさまだった。ソ連兵は日本人をみるとおどして腕時計、万年筆、原色の布地などを強奪、夜ともなると自動小銃を乱射しつつ略奪を重ね、ときには酒をくれと哀願した。豊原の郊外追分の緑川国民学校長だった米野元さんは「ソ連兵はグループで自動小銃をもって略奪にきたので、私たちは林などに隠れ、遠くから見ているしかなかった。大がかりなのはトラックを使い、ときには馬車でくるのもいた。私の家では二十二年までに略奪四十回を数えたが、あとは数えるのをやめてしまった」と語っている。

多くの避難民を抱えた豊原支庁は、倉庫をソ連兵に押えられたため、腕時計をもたせて職員をやり、歩哨をごまかして米などを運び出して給食したという。ソ連は町々にバザールを開設させた。ゆとりのないソ連人の生活のなかで、バザールは庶民経済の安全弁の働きをし、そこにいけば米、タバコ、衣類など、なんでも手にはいった。日本人はこれを泥棒市と呼んだが、盗まれた品々をそこで見かけてびっくりすることもしばしばだった。

軍政の初期は、ことばが不自由であったり、血なまぐさい戦争のせいでソ連兵がすさんでいたこともあって、各地で悲惨なできごとが相次いだ。

さきにふれたように、真岡ではソ連兵に恥ずかしめを受けるよりは死を――と、幼い子供を殺して自決しようとした二人の母親と祖母が、酒を略奪するために乱入したソ連兵の放った火で家が焼け、ついに死ぬことができなかった例があったが、帰国したいためラジオを隠して日本のニュースを聞いていた同町の工藤源蔵さんは、ソ連兵に踏み込まれて連行され、きびしい取調べに耐えかねて逃亡、首をくくって死んだ。

塔路の高川三郎さんは、「同町糸音で雑貨商をしていた重光さんは、塔路飛行場に駐留したソ連兵に妻子を乱暴されたため、妻子四人を銃で殺して自殺したが、家族とは合意のうえであったらしく、白布で目隠しして死んでいた」と語っている。

米倉八郎太さんによると大泊では進駐直後十七人が殺害されたという。また千歳村では八人、深海村で二人、富内村で三人が射殺されたと道庁の資料にある。大泊では略奪に土足で押し入った兵をとがめただけで射殺された例もあったという。千歳村三ノ沢国民学校長坂田於信さんの長女深雪さんは殺害された父について次のように悲しい話を書いている。

母と豊原高女二年の私は十九日緊急疎開で富山県に引揚げたが、九月にはいって青森の人から一通の手紙を受け取りました。磯舟で脱出してきた近所の山部さんという漁師の方からで、父がソ連兵に殺されたので爪と毛髪を持ってきてくださったというのです。

青森に行った母は、寂しそうに帰ってきましたが、その話によると、父は一人で寂しいので近所の店によく遊びにいっていたのだそうです。九月一日、その店に二人のソ連兵がきたので、店のご主人は気の小さい方のため父が代りに出て手ぶり身ぶりで相手をしていたといいます。父は身体が大きく、ひげづらに眼鏡をかけていました。ソ連兵はびっくりしたように店を出ていったというのですが、まもなく引返してきて、父を連れていったといいます。近所の人が心配そうにソ連兵と父が向かった山の方をみていると、銃声が聞こえ、しばらくしていってみると父が射殺されていたそうです。近所の医師が検視した結果では胸に七発の弾丸が撃ち込まれていたといいます。

この知らせがあってから母は生きる気力を失い、十二月一日、私を残して自殺してしまいました。

果てしない労苦

官公吏の一部は民政部、民政署に徴用されたが、樺太庁と市町村役場は存続、民政部から次々に出る命令を処理するのに追われた。樺太庁は庁舎を接収されて貯金支局に間借りしていたが、地方課長だった金子利信さんは次のように回想している。

「毎日、民政部に出頭して命令を受けて仕事をした。最初に与えられた大きい仕事は人口調査で、電話も車も押えられているなかで、苦労して二十八万数千人と推定して報告した。

九月十八日、クリューコフ局長が西海岸の人たちが布告どおり生業についているかどうかを見るというので大津長官と私が案内した。途中の豊真山道の芋畑に農民の姿がなかったのでクリューコフ局長は怒った。九月三十日までに収穫を終らせよという布告が出ていたからだが、私はソ連兵が略奪するので家をあけて働くことができないのだと答えた。ところが十九日、蘭泊に向かう途中、局長も略奪の現場を目撃することになった。というのは突然銃声がしたので、局長は車を止め、部下に調査させたところ、兵隊が略奪のため威嚇射撃をしたことがわかった。局長は兵隊の銃を取り上げ、階級章をむしりとって殴りつけ、憲兵隊に身柄を引渡した。

戦災を受けなかった町村では、ぽつぽつ学校も再開されていた。蘭泊では児童が熱心に勉強しており、たまたまクリューコフ大佐が立ち寄ったときに、児童が如才なく「ズラステー」（こんにちは）と挨拶したことから「校長（菊谷五郎校長）に特別賞与二百ルーブルを出せ」と長官に命じてご機嫌だったが、授業をしていないところではひどく怒り、そのたびに農繁期だから畑作業を手伝っているのだとごまかした」

婦女暴行はしだいに減っていった。ソ連の男女労働者が移住したためである。移住者は緊急疎開で空家になった住宅にはいり、それでたりなくて、現住家屋にも強引に同居した。略奪や婦女暴行から守るために喜んで同居させたところもあったが、生活習慣の違いからトラブルも絶えなかった。労働者の移住と同時に学者や技術者も渡島、工場、礦山、水産資源などを調査、管理者や技術者を送りこんで、徐々にそれらの企業などの接収を進めた。

また、これに伴ってソ連人学校、朝鮮人学校も国民学校に併設された。

十月十日、プルカエフ大将は「南樺太に住む日本人に告ぐ」として次のような布告を出した。

赤軍司令部は一切の産業が円滑に運転されるために、また日本人の生活安定のために必要なあらゆる措置をとっている。

以上のことから次のような要求を提出する。

一、南樺太に住むすべての市民は各企業、作業に残っている非組織的な欠陥をすみやかに清算しつつ、赤軍にあらゆる協力をすること。

一、各企業者、事務員、労働者はよく働き、生産を高める努力をすること。

一、鉄道、運輸機関の責任者や従業員はそれらの事業が急速に完全な状態に復するよう努力すること。

一、商業者は公定価格で、あらゆる食料品や工業品を平常通り販売すること。

一、鉄道は一般旅客のほか赤軍部隊の輸送や貨物の輸送にたいしても一定の料金を徴収する。

一、病院の医療費は、すべて無料とする。医療費も給料も国家の負担とする。

一、銀行や郵便局にある市民の貯金は銀行の経営と決算をよく監査し、整理完了とともに支払う。

こうして、行政の輪郭をつかんだソ連軍は、十二月にはいると国民義勇隊幕僚長だった菅原道太郎さんをはじめ樺太庁や経済界のおもだった人たちを次々と逮捕した。そして、豊原刑務所に収容して戦時下の活動を反ソ行為としてきびしく取調べたうえ極寒のシベリアに送って刑務所に収容、無罪がはっきりした者、刑期を終えたものは釈放し、捕虜収容所に移して強制労働につかせた。

また、二十一年にはいると、樺太では職場を失った男や幼児のいない婦人にたいするニシン場、炭礦などへの徴用が始まった。二十年はソ連全土がひどい飢饉で、食糧事情が逼迫していたのである。主食の配給も重要な仕事には労働加配があったが主婦や無職の人には米の配給がなくなって、邦人はいつ日本に帰れるかもわからず毎日を不安のうちに過ごしていた。

アララギ派の歌人で、戦後、ドリンスク（落合）中、高女校長になった新田寛さんは、次のようによんでいる。

「日本人中等学校」と改めし標札かなし雪ふりかかる
こらへ来し涙堰(せき)切る赤兵の一隊歌ひ門すぎし夜半
脱出の途に発つ友と粕湯酒したたかあふり酔ひに泣きけり
ルーブル紙幣かぞへ並べて酒を待つ人のてぶりも身につきにけり

祖国めざし、決死の脱出

宗谷海峡、大泊から稚内へは約百五十キロ。連絡船で八時間あまりの航程であった。この海峡は二十三日、ソ連軍から海上航行禁止の布告が出たが、略奪、暴行などの恐怖感からのがれるため、また生活上の不安、将来への疑念から危険をおかして脱出する人たちが相次いだ。なかには、さきに緊急疎開した家族の安否や生活を気づかう人、民間の指導層といった人たちや兵隊や警官でソ連軍の追及からのがれていた人たちなどで生命の不安から脱出を図ったものも多かった。

しかし脱出には生命を託する安全な船舶はなかった。小さな漁船がおもで、しまいには磯舟の櫓をこいで海峡を乗り切る人たちまで出た。亜庭湾内の小部落や西海岸の本斗から西能登呂岬にかけての漁村から多くは脱出した。ソ連の沿岸監視兵の目をかすめて船の改造、修理をするのだが、整備を終えたとたんに発見されたり夜陰にまぎれて岸を離れるところを銃殺されて死んだ人もある。あるいは捕われて重罰を受け、再び脱出してついに北海道にたどりついたという体験者も多い。

警察官だった藤沢さんは九月中旬、同僚の湯村福二さんと亜庭湾内濁川(にごりかわ)から密航船をみつけて、夜出港したが、西能登呂をかわしてまもなく夜があけ、ソ連の監視船にみつかり、北海道の島影をみながら岬に連れもどされた。その船には子供連れの夫婦と脱走兵三人が

西能登呂灯台。この付近で密航船を求めて出発した脱出者も少なくなかった。

いたが、一家はほかに移され、藤沢さんだけは罰としてジャガ芋掘りをさせられた。そのころ岬の灯台に日本人の管理人が一人だけ残っており、その人がこっそり船の油をくれたので、藤沢さんらは十日ほどのちに芋畑から脱走した。しかし沖に保留しておいた船に向かう途中、感付かれて背後から撃たれ、背負っていたリュックを捨て水筒一個をにぎりしめて船に泳ぎつき、脱出に成功したという。

そのとき「今度捕えられたら、有無をいわさず銃殺される」と思ったとも語っているが、恐怖感をのがれるために、すすんで恐怖の海にいどんでいく、日本への愛着のための決死行ともいえよう。脱出者の中には女子も多かった。

二十年九月は一万一千二百八十六人の脱出者中、女は二千二百五十八人、十月は七千八百五十七人のうち女が二千七百九十九人もいた。

脱出は九、十月が多く、海峡の色が鉛色に変り、荒波が白いきばをむくようになる十一月からはかなり減っているが、それでも毎日のように脱出は続いており、北海道庁の調べでは二十一年九月までの数字で二万四千五百十三人が北海道に上陸している。

この数字の中には当時の北海道警察部からの報告で沓形、猿払、鬼鹿、天塩、浜頓別など北海道北部の海岸や島に上がった脱出者の数、合計三百二十六人がはいっている。これらの多くはシケや吹雪と戦い、寒気に耐え、疲労困憊の果て、ついにこれらの岸辺に漂着した人たちであった。しかし、途中で遭難、北海道の土を踏むことのできなかった人たちもかなりあった。その数字は千人とも三千人ともいわれるが、ともに推測の域を脱しない。

また脱出者が跡を絶たないころ、沿岸の漁師や北海道の船主などで密航を仕事とするものも出はじめた。たとえば疎開した家族へ届ける手紙一本を頼むと十円、脱出は稚内に上陸して二百円、あるいは米一俵。それがだんだん三百円、五百円とハネ上がっていった。この商売で脱出した人や家族の消息を知った人たちはかなりいた。しかも彼らは安心できる船乗りのベテランぞろいであった。

真岡郵便局長上田豊蔵さんは、健康を理由に二十一年六月に局長をやめ、同七月十四日、広地村から脱出を図ってソ連につかまり、結局同年十二月の引揚げ第一船で帰国した。

「私たちは脱出者二十四人が一人千円の航海料を出し、これにたし増しして四万円で発動機船を購入して午前零時、船を出したが、稚内を目の前にしてつかまった。そのとき四十八通の手紙を預かっていたのが私の責任になり、一人だけ豊原の刑務所に入れられた」「取調べ官は、国境をおかす罪がいかに重いかを知っているのなら何か政治的な理由があるのかと詰めより、逆入国者が持ってきた二十年十二月十五日付けの朝日新聞を見せつけて、日本は食糧事情が悪くて多くの餓死者がでるだろう、そうすれば疎開者が生活の基盤を持たないだけに最初に死ぬだろうともいった。私はいってやった。「私はソ連に忠誠をつくしている。しかし、私のもらう報酬を疎開した家族に送ることをソ連は許してくれない。お金がなければ家族は死ぬ、私が夫として親として、天候の変化の激しい海峡の恐ろしさをこえてでも行こうとする気持がわからないか」。すると相手の大佐は「お前のいうことはプライナ（正しい）」といってそれから四日目に帰してくれた」

亜庭湾の雨竜（うりゅう）―泥川間に菱取（ひしとる）という小さい漁村があり、そこにいたある女性は西能登呂岬に駐留したソ連軍の隊長の女になっていた。日本軍が残していった米などを盗みに北海道から船がやってくるためソ連軍が駐留していたのだから、そのそばの七江湾はしばしば脱出者がつかまって連行されてきたが、その女性はソ連隊長の囲われ者になったとみんなに後ろ指をさされながらも、捕われた同胞を逃がすためにずいぶん力をかしていたと佐々木竹三さんはいっている。脱出をめぐる悲しい挿話である。

厳寒の海に乗り出す

作家の若山純一さんは結氷前の栄浜(さかえはま)からサンパンで脱出した。その手記を掲載しよう。

以前翼賛会での同僚だった須藤氏が訪れてきて、どうも樺太でも指導者級の連中は、近く逮捕されるらしいという噂があるし、私もその中の一人らしいという。「とんでもない、僕のような下っ端が」といったが、やはり内心不安だった。須藤氏は脱出は西海岸より不便だが、それだけ成功率が多いから、ひとつ船を見つけてくれというのだ。家族を引揚げさせて老父と二人きりなので、内地へやった家族が心配で、仕事など手につかないとのことだった。だが、私は無事にそれだけの手配をして、彼を脱出させてやるだけの自信がなかった。そのとき、義弟がいろいろと奔走して、その準備をしてくれたのだった。こんな問題は密告されるという危険があったので、誰にでも相談のできるものではなかった。

そのうちに、いつか私たちも子供の将来やこれからの生活などを考えているうちに、このさい思い切って、脱出した方がいいのではないかという考えになった。このままいては逮捕される可能性は充分あった。もちろんそれは死を覚悟してでなければできないことだった。

簡単に脱出といっても、発動機船はもうないのだし、漁船でこいで行くより他に方法がなかった。まったく危険というより無謀な話だった。

そのため同志をひそかに集めて世間にこの噂がひろまっては、どんな故障がはいるかわからないので、私は一切表面に出ないで、義弟が、口のかたい脱出同行者を募ってくれた。私の両親は足手まといになるからと同行を断わった。その代り帆を造ってくれたり、いろいろ子や孫のために協力してくれた。船はサンパンを用意した。

私たちは、町の家から、浜の妻の実家へと、雪が一面に積もっている道を一人、二人と世間に知られないように出かけて行った。妻は自転車の前に次男を乗せ、三男を背負って出かけて行った。そこで脱出の準備をすすめたのだが、雪はやまずに降りつづいていた。私たちはいずれもしろうとである。頼りにするのは、北海道の古平（ふるびら）から出かせぎにきていた漁夫の大沢、最上、駒井の三人だけだった。だが私と同年輩の大沢君を除いては、いずれも六十過ぎの老漁夫だった。義弟夫婦や私の両親たちの心配するのも無理のないことであった。

十一月四日も朝からの吹雪だった。なぎさにはそろそろ氷が張りはじめていた。いまにも海上一面が結氷するのではないかと思われるほどの寒さだった。海が凍ってしまえば、脱出は不可能だ。まごまごしてはいられない。幸い昼ごろから風は北風となり南へ向かって吹きはじめていた。決行するには今夜をおいてないと決心したのはそのためである。

帆を張り、櫓をこいで二日二晩、たどりついた陸地はなんと愛郎(あいろう)岬と皆別の間で、船の破片でつくったようなバラックの小屋があり、遭難船解体事務所の六文字が読まれ、中には海獣の皮や、米、豆などが床一面に散乱しており、壁に「我ラ十二名イタヅラニ醜虜の辱ヲ受ケンヨリ、祖国ニ向ツテ出発ス……」とあって、十二人の氏名が書き連ねてあった。

札幌郡琴似村字新琴似南六武田利治、札幌市北一条西十二大川信夫、札幌市北二条西五長岡衛三、旭川市四条四丁目左一永野正三、空知郡芦別町金剛（吉田方）鈴木雅雄、空知郡赤平町字幌岡畠山克雄、勇払郡鵡川村字旭岡沼崎百十、雨竜郡幌加村字牛内九号近藤喜代志、函館市若松町二番地一ノ瀬政良、帯広市西三、五丁目（桑原方）川岸政美、歌棄郡作開村北作開佐野佐市、爾志郡熊石村字畳岩飯田勝二

（五月二十九日、米潜水艦に撃沈された千島部隊の輸送船天嶺丸関係の遺体収容などに派遣された部隊ではなかったかとみられる。）

何はともあれ、ここが樺太であるならば速やかに脱出しようと、船を遠く沖合に向けて乗り出した。私は方向を見失うまいと星ばかりを眺めていたが、沖は異常に荒れ出していて、山のような大波があとからあとから押し寄せ、風が後ろに回ったさい帆を帯のように細く張っても発動機船以上のスピードが出た。陸地かとみると雲影であったりし

て、やがて同乗の男が船はソ連に向かっているとか、海鳥が舟の上を追って舞うのは難破の前兆でないかとか変なことばかりいい出した。

栄浜を出て七日目の夜になって海はいよいよ荒れ、風と横波を受けて今にも波に呑まれそうなことが二度もあった。そして、ほとんど絶望的になっていたとき、眼前におぼろな二つの灯をみた。老漁夫は愛郎岬の小屋から持ってきた少量の石油に火をつけろといいつけると、若い大沢君がいきなり肌着をぬいで竹竿の先にしばって火をつけた。いったん通り過ぎた船はすぐ引返した。「どこから来た」。それに答えるより早く「日本語だぞ」と私たちは声をあげた。船は北海道の雄武の沖を漂流していたのである。私たちを救助してくれたのは漁船寅丸であった。

若松市郎さんは、二十年十一月、ソ連兵の監視と嵐をおかして故郷の海馬島泊皿（とまりさら）の三十戸、百六十人を脱出させた。以下はその手記だ。

終戦とともに本斗から北海道天塩町に引揚げた私は、海馬島泊皿にいる義弟（喜多清吉さん、当時部落会長）が「部落は三十戸、百六十人そっくり残っているが、磯舟で脱出はできない。ソ連軍は本村（船潤）に二十五人ほど駐屯、部落には朝きて夕方までいる。家の中に土足のまま上がりこむ。食料は一冬分はあるが、春になるとどうなるか不安だし、子供たちの学校のことも心配だ」と書いて脱出者に託してよこした手紙を稚内に出たときに受け取った。

部落は周囲二十キロの島の西側。北東の風が強くなると脱出船は島陰の泊皿に避難し、なぎをみて脱出していくので、それらの一隻に手紙を託したのである。部落には私の親類、縁者が多いが、いずれもウニ、ナマコなどをとっている小漁師で磯舟しかないので脱出はできないのだ。

私は島にあるという米と大豆をチャーター料として三十トンの手繰り船二隻を借り、十一月十四日午後一時ごろ一隻は私が乗って稚内を出港した。もう一隻は樺太庁の国境警備船長だった若狭正吉さんが乗って約一時間おくれて出港するはずだった。

途中から海はシケてきた。船はソ連兵が船澗に帰ったあとの午後七時ごろ島に着いた。鎌形繁国民学校長が臨時村長を委託され、官舎とソ連軍との間に電話があった。船をみて駆けつけた青年団員にまず電話線を切断させたあと、青年八人を部落と本村の間の道路にかかっている橋の警備につかせた。そして米、大豆百俵と部落民は一戸の荷物を五個と限定して浜に運び出し、発動機をかけながら大豆と米を積み込んだ。そのあと私と義弟は午後十時ごろ、走って鎌形校長の官舎にいった。ところが意外にも「村長としての責任があるから脱出しない」という返事、私たちは「部落民全部を連れていく。人がいなくなっては村長ではない。ソ連兵は誰もいなくなっては、あなたの奥さんをねらうだろう。それに子供さんの教育もどうするんだ」といった。

すると隣の部屋で寝ていた奥さんが涙声で「毎日不安な気持で過ごすのでは……」と校長にすがりついた。校長もこのことばで考え直し、全員が脱出することになった。

海はすでに大シケ。ところが若狭さんの船は現われない。シケで引返したのかもしれないと思ったが、浜から磯舟で危険をおかして米などを船倉に積み込み、その上に女、子供を乗せた。一隻では各戸の荷物を積むことはできない。午前五時、男はデッキに立ち、ともから雪みぞれと波をかぶって、大シケの海峡に向かった。

海上はモヤがおおって何も見えない。脱出には絶好の条件であるが、このシケでは操船して稚内に着くこと自体もむずかしかった。しかし、昼を少しすぎたころ、モヤのかげに礼文島のトド島がみえてき、ようやく船泊港に入港できた。近づいてきたサンパン数隻が目の前でひっくり返るシケで、そのころは毎日のように脱出船が遭難して死体がこの浜に打ち寄せられていると山田礼文村長があとで語っていた。私たちはずぶぬれで国民学校に収容された。

十七日、シケがおさまるのを待って私たちの船は稚内に向かった。その途中、若狭さんの船と出会った。同船は島に向かった。

同船は翌十八日午後二時ごろ帰ってきた。しかし船はカラで、若狭さんは船から降りるなり「津島（良治さん）が殺された」と青ざめた顔でいった。

その話によると、船は午後八時ごろ島に着いた。伝馬船をおろして、乗っていった人の半数が食料をとりに向かい、残りは荷物をとりにいった。津島さんは、山のように積んである荷の中から自分のものを捜そうとして、荷物の上に上がったとき、爆発音とともにふきとばされた。みるとだれが仕掛けたのかわからないが、火薬を詰め込んだらしいビールびんと乾電池があったというのだ。

この音でソ連兵がくるのをおそれ荷物も積まず逃げ帰ったのだった。

残留島民の引揚げ

樺太の官民指導層のなかには樺太農業会の折戸惣一専務理事のように、北海道に引揚げた緊急疎開者などによる樺太村を建設する構想を持ち、十月には大泊からハシケで農業会と樺太興農会社（正見透社長）のトラクターなど農機具を北海道に運び、そのあとを追って二十一年二月厳寒の海を漁船で脱出した例もあった。この折戸さんや瀬尾勇治郎さん（月刊「北方日本」社長）、会沢武夫さん（大泊町長）ら引揚げ有力者によって二十一年五月札幌に樺太引揚団体連合会が組織され、引揚げ者の更生、残留者の引揚げ促進の運動が活発に進められるようになった。そして、連合国軍総司令部と対日理事会ソ連代表部との間に、ソ連治下の樺太などからの邦人、軍人の引揚げについての協定（米ソ協定）が結ばれ、正式引揚げが始まったのは同年十二月初旬、二十四年夏までに二十八万島民のほとんどが引揚げたのである。

一方、大津長官、柳川内政、白井経済第一、斎藤経済第二、尾形警察の各部長、金子地方部長、阿部特高課長ら樺太庁の部課長の多くと裁判官、検事、鉄道局、郵政局などの官吏、それに武藤樺太食糧営団理事長、遠藤樺太商工経済会会頭、杉本樺太配電社長、金森樺太開発社長、下出同理事ら官民指導者が次々と逮捕された、その多くはシベリア送りになって、反ソ行為の判決で受刑した人、疑いがはれて収容所に入れられた人に分かれた。

ソ連の取り調べと収容所生活について金子地方課長は、

「刑務所での調べは峻厳で、毎日午後十一時から午前三時ごろまで繰り返された。そして朝五時には起される。眠ることのできない苦しみと寒い独房でのジャガ芋二きれとキャベツのロシアスープに黒パンの粗末な食事で、体力は日増しに衰えた。大津長官を中心にゲリラ戦をやる計画だったというのが容疑であった。シベリアに送られたあと二十一年七月、容疑がはれて収容所に移ったが、野生のニラのスープと黒パンでひもじかった。私たちは収容所の周囲の鉄条網の下のリンゴ草をむしって食べた。水飲み場で日本兵が作業のとき隠して持ち帰った一枚のキャベツの葉を落としていったのを白井部長、柳川部長と三人で分けて食べたことがいまでも忘れられない」

と語っている。

ソ連全土が食糧飢饉で満足な食事にありつけなかったとはいえ、収容所、刑務所ではさらにひどい生活をしいられたうえ、森林伐採や農作業、鉄道除雪などの強制労働下、遠藤会頭、宮田鉄道局長、阿部特高課長らが死んでいった。抑留警察官や軍人のなかにも栄養失調や作業事故でシベリアの野に朽ちた人たちも多く、過酷な労働からのがれようと収容所を脱走、射殺された人もいた。軍人では白浜樺太憲兵隊長、蟹江特務機関長らも死亡したのである。

あとがき

夏の焼けつくような陽ざしの下にいると、きっと樺太のあの終戦の日を思い出す——と、私が知る限りの樺太引揚者は口をそろえていう。ソ連軍が国境を越えて進攻を開始した九日、その一帯は身にまといつくような霧のあとどしゃ降りの雨になったし、真岡が戦火に焼かれた朝も深い霧がたちこめていた。それなのになぜか、つらく悲しい思い出は焼けつくような夏の日にだけつながっている。

突如戦火に包まれた人たちは、家を焼かれ、肉親を失い、逃げ惑う背後から爆音とキャタピラの音が迫り、その恐怖におののく目、放心した虚ろな目が最後に、失われようとする樺太のあの強烈な太陽と緑を網膜に焼きつけて、二十数年たった今も一九四五年夏を忘れさせないのだと私は思う。これは樺太を故郷にするものにしか理解できない感覚かもしれない。

私の父母と弟たちはソ連治下の生活を経て昭和二十三年函館に引揚げてきた。そのとき迎えた私に、母は一きれの黒パンをくれた。真夏だったからすでに饐えた味がして、もてあましぎみの私に、母は「何もかも無くして帰った。何もあげるものはないんだよ」というのだった。その母は私が北海タイムスに連載した「樺太終戦ものがたり」の最終回を書き上げた日に死んだ。その母も、いまは七十歳を過ぎた老父も、樺太では平凡でまじめなだけの働き者であった。豊かな資源をめぐって利権あさりが横行、出稼ぎ植民地と酷評された樺太だが、ほんとうに樺太をきり開いたものは、こうした働き者たちで、樺太を愛する気持もすわっていた。だから私は、母の死に遭って、樺太を私たちの手からソ連に渡したおろかな戦争をにくみ、終戦ものがたりを、しっかり記録し直そうと決心した。

新聞では約四百人の関係者から記録を借り、体験を聞きとってまとめたが、本書で追加した資料、手記なども百をこえた。執筆にあたっては事実を坦々と記述することにつとめ、多くの人たちの体験をとおして、人間が生死のきわに追いつめられたときにとる行動、そのみにくさや弱さ、あるいは軍国主義やそれに同調した教育のおそろしさ、そしていまだに残る戦争の傷の深さを考えてほしいとねがった。また、戦後起きた朝鮮人などによる悲惨な報復は、被圧迫民族の鬱積した不満の爆発であるが、それはとりも直さず日本人のあやまれる優越感が招いたこととして考えたかった。さらに樺太兵団は一般邦人の生命を守り、本土に疎開するまで樺太を固守しようとしたが、軍上層部の判断の誤まりが戦争を継続し、幾多の将兵の血を流し、邦人をも巻き添えにした事実、あるいはソ連軍による非道な空襲なども戦争状態が終結していないなかでのことであったことから、戦争そのものを考えてほしいとねがった。

私の豊原中学校当時の恩師、奥山鍠吉先生から、樺太の終戦史をまとめることが戦争否定につながる意義を説かれ、執筆をすすめていたころ、作家の吉村昭先生が樺太の終戦についてお書きになるため調査に見えられた。大平炭礦病院の看護婦の集団自決を題材にされたのだが、参考にと新聞のスクラップをお見せしたのがきっかけで講談社にとり上げていただけることになった。私としては望外の喜びであった。素直にご好意にあまえ原稿をお渡ししたのである。

一九七二年六月

金子俊男

	武器・ラジオ・自動車類の提出、避難民の原住地帰還などを布告 8・28 ソ連軍極東第2方面軍司令官プルカエフ大将豊原に進出 9・17 大泊町大火 9・25 峰木第88師団長以下の軍幹部、シベリアへ移送 9・29 ソ連軍、大津敏男樺太庁長官を逮捕 12・30（この前後、官民指導者の多く逮捕される）	日本、降伏文書に調印 9・2 GHQ、東条英機ら39人の戦犯の逮捕を命ず 9・11
1946 (21)	函館引揚援護局開局 6・15 樺太からの邦人引揚げ開始、第1船雲仙丸函館入港 12・5	ソ連、樺太・千島の領有宣言 2・2
1950 (25)	函館引揚援護局閉鎖 1・1（函館受入れ引揚げ船は真岡発206隻、ナホトカ発12隻。引揚げ者総数311,452名）	

	陸8・12	
	住民の緊急疎開始まる8・13	
	樺太国民義勇隊を戦闘隊として発令8・14（15日に解散発令）	
	古屯兵舎付近の戦闘で小林大隊長戦死、古屯完全に占領される8・15	天皇陛下、終戦の詔勅を放送8・15
	ソ連軍、塔路に上陸、恵須取に進攻8・16	
	国境地区八方山の歩125連隊、ソ連軍と局地停戦を結ぶ8・19	
	ソ連軍、真岡に上陸。日本軍の軍使を射殺、交戦8・20	
	落合空襲8・21	
	知取で鈴木参謀長とアリモフ少将、停戦協定を結ぶ8・22	
	豊原空襲8・22	
	緊急疎開の三船、北海道留萌沖で潜水艦の攻撃を受け、2隻沈没、1隻大破8・22	
	熊笹峠方面の歩25連隊長山沢大佐、ソ連軍と停戦8・22	
	豊真線宝台方面の戦闘終結8・23	
	上恵須取から後退の吉野大隊、内恵道路で武装解除8・23	
	ソ連先遣戦車隊、豊原に進駐。アリモフ少将列車で豊原へ8・24	
	ソ連軍、陸海から大泊進駐、海上を封鎖8・24	
	最後の疎開船2隻、大泊を脱出8・23	
	ソ連軍南樺太衛戍司令官、民間の	

1944 (19)	樺太水産業会設立2・19（全島の水産業の統制整備） 大政翼賛会樺太支部、島民皆農運動を実施5・1（ジャガ芋などの栽培を奨励） 樺太セメント工業㈱設立7・8（事業は国境雁門） 樺太、釧路の炭礦労務者と資材の急速転換を閣議で決定8・11 気屯―古屯10・7キロの鉄道完成10・15	東条内閣総辞職7・18 決戦非常措置要綱により国民学校高等科児童の継続動員決まる7・19
1945 (20)	樺太庁、航空機燃料林産油の緊急生産促進決定1・15（雪どけとともに各地に工場建設、操業） 第88師団編成、師団長峰木中将着任3・18（司令部、上敷香から5月豊原の樺太庁博物館に移る） 拓銀豊原支店に日銀未発行券を常備、緊急事態に対処することを決定6・13 樺太国民義勇隊編成6・13（職域隊、学徒隊の編成、訓練始まる） 海豹島、潜水艦の砲撃を受ける7・2 亜庭湾で海防艦沈没7・18 ソ連軍、国境武意加の警察派出所、日の丸軍監視哨を攻撃8・9 ソ連軍、古屯に進出、安別にも上	米軍、沖縄本島に上陸4・1 ソ連、日ソ中立条約を延長しないと通告4・5 ドイツ降伏5・7 義勇兵役法公布6・23 広島に原爆投下8・6 ソ連、対日宣戦布告8・8

樺太終戦年表

年	樺太の動き	関連事項
1941 (昭和16)	樺太国民奉公会結成 3・14（43年内地編入後、大政翼賛会支部に改編） 樺太商業報国会結成 4・23 樺太産業報国会結成 5・22 樺太開発㈱設立 7・1 ソ連貨物船、二丈岩で座礁、乗組員33人を救助 7・25 樺太銀行、北海道拓殖銀行と合併 11・15 NHK豊原放送局開局 12・26	日ソ中立条約、モスクワで調印 4・13 独ソ戦始まる 6・22 太平洋戦争始まる 12・8
1942 (17)	樺太庁本館焼失 2・25 樺太の青年学校、義務制になる 4・11 樺太食糧営団設立 8・3 樺太漁業㈱設立 12・5（全島の定置漁業の統合）	翼賛選挙 4・30 企業整備令公布 5・13 拓務省廃止、大東亜省設置 11・1（これによって樺太庁は内務省所管となる）
1943 (18)	樺太配電㈱設立 3・23（全島の発送電事業の一元的経営） 樺太の内地編入 4・1 樺太医学専門学校を豊原に開校 4・15 樺太商工経済会設立 10・1（44年5月から中小商工業者の企業整備にかかる） 樺太農業会設立 12・1	アッツ島の日本軍全滅 5・29 キスカ島の日本軍撤退 7・29 イタリア降伏 9・3 学徒出陣 12・1

参考文献・資料

『第88師団復員関係調査書』（北海道庁社会課作成）
『歩兵第125連隊戦闘詳報（写）』（小笠原裕氏蔵）
新井武夫「国境警察終戦記録」（樺太庁残務整理事務所に提出した手記）
『樺太庁施政三十年史』
「樺太庁予算要求関係資料」（北海道庁行政資料室蔵）
防衛庁防衛研修所戦史室編『北東方面陸軍作戦』
『第5方面軍作戦概史』（萩三郎氏蔵）
『アメリカ海軍作戦年誌』
『キング提督海軍公式記録』
ソ連共産党マルクス・レーニン主義研究所編『大祖国戦争史』第6巻
『歩兵第125連隊高柳通信分隊戦闘詳報（写）』（鈴木孝範氏蔵）
田代亮一作「師走戦闘要図」（古山宗貞氏にあてた文書）
太田利衛『村長さん抑留記』

大橋一良「失われた樺太」（「北海タイムス」連載）
大和哲男『決死の終戦連絡報告書』
荒沢勝太郎『郷愁通信』
鈴木康生『第88師団戦闘記録』
山沢饒『歩兵第25連隊戦闘記録』
松木重雄「荒貝沢の軍使射殺状況」（村田徳太郎氏にあてた文書）
道下隆俊『ソ連軍進駐時の真岡町を回顧して』
北海道庁編『樺太終戦史年表』
「樺太時報」（北海道庁行政資料室蔵）
『稚内市史』
『王子製紙社史』
『樺太林業史』
西垣千穂子、西垣千明作　泰東丸遭難手記（北海道庁蔵）
「樺太新聞」
（本書のために特に寄せられた手記、出所を明記して引用した文献を除く）

解説　悲劇のタイムカプセル

清水　潔

北海道の最北・宗谷岬。ほおを打つ強風の先には紺碧の海峡が広がる。水平線に雪を抱いて浮かぶ島影がサハリンだ。その地まで約四三キロ。カーラジオにもロシア語放送の声が届く意外に近い距離。そこがかつての樺太である。

稚内駅から北へ向かって歩けば、やがて横に延びたコンクリート建築物が行く手を塞ぐ。稚内港北防波堤である。ローマ建築のような柱がずらりと並び、半アーチ式の屋根を支えている。かつては北海道とサハリンと結ぶ「稚泊連絡船」(稚内―大泊)の桟橋だった。オホーツクの激しい波浪から乗客や船を守るために巨大な施設が作られたという。今は静まり返っているアーチ内だが、そこには稚内桟橋駅のホームや改札口が設けられ、本州から鉄道や連絡船を乗り継いでやって来た人々と荷物でごった返した。ある人は希望に胸を膨らませ、またある者は使命を帯びて樺太へと渡ったのだ。

しかし一九四五年夏、そんな状況は激変する――。

太平洋戦争へのソ連参戦。樺太は一気に戦場と化した。傷つき、疲弊しきった人たちが命からがら稚内の桟橋に逃げ帰ってくることになった。いや、多くの人たちはここに戻って来る事さえできなかった。あの夏、樺太で何が起こっていたのか。

本土空襲、沖縄戦、原爆投下、満洲引き上げ……、全土が敗戦の渦中に置かれていた時とはいえ、樺太の悲劇は近代史からすぽっと抜け落ちてしまったように知られずに記録も乏しい。そんな中で、戦後になって樺太からの引揚げ者など約四〇〇人の声を聞き取り「樺太終戦ものがたり」という連載記事で報じたのが「北海タイムス」だった（六二年）。その後、同社の社会部長・金子俊男氏が七二年になってまとめたのが本書の原本『樺太一九四五年夏――樺太終戦記録』である。

＊

私は、本の執筆やテレビドキュメンタリー番組を制作する立場にあり、空襲や沖縄戦などはこれまでも何度か取材してきたし、日中戦争や旧満洲についての取材では現地・中国に何度も赴いた。ところがこれが樺太となると全くの空白域だった。「知ろうとしない事は罪」という言葉を座右の銘としてきた自分にとっては情けない。そこで数年前に樺太戦について調べてみようと思い立ち、資料を漁ってみたがそれは決して多くなかった。そんな中で辿り着いたのが本書だ。紐解いてすぐに気づいたのは、これが当事者たちの肉声を丹念に聞き出しまとめた一級史料であるということだ。知らなかった現実が当事者たちの声により淡々と綴られていた。

同じ苦難である沖縄戦が語られる際に「国内で唯一の地上戦」という説明がされることがある。しかし現実には樺太でも激しい地上戦は起きていた。それすら十分に理解されていないという事なのだろう。戦争を体験した多くの人が鬼籍に入り、直接の話が聞けなくなった今日、本書が絶版になっていることを残念に思ったものだ。そんな事を機会あるたびに呟いていたところ、戦後七八年を経てこの度、文庫や電子書籍として復刊されることになった。大変に喜ばしい。

通読すれば、改めて戦後生まれの私達の無知を痛感させる樺太戦の実相。そして、ふと気づけば隣国との関係がきな臭くなり、本邦の外交力は低下、再び戦争への足音が聞こえ出したかのような令和の今日に、もし日本で地上戦が起きたら国民、国土はいったいどうなるのか。それを痛切に思い知らせてくれるタイムカプセルのひとつが本書なのだと思う。

*

ソ連軍による満洲、樺太、千島への侵攻は突然の対日宣戦布告によって始まった。樺太の町はソ連の軍艦から艦砲射撃を受け、戦闘機の機銃掃射を浴び、国境を突破し戦車が襲いかかってきた。対する日本兵の数はソ連の約四分の一と少なく、戦車も戦闘機もなく、民間人を寄せ集めた特設警備隊が作られたものの、女性、子供などは逃げ惑うしかなかった。満洲同様に日本人の多くは「日ソ中立条約」（不可侵条約）というものを信じ込まされ、突然ソ連が攻め込んで来るとは思っていなかったのだ。

どれほどの被害が出たのだろう。金子氏はこう記している。「北海道庁の調べでは、わずか二週間の戦闘でなくなった将兵七百、邦人の戦災死千八百～二千、留萌沖で潜水艦の攻撃で沈没、大破した三引揚げ船の死者、行方不明者千七百。もちろんこの数字は正確とはいえない。しかし終戦時の人口は四十五、六万人。その中から二週間に四千二百～四千四百人の死者を出したことで、樺太の不幸の大きさがわかろう。」

二週間で四千人を超える死者。そして地上戦以外の犠牲として書かれている「留萌沖での潜水艦の攻撃」とは、命からがら樺太を脱出した避難民たちを乗せた「小笠原丸」や「泰東丸」などが、留萌沖で国籍不明の潜水艦からの攻撃を受けて沈没・大破した事件だ（後にソ連艦と判明）。本書でも詳細に触れているが、内地を目前にして命を落とした人々の無念はいかほどであったことだろうか。

本書に再現されている樺太での悲劇は膨大であり、生き残った者たちの声は本編でじっくりと聞いて頂きたいのだが、ここでも触れておきたいのが、五八〇頁からの「殉職九人の乙女」であろう。ソ連軍が迫る中、軍や警察、役所などに緊急情報を伝える勤務についていた真岡電話局の交換手の女性たち。銃声が響く中でも逃げ出さず、ついに敵が接近したと知ると「みなさん　これが最後です　さようなら……」と最後の通信を送った後、青酸カリを口にし自決した事件だ。女性たちの遺体を見つけ埋葬したという真岡郵便局長の話を世に出したのが北海タイムスの連載だったという。

交換手姿の乙女の像のレリーフと名前を刻んだ「九人の乙女の碑」は、サハリンを遠望できる稚内の丘の上の公園にある。夏には観光客も訪れ手を合わせる人の姿も見かける。樺太戦の中でほとんど唯一、一般に知られている事件なのではないだろうか。

*

多くの日本人が暮らし、戦火に追われた樺太とはそもそも何だったのか？　現在を生きる私達が本書を理解するためにはその歴史を知ることが重要だろう。近代史に詳しい方は読み飛ばしてもらってもかまわないのだが、駆け足で振り返っておきたい。

現サハリン島の南部が日本の領土とされていたのは一九〇五年から終戦の四五年までの四〇年間のことだ。この時期に日本で作られた地図を見れば、サハリン島の中央を貫く北緯五〇度線を境に南半分が日本の国土を示す「赤」に塗られている。朝鮮半島や台湾と同様だ。なぜここに陸上国境線が設けられることになったのだろうか。

かつて樺太にはアイヌなどの先住民が暮らしていた。ユーラシア大陸から人の行き来もあったためそこが大陸の半島なのか島なのかはっきりわかっていなかった。一八〇八年に江戸幕府は間宮林蔵を樺太に派遣、調査を行う。調査団は西海岸を踏破しそこに細い海峡が存在しているのを発見。幕府はこれを間宮海峡と名付け樺太を幕府直轄領とした。その後五五年に「日露和親条約」が結ばれたことにより日露国民混在の地になる。七五年にはロシアとの間に「樺太千島交換条約」が締結され、日本政府は千島列島を手にすることを条件に樺太を放棄した。これにより領土は外交によって決定したはずだった。ところがその後に重大な出来事が起こる。

日露戦争である。一九〇四年、日本軍はロシアが租借していた現在の中国・遼東半島の旅順や、ロシア軍が展開していた東北部(後の満洲)に攻め込んだ。「203高地」の激戦の果てに日本陸軍は旅順港を攻落し、翌〇五年には海軍連合艦隊が日本海でバルチック艦隊を全滅させ日本の勝利が見えてきた。ところが同年七月、日本軍は戦地からまったく離れた樺太に突如として占領軍を送り込んだのである。連合艦隊に護送された樺太遠征軍は七月七日に樺太南端の亜庭湾に到達、北上を開始し約一ヶ月で全島を制圧した。その目的は日露戦争の講和会議で領土割譲のための有利な条件を作り出すことだった。果たして九月にポーツマス条約が結ばれた際、日本は遼東半島の租借権などと共に樺太の南半分を落手したのである。

だが、この経緯はロシアにすれば中国大陸での戦争のどさくさに樺太を奪われたという意識を強く持った。これが樺太の終焉へと影響していくことになる——。

獲得した樺太の土地面積は北海道の半分にも及ぶ広大なものだった。ロシアと分断する北緯五〇度線には日露国境線が定められ四個の標石が置かれた。表面には菊の紋章と「大日本帝国　境界」という文字が刻まれた。

〇七年、日本政府は大泊に樺太庁を置く。日本人が住みやすいように鉄道や道路を建設し農地調査も行われる。資源を活かし漁業や林業を中心に製紙業や炭鉱開発なども進められた。

日露国境線上の標石

日本では稀有な国境（満洲を除く）の出現により歩いて亡命を企てる人間も現れる。三八年、映画、演劇で活躍した女優の岡田嘉子は演出家の杉本良吉と一緒に、ソ連と名を変えた隣国へ亡命を図った。北海道から樺太へと渡り国境を越えた二人は逮捕される。杉本は共産党員でもあったというが拷問を受けてスパイと自供させられ八九年に銃殺刑となる。岡田は一〇年近く収容所に入れられ自由を拘束された。

国家によって開発を進めた樺太は、四一年の国勢調査で人口が四〇万人を超えた。しかし同じ年、真珠湾攻撃によって太平洋戦争が始まる。戦局はあっと言う間に不利になっていく。そして四五年八月九日ソ連が突如参戦したのである。満ソ国境を越え、二日後の一一日に今度は樺太国境から一気に雪崩込んできた。ロシア軍からソ連軍と名を変えた軍だが、まるで四〇年前の恨みを晴らすかのように日本人の街を蹂躙し、樺太を奪い返していったのだ……。

終戦を迎えたのち「サンフランシスコ講和条約」で日本は樺太におけるすべての権利、権限、および請求権を放棄した（日本固有の領土である北方四島は除く）。

本書に描かれるソ連軍の幾多の非道。それは決して許されるものではない。一方でなぜこんな戦争への道を歩む羽目になったのか。その経緯を知ることは極めて重要だろう。二度と同じ道を歩まぬために。

＊

こうして樺太は消滅し、サハリンという名の隣国となった。そのソ連も一九九一年には崩壊しロシアという名に戻った。その後、九五年から稚内とサハリン・コルサコフ（大泊）間を結ぶ定期船が復活。それは戦前の「稚泊連絡船」と同じ航路である。所要時間は四時間半。夏の観光客などを乗せて地域交流にも利用されてきた。数年前、樺太戦について調べはじめた私はその船に乗ってサハリンを目指そうと計画した。かつて樺太に渡った人々と同じ旅路にこだわったのだ。ところがその矢先に運行休止となってしまった。事業として当初の試算より収益などが伸び悩み苦戦していたという。その後、復活への動きも見えたのだがコロナ禍などもあり、二〇二二年にはロシアがウクライナへと攻め込んだ事で世界中に激震が走り、万事休すとなった。

戦争とは、悲惨な記憶を知る人々がいなくなる頃に繰り返される。改めてそのことを痛感させられる出来事だった。だからこそ歴史を正確に把握し、記録を残しておくことが肝要なのだ。時は容赦なく流れていくのだから。

樺太戦の現実を連載で伝えた北海タイムスは一九九八年に廃刊となった。今は札幌市内の旧社屋に「タイムスビル」という名を残すだけだ。そして残念な事に本書の著者である金子氏も二〇〇六年四月に亡くなられた。自身も樺太生まれの氏は、故郷が消えるという歴史を懸命に掘り起こし書き遺した。その努力に感謝し、心よりご冥福を祈りたい。

氏はあとがきにこう記している。

「執筆にあたっては事実を坦々と記述することにつとめ、多くの人たちの体験をとおして、人間が生死のきわに追いつめられたときにとる行動、そのみにくさや弱さ、あるいは軍国主義やそれに同調した教育のおそろしさ、そしていまだに残る戦争の傷の深さを考えてほしいとねがった。」

本書の復刊により金子氏の願いが今後も多くの人たちへと伝わることを信じたい。

また、今回の復刊にあたっては筑摩書房の編集者・藤岡泰介氏が関係者を探し続け、ようやくにしてこぎ着けたという経緯がある。ご苦労を感謝したい。

（ジャーナリスト）

一、本書は講談社より一九七二年八月四日に刊行された『樺太一九四五年夏——樺太終戦記録』を文庫化したものである。
一、文庫化に際し明らかな誤植は訂正したが、言葉づかい等はそのままとした。
一、人名の漢字表記はすべて元本のままとした。

すし 天ぷら 蕎麦 うなぎ　飯野亮一

二八蕎麦の二八とは？ 握りずしの元祖は？ なぜうなぎに山椒？ 膨大な一次史料を渉猟しそんな疑問を徹底解明。これを読まずに食文化は語れない！

天丼 かつ丼 牛丼 うな丼 親子丼　飯野亮一

身分制の廃止で作ることが可能になった親子丼、関東大震災が広めた牛丼等々、どんぶり物二百年の歴史をさかのぼり、驚きの誕生ドラマをひもとく！

増補 アジア主義を問いなおす　井上寿一

侵略を正当化するレトリックか、それとも真の共存共栄をめざした理想か。アジア主義を外交史的観点から再考し、その今日的意義を問う。増補決定版。

十五年戦争小史　江口圭一

満州事変、日中戦争、アジア太平洋戦争を一連の「十五年戦争」と捉え、戦争拡大に向かう曲折にみちた過程を克明に描いた画期的通史。（加藤陽子）

たべもの起源事典 日本編　岡田哲

駅蕎麦・豚カツにやや珍しい郷土料理、レトルト食品・デパート食堂まで。広義の〈和〉のたべものと食文化事象一三〇〇項目収録。小腹のすく事典！

ラーメンの誕生　岡田哲

中国のめんは、いかにして「中華風の和食めん料理」へと発達を遂げたか。外来文化を吸収する日本人の情熱と知恵。丼の中の壮大なドラマに迫る。

京の社　岡田精司

旅気分で学べる神社の歴史。この本を片手に京都の有名寺社を巡れば、神々のありのままの姿が見えてくる。（佐々田悠）

山岡鉄舟先生正伝　小倉鉄樹／石津寛／牛山栄治

鉄舟から直接聞いたこと、同時代人として見聞きしたことを弟子がまとめた正伝。江戸無血開城の舞台裏など、リアルな幕末史が描かれる。（岩下哲典）

士（サムライ）の思想　笠谷和比古

中世に発する武家社会の展開とともに形成された日本型組織。「家（イエ）」を核にした組織特性と派生する諸問題について、日本近世史家が鋭く迫る。

日本大空襲　原田良次

帝都防衛を担った兵士がひそかに綴った日記。各地の空爆被害、斃れゆく戦友への思い、そして国への疑念……空襲の実像を示す第一級資料。（吉田裕）

陸軍将校の教育社会史（上）　広田照幸

戦時体制を支えた精神構造は、「滅私奉公」ではなく「活私奉公」だった。第19回サントリー学芸賞を受賞した歴史社会学の金字塔、待望の文庫化！

陸軍将校の教育社会史（下）　広田照幸

陸軍将校とは、いったいいかなる人びとだったのか。前提とされていた「内面化」の図式を覆し、「教育社会史」という研究領域を切り拓いた傑作。

餓死（うえじに）した英霊たち　藤原彰

第二次大戦で死没した日本兵の大半は飢餓や栄養失調によるものだった。彼らのあまりに悲惨な最期を詳述し、その責任を問う告発の書。（一ノ瀬俊也）

城と隠物の戦国誌　藤木久志

村に戦争がくる！　そのとき村人たちはどのような対策をとっていたか。命と財産を守るため知恵を結集した戦国時代のサバイバル術に迫る。（千田嘉博）

裏社会の日本史　フィリップ・ポンス　安永愛訳

中世における賤民から現代社会の経済的弱者まで、また江戸の博徒や義賊から近代以降のやくざまで――フランス知識人が描いた貧困と犯罪の裏日本史。

古代の朱　松田壽男

古代の赤色顔料、丹砂。地名から産地を探ると同時に古代史が浮き彫りにされる。標題論考に、「即身佛の秘密」、自叙伝「学問と私」を併録。

江戸 食の歳時記　松下幸子

季節感のなくなった日本の食卓。今こそ江戸に学んで四季折々の食を楽しみませんか？　江戸料理研究の第一人者による人気連載を初書籍化。（飯野亮一）

古代の鉄と神々　真弓常忠

弥生時代の稲作にはすでに鉄が使われていた！　原型を遺さないその鉄文化の痕跡を神話・祭祀に求め、古代史の謎を解き明かす。（上垣外憲一）

荘園の人々　工藤敬一

人々のドラマを通して荘園の実態を解き明かした画期的な入門書。日本の社会構造の根幹を形作った制度を、すっきり理解する。（高橋典幸）

東京裁判　幻の弁護側資料　小堀桂一郎編

我々は東京裁判の真実を知っているのか？　準備されたものの未提出に終わった膨大な裁判資料から18篇を精選。緻密な解説とともに裁判の虚構に迫る。

一揆の原理　呉座勇一

虐げられた民衆たちの決死の抵抗として語られてきた一揆。だがそれは戦後歴史学が生んだ幻想にすぎない。これまでの通俗的理解を覆す痛快な一揆論！

甲陽軍鑑　佐藤正英校訂・訳

武田信玄と甲州武士団の思想と行動の集大成。大部から、山本勘助の物語や川中島の合戦など、その白眉を収録。新校訂の原文に現代語訳を付す。

機関銃下の首相官邸　迫水久常

二・二六事件では叛乱軍を欺いて岡田首相を救出し、終戦時には鈴木首相を支えた著者が明かす、天皇・軍部・内閣をめぐる迫真の秘話記録。（井上寿一）

増補　八月十五日の神話　佐藤卓己

ポツダム宣言を受諾した「八月十四日」や降伏文書に調印した「九月二日」でなく、「終戦」はなぜ「八月十五日」なのか。「戦後」の起点の謎を解く。

日本商人の源流　佐々木銀弥

第一人者による日本商業史入門。律令制に端を発する供御人や駕輿丁から戦国時代の豪商までを一望し、日本経済の形成を時系列でたどる。（中島圭一）

考古学と古代史のあいだ　白石太一郎

巨大古墳、倭国、卑弥呼。多くの謎につつまれた日本の古代。考古学と古代史学の交差する視点からその謎を解明するスリリングな論考。（森下章司）

江戸はこうして造られた　鈴木理生

家康江戸入り後の百年間は謎に包まれている。海岸部へ進出し、河川や自然地形をたくみに生かした都市の草創期を復原する。（野口武彦）

戦国乱世を生きる力　神田千里

土一揆から宗教、天下人の在り方まで、この時代の現象はすべて民衆の姿と切り離せない。「乱世の真の主役としての民衆」に焦点をあてた戦国時代史。

三八式歩兵銃　加登川幸太郎

旅順の堅塁を白襷隊が突撃した時、特攻兵が敵艦に突入した時、日本陸軍は何をしたのであったか。元陸軍将校による渾身の興亡全史。（一ノ瀬俊也）

わたしの城下町　木下直之

攻防の要である城は、明治以降、新たな価値を担い、日本人の心の拠り所として生き延びる。城と城のようなものを歩く著者の主著、ついに文庫に！

東京の下層社会　紀田順一郎

性急な近代化の陰で生みだされた都市の下層民。落伍者として捨て去られた彼らの実態に迫り、日本人の人間観の歪みを焙りだす。（長山靖生）

独立自尊　北岡伸一

国家の発展に必要なものとは何か――。福沢諭吉は生涯をかけてこの課題に挑んだ。今こそ振り返るべき思想を明らかにした画期的福沢伝。（細谷雄一）

賤民とは何か　喜田貞吉

非人、河原者、乞胸、奴婢、声聞師……。差別と被差別の根源的構造を歴史的に考察する賤民研究の決定版。『賤民概説』他六篇収録。（塩見鮮一郎）

増補 絵画史料で歴史を読む　黒田日出男

歴史学は文献研究だけではない。絵巻・曼荼羅・肖像画など過去の絵画を史料として読み解き、斬新な手法で日本史を掘り下げた一冊。（三浦篤）

滞日十年（上）　ジョセフ・C・グルー　石川欣一訳

日米開戦にいたるまでの激動の十年、どのような外交交渉が行われたのか。駐日アメリカ大使による貴重な記録。上巻は１９３２年から１９３９年まで。

滞日十年（下）　ジョセフ・C・グルー　石川欣一訳

知日派の駐日大使グルーは日米開戦の回避に奔走。下巻は、ついに日米が戦端を開き、１９４２年、戦時交換船で帰国するまでの迫真の記録。（保阪正康）

ちくま学芸文庫

樺太一九四五年夏　樺太終戦記録

二〇二三年七月十日　第一刷発行

著　者　金子俊男（かねこ・としお）
発行者　喜入冬子
発行所　株式会社　筑摩書房
東京都台東区蔵前二―五―三　〒一一一―八七五五
電話番号　〇三―五六八七―二六〇一（代表）
装幀者　安野光雅
印刷所　株式会社精興社
製本所　株式会社積信堂

ISBN978-4-480-51192-8 C0121